《中国少数民族省区经济史》编委会

总 顾 问：林文勋

总 主 编：肖金成

副总主编：刘 钊

执行主编：罗 群 李 澜 罗 莉

《云南省经济史》

著　　者：罗 群 等

参 编 者：陈征平 苗艳丽 郭亚非

李淑敏 李玉蓉 童巍雄

一阶梯、第二阶梯之上，各省区自然资源丰富、自然环境差另一方面，扼守我国的边远和边疆地区，远离经济发达地区，代经济发展起步晚、基础薄弱。第三，地区性贫困与少数民族问题并存。第四，经济发展问题的多样性与复杂性并存。第家实施“向西开放”以及“内陆发展”战略的重点区域，拥有双开发的地缘优势。

顾我国少数民族省区经济发展历程，尽管其人口总数只占全口的13.72%，但改革开放以来，特别是在21世纪西部大开发推进下，经济建设突飞猛进，发展成就令人瞩目。2015年统计示，8个少数民族省区的经济总量占全国经济总量的11.05%，济增速高于全国平均增速1.8个百分点，在全国处于普遍增速“新常态”下实现了“逆势”增长，充分体现了少数民族省区经蕴藏着的巨大潜力。因此，研究如何更好地促进少数民族省区发展，发挥少数民族省区在社会主义经济现代化建设中的重，具有极其重要的现实意义及学术价值，此亦即编撰《中国少族省区经济史》的出发点。同时，还必须清楚地认识到，面向未来展与曾经走过的漫长历程有着一脉相承的内在关系，以史为鉴，兴替。我们的研究工作不仅应关注少数民族省区经济发展的现前景，而且应同样重视少数民族省区的经济发展历史，这也是编中国少数民族省区经济史》的总则及要求。具体而言，就是通过总研究少数民族省区经济发展的历史过程，概括发展经验和发展，在实践上为未来少数民族省区经济发展的路径选择及政策制供参考依据，在学术上为促进我国少数民族省区经济史学的研究应有的贡献。

关于中国少数民族省区经济的研究，自中国少数民族经济学科之始，即从地区角度出发探究民族经济问题，以少数民族地区经

2015年主题出版重点出版物

总顾问／林文勋　总主编／肖金成

中国少数民族省区经济史

云南省经济史

罗　群　等著

山西出版传媒集团
山西经济出版社

图书在版编目(CIP)数据

云南省经济史 / 罗群等著. — 太原：山西经济出版社，2016.12

(中国少数民族省区经济史 / 肖金成主编)

ISBN 978-7-5577-0129-1

Ⅰ.①云… Ⅱ.①罗… Ⅲ.①经济史—云南 Ⅳ.①F129

中国版本图书馆CIP数据核字(2016)第313828号

中国少数民族省区经济史 云南省经济史

ZHONGGUO SHAOSHU MINZU SHENGQU JINGJISHI

YUNNAN SHENG JINGJISHI

著　　者：罗　群　等
出 版 人：孙志勇
出版策划：张宝东
编辑统筹：张　蕾
责任编辑：解荣慧
装帧设计：非　了

出 版 者：山西出版传媒集团·山西经济出版社
地　　址：太原市建设南路21号
邮　　编：030012
电　　话：0351-4922133（市场部）
　　　　　0351-4922085（总编室）
E-mail：scb@sxjjcb.com（市场部）
　　　　zbs@sxjjcb.com（总编室）
网　　址：www.sxjjcb.com

经 销 者：山西出版传媒集团·山西经济出版社
承 印 者：山西出版传媒集团·山西人民印刷有限责任公司

开　　本：787mm×1092mm　1/16
印　　张：32.75
字　　数：517千字
印　　数：1—3000册
版　　次：2016年12月　第1版
印　　次：2016年12月　第1次印刷
书　　号：ISBN 978-7-5577-0129-1
定　　价：98.80元

总 序

中国是一个拥有56个民族的统一的
现出“大杂居，小聚居”的基本格局。依据
自治法》第一章第二条，各少数民族聚居的
自治地方分为自治区、自治州、自治县。中
务委员会网站提供的最新数据显示，全国
括：内蒙古、广西、宁夏、新疆、西藏5个民族
省区的30个民族自治州和120个民族自治
区外，地处西南地区的云南、贵州两省及地处
民族聚居分布亦具有鲜明的少数民族地区发
25个世居少数民族，8个民族自治州，29个民
个世居少数民族，3个民族自治州，11个民族
居少数民族，6个民族自治州，7个民族自治县。
民族省区经济史》所论及的省区范围涵盖上述
5个民族自治区和3个多民族聚居省。

概括而言，中国少数民族省区的主要特点
区都是多民族共同生活、共同开发建设的地区，
明的民族经济特点。第二，地域辽阔，区位条件独

地势的第
异极大；
各省区现
人口贫困
五，为国
向开放
回
国总人
的大力
数据显
平均经
减缓的
济发展
的经济
要作用
数民族
的发展
可知
实与
撰《中
结和
规律
定提
做出

兴起

济研究为重要内容。在以往的研究中,最为全面的少数民族经济研究资料的汇总,集中体现于陈虹、哈经雄主编的《当代中国经济大辞库》(少数民族经济卷),其中依据少数民族地区经济建设中的主要特点设立了少数民族自治地方社会经济概括、少数民族解放前的社会经济制度、社会主义初级阶段少数民族地区的社会经济等16篇;系统的研究理论以施正一主编的《民族经济学教程》为代表,其中第二篇“中国民族经济”重点论述了中国民族经济发展的历史变迁及其基本规律。此外,以李竹青、那日主编的《中国少数民族经济概论》为代表,其中中篇“少数民族经济与民族地区经济”侧重围绕中国少数民族社会经济制度的变迁以及民族自治地方改革开放前后的经济发展过程及对21世纪前十年经济发展规划做了简明概括。这些文献,无疑为《中国少数民族省区经济史》奠定了重要的编撰基础,其突出的研究价值及意义,首先是为“全面论述少数民族省区经济发展”提供了理论框架;其次则体现于大量的研究性资料,为“后人的前行铺垫了宽厚的台阶”。尽管如此,我们还是不得不正视一个问题,即在近30余年的研究中,不少专家、学者虽然从不同的角度均涉及包括少数民族8省区在内的少数民族地区的经济研究,但对于少数民族8省区经济发展的系统性独立研究并不完整。正是基于这一思考,《中国少数民族省区经济史》的编撰内容,理应在涵盖既有研究成果的基础上吐故纳新,力求系统、完整地勾勒出少数民族8省区经济发展的历史图景与演变脉络。这是编撰《中国少数民族省区经济史》的总的指导思想。

《中国少数民族省区经济史》包括《云南省经济史》《贵州省经济史》《青海省经济史》《广西壮族自治区经济史》《西藏自治区经济史》《新疆维吾尔自治区经济史》《宁夏回族自治区经济史》《内蒙古自治区经济史》和《中国少数民族省区经济通论》共9卷。

在具体编撰上，我们本着“立足于断代研究，并突出专题性”的原则，要求各卷的编撰既区别于经济通史性研究，在内容上不求全备和系统性；又区别于经济专题史研究，在研究范围上不限定在某一方面；又区别于断代经济史研究，在研究时段内不做全方位搜索。由此，各卷立足于断代研究，并突出专题性，要求在确定的历史阶段内，选择和侧重一些需要深入探索而尚显薄弱的环节，重点深入研究，力求避免重复以往的研究成果，强调有新的考察、新的开拓和新的见解。这使《中国少数民族省区经济史》呈现出不同于以往经济史学研究著作独具特色的研究风格。

2015 年 3 月，中宣部办公厅和新闻出版广电总局办公厅联合下发了《关于做好 2015 年主题出版工作的通知》（中宣办发〔2015〕16 号）。《通知》下发后，山西经济出版社着眼“四个全面”的战略布局，主动参与、精心组织，策划了《中国少数民族省区经济史》。全国共申报了符合参评条件的选题 1 401 种，包括图书选题 1 156 种、音像电子出版物选题 245 种。经过专家论证，中宣部和国家新闻出版广电总局领导审核同意，最终确定了 2015 年主题出版重点出版物选题 125 种，并以新广出办发〔2015〕98 号文件的形式予以公布，《中国少数民族省区经济史》入选。愿此 9 卷本的《中国少数民族省区经济史》能对中国少数民族省区经济史学的研究起到抛砖引玉的作用！

前　言

云南简称“云”或“滇”，地处中国西南边陲，北回归线横贯南部。总面积39.4万平方千米，东与广西壮族自治区和贵州省为邻，北以金沙江为界与四川省隔江相望，西北隅与西藏自治区相连，西部与缅甸唇齿相依，南部和东南部分别与老挝、越南接壤，共有陆地边境线4 060多千米。下设16个市州，省会昆明。总人口4 596万(2010年)，占全国人口的3.35%。下辖8个市、8个少数民族自治州。

自古以来，云南经济的发展都是困境与机遇并存。困难主要来自于高山峡谷纵横，交通不便，往来受阻，而机遇主要来自于铜、锡等矿藏丰富及云南位于沟通内地与缅甸、老挝等东南亚国家的交通要道上，对外贸易能力不容小觑。

早在170万年前，元谋人就在旧石器和新石器时代，谱写了远古文明的辉煌篇章。先秦时期，在以滇池为中心的周边地区建立了神秘的古滇国。秦始皇统一中国，在云南开道置吏。汉朝在云南设郡置县，使云南成为中央王朝统一管理的行政区域。嗣后的400多年间，创造了上承古滇文化余韵、下启南诏文化先河的爨文化。唐、宋时期出现的南诏、大理地方政权，实则是中原王朝在西南的屏障。13世纪中叶，云南作为省一级行政区划的名称延续至今。明、清时期，内地汉族移民不断进入，与原住的“夷人”相互依存、交流、互动、融合，促进了边疆社会经济的发展。此后，云南各民族立足高原，努力突破自然地理的局限，千方百计挖掘云南多样性的优势，探索符合云南特点的发展路径。从秦、汉时期的西南夷到明、清时期的边疆，云南不断与内地进行经济、文化交流的碰撞，改善当地居民的生活，促进地方建设，在不断开发边疆的同时继承并弘扬自身传统民族文化。

云南虽位于中国西南边疆，却地处亚洲腹地，自古以来就是东南亚、南亚和中国内地之间的交通枢纽。云南对外交往历史悠久。蜀身毒道、安南道、大理买马道、伊洛瓦底江水道、西江水道、红河水道等道路的开辟,周边国家与云南及中国内地的人员、货物往来不断。明、清以来,大量的云南人前往东南亚、南亚从事商贸活动,商号遍及缅甸、印度、老挝、越南各国。云南各族人民为冲破闭塞而进行的富于智慧和艰苦卓绝的奋斗,开辟了富有传奇色彩的南方陆上丝绸之路和通往东南亚各国沿海出海口的通道,不仅使云南成为中华文明、南亚印度文明这两大世界文明交往的大陆桥,成为大陆文化与海洋文化的交会地,也使云南打破闭塞,走向开放。近代以来,随着世界形势及国际关系格局发生急剧变化,经济全球化进程逐步加快,东西方文明相互交融碰撞,甚至历史上彼此从未感知到对方存在的国家和民族,也不可避免地直接发生了面对面的交流。鸦片战争爆发后,英、法等国日益加紧了对云南的侵略,尤其是光绪年间中英、中法间一系列不平等条约的签订以及蒙自、思茅、腾越等海关的被迫开放。对云南来说,则标志着发展水平较低并长期处于封闭状态的社会经济被迫与近代国际市场直接对接,外国商品、资本开始大量输入,云南工农业初级产品则被大量掠夺,使云南经济更深地卷入了世界资本主义市场的漩涡,成为全国乃至世界市场的一个部分,传统的小农经济逐步走向瓦解,耕织结合、自给自足的农村经济受到前所未有的冲击,社会分工进一步细化,手工纺织业逐步独立出来,一方面加剧了农民的贫困化,另一方面又促进了近代工业与商业贸易,尤其是促进了对外贸易的极大发展。在此前提下,云南近代社会经济出现了新商品、新工具、新方法的传入,以及市场扩大、商业发展、工业设立等。

抗日战争爆发后,国民政府迁都重庆,云南成为战略大后方,滇军血洒疆场,三迤儿女前赴后继,投身于大后方的建设之中。为打通国际通道,云南各族人民战胜了一切艰难险阻,在最短的时间内修筑了滇缅公路和巫家坝机场,使国外援华物资源源不断运抵昆明。各类军事、工矿企业纷纷落户滇云大地,生产出大量紧缺的军事战略物资,有力地支持了全国抗战。因而,这样的云南社会经济发展不仅别具特色,而且云南作为西南重要腹地,其发展变化对整个中国政治与经济的演变常常具有不容忽视的影响。

除此以外,自近代以来,云南各族人民不甘落后,大胆探索,立足于云南自身高原特点,抓住东西方文明交流、经济全球化、抗日战争时期企业内迁、生产力布局转移等契机，通过学习借鉴、吸收消化、改进、创新现代科技成果，在多领域成功地迈出了探索发展云南特色经济的步伐。诸如兴建民营寸轨的个碧石铁路，修筑滇缅公路，广泛兴修水利，开发山区，增加粮食供给，引种橡胶、咖啡、葡萄等，都取得了明显成效。抗日战争中迁滇的内地企业，不仅在云南建立了海口、马街、茨坝、安宁四大工业区，而且生产出中国第一根电线、第一架望远镜、第一辆组装汽车、第一炉电力炼制的钢水，云南一跃成为后方工业重镇，走到了发展边疆特色经济的前沿。

迄今为止，有关云南经济发展史的文献资源历史悠久，内容丰富，独具特色，为研究云南经济提供了珍贵的资料。《云南省经济史》以史料与相关研究成果为基础，深入探讨了农业经济、工业和手工业、商业与商业资本、云南对外联系与贸易、货币与金融等云南经济的五个方面。每一个方面都按时间的顺序记述，数据丰富，对理论的支撑作用较强，能较全面地反映云南各历史时期经济发展的特点与面貌。其中，有些材料中涉及的单位，如亩、斤、担等因不同时代换算标准有所不同，不能简单地统一为当前常用的公顷、千克等，因而不在本书中做统一要求。

著 者

2016 年 10 月

目 录

导 论

云南位于北纬 21°8′32″—29°15′8″,东经 97°31′39″—106°11′47″,境内高山峡谷纵横,交通不便,自然环境复杂,在古代被视为蛮荒之地或瘴疠之区。从元代建立行省制度以来,云南始终是中国的一个边疆省。在相当长的历史上,无论政区地理的区位,人口数量占全国的比例,经济社会发展总量在全中国的份额,还是经济社会发展的人均水平,云南在中国历史上都具有较为突出的边缘性特点。此外,云南与中国政治、经济、文化中心的距离也比较远,加之从内地入滇山川阻隔,云南交通、通信条件较差,与内地特别是与政治、经济、文化中心之间,人口、物资、信息流动所经里程较长,耗时较多,联系与交流的成本较高,效率较低。唯其如此,传统观点一直认为,地处中国西南边陲山区、多民族省份的云南,是一个半封闭的蛮荒之地,历史上在政治、经济、文化方面对全国的影响有限。

长久以来,也正是云南这种独特的地理地缘特征,使之具有了连接周边、沟通中外,发挥桥梁作用的潜力。从远古时候起,云南各民族地区和中原内地便一直保持着紧密的联系。云南是人类最早的发祥地之一,早在 170 万年前,元谋人就在这块充满神奇色彩的红土高原上生活,在旧石器和新石器时代,谱写了远古文明的辉煌篇章。先秦时期,云南各族人民的先民在以滇池为中心的周边地区,建立了神秘的古滇国。秦始皇统一中国,在云南开道置吏。汉朝继承秦王朝开发边疆地区的政策,在云南设郡置县,使云南成为中央王朝统一管理的行政区域。嗣后的 400 多年间,创造了上承古滇文化余韵、下启南诏文化先河的爨文化。唐、宋时期出现的南诏、大理地方政权,实则是中原王朝在西南的屏障。13 世纪中叶,云南作为省一级行政区划的名称延续至今。明、清时期,内地汉族移民不断进入，与原住的“夷人”相互依存、交流、互动、融合，不论是“夷化”还是“汉化”，都促进了边疆社会经济的发展。此后，云南各民族立足高原，努力突破自然地理的局限，千方百计挖掘云南多样性的优势，探索符合云南特点的发展路径。从秦、汉时期的西南夷到明、清时期的边疆，云南不断与内地进行经济、文化交流与碰撞，改善生活，促进地方建设，在不断开发边疆的同时也继承并弘扬自身传统民族文化。

云南虽位于中国西南边疆，却地处亚洲腹地，自古以来就是东南亚、南亚和中国内地之间的交通枢纽。云南对外交往历史悠久。蜀身毒道、安南道、大理买马道、伊洛瓦底江水道、西江水道、红河水道等道路的开辟，周边国家与云南及中国内地的人员、货物往来不断。明、清以来，大量的云南人前往东南亚、南亚从事商贸活动，商号遍及缅甸、印度、老挝、越南各国。云南各族人民为冲破闭塞而进行的富于智慧和艰苦卓绝的奋斗，筚路蓝缕，以启山林，开辟了富有传奇色彩的南方陆上丝绸之路和通往东南亚各国沿海出海口的通道，不仅使云南成为中华文明、南亚印度文明这世界两大文明交往的大陆桥，成为大陆文化与海洋文化的交会地，也使云南打破闭塞，走向开放。

近代以来，随着世界形势及国际关系格局发生急剧变化，经济全球化进程逐步加快，东西方文明相互交融碰撞，甚至历史上彼此从未感知到对方存在的国家和民族，也不可避免地直接发生了面对面的交流。鸦片战争爆发后，英、法等国日益加紧了对云南的侵略步伐，尤其是光绪年间中英、中法间一系列不平等条约的签订以及蒙自、思茅、腾越等海关的被迫开放，英、法侵略目标得以部分实现。而对云南来说，则标志着发展水平较低并长期处于封闭状态的社会经济被迫与近代国际市场直接对接，外国商品、资本开始大量输入，云南工农业初级产品则被大量掠夺，云南经济更深地卷入了世界资本主义市场的漩涡，成为全国性乃至世界市场的一个部分，传统的小农经济逐步走向瓦解，耕织结合、自给自足的农村经济受到前所未有的冲击，社会分工进一步细化，手工纺织业逐步独立出来，一方面加剧了农民的贫困化，另一方面又促进了近代工业与商业贸易，尤其是促进了对外贸易的极大发展。

在此前提下，云南近代社会经济出现了一个值得注意的变化，新商品、新工具、新方法的传入，以及市场扩大、商业发展、工业设立等，不断改变着边疆地区社会经济的发展方式，不仅边疆民族地区生产力得到了较大发展，而且经济发展水平有所提高。同时，面对内忧外患，边疆的政治、经济地位不断提高，推动了云南地方政府加强对边疆的开发与治理。

与此同时，一方面，在外国资本主义侵略的刺激和商品经济迅速发展的作用下，原来各层次民族经济体间相对孤立的状况被打破，联系相对加强。云南经济进入了一个新旧经济因素并存一体又急剧分化消长的过程，被大幅度地卷入外国资本主义对华经济侵略的漩涡。伴随着云南沦为外资的商品倾销市场和原料产地，以对外贸易为主体的商业贸易在近代空前发展，而且呈现出流通交换领域内容复杂和形式多样的特点。从原始社会末期的物物交换，到小生产者之间的互剂调节，还有为追求商业利润而进行的货币贸易，一应俱全。这种因外力冲击所造成的社会分工复杂化和各民族经济联系加强的状况，客观上促进了商品经济的发展，为商业资本的兴盛提供了社会条件。另一方面，由于云南社会经济基础相对落后，主要是从外部移植而来的资本主义因素只能以商业资本这一古旧的形式为其主要的生存依托形式。商人资本能较正常地像在内地那样普遍投资于工业，则是抗日战争以后的事。

全面抗战爆发后不久，国民政府迁都重庆，云南成为战略大后方，滇军血洒疆场，三迤儿女前赴后继，投身于大后方的建设之中。为打通国际通道，云南各族人民战胜了一切艰难险阻，在最短的时间内修筑了滇缅公路和巫家坝机场，使国外援华物资源源不断运抵昆明。各类军事、工矿企业纷纷落户滇云大地，生产出大量紧缺的军事战略物资，有力地支持了全国抗战。因而，这样的云南社会经济发展不仅别具特色，而且云南作为西南重要腹地，其发展变化对整个中国政治与经济的演变常常具有不容忽视的影响。

除此以外，自近代以来，虽然云南经济人均发展水平低于全国，但这并不意味着云南经济发展毫无成就可言。反之，云南各族人民不甘落后，大胆探索，立足云南自身高原特点，抓住东西方文明交流、经济全球化展开、抗日战争时期企业内迁、生产力布局转移等契机，通过学习借鉴、吸收消化、改进、创新现代科技成果，在多方面成功地迈出了探索发展云南特色经济的步伐。诸如兴建民营寸轨的个碧石铁路，修筑滇缅公路，广泛兴修水利，开发山区，增加粮食供给，引种橡胶、咖啡、葡萄等，都取得了明显成效。抗日战争中迁滇的内地企业，不仅在云南建立了海口、马街、茨坝、安宁四大工业区，而且生产出中国第一根电线、第一架望远镜、第一辆组装汽车、第一炉电力炼制的钢水，云南一跃成为后方工业重镇，走到了发展边疆特色经济的前沿。

迄今为止，有关云南经济发展史的文献资源历史悠久，内容丰富，独具特色，如东晋常璩的《华阳国志》，明李元阳的《云南通志》(万历)、刘文征《滇志》，清倪蜕《滇小记》、师范《滇系》、阮元《云南通志》(道光)等综合性文献，均有以目录、掌故、资料汇编等形式对云南地方文献进行收罗和揭示，其中也包含了有关云南地方经济史研究的相关文献。但是，真正有组织、有意识地集中搜集与收藏、全面整理与研究云南地方文献则始于20世纪上半叶。这一时期是云南地方文献研究承上启下的重要时期，也是滇学十分活跃、群星璀璨的时期。有关云南地方经济研究的相关文献在这段时期随之呈现出丰富多彩的特点。

20世纪80年代以来，随着全国经济建设高潮的兴起和学术界对区域史研究的深入发展，云南经济史尤其是近现代经济史研究受到应有的重视，研究进入了起步阶段。至90年代初期，研究主要集中在一些基本问题上，偏重于采用马克思主义政治经济学的原理分析生产关系与分配关系领域的相关问题，研究视角较为单一，如近代经济史的分段，官僚资本、洋务企业、外国在华资本的发展及其性质问题是研究者讨论的主要问题。90年代中期以后的研究进入了一个全新的发展阶段，研究范围扩展到生产、流通等领域，早期工业化问题、对外交通与经贸关系、市场甚至商人群体、商人资本等新课题的研究，都取得了一些有较高学术价值的成果。在研究方法上也有所创新，经济学理论、现代化理论、社会学理论等，均有不同程度的运用，有力地推进了各相关问题的研究。

一、20世纪上半叶的云南经济史研究

(一)综合类

1914年，云南图书馆内设云南丛书处，赵藩任总纂，陈荣昌任名誉总纂，完成了《云南丛书》的编纂工作。《云南丛书》“初编”“二编”出版，绝大部分是木刻，少数为石印本、铅印本。该丛书采用了原经正书院的藏版、私家刻本刻板等，新刻板不到1/3，因而事半功倍，且收录的全为滇人著作，是对云南地方文献的一次总结性整理和出版。此外，方树梅建议收录外省人著作中有关滇事者作为

“三编”,惜因故终未编印。

1931 年，为响应国民政府令各省纂修通志的要求，云南开通志馆重修方志,历时 12 年成书,题名《新纂云南通志》,内容收讫宣统三年(1911 年),监修龙云、卢汉,馆长周钟岳、赵式铭。有人认为,与各省自辛亥革命至新中国成立前所修省志相比,其成就可居前列。

《续修云南通志长编》内容自 1912 年至抗日战争结束,仿南宋李焘《续资治通鉴长编》例,用纪事本末体编写大事记。原编分 80 卷 21 大类,凡这一时期有关云南政治、经济、军事、文化等,分门别类地条分缕述其兴衰消长。编写人员多为通志馆原班人马。但由于是辛亥革命后的近事,对各地方、单位提供的资料依赖性大。而时局动荡,各县报送的有关资料不全,且内容截止时间参差不齐,因而未臻完善。然资料丰富,对于了解和研究民国时期的云南历史,具有很高的史料价值。

(二)史料汇编

将云南史料钩稽、摘录、编纂而成的资料汇编,以清师范辑的《滇系》、王崧辑的《云南备征志》称全。然《云南备征志》于 1831 年刻印,印书甚少,又经战乱,缺失颇多。秦光玉多年收集,整理汇成完书后,于 1910 年由云南官报局铅印,及 1914 年由云南丛书处重刻。此外,秦光玉又采集王崧以后近百年的云南重要事件以及其所遗漏的史实,编成《续云南备征志》,未刊本,体例依《云南备征志》,在史料收集上,广采历代史志及私家撰述,有关明末清初李定国抗清、吴三桂在云南的史料、清咸丰和同治年间云南回民起义、清末英法条约关于云南的相关内容等均做了详细记载。现已由云南民族出版社出版《正续云南备征志精选点校》。另外,还有一地之文献汇编,如秦光玉的《呈贡文献备征录》、李根源纂辑的《永昌府文征》等。

(三)工具书

这一时期的书目能充分利用中西方目录学知识,根据云南地方文献的特点进行编制,其类型之多样,搜罗之全面,著录之清晰,是前所未有的。重要的书目有:

《明清滇人著述书目》,方树梅编,或称《云南艺文考》,并收入《新纂云南通志》,分“记载滇事之书”二卷、“滇人著述之书”八卷,著录云南地方文献 1 460

余种，著录书名、作者、作者籍贯、官衔、图书存佚情况等，依《四库全书》体例，分类编排，对部分图书有简要评述。方树梅还编有《近代滇人著述书目》收清至近代滇人著述170多种，有提要，并在《续修云南通志长编》中与梁之相合编“艺文”。《云南书目》，由目录学家李小缘编制，于1937年成书，收录有关云南历史、地理、政治、经济、外交、军事、交通、边务、动植物、地质矿产、民族社会等中外专著、报刊资料、舆地图谱等文献资料3 000多种。分类严谨，更为可贵的是著录了法、德、日、英等各国有关云南的研究文献。云南人民出版社于1988年出版了由云南省社会科学院文献研究室校补的版本。

《云南史料目录概说》，收云南历史文献800余种，并做提要。分文献资料、文物资料两大部分。作者方国瑜先生在从事历史研究数十年中，留心记载滇事之书，浏览所及或记其概要，或写成评论，积稿渐多，至1957年秋编成《云南民族史史料目录解题》。后数次修改增补，1976年完成，1984年于商务印书馆出版。此外，还有方树梅和梁之相分别编制的《云南丛书提要》；梁之相、童振藻分别编制的《云南方志考》；梁之相编的《云南经籍考》、秦光玉编制的《呈贡乡先辈著述目录》等。

这一时期出版的一些综合性的书目中也有对云南地方文献的著录，如朱士嘉编的《中国地方志综录》著录云南方志240种；张国淦编的《中国古方志考》，于1935—1936年《禹贡》半月刊连载，收云南方志27种；成书于昆明的《边疆图籍录》，由邓衍林编制，对云南文献著录相对详尽。

(四)方志类

民国时期，云南各县多有修志，其中不乏上乘之作。如《姚安县志》，体例创新，选材严谨，资料充实；《宣威县志稿》体例亦有所创新，文辞质朴，尤其是近代资料综录了县、区、乡公文档册及采访资料，内容翔实；《保山县志稿》中新立“教育”“交通”“农业”诸志，并在“大事记”中着重记载了抗日战争时期的史实；《大理志稿》首次揭示了杜文秀领导反清起义的政治纲领，与一般志书连篇贬词迥异。一些留心滇学的硕儒名士积极主持和参与各种县志、州志的编纂，如陈荣昌的《续修昆明县志》《晋宁县志》、袁嘉谷的《石屏县志》、赵藩的《剑川县志》、李根源的《腾越县志》、秦光玉的《呈贡县志》、赵式铭的《剑川州志稿》、由云龙的《姚安县志》、方树梅的《续修晋宁州志》、方国瑜的《保山县志》等，品质较高。

民国所修的大量志书中，也存在缺点。如《盐丰县志》《续修建水县志》《罗平县志》等体例多沿袭旧志，内容亦多照录旧志；还存在分类失当的问题，如《罗平县志》因未立宗教一目，将天主教和喇嘛黄教、红教归入学校志；《宣威县志稿》中政治志包括县署、公安、财政、教育、建设、司法、民族等，范围过宽。

除了县志、州志外，还有据学部颁行乡土志例目编纂的乡土志，如《宣威乡土志》等；而名山志书，如李根源、赵藩共编的《鸡足山志》四卷，赵藩之子赵宗瀚纂辑的《石宝山小志》等；还出现了云南方志中唯一的一部镇志《珍泉志稿》；此外，还有《滇南茶花小志》《滇南红豆集》《云南温泉志》《云南省地志》等各种专门性志书。

(五)对时事政务的及时反映

这一阶段出版了许多有关云南时政的图书资料，如专门成立光复史局，出版《云南光复纪要》(周钟岳主纂)及其史料，记录了1911—1912年云南光复时的军政大事；方国瑜《抗日战争滇西战事编》、陈古逸《昆明近世社会变迁考略》、罗养儒《纪我所知集》、昆华民众教育馆编印的《云南史地辑要》等，及时地保存了史实。1942年方国瑜先生在云南大学创建西南文化研究室，出版了“西南研究丛书”；1945年成立的新云南丛书社，编刊了有关云南的各类著作。此外，有关云南土司、盐政、烟草、厘金、边务、矿产、植物、金融、农业、地理、人口、外交、水利、民族等诸多方面均有专书出版，有的为相关政府部门编辑，还出版了《云南教育半月刊》《云南建设周刊》《云南民政月刊》《西南边疆》等多种期刊，及时真实地反映了云南当时社会经济生活文化各方面的情况。

(六)地方经济类一般著作

云南省作为资源大省，1940年由重庆正中书局出版的郭垣的《云南省之自然富源》，较为系统地介绍了矿产、土地、森林、牧场、茶叶、井盐、糖及其他物产；此外，资源委员会经济研究室于1940年油印的20册系列丛书《云南工矿调查报告》，分别介绍了云南工矿概述、铜矿、铅锌矿、煤矿、铁矿、盐矿、锡矿、造纸、织布业等情况；该机构还于同年编印了21册《云南经济研究报告》，下分云南之自然与社会环境、云南之电力、云南之煤、云南之铁、云南之铜、云南之铅锌、云南之锡、云南昆明之机械工业、云南昆明之自来水业和云南之建筑业、棉纺织业、糖业、皮革业、交通、贸易、财政等子目，系统介绍了云南经济发展概况，具有较高的参考价值;另有 1939 年张国瑞所著的《开发资源与西南新经济建设》。

有关云南地方经济建设与发展的一般性著作,在 20 世纪上半叶主要有:1938 年的《滇边经营论》,陈碧笙著,除导言外有 3 编:滇边垦殖之意义与前途、经营滇西南之政治与国防交通计划、滇西南行;《云南省经济问题》,郭垣编著,重庆正中书局 1940 年版,是作者供职于民国政府经济部时,考察云南经济后所撰,包括人口、农业、工业、矿业、商业、金融、财政、交通、对外贸易等内容;《云南经济》,张肖梅编,重庆中国国民经济研究所 1942 年出版,收录资料以经济为主,也收录了与其密切相关的气候、雨量、政治、人口、土地、交通等方面资料,但所收年限止于 1939 年;《战时西南经济问题》,蒋君章编著,重庆正中书局 1943 年出版;《云南省经济委员会始末》,云南省经济委员会编,1947 年铅印一册,分上下两篇,上篇为委员会缘起与成立、职掌与组织等,下篇为所属机构。

边地开发的著作主要有 1944 年江应樑所著《大小凉山开发方案》,分析了凉山当时的情况,并提出了开发原则及具体方案;另有 1946 年由任映沧所著《大小凉山开发概论》,分为上下两卷,论述了大小凉山地理、物产及垦殖开发;《腾龙边区开发方案》,由云南省民政厅行政设计委员会 1944 年编印,从行政概况、土地垦殖、水利交通、企业、农林植物等 12 个方面论述了腾龙边区(腾冲、龙陵西南以迄缅甸边界地)的开发问题;1945 年的《思普沿边开发方案》及 1946 年张鼎新等编的《滇南思普边区建设概论》、1948 年方克胜所著《建设腾龙边区各土司地意见书》也就边地开发提出了相关意见与措施。

20 世纪上半叶是云南地方经济发展较快的时期,其中实业的发展尤其引人关注,相关文献资料主要有:1918 年由云南实业改进会编印的 1 册《云南实业改进会宣言及会章》,1924 年铅印的 1 册《昆明市工商概况》;1921 年云南实业评议会编印的 1 册《云南实业评议会报告书》;云南实业司于 1923 年铅印的 1 册《云南省劝业会报告书》,及 1924 年铅印的 1 册《云南工商业概况》,实为当时云南工商业的各种统计图表汇总;另有童振藻所著的《云南实业调查书》,1920 年铅印 1 册,包括修筑公路、开矿、垦荒、畜牧、设立纺纱厂、设立造纸厂等内容;1944 年则由中国国民经济研究所编辑出版了《西南实业通讯》,记录了当时西南地区实业发展的一般情况。

（七）农业经济相关著作

1921 年云南省长公署编印了 1 册《云南牧业之近况》，又铅印了 1 册《云南棉业概况》，记载了提倡棉业之经过、各属棉业统计及各类输出入棉货统计；云南实业司工商科于 1924 年铅印了 1 册《云南农业概况》；崔毓俊于 1935 年在南京铅印发行了 1 册《到西南去：滇黔农业调查旅行杂记》，内含 48 幅相关照片；另有云南省民政厅于 1935—1936 年编了《云南省各级仓储管理细则》《云南省第二次第三次仓储积谷统计报告》；云南省棉业处 1937 年铅印了 1 册《云南木棉之初步调查报告》，并于 1938 年编印了 1 册《云南省第一届棉产展览会纪念刊》。

1935 年，由国民政府行政院农村复兴委员会所编、上海商务印书馆出版的《云南省农村调查》一书，是 1933—1934 年间对云南农村进行调查后所写的考察报告，有昆明、禄丰、玉溪、马龙、开远五县 642 户农户的抽样调查报告，资料翔实，并指出云南农村经济改善的迫切性。

鸦片作为近代云南农村经济中较特殊的一种经济作物，经历了从大面积种植到禁种的过程。相关文献资料有：云南省禁烟委员会编印的 3 册《云南省禁烟纪实》，记录了从 1934 年到 1936 年鸦片在云南的种植及禁种情况，并有沿革及规章部分。在此基础上，1938 年又排印 2 册《云南禁烟纪实》（第二编），对禁止鸦片的相关情况做进一步说明。

禁种鸦片后，烟草等经济作物在云南兴起，烟草业也成为近代云南经济发展中的新兴行业。对此，文献中也有一定反映，以褚守庄于 1948 年所著《云南烟草事业》为代表，记录了云南烟草发展、土烟生产与运输的相关情况及美烟的栽种、熏烤、云南卷烟工业等。此外，褚守庄还编印了《云南倡种美烟概况》《美种烟草栽培须知》等，另有徐天骝于 1949 年完成的《十年来之云南美烟事业发展纪实》，也对云南烟草业做了较详细的记载。

（八）盐务

1912 年，潘定祥所撰的《云南盐政纪要》共 5 册，分为上下卷，有总论、沿革、利弊、要素、状况及杂记、图画等，记录清末盐务甚详；1914 年杨长兴编印一册《云南盐务辑要》，分 7 部分：场地、引地、运销、征榷、经费、盐务机关、附篇等，记载清代云南盐务大略及民国改革状况；云南盐运使署 1918 年编印的《云南盐务辑要续编》，分为总论、场产、运销、征榷、缉私、机关组织、附编，所记皆为民国初年史实；云南盐运使署于 1930 年编印《(民国)盐政史云南分史稿》，铅印 19 册，有弁言、叙、例言、图画等，详记民国云南盐政兴衰沿革，迄 1929 年为止；1931 年由张冲所撰、云南盐运使署铅印的《云南盐政改革方案》则是在张冲 1931 年后就任云南盐运使时，对云南盐政提出的改革方案，是移卤就煤计划提出前的方案。

此外，云南盐运使署还于 1937 年编印《云南盐政实录一编》，记 1934 年 1 月至 1935 年 6 月云南盐政，并附记 1932—1933 年的史实，分叙文、总论、图画、总务场产、缉私、运销、征榷、附录各编；又于 1936—1937 年出版了《云南盐务统计》(1935 年度、1936 年度)共 2 册；杨勋民于 1940 年编著了《云南盐务纪要》，对云南盐矿之分布与运销有较为全面的叙述，注重对民国年间云南盐务之分析。

(九)交通

1915 年，云南官印局铅印丁怀瑾所编的《云南航路问题》；1919 年苏曾贻翻译的《滇越铁路纪要》，叙述了滇越铁路修建的经过；云南省政府建设厅 1933 年铅印 1 册《云南全省公路统计册》；崇文印书馆 1938 年出版了由李根源等著的《滇缅铁道路线商榷文汇》，记载了当时议修滇缅铁路的情况；1939 年西南导报社编印的《西南交通要览》，是西南地区交通路线的工具书，内容包括航空、水路、陆路等；曹立瀛、铁作声编，云南资源委员会经济研究室 1940 年油印 1 册的《云南之交通》，是前述地方经济类一般著作中《云南经济研究报告》之十九，全书分五章：绪言、云南之铁路、云南之公路、云南之驮运与人力运输、航运，附录有昆明市汽车运输业调查情况，是记录当时云南交通较为全面的著作；另有 1944 年由交通部公路总局川滇东路工务局编著的《川滇东路之工务》；1948 年由夏光南所著、中华书局出版的《中印缅道交通史》，附录有中印缅道交通大事年表；还出版有铁路、公路修筑中有关具体线路的调查报告书、图、一览表等。

(十)贸易经济

1922 年杨文清编印的 1 册《云南第一次物产品评议会议报告书》；云南省政府机要处 1925 年铅印的 1 册《云南民元至十三年(1912—1924 年)输入输出货值比较表》；云南省公署枢要处第四课 1926 年编印《云南对外贸易近况》，有概论、蒙自关进出口情形、腾越关进出口情形、思茅关出口情形及结论，另有附

表22个、地图7幅,并有唐继尧为之作序;云南省政府统计室1936年编印1册《四十七年来云南省出口锡统计册》;钟崇敏编、资源委员会经济研究室1940年油印的《云南之贸易》,系《云南经济研究报告》之二十,共分5章:绪论、重要进口货略述、重要出口货略述、埠别贸易、进出口贸易之比较,全书有图表104个;1945年伍启元等著的《昆明九教授对于物价及经济问题的呼吁》一书,记录了国立西南联合大学9位教授关于统制物价、经济民主、惩治贪污和投机倒把的主张;1946年新云南丛书社出版了万湘澄所著的《云南对外贸易概观》,对云南开埠通商以来有关对外贸易的各种情形和贸易数值进行综合叙述;1949年中南出版社出版了由王武科所著的《云南合作事业》,对1949年以前云南人合作事业做了简要介绍;1957年4月云南人民出版社出版的《昆明市的物价(1937—1948年)》,由佘世箴编,用数十张表格介绍了昆明市1937—1948年的物价情况,并用文字说明研究这些物价的方法及研究中得到的一些相关结论。

(十一)财政与金融

1914年云南国税厅筹备处编印3册《云南国税厅筹备处报告书(第1—3册)》;云南经济学会1915年编印1册《云南财政说明书》;富滇银行参事室1928年铅印1册《云南金融问题》、1929年又印一册《云南金融意见》;云南实业改进会编印季刊专号本《云南金融专号》;资源委员会经济研究室1940年油印一册《云南之财政》,严仁赓编,系《云南经济研究报告》之二十一,全书分7章:云南省财政概述、国款收支概论、省款收支概论、国税分论、省税分论、财务行政、市县财政,对云南的财政情况做了较全面介绍;云南省财政厅1941年铅印《云南清丈概况》,记载了云南清丈机关组织、业务实施程序、成绩统计及清丈费用等。

(十二)经济地理

1943年由重庆正中书局出版的由蒋君章编著的《西南经济地理纲要》;1943年由云南大学西南文化研究室编印的由张印堂所著的《滇西经济地理》,此书系作者沿拟议中的滇缅铁路沿线进行实地考察后,对云南西部的经济地理做出的较为详细的概述;1945年10月重庆商务印书馆出版的蒋君章所著的《西南经济地理》,记述了西南地区(四川、贵州、广西、云南和西康)的经济地理状况。

总之,20世纪上半叶云南地方经济史研究的相关文献,总结了以往的经验，搜集、整理了地方文献精华，对民国以前的云南地方经济史文献做了较为全面的清理和总结，对民国时期云南相关的历史文献做了及时的整理与反映，为以后的地方文献工作及经济史研究留下了丰富的资源和宝贵的原始资料。

二、30 多年来云南经济史研究概述（1980—2011 年）

（一）有关近现代云南经济的总体研究

云南大学董孟雄教授所著的《云南近代地方经济史研究》（云南人民出版社 1991 年版）一书，以翔实的史料、深刻的分析论述，对近现代云南经济史上的重要问题，如资本主义生产方式在云南的萌芽和发展、近代中国社会变迁与世界潮流对云南地方经济的影响、滇系军阀和地方势力统治下云南经济的发展特点、近代云南少数民族经济社会发展状况、华侨资本在云南经济发展中的作用等，做了较全面的阐释，揭示了近现代云南经济发展中呈现出的“民族经济的多层次性以及不平衡性”特点及其形成原因。朱应庚、董孟雄还结合对中国近代史与现代史的划分标准、中国近代经济史分段标准等问题的认识，对云南地方近代经济史的分段问题做了探讨。[①]

此外，由李珪主编的《云南近代经济史》（云南民族出版社 1995 年版）一书，较全面地勾勒出云南近代经济发展演变的过程与线索，与其《云南地方官僚资本简史》一书（李珪著，云南民族出版社 1991 年版），对地方官僚资本主义、民族资本主义等问题做了系统研究，对地方近现代经济发展中帝国主义的侵略性、官僚资本的封建性、民族资本的依附性等基本问题都有较为深入的分析。夏光辅、龙永珍也对 1840—1919 年列强侵略中国后对云南近代经济产生的影响与变化进行了探讨。[②]杨德慧论述了抗日战争时期沿海与内地工业内迁给云南经济带来的机遇与发展；[③]而李培林从滇西开发的历史分析成败得失，总结经验与教训；[④]赵勇则认为中法战争后的 30 余年间，云南出现资本主义殖民机构和

①朱应庚、董孟雄：《云南地方近代经济史分段问题初探》，《思想战线》1980 年第 1 期。

②夏光辅：《近代云南经济概述》，《研究集刊》1986 年第 2 期；龙永珍：《近代云南经济初探》，《云南方志》1989 年第 4 期。

③杨德慧：《云南经济在抗战时期的新发展》，《云南学术探索》1995 年第 5 期。

④李培林：《滇西开发历史的启示》，《云南教育学院学报》1987 年第 2 期。

经济组织是法英侵略的产物，也是云南经济由传统向近代过渡的结果。[①]这些著述多采用了马克思主义政治经济学的分析方法，研究手法相对单一。

（二）近现代云南农业研究

鸦片作为近现代云南农业经济中的大宗作物，也是近现代云南财政的主要支柱，秦和平所著的《云南鸦片问题与禁烟运动》（四川民族出版社 1998 年版），对 1840—1940 年云南鸦片的种植与外销，鸦片与近代云南社会，如与农村经济关系、与地方财政关系、与边防关系问题等进行了深入探究。作者在《有关鸦片种植与近代云南部分地区农村家庭经济关系浅析》[②]一文中重点研究了鸦片种植与农民家庭经济间的相互关系，认为缺乏经济效益是农户要求禁止鸦片的部分经济原因。赵鸿娟认为：鸦片经济是近代云南社会经济商品化过程中的一个重要问题并对云南地方经济产生过巨大影响，种植鸦片致使云南农村经济日益衰败，使农村劳动力人口锐减。[③]黄百灵则分 3 个阶段考察了清代云南鸦片种植的具体情况，进而揭示其对云南农村经济的影响，鸦片种植表面上充实了农村经济，实际上却是对传统农耕经济的一种破坏。[④]王丹也就民国时期云南鸦片的相关问题进行了论述。[⑤]

除此之外，王文成对清末民初云南农业政策做了考察，指出："清末民初农业政策中略具建设性意义的鼓励、扶持种桑植棉政策，实质上是调整农村产业结构的初步尝试。然而，其选择的重点产业却非云南的优势产业，这决定了桑棉种植业难以获得应有的发展。"[⑥]余群对晚清、民国时期云南地方当局采取的促进蚕桑业发展的措施进行了分析。[⑦]徐君峰《清代云南粮食作物的地域分布》（《中国历史地理论丛》1995 年 3 期）一文，对清代云南粮食作物，包括稻麦作

---

①赵勇：《中法战争后云南近代经济的变迁》，《昆明学院学报》2009 年第 2 期。

②秦和平：《有关鸦片种植与近代云南部分地区农村家庭经济关系浅析》，《中国农史》2001 年第 3 期。

③赵鸿娟：《试论鸦片对近代云南社会经济的影响》，《思想战线》2000 年第 4 期。

④黄百灵：《清朝云南的罂粟种植及其对农村经济的影响》，《四川大学学报》（哲学社会科学版）2004 年第 S1 期。

⑤王丹：《论民国时期云南的鸦片问题》，《研究集刊》1993 年合刊。

⑥王文成：《清末民初云南农业政策述论》，《云南社会科学》1995 年第 6 期。

⑦余群：《晚清民国时期的云南蚕桑业》，《铜仁职业技术学院学报》2000 年第 3 期。

物、域外传入物及杂粮作物的品种、地域分布进行了详细的论述。庞雪晨考证了近代云南美棉改植木棉的缘由。[①]

王水乔《清代云南仓储制度》(《云南民族学院学报》1997 年 3 期)对清代云南的仓储制度做了初步探讨,认为仓储通过赈恤、平粜、借贷等手段,对救济灾民发挥了一定的社会功效,但其功能有局限性。此外,王水乔还在《清代云南米价的上涨及其对策》(《云南学术探索》1996 年 5 期)一文中,对清代云南米价居高不下的原因以及统治阶级采取的措施做了论述。

云南作为茶叶的原产地之一,杨志玲指出,明清时期,随着茶叶产区的扩大,种类的增加,茶业生产及制造工艺的进步,交通的局部改善等,云南茶叶经济的发展跨入一个崭新的阶段,无论是产量、制造技术还是贸易都得到了前所未有的提高,并带动了一系列相关产业的发展,推动了云南经济的发展。[②]陈一石对清中叶以后滇茶向其他省区和国外市场销售的发展状况做了研究[③],李培林对近代滇茶与英国争夺西藏茶叶市场的问题做了探讨[④],尹霖霞、张育勤就茶庄、马帮、茶马古道对近代普洱茶在中国西南地区的传播方式进行了一定的探索。[⑤]这些成果多集中于对农业单个领域的考察,缺乏对近代云南农业发展变迁的整体研究,对土地制度、农村经济关系与社会变迁、农民问题等学术热点问题的研究仍需深入。

(三)近现代云南工业研究

由于云南独特的地理位置,近代云南的经济产业主要集中在工矿业。这方面的问题构成了一个研究重点。铜矿业中资本主义的萌芽问题较早地就引起了论者的关注,至“近代化”或“现代化”理论引入后,这方面的研究有了进一步的拓展。研究也摆脱了单纯经济史研究的模式,逐渐走上了与社会史相结合的路径,对近现代经济史的相关问题不再从政治立场出发做简单的评判,而是更注重具体分析两者间的互动关系。陈征平《云南早期工业化进程研究》(民族出版

---

①庞雪晨:《近代云南美棉改植木棉缘由的考证》,《云南农业大学学报》2009 年第 4 期。

②杨志玲:《明清时期云南茶叶探析》,《思想战线》2008 年第 2 期。

③陈一石:《清代中后期青藏云贵的商业交往》,《中国社会经济史研究》1989 年第 4 期。

④李培林:《近代西藏茶叶市场之争与云南茶叶的地位》,《云南社会科学》1981 年第 1 期。

⑤尹霖霞、张育勤:《近代普洱茶在西南地区的传播》,《思茅师范高等专科学校学报》2002 年第 3 期。

社2002年版)借鉴“现代化”“工业化”等相关理论,对云南早期工业化路径及模式进行了系统研究,探讨了云南工业化的历史前提、近代交通变迁与早期工业化的关系、早期工业化的特征以及政府力量与商人力量在早期工业化中的作用,指出:云南早期工业化受地方环境的制约具有起始阶段投资大、成本高、周期长、对外资吸引力弱以及整体发展迟滞等特点。在此基础上,陈征平教授完成了《云南工业史》(云南大学出版社2007年版),以丰富翔实的史料,并应用大量考古资料,对从石器时代到近代时期的云南工业发展进行了深入细致的考察分析,填补了该项研究领域的空白。作者在《近代云南区域资本积累能力及流向分析》一文中重点研究了云南区域资本积累的主要来源,认为:直至1840年之后随着皇朝原有制度模式的松动,云南自我资本有效积累的能力才逐渐成长,并朝着较为合理的积累流向演化,但也因此造成云南地区直至20世纪初期资本的积累规模与产业转换能力仍处于较低水平。[①]相关的论文如马小军《云南近代工业经济发展概述》[②],林晓星、牛鸿斌《略论近代云南工业发展的三个时期及其性质和影响》[③],陈征平《二战时期云南近代工业的发展水平及特点》[④],武晓芬《近代昆明机电工业的产生、发展及影响》[⑤],对近代云南工业发展及相关特点进行分析论述。

抗日战争时期由于沿海与内地部分工商企业的内迁,为云南工业的发展注入新的活力。《抗战时期内迁西南的工商企业》(云南人民出版社1989年版)以论文集的形式对此次工业西迁的过程、特点、作用等进行记述。张守广从经济与社会的互动关系入手对抗日战争时期后方大中型企业做了研究[⑥]。

有关近代企业制度的研究是云南近代经济史研究的一个新领域。王水乔指出,清末民国初云南的股份制企业集中在工业领域,商业领域的股份制企业集

①陈征平:《近代云南区域资本积累能力及流向分析》,《云南民族学院学报》(哲学社会科学版)2001年第5期。

②马小军:《云南近代工业经济发展概述》,《经济问题探索》1981年第6期。

③林晓星、牛鸿斌:《略论近代云南工业发展的三个时期及其性质和影响》,《昆明师范专科学校学报》1998年第2期。

④陈征平:《二战时期云南近代工业的发展水平及特点》,《思想战线》2001年第1期。

⑤武晓芬:《近代昆明机电工业的产生、发展及影响》,《经济问题探索》2003年第6期。

⑥张守广:《抗战时期后方地区大中型企业的兴起与发展》,《云南师范大学学报》2005年第2期。

中在昆明。这些股份制企业基本上具备了股份制组织的一般特点，但官僚资本势力的异常强大是制约企业发展的一个重要因素；此外他还就民国时期云南的实业发展概况及实业思潮进行研究。[①]肖艳论述了近代化进程中的云南地方财团投资企业的经营活动，着重从当时云南近现代企业量的增加与质的改善、传统经济结构及传统意识的裂变等方面分析地方财团在促进地区经济发展中所起的作用。[②]董孟雄、罗群对近代云南实业家与理财家缪云台进行述评。[③]

此外，矿业经济在云南经济史上占有极其重要的地位，其影响波及云南社会经济的各个方面并辐射全国。陈征平论述了以矿业作为云南工业化改造的先导部门所带来的社会扩散效应。[④]陈庆德从清代云南矿冶业与民族经济开发的角度进行探讨，认为：清政府加速以铜为重心的云南矿冶开发的进程，把云南民族经济的开发推到了清代整个边疆民族经济开发的首要地位。[⑤]陈理探讨了官督商办形式在近代云南旧式矿业向新式矿业转变中的实施与不足。[⑥]朱波分析了政府在近代云南个旧锡矿经济发展中通过引进机器设备、资金、人才支持等举措所起的推动作用。[⑦]王娟、鲁戈考察了林则徐在云南任职期间对云南矿业尤其是铜业进行的治理与整顿。[⑧]徐斌则认为：能源与运输交困最终导致了铜业的衰落。[⑨]

盐业是云南矿业中一个传统的经济部类，论者对近代滇盐的产制、销岸制度的变化、发展状况等问题做了研究，主要成果有：武晓芬《清代及民国云南盐

①王水乔：《试论清末至民国年间云南的股份制企业》，《云南民族学院学报》1994 年第 1 期；《民国时期云南的实业及实业思潮述论》，《云南学术探索》1995 年第 2 期。

②肖艳：《近代化进程中的云南地方财团企业经营活动与地区发展研究》，《学术探索》2002 年第 4 期。

③董孟雄、罗群：《近代云南的实业开拓者和理财家缪云台述论》，《云南民族学院学报》1998 年第 2、第 3 期。

④陈征平：《近代云南的矿业工业化与社会扩散效应》，《云南社会科学》2002 年第 2 期。

⑤陈庆德：《清代云南矿冶业与民族经济开发》，《中国经济史研究》1994 年第 3 期。

⑥陈理：《官督商办与云南近代新式矿业的产生》，《中央民族大学学报》1995 年第 1 期。

⑦朱波：《试析政府在近代云南个旧锡矿经济发展中的作用》，《西南林学院学报》2006 年第 1 期。

⑧王娟、鲁戈：《林则徐在云南的矿务活动》，《河南理工大学学报》（社会科学版）2005 年第 1 期。

⑨徐斌：《试析清中后期云南铜业衰落的原因》，《云南民族大学学报》1985 年第 4 期。

政变化与地方经济的关系》[1]、黄培林《民国年间滇盐的产制管理》[2]、吴强《抗战时期的云南盐业》[3]、赵小平《抗战时期云南盐业发展研究》[4]、重仁和怀玉《云南盐业史上一个以盐为主多种经营的成功范例》[5]等，这些研究反映出近代滇盐在产制管理、生产经营方面均发生了与社会变迁相适应的变化。

（四）近现代云南商业与对外贸易研究

市场问题是商业研究的核心内容，涉及市场的形成与发展、促动因素、市场的等级结构及其功能、商业资本的发育及投资转向等相关问题。刘云明《清代云南市场研究》（云南大学出版社 1996 年版）系统考察了清代以来云南市场由传统向近代转化的轨迹与过程。对于云南近代市场的形成与发展，刘秀生认为：云贵青藏地区虽地处高原，在清代中后期仍然同内地建立了广泛的商业渠道，逐渐融入了全国商业网。[6]关于云南近代统一市场，论者一致认为在 1911 年前已形成了以昆明为中心的市场网络，出现了市场结构向近代的转型。王福明侧重对洋货输入后市场结构所发生的变化进行分析。[7]梁宏志重点分析了蒙自开关对市场结构变迁的影响。[8]董孟雄和郭亚非也探讨了蒙自开关后交通运输因素对市场结构的影响，认为滇越铁路通车和抗日战争期间云南交通技术要素多元化的变革最终导致服从于近代格局的更大的中转市场基本确立。[9]

在区域市场的研究中，刘云明对清代云南边地农村市场做了研究，指出当时已出现了高层次的市场类型——综合商品集散市场，在局部地区甚至导致了周边地区低层次市场的停滞和萎缩。[10]赵铨考察了近代大理市场商品结构中工

①武晓芬：《清代及民国云南盐政变化与地方经济的关系》，《中国经济史研究》2004 年第 3 期。

②黄培林：《民国年间滇盐的产制管理》，《盐业史研究》1992 年第 1 期。

③吴强：《抗战时期的云南盐业》，《盐业史研究》1995 年第 3 期。

④赵小平：《抗战时期云南盐业发展研究》，《盐业史研究》2005 年第 3 期。

⑤重仁、怀玉：《云南盐业史上一个以盐为主多种经营的成功范例》，《盐业史研究》1996 年第 3 期。

⑥刘秀生：《清代中后期青藏云贵的商业交往》，《中国社会经济史研究》1989 年第 4 期。

⑦王福明：《近代云南区域市场初探（1875—1911）》，《中国经济史研究》1990 年第 2 期。

⑧梁宏志：《蒙自开关与近代云南市场结构变迁》，《云南师范大学学报》2005 年第 4 期。

⑨董孟雄、郭亚非：《近代云南的交通运输与商品经济》，《云南社会科学》1990 年第 1 期。

⑩刘云明：《清代云南农村市场探析》，《云南民族学院学报》1995 年第 2 期。

业机制品在市场中的比重、手工业的发展状况、农产品的商品化等问题。[①]肖迎对怒江地区的集市"街"做了考察,认为这些集市不仅起到了"市"的作用,而且具有了近代市场的特征,成为在全国统一的大市场下由政府直接管理的小市场。[②]

关于近代云南商品化发展状况,董孟雄认为,从总体上看,近代云南经济类型不是自然经济,而是复合经济,小农经营是这种复合经济的基础。[③]赵铨对滇越铁路通车后沿线农村地区经济发生的商品化问题做了具体研究,指出因受种种因素的制约,这种农村商品经济处于低层次的发展状态。[④]董建中对鸦片战争后白族地区工商业的发展情况做了研究,杨煜达分析了近代商品化进程对滇西社会各方面的影响。[⑤]

在对外经济关系的研究中,对外国在华资本及其对云南社会经济的影响,以往论者比较强调其对华经济的侵略性,而近年的研究更注重从中外正常经贸往来的角度,具体探讨对外经贸往来对云南社会经济变化的客观作用。汪戎认为,云南近代对外关系始终处于以进出口贸易为主的地位,对外资金的输入、技术的交流、设备的引进都没有得到大的发展。[⑥]赵铨对外国资本在近代云南的投资活动的考察也表明,外资的投资活动明显地缺乏产业投资,仍滞留于更为原始的掠夺贸易阶段,与同时期全国范围内外资在产业方面的投资比重增长的情况形成鲜明的对比。[⑦]

对于商人与商人资本的研究,是将经济史研究与社会史研究相结合的新课题。罗群所著的《近代云南商人与商人资本》(云南大学出版社 2004 年版),系统勾勒了近代云南商人与商人资本发展变化的历史轨迹,着重论述了不同时期商人资本的经营形态、商人结构的发展变化、商人群体的出现与整合、商人资本的

---

①赵铨:《云南大理地区的近代集市》,《中国经济史研究》1998 年第 4 期;《近代大理市场的商品结构》,《云南民族学院学报》1996 年第 3 期。

②肖迎:《近代怒江地区的集市与贸易》,《云南社会科学》1994 年第 4 期。

③董孟雄:《云南地区商品经济的历史分析》,《思想战线》1991 年第 2 期。

④赵铨:《滇越铁路沿线农村商品经济初探》,《云南财贸学院学报》1997 年第 4 期。

⑤董建中:《近代白族工商业的发展及其启示》,《云南教育学院学报》1987 年第 3 期;杨煜达:《试析近代滇西商品经济的发展和影响》,《保山师专学报》2000 年第 2 期。

⑥汪戎:《近代云南对外经济关系》,《思想战线》1987 年第 5 期。

⑦赵铨:《外国资本在近代云南的投资》,《云南财贸学院学报》1998 年第 4 期。

流向与经营等。周智生《商人与近代中国西南边疆社会——以滇西北为中心》(中国社会科学出版社2006年版)从社会经济史的角度探讨了滇西北商人群体的发展变化及与地方社会的互动。研究者对云南商业资本的兴起有不同的看法:王福明和刘云明都认为近代云南商业资本的真正兴起是在咸丰以后。[①]梁宏志则认为,云南本地商人在商品经济中开始扮演主角是在蒙自开关和滇越铁路开通后。[②]关于商人群体研究,刘云明论述了云南商人在清代贸易经营活动中对群体形象的调整和再造。[③]周智生对近代纳西族妇女的经商活动、滇西北地区不同民族商人群体的崛起和他们的商贸活动、社会活动及纳西族、白族商人特殊的塑神行为等问题做了研究。[④]杨煜达也论述了滇西民族商业资本的转化与近代云南社会的关系,认为当时云南社会的内在限制和外部条件使近代滇西民族商业资本更多地滞留在流通领域,走上了商人支配生产、商业资本主义和封建土地制度相结合的道路。[⑤]罗群则对近代云南商人组织从会馆、行帮到商会的发展变化进行探讨。[⑥]这些研究已不再局限于商业活动本身,而是将视角拓展至文化、社会等方面,具有一定深度与广度。

由于云南地处西南边疆,特殊的区位使得华侨经济对云南近代经济产生了巨大的推动作用,相对于国内资本来说,华侨资本属于外来资本。董孟雄、陈庆德对云南近代华侨资本的形成及其影响做了研究,认为,近代云南势力雄厚的商业资本由于不能独立构成新的生产方式,在被卷入世界经济的趋势和进出口贸易加强后,因转营对外贸易有利于自身发展,加上商埠开放、边界免税贸易等

---

①王福明:《近代云南区域市场初探(1875—1911)》,《中国经济史研究》1990年第2期;刘云明:《清代云南商业资本的运动》,《云南社会科学》1996年第2期。

②梁宏志:《蒙自开关与近代云南市场结构变迁》,《云南师范大学学报》2005年第4期。

③刘云明:《试析清代云南商人的群体整合》,《思想战线》1996年第2期;《清代云南境内的商贾》,《云南民族学院学报》1996年第2期。

④周智生:《民国时期丽江商界的纳西族妇女》,《思想战线》1998年第12期;《近代滇西少数民族地区经商习尚的演变》,《云南学术探索》2003年第4期;《近代纳西族、白族商人特殊塑神行为》,《云南师范大学学报》2004年第2期。

⑤杨煜达:《滇西民族商业资本的转化与近代云南社会》,《云南社会科学》2001年第4期。

⑥罗群:《从会馆、行帮到商会——论近代云南商人组织的发展与嬗变》,《思想战线》2007年第6期。

因素,共同构成了云南地区民族资本转移国外形成华侨资本的外部条件。[①]牛鸿宾分析了近代云南华侨迁移缅甸、泰国、老挝、越南等东南亚国家的动因是经商、务工及突发性政治动乱。[②]

对外贸易研究长久以来一直是云南经济史研究的热点问题,研究也取得了相当进展。吴兴南《云南对外贸易——从传统到近代化的历程》(云南民族出版社 1997 年版)、《云南对外贸易史》(云南大学出版社 2002 年版)和董孟雄、郭亚非的《云南地区对外贸易史》(云南人民出版社 1998 年版)是其中系统研究云南对外贸易史的专著。吴兴南侧重从云南对外贸易的近代化转型入手研究云南近代贸易史。贺圣达深入研究了近代云南与中南半岛的经济交往状况。[③]郭亚非指出:云南区域性贸易圈受到贸易各方生产力水平的制约,只能在较低层次上进行,更没有因贸易发展而推动的投资行为;云南地方政府自 1931 年后积极插手金融领域,这种干预在一定程度上稳定了外贸市场;自 1930 年到 1936 年,在云南对外贸易中,出现了转口贸易的情况。[④]袁国友则认为以大锡为主的滇港贸易是近代云南对外贸易的重要内容。[⑤]王文成论述了云南在约开商埠后,通过改造传统的边境贸易网络,建立了新的殖民贸易体系,从而使云南对外经贸关系的性质发生了重大变化,内部结构也演变为以通商口岸为依托,以全球性、综合性的世界贸易为主体,以边境贸易、边民互市和走私贸易为补充的近代对外经贸关系。[⑥]另外,车辚对自 1910 年滇越铁路全线贯通后形成的以昆明和蒙(自)个(旧)为两大节点的经济走廊,滇越铁路运输量与蒙自海关进出口总值之间、滇越铁路列车千米与消耗机煤数量、个碧石铁路营业收入与个旧大锡产量之间的计量模型进行分析探讨,是将计量方法应用到云南近代经济史研究中的

---

①董孟雄、陈庆德:《云南近代华侨的形成、结构和华侨资本的作用》,《思想战线》1984 年第 5 期;《试论华侨经济对云南近代经济的影响》,《经济问题探索》1985 年第 4 期。

②牛鸿宾:《近代云南的外迁移民》,《学术探索》1998 年第 6 期。

③贺圣达:《近代云南与中南半岛地区经济交往研究三题》,《思想战线》1990 年第 1 期。

④郭亚非:《近代云南与周边国家区域性贸易圈》,《云南师范大学学报》2001 年第 2 期;《近代云南对外开放中地方政府的作用》,《云南师范大学学报》1999 年第 3 期;《云南近代转口贸易》,《云南师范大学学报》1998 年第 6 期。

⑤袁国友:《论近代前期的滇港经贸关系》,《云南社会科学》2002 年第 4 期。

⑥王文成:《约开商埠与清末云南对外经贸关系的变迁》,《云南社会科学》2008 年第 3 期。

有益尝试。[①]

（五）近现代云南财政与货币金融研究

财政与货币金融作为地方经济生活的主要内容，学术界也对其展开相关研究。《云南历史货币》（云南人民出版社 1989 年版）、《云南货币简史》（云南民族出版社 2002 年版）论述了从古代到近现代各历史时期云南货币的发展变化过程及特点。陈征平探讨了唐继尧时期云南地方财政的相关特点，认为：民国初期唐继尧以云南一年仅 600 万元的收入，竟在这穷土僻省维持长达十数年驻军分布广泛、所需军饷浩繁的战争局面。这在很大程度上是利用了“护国”“护法”的政治正当性，从而获得了从中央到西南各省、国外借款、海外华侨捐助等广泛的财物支持，加上其对地方财力的进一步挖掘，才保障了庞大军费需求的稳定来源。[②]赵小平分析了近代滇盐盐税与地方财政的关系，认为盐的产、运、销成为影响云南经济、政治及社会的一个比较突出的因素。[③]史允则论述了唐继尧地方政府财政与富滇银行一荣俱荣、一毁俱毁的关系以及政府金融体制与民国时期滇银大量外流的现象，并对龙云政府的货币发行政策进行分析。[④]

金融业作为近代以来社会经济活动的心脏，以资金营运为纽带连接着社会各产业部门之间的运作。赵仁平认为，近代云南金融业务的发展变迁在一定程度上促进了产业结构的变化，但是近代云南金融业的财政性、投机性及封建性等特点又决定了金融业本身难以获得正常、充分的发展。论者还从在近代云南使用时间长、范围广、影响大的半开银圆来透视中国币制的区域间不平衡、多样性特点。[⑤]王文成以法元、卢比的流入与清末云南币制变迁为切入点，指出法元

---

①车辚：《近代云南经济史中的若干计量经济模型——以滇越铁路经济走廊为例》，《云南财经大学学报》2007 年第 2 期。

②陈征平：《唐继尧“大云南主义”财政支持体系探略》，《曲靖师范学院学报》2007 年第 4 期。

③赵小平：《盐与唐继尧时期的滇系军阀》，《盐业史研究》1999 年第 4 期；《近代滇盐盐税与地方财政》，《四川理工学院学报》（社会科学版）2007 年第 4 期。

④史允：《唐继尧政府财政与富滇银行的关系探析》，《云南行政学院学报》2009 年第 3 期；《白银逆流——唐继尧政府的金融体制与民国时期滇银大量外流现象的关系探析》，《思想战线》2009 年第 4 期；《龙云政府的货币发行政策》，《云南行政学院学报》2003 年第 3期。

⑤赵仁平：《论近代云南金融业的变迁与产业结构》，《学术探索》1999 年第 2 期；《从云南的半开银圆看近代中国的币制》，《云南学术探索》1997 年第 2 期。

和卢比的流通，严重冲击了云南传统的银两与制钱并行的货币制度，在加剧云南币制混乱的同时，客观上为“废两改元”、铜铸币辅币化打开了缺口，对云南币制近代化产生了重要影响。[①]罗群论述了以典当、票号、钱庄、汇号、兼销业等为代表的云南近代旧式金融业日趋衰落消亡，或悄然向近代金融业演化的趋向。[②]梁宏志、唐云锋则对富滇银行时期云南地方金融处于金融恐慌的原因进行分析。[③]此外，与以往对法国东方汇理银行在云南的金融活动完全视为经济掠夺的观点不同，唐云锋、刘涛从金融领域的正常竞争入手，重新考量了中法双方凭借金融实力进行的较量。这是将经济学的相关理论引入云南近代经济史研究的有益尝试。[④]

（六）近现代云南城市研究

伴随着近代工商业的发展、交通的改善和社会经济结构的变迁，近代云南地区也出现了城市化的初兴。对此，赵育红认为，近代云南地区的城市化，速度缓慢，水平较低，带有明显的空间上的不平衡和时间上的季节性等特征。[⑤]而昆明作为近代云南城市发展的中心，论者对其城市化进程的各方面进行探讨。车辚认为，清末民初云南府城（昆明）的城市消费变迁在两个阶段有不同的特点：第一阶段为1889年蒙自开埠到1910年滇越铁路通车，昆明城市消费能力提高、消费倾向洋化、消费意愿增强；第二阶段为1910年滇越铁路通车以后的民国初年，城市功能的变迁促进了商业发展和消费升级，昆明的城市消费引领全省潮流。[⑥]蒋枝偶从昆明城市居民婚嫁消费的一个侧面来展示近代昆明城市居民生活的多彩画面。[⑦]徐亚鹏则论述了腾冲自开关以后的市镇变化。[⑧]

---

①王文成：《法元、卢比的流入与清末云南币制变迁》，《云南社会科学》2007年第4期。

②罗群：《略论近代云南旧式金融业的发展状况及趋向》，《学术探索》2007年第1期。

③梁宏志、唐云锋：《富滇银行时期云南金融恐慌的成因》，《云南民族大学学报》（哲学社会科学版）2008年第5期。

④唐云锋、刘涛：《试论1914年—1935年云南地方银行与法国东方汇理银行的博弈》，《思想战线》2003年第3期。

⑤赵育红：《论近代云南地区的城市化发展》，《现代商贸工业》2008年第12期。

⑥车辚：《清末民初昆明的城市消费变迁》，《云南民族大学学报》（哲学社会科学版）2007年第1期。

⑦蒋枝偶：《论近代变革中的昆明城市居民婚嫁消费》，《保山师专学报》2005年第6期。

⑧徐亚鹏：《晚清云南腾冲城市经济的转变浅探》，《科技经济市场》2006年第3期。

(七)近现代云南民族经济史研究

作为一个统一的多民族国家,中国经济是在不同地区、不同民族、不同类型经济文化的相互交往、相互碰撞中向前发展的,汉族的经济文化和其他民族的经济文化相互依存、相互影响。不研究少数民族经济史,汉族经济史中的许多问题和现象就难以得到合理解释,也难以在总体上把握近代中国社会发展中经济发展变迁的规律。此外,少数民族经济史还提供了不同经济形态、不同经济类型与不同经济形式等方面的丰富素材,可以大大加深研究者对人类社会经济发展的统一性与多样性的认识,其学术价值难以估量。

在近 30 年来的云南近代经济史研究中,民族经济史研究呈现出发展较快、研究领域进一步拓展、成果不断涌现的特点。杨毓才《云南各民族经济发展史》(云南人民出版社 1989 年版)可谓是一部云南民族经济通史,全书按照原始生产形态、奴隶占有制诸形态、封建领主制的形成和向地主制的过渡、近代资本主义工商业出现的顺序,把云南民族地区经济的发展和各民族中新中国成立前残留的前资本主义诸形态糅合在一起加以叙述。杨聪的《大理经济发展史稿》(云南人民出版社 1986 年版)系统考察了大理地区经济发展概况。段金录、姚继德主编的《中国南方回族经济商贸资料选编》(云南民族出版社 2003 年版)收集了大量史料和当事人或知情人的回忆,清晰地勾画出中国南方三大地域回族先民经济活动鲜明的地域特色。郭亚非指出,近代云南的开放促使少数民族地区经济出现明显变化。一些原来经济较落后的少数民族消除了过去相对隔绝的状态,如德宏地区的德昂族;一些原有经济基础较好的少数民族积累起较大数额的商业资本,甚至跨入了近代企业经营的行业,如大理白族;还有一些地理环境处于对外开放流通线上的少数民族出现了直接向近代化过渡的跳跃式发展,如金平县金水河地区的傣族。[①]黄海涛则认为,明清时期云南边地佛教兴盛,大理白族地区的汉地佛教寺院经济、中甸地区的藏传佛教寺院经济、西双版纳地区的南传佛教寺院经济均得到长足发展。[②]普卫明对云南少数民族理财思想的起

①郭亚非:《近代云南开放与少数民族经济》,《云南师范大学学报》1998 年第 3 期。

②黄海涛:《明清时期云南少数民族地区的佛教寺院经济探析》,《昆明师范高等专科学校学报》2007 年第 2 期。

源及其表现形式进行了探讨。[①]

在对云南各少数民族近现代经济发展与变迁的考察中，回族经济史研究成果较为集中。马丽娟在《历史上云南回民的经济特征》（《民族研究》2000 年第 1 期）一文中指出，云南回民在十五六世纪就完成了手工业、商业和农业的社会分工，形成了半农半商、亦工亦农、工商兼顾的经济特征。申旭的《云南回族商帮及其对外贸易的发展》（《回族研究》1996 年第 2 期）认为云南回族商人与缅甸等国的贸易始于元代，至清代中期以后达到高潮，出现了一批回族商帮、商行和商号，其足迹遍及西南地区及东南亚、南亚等国，拓展了云南的对外贸易。申旭《回族商帮与历史上的云南对外贸易》（《民族研究》1997 年第 3 期）、马维良《云南回族的对外贸易》（《回族研究》1992 年第 2 期）、马丽娟《近代云南回民对外贸易活动研究》（《思想战线》2000 年第 1 期）、姚继德《云南回族马帮的组织与分布》（《回族研究》2002 年第 2 期）等文章也对这一问题进行了探讨。马维良《清代初中期云南回族的矿冶业》（《回族研究》1994 年第 1 期）论述了清代初中期云南回族矿冶业的发展及相关特点。此外，王水乔探析了近代云南彝族社会经济发展不平衡的原因及表现形式[②]；徐祖祥则认为云南瑶族传统游耕经济体系中的刀耕火种农业、狩猎业、手工业和家畜家禽饲养业，以及传统村社政治制度寨老制和丛会，都受到了以道教信仰为核心的瑶传道教的深入影响。[③]

综上所述，长久以来，云南经济发展史研究的成果值得称道，尤其在近代云南经济发展特色方面的研究更加令人瞩目。不过，在研究的深度与广度方面仍可进一步提高。

第一，薄弱领域尚需加强。云南经济史研究针对一些重要时段与领域的探究仍显薄弱，甚至存在空白。就时段而言，现有的成果多集中在近现代经济史研究中，成果丰硕，在许多领域均有建树，但古代部分成果较少，不仅缺乏专论，甚至没有涉及。此种情况与云南经济发展历史进程的连续性与多样性不相符合。

---

①普卫明：《云南少数民族理财思想的起源及其表现形式》，《云南民族大学学报》（哲学社会科学版）2008 年第 7 期。

②王水乔：《近代云南彝族社会经济发展不平衡性探析》，《思想战线》2007 年第 4 期。

③徐祖祥：《试析近代以来云南瑶族传统游耕经济和村社制度中的宗教因素》，《楚雄师范学院学报》2003 年第 10 期。

此外,就研究的具体领域而言,在上述分门别类的研究主题当中,对工矿业、农业、货币金融、商业贸易等方面论述较多,而对手工业、人口经济、城镇开发、民族经济史等的论述相对较少,这是应引起重视的一个问题。

第二,区域经济研究成果突出,但以微观研究居多,宏观研究较为欠缺,比较研究不够,量化研究欠缺。近年来,比较研究方法越来越多地被史学工作者所采用,并且取得了可观的成绩。但就本领域的研究而言,做得还很不够。以所发表的文章为例,它们大多着眼于一时、一地、一事,或考其源,或论其果,或历述其经过,很难见到比较研究性的文章。有关近代云南区域经济研究成绩斐然,但不可忽视的是,许多研究成果仅从微观出发,而且以描述性居多。不可否认,区域经济史研究必须以对大量经济史实的考察作为依据,但如果忽略或不重视对全局和宏观的概括,将造成研究主题与研究区域"碎片化",使多数成果只能停留在个案结论的阶段。因此,在分析、总结云南经济变迁、得失的同时,应将云南地方经济的变迁融于全国、全球的范畴中加以比较,通过从区域看全国与从全国看区域的综合研究,更好地说明中国乃至整个人类社会的发展进程,抓住中国历史发展的规律。

第三,加强与相关学科的联系。经济史研究应是以历史学为主干,融合经济学、社会学、地理学、文化人类学、人口学、民俗学等多种学科,因此,应更多地将地理环境、人口、家庭、宗族制度、宗教、文化等因素纳入经济史研究的视野,使云南经济史的研究朝多样化发展。此外,面对学术研究的国际化与全球化,如何更好地关注学术前沿,在更高的平台上开展研究,是我们每个研究者需要思考的问题。

第四,对民族经济史的研究虽然丰富了云南经济史的研究内容,使其向深度与广度拓展,但也存在不足。首先,大部分论著集中于社会形态和社会性质的讨论,重在横断面的解剖和形态的判定,真正从经济史的角度,从生产力和生产关系的结合上,从经济与社会文化等的相互关联的角度上来研究少数民族经济过程及其机制的较少。其次,研究较分散,对少数民族经济史中许多重大问题缺乏系统深入的研究和相应的理论探讨,尚需在今后的研究中予以关注与加强。

第一章　农业经济

历来，农业是云南省经济发展的基础，农业经济史的变迁历程，体现了云南省历史发展的脉络。云南省地处中国西南边疆，其特殊的地理位置与自然环境，为农业发展提供了丰富的资源，也同时使云南的农业呈现出多样、立体和发展不平衡的特性。云南的农业技术始终与中原地区保持同步，亦与中原地区保持交流与互通，因此虽然云南省内部农业发展不平衡，但从整体上看，农业经济水平始终呈上升发展趋势。

传统农业经济发展建立在土地的基础上，从先秦至晚近时代，历朝历代围绕着土地，不断进行变革。云南省的土地制度深受中原王朝的影响，但其地方特色始终十分浓厚，不同地区、不同民族均存在不同的土地制度。纵观云南省土地制度变迁史，可以发现土地私有化是土地制度发展的主要趋势，从奴隶制到封建制，从公有制到私有制，土地私有意识与产权意识不断增强。

与土地相伴随的，即是以土地为基础的赋税制度，古代王朝国家的主要财政来源即是土地，云南省由于地处边疆，长期没有固定而统一的纳税亩积与征税标准，至元明清时期，才进一步得到规范和统一。从长期征税历程来看，云南省的农业赋税负担不断加重，这体现了云南不断被纳入中央王朝统一政治体系的过程，也表明中央王朝加强对云南控制的历程。

云南的农业史，是一部边疆开发史，从羁縻土司制度到改土归流，农业开发与边疆治理始终相伴随。尤其是近代以来，面对内忧外患，边疆开发甚为重要，农业则是其主要的着力点，中央政府与云南地方政府均致力于制订边地开发方案，进行移民开垦，发展边疆经济，促进边疆社会发展。但边疆开发过程中，如何处理基层边疆社会与边疆开发的关系，亦十分重要。

云南农业经济体制的彻底变革,发生于中华人民共和国成立后对云南进行的土改和农业社会主义改造时。在经历了诸多曲折之后,云南省的农业逐渐找到一条适合自己的道路,走绿色新型农业道路,使特色农业与技术、市场相结合,将书写云南省农业经济发展史的新篇章。

第一节　云南农业资源与农业技术发展

一、农业资源

(一)多元性地理环境

云南地处中国西南边疆,位于北纬 21°8′32″—29°15′8″,东经 97°31′39″—106°11′47″,属于青藏高原的南延部分,地形以山地和高原为主,占全省面积的 94%,低平的坝子只占 6%。根据地形可将云南分为两部分,元江(干流红河)以东为云贵高原地貌,以西是滇西纵谷区。[①]整体而言,云南地形有以下几个特征:第一,以山脉为骨架呈掌状分布,全省地势总体由西北向东、东南、南、西南和西 5 个方向呈掌状延伸,地势西北高,东南低,呈阶梯状逐级下降。第二,全省可分为四级阶梯,各级阶梯内部地形复杂,这造成省内南北地带性差异很大,省内各地气候不一,自然环境各异。第三,东西地形为高原山地并列,以元江河谷和大理—剑川宽谷一线为界,可划为东西两大地形区,东部为滇东高原(又称云南高原),西部为横断山脉纵谷区(又称三江地区)。第四,山高谷深,小型盆地广布。西部横断山地陡峻,形成狭窄幽深的峡谷,而东部地区则有大理山间盆地,俗称"坝子",气候与土壤条件较好,是工农业生产的主要地区。第五,地貌类型复杂。由于云南各地自然条件差异大,不同地区形成复杂的地貌类型,如南部、中部、西部以流水侵蚀的山地为主,东部、东南部、西南部以喀斯特地形为主,西北部、东北部和一些高山区,以寒冻风化、冰川作用形成的不同地貌类型,形成复杂多样的地理格局。[②]

①陆韧:《云南对外交通史》,云南人民出版社,2011,第 8 页。

②云南省方志编纂委员会编《云南省志》卷一《地理志》,云南人民出版社,1998,第218—220 页。

云南省地理复杂多样，因此也形成多样性的低纬度山地高原季风性气候，省内不同地区的气候差异较大。云南河谷地区气候炎热，雨水较多；坝区和山腰气候温暖，雨量增多；高山地区气候寒冷。主要有 3 种类型，一是四季温差小的低纬度气候，云南纬度低，处于东亚季风和南亚季风的过渡地区，同时受南亚热带海洋和大陆青藏高原的影响，除高寒山区与南部河谷地带外，全省年温差小，7 月平均气温 25℃左右，冬季平均气温在 7℃左右，形成冬无严寒、夏无酷暑的四季如春的气候。二是干湿季分明的季风气候，云南北靠青藏高原，南近热带海洋，冬春和夏秋分别受到不同气团的影响，形成夏秋多雨、冬春干旱、干湿季分明的季风性气候特点。三是垂直差异显著的山原气候，多元性地理格局形成垂直性气候，所谓"一山有四季，十里不同天"是云南常见的现象，同一地区不同海拔气候及景观均有所不同。[①]

云南省具有多元性地理气候资源，为农业发展提供了良好的基础。首先，云南省纬度低、海拔高、太阳光照强，为农业发展提供了良好的光能，一般而言，云南光能潜力在 6 000 斤 / 亩，很多地区一年两熟甚至三熟。[②]其次，云南省降水较多，水分潜力多在 1 500 斤 / 亩，水分丰富且稳定，有利于农业发展。同时，云南省大部分地区气温常年在 10℃以上，农业发展具有良好的热量潜力。[③]良好的光、热、水，奠定了云南农业经济发展的基础。

随着纬度和海拔升高，农业分布有低热层、中暖层和高寒层 3 个层次。低热层属于热带型农业，粮食作物以双季稻和旱谷为主，一般可以一年两熟到三熟，甘蔗、茶叶、橡胶等热带经济作物的种植十分普遍。中暖层属于亚热带型农业，以水稻、玉米、小麦、蚕豆等粮食作物为主，兼有烤烟和油菜等经济作物。高寒层属于高山温带型农业，一年一熟，主要作物有青稞、马铃薯、荞麦和燕麦等。局部地区内部立体差异较为明显，根据田土条件，还可以分为坝区、半山区、山区和高寒山区几种农业类型。在历史上，坝区和半山区精耕细作较早，而山区和高寒

①云南省方志编纂委员会编《云南省志》卷二十二《农业志》，云南人民出版社，1998，第73—74 页。

②云南省方志编纂委员会编《云南省志》卷二《天文气候志》，云南人民出版社，1998，第208—209 页。

③云南省方志编纂委员会编《云南省志》卷二《天文气候志》，云南人民出版社，1998，第210—212 页。

区长期以粗放耕作为主，部分地区还存在“刀耕火种”的迁徙农业现象。[1]云南农业虽然具有特色，但存在着发展不平衡的问题。

云南省以高原山地为主，地形多样，大部分地区属于亚热带高原季风气候，水热条件好，资源丰富，具有发展农、林、牧、副、渔业的良好基础。历来，农业在云南省经济中占据主导地位，由于地理环境多样性，云南农业也具有多元性，形成具有特色的“立体农业”。

（二）多层次农业物产

云南的地理环境决定了农业的重要性与独特性，农业是经济的基础，多元化的自然条件和地理环境，使云南农业发展具有层次特色，粮食作物、经济作物与畜牧养殖品种多样，且具有地方性特色。这使得云南的农业具有多元化特点，云南因此具有“植物王国”“动物王国”的美誉。

根据生态环境和作物种类等条件，可以将云南全省农业分为六大区域，即滇北农业区、滇西北农业区、滇东北农业区、滇中农业区、滇东南农业区、滇西南农业区。[2]各区自成特色。

适应于立体地形和立体气候的特点，云南省土地类型可以分为坝区、半山区、山区、高寒山区 4 类，耕地也有平坝、河谷、丘陵、坡地 4 种类型。平坝地区自汉唐以来便种植水稻、小麦、大麦、油菜、蚕豆等作物，每年可两熟至三熟，是传统的犁耕农业区。河谷地带气候属亚热带，主要种植水稻及甘蔗、棉花及油料作物。丘陵是指海拔 800—1 500 米的山丘地带，有的种植梯田水稻，如滇南元阳、红河等地是梯田水稻作业区；但滇西南、滇东北的丘陵地区以种植旱稻及山地作物为主。海拔 1 700—2 500 米的山坡主要是轮歇耕地，以种植玉米、荞麦、燕麦、青稞、洋芋为主。这些坡地大多数是少数民族聚居的山区，生产条件较差，生产技术较为落后，历史上山区居民长期使用刀耕火种的原始耕作方法耕种山区土地。[3]

云南粮食作物以稻谷、玉米、小麦、豆类、薯类为主，其中稻谷产量高，占全

---

①云南省方志编纂委员会编《云南省志》卷一《地理志》，云南人民出版社，1998，第509—510 页。

②陈国生：《刍议明代云南民族农业地理》，《中国历史地理论丛》1997 年第 1 期。

③李珪：《云南近代经济史》，云南民族出版社，1995，第 9 页。

省粮食产量的一半左右,是省内最重要的粮食作物,稻谷主要分布于平坝区,山区亦可种植, 最高种植海拔可达 2 700 米。[①]云南稻谷的种植历史受到各方关注,云南考古出土了几千年前的古稻谷。古稻谷主要分布在滇西(宾川、剑川)、滇中(元谋)、滇中偏东(滇池地区)、滇南(普洱)等地,是亚洲栽培稻谷的起源地之一。日本学者中川原等提出亚洲栽培稻的基因中心在东南亚山地(包括印度、缅甸、老挝和中国云南等地),并形成一条“稻米之路”。[②]考古学家李昆声认为最早驯化野生稻的民族是古代百越民族,即壮族、傣族的先民,因此云南不仅是最早种植野生稻的地区,也是亚洲稻作文化的起源地之一。[③]

云南稻谷分水稻、旱稻两大类。稻谷品种又分为粳稻、糯稻、红稻、紫稻、绿稻、香稻等多个品种,仅粳稻便有 100 多个品种,如大白谷、香谷、白谷、黄谷、胭脂谷、老来谷、黑谷、紫谷等。著名的有昆明冬吊米、广南八宝米、德宏遮放米等 10 多种。其中紫稻颇具盛名,紫稻又称紫米,这是热带亚热带地区的物产,著名的有西双版纳紫米、德宏紫米、红河紫米等十余种。绿稻又称绿谷米,米粒为绿色,以宜良、富民所产绿谷米著名。香稻是亚热带的物产,其味芳香,芒市香稻、云州香稻、景东香稻在过去都很著名。糯稻、紫稻、香稻产量较低,过去属于贡品,上贡朝廷,是王公贵族宴席上的佳品,市场上只有少量出售。

云南以稻米为主食,但玉米和薯类在云南农业中占据重要地位,在食物结构中占据较大比例。玉米和番薯原产于美洲,16 世纪开始传入中国,史学界对玉米和番薯的传播路线存在不同观点,主要有玉米经西北、西南、东南 3 条路线传入中国的争论,马铃薯传入中国的路线亦有东南、西南之争,[④]从历史文献来看,云南是最早传入和种植玉米和马铃薯的地区之一。高原山区难以种植水稻,而玉米、番薯、马铃薯对生产条件要求较低,产量较高,有利于解决山区粮食不足的问题。明清时期,高产的玉米和薯类作物已被大面积种植,扩大了云南的耕地面积,提高了粮食产量,解决了云南耕地有限和粮食不足的问题,为经济作物的发展提供了条件,推动了云南地区的经济发展。[⑤]从明清至民国时期,云南农

①云南省方志编纂委员会编《云南省志》卷一《地理志》,云南人民出版社,1998,第 510 页。
②李昆声:《云南在亚洲栽培稻起源研究中的地位》,《云南社会科学》1981 年第 1 期。
③李昆声:《亚洲稻作文化的起源》,《社会科学战线》1984 年第 4 期。
④曹树基:《玉米和番薯传入中国路线新探》,《中国社会经济史研究》1988 年第 4 期。
⑤陈树平:《玉米和番薯在中国传播情况研究》,《中国社会科学》1980 年第 3 期。

产品结构中，薯类由于产量高、种植成本较低，成为高寒山区的主食。

表 1-1　民国时期云南全省主要农产品估计表

种类	种植面积(亩)	产量(斤)
稻	13 652 000	3 771 787 000
马铃薯	390 000	442 046 000
番薯	241 000	340 704 000
小麦	4 443 000	616 299 000
玉米	3 888 000	582 571 000
大麦	2 047 000	218 184 000
大豆	2 671 000	346 204 000
高粱	718 000	77 509 000
粟	143 000	39 037 000
荞麦	538 000	75 910 000
豌豆	272 000	39 458 000

资料来源：云南省志编纂委员会办公室，《续云南通志长编·卷六十九》(下册)，云南省科学技术情报研究所印刷厂，1986 年 6 月，第 253 页。

云南多元性地理环境也促进了经济作物的丰富多样，全省广泛分布各类经济作物，例如，麻、木棉、草棉等纤维作物，油菜、花生等油料作物，滇南、滇西地区的甘蔗、砂糖椰子等糖料作物，罂粟、烟草等嗜好作物，还有茶叶、咖啡等饮料作物。明清以来，粮食产量的提高推动了经济作物的种植，云南地区的经济作物品种、栽培技术、种植面积和商业化程度得到很大发展，经济作物的发展对云南经济结构的改变和经济条件的改善做出了贡献，而罂粟、茶叶等经济作物则在中国历史长河中具有十分突出的地位。①

罂粟种植在唐代即有，而大量种植罂粟和制造鸦片并形成危害则在明清时期，明朝万历云南右参政谢肇淛在《滇略》中记载了鸦片的危害与广泛流通。清前中期的药物性鸦片仍在社会上层中流行。清中后期由于鸦片走私形成巨大的利润，推动了云南大量偷种罂粟和走私鸦片。“鸦片战争”之后，鸦片的危害虽显

①谢华香：《清至民国时期云南经济作物的种植及影响》，硕士研究生论文，云南大学，2015。

现，但清政府并没有实施禁止鸦片的措施，反而以“寓禁于征”的名义使鸦片种植与流通合法化，“禁烟罚金”成为清末民国初搜刮民财的手段；直至20世纪中期以后，罂粟种植和鸦片流通才得到严令禁止。云南既是罂粟主要产区，也是鸦片进出口交易频繁的地区，罂粟种植挤压了粮食种植面积，吸食鸦片则对人口、经济产生了巨大的危害。[①]

茶叶与鸦片共同促进了中国商品经济的发展，但不同于鸦片的促退作用，茶叶具有促进作用，而且茶叶贸易历史更加悠久。[②]云南是中国原产茶区之一，独特的地理环境和历史条件使云南茶叶品质优良，在公元前四五世纪的“南方丝绸之路”时期，就有云南与东南亚各国的茶叶互市往来，云南内地商帮通过“茶马古道”运输、交易茶叶，近代史上的云南茶叶贸易成为近代云南经济发展和现代化发展的重要窗口，不仅推动了茶叶经济的发展，更促进了贸易交流的良性互动。[③]清朝云南“普洱茶名遍天下”，滇南、滇西的茶叶生产技术得到长足发展，且有毛尖、芽茶、小满茶、谷花茶、紧压茶、女儿茶、金月天等不同品种，茶叶成为云南对外贸易的重要内容。[④]

云南粮食作物与经济作物具有互补性。除此之外，云南还有丰富的蔬菜、水果、鲜花、草木、药材等作物[⑤]。云南的蔬菜种类多达数百种，菌类之多在全国也是名列前茅，仅食用菌类就有30余种。著名的有鸡坳菌、羊肚菌、松茸菌、猴头菌等。黑木耳、黄木耳产量也很丰富。[⑥]这些丰富的物产促使云南形成了具有特色的蔬菜瓜果农场、鲜花市场、草药产业等，使云南农业经济呈现出多样化的立体农业特点。

除了种植农业外，云南的高原气候，使云南自上古时期就具有比较发达的畜牧业，农业经济经营多样，从4 000年前的宾川白羊村新石器时代遗址中出

①秦和平：《鸦片在西南地区的传播及其种植面积考订》，《中国农史》2003年第2期。

②仲伟民：《茶叶、鸦片贸易对19世纪中国经济的影响》，《南京大学学报》2008年第2期。

③杨志玲：《近代云南茶叶经济研究》，北京：人民出版社，2009；杨志玲：《近代云南茶叶出口与茶叶经济的良性互动》，《思想战线》2011年第3期。

④方慧：《清代前期西南边疆地区农业生产的发展》，《中国边疆史地研究》1997年第2期。

⑤王文成等辑校：《〈滇系〉云南经济史料辑校》，中国书籍出版社，2004。

⑥李珪：《云南近代经济史》，云南民族出版社，1995，第10页。

土了牛、羊、马、猪、狗、鸡的骨骼，以及各类动物的铜制模型。[①]在相当长一段时间内，云南古代农业经济中的畜牧业比较发达，尤其在高寒山区，养殖畜牧是主要经济来源。

相对内地而言，云南在历史上有其封闭、低水平的自给自足农业经济，甚至原始落后的农业经济形态，各地经济发展不平衡，以昆明为中心，由内向外逐渐递减，形成不同层次的农业经济状况，但其地理条件多元化，边疆、民族、山区三位一体的农业特色，使云南农业经济发展具有其自身的特色。

二、农业技术的发展

农业始终是云南的重要产业，云南农业经济发展的历史体现了云南整体经济的发展脉络，也体现了云南社会的发展历程。司马迁在《史记·西南夷列传》中称古滇国“耕田，有邑聚”，可见滇池一带在中国历史上很早即是农业较为发达的地区。云南虽地处西南偏僻之地，其农业经济发展自新石器时代以来始终紧跟中原农业发展步伐，学习和引进先进农业生产工具、生产技术，并在土地利用方面具有自身特色。

（一）生产工具与农业技术

生产工具是生产技术和生产水平的体现，云南农业类型多种多样，农作物品种丰富多彩，云南在新石器时代已经进入农业文明，从云南新石器文化 8 个类型[②]中出土了大量农业生产工具，如石斧、石锛、石铲、石刀、研磨棒、研磨器等石器工具，还有骨铲、蚌刀等工具。[③]新石器时代的云南农业工具比较粗糙，表明当时的农业经营也比较粗放，农业生产与狩猎、捕鱼、畜牧、采集等同时并行，农业经营多样化。新石器时代的粗放农业决定了当时云南只能广种薄收，因此“刀耕火种”十分普遍。

新石器时代的云南考古发现了古稻谷的遗迹，还出土了大量的陶器，如陶

---

①李昆声：《试论云南上古农业经济的特点》，《经济问题探索》1982 年第 1 期。

②云南新石器文化 8 个类型：滇池地区石寨山类型，滇东北闸心场类型，滇东南地区小河洞类型，滇南地区曼蚌囡类型，金沙江中游地区元谋大墩子类型，洱海地区马龙类型，澜沧江中游地区忙怀类型，滇西北戈登类型。

③李昆声：《云南农业考古概述》，《农业考古》1981 年第 1 期。

网坠、圜底器等。粳稻种植在云南历史十分悠久，不仅表明云南是世界栽培稻起源地和亚洲稻文化起源地之一，也揭示出云南农业生产技术在新石器时代的先进性，能够生产、储存稻谷。当时储存粮食的办法主要有半地穴式建筑贮存法、窖穴贮存法、囤箩贮存法、陶器贮存法等。①

春秋时期，云南进入青铜时代。在楚雄万家坝、晋宁石寨山、江川李家山、安宁太极山等地出土了大量的青铜农具，如铜锄、铜斧、铜镢、铜锸、铜镰等，这些青铜农具一部分专用于殉葬、仪礼，但大部分都是实用器具，铜斧砍伐林木，铜镢开荒翻土，铜锄耕地、点种、挖渠开沟，铜镰收割，形成一整套完整的农耕器具。②

两汉时期，云南铁器开始普及。安宁太极山出土了铜柄铁刃斧，江川李家山发现了铜柄铁镰、铜銎铁斧，滇池地区出土了铁镰、铁斧、铁锸等农具。云南出土的铁锸与内地完全相同，有的铁锸上还铸有"蜀郡""成都"铭文，表明其来自于四川，从铜器到铁铜合制，再到纯铁器，云南农耕农具在东汉时期有了飞跃发展。

与此同时，牛耕也从中原引进云南，《华阳国志·南中志》记载："（诸葛）亮收其俊杰建宁爨习、朱提孟琰及获为官属。习官至领军，琰辅汉将军，获御史中丞。出其金、丹、漆、耕牛、战马给军国之用。"《三国志·蜀志》也对南中耕牛进行了记载，根据考古，云南牛耕技术于东汉初年公元 2 世纪左右从中原经四川传入滇池、昭通地区，后来不断得到推广。③铁器和牛耕等先进农具的使用，促进了云南农业生产发展，使云南以种植旱谷为主的锄耕农业，转变为以经营水稻为主的犁耕农业，农业面貌发生了很大的变化，提高了粮食产量，也提高了对土地的利用效率。

耕作技术是生产力发展水平的反映，蜀汉时期，江南地区开发进程加快，随即边远山地也得到进一步开发。从蜀汉至唐宋时期，西南地区经过数百年的发展，农业经营深受内地汉族的影响，农业生产工具和生产技术水平进一步提高。据《蛮书》记载，唐代云南使用了二牛三夫耕作法："每耕田，用三尺犁，格长丈

---

①何耀华主编《云南通史》第一卷，中国社会科学出版社，2011，第 154 页。

②李昆声：《云南农业考古概述》，《农业考古》，1981 年第 1 期。

③同上。

余，两牛相去七八尺，一佃人前牵牛，一佃人持按犁辕，一佃秉耒”[①]，并有《南诏中兴国史画卷》文物作证。[②]水土条件好的坝区在唐代已普遍实行“二牛三夫”的传统水田犁耕方法，并且根据季节实行小春、大春两季轮种，每年可收小春旱季作物和大春水稻两熟。[③]南诏、大理时期的云南农业技术有了快速发展，已经形成了一年两熟的耕作制，《蛮书》记载滇池地区“水田每年一熟，从八月获稻，至十一月十二月之交，便于稻田种大麦，三月四月即熟。收大麦后，还种粳稻。”[④]

此后，牛耕和铁器深入传播并普及至云南各地，在以种植农业为主的滇池地区、洱海地区等地，牛耕和铁器促进了稻作农业的发展，并进一步推动了精耕细作农业的发展。但在少数山区和少数民族地区，还保留了传统的石器、铜器和铁器工具，形成了各地区具有特色的农耕文化。如在奴隶制经济较盛行的凉山地区主要实行牛犁山地和锄挖旱地，每年仅耕种旱地作物如小麦、大麦、荞麦、燕麦一季；在景颇山区、阿佤山区、怒江地区、布朗山区的少数民族长期处于锄挖农业阶段，农业生产以旱地作物为主，刀耕火种、轮歇耕作是这些地区主要的耕作方法，每年一熟然后丢荒，采集、狩猎是原始农业的丰要补充手段。[⑤]

云南除了农耕外，高原山地农区畜牧业发达，草场面积广阔，草地可达全省土地面积的 39%，畜（禽）品种达 172 个[⑥]。云南盛产良马，其中有名的是滇池驹，体型小而雄骏，善于山行，与四川巴地马相似，又称巴滇马。东汉安帝时令益州郡设“万岁苑”，专养御马。[⑦]宋代云南大理马成为军马的重要来源，连宋高宗也评价说：“马之良者，不必西北。”[⑧]元代云南成为全国 14 个牧马要地之一。由于云南马数量多，且十分适应云南山地，云南交通运输很大程度上依靠马，马既是商品又是运输工具，因此形成了具有特色的“马帮”贸易经济。

此外，云南饲养畜禽的历史也十分悠久，从考古材料中可以看到，云南在上

①向达：《蛮书校注》，中华书局，1992，第 65、第 66 页。
②李昆声：《云南农业考古概述》，《农业考古》1981 年第 1 期。
③李珪：《云南近代经济史》，云南民族出版社，1995，第 9 页。
④向达：《蛮书校注》，中华书局，1962，第 171 页。
⑤李珪：《云南近代经济史》，云南民族出版社，1995，第 9 页。
⑥云南省方志编纂委员会编《云南省志》卷一《地理志》，云南人民出版社，1998，第 511页。
⑦张增祺：《滇文化》，云南美术出版社，1997，第 45 页。
⑧云南省方志编纂委员会编《云南省志》卷二《天文气候志》，云南人民出版社，1998，第 207 页。

古时期不仅“五谷”齐全,“六畜”也均齐备,畜、禽种类甚多。从春秋战国到西汉,云南墓葬中多有青铜牛、马、猪、羊、狗、鸡模型,畜、禽成为财富的主要象征,也是对外贸易交换的重要商品。

《华阳国志·南中志》记载古滇国时期云南饲养了大批家畜与家禽,“得牛马羊属三十万”。《汉书·西南夷传》载用兵益州郡“获畜产十余万”。且当时有大量牲畜通过贸易输入我国内地,与四川商贾交换铁器。而中原王朝统治者也经常向云南索取牲畜贡品,如诸葛亮平定南中后,云南“以金、丹、漆、耕牛、战马给军国之用”。可见汉晋时期云南尤其是滇池区域有“金银畜产之富”。[①]《蛮书》载南诏时期“猪、羊、猫、犬、骡、驴、豹、兔、鹅、鸭,诸山及人家悉有之。”一般而言,家畜饲养多为放养,即使喂养猪也兼有放养和圈养。

牛在云南具有重要的地位,古滇国对牛有神灵崇拜,在许多出土的青铜器上,都铸有牛的图像。牛具有 4 种用途:一是用于耕作,云南农耕历史悠久,牛在耕种土地中具有重要作用。二是祭祀,在石寨山、李家山出土的青铜器上多有“剽牛祭祀”场面。三是食用和贸易。四是牛和牛头具有财富、社会地位的象征,在云南很多民族地区可见建筑物上悬挂牛头。

(二)土地利用方式

云南土地类型多样,水土良好的河谷坝区面积较小,如何利用山区土地发展农业生产,对云南农业经济发展具有重要的影响。从原始的“刀耕火种”到开发山区梯田,从粗放型农业生产到精耕细作,云南农业土地利用经历了漫长的发展,体现了云南省农业特色。

《史记·货殖列传》记载,“楚越之地,地广人稀,饭稻羹鱼,或火耕而水耨”。所谓“火耕”即是云南少数民族所说的“刀耕火种”,这种原始的农业生产方式,不仅体现了云南最初的生产方式,也体现了当地人对土地的利用情况。播种季节来临时,人们砍倒树林或灌木丛,放火烧光,灰烬化为肥料,随即下种等待收获。这是对土地粗放利用的一种形式,但据民族学家考察,“刀耕火种”也并非易事,云南少数民族地区,如基诺族至今仍有“刀耕火种”,从备耕到收获要经历备耕、选地、号地(占有土地)、砍地、烧地、拣地再烧、整地、盖窝棚(以备休息)、播

①张增祺:《滇文化》,云南美术出版社,1997,第 43 页。

种、围栅栏、除草、护秋、收获、运粮等复杂的过程。[①]“刀耕火种”也常常与锄耕、牛耕相结合，并有其独特的耕作技术、土地利用和栽培体系，同时也形成相应的社会组织与土地制度。

怒族、傈僳族、基诺族等边远民族地区，直至20世纪中后期，刀耕火种、轮歇耕作的原始农业仍然占有主要地位。小铁锄、小铁犁、砍刀、斧头是农业生产的主要工具，耕牛虽然已经作为犁田的牲畜，但尚未广泛使用，仍以粗放的火烧地为主，不需要牛耕，因此粮食产量很低，每亩玉米地只产玉米100多斤，每亩水稻田只产稻谷150—200斤。不施肥，不除草，下种之后便等待收获。[②]

云南地区的开发可追溯到庄蹻王滇。“蹻至滇池，方三百里，旁平地，肥饶数千里，以兵威定属楚。欲归报，会秦击夺楚巴、黔中郡，道塞不通，因还，以其众王滇，变服，从其俗，以长之。”[③]六朝至北宋时期，南方山区得到持续开发与平稳拓展，南宋至元明清时期南方得到进一步开发，大量人口迁入。流移人口进入山区之初，往往也采用刀耕火种方法开垦新土地，但随着人口增加和所有权不断明晰，可随意烧荒开垦的土地越来越少，灌溉与梯田逐渐成为农业发展的主流。云南梯田开发具有较早的历史，南诏时期，云南梯田种植水稻已经大量存在，“蛮治山田，殊为精好”。

明清时期的南方山区得到进一步开发，而梯田开垦得到进一步发展，如陇川江边高黎贡山麓“坡间始盘塍为田”，滇东南临安府一带的哈尼梯田最为壮观。清代梯田已十分普遍，哈尼族梯田“依山麓平旷处，开凿田园，层层相间，远望如画。至山势峻极，蹑坎而登，有石梯蹬，名曰梯田。水源高者，通以略彴，数里不绝。”[④]

从开挖梯田、兴修水沟、施肥、选种再到播种，梯田不仅需要良好的开发利用，还要良好的维护与保持地力。在高寒山区也有大量旱梯田存在，明代以前主要种植荞、稗、黍等粮食作物，明代玉米、番薯、马铃薯等高产旱作物得到普遍引

①尹绍亭：《云南山地民族文化生态的变迁》，云南教育出版社，2009，第49页。
②李珪：《云南近代经济史》，云南民族出版社，1995，第588页。
③司马迁：《史记》卷一一六《西南夷列传》，中华书局，1963，第2991页。
④李中清：《清代中国西南的粮食生产》，《史学集刊》2010年第4期。

种和推广[1],成为山区的主要种植作物,从而使得高寒山区的土地得到进一步开垦,提高了山区梯田利用率,扩大了土地面积,粮食产量得到提高。

云南梯田的水利技术比较独特,代表了云南农田水利技术水平。一般梯田都会挖出数道水沟,这些水沟通向高山森林的水潭和河流,可以接住高山渗出的泉水,也可以接住雨季的山水,水从高处顺沟而下注入最高层梯田,水满后流入下一块梯田,顺次往下流,直至汇入河谷江河,梯田具有双重作用,既是土地,又是天然上下连接的沟渠。兴修水沟和疏通维护水沟是村寨的重要集体活动之一,并在很多梯田地区形成一种不成文的水规,即根据一股山泉或沟渠的灌溉面积,由这些灌溉区内的田主依据各自梯田数量来共同协商,规定用水数量,再按水流经先后次序,在水沟与梯田交接处横放一块刻有一定流水量的木槽引水入田。[2]这种梯田水利技术有力地维护了梯田农业系统的良性运作,也体现了云南民族地区的农业智慧与农业技术。

云南全省94%面积为山地和丘陵,6%是河谷坝子。这些坝子地势平坦,土壤肥沃,河流蜿蜒,具有良好的农业生产环境,因此6%的坝子区域是云南省重要的产粮区,也是各地经济、政治、文化中心,如有名的昆明坝子、陆良坝子、大理坝子、蒙自坝子、昭鲁坝子、曲靖坝子、嵩明坝子、祥云坝子等。水热条件较好的坝子农业商品经济较为发达,不仅发展水稻,还大力发展蔬菜等作物。根据费孝通、张之毅等对云南传统农村社会的调查,位于玉溪坝区的玉村粮食仅自给,而将大量土地用于种植商品性的蔬菜,这又进一步推动了雇工经营、租种土地、典田典地以及农村金融信用的发展,[3]而菜地经营相对于水田、旱田的传统作物而言,利润率普遍高出一倍以上,因此坝区农业在很早就已经进入了商品农业经济,经济发展水平较高。坝子和其他地区由于地理环境的封闭,相互交流相对较少,形成坝区农业发展较快而其他地区发展缓慢的格局,山区农业生产力低,人民生活穷苦,而盆地则农业生产力高,生活富足[4],形成区域内的差异性。

---

①鲁西奇:《南方山区经济开发的历史进程与空间展布》,《中国历史地理论丛》2010年10月。

②王清华:《云南亚热带山区哈尼族的梯田文化》,《农业考古》1991年第3期。

③费孝通、张之毅:《云南三村》,社会科学文献出版社,2006年3月,第354—355页。

④同上书,第335页。

（三）水利技术

云南虽然雨水充沛，但山区广布，“跬步皆山，不通舟楫”，不利于保持水土，农田水利建设是农业经济发展的重要保证。滇池地区是云南农业生产最为发达之地，“有池，周回二百余里，水源深广，而末更浅狭，有似倒流，故谓之滇池。河土平敞，多出鹦鹉、孔雀，有盐池、田渔之饶，金银、畜产之富。人俗豪忲。居官者皆富及累世。”[①]西汉末年，益州郡太守文齐“造起陂池，开通灌溉，垦田二千余顷。率厉兵马，修障塞，降集群夷，甚得其和。”[②]同时还穿渠引龙池水以灌田，使昭通坝子得到大规模垦殖。良好的水土环境使滇池成为云南重要的经济区，而滇池地区的水利技术已经有较大发展，同时水利技术也不断传播到云南境内其他地区。

滇池与洱海等坝区是云南省水利建设的重要地区，也是政治、经济、文化的中心，因此滇池与洱海地区的水利治理不仅关系到经济发展，也关系社会、政局稳定，历代朝廷对滇洱地区的水利兴修付出了努力。从庄蹻治滇，到汉晋治理益州郡、永昌郡，南诏、大理掌控云南，元代赛典赤治理滇池水域，明代沐氏经营云南，清代大力治理滇池，保证了滇池地区、洱海地区的稳定与发展。

南诏时期的梯田已经发展到“殊为精好”的程度，梯田的开发利用促进了水利工程的发展。“南诏德化碑”记载了“厄塞流潦，高原为稻黍之田；疏决陂池，下隰树园林之业。易贫成富，徙有之无，家饶五亩之桑，国贮九年之廪。”[③]南诏时期，水耕成为云南滇池地区和坝区种植水稻的普遍生产方式。

大理政权时期继承了南诏水利技术，并在洱海地区大力发展农田水利，祥云县内“甸中有池，名曰青湖，灌溉之利达于云南之野”[④]，青湖和赤水河福泽一方。段思平时期还修建了段家坝水利工程，在大理凤仪修建了神庄江，“溉田千顷，以故百姓富庶，少旱虐之灾”。同时还有点苍山的雪水“派为一十八溪，悬流飞瀑，泻于群峰之间，雷霆砰轰，烟霞晻霭，功利布散，皆可灌溉”。[⑤]这些水利工

①《后汉书》卷八六《南蛮西南夷列传》，中华书局，1965，第2846页。

②同上。

③方国瑜：《云南史料丛刊》第二卷，云南大学出版社，1998，第381页。

④王叔武：《大理行记校注》，云南民族出版社，1986，第11页。

⑤吴连才：《清代云南水利研究》，博士学位论文，云南大学，2015，第17页。

程增加了水田面积，提高了农作物产量。[①]

元代赛典赤到云南“教民播种，为陂池以备水旱”[②]，大规模进行水利设施建设，对滇池进行了大规模治理。赛典赤命令大理等处巡行劝农使张立道“求泉源所自出，役丁夫二千人治之”，对滇池采取了上段建坝蓄水、中断开河分洪、下段疏浚海口的办法，“泄其水，得环地万余顷，皆为良田”[③]。同时对滇池水域的其他河道盘龙江、宝象河、银汁河、金汁河、马料河等进行了疏浚，并修建大量闸坝，控制水流，以利灌溉。同时还维修了洱海地区的水利工程，新建了丽江地区的泉水沟渠、姚安府的十三处陂堰、楚雄府的梁王坝等水利工程。[④]

明代统治者注重兴修水利，发展农业生产，明初，“凡开塘堰四万九百八十七处，其恤民者至矣。”[⑤]沐氏家族经营云南，积极发展农田水利，“在滇，百务具举，简守令，课农桑，岁较屯田增损以为赏罚，垦田至百万余亩。滇池隘，浚而广之，无复水患。”[⑥]沐英在滇首先大力治理滇池，其次广开屯田，疏浚水利，发展农业生产。汤池渠是沐氏在滇兴修水利的一项重要工程，“汤池渠，在宜良县之西南二十五里……凿石刊木，别疏大渠，导泄于铁池之窾，而洑其袤三十里，阔丈有二尺，深称之，逾月功竣，引流分，灌得腴田若干顷。”[⑦]有明一代，云南省内的水利工程得到大力发展，曲靖州的交水坝、楚雄府的城南堰、玉溪大溪渠、邓川弥苴佉江、祥云宝泉坝、鹤庆南干河、建水石屏异龙湖渠、保山九龙渠、永胜龙潭等，都发挥了重要的作用。[⑧]

清代康熙、雍正、乾隆三朝大力改进水利。鄂尔泰在《兴修水利疏》中道：“地方水利为第一要务，兴废攸关民生，修浚并关国计，故勿论湖海江河以及沟渠川浍，或因势疏导，或尽力开通，大有大利，小有小利，皆未可畏难惜费、忽焉不讲者。况云南跬步皆山，田少地多，忧旱喜潦，且并无积蓄，不通舟车，设一遇愆

---

①王文光、李艳峰编《云南民族的历史与文化概要》，云南大学出版社，2015，第 73 页。
②《元史》卷一二五《赛典赤赡思丁传》，中华书局，1976，第 3063 页。
③《元史》卷一六七《张立道传》，中华书局，1976，第 3916 页。
④吴连才：《清代云南水利研究》，博士学位论文，云南大学，2015，第 18 页。
⑤《明史》卷八八《河渠志六》，中华书局，1974，第 2145 页。
⑥《明史》卷一二六《沐英传》，中华书局，1974，第 3756 页。
⑦景泰《云南图经志书校注》，陈文修、李春龙等校，云南民族出版社，2002，第 7 页。
⑧吴连才：《清代云南水利研究》，博士学位论文，云南大学，2015，第 22 页。

阳，即顿成荒岁。”在传统农业社会，农业发展一方面依赖于风调雨顺的自然条件，另一方面依赖于水利灌溉事业，云南以山区为主，农田水利建设更显重要。

乾隆皇帝曾下谕：“凡有关于民食者，皆当即时兴修，总期因地制宜，事有可成，断不应惜费。”[①]“滇省旧有水利地方，如应开渠、筑坝之处，小民无力兴修及闲旷地亩艰于开垦者，并令确切查明，酌借公项，俾闾阎工作有资。该督董率所属，悉心经理，尽地力而裕民力。”[②]因此，历任官员均致力于云南省内的各项水利工程的兴修，使云南府、宜良、临江、建水、阿迷、蒙自、曲靖、楚雄、东川、嵩明等地的水利得到改进，为农业发展提供了保障。[③]

清朝统治者还建立了比较完备的水利职官制度，设置南关水利同知，专司省会水利事宜，而隶于粮储水利道。粮储水利道为本省水利行政最高机关。[④]清朝云南水利工程的兴修也达到新的高度，至清末宣统年间，云南省内已有水利工程数量达 1 274 处，遍布全省河流与农田灌溉区。主持了粮储道的省城六河区域治理、滇池海口治理和宜良州新渠与文公堤及迤东道、迤西道、迤南道内的各处工程，包括渠闸坝堤塘、枧槽灌溉、低灌溉等多种类型，同时建立起水长制度、轮灌制度、经费筹措制度等一系列与水利相关的制度。水利工程的修建，对云南农业经济起到了促进作用，也有利于维护地方稳定和社会发展。[⑤]

辛亥革命后，水利由民政长主管，对于省会水利，则设云南省城水利局以司其事，隶属于内务司，随改隶于巡按使。1914 年 8 月，设立云南全省水利总局。1922 年，改组为实业厅水利总局。1928 年，建设厅成立，设水利为一科，全省水利事项，以厅令行之，省会水利局事务，则由科兼办。民国时期的水利建设在前朝的基础上有一定的发展，但没有实质上的飞跃发展。新中国成立后，云南农业水利才有了更新的发展。

---

①《新纂云南通志》卷七《农业考》，牛鸿斌、刘景毛等点校，云南人民出版社，2007，第 14 页。

②同上书，第 15 页。

③同上书，第 12 页。

④云南省志编纂委员会办公室编《续云南通志长编》卷七十《农业》（下册），云南省科学技术情报研究所印刷厂，1986 年 6 月，第 268 页。

⑤吴连才：《清代云南水利研究》，博士学位论文，云南大学，2015，第 236 页。

云南农业经济发展深受其地理环境和自然条件的影响，丰富的水土资源和垂直性、多样性气候资源为云南农业提供了良好的发展基础，使云南在历史时期形成具有自身特色的物种层次和农业产业结构，在自然地理、社会经济发展阶段，生产力水平和民族分布都具有立体性。

历史上的云南农业亦受限于高原山地，虽然生产工具和农业技术能与内地大体保持一致，但在大规模推广上存在不足，偏远地区保留了大量原始的农业生产方式，从经济发展和社会进步的角度来看，云南农业发展是较为滞后和不平衡的，也正因其不平衡性，云南农业经济形态、土地制度、赋役制度与农村社会等多方面才呈现出丰富多彩的特色。

第二节　云南土地制度变迁

土地，是人类赖以生存的空间和发展的物质基础之一，是人类社会生产中重要的自然资源和生产资源，是人类劳动的对象。土地与人类生活息息相关，历来受到人们的重视，将土地视为“财用”“衣食”之源，“地者，政之本也”（《管子》），“有地斯有财”（《礼记》），“夫土地者，天下之本也”（《荀子》）。土地问题关系国计民生，纵观中国历代王朝统治者，对土地均十分重视，不断制定和推进种种土地制度和政策，试图调节人与土地的关系，从而加强王朝统治力量。西周有“井田制”，秦汉时期实行土地私有制和“屯田制”，晋唐时期发展了“占田制”与“均田制”，宋元实行“计丁授田”与“限田”，明清以来土地私有制进一步扩大。土地制度是中国经济史尤其是农业史上的重要内容，土地的开发利用与土地制度变迁，体现了社会发展的历史脉络。

一、唐代以前的土地制度

秦汉以前，云南还没有形成统一而固定的土地制度。从元谋大墩子新石器文化遗址可以看出，秦汉以前的云南居民还过着原始社会生活，土地归原始公社或部落所有。前 279 年左右，庄蹻入滇经营开发云南，促使云南滇池地区的社会经济发展，原始公社开始向奴隶社会过渡。到汉代，滇池地区、滇中、滇东北地区,奴隶制已发展到一定规模,土地奴隶主所有制随之发展。

云南农业在早期发展较为缓慢。“在西汉尚属萌芽时期。至后汉时,昫町王禹等互相攻伐,入粟千户,牛羊若干以劳汉吏。迨魏晋以还,诸夷皆自山林徙居平壤,两爨之民,刀耕火种,落邑相望。农耕事业虽云进步颇速,然而耕地之分配,仍无记载可资考证。”①可见在汉晋时期,云南农业土地虽然得到一定开发,但土地分配制度尚未形成。

两汉时期,疆域大为扩展,统治力也空前加强,汉朝廷在西南夷地区相继设立郡县,为开发和治理边疆地区,实行了移民实边、开置屯田的措施。汉代云南移民屯田主要在滇东北和滇池地区,屯田方式有3种。第一种是军屯,驻防屯守的领军官吏把所领戍兵编组起来进行屯田生产,以筹备军粮。文齐任益州郡太守时,“造起陂池,开通灌溉,垦田二千余顷,率厉兵马,修障塞,降集群夷,甚得其和。”这是云南历史上官督民垦最早之记录②。这种军屯设有基层部、曲、屯的组织,分设校尉、军侯、屯长,递相统率,屯军人户有垦田种粮和服兵役的双重职责,平时生产,战时征战。③第二种是迁徙罪人实边屯垦,汉武帝时期“募徙死罪及奸豪实之”。第三种是商屯,汉代招募大量士卒修建通往西南夷的道路,为了减少千里运输粮食的困难和消耗,则“募豪民田南夷,入粟县官,而内受钱于都内”,即招募有钱的商人与豪民,专门到西南地区屯垦纳粮。

汉代屯田以军屯为主,具有很强的公有性质,其他的民屯和商屯也受到汉王朝的严厉控制,由于领军官吏长期任职,戍兵长期不更换,落籍在南中的移民屯户,世代相沿继续从事屯田生产。落籍后的领军官吏,逐渐形成地方大姓,戍兵落籍驻屯,成为大姓的部曲,为南中大姓的形成奠定了基础。

汉晋时期,原始公社土地所有制仍然存在,但在中央王朝的开垦过程中,经济形态发生了一定变化,形成了固定的土地制度,同时呈现出多样化特色。一是奴隶主土地所有制。云南晋宁石寨山出土的西汉时期“滇王”墓葬文物中④,许

---

①《新纂云南通志》卷七《农业考》,牛鸿斌、刘景毛等点校,云南人民出版社,2007,第1页。

②同上书,第2页。

③何耀华主编《云南通史》第二卷,中国社会科学出版社,2011,第56页。

④林声:《晋宁石寨山出土铜器图象所反映的西汉滇池地区的奴隶社会》,《文物》1975年第2期。

多青铜器展现了云南有关土地和农业生产的内容，西汉滇池地区处于滇王及贵族统治之下的奴隶社会，奴隶主掌握着大量土地，由农奴耕种土地和从事农业生产活动。[①]二是封建[②]王朝所有制，汉代寓兵于农，实行军屯，土地属于汉王朝所有。三是大姓与豪民土地所有制，汉族移民的后代逐渐定居，有些是落籍后的领军官吏，随着屯田的稳定发展，逐渐成为大姓与豪民，他们拥有私人武装，势力很大，同时圈占土地，据为己有，由其部曲耕种。在此时期，土地私有制得到发展，从王朝政权所有向大姓、豪民私有转变。

诸葛亮平定南中后，为了保证军粮供应，进一步巩固政权，继续大力兴办屯田，但与西汉以军屯为主不同，蜀汉鼓励南中大姓进行私屯，同时吸收夷人进行屯垦，在建宁郡治的味县（曲靖）设置五部都尉管理屯田事务，任命大姓为五部都尉，利用部曲从事屯田生产，并把庲降都督治所移到味县，进行监督。[③]至魏晋时期，南中的朱提郡、越巂郡、建宁郡、永昌郡、云南郡等农业大兴，南中大姓私屯一方面促进了南中封建地主庄园规模扩大与数量增加，另一方面使南中农业生产得到进一步发展。

二、唐宋时期

隋唐时期，实行以土地国有制为主的均田制，羁縻制度下的南诏政权实际掌控西南，土地属于南诏王所有，阁罗凤在征服爨地统一云南后，除直接控制经营洱海地区以外，还采取大规模的移民措施，将西爨 20 余万户白蛮徙居永昌地区（今保山、德宏等地），而将较为落后的乌蛮从高山深谷中移居到肥沃的西爨地区。其后，异牟寻将弄栋白蛮迁入永昌城，将河蛮迁往滇中拓东（昆明）、滇东北等地，而将落后的汉裳蛮、施蛮、林子蛮、骠国人迁入滇池地区。这种逆向移民虽然存在诸多矛盾，但使云南各族间加强了交流，在一定程度上提高了落后地

---

①云南省方志编纂委员会编《云南省志》卷六十四《土地志》，云南人民出版社，1998，第 71 页。

②狭义的"封建"就是指类似西欧分封制的社会制度，马克思将这一概念更加广泛地定义为地主阶级对农民阶级实行专制统治的社会制度，使之具有更为普遍的意义，本文所谓"封建"，取其广义。

③马曜主编《云南简史》，云南人民出版社，1983，第 55 页。

区的经济发展水平。

这些被迁移的白蛮、乌蛮成了为南诏王及贵族耕种土地的农奴佃人。南诏实行“佃人制”，土地属于奴隶贵族所有，佃人对生产资料和生产物毫无支配权，只有耕种和经营权，每个佃人耕种的土地有明确的范围，称为“佃疆”，有的可达30里。在“佃疆”内，奴隶主派“监守”督促佃人耕种、收获和分配，贞元十年（794年），“人岁输米五斗”[①]，佃人收获后只能得到维持生命的最低口粮，其他上缴南诏政权。佃人同时还具有兵民合一的性质，农闲时参加军事训练，战时应征入伍。

南诏对官吏和贵族实行分封授田制，将全境土地和人民分封给其臣属和部落首领，予以世袭，受封的大封建主和大首领除留下直接辖区和庄园外，又分封给小封建主和小首领，从而形成阶梯状的封建贵族土地所有制。清平官以下的官吏及自由民都可获得分封，上官授田四十双（每双5亩，折合200亩），上户授田三十双（150亩），中户、下户按比例递减。这些田地，除下户在劳动力多和耕作粗放的条件下有可能进行自耕外，其他必须使用奴隶，特别是官吏的“份田”。因此土地集中在主要的贵族及官吏手中，集中使用佃人耕种，促进了南诏时期云南庄园式经济的发展。

南诏自由民在3万户以上，每户以平均授田150亩计算，授田总数在450万亩以上，因而自由民耕种土地也往往使用佃人奴隶，形成规模较大的奴隶制经济。自由民不征发劳役，以“人岁输米二斗”作为赋税，而自由民必须自带口粮和武器为南诏无偿服兵役，“每有征发，但下文书与村邑理人处，剋往来月日而已。其兵杖人各自赍，更无官给”。[②]

南诏时期的云南农业经济发展水平得到空前提高，农耕经济规模进一步扩大，北起曲州（昭通）、靖州（威宁），南到宣城（元江），东起石城（曲靖），经滇池、洱海，西至永昌（保山），“邑落相望，牛马被野”。[③]南诏后期由于经济出现危机，加之连年征战，为了获得更多的赋税，南诏统治者实行“一艺者，给田，二

---

①云南省方志编纂委员会编《云南省志》卷六十四《土地志》，云南人民出版社，1998，第73页。

②马曜主编《云南简史》，云南人民出版社，1983，第80页。

③何耀华主编《云南通史》第三卷，中国社会科学出版社，2011，第98页。

收乃税"的政策,即将大片庄园分割成小块土地,把原来流动性较大的"艺者",即将从事技艺工作的手工业者也附着在土地上,使他们缴纳地租或服劳役。手工业者与完全依附领主的佃人不同,他们有比较独立稳定的土地经营权。南诏晚期将大规模的庄园经济分割成小片土地,体现了私有制经济因素的发展。

大理政权向宋朝称臣,土地名义上属于宋王朝所有,但大理王实际上以领地的形式拥有对云南土地的所有权,大理王将境内所有土地和人民,按照臣属官爵高低和统治力量大小,分封给其臣属和当地的部落首领,予以世袭,所谓"世官世禄""管土管民",受封的封建主对大理王有称臣纳贡和征调本辖区内劳役和兵役的义务。

而受封的大封建主和大首领,在其辖区内除有直辖区和私庄外,又分封小封建主和小首领,他们在其封地内握有全权。这种封建土地所有者具有明显的等级制,构成大理政权封建统治者对普通百姓的统治基础。[①]领主的土地由农奴耕种,农奴在封建主的私庄内要无偿劳动,服兵役和劳役,承担苛捐杂税。并且部分封建领主还享有初夜权、死手权(吃绝业)等特权。有的学者认为大理与西周时期的封建领主制相似,但从"高兴兰若碑"[②]碑文来看,大理时期的土地可以私自施舍、转让,因此与西周封建制又有所不同,此时期的土地私有权虽不在分散的耕者手中,但底层封建主与领主可以不受上等级领主的完全控制,对土地有很大的处置权力,私有权力得到扩大。[③]

三、元代军屯的兴起

元代云南的土地制度得到很大发展,亦更为复杂,从土地所有权看,有中央王朝掌握的屯田,也有封建领主、奴隶主掌握的土地;既有普通地主所有的土地,也有农民个体所有的业田。元代云南农业最主要的特色,即是屯田的大发

①马曜主编《云南简史》,云南人民出版社,1983,第106页。

②《大理国释氏戒净建绘高兴兰若篆烛碑并序》是立于大理国段智兴安定四年(1198年)的一块白文碑。碑原置大理市挖色乡高兴村高兴寺旧址,今保存于大理市博物馆碑林,载《大理日报》2014年2月19日A3版。

③何耀华主编《云南通史》第三卷,中国社会科学出版社,2011,第271页。

展，屯田推动了云南农业的发展。

元代土地分为官田、民田两种，官田包括屯田、职田、学田、牧场、草场等元王朝所占有的土地，以及没收大理王室、贵戚、达官、显宦、豪强的土地和无主荒地。官田面积广大，其中职田数量颇多，各州、府、县的官吏从达鲁花赤、总管、治中、府判到县尹、县丞、县尉、主簿都有职田，职田是官吏俸禄的来源，许多职田都由侵占民田而来。学田是赛典赤在云南兴办儒学发展教育的一项新制度，《中庆路增置学田记》记载，“赛典赤……首建孔子庙于中庆城之北，又于官渡买田八双以赡学……厥后，朝廷名臣出为省宪，增置水陆田至五百九十二双有奇……由是仓廪充，财用足，师勤士励，教化大行。”[①]学田的设置，有利于推动地方教育的发展和培养人才。元代云南寺院田地众多，既有官拨也有私买，寺院僧人、道士拥有自给的田土，都享有免税、免役特权。

民田是指官僚地主、富户地主、寺院地主、自耕农民占有的土地。[②]蒙古军南下，许多农户弃田逃散，蒙古王公贵族及地方豪强隐占了在籍之民和在籍之田，相比官田而言，元朝初年一般百姓很少有“已业田”。设立云南行省后，元朝在云南大力发展屯田，在滇着手清理户口和田亩，并在清理漏籍人户的基础上设置民屯。

蒙古宗王、贵族和各地豪户夺取隐占了大量的编户及其田土，同时占取了相应的赋税徭役。元朝通过清理漏籍人户，由云南行中书省从隐占者手中重新清理出来，以置立民屯的形式，编为屯户，将私人土地纳入元朝管理范围之内。民屯屯户耕种屯田，免除徭役，只缴纳屯租，纳入统一的国家田赋系统。重新刷籍有利于屯户摆脱隐占者对他们的役使和剥削，更有利于元朝政府扩大国家田赋收入来源，加强对地方的控制。[③]

---

①《新纂云南通志》卷十四《金石考》，牛鸿斌、刘景毛等点校，云南人民出版社，2007，第64页。

②何耀华主编《云南通史》第四卷，中国社会科学出版社，2011，第59页。

③马曜主编《云南简史》，云南人民出版社，1983，第114页。

表 1-2　至元十二年(1275 年)云南拘刷漏籍与民屯数量表

民屯地区	漏籍户数(户)	在籍户数(户)	屯户合计(户)	官给田(双)	己业田(双)	官给、己业不明(双)	田土合计(双)
中庆路	4 197		4 197	17 022	2 602		19 624
威楚路	1 101		1 101	4 330	1 175		5 505
威楚提举司	33		33			165	165
澄江路	1 260		1 260			2 520	2 520
曲靖路	740	1 500	2 240	1 480	3 000		4 480
仁德府	80		80	160			160
临安路	2 300		2 300			4 000	4 000
鹤庆路		100	100		400		400
永昌腾冲府	2 066	1 675	3 741		19 705		19 705
总计	11 777	3 275	15 052	22 992	26 882	6 685	56 559

资料来源:马曜主编,《云南简史》,云南人民出版社,1983 年 1 月,第 112 页。

元朝在云南屯田可分为两个阶段,第一阶段,至元十二年(1275 年)到至元十八年(1281 年),设置民屯和补充屯户,民屯土地来源一方面是农户的己业田,一方面是官给田。据《元史·兵志·屯田》记载,“云南行省所辖军民屯田十二处”,分别为:威楚提举司屯田、大理金齿等处宣慰司都元帅府军民屯田、鹤庆路军民屯田、武定路总管府军屯田、威楚路军民屯田、中庆路军民屯田、曲靖等处宣慰司监管军万户府军民屯田、乌撒宣慰司军民屯田、临安宣慰司兼管万户府军民屯田、梁千户翼军屯田、罗罗斯宣慰司兼管军万户府军民屯田、乌蒙等处屯田总管府军屯田。分布于滇中、滇东、滇南、滇西、滇东北、滇西北等处,遍布全省,以滇中、滇东为集中。①

第二阶段,为了解决军饷不足的问题,自至元二十年(1283 年)起,在云南设置军屯。元朝统治者意图利用军屯守边,寓兵于农以资军饷,建立一支强有力的军队,从而达到“制兵屯旅以控扼蛮夷腹心之地”的目的,借军事力量巩固其对全国的统治。《元史·兵志》记载共 11 处军屯,即大理军屯、鹤庆路军屯、武定

①马曜主编《云南简史》,云南人民出版社,1983,第 110 页。

路军屯、威楚路军屯、中庆路军屯、曲靖路军屯、临安路军屯、梁千户军屯、乌蒙等处军屯、乌撒路军屯、罗罗斯宣慰司兼管军万户府军屯。[①]这些军屯完全由军队管理经营，受到的控制更加严厉。随着屯田的发展，军屯的经济目的更加突出，屯户专营土地，也逐渐失去了寓兵于农的作用。

从汉武帝开发西南夷为云南设置屯田之始，诸葛亮治理云南，使滇东北和滇中地区的屯田获得一定发展，但总体而言规模小，且时兴时废，影响力较小。至元代云南屯田，则规模大，持续时间长，且有专门职官进行管理。元代云南的军民屯田，自至元十二年（1275 年）至延祐三年（1316 年），共历 41 年。屯田土地亩积共 71 667 双又 1 250 顷，共计 411 668 亩。云南屯田使农业生产区域扩大，耕地面积增加，在设置军民屯田的地区，水利事业得到进一步发展，同时大量引入中原地区的先进生产工具和生产技术，提高了云南农业生产水平，元朝屯田带动了云南在明清两朝屯田的继续发展和农业的持续进步。

四、明代屯田的大发展

明朝“军食恐有不足，宜以今年府、州、县所征，并故官、寺院入官田及土官供输、盐商中纳、戍兵屯田之入以给之”。为了增加军费和财政收入，明朝廷采取了多种方法，其中戍兵屯田是重要的一个方面。明朝建立了一套“兵自为食”的卫所屯田制度。卫所制度是明朝重要的军事组织制度，兵农合一，寓兵于农。驻军在内地和边境同时驻防和屯垦田地，规定驻防边境的军队三分守城，七分屯种，内地二分守城，八分屯种。元朝廷在平定云南乌撒叛乱之后，留沐英率领军队镇守云南，实行屯田制度。

洪武十五年（1382 年），设云南都指挥使司，隶于右军都督府，下辖二十卫：曰左、右、中、前、后、广南、临安、曲靖、平夷、越州、六凉、大理、洱海、大罗、楚雄、景东、蒙化、澜沧、永昌、腾冲等。卫下辖八个守御千户所（宜良、安宁、易门、杨林、武定、木密、凤梧、十八寨）、八个守御千户所（通海、新安、马龙、鹤庆、定远、姚安、中屯、永平）。洪武十九年（1386 年），沐英上奏云南土地甚广，荒芜居多，宜置屯田，令军士开耕以备储蓄。上谕户部曰：“屯田之政，可以纾民力、足兵食，

①马曜主编《云南简史》，云南人民出版社，1983，第 118 页。

边方之计，莫善于此。英之谋，可谓尽心矣！然边地久荒，榛莽蔽翳，用力实难，宜缓其赋税之粟，使彼乐于耕作。数年之后，征之可也。”[①]给云南新垦屯田以免征政策。

自洪武十九年(1386 年)开始，元朝在云南“令军士开垦，以备储存”，开始在洱海卫(祥云)“立屯堡”，洪武二十年(1387 年)命令四川选精兵 25 000 人到云南屯田，置军器、农具，并用钞 22 000 锭从四川买耕牛万头；从湖广地区卫新军中挑选四万五千精干之人，“于云南听征”，并购牛两万头“分屯曲靖、越州”。[②]《明史·食货志》记载，“每军受田五十亩，为一分，给耕牛、农具，教树植，复租赋，遣官劝输，诛侵暴之吏……军田一分，正粮十二石，驻屯食，听本军自支，余粮为本卫所官军俸粮”。明初共计屯军 34 591 名，屯田 1 107 880.413 96 亩，缴纳屯粮夏税 47 893 石，秋粮 239 458 石 4 斗 7 升 3 合 5 勺。[③]。

至万历年间，屯军人数达 29 万人(包括旗军、屯军、舍丁、军余)，军屯田土面积 130 多万亩(包括职田、屯田)，当时布政司所掌握的全省在籍官民田卫 1 788 450 亩余，加上屯田，全省耕地总面积为 3 109 092 亩余，军屯田土面积约占耕地总面积的 42%。[④]明末云南军屯规模大，并形成稳定的制度。军屯既为朝廷守疆御土，也解决了云南的军粮问题。

表 1-3 明末云南都指挥使司所辖卫所屯田与职田数量

名称	屯田(亩)	职田(亩)
云南左卫	57 326	6 180
云南右卫	50 142	4 904
云南中卫	49 608	5 589
云南前卫	45 820	537
云南后卫	39 813	3 470
广南卫	35 507	571

①《新纂云南通志》卷七《农业考》，牛鸿斌、刘景毛等点校，云南人民出版社，2007，第 4 页。
②马曜主编《云南简史》，云南人民出版社，1983，第 137 页。
③《新纂云南通志》卷六《军制考》，牛鸿斌、刘景毛等点校，云南人民出版社，2007，第 369 页。
④马曜主编《云南简史》，云南人民出版社，1983，第 139 页。

续表

名称	屯田(亩)	职田(亩)
安宁守御千户所	8 267	210
宜良守御千户所	10 459	1 219
易门守御千户所	8 066	402
杨林守御千户所	12 310	772
云南十八寨守御千户所	17 500	1 096
武定守御千户所	21 729	835
木密守御千户所	12 529	979
凤梧守御千户所	4 663	0
大理卫	76 777	12 272
鹤庆御	30 368	1 176
洱海卫	50 838	8 780
大罗卫	16 009	2 362
临安卫	47 942	53 168
新安御	2 280	504
永昌卫	73 443	8 190
永平御	15 436	1 911
腾冲卫	39 425	15 609
楚雄卫	66 426	8 350
定远守御千户所	25 847	1 190
中屯千户所	40 106	941
曲靖卫	27 180	916
马龙守御千户所	59 779	7 966
平夷卫	11 152	1 008
越州卫	29 689	1 962
六凉卫	23 946	2 984
蒙化卫	47 328	3 784
定雄所	37 594	7 152
澜沧卫	3 306	0
通海御	39 103	6 834
临安卫	33 898	6 223
通海御	19 338	2 446

资料来源：秦晖，《大西军治滇时期的农业》，《河北史学会通讯》1985 年第 2 期。

随着卫所屯田的推行，明朝专门设置了管理屯田的官员。“都指挥使司、指挥使及同知、佥事，常以一人掌屯田。卫指挥使司、指挥使、同知、佥事分理屯田。”在基层卫所设置百户、千户、指挥、提督等官员监管屯田，从行省至卫所，建立起完备的屯田组织与管理系统。

明代军屯屯丁及其家属本依附朝廷，不受私人制约。而明代军屯推行不久后，卫所军官便开始大量占领屯田，使屯丁沦为私家佃农，“大凡膏腴之田，多为权豪占据耕种，及将殷富军余隐占私役”[①]，如都督袁宇、镇守云南的沐氏，“夺民田广其庄”[②]，在云南广置庄田，这造就了大量封建国家佃农和私家佃户，在一定程度上引起了云南生产关系的变化，明朝时期云南土地制度开始由公有制度向私有制逐渐过渡，也为清朝时期云南土地私有化的确立奠定了基础。[③]

明朝屯田以军屯为主，除了军屯以外，民屯和土地私有制也有大发展。民屯，一类是移民垦田，或招募流民或罪徙者垦种皆称为民屯，归所属州县管理。洪武年间，明朝即向云南迁徙了江左、中土之地的大姓到云南，甚至有“（沐）春镇滇七年（1392—1398 年），再移南京人民三十余万（入云南）”之说[④]，明代大量迁移江南地区的民户到云南耕种开垦土地，促进了云南的经济发展。

另一类是所谓的商屯，即盐商代替政府运送粮草前往边疆地区的屯垦。因明朝初期实行“开中法”，又叫“中纳（盐粮）法”，盐属于专卖产品，由朝廷统一管理，商人需持“盐引”方能买卖。朝廷为了便利，招募商人，让商人把一定数量的粮食交到指定的边地军队粮仓，换取官府国营盐场或盐井的盐引，商人为获取高额利润，就以少量本钱招募内地贫苦无地农民，到边境地区开荒屯垦，用生产出来的粮食就地入军队粮仓，换取盐引。明朝先后在云南昭通、曲靖、昆明、建水、沾益、普安、玉溪、红河、楚雄、大理、保山、德宏等地实行过商屯，并设置专门管理商屯的官职，“洪武十七年（1384 年），新置盐课提举司三：曰白盐井，曰安宁井，曰黑盐井”，云南井盐伴随着商屯，也得到开发。

屯田制度的推行，使云南经济社会在明代获得了很大的发展，移民屯田使

①秦树才：《明代军屯与云南社会经济的发展》，《昆明师专学报》1989 年第 3 期。
②同上。
③同上。
④何耀华主编《云南通史》第四卷，中国社会科学出版社，2011，第 136 页。

大量汉族从内地迁入云南，促进了民族融合与农业发展，进一步扩大了耕地面积，正如《云南正德志》所载："云南屯田最为重要，盖云南之民多夷少汉，云南之地多山少田。今诸卫错布于州县，千屯遍列于原野；收入富饶，既足以供齐民之供应；营垒连接，又足以防盗贼之出没。此云南屯田之制，所以其利最善，而视其内地相倍蓰也。"

五、清代私有制发展

吴三桂统治云南期间，将沐氏家族的 70 多万亩田地转为自己的私产，并大规模圈占土地作为"平西官庄"，在庄园内实行繁重的赋税和严苛的管理，不断巩固扩大自己的势力，拥兵自重。清朝平定吴三桂之乱后，对滇的农业政策，亦沿袭明朝垦田与屯田制度，但根据业权所属主体区别，土地类型逐渐多样化，有民田、官田、学田、籍田、屯田、司田、僧田、公田之分，其中官田比例较大。

表 1-4　明清时期土地类型

名称	内容
民田	凡民田，除祀产、义田外，可任意买卖，须行过割税契
官田	由所在地方官署报佃耕种，以其租供地方官署公、私之用
学田	以其租供学校费用，各县均有
籍田	为京帅及各行省行耕籍礼之田，平时仍使人民租种，但仅存其名
屯田	军屯、民屯
司田	土司所有之田
僧田	各寺庙僧产均属之
公田	各地方、各团体之公有田

贯穿清朝始终的土地政策就是"改官田照民赋起科"，蔡毓荣为云贵总督时曾提出《筹滇善后十策》[①]，以制土夷、理财源为纲要。而理财源，又以令民自开矿洞而官总其税及变卖庄田叛产为本。[②]有清一代，将官田、军屯田改为民田，是清

①《"新云南"建设中的边疆现代化蓝图》（代前言），林文勋主编《民国时期云南边疆开发方案汇编》，云南人民出版社，2013，第 5—6 页。

②《新纂云南通志》卷七《农业考》，牛鸿斌、刘景毛等点校，云南人民出版社，2007，第 2 页。

朝土地制度的主要趋势，云南土地私有制的格局最终确立。

顺治初，改变庄田等官公田为民田，滇省驻军屯田即计亩抵饷。其后由于“兵不耕而鬻诸民，输粮卫所，每亩以四斗有奇为额”，将军屯田卖予农民，按亩征税。因此，虽然土地仍称为“屯田”，其实“按旧额征之，视民田赋重”。①

清代云南屯田的广度、深度与明代不可同日而语，一方面是清初顺治年间，命令规定废除明朝的卫所制度和高征税政策，使屯田尤其是军屯受到极大影响；一方面是清初勋贵大肆圈占旗地，所圈占的土地很大一部分来自于明朝的屯田，虽然旗地也属于公有范畴，但八旗贵族将旗地据为己有并各自经营，清政府在统一管理和经营上，较明朝弱。

卫所制度和屯田制度在清初虽被废除，但各省实施情况不一，有的地方无屯田之名，但还保留着原来卫所制度下形成的屯籍、屯田之实，而在云南等边远地区，则始终保持着屯田。

同时，云南地方还组织绿营兵及其家属经营屯田，或召集汉族移民屯田，清代云南屯田主要在昭通府、东川府、中甸、维西、沾益州、镇沅府、普洱府、威远厅等地。②由于清代屯田主要由绿营兵及其家属屯垦，因此屯田有利于解决绿营兵粮饷问题，与明朝的军屯性质类似，客观上推动了边疆地区的开发，增加了赋税收入。

康熙二十四年（1685年），清廷批准云贵总督蔡毓荣的报请，将沐氏勋庄田亩变价，归于各府州县的民田，废除明代的庄田制，凡过去耕种庄田的农奴，交出一定地价后，便可获得土地所有权，同时变为自由农民，直接对官府负担田赋和徭役。从此，庄田、屯田开始转为私人所有。康熙三十四年（1695年），上谕：“云南屯田钱粮较民田额重数倍，民人苦累。嗣后屯田赋额着照河阳县民田上则征收。”③同时裁撤云南都司及卫所之守备、千总、把总等，将官田归并各附近州县管理。④

---

①李文治：《中国近代农业史资料》第一辑，三联书店，1957，第35页。

②陈曦：《论清代云南屯田》，《学术探索》，2006年第5期。

③李文治：《中国近代农业史资料》第一辑，三联书店，1957，第35页。

④《新纂云南通志》卷七《农业考》，牛鸿斌、刘景毛等点校，云南人民出版社，2007，第1—2页。

为了加快屯田的瓦解,清政府对军屯田实行高赋税的政策,其纳税额比民田高出十倍多,废除卫所军制而实行绿营兵制,屯田上原有军户已不具有军籍,随着负担过重和地位下降,军屯户也纷纷抛荒屯田,争种民田。后来将这些抛荒的屯田复垦,作为垦种者的私田,征收田赋。

表 1-5　元、明、清民田地数额列表

时间	民田地数额
元季	军民屯田 3 382 顷 15 亩
弘治十五年(1502 年)	田土 3 631 顷 35 亩
嘉靖四十一年(1562 年)	见额屯田 11 171 顷 54 亩有奇
万历六年(1578 年)	田土 17 993 顷 58 亩有奇
清顺治十八年(1661 年)	田土 52 115 顷 11 亩有奇
康熙二十四年(1685 年)	田土 64 817 顷 66 亩有奇
康熙三十年(1691 年)	民屯田地 72 988 顷 32 亩 1 厘
雍正二年(1724 年)	田土及屯田 72 176 顷 24 亩 2 分有奇
雍正十年(1732 年)	民屯田地 88 389 顷 93 亩 3 分
乾隆元年(1736 年)	田地 90 638 顷 9 亩 5 分 2 厘,又夷田 715 段
乾隆十八年(1753 年)	民屯田 75 430 顷 5 亩
乾隆三十一年(1766 年)	民屯田 92 537 顷 2 亩有奇
嘉庆十七年(1812 年)	田地 93 151 顷 12 亩
道光七年(1827 年)	民屯田地 92 888 顷 43 亩 3 分
道光以后	各项田地 93 177 顷 90 亩,官庄田 822 顷 20 余亩,夷田 883 段
光绪十年(1884 年)以后	民屯田地 89 462 顷 36 亩 6 厘 6 毫,夷田数百段
光绪二十一年(1895 年)以后	民屯田地 85 536 顷 70 亩 3 分 6 毫

资料来源:《新纂云南通志》卷七《农业考》,刘景毛等点校,云南人民出版社,2007 年,第 10页。

云南设立土司土官,除了中央王朝及其军队管理的土地外,云南的大部分地区长期处于土司统治之下,土司是辖区内的领主或奴隶主,对土地有绝对的支配权,一般百姓均为土司的农奴或佃农。元、明、清在云南进行改土归流,改土归流后的土地制度分为 3 种。一是地主所有制,各地土知府、土知州、土知县等领主转化为地主,“凡夷目田地俱免其变价,准令照旧招佃收租纳税”,将土司的部分土地也纳入统一的赋税体系中。二是农民私有土地。部分改流较为彻底的地区，农奴变成自耕农，原来的份地变为农民自己所有，向朝廷缴纳赋税。三是封建领主所有制，在改土归流不彻底、土司势力强大的地区，仍然由土司或土官掌控土地。

清朝对云南进行了开发，土地得到良好开垦。康熙三十一年（1692 年），废除屯田制后，鼓励开垦，垦农田，初开三年不征税，谁开谁种，同时鼓励开垦荒地，核定赋税，实行“摊丁入亩、地丁合一”的政策，从而使耕地面积逐年扩大。滇南、滇西、滇西北边远少数民族地区一带的土地被相继开垦种植，清政府在云南大量开垦土地，使云南边疆地区得到进一步开发，边疆土司区域的耕地面积约有 250 万亩。至道光二十年（1840 年），云南全省已编入纳税亩积的耕地基本上保持在 931 万亩左右，加上土司地区耕地，合计共有耕地 1 181 万亩左右。

表 1-6　清代历朝各省耕地面积

单位：顷

年份	顺治十八年（1661年）	康熙二十四年（1685年）	雍正二年（1724年）	乾隆三十一年（1766年）	嘉庆十七年（1812年）	咸丰元年（1851年）	同治十二年（1873年）	光绪十三年（1887年）
云南	52 115	64 818	72 176	92 537	93 151	93 185	93 185	93 194

资料来源：《大清会典、户部则例》，李文治，《中国近代农业史资料》第一辑，三联书店，1957 年 12 月，第 60 页。

从秦汉至明清，云南的土地制度呈现出多样化特色，中央朝廷对云南土地的控制与管理，甚至与民争利，其主要目的在于增加赋税，满足军粮收入，在客观上促进了云南土地开发和农业发展。新王朝或政权初期在云南的土地制度比较严格，但土地私有化的趋势在王朝中后期愈加明显，至清朝调整土地制度与赋役制度，云南的土地私有化最终得到确立。

傅衣凌先生认为明清时期土地体现出“没有土地没有领主”的特征，因大部分土地集中在地主、皇帝、贵族手中。但明清时期土地制度又有其自身的特点，既不同于受到封建专制国家严格控制和支配的魏晋以来的屯田、占田、均田，也有别于马克思所说的等级森严的欧洲或日本的纯粹封建社会的土地制度，形式多样。同时，土地占有者的身份也极为复杂，有身份的，有非身份的，有皇帝、贵族、官僚、低层士绅、僧侣,也有商人以及其他人。[1]还因其处于边疆地区,土司制度、少数民族等使云南的土地制度呈现出更为复杂多样的一面。

六、近代以来土地集中与租佃

鸦片战争对晚清经济造成了一定的消极影响,云南地处边疆,受到英国、法国的直接侵略,资本主义经济势力直接渗入云南,探路、开采矿产、修筑铁路、控制贸易。同时,由于鸦片在云南被大面积种植,减少了云南粮食作物与经济作物的种植面积和产量,吸食鸦片也对农业劳动力造成损害。在国外资本主义的影响下,云南的手工业和采矿业得到快速发展,资本主义性质的经济兴起,而农业的比重有所下降, 农村经济遭受打击。与内地农业经济和工业经济相比,云南农业资源开发程度低、农业生产率低、农产品商品率不高,土地集中趋势加强,租佃制度迅速发展。

外国资本主义入侵是影响云南农业经济发展的重要因素,而国内、省内因素则导致云南农业经济出现严重的后果。晚清政府"军费不足,则加赋税;赋税不足,则抽厘金;厘金不足,则逼捐输。以致猛虎伤人,哀鸿遍野,民穷财尽,户破家亡"[2],不断增加的赋税与厘金、捐输等, 阻碍了农业的正常发展。咸丰、同治年间,云南各族人民大起义,使云南农业生产遭到严重破坏,清政府在镇压起义时,血腥屠杀了广大农民,大理永平、宾川、漾濞等处万户农民被杀[3],同期自然灾害比较严重,农业人口急剧减少,耕地大量荒芜,农业积累严重下降,云南农村中的贫富分化日益加剧。岑毓英在同治十三年(1874 年)称"村舍丘墟,既无可糊口,亦无可栖身,触目伤心,不堪言状。"[4]晚清政府对云南土地的管理与控制力下降,在战争纷乱中,地籍不清,赋税混乱。

云南的农业在国内外形势的影响下,有走向衰退的趋势。一方面,耕地面积增幅减小,从乾隆十八年(1753 年)至嘉庆八年(1803 年),50 年间云南全省

①傅衣凌:《明清封建土地所有制论纲》,中华书局,2007,第 34 页。

②马如龙:《晓谕滇垣绅民》,载昆明市志编纂委员会编《昆明市志长编》卷六,云南新华印刷厂,1984,第 6 页。

③王文成:《清末民初云南农业政策述论》,《云南社会科学》1995 年第 6 期。

④《遵旨清查荒熟田地折》,《岑襄勤公奏稿》卷一一,光绪二十三年武昌督粮官署刻本。

耕地面积从 75 425 顷增至 92 893 顷，增幅为 23.16%，从嘉庆八年（1803 年）到道光三十年（1850 年）的 47 年间，耕地面积增至 94 000 顷，增幅仅为 1.19%。[①]粮食生产受到战争影响，产量增幅亦有所下降。另一方面，清代土地集中速度加快，地主在集中土地的同时，加征田租，“佃户向地主租地，交纳的田租是好田每亩大米三斗，坏田二斗，比清代前期的每亩收租一斗，增加了两倍。”[②]

表 1-7　云南宣威县农民经济状况表

类别	户数	平均所有地亩及自耕或佃耕地亩数	地价及划分办法
大地主	约 400 户	各有田地二三百亩	每亩平均值银 10 圆，多佃给贫民收租每亩一二升分收则取什之四
中产地主	约 400 户	各有田地百余亩	每亩平均值银十余圆，除自耕外给贫民分收获租均不过什之四
中次地主	40 余户	平均各有田地 50 亩	每亩平均值银十余圆，除自耕外给贫民分收获租均不过什之四
自耕及佃农	4 万余户	平均各有田地 8 亩，除自耕自业外多向他人佃种	价同前，资本半仰给富户

资料来源：《宣威县志稿·卷七》，见《中国方志丛书·华南地方》，第 34 册，民国二十三年铅印本，成文出版社，1967 年，第 593 页。

至民国时期，军阀混战，云南农村土地所有与土地使用分离的矛盾十分突出，私有土地买卖兼并加剧，地主制经济得到进一步发展，大量土地逐渐集中到少数地主手中。云南地主等级和层次较多，许多大地主都不在农村而在城市，因此留在农村经营土地的多为二地主、小地主、自耕农、佃农及雇农，把土地租给无地农民，收取租金。在土地经营方式上，除自耕外，存在租佃、雇工、租佃兼雇工等多种方式，不一而足。

从表 1–8 中可以看出，云南昆明县在民国时期土地主要集中在地主、自耕农、半自耕农的手中，大量的佃农、雇工没有土地，土地有所集中，但大地主数量并不多。据 1934 年农村复兴委员会调查，昆明县“有土地者占68.18%，无土地

①何耀华主编《云南通史》第五卷，中国社会科学出版社，2011，第 11 页。

②李培林：《云南近代农业概述》，载云南省精金研究所编《云南近代经济史文集》，1988，第 136 页。

者竟占31.82%。由此观之,土地分配不均的现象,正严重地存在着”。而且在“有土地者”的范围中,包括自耕农与半自耕农,据同一调查地点的调查结果,“在77户半自耕农当中,大部分耕地系租来者占51.95%”,半自耕农的土地亦有一半以上是租来的。所以,“有土地者”的比例还要大打折扣,无土地者实际上要比调查的比例高。[①]1934年农村复兴委员会对云南农村的调查,采集的样本数量有限,同时,由于云南多山,地形崎岖,所调查的数据显示,云南土地集中的规模不如江南地区规模大。

表1-8 1934年昆明县土地分配情况表

村户类别	户数	占总户数的百分比	所有田亩数	占所有田亩数的百分比
地主兼自耕农	4	2.27%	48.8	10.85%
自耕农	39	22.16%	179.65	39.94%
半自耕农	77	43.75%	221.39	49.21%
佃农	52	29.55%	—	—
雇农	4	2.27%	—	—
合计	176	100%	449.84	100%

资料来源:农村复兴委员会,《云南省农村调查》,商务印书馆,1935,第76—79页。

在滇南地区土地集中更为严重。“有土地者与无土地者的对比,无土地者要占77.55%”,“这样看来,农村内部是佃农占绝对的多数。反而土地的所有者,大都不在农村而住在城内,土地所有权与土地使用成了分离现象,佃农与地主对立的事实严重地存在着。”[②]

手里集中农村土地的地主,居于各县城内经营商业或工业,拥有地权,却完全脱离了土地,“露骨地表现出来耕者与土地的脱节,而是不耕者有其田与耕者无其田的矛盾存在”。[③]在民国时期,土地集中速度加快。据金陵大学在云南14个县的调查,1912年佃农占29%,至1931年上升为35%,自耕农从45%下降到

①农村复兴委员会:《云南农村调查》,商务印书馆,1935,第78—79页。

②同上书,第254—256页。

③王心波:《云南省五县农村经济之研究》,载萧铮主编《民国二十年代中国大陆土地问题资料》第52辑第五章,成文出版社,1977。

38%。[①]因此，云南的租佃率呈上升趋势。[②]

云南租佃制度比较完备，农民租种土地时，要商定承租、退佃、地租率、日期、主佃关系等，各地虽不尽相同，但一般都有明确规定，立契为凭。承租之前，佃户往往要向地主先缴纳一定数量的租佃保证金（俗称押租）。上则田 5 元，中则田 3 元，下则田最高 1.5 元，押租在租约期满后退还。租额根据土壤等级从 100 斤租米到 300 斤租米不等。[③]地租形态一般有劳役地租、实物地租、货币地租3 种形式。1934 年，全省货币地租占 14%，实物地租占 86%。实物地租中，定额租占 61.1%，定额租又叫包租（有的地方叫谷租、定租），即无论田地收成好坏，到期后都要向地主缴纳事先商定好的一定数量的实物或折成货币；分成租占 24.9%，分成租即在农作物收获之后按事先商定好的比例从实际收获量中提交给地主。

表 1-9 云南水田租率表

租率	等则	水田	旱田
分租率	上等田	50%	50%
	中等田	46.7%	40%
	下等田	34.3%	30%
谷租率	上等田	55.6%	46%
	中等田	52%	49.4%
	下等田	46.9%	47.3%
钱租率	上等田	13%	24.5%
	中等田	14%	27.5%
	下等田	10%	21.5%

资料来源：冯和法，《中国农村经济资料》上册，华世出版社，1978 年，第 131 页。

地租的租额，从民国元年（1912 年）到三十年（1931 年）在不断上涨。以昆明县为例，1912 年上则田平均每亩地租为 1 石 1 斗，1926 年为 1 石 4 斗 5 升，

①云南省方志编纂委员会编《云南省志》卷八《经济综合志》，云南人民出版社，1998，第 168 页。

②李珪：《云南近代经济史》，云南民族出版社，1995，第 257 页。

③行政院农村复兴委员会：《云南农村调查》，商务印书馆，1935。

1934 年为 1 石 7 斗。若以 1912 年为基数 100，那么 1926 年为 131,1934 年为 154。中则田上涨的幅度更大一些,若以 1912 年为 100,则 1926 年为 142,1934 年为 171。[①]

据 20 世纪 30 年代国民政府土地委员会的调查，以全国各省平均数计算，地租额平均占正产量收获总额的 43.2%,但云南的比例在 50%—70%,最高者达 80%。[②]如昆明县曾有押租的土地,每亩租额与正产量之比例十分惊人:上则田为84.1%,中则田为 86.2%,下则田为 96.2%,上、中、下三则田平均地租率为 88.8%。地租租额奇高,常超出正产量以上。所以当时的调查者都惊呼:"租率之高,租额之重,实堪惊人,昆明县之租额,为全国之冠。"[③]云南农田坝区土地面积少,多为山地丘陵土地,规模化的大农经营比较少,在高强度的地租剥削下,不论自耕农或佃农,负债的成分都很高,农村中资金枯竭异常,利息尤为惊人,七八分者亦数常见,这使得许多自耕农、半自耕农逐渐下降为佃农。[④]

除明文规定的租额之外,"小礼"亦普遍存在,如有的交租时要带上几只鸡,称"鸡租",有的地方要送上几斤香油或是其他东西。地主或其代理下乡收租,吃喝均由佃户负担。有时这些额外的负担,竟超过田租正额,使佃农难以承受。[⑤]除了地租外,还有超经济剥削,如地主家有婚丧嫁娶、盖房修屋、家务劳动等,佃农都要无偿地为其服劳役,并且还要贡献粮食、酒肉、现金等礼品,有的还摊派木料、砖石等。租佃制度的发展,使农民普遍入不敷出,负债农户比比皆是,租佃制度使农村经济呈现出两个极端现象——土地越多的地主，每年盈余越多;而租地越多的佃农,每年亏损越多。

租佃制度随着整体经济发展也产生相应的变化,竞佃制有所发展,佃农租佃土地的时间一般仅为 1—3 年,租地期间须缴纳押金和租税。抗日战争期间,蒙自地租中出现了一种新缴纳方式,即主佃双方事先约定好租额(一般是对半分),但在交租时要按当时的粮食价格折算为现金交付地主,因为抗日战争时期

---

①李珪:《云南近代经济史》,云南民族出版社,1995,第 259 页。

②林定谷:《昆明县租佃制度之研究》,载萧铮主编《民国二十年代中国大陆土地问题资料》第 63 辑第五章,成文出版社、中文资料中心,1977。

③同上。

④农村复兴委员会编《云南农村调查》,商务印书馆,1935,第 4 页。

⑤李珪:《云南近代经济史》,云南民族出版社,1995,第 260 页。

物价不断上涨，这种方法对地主极为有利，而农民则承担因价格变动而附加的数额。在半封建半殖民地的历史条件下，土地兼并进一步加剧，许多农民选择典押出卖土地和借高利贷，借贷农户常常处于失去土地的边缘。

近代云南农业发展过程中，生产关系亦发生了变化。土地集中与租佃制度使云南进一步确立了地主制经济的地位，这些地主制经济与内地相似，且多为汉族居住地。但同时，云南还存在着大量夷汉杂居区、边远少数民族地区，其土地制度与一般地主制经济有所不同。在夷汉杂居的村子，地主基本上全是汉人，夷人全是佃农，租佃制度形态与一般汉族地区的租佃制度相似。①

夷汉杂居地区的租佃土地一般是份子田。租种份子田的佃农具有永佃权，地主除收租外，不能随意收回土地或更换佃户，有时在佃户同意之下，地主可将所有权转让；或在地主同意之下，佃户亦可将佃权让人，但是租额均不能因此而改变，如新佃户不能按期缴租，地主可责令旧佃户赔偿，而佃权转让的范围，亦不得超过本社区。佃户除缴纳定额的田租外，尚需替地主服劳役。劳役一般分为3种：一是农事劳役，即地主召佃户代耕私田，每一份子田佃户须出15—30工；二是建筑劳役，佃户需帮地主造屋、修理农场等，并承担摊派木料、砖石；三是特殊赋役，如婚丧大事，佃户须来服役，并贡献礼品酒肉之类。除此之外，佃户必须人系于地，凡耕份子田的佃户，必须住在本社区内，不能自由迁徙，份子田制度下的佃户，人身依附关系较强。除了份子田外，在夷汉杂居地区，也存在大量私田，私田虽然属于地主，但佃户不受约束，没有永佃权，可以随时撤佃，亦可随意买卖佃权，其租额比份子田高，没有向地主服劳役的义务。

七、少数民族农业经济制度

云南土著民族众多，其社会制度、土地制度与内地不同，原始氏族制、封建领主制等长期存在，形成特殊的地方民族社会特色。在历史的发展过程中，云南从原始农业发展到以私有制为主的小农经济，云南形成以地主经济为主，封建领主经济、奴隶制经济和氏族、部落等多种经济并存的农业经济形态。同时，由于坝区与山区、内地与边疆、汉族与少数民族生产力发展的差异，云南农业经济

---

①杨堃：《云南史地辑要》第九篇《云南农村》，云南省立昆华民众教育馆，1949，第14页。

发展在历史上始终存在不平衡性。前人从社会经济形态角度，将云南划分为氏族部落经济、奴隶制经济、封建领主经济和封建地主经济4种经济形态和相互交叉的几个过渡层次。①

(一)氏族、部落经济

保存原始氏族、部落经济特征的少数民族有独龙、怒、傈僳、景颇、佤、布朗、基诺等族，以血缘关系为主，一个氏族包括若干个家庭公社，一个家庭公社共居于一间大而长的房屋内，每个家庭公社共有山林、猎场、鱼塘、耕地、祭祀场等，土地共耕，平均分配。而宁蒗摩梭人从元明清直至晚近还保存着母系氏族社会关系，实行男不娶、女不嫁的走婚制。这些少数民族在生产力方面的共同特点是：竹、木、石、铁器并用，采集、狩猎、捕鱼与锄挖农业并存。刀耕火种、轮歇游耕的原始农业生产方式占主要地位，很多地区尚未过渡到犁耕农业。

20世纪50年代前后，云南山地少数民族还保存有传统的土地制度，主要有3种类型：一是以氏族土地所有制为主的类型，如布朗族、基诺族。二是以家族公社土地所有制为主的类型，如独龙族。三是以家庭土地私有制为主的类型，如景颇族、佤族、怒族等。氏族公社土地制度的经济基础有3个方面。一是氏族公有土地：凡氏族成员在取得氏族头人许可后，可以自由耕种，也可以集体耕种，共同出劳力、籽种，收获物按成员多寡平均分配。二是家族公有土地。氏族之下的各个大家族也有家族公有土地，家族成员集体耕种，平均分配收获物。三是村社公有土地。几个氏族聚居在一个村祭之内便形成村落公社，村社也有公有土地和严格的村社界线。凡村社成员在取得村社头人许可后，可以自由耕种。以上3种土地不能买卖或据为私有，均为氏族、家族或村社公有。因而在这种社会中，无论是采集、狩猎、挖地、盖房，都通过原始协作来实现其生产意图，产品也是实行平均分配的，这是生产力水平低下、私有观念淡薄、没有积累观念的必然结果。②

在这种氏族经济社会里，土地不是衡量财富的标准，与地主制经济地区不同，黄牛、水牛不是供犁田之用，而是与羊群、砍刀、粮食、麻布等一样作为一种

①李珪：《云南近代经济史》，云南民族出版社，1995，第4页。

②同上书，第6页。

财富象征，在买卖土地、结婚娶妻、祭祀鬼神、分配财产时起到货币、聘礼、祭品和财产的作用。[①]

独龙族的家族公社是氏族制度的一种，其耕地分为3种：一是公有共耕地，称为"夺木枯"，由整个家族公社成员集体开垦，成员平均出籽种劳力，收获物按户平均分配。二是伙有共耕地，称为"夺木奢"，由同一家族公社的几户成员合伙占有，共同耕作。三是私有自耕地，称为"结白"，即住房周围的园地，主要种植瓜菜。公社时期土地属于家族所有，通过共耕、伙耕、私耕形式生产粮食。共耕是全体家族成员共同耕种并平均分配的耕作方式，每年春耕时节，家族公社举行会议，由家族长安排农耕事宜，根据土地面积按户平均分配劳力，集体砍烧山林，开垦荒地，共同劳动，粮食收获后，平均分配。[②]而火耕与共耕相似，只是规模较小，由几个家庭自由组合耕种。

景颇族地区实行山官制度，山官统治数个村寨，具有支配辖区内田地的权力，互相无隶属关系，父死子袭。山官下设寨头，协助管理村寨事务。山官、寨头具有特权，如挑选好地、买卖典当土地、接管分配土地等，还有调节处理村民纠纷，安排生产活动的职权。[③]

随着私有制的发展，土地租种和土地买卖进一步发展，公社家族和氏族血缘关系进一步淡化，私有化得到了发展。直至20世纪50年代，云南山地民族传统社会制度和土地制度得到了调整和改造，乡长、村长制替代了村寨头人制度，乡村长由上级政府任命。随着合作化和公社化运动的进行，土地制度从私有制转向公有制，氏族部落经济制度才全部解体。

（二）奴隶制经济

云南地区长期存在奴隶制度，南诏、大理政权时期，利用农奴耕种土地。云南地区的很多少数民族一直保持着蓄奴和使用奴隶耕种的习惯，彝族、藏族尤为明显，这种以奴隶为劳动基础的社会形态也十分具有特色。

在凉山彝族地区，盛行奴隶制度。社会成员被分为诺伙（黑彝）、曲诺、阿加、呷西4个不同的等级，黑彝为统治阶级，白彝一般为被统治阶级。黑彝占有几乎

①李珪：《云南近代经济史》，云南民族出版社，1995，第5页。
②尹绍亭：《云南山地民族文化生态的变迁》，云南教育出版社，2009，第120页。
③同上书，第126页。

全部土地、生产工具和牲畜，并拥有对其他社会成员的人身支配权，拥有世袭统治特权。白彝土地为黑彝所给予，故为黑彝农奴或佃农，需要为黑彝上税纳粮及劳动服务，并世代效忠，白彝经营的土地不能分割、转售与让渡。

民国时期，凉山奴隶制度还十分盛行，“自主人拨荒地，或互助以籽种食粮，由白夷开垦以后即按年上租。分租标准，分为高山地及低山地两种。低山地多较肥，生产量较多，分其全部收入的1/3—1/2。据云种鸦片则收1/10。高山地只分其全部的1/10。如山坡异常陡峻瘠薄，则不分租，至第四年按标准就地分租。待生产固定后，则规定纳租常数，按年征收，若此后白夷能继续改良土壤，增加生产，或以自力扩充耕地，则所增加之收入，全为白夷所有，是以白夷每年缴租，往往不及其农产收入1/10。”[①]可见，黑彝对白彝的剥削是很重的。

黑彝家支都各自占有曲诺（百姓）和呷西（奴隶），并占有大量的土地、山林、牧场和牲畜。[②]奴隶主对奴隶具有生杀予夺之权，滇东北有些地区还存在“人租”制度，凡耕种土目“人租地”的农民，每代必须送子女一人给其主子当奴隶。[③]

滇西北迪庆藏族地区处于土司、寺院两大领主政教合一的统治之下。例如中甸地区以归化寺为中心，由八大老僧和23个世袭土司代表为当地的高层权力机构。领主通过“属卡”组织把份地分配给农奴，种地的农奴要交纳粮赋并承担差役。寺院拥有大量耕地和牧场，耕种“寺田”的农奴要承担20余种负担，其中仅实物地租就占青稞产量的12.2%，使用寺院牧场的牧户要以酥油、奶渣作为牧租交给寺院。寺院还以其雄厚的资金投入商业活动，仅中甸松赞林就拥有2 300多头骡马，其马帮往来于西藏和云南丽江、下关之间。云南藏区还残存着家庭奴隶制，每个领主家中都有几名或十几名奴隶，他们承担着繁重的劳动。[④]

民国成立后，云南地方政府加强对边远地区的统治、开发与治理，打击了奴隶主制度。辛亥革命成功后，为了抗御英国殖民主义势力对怒江地区的侵略，李根源奉云南督军府的指示，派遣殖边队进驻怒江地区。大蓄奴主普阿登逃往高黎贡山以西，其他大、小蓄奴主纷纷投向殖边队。云南督军府在菖蒲桶（贡山）、

①林文勋：《民国时期云南边疆开发方案汇编》，云南人民出版社，2013，第288页。

②李珪：《云南近代经济史》，云南民族出版社，1995，第7页。

③同上书，第212页。

④同上。

上帕（福贡）、知子罗（碧江）成立 3 个殖边公署，殖边公署是怒江地区统一的地方行政组织，民国二年（1913 年），殖边委员会公署下令释放奴隶，这一措施被称为“开笼放雀”，先后有 1 000 余名家庭奴隶获得释放。怒江地区存在数百年的家长奴隶制从此遭到致命打击，以后虽然有少数富裕户依然暗中蓄养奴隶，家长奴隶制残余继续存在了几十年，但是其整体实力已经十分微小，社会结构发生根本性变化。民国十九年（1930 年），云南地方政府在上述行政建制的基础上建立贡山、福贡、碧江、泸水 4 个设治局（相当于县级行政单位），进一步增强了对怒江地区的治理。[①]奴隶社会形态基本瓦解，怒江地区被纳入现代国家的统一行政管理体系之中。

（三）逐渐崩溃的封建领主经济

土司制度在云南历史很长，影响深远。云南在明清两代实行大规模改土归流，但在实施过程中，执行“江外宜土不宜流，江内宜流不宜土”的政策，针对不同地区采取不同的措施，怒江、澜沧江、元江、西双版纳等民族地区，土司制度仍然较完整地保存下来。道光年间，还保留着西双版纳的车里宣慰使，耿马、陇川、干崖（盈江）、南甸（梁河）宣抚使，潞江、芒市、猛卯（瑞丽）安抚使，楼纳（建水南部）、亏容甸（红河东南）、十二关（祥云东北）副长官司，蒙化（巍山）、景东、孟定、永宁（宁蒗、永宁）土知府，富州（富宁县皈朝）、湾甸（镇康北）、镇康、北胜（永胜）土知州等。还有部分地区保留了土司制度的残余，如丽江府裁去原土知府之后，改设土通判；武定府在明代裁去土知府后，仍设有火头、寨长、土目之类，在清代削去土长后，仍保留土舍。这些土目、土舍在其辖区内仍然拥有土地的最高所有权，并设有衙门、监狱和士兵，大量少数民族地区仍然保留着封建领主制度。[②]

封建领主制经济从奴隶制经济发展而来，并且与土司制度有重要联系，云南历史上的封建领主制，与地主制及西欧领主制都有所不同，是建立在土官土司制度基础上的一种特殊形态。土司分为文武两类，由中央朝廷赋权，文职设土知府、土知州、土知县，武职设宣慰使、宣抚使、安抚使、招讨使等，土司土官皆选

①李珪：《云南近代经济史》，云南民族出版社，1995，第 408 页。
②同上书，第 209 页。

择各族酋长担任，品秩尊卑有别，世袭职位，拥有对治辖范围内的统治权，拥有辖区内全部土地的所有权。土司既是统治者，又是大地主，人民无私有土地制，全社会土地，皆土司一家之私产，全社会人民，也便是土司一家之农奴或佃户。[①]土司将份地（每份 7—12 架，每架 3 亩）分配给农奴耕作，农奴须缴纳粮食收获物的 30%以上作为官租，还必须自带耕畜、农具为农奴主耕种官庄地，实际上是服劳役，奴隶还必须自带礼品拜谢土司土官，这些开支占据农奴生产收入的 60%左右。

西双版纳以宣慰使为首的领主土地制度，是云南土司制度的重要形式，宣慰使是整个辖区的土地最高领主，傣语称为“召片领”，意为“土地山川之主”，是元、明两代皇朝册封，世袭继承的最高领主。辖区内的一切山川、土地、河流、森林都是召片领的领地，一切人民都是召片领的臣民。召片领之下称为“勐”，各勐的土司称为“召勐”，由召片领的弟兄或儿子世袭继承。勐之下称为“笼”，各笼的头人由土司委派，有的可以世袭继承。笼之下称为“伙西”，即百夫长，管辖 3—5 个村寨。伙西之下即村寨，称为“曼”，各村寨的头人称为“召曼”，这是最基层的一级，由人民推选担任。

依照血统、政治地位和生产资料占有情况，社会上形成一套森严的等级制度。最高等级称为“孟”，即头盖骨之意，宣慰使及其子女属于“孟”这个最高等级。第二级称为“翁”，即贵族，宣慰使的亲属贵族属于这个等级。第三级称为“召”，宣慰使官廷八大卡真（大臣）、波朗（属官）等属于这个等级，但习惯上从宣慰使到大臣都称为“召”，即官家。第四级为“召庄”，意即官家的后代，由于历代久远，已降居百姓的地位，主要从事农业生产。第五级称为“傣勐”，他们是最早建寨的居民百姓，占总农户的 55%，在农奴化的过程中，他们已降居农奴地位，除耕种领主的份地，缴纳官租之外，还要按村寨划分，承担各种劳役，如养马、养象、抬轿、舂米、割草、打草排、建房、扛枪、打扇、提绣鞋等。第六级称为“滚很召”，即奴隶，他们完全丧失生产资料，人身完全依附于领主、官家，是最低等级，约占总农户的 39%。这种奴隶也称为官家奴隶，或家内奴隶。另有一种奴隶称为“卡召”或“卡很”，人身完全依附于主子，社会地位比“滚很召”还低，可以买

①杨堃：《云南史地辑要》第九篇《云南农村》，云南省立昆华民众教育馆，第 14 页。

卖、赠予、抵债等。[①]西双版纳农村公社按承担封建劳役内容的不同，可以分成3类：傣勐的村社主要承担劳役地租和实物地租及修路、修水利以及服兵役；滚很召的村社主要承担领主的家内劳役；召庄的村社仅只承担侍卫一项劳役。[②]

西双版纳封建领主制下，有6种土地所有制形态。第一种是宣慰使、土司大土地所有制，宣慰使属于大万田级（纳闷龙），土司召勐属大千田级（纳先龙）。[③]由宣慰使及各勐土司直接经营的土地实际上是宣慰使及各勐土司的私庄田，其土地占总耕地面积的14%。这些大土地所有者使用农奴耕种私庄田，农奴定期缴纳官租并承担各种劳役苛派。第二种是大臣、官员俸禄田，宣慰使属下有四大"卡真"（四大朝臣），八大"卡真"（八朝臣），这些重要官员原则上不享有世袭领地，但根据职位高低享有俸禄田。各类俸禄田分别由各村寨的农奴和奴隶耕种，按年份向各级大臣、官员交官租。如果大臣、官员卸职，所享受的俸禄田即取消，不得世袭继承。第三种是寨公田（纳曼），这是农村公社原来的份地，封建领主制度形成后领主把原属村社所有的田地据为己有，强迫农奴以份地的名义耕种这些土地，定期向领主缴纳官租和负担劳役，因此寨公田又称为"负担田"（傣语称为纳倘、纳葛尾），占总耕地面积的58%，寨公田由村寨头人召曼管理及分配，每隔一年或两年抽补、调整，重新分配一次，实际上还保存着原始氏族时期农村的份地分配制。丧失劳力或迁居其他村寨时，必须把份地交还村寨头人，另行分配，不得买卖或转赠他人。因劳役地租分配不同，有养马寨、灯油寨、轿子寨、鼓手寨等不同的村寨。第四种是家族田（纳哈滚），即各级领主的家族与家属所占有的土地，只能在同一家族内转卖，不能转卖给别的家族，也不能并入寨公田，约占总耕地面积的19%。第五种是私田（纳辛或纳多辛），私田是封建领主制逐步瓦解过程中，随着大量汉族商人、工匠进西双版纳，他们买地自耕，从而出现了私田，私田土地可以买卖、典当、出租，占总耕地面积的8%左右。第六种是佛寺田（纳洼），召片领司署下总佛寺及其左右两大佛寺，统辖整个西双版纳的

①李珪：《云南近代经济史》，云南民族出版社，1995，第601页。
②同上书，第209页。
③同上书，第601页。

100 多座佛寺。该三大寺各有佛爷、和尚数百名,占有耕地 2 500 纳,依靠农奴耕种土地,征收租谷维持生活。[①]

近代以来,在改土归流和近代资本主义经济影响下,随着社会的发展,中小领主不断将份地攫为私有,使份地的平均化遭到破坏,土地开始集中;同时头人甚至农奴逐渐支配自己的份地私产,进行出租、买卖、典当。领主制不断向地主土地所有制转变,王土转化为农民的私土,职田转化为私田,份地转化为私有地。土司、领主统治下的农村土地制度亦发生较大松动。如在德宏一带,19 世纪中叶以来,原属土司、头人以及公有的土地逐步转化为私人财产,可以私自买卖,土地进入流通领域。《德宏史志资料》搜集 1841—1918 年的 30 份土地典当买卖的契约,广泛涉及傣、汉、景颇、傈僳等民族。买卖、典当、出租土地的有土司属官、同官、头人,也有一般农户,封建领主制经济开始向地主制经济过渡。同样,部分景颇族山区则由土地村社所有制向私有制过渡,一些土地被山官占有,一些土地则变成个体家庭私有。在怒江一带的傈僳族聚居区,民国初年殖边队进驻后,实行了"开笼放雀"政策,打击了仍然存在于当地的奴隶制,在此基础上,1912—1928 年出现了长工及土地租佃关系,地主制经济开始发展,雇工劳动也进一步发展。

第三节 田赋与税收

一、元朝以前的赋税制度

中国古代赋税制度是历代王朝基于土地状况而进行的一种经济管理制度,其种类繁多,历朝各有不同的赋税体系,总体而言,主要有以下几类:一是以土地为依据的土地税,又称地赋或田赋,朝廷对其控制下的田土征收赋税,有夏税、秋粮、军资库钞、杂征等不同款项。夏税征麦、丝,秋粮征米、豆、杂粮,皆征本色,军资库钞征银。杂征一项,分为坐办(如药材、颜料、蜡、茶等)、杂办(如笺表、

①李珪:《云南近代经济史》,云南民族出版社,1995,第 602 页。

祭祀、乡饮、迎春、桃符、牲口、果品、科举、心红、书算、孤贫等项)。二是以人丁为依据的人头税,又称丁税、丁赋,在编户齐民制度下,人丁有市民、乡民、富民、佃民、客民等,不同民丁还分上中下则;又有成丁、未成丁、并食盐小口之别。户籍册按期编审,岁有增除,是控制人口的重要制度。此外,还有以成年男子为依据的徭役与兵役,以户为依据的财产税,以及其他苛捐杂税。①

汉代统治者实行"散中国肥饶之余以调边境"的政策,即为减轻边地负担,西汉在内地与边疆实行不同的赋役制度,对边地各族实行薄赋敛和扶持的政策。"元封二年……置益州郡,赐滇王王印,复长其民……且以其故俗治,毋赋税。"②汉武帝时期分封滇王,对新设立郡县的西南夷地区普遍实行"毋赋税"的政策。新设郡县的公用粮食由内地调运至滇地,只要求地方"岁令大人输布一匹,小口二丈","其君长岁出赋二千一十六钱,三岁一出义赋千八百钱。其民户出幏布八丈二尺,鸡羽三十鍭。"③汉王朝还对西南夷各族首领"厚赐缯帛",争取他们内属汉朝廷。

自秦至元代,云南境内没有统一的田赋制度,中央王朝没有将云南的田赋纳入全国财政体系之中,只是随着农业进步、经济发展,各代王朝或云南地方政权加强了对土地、人口的控制,并试图增加赋税,与民争利。王莽时期,对全国赋敛民财,对云南也加大了征收赋税的力度。后汉永昌太守郑纯与哀牢夷人约,"邑豪岁输布贯头衣二领,盐一斛,以为常赋,夷俗安之"④,可见当时对云南征收赋税,与夷人邑豪关系密切。至南诏时期,实行佃人制,佃人为南诏王与贵族进行耕种,缴纳收获物,赋税沉重。大理王段思平曾以"宽尔徭役三载"相号召,以此来动摇和瓦解南诏政权的统治基础,这也表明了南诏时期徭役繁重,⑤但大理政权统治云南后,亦实行了严苛的赋税制度。

元朝初年,开始大规模实行民屯,招募农民开耕荒地,屯户自备牛、具,官给

①李文治:《中国近代农业史资料》第一辑,三联书店,1957,第 297 页。

②《新纂云南通志》卷一五〇《财政考》一,牛鸿斌、刘景毛等点校,云南人民出版社,2007,第 223 页。

③范晔:《后汉书》卷八六《南蛮西南夷列传第七十六》,中华书局,1965,第 2841 页。

④同上书,第 2851 页。

⑤何耀华主编《云南通史》第三卷,中国社会科学出版社,2011,第 273 页。

禾种，开耕荒地的屯户，其收获物输官四成，屯户得六成。赛典赤经营云南后，认为屯户赋税太重，担负不了，与农民协商输官1/3。[①]张洪《南夷书》记载了赛典赤与农民议定租赋的一段对话：

"公乃告其民曰：'吾欲分尔耕，贷尔牛、种、耒耜、蓑笠之具，度亩收若干？'夷曰：'可得稻二石。'公曰：'输官几何？'夷曰：'半之。'公曰：'太重，后将不堪。其牛、种、耒耜、蓑笠之具不复再给，牛死买牛，具弊修具，一家衣食所需，半岂能给？'夷曰：'然则三分之一。'公曰：'尔虽克供，惧尔子孙弗继也。后之代我者，必欲盈其数，则上下相恶矣。吾与尔约，毋我违；亩输米二斗，其勿逋。'夷大悦。或请曰：'租甚轻，唯道里远，弗克致，奈何？'赛公又询其地之所宜，宜马则入马，宜牛则入牛，并与米直相当。不产牛马，入以银。"

赛典赤适当降低了民屯屯户及普通农民的赋税标准，有利于土地开垦和农业的发展，云南在元代被纳入中央王朝财政赋税体系之中，使云南有了固定且统一的纳税标准，赋税制度得以初步确立。元朝在云南建立行中书省，实行地丁税，地税按上中下三等缴纳，"中田每亩二升半，上田三升，下田二升，水田每亩五升。"[②]元世祖时期，整理户籍，确定云南赋税以金为准则，以贝子折纳，每金一钱值贝子二十索。[③]

元初，在云南征收丁税标准为："每丁岁科粟一石，驱丁五升，新户丁、驱各半之，老幼不与。其间有耕种者，或验其牛具之数，或验其土地之等征焉。丁税少而地税多者纳地税，地税少而丁税多者纳丁税。工匠、僧道验地，官吏、商贾验丁。"《元史·食货志》至世祖至元十七年（1280年）重定诸科征例，调高了丁税额度，"全科户丁税，每丁粟三石，驱丁粟一石，地税每亩粟三升。减半科户丁税，每丁粟一石。新收交参户，第一年五斗，第二年一石，第三年一石二斗五升，第四年一石五斗，第五年一石七斗五升，第六年入丁税。"[④]

中统元年（1260年），元朝将天下人分为元管户、交参户、协济户、漏籍户

---

①马曜主编《云南简史》，云南人民出版社，1983，第115页。

②《新纂云南通志》卷一五一《财政考》二，牛鸿斌、刘景毛等点校，云南人民出版社，2007，第273页。

③同上书，第224页。

④同上书，第273页。

几类。元管户是过去业已登记入户籍而在政府重新括户时情况没有变化的人户，这种全科户每丁粟二石，减半科户每丁粟一石。交参户是过去括户时曾入籍，后来迁徙他乡重新在当地登录入籍的人户，要经过6年才达到全科户，第一年5斗，第二年1石，第三年1石2斗5升，第四年1石5斗，第五年1石7斗5升，第六年入丁税纳2石。协济户是没有成年人丁的人户，每丁粟1石。[①]元代云南与内地赋税保持一致，《元史·地理志》载，“盖岭北、辽阳与甘肃、四川、云南、湖广之边，唐所谓羁縻之州，往往皆是，今皆赋役之，比于内地”[②]。

元代在云南境内广开军民屯田，究竟收租多少，没有确切的历史记载。若按《南夷书》中提供的亩输米2斗或稻粒5斗计算，全部民屯田总数56 559双，每双以4亩计，共合226 236亩，亩输稻粒5斗，计共收租粒1 131 180斗，即113 118石，作为云南地区征收租赋的一部分。[③]军屯每亩征收屯租数额亦无固定数字，但军屯征收比例要高于民屯。若仅按民屯每亩征收稻粒5斗的标准计算，则爨僰军7处军屯田土总数11 319双，合45 276亩，共计征稻粒226 380斗，即22 638石。梁千户翼军屯3 789双，合15 156亩，乌蒙等处军屯1250顷合125 000亩，两处共计140 156亩，为畏吾儿及汉军所屯种，每亩征收5斗稻粒，计共征收稻粒700 780斗，即70 078石。爨僰军、畏吾儿及汉军屯租合计，则全省军屯屯租共计征收92 716石。军屯收入是云南田租的重要方面，约为当时云南全省税粮总数277 719石的33.4%。[④]

元代除正额税粮和丁税以外，还有其他科差、附加等项。科差包括丝料、包银和俸钞，科差对象主要是一般民户，与田赋一样，针对元管、交参、协济、漏籍4类户别分别征收，4类户别又分出五户丝户、止纳丝户、止纳钞户、丝银户等。太宗八年（1236年）实行“丝科之法”，规定每二户出丝一斤，并随路丝线颜色输于官；五户出丝一斤，并随路丝线颜色输于本位。宪宗五年（1255年）实行“包银之法”，汉民科纳包银六两，最后确定征四两，其中二两输银，二两折取丝

①何耀华主编《云南通史》第四卷，中国社会科学出版社，2011，第63页。
②《元史》卷五八《地理一》，中华书局，1976，第1345页。
③马曜主编《云南简史》，云南人民出版社，1983，第117页。
④同上书，第123页。

绢颜色等物。[1]到中统四年(1263年)全部以钞输纳。至元四年(1267年)五月，又下令按缴纳包银的数额，每四两增纳一两，以供给诸路官吏俸禄，称为“俸钞”。科差之外，还有各色税课，如盐税、酒税和金、银、铜、铁等课。[2]盐由政府统一管理，实行专卖制度，由灶户专门生产，生产的盐必须全部归中央王朝及其指定的机构进行经营，是朝廷收入的重要来源。

元朝政府曾多次下令蠲免全国赋税，元成宗“甲午(1294年)继帝位，六月，以云南岁贡马二千五百匹给梁王，数太多，命量减之。”[3]“泰定元年(1324年)免云南积粮三分……至顺三年(1332年)四月免云南行省田租。”元朝将云南纳入全国统一的财税体系中，对于地处边地、经济欠佳的云南而言，负担比以往历朝要重，虽然有蠲免赋税的政策，但依然重赋重税。

二、明代云南赋税

明朝在云南广置军民屯田，比元朝规模更大，并形成了更加完备的管理体系。云南田赋在明朝时期亦执行全国统一赋税标准。明太祖朱元章发现存在大量隐匿土地，影响朝廷赋税征收，于洪武十四年(1381年)，下令重新清丈全国土地和人口，重新编造“鱼鳞图册”与“黄册”。屡核实天下之田土，以田之所在形状、丈尺及田主姓名编制册籍，鱼鳞图册详细绘制每块土地的形状，登记每块土地的编号、土地所有者的姓名、土地面积、四至，以及土地等级等信息，其形状如鱼鳞一般。又规定百姓质田卖土时，必报官而行契税过割，以防产去税存之弊，对私有土地的买卖交易进行了管理和规范。鱼鳞图册制度使明朝清理隐匿，摸清了全国的土地状况，有利于防止偷税、漏税，并增加了田赋税收，巩固了高度专制主义中央集权国家的经济基础。

经过清理，云南的隐匿土地亦转为纳税土地，赋税征收数额亦增加。明太祖定赋役法，“田有租，曰夏税、秋粮。规定天下官民田赋，凡官田税五升三合五勺，民田减二升，重租田八升五合五勺，没官田一斗二升”。田赋主要针对民田和普

---

①《新纂云南通志》卷一五一《财政考》二，牛鸿斌、刘景毛等点校，云南人民出版社，2007，第273页。

②何耀华主编《云南通史》第四卷，中国社会科学出版社，2011，第63页。

③《元史》卷十八《本纪第十八》，中华书局，1976，第381页。

通官田。田赋分为夏秋两季进行，夏税以麦为主，秋粮以米为主，麦、米统称为本色，米麦之外折成其他物品缴纳的称为折色。有明一代，云南的田赋额数不断增加。

《明会典》记载洪武二十六年(1393年)，云南布政司上报全省税粮，实征夏税麦18 730石，秋粮米58 349石。[①]弘治十五年(1502年)，各布政司夏税、秋粮总数，云南夏税小麦33 700石1斗8升7勺零，秋粮米106 913石1合零。[②]经历从洪武到弘治的100多年时间，云南的田赋增加了近一倍。万历六年(1578年)，夏税麦35 579石2斗1升1合零，秋粮米107 409石8斗6升5合8勺零。[③]明朝晚期田土数量和田赋数额仍有增长。

晚明时期，关于土地赋税问题，万历六年(1578年)下令清丈全国土地，万历九年(1582年)通令全国实行一条鞭法，赋役合并按亩计征。“一条鞭者，总括一州县之赋役，量地计丁，丁粮毕输于官；一岁之役，官为佥募，力差则计其工食之费，量为增减，银差则计其交纳之费，加以增耗。凡额办、派办、京库岁需、与存留供亿诸费，以及土贡方物，悉并为一条，皆计亩征银，折办于官，故谓之一条鞭。”[④]云南合并赋役，统一按亩计征，沐英还按照全国统一标准，制定了云南的田赋制度与土地政策，每亩征银九厘，使云南从此有了确定的纳税亩积。据《新纂云南通志·财政考·岁入一》记载，当时云南各府、州共有官民田2 307 811亩，负担夏税35 456石，秋粮107 645石。[⑤]

明朝时期，户部尚书主管全国财政，户部设有左右侍郎各一人，协助户部尚书管理全国财政，下设四司，即民部、度支部、金部、仓部。民部主管户口、土地、物产；度支部主管会计工作；金部主管税课、盐、渔等工商课税；仓部主管田赋的起运及粮仓管理。[⑥]明朝初期的田赋收入以实物为主，由于云南地形复杂，运输

---

①《新纂云南通志》卷一五〇《财政考》一，牛鸿斌、刘景毛等点校，云南人民出版社，2007，第224页。

②同上。

③欧向阳：《明代云南赋役折银探究》，硕士学位论文，云南大学，2015。

④《明史》卷七八《食货》二，中华书局，1974，第1902页。

⑤云南省财政厅、云南省档案馆编《民国时期云南田赋史料》，云南人民出版社，2002，第1—4页。

⑥欧向阳：《明代云南赋役折银探究》，硕士学位论文，云南大学，2015。

不便，且土地数量较少，所产粮食有限，黄金、白银及其他特产产量颇高，户部为了方便运输，化繁为简，并适合云南实际情况，在云南较早实行折色和金银本位。

表 1-10　明代云南田赋折银价格表

时间	地区	每石折银价（两）
成化十八年（1482 年）	云南布政司	6—7
嘉靖十八年（1539 年）	云南布政司	4—5
嘉靖二十八年（1549 年）	寻甸府	2.5
万历六年（1578 年）	楚雄府	5

赋役折银推动了明朝白银货币化的发展，云南各地折银标准不一，按经济发展水平和白银成色，田赋 1 石折银 3—7 两不等。除折银外，还有金、银、贝、布、丹砂、水银代租。①至弘治时期，折色品类繁多，多达 40 多项。明朝云南实行土司制度，文武土官数量达 300 名以上，土司土官对明朝廷实行纳贡制度，不直接上缴赋税，所纳的贡赋多为地方特产以及金银矿藏，主要有贡马、象、象牙、犀牛角、金银器、宝石、虎皮、珍珠、孔雀、麝香以及其他方物等。

表 1-11　万历年间云南所征差发品类及数额

品类	数额
金	66 两
银	8 431 两
贝	372 337 索
米	9 163 石
麦	78 石
棉䌷	10 匹
棉布	1 700 段

①云南省方志编纂委员会编《云南省志》卷六十四《土地志》，云南人民出版社，1998，第 152 页。

续表

品类	数额
钞	6 000 锭
花斑竹	银 1 549 两 2 钱
牛	36 头，折米 128 石
马	85 匹，折银 714 两

资料来源：欧向阳，《明代云南赋役折银探究》，云南大学硕士毕业论文，2015 年 5 月。

明代田赋征收运行有固定的体系，由上级制定额数，层层下达政令，最后由基层政府（县、州）来执行。云南征收的田赋基本留存滇省地方使用，中央朝廷不征云南起运粮。其田赋支出主要用于云南省内皇族禄米开支、勋臣俸禄、官员俸禄、战时需要、生源廪食米、赈济等，其中皇族、勋臣俸禄开支巨大，以沐氏为例，“弘治十年十月己卯，命优给指挥佥事沐崑袭其兄琮黔国公爵，仍挂印充总兵官，镇守云南。乙未，命黔国公沐崑岁支禄米三千石，折色仍旧。”①当时镇守西南的皇族、勋臣由云南自给自养。

明朝在云南战事颇多，部署大量卫所和驻军。万历年间，云南驻军人数达 33 万余人，这些驻军开支也直接来源于云南田赋收入，发放米麦，而不折银发放。另外，云南官俸大部分是赋税米麦直接供应的，“依品级减支，余皆折钞……至是，以麓川既平，户部拟定：三司堂上官，每月支米三石五斗，军官指挥，月支三石，正、副千户、卫镇抚、百户二石五斗，试百户、所镇抚二石。文职官四品二石，五品至七品一石五斗，八品至杂职一石。”②

表 1-12　万历年间云南全省田赋列表

区域	官民田（顷）	夏税	秋粮
云南府	3 875.620 0	8 361 石 7 斗 3 升 7 合 6 勺 7 抄 9 撮	25 944 石 8 升 6 合 5 勺 7 抄 5 撮
大理府	3 160.093 0	9 149 石 4 斗 2 升 9 勺 2 抄	15 630 石 1 斗 6 升 5 合 2 抄

①《明孝宗实录》卷一三〇，“中央研究院”历史语言所研究所校勘，1962，影印本。
②同上。

续表

区域	官民田(顷)	夏税	秋粮
临安府	3 536.577 5	1 328 石 6 斗 8 升 9 合 9 勺 9 抄 5 撮	14 792 石 2 斗 3 升 4 合 2 勺 1 抄 8 撮 7 圭，田租银 454 两 1 钱 1 分 3 厘 7 毫
永昌府	1 600.036 0	554 石 1 斗 3 升 2 合 5 勺 7 抄 3 撮	7 854 石 1 斗 3 升 5 合 9 勺 5 圭
楚雄府	1 166.021 2	1 852 石 5 斗 1 升 4 合 1 勺 7 抄 5 撮	7 179 石 4 斗 8 升 5 勺 9 抄 1 撮 2 圭
曲靖府	837.028 6	1 314 石 2 斗 8 合 7 勺 7 抄 5 撮	6 487 石 4 斗 9 升 9 合 4 勺 5 抄 4 撮
澄江府	852.298 2	2 164 石 6 斗 4 升 5 合 8 勺 4 抄 3 撮	5 037 石 5 斗 2 升 7 合 5 勺
蒙化府	624.821 4	1 938 石 9 斗 9 升 7 合 5勺	2 910石1斗2升9合2勺1撮
鹤庆府	442.085 4	3 348 石 3 斗 4 升 2 合	3 978石5斗3升6合9勺5抄
姚安府	1 477.716 7	1 587 石 7 斗 3 升 7 合 8 勺 2 抄 1 撮	2 035 斗 6 升 9 合 9 勺,海谷 584 石 3 斗 7 升
广西府	353.241 0	114 石 8 斗 4 升	3 034 石 5 斗 8 升 9 合 5 勺
寻甸府	338.533 8	640 石 5 斗 3 升 7 合 3 勺 6 抄 5 撮,租麦 3 石	2 187石2斗5升7合8勺5抄
武定府	3 671.866 3	430 石 1 斗 9 升 2 合 4 勺 9 抄 5 撮	3 010石7斗2升5合9勺5抄
景东府	65.580 3		1 150 石 3 斗 9 升 6 合 5 勺
元江府	183.830 0		1 930 石 2 斗 1 升 5 合
丽江府	318.168 0	1 639 石 5 斗 6 升 6 合 6 勺	774 石 1 斗 3 升 6 勺
广南府	291.546 0		1 005 石 6 斗 1 升 6 合 5 勺
顺宁府	虽有田地,原无大量顷亩	本地多种杂粮,无税收科	照田段数征谷供差,亦无粮数
永宁府	—	—	—
镇沅州	—	—	—
北胜州	352.866 0	1 613 石 7 升 3 合 2 勺 9 抄 5 撮	1 542 石 6 斗 2 合 9 勺 5 抄
新化州	24.045 4	—	519石2斗8升8合6勺8抄
者乐甸长官司	—	—	70 石 3 斗 5 升

资料来源:《新纂云南通志》卷一五〇《财政考》,刘景毛等点校,云南人民出版社,2007 年 3 月,第 224—225 页。

赋役黄册制度是明朝为核实户口、征调赋役而制成的户口版籍。在清查土地,制定鱼鳞图册的同时,也制定了黄册,黄册以户为单位,详细登载乡贯、姓名、年龄、丁口、田宅、资产,并按从事职业,划定户籍,主要分为民、军、匠三大类。黄册有利于掌握全国人口,保证赋税的征收。“赋出于地,役出于丁。”明初编审税粮,以地为经,以丁为纬;编审民力差徭,则以丁为经,以地为纬。[①]土地与人丁,相辅相成。

明朝役法定于洪武元年(1368 年),“田一顷,出丁夫一人,不及顷者,以他田足之,名曰均工夫。每岁农隙赴京供役,三十日遣归。田多丁少者以佃人充夫,而田主出米一石资其用;非佃人而计亩出夫者,亩资米二升五合。迨造黄册成,以一百一十户为一里,里分十甲,曰里甲。以上中下三户为等,五岁均役,十岁一更造。一岁中,诸色杂目应役者编第均之,银、力从所便,曰均徭。”[②]

明朝时期,云南的土地亩积和人口得到清理,赋役制度更加规范,显示明朝廷对云南的经济控制力有所增强。明朝晚期的“一条鞭法”,在一定程度上推动了云南摊丁入亩的步伐,也使云南在清代有更加明确的土地、人口数额,有利于农业的发展。

三、清朝赋税制度

清朝废除明朝的卫所制度,并相应废除大规模的屯田,尤其是取消军屯,使土地更加趋于私有化。清代云南田赋大致可分为民赋、屯赋、夷赋。民赋主要针对民田、民地,屯赋则针对屯田征收赋税。

云南军屯屯田征收赋税负担要大于民田,“其田系每亩一斗九升至三斗者,照军粮例起科三斗至五斗者,概以三斗为额。总计云南布政司田土五万二千一百一十五顷一十亩六分九厘零,田赋银六万一千七百四十八两九钱五分三厘零,粮一十二万三千九百一十七石九斗三升四合九勺零。云南平彝等卫所屯田四千一百二十二顷四十六亩八分七厘零,屯赋银三万九百八十三两五钱六分四

①《新纂云南通志》卷一五一《财政考》二,牛鸿斌、刘景毛等点校,云南人民出版社,2007,第 272 页。

②同上书,第 274 页。

厘零，屯粮五万八千四百八十石二斗二升五合七勺零。"[①]屯田与民田负担轻重相差达十倍，农民避重就轻。官田、屯田地多有荒芜，把军屯屯田也科以赋役，纳入地方政府，高赋税有利于推动卫所屯田、官田的改制，开启了清代云南军屯、官田等的私有化进程。

吴三桂镇守云南期间，执行清初废卫所屯田的政策，在征收赋税上沿袭了明朝的土地制度与"一条鞭法"。"昔日之租额，改为正供之粮额"，吴三桂将设置卫所屯田养军征租的租额，作为指挥官俸食田（官田）的租额，一律转作赋额。并"编卫所职田每亩三斗，照军粮起科，并编卫所军舍丁差"，准"云南卫所职田，向系收租准俸，嗣后各归卫所，以本七折三输纳"[②]，云南因此形成民田、屯田地负担不公，民田地每亩赋额三四合，最高七八升；官田、屯田地每亩赋额自二斗至四五斗不等。

"三藩之乱"平定后，云南省经过蠲免赋役，废除藩庄卫所田地，重新清查田土，恢复和发展农业，赋役制度才得到重新整顿。康熙二十六年（1687 年），奉裁云南都指挥使司督征左右中前后广、平彝、大理、永昌、腾冲、澜沧、景东、杨林、木密、马隆、新安、姚安等十七卫所，凤梧所归并州县征收。"田每亩科银五厘五毫至四分六厘五毫不等，粮一升九合四勺至一斗五升不等。归并卫所屯地，每亩科粮五升九合二勺至八升一合八勺零不等。马场地每亩科银三分，役地每亩科银一升。"[③]废除藩庄卫所后，屯田与民田一样征收赋税，而附着在屯田上的数万原额军舍土军人丁，亦按统一丁税征收人丁税。

清代早期丁银种类繁多，征收复杂。顺治时期，民丁每丁科银 8 分至 2 钱5分 6 厘 7 毫不等，站丁每丁科银 5 分至 1 钱 6 分 4 厘 2 毫不等，土军每丁科银 8 分至 5 钱 5 分不等，渔户 8 分至 5 钱 5 分不等，军丁 2 钱 8 分至 1 两不等，废弁 2 钱 8 分至 6 钱 2 分不等。[④]

康熙五十一年（1712 年），清政府规定以康熙五十年（1711 年）的人丁数作

---

①鄂尔泰等修《云南通志》卷十《田赋》，商务印书馆，2006，第 117 页。

②同上书，第 115 页。

③李春龙主编《云南史料选编》第八编，云南民族出版社，1997，第 825 页。

④《新纂云南通志》卷一五一《财政考》二，牛鸿斌、刘景毛等点校，云南人民出版社，2007，第 274 页。

为征收丁税的标准,实行"摊丁入亩",以后"滋生人丁,永不加赋",废除人头税,将丁银摊入田赋,这在一定程度上放松了对户籍的控制和对底层农民的人身控制,有利于农业的发展。云南于雍正四年(1726年)开始实行地丁制,是实行较早的省份。

摊丁入亩政策统一了民田地和官田、屯田地的负担。当时按田、地不同等则征收田赋,统一实行的赋粮正税征率是:上则田每亩征收四升五合,中则田征四升,下则田征三升四合;上则地每亩征粮二升四合,中则地征二升,下则地征一升六合。至于摊入田地亩积的地丁税,可以分为3部分。一是条丁,又名条编,亦以田亩为标准,按赋粮一升征银一分二厘五毫征收。二是耗羡,"耗羡内分奏平一项,按条征收,每条一两,征银一钱。公耗有公件、火耗、粮耗之分。公件系按粮摊征,数目多寡不一;火耗系按条征收,每条一两,征银七分;粮耗系按粮一石征银八分。"①三是杂赋,有积谷、米折、荞折、条公等项。统一地丁税后,征收标准有所编号,但名目亦十分繁杂。②

康熙五十二年(1713年),云南全省地丁正、杂银数为192 901两3钱9分5厘,纳米数为233 548石8合3勺。③随着社会经济的发展,云南人丁和田土面积均有所发展,为了增加赋税,清朝重新确立了田土科则:"云南省上则地每亩科粮一斗七升九合三勺零,中则地每亩科粮八升九合三勺零,下则地每亩科粮五升七合八勺零,内征本色夏税秋粮米、麦米折色银不等;上则田每亩科粮二升九合四勺零,中则田每亩科粮二升五合四勺零,下则田每亩科粮一升七合四勺零,内征本色夏税秋粮米、麦米折色银不等。并收屯田地每亩一例科粮九升四合三勺零,内征本折不等。"④可见,田赋增加的过程中,折色、折银的部分也有所增加。

雍正年间,由于云南运输不便,折征本色逐渐形成惯例。雍正二年(1724

---

①《新纂云南通志》卷一五一《财政考》二,牛鸿斌、刘景毛等点校,云南人民出版社,2007,第276页。

②云南省财政厅、云南省档案馆编《民国时期云南田赋史料》,云南人民出版社,2002,第1页。

③李月声:《清代中前期云南赋役制度变化对农业生产发展的影响》,硕士学位论文,云南大学,2012。

④方国瑜:《云南史料丛刊》第十二卷,云南大学出版社,2001,第322页。

年），云贵总督高其倬疏奏：“滇省兵多米少之处，除禄丰十二府、州、县已经永远折征外，其安宁等三十二府、州、县亦以远运为艰，请仍照旧例，四年一折。其米价酌丰俭之中，每石定价八钱。再拨运之处，以两站至三站为限，庶使民力不劳。”[①]折银进一步推广。

清康熙、雍正两朝，为了推行改土归流，曾多次下令整理土地，清查户口，编民入籍。对改土归流后的夷地开始纳粮征税，实行计户纳粮，这有利于夷户开垦荒地，减少夷民赋役负担，同时增加清政府赋税收入。但由于土司、地方官吏对清查土地和户口推行不力，大部分人丁未编入户籍，边疆土司地区的人口与土地始终没有确切的数字。

乾隆期间，清政府在云南扩大免科田地，乾隆五年（1740 年）议准“云南所属，山头地角，坡侧旱坝，尚无砂石夹杂，可以垦种，稍成片段在三亩以上者，照旱田例十年之后，以下则升科；砂石跷确不成片段，刀耕火耨，更易无定，瘠薄地土虽成片段，不能引水灌溉者，均永免升科。其水滨河尾田土，淹涸不常，与成熟旧田相连，人力可以种植在二亩以上者，亦照水田例六年之后，以下则起科；如不成片段奇零地土，以及虽成片段，地处低洼，淹涸不常，不能定其收成者，止给照存案，永免升科。”[②]减轻贫瘠田地的征税数额，有利于鼓励百姓开垦荒田。

通过废除屯田、统一田赋、摊丁入亩等措施，一方面云南的土地被分配到农民手中，扩大了土地的私有化，鼓励了农民耕种土地的积极性与农业的发展；另一方面，清政府加强了对土地的控制，扩大了赋税来源。有清一代，云南的土地亩积和征税数额都在不断增加。乾隆十八年（1753 年），有民田 6.95 万顷，屯田 5 910 顷，学田 15 顷，共计 7.542 5 万顷。而道光末年，各项耕地已上升为 9.317 8 万顷（不包括官庄田），增加了 1/4。再从田赋征收数额看，康熙初年，云南的地丁银正额仅为 8.483 6 万两，而道光二十五年（1845 年），就猛增至 68.268 3 万两，在 150 多年间，赋额增加了 7 倍。[③]

---

①云南省历史研究所编《〈清实录〉有关云南史料汇编》卷三，云南人民出版社，1985，第 4 页。

②方国瑜：《云南史料丛刊》第八卷，云南大学出版社，2001，第 179 页。

③李珪：《云南近代经济史》，云南民族出版社，1995，第 50 页。

表 1-13 清代云南府田亩、田赋数目列表

时间	数目
康熙三十年(1691 年)	各项民田共 11 957.76 顷 各项屯田地共 2 643.707 顷
雍正十年(1732 年)	成熟民田地 8 350.187 顷,实征正耗夏税麦、秋粮米共 26 400 石 2 斗零,条丁等银 22 845 两 7 钱 1 分零。 附:明官、民田地 10 747.057 顷,额征夏税、秋粮 34 648 石 1 斗 成熟屯田地 1 704.80 顷,实征正耗夏税、秋粮麦、米、荞、谷等 14 528 石 9 斗 3 升,条丁银 10 005 两 6 钱 9 分
道光七年(1827 年)	成熟民田地 8 531.539 顷,实征正耗夏税麦、秋粮米共 26 954 石 9 升,条丁银 28 521 两 9 钱 2 分 成熟屯田地 1 784.984 顷,实征正耗夏税、秋粮米、麦、荞、谷等 14 580 石 9 斗 5 升。条丁银除军食丁银豁免不计外,共 7 588 两 8 钱 4 分 民屯二赋实征公件、耗羡银共 18 860 两 2 钱 3 分 9 厘,又征观场、草场银、田租等银共 225 两 8 钱 8 分
同治十三年(1874 年)	实征夏税、秋粮米 22 625 石 9 斗 5 升 5 合 8 勺 9 抄 5 撮 又后清查,陆续升科垦种、暂荒、永荒、水冲、石埋等项秋粮米共 14 001 石 2 斗 5 升 4 勺 5 撮,实征条丁、公耗银 30 849 两 4 钱 2 分。又后垦荒、暂荒、永荒等银共 20 634 两 5 钱 9 分 3 厘
光绪十年(1884 年)	实在成熟田 8 213.91 顷,荒芜田 2 050.13 顷
光绪二十一年(1895 年)	民屯田共 10 264.44 顷,共应征秋米 31 125 石 6 斗 9 升 4 合 5 勺 6 抄 4 撮,条、公等银 46 483 两 9 钱 4 分 5 厘
宣统二年(1910 年)	额征米 31 088 石 6 斗 9 升 3 合,奏准蠲免复陆续升科,共应征米 27 083 石 3 升 6 合 1 抄。永折征银 5 179 两 4 钱 8 分 6 厘 9 毫 5 丝 2 忽,共应征条、公等银 48 327 两 4 钱 3 分 4 厘 7 毫

资料来源:《新纂云南通志》卷一五〇《财政考》,刘景毛等点校,云南人民出版社,2007 年 3 月,第 241 页。

从清代云南府的田亩、田赋表中可以看出,载册亩积和赋税呈持续上升状态,表明云南农业经济的发展亦呈持续上升趋势,这与清政府的相关经济政策有关,同时,清政府亦鼓励发展农田水利和农业技术,有利于农业的发展。

乾隆以后,云南的田赋屡次加征,赋税负担越来越重。鸦片战争以后,清政府更是加大了征税力度,苛捐杂税层出不穷。中法战争结束以后,云南年田赋征收额达到银 31 万两,米麦 22 万石,云南布政使唐炯曾说:"窃计云南承平时。岁入赋役正役不过二十余万,乱后犹不及二十。以今所派夫马约计,民间所费,岁

不下百万。”云南的赋税已远远超过全省农民的实际负担能力。云贵总督岑毓英奏请按六成八分减征，在一定程度上缓和了赋税负担。光绪十年（1884 年），清政府削减减征幅度，改按七成五分征收条丁等银，按七成八分征收米粮，同时各种摊派、附加不断增加。

光绪八年（1882 年），云贵总督岑毓英在奏稿中称：“夫马之役，最为民病，其弊在地方官之苛派。各府厅州县，平时肩舆旗锣伞扇，以至看堂、看门、看监押犯。下至洒扫刍牧，派用民夫。因公晋升或新旧赴任、去任，用夫更多。派夫之外，又复派马。平时则有跟班马、听差马，办差之丁役庭人无不用马。甚至已派夫马又复折价……层层剥削，其何以堪。”[1]可见各类夫马之役负担沉重。

清末，全省正杂田赋种类名目庞杂，仅地丁一项下就包括正赋、奏平、公耗、积谷、籍田、随粮夫马、津贴、随粮团费、随粮铁路股本、额外摊丁等项，秋税米包括米折、永折、荞折、款费、坐平、运脚[2]，租课有官租、藩司衙门收入、学司衙门收入、财政公所收入、警务公所收入、昆明县收入、杂课（如酒课、窑课、芦课、茶课、棉花课等）、土司折租等。[3]宣统二年（1910 年），云南将应征地丁钱粮正杂各项归并为 3 款（地丁、税收、租课），分为 10 项 19 目。全年合计征银 136.26 万两，钱 1.87 万文，米 19.38 万石，谷 157 万石。[4]征收额度进一步增加。

表 1-14　全省清末正、杂田赋列表

款	项	目	额征数	实征数
地丁	正赋		年征银 192 575 两 3 钱 5 分 1 厘 2 毫，溢额银 30 两 6 钱 3 分	年征银 177 096 两 1 钱 6 分 6 厘 1 毫 7 丝 5 忽 4 微，遇闰加征银 25 两 8 钱 2 分 3 厘 1 毫，溢银 29 两 2 钱 5 分 5 厘
	耗羡	奏平	年征银 18 155 两 6 钱 1 分 7 厘 2 毫，溢额银 1 钱 6 分 3 厘 9 毫	年征银 16 418 两 2 钱 7 分 1 毫 9 丝 6 忽 6 微，遇闰加征银 2 两 5 钱 8 分 2 厘 3 毫，溢额银 1 钱 6 分 2 厘 9 毫

①李珪：《云南近代经济史》，云南民族出版社，1995，第 60 页。

②《新纂云南通志》卷一五〇《财政考》一，牛鸿斌、刘景毛等点校，云南人民出版社，2007。

③何耀华主编《云南通史》第五卷，中国社会科学出版社，2011，第 276 页。

④云南省方志编纂委员会编《云南省志》卷六十四《土地志》，云南人民出版社，1998，第 152 页。

续表

款	项	目	额征数	实征数
地丁	耗羡	公耗	年征银 109 348 两 8 分 2 丝，溢额银 3 钱 4 分 2 厘	年征银99 798 两 1 钱 3 分 9 厘7 毫3 忽 2 微，溢额银 3 钱 4 分 2 厘
	杂赋	积谷		光绪十六年至二十三年（1890—1897 年），共存谷 282 455 石 6 升 3 合
		籍田	年征京斗谷、麦、稗共 654 石	年征京斗谷、麦、稗共 644 石
		随粮夫马津贴	年征银 12 870 余两	
		随粮团费		约可获银 16 080 余两
		随粮铁路股本		通省粮额 20 万余石，可集银 100 万两，以 10 年计，可集银 1 000 万两
		额外摊丁		年征银 203 两
税秋米	正赋	米折	年征米 215 157 石 7 斗 4 升 4 合 5 勺 1 抄 1 撮	年征米 193 824 石 2 斗 8 升 8 合 4 勺 3 撮 9 圭
		永折	年征银 7 353 两 7 分 4 厘 5 毫	年征银 6 973 两 6 钱 2 分 4 厘 4 毫 2 丝 2 忽
		荞折	年征荞 3 188 石 2 斗 9升 9 合 6 勺，折合银 2 327 两 4 钱 5 分 8 厘 9 毫	年折征银 2 284 两 9 钱 9 分 8 厘 5 毫
	耗羡	款费		征银 5 040 余两
		坐平		合征 3 340 两
		运脚		呈贡年纳征银 154 两 9 分 8 厘 6 毫 3 丝，安宁等 7 州、县年共约征3 696 两 3 分 5 厘 8 毫 6 丝
租课	官租		年租 12 099 两 5 钱 1 分	共征银 8 690 两 1 钱 3 分 8 厘 4 毫
	学租	藩司衙门收入		顺宁府、景东厅义学田租共征银 7 两 7 厘，五华书院租、折共银 596 两 1 钱 2 分 5 厘
		学司衙门收入		租米折共收银 54 两 5 分，租米年收京石米 27 石 7 斗 5 升 4 合。又加收米 78 京石。收租谷 277 京石 8 斗有奇。田地租共收银 23 两 4 分 1 厘，房铺租约共收银 2 909 两

续表

款	项	目	额征数	实征数
租课	杂租	财政公所收入		年共收银 5 378 两 9 钱 9 分 4 厘，遇闰加收银 437 两 9 钱 3 分 7 厘
		警务公所收入		铺面、菜市共收租银 680 余两
		昆明县收入		堡田租米京石米 126 石 3 斗，折合市石 14 石 7 斗 3 升半。地租钱 18 650 文
	杂课			马龙等 7 属酒课银年 35 两 7 钱 5 分 8 厘，遇闰加收银 6 钱 3 分 5 厘。赵州等 2 属年窑课银 18 两。镇沅年芦课银 18 两。永昌年芦课、茶课银 60 两。蒙化年棉花课银 100 两
	土司租折		年额征银 2 745 两 9 分 4厘	宾川州征解银 3 两 5 钱 6 分 4 厘

资料来源：《新纂云南通志》卷一五〇《财政考》，刘景毛等点校，云南人民出版社，2007 年 3 月，第 265 页。

四、民国云南土地清丈

民国初年，云南田赋“仍沿前清钱粮旧制”，但征收折银或国币，经常收的田赋一项包括条丁、秋粮两大项，下分正赋、耗羡、杂赋等多项。1911 年 11 月，云南军政府刚成立，即接到各地报灾呈文，军政府下令豁免受灾地区农户的地丁、条粮款项，并严令各地官吏认真执行，不得阳奉阴违，从中舞弊滋扰农民，否则要从严议处。但这也只是短暂和局部的，地方军阀统治下的云南，在民国时期不断加强对土地的控制和赋税的征收。

民国二年（1913 年），财政部核算云南预算，条丁 549 216 元，秋粮 389 006 元，共计 938 222 元。[①]民国五年（1916 年），财政部核定预算田赋中，地丁银 445 673 元，秋粮 318 641 元，正额有所减少，但增加了额外摊丁、仓收、夫马团费、学租等杂赋条目，共计 1 094 449 元。[②]

①马大正主编《民国边政史料续编》第十五册，国家图书馆出版社，2010，第 509 页。

②同上书，第 263 页。

表 1-15 民国初期云南预算田赋岁入表

时间	数量
1912 年	1 034 559 两
1913 年	938 222 元
1914 年	841 841 元
1916 年	1 094 449 元

资料来源：云南省志编纂委员会办公室编，《续云南通志长编》卷四十七《财政》中册，第 768 页，云南省科学技术情报研究所印刷厂，1986 年。

由于云南省仍沿用清末旧制计征，而旧制延续时间长，册籍混乱，除正税外，各地逐年增加的耗羡（附加）、杂赋等，竟超过正税，征税时既征钱又征粮，执行中弊端丛生，征收官吏从中渔利难以核查。1917 年，云南省财政厅组织整理赋税委员会，1918 年，整理赋税委员会制定了《云南田赋条例》，合并繁杂的项目，将旧有钱粮之条丁、奏平公耗、秋米米折、永折荞款费、坐平运脚及夫马津贴、藉谷摊丁等项取消，以粮为本位，统名之曰“田赋”；将旧有各色附加杂税删繁就简，合并名为“租课”，统一征收半开银圆，田赋与租课两类共计征收银圆 1 461 086 元，按银圆每元法定重量为库平银 7 钱 2 分计，共合清末库平银 100 余万两，整理后的田赋比原征额增加 2.4%，同时要求各县编造户银总分各册，落实各户征额以改进征收管理。

由于归并名目并未彻底取消原征粮名，而且所谓重新整理田赋，也就是重新陈报一次土地、征税数字；同时，改征银圆未能全面贯彻执行，反而在粮币折算报解时给征收官吏得以从中渔利，老百姓搞不清楚折算标准，征多征少，征收人员说了算。1918 年，滇系军阀唐继尧有清丈土地之意图，但落实征收册籍工作终因政局动乱半途而废。民国初十数年间，各军阀混战，其军费大部分来源于田赋收入，各军阀政权不断加强对土地和人口的控制。至龙云统一云南，在全省范围内进行土地清丈。土地清丈是民国时期云南省农业经济制度变化的基础，是调整赋税制度和财政体系的前提，在民国时期农业经济发展史上具有重要的影响。

民国之前，云南地区的土地只有征税亩积，历代均沿袭旧制，再进行一定的修正，但没有确切的土地面积。民国初战争迭起，使地籍更显混乱，“滇省土旷人稀，自民国肇造，重以护国、护法连年用兵，于地政未暇及也；而率经事故，民间契约已渐遗失，地籍紊乱，田土讼兴，田赋失平，官民交病。因是清丈耕地，遂为政府当务之急”。[①]民国初许多地方的耕地册籍已被损毁，征收无据，出现“有田无粮，有粮无田，田多粮少，田少粮多之四大弊”[②]。同时耕地所有权之变动甚繁，出现诸多土地业权争端，诉讼繁兴，重新整理土地是云南省政府当务之急。

表 1-16　明至民国各时期田地亩额

时间	文献来源	土地亩数
弘治十五年（1502 年）	《明会典》	云南布政司垦田数 3 631 顷 35 亩
万历六年（1578 年）	《明会典》	云南布政司垦田数 17 993 顷 58 亩 8 分
顺治十八年（1661 年）	《文献通考》	云南官民田地共 52 115 顷零 18 亩
康熙三年（1664 年）	《云南通志》	云南民田屯田 86 848 顷 85 亩
乾隆十八年（1753 年）	《乾隆大清会典》	云南民田屯田学田共 75 429 顷 5 亩
道光七年（1827 年）	《赋役全书》	云南民屯田地共 92 888 顷 40 亩
光绪十三年（1887 年）	《奏销册》	云南各项田地总额共 93 173 顷 60 亩
民国年间	国民政府主计处统计	云南田地共 27 1250 顷

资料来源：黄振钺，《云南田赋之研究》上，载萧铮主编，《民国二十年代中国大陆土地问题资料》第 24 辑，成文出版社、中文资料中心，1977 年，第 11462—11464 页。

1927 年，唐继尧下台，龙云主政云南，政局趋于稳定，制定建设新云南的计划，其中之一即为增加税收，“田赋根本改革需从清丈耕地入手”[③]，因此确定清丈土地，整理地籍，“盖清丈要旨，在确定业权，以息争讼；整理田赋，以均负担；增加税收，以固财政基础；明悉亩积，以作施政标准。”[④]遂于 1928 年开始设立相关机构，筹备土地清丈。

民国时期，国民政府重视土地整理，成立了专门的地政机关制定相关法规

①云南省志编纂委员会办公室编《续云南通志长编》卷三十八《民政》三，户政，地亩，地政，云南省科学技术情报研究所印刷厂，1985，第 153 页。

②黄振钺：《云南田赋之研究》上，萧铮主编《民国二十年代中国大陆土地问题资料》第 24 辑，成文出版社、中文资料中心，1977，第 11497 页。

③龙云等编《云南行政纪实》第五册《财政一》，云南财政厅印刷局，1943，铅印本，第 3 页。

④云南省志编纂委员会办公室编《续云南通志长编》卷三十八《民政》三，户政，地亩，地政，云南省科学技术情报研究所印刷厂，1985，第 153 页。

章程，以促进全国土地整理地推进。北京政府时期，“内政部”设土地调查筹备处；1915 年成立全国经界筹备处，6 月改为经界局，下设总务、调查、测丈 3 处。国民政府时期，1922 年广州国民政府成立土地局，1926 年改为土地厅；1927 南京国民政府“内政部”设土地司，1931 年 1 月成立中央地政机关筹备处；1936 年 7 月土地司改为地政司，下设 4 科；20 世纪 40 年代还设立了地政署、地政部等多个机构。专门地政机关的成立，有利于推动土地整理，也反应出国家加强对全国土地控制的趋势。

云南省政府推行土地清丈，亦从省到各县建立了比较完备的地政机关和法规基础。1929 年 1 月，省政府拟定清丈规章，组设全省清丈总局，举办全省清丈事宜，因人才经费均感困难，又系初创，须缩小范围，乃以昆明一县先行试办，1929 年 8 月将全省清丈局改为昆明县清丈局。昆明试办清丈历经 3 年直到 1931 年才结束，为了急于完成任务，云南省政府于 1931 年 8 月，命财政厅厅长陆崇仁就财政厅组设清丈处，筹办全省清丈事务。后由财政厅直接指挥，监督切实，拟定计划，并在各县成立清丈分处。从省到各县形成了一套比较完备的清丈机关组织。

清丈处为云南最高地政机关，但对外概用财政厅名义，故仅为财政厅之隶属机关，一切事宜听从财政厅总体安排。清丈处设处长 1 名，秉承厅长总理全省清丈事务，对厅长负责，下设 4 组办事人员，分别负责文书、人事、编审、清丈等职责。清丈处外，附设清丈高级评判委员会，为财政厅直属下级机关，为最高土地裁判机关，设委员长 1 人，由财政厅厅长陆崇仁兼任该会委员长，总览全会事务，维持开庭秩序。为了培养测丈、绘图、业权、评判 4 种专门人才，成立清丈传习所，招生训练，授以清丈知识，3 个月毕业，以求速成，自 1929 年至 1930 年 7 月，先后毕业测丈绘算两科学生共 142 名①，有利于清丈业务的执行。

各县下设各项附属机构，各县清丈分处直属省财政厅清丈处，清丈分处处长由财政厅遴员呈请省府委任，由各县县长兼任会办，配合清丈。清丈分处下设总务、内有、外业 3 组，工作人员达数百人。各县亦设初级评判委员会，受理因清丈而发生耕地业权诉争案件。土地清丈完毕后，各分处设等则评定委员会，设委

①吴其荣：《云南之土地整理》，载萧铮主编《民国二十年代中国大陆土地问题资料》第三十辑，成文出版社、中文资料中心，1977。

员长1人,由清丈分处处长兼任,委员10人,地方绅董5人由分处职员兼任,容纳一部分地方绅士,以求公允评定,办理评定耕地等则事宜。

1931年,省清丈处拟据《完成云南全省清丈计划书》[①],预计分为9期推进全省土地清丈,以昆明为中心,由腹地向边地扩展。1933年,为缩短时间,修正清丈计划,将全省108县、17设治区划分全省为五大区,每区再设立一个中心点,分为中央区(昆明)、东区(昭通)、南区(文山)、西北区(大理)、西南区[②],各区按照交通之便,自为中心,再由此中心向本区各县展开,同时推行。

土地清丈采用小三角测量、图根测量、碎部测量方法,对所有公私土地都进行细致测量,结合各村与农民自行确立的界线,计算亩积,编制地号,绘制图册,评定等级。此次清丈与清以前历朝整理地籍有很大不同,按照固定的章程和程序,采取现代较为精确的测量方法,对所有耕地进行测量和登记,并确立业权。

清丈后颁发清丈执照,作为业权凭证,执照上画有耕地简图并写明东西南北的四至,注明亩积、等则、年纳税银数和业主姓名等,每块土地有独立的清丈执照。执照规定"每田一亩收照费新币八角,每地一亩收照费新币四角",清丈后的亩积为2 852万余亩,云南财政厅发出的清丈执照共1 833万余张,执照费达千万。[③]

在确定所有权的基础上,对土地评定等则,"重新厘定耕地等则,征收新税,以为正本清源之计"[④],根据土地最近3年买卖平均价格,参照土质、水利、坐落、收获等,厘定耕地为三等九则。1931年土地清丈过程中,云南省财政厅随即制定了《征收耕地税章程》,规定省境内之耕地(包括田、地两种),不论私有公有,自清丈以后,均应由业主遵照章程缴纳耕地税。在土地三等九则的基础上,厘定九等土地价值、耕地税标准,所有税收以现金为本位,不再征收粮食。

---

①《云南省政府指令——批准财政厅〈完成云南全省清丈计划书〉》(民国二十年五月政府公报第217期),载云南省财政厅、云南省档案馆编《民国时期云南田赋史料》,云南人民出版社,2002,第174页。

②吴其荣:《云南之土地整理》,载萧铮主编:《民国二十年代中国大陆土地问题资料》第30辑,成文出版社、中文资料中心,1977。

③李珪:《云南近代经济史》,云南民族出版社,1995,第376页。

④吴其荣:《云南之土地整理》,载萧铮主编:《民国二十年代中国大陆土地问题资料》第30辑,成文出版社、中文资料中心,1977。

表 1-17　云南省土地等则、价值与税率表

等则	每亩价值（半开现金 / 元）	每亩税率（半开现金）
上等上则（上上则）	150 以上	三角
上等中则（上中则）	120—150	二角四仙
上等下则（上下则）	90—120	一角八仙
中等上则（中上则）	70—90	一角四仙
中等中则（中中则）	55—70	一角一仙
中等下则（中下则）	40—55	八仙
下等上则（下上则）	25—40	五仙
下等中则（下中则）	15—25	三仙
下等下则（下下则）	0—15	一仙

1941 年，云南省土地清丈基本结束，历时 12 年完成全省 110 县的土地清丈。土地清丈为云南重新确定赋税开辟了道路，是云南田赋制度上的一次重大突破。所测新亩积共 2 852 万亩，为光绪二十一年（1895 年）全省纳赋田地为 850 万亩的 335.5%，增加了两倍多。经过清丈，田地清出新亩积增加几倍，税赋也相应增加，全省已清丈县份新税额共计新滇币 2 844 876.750 元，除玉溪、富民、罗次、六顺、大理 5 属的新耕地税额比旧粮额减少 8 740.305 元，及盐津、大关、河口等 14 属因设治未久旧税额无从比较外，其他有可比口径的 96 县，清丈后新税计 2 671 097.781 元，比旧税额 1 310 828.474 万元增加 1 倍多，因此全省税额实际增加 1 360 269.307 元，增加之数超过 1 倍。[①]“有地无粮，有粮无地”问题基本得到纠正，征收册籍混乱问题得到解决。[②]同时为滇省扩大财源，增加了财政收入。

①云南财厅编《云南清丈概况》（1941 年 6 月），第 56 页，云南省档案馆藏，档案号：1011-001-01123-011。

②云南省财政厅、云南省档案馆编《民国时期云南田赋史料》，云南人民出版社，2002，第 3 页。

表 1-18　昆明县 1931 年前每亩赋税表

单位:元

类别	田			地		
	上则	中则	下则	上则	中则	下则
正税	0.315 0	0.280 8	0.245 7	0.168 5	0.140 4	0.112 3
附税	0.558 5	0.552 0	0.545 5	0.531 2	0.527 0	0.520 8
总数	0.873 5	0.832 8	0.791 2	0.699 8	0.667 4	0.633 1
附税对正税比例(%)	177.3	196.58	222	315.25	375.35	463.75

资料来源:农村复兴委员会,《云南农村调查》,商务印书馆,1935 年。

比较土地清丈前后的耕地税,可以发现,土地清丈清出很多隐匿田产,新清理出来的耕地税,增加了地主、自耕农、半自耕农的负担。但自古“赋出于租”,地主可以把负担转嫁到佃农身上,所苦者是自耕农和半自耕农。“因而有的即为负担不起,把田契贴在门上,举家逃徙。”

更有甚者,土地清丈后,正额外的附加税并未减少,反而有所增加,附加税征收中政出多门,有“中央政府”规定的,有省政府规定的,有县、乡、村各级摊派的,弊病繁多。如昆明县的附加名目即有:附捐,每石带征 1 元;团费,每石带征 3 角;村团费、使差费、修路费,每亩征 5 角。附加税一般都超过田赋正税,上则田超过 77.3%,中则田 96.6%,下则田 122%;上则地超过 215.3%,中则地275.4%,下则地 363.8%。越是质量差的田、地,附加税越沉重。①

云南省土地清丈有利于政府掌握土地和征收赋税,但其实操作过程中存在很多问题,由于其以增加赋税为主旨,清丈过程中出现过激行为,与民众发生了矛盾,同时测量过程中亦存在错漏之处。尤其是边远土司地区 11 县属遭到土司势力的阻挠,并未成功丈量,使全省耕地面积不完备。且土地清丈只是重新厘清土地数量和耕地税额,没有触及大地主、大官僚的土地利益,也没有改变民国时期云南土地兼并和农村贫富差距扩大的问题。②

①李珪:《云南近代经济史》,云南民族出版社,1995,第 264 页。

②李玉蓉:《民国时期云南农村土地清丈研究(1929—1940 年)》,载《西南古籍研究》2014 年 00 期。

五、田赋与财税改革

土地清丈,使云南省的地籍得到重新整理,并进一步改进了田赋税收体系,为民国中后期的赋税制度变革奠定了基础。南京国民政府致力于土地的陈报与整理,企图加强对全国的财政控制,云南等省由于有地方实力雄踞一方,地方与中央在财政税收上存在博弈。

1928年,国民政府召开第一次全国财政会议,决定把田赋划归地方。这时的财政体制分为国家与地方两级,而所谓地方财政是以省级为主体,县(市)则附属于省而无独立财政收支。在全国各省财政收入中,除闽、鄂、贵等少数省份外,田赋居于首位,田赋划归省级,有利于增强省的独立性。1934年第二次全国财政会议之后,颁发了省县收支标准,确立了中央、省、县三级财政体制,会议决定把田赋划为县级财政的主要税源,省级主要税源为营业税、契税等。两次财政会议,使田赋征收权有所下移。就云南省而言,县级政府主要负责征收与运输,实际管控于云南省政府。

抗日战争期间,云南作为抗日战争后方,内地机关、学校和军队大量迁入,为满足抗日战争所需粮食,云南省在全省范围内动员增加积谷。1937年,云南省民政厅拟定新抽积谷办法,实行分期抽填积谷,即以滇西、滇东和滇南公路、铁路附近产谷区40余县列为第一期抽填区域,限于当年12月底以前抽足;其余各县为第二期抽填区域,限于1938年底抽足。以全省户数233万户计算,“除旧积谷数外,1937年底可增积谷69万余京石,1938年底亦可照增此数。”[①]1939年初,云南省又按国民政府“内政部”要求,在增三成的原标准上,再增一成,其中部分交昆明粮食管物处平价,以平抑高涨的物价;另一部分留作地方机关、学校使用。1939年底,民政厅统计全省实有积谷328万余石,较1937年增加50%。到1940年底,积谷数额达到558万京石,国民党财政部、粮食部向云南省借调大量积谷以做军粮供应。

抗日战争爆发后,除增加积谷外,云南省还成立了专门粮政机关,用来临时管理粮食的供销,调节粮食市场。1938年,昆明物价大幅上涨,云南省成立云南

①何耀华主编《云南通史》第六卷,中国社会科学出版社,2011,第249页。

粮食管理处，随后改组为云南省粮食管理委员会，物价恢复平稳后，撤销粮食管理委员会。抗日战争期间，还相继建立了云南省粮食管理局、云南粮食调节处、云南省粮政局、云南省粮食供销处、昆明粮食公司、云南军粮采办处及军政部驻滇军粮局等机关。[①]

随着抗日战争形势的变化，国民党“中央政府”决定加强对田赋的管理与利用，重新调整财政体系。1941 年，国民政府召开第三次全国财政会议，决定将全国财政划分为国家财政与“自治财政”两级体制，把以前的省级财政归附于国家（中央）财政之内，由此就取消了省级财政，其实质是取消了省级的独立财政收支，实行中央的统收统支。[②]特殊时期，国民政府集中全国人力、物力、财力，加强中央财政权力，是集中资源的有效方法，这意味着要削减地方的财政权力。

1941 年 8 月 1 日起，为“增加税收，调整税制，调剂粮食，改进征收”，各省田赋统归中央接管，改征实物，并通令各省组设田赋管理处，以各省财政厅厅长兼任处长。云南省将财政部云南省田赋管理处组设成立，财政厅厅长陆崇仁兼处长。1941 年财政部下达云南即改行田赋征实，要求征实稻谷 150 万石（每石 150 斤），经云南省政府一再请求核减，最后定为 90 万石征实比例，规定以 1941 年度田赋的税额 1 元折征稻谷 2 斗。

表 1-19　1941—1948 年云南省田赋征实任务及征率

单位：谷万石、元、个

年度	田赋征实			田赋折征			随赋带征县公粮	
	任务	征率	县数	征率	县数	任务	征率	折征
1941	90	1.2	63	6	42			
1942	150	1.5	109	30	14	50	0.5	10
1943	120	1.2	105	70	18	50	0.5	20
1944	150	1.7	105	90	18	50	0.7	42
1945	150	1.5	105	100	17	50	0.5	50
1946	75					22		
1947	75	0.7	51	900	80		0.21	270
1948	150	1.5	131			45	0.45	

注：征率为每赋 1 元征谷（斗），折征为每赋 1 元征国币（元）。

资料来源：李珪，《云南近代经济史》，云南民族出版社，1995 年 10 月，第 529 页。

①云南省志编纂委员会办公室编《续云南通志长编》卷四十七《财政》，云南省科学技术情报研究所印刷厂，1985，第 725 页。

②李珪：《云南近代经济史》，云南民族出版社，1995，第 529 页。

实行田赋征实后，数额逐年增加，1942 年度田赋每元折征稻谷 4 斗，即比 1941 年增加 1 倍。1942 年还实行“随赋征购”，用强制性手段低价购买农民手中的粮食，三成现钞，七成无法流通使用的“美金购粮储备券”；1943 年，国民政府将“征购”部分完全改为“征借”，征借实际是预征田赋，强行从农民手中拿走粮食。这与增加田赋基本上没有区别，仅是多了一纸不能兑现归还的政府借据而已。云南山多田少，生产落后，产粮不丰。田赋征实后，农民不得不勒紧裤腰带以应战时需要。1941—1945 年，实收稻谷 1 701 万石，平均每年 340 万石。①

“三征”（征收、征购、征借）以外，各县、市还要随赋加征县公粮 30%，以及“三征”中溢收 10%的损耗等。这虽然加强了“中央政府”对粮食的管理与控制，有利于稳定国民党的军队和各级政权，减轻、缓解其财政、金融危机，有利于支持抗日战争，但对农民而言，是十分沉重的负担。许多农民为了逃避征实征购，情愿放弃土地所有权或任其荒芜，当时荒芜土地约占耕地总面积的 30%，而即便实行严厉的“三征”，田赋收入仍达不到既定额度，只能征收七成左右，各地对高额田赋，尤其是征借，极力反对。②农民在战争年代，还需承担高额田赋任务，使本遭受破坏的农村经济更加恶化，农业发展受到阻碍。抗日战争胜利后初期，为休养生息，国民政府实行过短暂的田赋征实、减半征收、“二五减租”，在一定程度上有利于农业生产的恢复与发展，但随后国共两党战争再起，国民政府田赋政策再度加紧。

表 1-20　1942—1948 年云南省征购、征借任务

单位：谷万石、个

年度	任务（粮食）	区域县数
1942	200.0	109
1943	200.0	95
1944	210.0	91
1945	150.0	91
1946	75.0	107

①云南省财政厅、云南省档案馆编《民国时期云南田赋史料》，云南人民出版社，2002，第 4 页。

②李珪：《云南近代经济史》，云南民族出版社，1995，第 441 页。

续表

年度	任务(粮食)	区域县数
1947	37.5	107
1948	75.0	76

资料来源:李珪,《云南近代经济史》,云南民族出版社,1995,第530页。

表 1-21　云南 110 县属土地清丈新旧亩积、新旧税额比较表

县别	旧亩积(亩)	新亩积(亩)	增(亩)	旧税额(元)	新税额(元)	增(元)	减(元)
昆明	178 952.337	385 020.000	206 068.063	54 821.420	62 155.161	7 333.741	
呈贡	54 081.527	253 261.500	199 179.973	18 969.180	24 399.120	5 429.940	
晋宁	51 388.947	123 415.400	72 026.453	20 629.220	24 450.931	3 821.711	
昆阳	64 191.100	200 079.400	135 888.300	16 432.980	24 028.190	7 595.210	
富民	24 920.800	668 078.800	643 158.000	10 115.000	9 926.310	—	188.690
武定	—	312 968.425	—	13 775.601	25 117.162	11 341.561	
元谋	—	205 038.230	—	8 246.276	26 522.549	18 276.273	
罗次	51 827.340	131 364.341	79 537.001	14 223.170	13 281.320	—	941.850
嵩明	103 319.120	363 242.400	259 923.280	23 988.520	25 983.370	1 994.850	
寻甸	—	541 292.900	—	21 185.820	29 552.330	8 366.510	
易门	46 745.415	150 723.600	103 978.185	14 839.900	19 692.220	4 852.325	
曲靖	—	293 033.592	—	15 599.630	35 462.589	19 862.959	
马龙	—	209 501.605	—	6 815.800	16 400.003	9 584.203	
陆良	—	651 728.600	—	16 636.205	50 109.476	33 473.271	
路南	—	381 660.900	—	9 764.330	36 639.290	26 874.960	
巧家	53 377.340	698 847.278	646 469.938	3 687.022	48 353.541	44 666.519	
师宗	—	279 343.353	—	4 694.722	16 239.146	11 544.424	
平彝	85 654.320	274 114.000	188 459.720	7 154.432	24 972.906	17 818.474	
沾益	—	465 211.170	—	10 045.595	33 572.248	23 526.653	
罗平	—	393 768.712	—	14 235.988	37 309.007	23 073.019	
宣威	136 669.000	672 216.120	535 547.120	10 656.608	53 084.423	42 427.815	
永善	—	356 123.306	—	7 309.270	19 935.626	12 626.356	
绥江	—	163 736.500	—	4 596.090	12 516.814	7 920.724	
昭通	—	530 107.460	—	12 263.913	50 500.691	38 236.778	

续表

县别	旧亩积(亩)	新亩积(亩)	增(亩)	旧税额(元)	新税额(元)	增(元)	减(元)
鲁甸	57 932.850	239 692.920	181 760.070	3 577.287	21 047.269	17 469.982	
盐津	—	197 082.635	—	—	14 293.325	—	
大关	—	323 563.691	—	—	17 203.367	—	
镇雄	—	627 418.934	—	12 637.800	48 103.765	35 465.965	
威信	—	158 277.644	—	5 447.260	14 196.816	8 749.556	
禄劝	—	411 009.320	—	12 898.283	24 998.361	12 100.078	
会泽	188 025.570	631 800.203	443 774.633	17 894.406	62 262.411	44 368.005	
彝良	—	434 213.373	—	3 607.680	26 397.221	22 789.541	
宜良	81 110.000	274 544.514	193 433.514	27 230.970	42 551.460	15 320.490	
开远	—	327 579.200	—	12 135.003	27 939.620	15 804.617	
蒙自	337 242.775	526 426.511	189 183.736	6 686.465	22 306.842	15 620.377	
个旧	—	59 810.242	—	3 221.250	3 930.503	709.253	
马关	—	334 366.220	—	10 860.831	24 057.400	13 196.569	
河口	—	90 500.960	—	—	8 457.662	—	
建水	—	265 110.259	—	17 108.774	36 028.439	18 919.665	
玉溪	108 244.260	202 562.800	94 318.540	35 252.170	34 060.850	—	1 191.320
通海	32 906.000	87 232.811	54 326.811	12 299.210	13 668.608	1 369.398	
河西	55 280.470	97 089.576	41 809.106	14 045.440	17 724.833	3 679.393	
曲溪	42 921.000	97 163.879	54 242.879	8 458.390	16 760.308	8 301.918	
文山	—	285 424.192	—	22 732.500	35 843.046	13 110.546	
砚山	—	245 136.369	—	11 168.580	29 867.140	18 698.560	
丘北	—	227 205.040	—	7 886.184	18 279.442	10 393.258	
西畴	—	263 274.740	—	15 015.000	23 552.430	8 537.430	
麻栗坡	—	123 409.751	—	—	12 014.893	—	
广南	—	490 936.883	—	—	34 996.273	—	
富宁	—	96 625.190	—	—	12 472.148	—	
澄江	61 000.484	133 273.100	72 272.616	17 814.830	21 074.900	3 260.070	
江川	50 000.000	97 659.000	47 659.000	10 741.095	14 103.680	3 362.585	
峨山	—	138 123.502	—	7 860.270	11 359.453	3 499.183	

续表

县别	旧面积(亩)	新面积(亩)	增(亩)	旧税额(元)	新税额(元)	增(元)	减(元)
新平	24 119.833	183 075.774	158 955.941	7 087.749	21 295.266	14 207.517	
元江	—	203 153.680	—	23 440.460	35 894.549	12 454.089	
墨江	—	137 025.640	—	10 426.340	17 229.373	6 803.033	
景东	55 606.442	436 148.560	380 542.118	16 748.203	38 575.401	21 827.198	
中甸	—	62 506.500	—	—	4 528.257	—	
镇沅	—	111 724.350	—	—	11 610.341	—	
景谷	—	158 804.310	—	7 678.540	19 129.051	1 145.511	
六顺	—	43 328.140	—	7 228.800	6 085.853	—	1 142.947
思茅	—	62 565.690	—	—	4 699.096	—	
宁洱	—	135 317.660	—	—	15 461.518	—	
石屏	70 950.988	194 792.350	123 841.352	19 951.518	24 748.841	4 797.323	
泸西	—	412 042.710	—	4 309.490	26 388.545	22 079.055	
弥勒	83 387.756	432 469.277	349 081.521	9 933.305	25 988.469	16 055.164	
华宁	43 644.100	247 285.900	203 641.800	11 718.420	19 177.170	7 458.750	
龙武	—	52 036.257	—	—	6 046.630	—	
云县	—	333 776.668	—	8 816.870	32 950.720	24 133.850	
缅宁	—	163 089.876	—	4 743.420	19 316.540	14 573.120	
江城	—	38 150.380	—	4 444.000	5 393.050	949.050	
金平	—	23 505.920	—	4 336.980	4 436.185	99.205	
屏边	—	114 272.550	—	6 222.590	13 856.074	7 633.484	
安宁	61 659.990	234 544.283	172 884.293	18 165.073	23 227.240	5 062.167	
禄丰	60 687.000	121 817.353	61 130.353	9 397.200	15 829.340	6 432.140	
广通	—	128 884.152	—	7 984.520	11 415.663	3 431.143	
楚雄	—	394 610.767	—	34 296.832	59 989.690	25 692.860	
姚安	142 821.000	216 974.144	74 153.144	23 055.504	25 369.022	2 313.518	
永仁	—	248 103.822	—	4 000.932	11 351.265	7 350.333	
大理	104 371.680	134 424.467	30 052.787	31 918.180	25 922.682	—	5 995.498
凤仪	—	104 651.618	—	15 584.300	18 313.111	2 728.811	
祥云	—	358 546.421	—	26 802.295	44 324.669	17 522.374	

续表

县别	旧亩积(亩)	新亩积(亩)	增(亩)	旧税额(元)	新税额(元)	增(元)	减(元)
弥渡	—	224 405.264	—	23 997.632	30 029.090	6 031.458	
蒙化	—	497 622.480	—	25 786.964	51 877.860	26 090.896	
宾川	—	313 448.067	—	24 422.810	44 303.466	19 880.656	
邓川	85 153.180	123 682.613	38 529.433	16 010.910	22 005.207	5 994.297	
洱源	—	178 372.746	—	21 311.160	29 405.635	8 094.475	
大姚	—	192 433.881	—	17 019.451	23 202.575	6 183.124	
牟定	104 376.840	209 397.556	105 020.716	17 479.986	29 686.555	12 206.569	
盐兴	17 274.000	37 616.135	20 342.135	1 631.290	4 186.887	2 555.597	
盐丰	14 781.350	65 337.409	50 556.059	1 945.862	9 422.170	7 476.308	
鹤庆	153 840.000	279 948.475	126 108.475	22 205.000	50 273.432	28 068.432	
剑川	91 323.000	155 914.188	64 591.188	18 375.680	24 434.598	6 058.918	
丽江	—	453 938.280	—	15 047.456	38 172.237	23 124.781	
维西	—	73 078.580	—	—	5 085.492	—	
永胜	—	292 186.310	—	19 722.170	33 547.237	13 825.067	
宁蒗	—	66 826.520	—	—	4 615.351	—	
镇南	—	242 503.092	—	16 221.974	20 980.203	4 758.229	
双柏	—	203 456.100	—	5 850.740	15 573.538	9 722.798	
漾濞	39 664.341	79 203.888	39 539.547	4 372.710	6 828.577	2 455.867	
永平	49 675.724	101 515.201	51 839.477	3 924.000	7 439.880	3 515.880	
保山	226 108.667	916 014.613	689 905.946	30 973.790	86 601.952	55 628.162	
镇康	28 369.430	295 224.157	266 854.727	3 849.500	29 599.183	25 749.683	
顺宁	—	705 005.246	—	8 153.507	73 434.910	65 281.403	
昌宁	—	319 438.669	—	5 304.621	35 867.354	30 562.733	
云龙	—	183 578.858	—	6 550.000	28 534.794	21 984.794	
兰坪	—	168 124.797	—	2 751.956	15 180.239	12 428.283	
华坪	—	160 086.586	—	4 253.760	11 952.532	7 698.772	
腾冲	—	109 334.924	—	3 885.580	91 164.662	87 279.084	
龙陵	—	280 877.360	—	—	22 294.516	—	

第四节　近现代边疆开发与云南农业发展

一、传统经济解体与鸦片经济

（一）西方国家侵略云南

明清两代加强对云南的开发与治理，扩大了云南省的耕地面积，但至晚清时期，云南省可耕面积仅约占全省土地面积的1/4，还有3/4的土地尚未被开发。总体而言，传统帝制时期的云南，仍然处于半开发的状态，丰富的自然资源没有被开发，良好的农业资源没有形成良好的经济效益。近代云南的发展与世界资本主义国家息息相关，鸦片战争后，中国内地不断开放，西南地区逐渐被西方国家所了解和渗透，云南毗邻英国和法国的殖民地缅甸、越南，英法在缅甸、越南进一步攫取利益后，不约而同地向云南发动经济侵略，云南亦逐渐被英法等资本主义国家渗透。

从19世纪中叶开始，西方殖民主义国家派遣人员络绎不绝地潜入云南进行活动。例如，勘测地质及矿产，较为著名的人物有英国的劳策、简克，法国的勒格里、白罗尼、白兰、郎特诺、古尼永、德普拉等；考察生物方面较为著名的人物有英国的安德森、亨利、韩确、福莱斯，法国的特拉弗、杜格洛、叔里欧、加万里、梅里等人。此外还有美国、德国等资本主义国家，亦对云南进行了考察。[①]

英法多次派遣探路队，企图打通滇缅、滇越等商路古道，并初步拟定了侵略云南的战略计划。英、法两国实施夺取云南计划的共同策略，就是先借口通商，寻找交通道路，进一步夺取各项独占的经济支配权，控制云南发展商品经济的命脉，而最终目的是变云南为其殖民地。[②]其中英国驻八莫领事古柏制定了从上海沿长江经云南通往印度的计划。1852年，古柏沿长江上溯，经滇、康、藏地区，留下《中国印度之游记》，在游记中提出一个庞大的侵略计划。他写道："开

①李珪：《云南近代经济史》，云南民族出版社，1995，第21页。

②同上书，第26页。

通西康商路之关系，其重要可知，盖此路一面可连通八莫、大理铁路以控制云南，一面又可打通四川与扬子江上游，使英国商业之势力范围取得联络，同时又可垄断西藏之政治经济也。”这样，古柏就首次把拟议中对中国西南地区的侵略同英国在整个亚洲的殖民主义战略联系在一起。为实施这个计划，古柏还提出诱使中国开辟重庆为商埠，打通由巴塘至阿萨密的商路以及重申斯赖登关于修筑八莫至大理铁路的建议，这样就可以从中国西部商业中心重庆很方便地“携取”农产品及矿产。古柏的游记，被称为“英帝国向外发展史之一重要文件”。

随后，英国远东情报局局长戴维斯于1894—1900年间4次对云南进行调查，写了《云南、印度与扬子江的链环》一书，英国要夺取缅甸和云南，控制西藏和四川，在长江中下游的英国势力范围要向长江上游发展，同英国在缅甸、印度的殖民地连成一片。建立英国从南亚、东南亚到东亚，从印度洋到太平洋，横跨亚洲，长达数万里的殖民地和势力范围。而夺取云南，则成为执行这一庞大侵略计划的关键。①

法国方面，企图如对待越南一样，将云南纳入其殖民地势力范围之内，以便同英国在亚洲的势力一争雌雄。1883年，法国发动战争侵略越南和云南，清政府被迫与法国签订了《中法越南边界通商章程》《中法界务条约》《中法续议商务条约》等一系列不平等条约，西南门户洞开，随即法国夺取了修建滇越铁路的筑路权，加紧对云南的渗透。

通过中法战争、英国侵略缅甸战争，云南相继开埠蒙自、思茅、河口、腾越。在外国资本主义国家的影响下，云南自然经济逐渐松动并解体，重要的表现方面就是农业商品化程度不断提高，许多自给性农业经营逐步转变为专业化的商品经济作物区，如滇越铁路沿线婆兮（盘溪）、竹园各地“坝内可种甘蔗之田，约有两万亩，占全坝约2/3……全坝农户约半数以上种制甘蔗，以此为生。”②经济作物广泛种植促进了云南农业商品化的发展。

原来自给自足的小农经济，与区域市场甚至国际市场的关系越来越密切，在市场机制和英法殖民经济的作用下，云南原有的传统农业结构开始发生变

①李珪：《云南近代经济史》，云南民族出版社，1995，第24页。

②董孟雄：《辛亥革命时的云南社会经济》，《思想战线》1981年第5期。

化，传统粮食作物种植比例下降，新的经济作物比例提高，如鸦片、橡胶、茶叶等等，甚至替代了传统的粮食农产品。

（二）云南的鸦片经济

云南种植鸦片，有一定的历史，但大量发展是在鸦片战争以后。咸丰、同治年间，为了筹集镇压回民起义的军费，对鸦片抽取“土药厘金”，承认了种植鸦片的合法性。“云土”质量高，获利大，清政府为了增加财政收入，亦默认鸦片大规模种植和经营，使云南鸦片快速发展。咸丰六年（1856 年），据载“云南贵州境内之田，连畦接畛，种植罂粟花，借以渔利。”光绪年间包家吉的《滇游日记》中又记叙了昆明城郊的鸦片种植情景：“出南门，绕过金马碧鸡坊，过迎恩塘，时暮春天气，罂粟盛开，满野缤纷，目遇成色。”可见鸦片种植在云南十分普遍。据 1893 年蒙自关及 1908 年腾越关的估计，罂粟种植面积约占全省耕地面积的 3/5，产烟 8 000 万两。当时全国鸦片产量约为 558.48 万担，云南即占 13.3%，而在当时统计的全国 20 多个产烟省中，云南产量仅次于四川，位居第二。①

鸦片的种植虽在短期内能获利，但潜伏着极大的隐患。“多一亩种罂粟之田，即减一亩稻麦之产，弃膏腴而滋鸩毒，良可叹惜。”在耕地面积固定的情况下，鸦片与粮食呈此消彼长的关系。云南平坝良田有限，种植鸦片挤占了粮食的部分土地，在一定程度上加剧了粮食减产和粮食紧张。而农村经济对鸦片的依赖性越来越大，农村经济处于不稳定状态，时刻面临破产。广种鸦片，必然增加吸食鸦片之人，对农村劳动力造成损害。

为了摆脱政治危机和经济危机，清末实行新政，其中一项即为禁种鸦片政策。1908 年，云南地方官员表示在一年内完全禁绝鸦片。“云南生计，纯然是靠着这点鸦片烟，鸦片烟既不能种，生计就要恐慌，若不急速提倡粗浅实业，稍开点利源，那么民间的生计问题，自然是一天比一天穷迫了。”鸦片既已成为云南农业经济中的重要部分，禁烟则与农业经济发展形成矛盾。宣统元年（1909 年），景东厅同知报告：“上年洋烟禁种，民多艰窘。”弥勒县亦报告：“禁种洋烟，业已根株尽绝，唯失利于民，不可不急筹抵制。”华坪县知事反映：“值此禁种烟苗，小民之生计日绌。”蒙化（巍山）厅的情况是：“遵查厅属地方山多田少，自洋

①李珪：《云南近代经济史》，云南民族出版社，1995，第 56 页。

烟禁后，各乡民生计顿失，恐慌情状，触目皆然。困苦颠连，殊为心恻。”[①]禁烟不仅影响小民生计，也会影响政府财政收入。民国以后，云南省地方实力围绕禁烟实施了多项政策。

民国二年（1913年）初，以蔡锷为首的云南军政府在颁布了禁烟草案，明令以当年为限，务使鸦片断绝根株，不准丝毫遗毒流传，责令各地“自本章程到达之日起，云南境内不得再有烟籽一粒下地，烟苗一茎出土”。军政府为实施禁烟草案，委派巡查人员，督促地方各县实施禁烟，颇有声势。但政令所及，只是省城昆明附近各县令行禁止，边远地区、山区、少数民族地区施禁效果不大。同时，云南军政府财政部门出面，专门组织了一个“收销存土公司”，收买各地存烟，贩运到越南出售，以牟取暴利，这开创了云南地方政府参与鸦片贸易牟取重利之先例，也暗中鼓励了鸦片种植。因此，军政府的禁烟政策并未有效实行，反而促使鸦片种植重新活跃起来，鸦片种植面积进一步扩大。[②]

唐继尧政府统治云南后，初期因袭旧制，实行口头上禁种政策。1917年，为了履行清末与英国缔结的《中英试办禁烟协约》，中英两国在云南会勘，检查有无烟苗。唐继尧主持的云南省政府制定了《禁绝烟苗条例》和《巡视铲烟规则》，颁发全省，责令各地不得有烟苗出现，并规定了乡绅初查、县地方官复查、省府派员核查的三级检查制。同时制定严厉的惩罚措施，如发现烟苗，种户杖毙，烟地充公，地方官查铲不力者，撤职或军法从事。英国派人来滇会勘，结果满意，还出具了各会勘地点无烟的证明，这次禁种使云南省的鸦片种植得到抑制。然而，这也只是局部和暂时的，在边远山区和少数民族地区，鸦片种植规模依然庞大。[③]

1920年，唐继尧驻川滇军失败，移军回滇，每年要发60万元饷银，为了筹集军费，颁布了《云南禁烟处罚暂行章程》，开始“寓禁于征”，章程规定，种鸦片的土地每亩征收罚金滇币两元，土地在五分以上1亩以下者，以1亩计算，不足5分者以半亩计算，又称为“亩罚”。烟亩罚金以外，还有“禁运罚金”，规定每100两征收5元，实则疏通渠道，鼓励贩运。因此，“烟亩罚金”，美其名曰“罚”，实则

---

①李珪：《云南近代经济史》，云南民族出版社，1995，第62页。
②同上书，第268页。
③同上书，第269页。

是通过罚来乞财于鸦片。政策一出，各县纷纷倡导农民种烟。1920 年，全省 130 多个县、设治局栽下烟苗，统计共有 36 万余亩，称之为第一届烟亩罚金（1920—1921 年春），如此，不算禁运收入，仅“烟亩罚金”即可收 70 多万元。寓禁于征，使鸦片种植合法化、公开化，对云南农业经济产生了深刻影响，实际上鼓励了鸦片的种植与发展，由口头上的禁烟转变为公开鼓励，开放烟禁，使鸦片种植进入一个迅速发展时期，对农业经济乃至对社会生活的影响亦越来越大。①

表 1-22　1921—1927 年禁烟罚金收入统计表

单位：万元（滇币）、%

年份	烟亩罚金收入	运烟罚金收入	两项合计	地方财政其他税赋收入	罚金收入占其他税赋收入百分比
1921	72	80	152	527	28.8
1922	120	100	220	397	55.4
1923	200	150	350	441	79.4
1924	220	380	600	537	111.7
1925	220	500	720	961	74.9
1926	220	500	720	1 030	69.9
1927	220	550	770	845	91.1

资料来源：云南省方志编纂委员会，《云南省志》卷八《经济综合志》，云南人民出版社，1998 年，第 239 页。

龙云政府时期仍然沿袭寓禁于征的政策，并且进一步大开烟禁，利用禁令，对鸦片的种、运、吸、售各个环节都苛以罚金，变本加厉地攫取鸦片罚金，将所有鸦片利益收至囊中。1927 年“二六”政变后，云南省务委员会曾改“地亩罚金”为烟土印花罚金，主要征收流通运输环节的罚金，将负担转于商人，但只办了一年，收入减少，于是自 1928 年恢复按种植亩积征收罚金，称为“新案亩罚”，以别于唐继尧时期的“亩罚”。1928 年颁布了《云南禁烟暂行章程》，恢复亩罚，其中专门规定：“各属亩数，以前六届中各县自行呈报之数为标准。”农民必须申报最高种烟亩积，且每年必须增报种烟亩积，实则强迫农民多种，以增加罚金收入，

①李珪：《云南近代经济史》，云南民族出版社，1995，第 269 页。

而不种烟的农户还要征收“懒烟捐”。在运输方面，将按省内和出口分为“禁运罚金”和“出口罚金”，由商人负担。

重新恢复亩罚并改进禁运罚金，大大增加了禁烟收入。同时，云南省政府还不断提高罚金税率，唐继尧时期每亩烟罚滇币两元。实行“新案亩罚”，1928 年规定增加为滇币 5 元，1929 年改为征收半开银圆 3 元，规定半开银圆与滇币“三抵一”，等于滇币 9 元。1930 年又改为征收半开银圆 5 元，规定半开银圆与滇币“五抵一”，等于滇币 25 元。罚金税率与货币兑换率的变化，使种烟农民的负担成倍增加。而禁运罚金亦提高，原来每百两烟征收滇币 16 元，后提高到 50 元，烟商的负担亦大为增加。

除此之外，还加征隔年的“老烟罚金”，规定当年产的烟，必须在次年四月前销售完，逾期销售，每百两加征 6 元。迫使种烟户减少存烟，加速鸦片流转，并通过每年增加种植亩积来减少老烟罚金额度。[①]同时还有“禁吸罚金”（烟灯捐）、“报效军费”、“公路捐”、“军队保护费”等，禁烟罚金名目繁多。[②]此外，省政府鼓励鸦片大量外运，由富滇银行做鸦片远期押汇生意，由政府投资鸦片生意。禁烟罚金成为云南省政府财政收入的重要来源，占全省年收入的 1/4 左右。

从 1929 年至 1939 年，烟亩罚金办了九届，平均每年亩罚收入达 2 000 万元，禁运罚金年收入一般亦在 2 200 万元。1930 年，全省鸦片罚金收入 5 100 万元，而其他各项税收 4 172 万元，鸦片收入成为云南省最主要的收入来源。[③]

云南省寓禁于征的鸦片经济政策，使边远少数民族地区种植鸦片势头更盛。如大小凉山彝族地区，用鸦片换来大批枪支，自成势力。而山区本来耕地不足，粮食产量低，奴隶主把最好的耕地，为数不多的肥料及外地购入的铧犁以及大量劳动力投入鸦片生产，正常的农业生产则取粗放经营的方式。粮食不足，便产生了许多抢劫、盗匪事件，给政府造成了一定的治理压力。而鸦片、犯罪、贫穷等问题，长期阻碍着大小凉山地区的发展。

鸦片种植是近代云南经济生产的重要特色之一。云南独特的地理位置和气

---

①李珪：《云南近代经济史》，云南民族出版社，1995，第 271 页。

②同上书，第 377 页。

③云南省方志编纂委员会编《云南省志》卷八《经济综合志》，云南人民出版社，1998，第 181 页。

候、土壤条件，使云南十分适宜鸦片种植，更方便鸦片交易，加之云南地方统治者从鸦片经济中获益颇丰，根本不愿意放弃这种饮鸩止渴的经济来源，虽然在一定程度上增加了财政收入，但对农业却有很大的消极影响。鸦片排斥粮食生产，占据10%的良田，使本来就不足的粮食生产面临更大危机，加剧了粮食短缺。同时，鸦片种植使农业产业结构十分不合理，呈现畸形发展的状态。

二、民国时期云南农业政策及其发展

面对数千年未有之大变局，清末民国初的云南农业生产，不仅劳动力急剧减少，耕地大量荒芜，自然灾害频繁，而且农业生产中鸦片种植泛滥，农业积累严重下降，连简单再生产都几乎难以为继。岑毓英在同治十三年（1874年）称，农村“村舍丘墟，既无可糊口，亦无可栖身，触目伤心，不堪言状”，曾试图实行新政，以改变困局。

晚清政府与民国初云南地方政府在云南发展新农业，出现了种植经济作物的风潮，曾掀起一阵种桑、养蚕、植棉之风，号召地方官绅种桑、养蚕、植棉、种茶；设置专门的督办棉业机关，如购进美国棉籽分别种植，开办阿迷棉业试验场，同时还推广蔬菜、林木、花卉新品种。这些措施，实质上是调整农业产业结构的初步尝试，但由于条件不具备，传统农业生产既未得到良好恢复，新兴产业也未取得良好效果。[①]直至民国，云南农业政策才比较系统地出台并得到执行。

民国初年，蔡锷成立云南军都督府，云南军都督府致力于恢复和支持发展农业。实业司下设农林局，“凡关于农林蚕一切事宜，责令该局实地办理，每年经费约一万元”。农林局有专门资金负责全省农业，重点办理“棉业、推广蚕林、交换各地种子，以资改良”。省政府除命令各县县府鼓励、发展农业外，云南省还设立了专门的农业发展辅助机构——云南省农会，各县设立县农会，主要进行农事调查、选种试验、督促各县成立农会、踏勘水利、反映农村疾苦，选派代表参加全国农会联合会议等工作。[②]设立新机构，有利于促进农业发展和农业讯息的交流。

①王文成：《清末民初云南农业政策述论》，《云南社会科学》1995年第6期。
②李珪：《云南近代经济史》，云南民族出版社，1995，第243页。

1912 年，先后拟定颁布了《倡办蚕林实业团章程》《劝民烧煤以保种树》《征集籽种》《垦荒规则》《征集稻种八条》《调查土宜一览表式》《调查气候一览表式》《调查水利填表规则》等，重点调查全省农业生产情况和生产条件。《垦荒规则》要求各地切实查清荒芜田地情况，限一年至一年半内垦种。公田逾期，地方官负责；民田逾期，由地方官查收招垦。新垦土地 10 年后升科纳粮。在此基础上，扩充清末开办的农事试验场，对粮食、蔬菜、林木、花卉等数千个品种进行种植试验。

军政府实业司下令各县调查与农业有关的事项，如气候、土宜、水利、荒地等项，调查内容填入专门表格，上报实业司，实业司根据调查结果，制定相关农业发展建议。如实业司认为云南省气候温和，但山地与平原差异大，即使同一县内，气候也不尽相同，因此种植农作物应该因气候而异；云南省各地土壤亦相差较大，要因地制宜，发展不同的农作物；水利失修，旱涝频仍，要大力进行水利建设，同时，要移民开垦荒地，开发土地资源。

民国初年，大力提倡创办实业，各地相继引进西方先进农业技术，设立农事试验场，或成立农业垦殖局。1912 年 5 月，实业司在昆明西部大普吉征地 1 200 多亩，设立了农事试验场，先后委派农校毕业生陆光壁、杨钟寿为场长开展工作，内分农、林、蚕、畜牧四部，分别办理各项事务。农事试验场附设种子养成所，为进行良种培育试验，试验场曾征集了全省及浙江、甘肃、贵州等省的农作物籽种，实业司责成种子养成所将育成之籽种、耕耨知识交报刊公布，以示提倡示范。1914 年 2 月，实业司又在通海租地 59 亩，设立烟草种植场，在新兴（玉溪）设立分场，租地 15 亩，引进美国、土耳其烟叶籽种试种。[①]1929 年实业司在大吉普乡设第一农事试验场，试种稻麦作物及研究栽培方法，但效果不佳。1933 年厘定县政建设 3 年实施方案，通令各县办理试验，实施筹办籽种交换所，农事试验场，组织各级农会，举办年产展览会，倡办垦荒等。

云南省实业司认为，“蚕桑为民生利赖所关，尤应实力振兴，以苏民困”，强调农业的提倡、示范工作。大力发展蚕桑，是云南发展实业的重要措施。建立专门的模范蚕桑传习所，招收人员学习，以 6 个月为期，期满结业后回到各地倡办

①李珪：《云南近代经济史》，云南民族出版社，1995，第 242 页。

植桑养蚕。根据云南多山的特点，还提倡放养山蚕，设山蚕传习所，提倡示范推广。为使农民经营蚕桑迅速见利，扩大桑蚕市场，在昆明设立收买丝茧所，边远地区由专门的实业员收购运往昆明，免除农民销路之忧。

发展林业，倡导种植树木与保护森林。民国元年（1912 年），云南省颁布了《云南森林章程》，明确规定以保护天然林和提倡人工林作为云南林业发展的宗旨。民国二年（1913 年），实业司又制定了《各县蚕林实业团章程》，并在各县设立专门林政机关——蚕林实业团，其职责为促进植树造林，防范森林火灾，保护森林安全。民初，云南省实业司购买茶、桑、桐、柏、漆等林木籽种共 1 064 斤，交农事试验场育成树苗，发交各县栽种，共发出桑、茶、橡、八角树树苗18.48 万株。云南省将植树作为地方各县官员政绩考核的内容之一，需要填报种树的日期、地点、成活情况等，在一定程度上有利于蚕林事业的发展。

1937 年，技术员施兰轩、段膺糈赴文山、西畴、马关查勘，发现文山地区宜种三七，于文山县属之革革冲、西畴县属之香坪山各设三七试验场，革革冲场地占地面积 40 余亩，购获红籽 20 余万粒，以 10 万粒由该场试种，以 10 万粒分发文山、西畴、砚山农民领种。香坪山场地占地面积 20 余万亩，购红籽 10 万粒试种。1938 年 3 月委戴禹谟赴马关勘察，就该处置三七试验分场，以戴禹谟任分场场长，占地面积 40 余亩，种植红籽 8 万粒。嗣将文山、西畴两试验场改为开广区农林场。

晚清以来，云南即提倡种植棉花，大力发展棉业。民国初云南有 50 余县适宜种植棉花，年产可达 3 万斤。民国二年（1913 年），云南省实业司颁布了《督办棉业章程》，鼓励宜棉地区积极发展棉业，种植棉花，并在开远筹设棉花种植场，购进美国棉种试种。当时云南的棉纺织业主要以手工作坊为主，1915 年，成立云南纺纱工厂筹备处，以收购省内自产的棉花，并进一步扩大棉花种植面积。

全省宜棉区域占全省一半以上，实业司由美国及江苏南通、湖北天门等处购来棉籽 2 万余斤，于开远、元江两县设场试验，并分发民间自行种植，因无专门技术人才管理指导，产量不高，品质低劣。护靖国军后废置，龙云成立云南省政府以后，以木棉作为云南省特产作物，请上海总商会交纺织厂审查，于开远倡种，收成颇佳。1929 年建设厅拟具推广计划，在开远设置试验场培育木棉籽，以备分发宜棉各县区推广种植。

1933年3月,为抵塞洋纱漏卮救济农村经济,决定提倡种棉,实业厅在产棉最多的宾川设立省立第一棉作实验场,正式成立于1934年3月,在杭州聘李凤荪、严光耀为该场技士,向南通大学购脱字棉、爱字棉、江阴白籽棉、南汇白籽棉、百万华棉等各项优质棉种4 500余斤,发交该场试种。1934年11月试种美棉效果良好,脱字棉亩产约为120斤,于是大量推广。并制定章程30条,规定宜棉区革新设置棉厂办法,及官民种棉办法,将全省宜棉区域先行划出18个县为第一期推广区,其中分省立棉场、县立棉场两种。①

省立棉场经费由省款支付,县立棉场除技术人员由省委派外,其应需经费则由地方负担指定设置,县立棉场有巧家、永胜、华坪、景东、墨江、元江、宁洱、丽江、鲁甸、彝良、保山、弥渡等12个,每场按月由财政厅发给经费新币60元,县立棉场经费视地方财政丰啬,自行筹定,多寡不一。1935年实业厅归并建设厅后,由建设厅根据原定计划委派专员筹备,相继筹办各地棉场,建设厅为充分利用土地,扩大木棉种植面积,拟具推广计划,将滇越铁路沿线自大树塘至河口一段及个碧石铁路全线指作推广棉植区域,沿线居民领种木棉。②

表1-23 云南省各县立棉场试种棉作表

县名	场址	设场年月	试种亩积(亩)	场长或技术员	备注
墨江	曼干坝	1938年3月	27	郑万麟	
华坪	县城西	1936年2月	18	王子斌	
丽江	大巨里	1936年3月	10	李国栋	
永胜	仁里	1936年2月	10		
巧家		1937年3月	15		

资料来源:龙云等编,《云南行政纪实》第十册《建设》,昆明:云南财政厅印刷局,1943年铅印本,第6页。

1936年9月,云南省建设厅商准全国经费委员会棉业统制委员会考察各县种棉情形,中央农业实验所指派副所长冯泽芳博士到云南进行考察,考察完竣后,著有《云南省植棉考察报告》,并对云南发展棉业提出意见,建议省城设置

①龙云等编《云南行政纪实》第十册《建设》,云南财政厅印刷局,1943,铅印本,第6页。
②同上。

棉业处，指导考核机关制定全省植棉之计划，指导全省各县棉业；于宜棉各县设推广所，直接指导农民推广植棉；其计划大要系以迤西为主，迤南为辅，以增加生产为主，改良品质，为附以推广土棉为先。[①]

表 1-24　云南省棉业处二十六七年度（1937—1938 年）各棉场示范亩积一览表

棉场	场址	示范田亩（亩）	备注
宾川棉作试验场	宾川牛井	143	
宾川棉业推广所	宾川县政府		本年筹设未具报
弥渡棉业推广所	弥渡阿古里	13	
元谋棉业推广所	元谋能道村	17	
华宁棉业推广所	华宁盘溪水兴寨	12	
开远棉业推广所	开远布沼	6	
曲溪棉业推广所	曲溪右所	21	
弥勒棉业推广所	弥勒竹园	8	
建水棉业推广所	建水县城内	20	

1936 年由建设、教育两厅于棉产最多之宾川设立省立棉作科职业学校，培育专门人才。1938 年棉业处指定开远农场思普区农场、建水推广所为繁种地区，以培种育籽。1938 年 12 月，为指导木棉种植技术，扶持棉农经济，由建设厅经济委员会与中国农民银行、交通银行、富滇银行一再商洽，会同组织云南省木棉推广委员会，办理全省木棉推广事宜，以及植棉合作贷款等。1938 年全省棉花大概种植 236 730 亩，种植面积大为扩展，棉产量提高。

这些发展农业的政策措施，反映了云南省政府重视农业、开拓创新的一种愿望，也切实为云南农业的发展开辟了一些新的道路，使农业呈现出一些新的气象，推动民间人士主动投资农业，如开化府（文山）绅商万保藩等人准备筹资一万元，在文山创办农场，种植木棉、蚕桑、草果、八角等；宁洱（普洱）县知事也创办了蚕桑学校，将培育的桑苗分发给农民，在全县广泛种植；易武（勐腊）土把总伍树熏于民国二年（1913 年）上书，请军政府采取措施，恢复和发展西双版纳

①龙云等编《云南行政纪实》第十册《建设》，云南财政厅印刷局，1943，铅印本，第 7 页。

地区的茶叶生产。[①]

云南省农业经济的发展，畜牧经济亦占据相当比重，但长期以来发展缓慢，主要以小农养殖为主。民国年间，除改进茶叶、桑蚕、木棉等粮食作物、经济作物品种外，云南省还加强了畜种改良，防治兽疫，改良畜产品。

表 1-25　1919 年、1941 年云南牲畜数量增减比较

牲畜种类	1919 年(头)	1941 年(头)	1941 年比 1919 年
马	307 000	468 081	152%
牛	604 000	834 169	138%
驴	120 000	2 366	1.9%
羊	1 060 000	1 736 087	164%
猪	1 483 000	2 216 451	149%

清末民国初，上述政策实行的效果并不明显，云南传统农业在严峻的内忧外患中艰难挣扎，尽管广大农民历尽艰辛，云南农业生产的总体水平仍无明显提高，广大农民群众极为贫困的状况并无多大改善。

民国前半期，云南农业得到一定的恢复和发展，但传统落后的种植农业仍然是云南社会经济的主要方面。民国初，云南省的农业措施主要在发展蚕、桑、茶、棉等新型经济作物上，这些经济作物从倡办到收益需要一定的时间。同时，由于经费有限，农会及试验场的发展常常面临资金困难。民国初，云南多种农业形态并存，呈现出 3 个特点：第一，与同时期的全国大部分地区相比，云南的农业经济水平是相对落后的；第二，由于云南特殊的地理环境、多层次生产力水平的存在，云南农业在本省地区上、内部结构上的发展程度是很不平衡的；第三，农业中的个别特殊作物，如鸦片，得到了畸形发展，使本就发展受阻的农业经济呈现出一种非常态，一味提倡和发展经济作物，没有根本改变农业经济的落后状况。

正如云南省实业司在《云南农林行政撮要》中所说："滇省农业之现状，尚未脱离粗放式，经营无术，耕作失宜，气候不知观测，土壤不知改良，籽种不知交换，虫害不知预防，陈陈相因，由来已久。驯至地未尽辟，人有余力，一遇水旱偏

①李珪：《云南近代经济史》，云南民族出版社，1995，第 244 页。

灾，即成荒象而至匮用矣。”[①]云南省农业发展，仍然存在诸多阻力，需要进一步投资与开发。

云南省的农业生产基本是以一家一户为主体的、分散的、与家庭手工业紧密结合的小农经济，虽然云南存在土地集中的现象，但不如江南地区程度高，地主所有土地一般只有十数亩至数十亩，出租的土地由分散的佃户耕种，各自经营，崎岖山地使云南的小农经济更显分散。根据《云南省五县农村经济之研究》的调查，昆明地区经营1—9亩的小农户占全体农户的86.3%，马龙是76.3%，曲靖是83%，沾益是91.7%，宣威是92%。[②]

许多农户土地有限，只能将家庭手工业、小商业与农业相结合，尤其是佃农经济基础薄弱，需要用副业来补贴生计。据农村复兴委员会的调查，在商品经济比较发达的玉溪县，各类农户的副业收入占总收入的比例为：地主占1.02%，地主兼自耕农占1.86%，自耕农占36.71%，半自耕农占30.57%，佃农占27.07%，雇农占2.77%。[③]费孝通等人在禄村、易村、玉村的调查，也表明手工业与小商业在农业经济中的重要作用，只是尚不成规模，没有完全与小农经济相分离，正如张肖梅在《云南经济》中所说：“云南农村副业，种类虽多，而尚未普遍发达。”[④]

从民国初到抗日战争期间，云南省的农业有所发展，新型农作物的种植逐渐得到推广和发展。耕地面积扩大，粮食产量有所提高：1949年前20年内，平均夏粮产出4 000万担，冬粮小麦600万担，蚕豆700万担，合计达5 000多万担；1931年籼粳稻的亩产为317斤，1949年为349斤，呈缓慢上升趋势；以1934年为例，全省粮食产量约4 860万担，全省人口1 080万人，平均每人约4.5担，合720斤，人均粮食产量情况良好。不过云南在民国期间，尤其在抗日战争期间受到政局波动影响颇大，因此农业经济的发展也存在不稳定状况。[⑤]

抗日战争时期，大量人口涌入云南，1938年据云南省建设厅统计，全省人口为1 232多万人，比1934年1 080万人，增加了150多万人。激增的人口对粮

①李珪：《云南近代经济史》，云南民族出版社，1995，第245页。

②同上书，第254页。

③同上书，第255页。

④张肖梅编《云南经济》第11章第6节，中国国民经济研究所，1942。

⑤李珪：《云南近代经济史》，云南民族出版社，1995，第247页。

食需求提出了更高的要求。云南省政府采取了相应措施，来改善农业经济状况，提高粮食产量。例如兴修水利，推广良种，开垦荒地，实行农贷，同时实行积谷政策和提高耕地税的政策，以满足抗日战争的需求。

首先，土地清丈使云南省政府进一步加强了对全省土地资源的调查与了解，也进一步为开发土地奠定了基础。抗日战争后，国民政府与云南省政府都提倡开垦荒地，以应对战争需求以及大量难民需求。1938 年 8 月，云南省政府颁布了《云南省承垦公私荒地暂行办法》，积极鼓励垦荒，增加农田面积。为激发垦民的积极性，规定虽然荒地所有权归“国有”，但土地耕作权无价归承垦人，同时私人开垦“国有”荒地，垦完后 3 年才交纳田赋，有利于鼓励省内农民及外省难民积极开垦。①云南省政府主持设置垦殖局，是民国时期开发边疆、发展农业的重要措施之一，20 世纪 30 年代中期，在省内设置了多处垦殖局，如开蒙垦殖局、开文垦殖局等，收纳难民，开垦土地，发展农业经济。

其次，大兴水利。1938 年冬，云南省政府与国民政府经济部协农本局协商筹设农田水利贷款委员会，当年冬天订立合同，由农本局贷款 150 万元，云南自筹 50 万元，正式组设云南省农田水利贷款委员会。该委员会由云南省建设、财政两厅经济委员会、富滇新银行、农本局、中央农业实验所派员合组而成，并以建设厅厅长为主任委员，与建设厅协同办理水利事宜。下设总工程师 1 名，总务、工务、设计 3 课，订立相关办法、大纲与组织章程，其办理方针为“筑塘蓄水、开沟通渠之水利工程，在滇尤为重要。唯因地形所限，大型工程仅适宜少数区域，农田难以普遍受益，故兴办小型水利工程，实为本省办理水利之主要工作”②。

云南农田水利贷款委员会在抗日战争初期为云南省水利工程建设提供了较为充裕的资金，在全省范围内兴办小型水利工程，开展筑坝引水、田塘蓄水、凿井灌田、排除农田积水、疏浚农田水流等业务，有利于种植农业的发展。同时还建立了几项大型水利工程，如开挖四渠——宜良龙公渠、文公渠、弥勒甸惠渠、沾益华惠渠，惠泽一方。

再次，继续开展农业科学研究和推广新型农业，是云南省在抗日战争期间

①李珪：《云南近代经济史》，云南民族出版社，1995，第 42 页。

②龙云等编《云南行政纪实》第十册《建设》，云南财政厅印刷局，1943，铅印本，第 27 页。

的重要措施。云南省当局重视“云南粮食作物有系统及科学性之试验改进工作”,建设厅成立稻麦改进所,在昆明东郊定光寺附近购地300亩,运用了当时较为先进的手段,选育研究稻麦品种,还陆续设立了茶叶、棉业、蚕桑、畜产、园艺、烟草等各项改进所。国民政府在云南也展开了相关农业试验,如农村部“中央农业试验所”在云南设立工作站,在开远等地设立木棉试验场,协同进行试验和研究。以期改进作物品种,提高经济效益。

最后,培育的良种主要通过贷放的形式下发给农民,试验所培育的新品种在云南部分地区得到推广。1941年,昆明县推广种植水稻良种8 896斤,种植920亩,结果亩产480斤,与传统品种相比,每亩增收66斤,增收率为15.94%,至1944年,昆明的水稻良种推广数达4万斤,种植面积增为6 136亩,增收率为15.4%。同时还推广了小麦、棉花、蚕桑等,均达到增收的效果。[①]

云南省建设厅厅长张邦翰认为,“夫吾国农村之破产,其因素固甚为复杂,而究其症结所在,实缘于无经济之组织。经济无组织,则资金缺乏,告贷无门,生产事业即因之而停顿矣。”因此,提出了相关救济农村的经济方案,并着力建立相关经济组织:一是建立各级中国农民银行,作为推进农村前进的原动力;二是组织生产、消费、信用、建筑等合作社,以合作互助来解决民生问题。

办理农贷,是民国时期的重要救济措施,1945年,云南省建设厅重新拟具了救济措施,鉴于“本省农民,在抗战期间,将全部人力物力,贡献国家,负担奇重,经济枯竭,冠于全国。因此请求“中央政府”转令中国农民银行以10亿元国币为全省农民专用贷款,并且农贷利息应比普通利息低,还应允许分期偿还”,筹款普遍办理农贷,帮助农民周转资金。在云南办理贷款的金融机构有“中央银行”、中国农民银行,也有云南的地方金融机构,如富滇新银行、合作金库等,主要办理农业生产贷款、农业推广贷款、农业供销贷款、农田水利贷款。贷款扶助农村经济,资助工作组织、技术指导、物资购买等方面。

近代云南农业经济商品化程度提高,茶叶经济的发展即是重要的表现:茶叶出口从光绪十五年(1889年)231公担上升到光绪十八年(1892年)的1 447公担,光绪二十九年(1903年)再升为2 044公担,国内每年还运销两万担左右。

---

①李珪:《云南近代经济史》,云南民族出版社,1995,第422页。

茶叶商品率的不断增高，刺激了新茶区的开辟，除了滇南老茶区外，滇西新茶区得到开发。[①]抗日战争期间，经济作物得到进一步发展。换取外汇和进口紧缺物资推动了茶叶经济的发展。

1938年，财政厅筹设思普区茶叶试验场，倡导人民种植茶叶及增加生产，茶叶试验场选择良种，应用科学方法大量种植，同时罗致和培养茶叶专门人才，购置制茶器械，将出产品质逐步改善，另行改良装潢做有效之宣传，以开辟国际推销市场。

1939年，云南中国茶叶公司制订了开发西双版纳地区的茶叶和发展全省茶叶经济的计划，以出口为主旨，将全省茶区划为3个区域。一是顺宁（凤庆）区：以顺宁为中心，保山、景谷、景东、云县、双江等产地属之，经腊戍出仰光；二是佛海（勐海）区：以佛海为中心，南峤（勐遮）、车里（景洪）、镇越（勐腊）、江城等属之，经缅甸之景栋出仰光；三是以宜良为中心，路南、武定、元江、墨江等属之，经滇越铁路出海防。同时，为了加强内销和拓宽国内市场，亦把全省划分为11个茶区，改进旧茶区，推广新茶区，每区内设一个小型示范茶园，进行布种、剪枝、修条、中耕、施肥以及茶叶的初制加工等指导示范工作。通过推广示范和拓宽市场，农民提高了种茶的积极性，茶叶产地不断扩大，达到30多个县。[②]

蚕丝也是抗日战争期间出口创汇的主要商品之一，抗日战争时期江南地区的桑蚕业受到战争冲击，而云南相对稳定，且气候条件适宜，云南省本鼓励发展蚕桑，加之一些迁滇的江浙蚕桑界人士积极主张利用云南优越的自然条件发展蚕桑，使云南蚕桑业得到发展。云南省当局拟定了“复兴云南蚕桑初步计划”，在开远草坝、昆明长坡建立了桑苗圃基地和蚕种育制改良基地，育苗培种，设厂收茧缫丝。1939年4月，云南地方国家垄断资本与商人合办了云南蚕业新村股份有限公司，由缪云台出任公司董事长，葛敬中[③]为总经理，杨士敏为副总经理，由云南省经济委员会、中国银行、中国农民银行、交通银行、富滇新银行共同投

---

①李珪：《云南近代经济史》，云南民族出版社，1995，第54页。

②同上书，第428页。

③葛敬中：1892—1980，字运城，浙江省嘉兴人，曾考入北京大学，毕业后到法国留学，回国后在北京农业专科学校、南京高等师范学校等校任教，任蚕桑系主任，积极办理蚕桑讲习所，培养蚕桑专业人才。抗日战争爆发后，江南蚕业受到损害，1939年2月，中国银行董事长宋子文派遣葛敬中到云南考察，建立新的蚕基地。

资 2 500 万元国币，在蒙自草坝租地 3 万亩经营。蚕业新村公司以经营蚕丝为主，采取集体农场制度。

民国时期，云南省地方政府大力整顿和发展农业，开展农田水利建设，改善农业生产条件，制订农业发展规划，调整农业产业结构，将官僚资本投入农业生产和农村经济中，开办官营农场，发展农业金融，推动了云南农业经济的发展。农业始终是云南最主要的经济部门，因商品化程度加强，受到外部市场因素的影响，农业产业结构发生了一定变化，棉业、鸦片、烟草、桑蚕等经济作物的比重提高。

边疆民族地区生产力得到了一定的发展，农业生产水平有所提高。清末民国初云南内地掌握了较先进生产技术的汉、回、白、彝、纳西等民族，向边疆民族地区移动，给当地带来了新商品、新工具、新信息，带来了劳动力、农耕技术和新的作物品种。在各族民众的相互友好往来中，经过共同努力开发，边疆地区生产力获得了一定的发展，部分地区也正是在此时开始了使用铁器和牛耕的历史。

云南农业与市场关系日益紧密，市场机制对农村经济产生了重大影响。鸦片战争后，英、法等国日益加紧了对云南的侵略步伐，尤其是光绪年间中英、中法间一系列不平等条约的签订以及蒙自、思茅、腾越等海关的被迫开放，使其侵略目标得以部分实现。这对云南来说，则标志着发展水平较低并长期处于封闭状态的社会经济被迫与近代国际市场直接对接，外国商品、资本开始大量输入，云南工农业初级产品则被大量掠夺，作为云南基础性经济部门的农业生产和农村经济，更深地卷入了世界资本主义市场的漩涡。云南农副产品的商品化程度迅速提高，部分农副产品的生产已不再是为了满足生产者的需要，而是通过交换实现其商品价值。在市场机制的作用下，云南部分原有的农产品生产难以为继，逐步缩减以至消失，而另一些产品的生产却不断扩大，并逐步引进了一些新品种，农村产业结构发生了一定的变化，如种植鸦片、茶叶。云南农村中传统的自然经济逐步走向瓦解，耕织结合、自给自足的农村经济受到了前所未有的冲击。这一方面使农村社会分工进一步扩大，手工纺织业逐步独立出来；另一方面加剧了农民的贫困化，削弱了农业生产自身积累，从而制约着农业生产的恢复和发展。

三、边疆开发与农业经济

传统的观点认为，地处中国西南边陲、多民族山区省份的云南，是一个封闭半封闭的蛮荒之地，历史上在政治、经济、文化方面对全国的影响有限。近代以来，云南社会经济出现一个值得注意的变化，新商品、新工具、新方法的传入，不断改变边疆地区农业生产方式，边疆民族地区生产力得到了一定的发展，农业生产水平有所提高。同时，面对内忧外患，边疆的政治、经济地位不断提高，推动了云南地方政府加强对边疆的开发与治理。

历代王朝开发西南历史悠久，晚清时期，英、法等西方国家多次从云南边地进入内地，云南边疆不仅面临着经济发展的问题，更面临着政治危机。辛亥革命以后，保卫边疆、开发边疆成为国人的共同夙愿，云南省开始系统全面地思考治边问题，而农业是云南边疆地区经济发展的基础，随着边疆开发方案的提出和实施，云南农业得到进一步发展。

云南边疆地区由于地理条件限制，多数地区长期实行羁縻、土官制度，农业生产方式长期处于较为落后的状态。受到外来因素的冲击，地方土司、土官主动提出改变边疆治理的方案。1912 年，思茅厅同知兼副营务处的柯树勋在《治边十二条陈》中全面提出了改流、筹款、官守、诉讼、交涉、实业、国币、通商、学堂、邮电、招垦、练兵等内容，并在车里成立普思沿边行政总局，开启了民国云南地方政府治边的新风气，同时，柯树勋的开发方案具有整体性，涉及政治、经济、文化与社会的方方面面，其后各类边疆开发与治理方案均与此相类似①，为云南边疆治理方案的出台奠定了基础。

龙云主政云南时期，云南省政府致力于西南边疆的开发与治理，提出了具体的治滇规划，提出分 3 期建设“三民主义革命建设的新云南”。第一期“集中精力勘定变乱，肃清萑苻。使行政纳于轨物，而闾阎得以绥靖。”第二期“休养生息，循序渐进。凡百庶政千纷如乱丝中，一一钩稽而董理之，金融制度趋于稳定，财政则达到收支适合之目的，于以树立各种行政之始基。”第三期“谋积极之发展”，“凡户籍、保甲、仓储、清丈、禁烟、警务、教育、卫生诸要政，及水利、造林、纺

---

①林文勋主编《民国时期云南边疆开发方案汇编》，云南人民出版社，2013，第 3 页。

织、开矿等生产事业,视其缓急,先后举办。"[①]

1929年3月,云南省政府成立第一、第二殖边督办公署,专门负责腾越、普洱地区,其职权包括防守、界务、实边、交通、实业、文化、教育、治安、慈善、卫生等。开发边疆首先需要人力,因此殖边督办公署提出了移民屯垦方案:第一,殖边督办李曰垓提出移民垦荒、发展实业的边政方案,在腾冲缅箐开发10万亩荒地,号召地方绅商集资20余万元,组成利生公司,挖掘山洞,引水灌溉;第二,殖边督办公署杨益谦制定了《澜沧江县猛朗坝小规模移民屯垦计划方案》,致力于澜沧江地区的建筑、移民、开垦、管理、蕃息、畜牧、树艺、造林、防疫、市场等内容,亦助长移民屯垦,进行开发。[②]

龙云政府成立专门调查机关,组织相关人员,对边疆地区进行调查研究,开发边地、治理边疆的讨论一时蔚然成风。当时主要讨论开发的地区有普思沿边、腾龙边区、大小凉山、澜沧江地区等。

澜沧江流经云南西南广大区域,是连接缅甸、老挝、越南的重要通道,该流域历来荒芜较多。熊光琦拟具了《开发澜沧江全部与巩固西南国防之两步计划》,熊光琦认为应该先行开垦澜沧江广阔的土地,建立治所,圈定土地,招募垦民。第一年统由公家贷予口粮籽种各给荒地若干,政府要酌情给予器具、粮食或金钱补助,鼓励支持疏浚河流沟渠,从第三年起分两年归还,3年以后方升科纳粮,同时经过一度严格的考核,发给管业执照,此后所垦之地,即归垦户私有。[③]

思普沿边长期为土司、土官所控制,又由于处于南段边地,气候炎热,荒土废山,所在皆是,历史上没有进行良好的开发与利用。缪尔纬认为开发普思沿边,需要从事垦殖,从交通入手,改善交通状况,以掌握供求平衡,同时注重兴修水利,要一面引凿新河,一面开浚旧河。[④]再利用西南地区充足的水热条件,改

①林文勋主编《民国时期云南边疆开发方案汇编》,云南人民出版社,2013,第4页。

②陈国保:《试论民国时期云南边疆的殖边督办》,《中国历史地理论丛》2006年第2期。

③《云南边地问题研究》,载马玉华主编《中国边疆研究文库》西南边疆卷二《云南边地问题研究》下册,黑龙江教育出版社,2013,第446页。

④缪尔纬:《开发普思沿边计划》,载马玉华主编《中国边疆研究文库》西南边疆卷二《云南边地问题研究》下册,黑龙江教育出版社,2013,第474页。

良农作物之栽培及制造，发展茶叶、棉花、蔗糖、樟脑、真荆、紫梗、黄藤等作物。[①]尤其是注意开辟木棉、草棉种植，发展棉业。

1943年10月，鉴于云南边地“未能开发利用，小之足以影响本省政治、经济、文化之向上发展，大之足以妨碍国民民族之团结统一。本省近年来虽曾多致力于开边化民，然无统筹机构及具体方案，收效殊鲜。为促进边疆之开发，俾得早与内地均齐发展暨巩固国防起见。”云南省民政厅决定成立边疆行政设计委员会，设专任委员5人，由厅长委派，聘请江应樑为主任委员，杨可成、陈竹鸣、刘仲升、安石生为顾问，朱兆、张涤清、曹子英、何中极、陆烈武为委员。边疆行政设计委员会的主要工作就是对边疆地区进行调查、研究，专门负责边疆开发事宜，并设计、制订出相关开发方案。[②]边疆行政设计委员会将云南分为五大边区，即思普边区、缅宁(临沧)边区、大小凉山边区、中(甸)维(西)德(钦)边区、腾龙边区，并先后拟定各边区开发方案，实施边疆开发。[③]

凉山地区资源丰富，白银、枪械、烟土交易所得是当时现成的财富，还有大量资源处于未开发状态，如土地。民国时期凉山地区土地为黑夷酋长所私有，白夷为黑夷奴隶或佃农，需要为黑夷上税纳粮并服劳役。凉山夷人采用较为原始的耕种方法来进行种植，对土地利用率较低，同时广大的森林区域基本为原始森林，山产和矿产均未进行规模化开采。

边疆行政设计委员会对大小凉山进行考察后，提出了相应的开发方案，对于凉山土地，认为可由政府全部收归公有，依照孙中山土地政策之两大目标——平均地权与耕者有其田的原则，照合理办法，分配给留山居住之白夷及移来垦殖之移民。对于凉山森林，可依照国家森林法，应就其所在地情形，分别归为国有或地方公有，由交通之开辟而使此种森林发生经济上之价值时，其利益即归诸国家或拨作地方建设事业之专款。对于山产和矿产，亦应加大探明力度，大力

①马玉华主编《中国边疆研究文库》西南边疆卷二《云南边地问题研究》下册，黑龙江教育出版社，2013，第476页。

②马玉华：《云南省边疆行政设计委员会述论》，《云南师范大学学报》(哲学社会科学版)2005年第6期。

③林文勋主编《民国时期云南边疆开发方案汇编》，云南人民出版社，2013，第7页。

进行开采。①

凉山地区开垦的重中之重也是实行屯垦。凉山地区虽然没有良好开发,但亦非不毛之地,全山雨量充足,土质多为黏壤,不似其他边地终年苦旱,土薄石多,比云南境内诸多高寒山区温暖许多,就土质及气候言,凉山是一个理想的垦殖区。因此,移内地人民进入凉山地区尽心屯垦,并借武力进行开拓和维持,是当时边疆行政设计委员会的重要方案。

中国西部科学院雷马屏峨考察团对凉山地区考察后,提出了雷、马、屏、峨之垦殖开发方案,相继成立了专门的垦殖公司或垦社,这些公司有的为公营,有的为私营,有的既非国营亦非民营而以代垦人资格出现,在雷、马、屏、峨四县,公营性质的垦殖机关 3 所,代垦性质之垦社 41 所,其中有 6 所以开发雷、马、屏、峨大小凉山全区为目标,如凉山垦殖公司、乐群垦社、中国抗建垦殖社、川南实业公司、雷屏同生垦殖股份有限公司、雷马屏峨拓殖社。②各垦殖机关由于创办人品类不一,动机各异,或故圈占公荒,或霸占民地,或思垄断局部夷区,或企图独占大小凉山全域,且多以夺取已废场市及交通线与设防要隘为务。政府无暇顾及垦殖事务,管理失职,垦殖机关将垦区视为私人利益,因此垦社之间纠纷争执颇多。③

大小凉山开发也在一定程度上触及了当地民族的利益,加剧了民族矛盾。政府以现代民族国家的理念来开发凉山,将边区作为治理范围内的一部分,加强了对各类资源的占有,在凉山地区彝族社会产生了矛盾,原来的彝族对此产生一定的反抗,发生军事冲突,因此,开发过程中,以“军事第一,通道第二,移民第三,设治第四,同化第五”为原则④,以军事和武装力量辅助开发,还实行军垦,组织屯垦开发督办公署,设雷、马、屏、峨各军区区署,设雷、马、屏、峨屯务委员会及各军区屯务协进委员会,直接将土地无偿收入政府囊中。

---

①江应樑主编《大小凉山开发方案》、《云南省民政厅边政丛刊之二》,载林文勋主编《民国时期云南边疆开发方案汇编》,云南人民出版社,2013,第 52 页。

②林文勋主编《民国时期云南边疆开发方案汇编》,云南人民出版社,2013,第 314 页。

③同上书,第 317 页。

④《实施军区屯垦开发雷、马、峨、屏大小凉山十年计划书》,载林文勋主编《民国时期云南边疆开发方案汇编》,云南人民出版社,2013,第 365 页。

腾龙边区亦是边疆行政设计委员会着力较多的地区之一，腾龙边区位于云南西部，毗邻缅甸，保有一种原始之状态，许多地方盛行土地公有或酋长独有制度，普通百姓无私有土地权，耕种时可按人口向土司署领取耕地，按数交缴谷租。土地清丈在腾龙边区推行时，受到当地土司、头人的阻挠，导致腾龙边区土地数量不明确，土地所有权集中而固定，因此破除原有的土地制度为开发的前提。

边疆行政设计委员会认为，应该颁布《战时地籍整理条例》，坚决办理土地测量及土地登记，对耕地、林地、牧地、渔地、矿地、建筑地、交通地、军用地、荒地、山地等不同类型的土地，进行详细测量与登记，再确定业权。将矿地、军用地、交通地归为国有土地，林地、渔地、牧地、风景地归为地方公有土地，建筑地、荒地、山地暂归公管，耕地则承认一部分为土司私有，其他收归公管，按照耕者有其田的原则，按照人民耕作能力及需要，分配土地，征收统一的耕地税。[①]

边区开发实则是对土地制度进行调整的过程，国家与政府的权威加大，对于土地资源的控制也越来越大，对于腾龙边区的土地清丈与划分计划也更细致明确。这种开发方案，体现了当时的政局情形与力量对比，同时也体现了现代民族国家理念进一步渗透到了边疆地区。

在各地开发方案中，进行移民开垦十分关键，因为人与土地是农业经济的基础。移民开垦一方面可以解决边区开发耕作人员不足的问题，也可以安置抗日战争期间迁移到云南境内的大量难民与流民。1938 年，云南省政府制定了《非常时期难民移垦规则》《难民移垦实施方案》等，对边疆地区有计划地进行开发。

移垦方案计划从 3 个方面着手招募垦民：一是招募邻境汉人屯垦，如四川、广西等地汉人；二是实行军屯，云南大部分边沿，为国防重地，要保卫边疆和建设国防，不能不多养士卒，以垦实边实为一举数得之举，这与古代王朝实行屯垦一脉相承；三是移难胞以实边，抗日战争后内地难民与华侨大规模涌入云南境内。[②]为此，云南省计划组织成立腾龙沿边垦务管理局，综理本境内一切垦殖事宜。凡垦区之划分、垦民之管理、垦地之分配等，皆由管理局会同各区行政当局办理之。并鼓励组织民营垦社，遵照中央《边疆移垦条例》，向管理局请领荒地开

①江应樑主编《腾龙边区开发方案》，载林文勋主编《民国时期云南边疆开发方案汇编》，云南人民出版社，2013，第 72 页。

②林文勋主编《民国时期云南边疆开发方案汇编》，云南人民出版社，2013，第 73 页。

垦。由政府筹拨款项,实行优待垦民办法,如耕牛、农具、种子之借与,生活之协助,移植费用之补助等。[1]

国民政府在1938年核准了《云南施垦计划》,即认为“以垦荒为救济难民之出路,已为抗战后方要政之一”,指导云南省地方政府实行移民开垦政策,首先选择并制定垦区,由政府派少数适当及合宜军队先赴垦区驻屯,保护垦区,然后交垦殖公司暂行管理,再登记难民承垦荒地面积,垦区内设置教育、医疗、卫生等机构设施以辅助开垦。[2]

随后,云南省政府制定了《云南省清荒办法》,鼓励开垦荒地,扩大耕地面积,增加粮食产量,清理荒地,并成立云南省垦殖委员会,专门负责垦殖事务,制定《云南省施垦计划》,在全省范围内兴修水利和发展农业。[3]近代中国受到西方资本主义农业经济的影响,实业家在江南与东北仿照西方建立垦殖与垦牧公司,[4]而民国中后期,边疆地区的垦殖事业,成为建设边疆的重要方面,且多由政府主导,官商合办或完全由政府投资兴建。

边疆开发是民国时期一个重要的施政内容,体现了“中央政府”与地方政府、政府与边疆社会之间的互动,云南对边疆地区的开发涉及全省各地,滇东北、滇北、滇西、滇南等地均得到相应开发。开发方案的制订,基本上是由政府自上而下,从国家、政府利益出发。这样的视角常常会忽略地方以及基层社会的利益诉求,从而导致边疆开发过程中产生矛盾与纠纷。开蒙垦殖局的设立与发展,即是边疆开发过程各方力量互动的一个案例。

四、开蒙垦殖事业与边疆社会

1935年8月,云南省政府派农田水利工程处处长杨士敏[5]赴开蒙实地考察,杨认为蒙自县之蒙坝、草坝和开远属之大庄坝,3处土质佳良,面积辽阔,地势平坦,且位于滇越个(个旧)碧(碧色寨)两条铁路旁,交通便利,实可为滇省南

①林文勋主编《民国时期云南边疆开发方案汇编》,云南人民出版社,2013,第74页。

②刘楠楠选辑《云南开发之意见史料一组》,《民国档案》2013年第1期。

③李增耀、龙玉存:《云南开蒙垦殖局与云南蚕业新村公司史实》,云南人民出版社,2012,第4页。

④戴鞍钢:《近代中国新式农垦企业述略》,《中国农史》1985年第2期。

⑤杨士敏:曾任云南省水利工程处处长、开蒙垦殖局局长,主要负责开蒙垦殖事业。

部良好之农业区，只是水利不兴，土地荒芜面积广大，所耕种的土地也仅能种植杂粮，收成菲薄，亟须振兴水利，排除水害，引水灌溉。只有这样，荒芜土地才可成为良田。遂拟具开发计划呈报省府。1935年12月，云南省政府第四四四次会议讨论杨的报告，决定兴办开蒙农田水利，交由云南省经济委员会[①]负责办理。随即缪云台[②]指令杨到蒙自县城建立开蒙农田水利筹备处，筹备相关适宜。1936年6月30日，省府第四七五次会议议决委杨士敏任开蒙垦殖局局长，8月16日在开远大庄坝成立垦殖局。[③]下设秘书、会计两室，总务、工务、农务、业务四课，医务、教育两处及驻昆办事处，正式对开蒙地区进行开发。

开蒙垦殖局的设立，与龙云、缪云台等人的大力支持有密切关系。龙云对农村经济发展十分重视，1921—1922年，龙云担任唐继尧的近卫军第十一团团长，驻扎在蒙自，即“留心考察，曾于开远、蒙自间发现草坝，于开化、文山间发现架衣坝，各有数万亩之沃野平原可以耕作。”[④]龙云主政之后，建设新云南、发展云南经济、提高云南实力是其主要目标，而经济基础是农业，开发这些处女地是解决缺粮问题的重要措施，且可以将所谓“荒地”直接纳入省政府名下，以低成本换回高收益。

---

①云南省经济委员会：1934年12月1日正式成立，由云南省政府指派民政、财政、建设、实业、教育各厅厅长及有关经济建设之省府直辖机关长官指定为当然委员。属于非行政机关，专门管理企业业务的机构，实际上拥有大权，管全省经济计划和企业。其任务“以本省整个之经济问题为计划解决之对象。其职责首在调查，然后设计，而建设于政府，经核准后属于行政事项，仍由主管机关办理。其属于事业方面，则秉承政府负责直接办理，又为便利统筹进行起见，应由政府指定将已成立之官营事业、官商合办事业及民营公用事业，由会直接管理或间接监督，为贯通脉络起见，并可指定有关经济之省府直辖各机关长官为本会当然委员。”

②缪云台：1894—1988，名嘉铭，昆明人。1907年，由私塾考入云南方言学堂英文班（云南高等学堂），1913年赴美国留学，就读于堪萨斯州西南大学、伊利诺大学、明尼苏达大学；1920年回国后任云南个旧锡务公司经理，云南省政府委员兼农矿厅厅长等职；抗日战争期间任国民参政会参政员，云南省经济委员会主任；1946年参加重庆政治协商会议；1947年任国民政府行政院政务委员、国大代表、立法委员等职务。

③云南省档案馆藏：《云南省经济委员会开蒙区垦殖局成立经过及逐年经营概括及今后发展计划》（1946年2月26日），载王希群等：《云南开蒙垦殖重要史料》，《北京林业大学学报》（社会科学版），2011年第2期。

④龙云等编《云南行政纪实》第五册《财政》，云南财政厅印刷局，1943，铅印本，第11页。

从1935年至1945年，垦殖局事业取得了良好的成果，主要是水利工程、土地开垦和发展农业。一是兴修水利成果显著，在工程建设方面，开挖龙公河、安设黑冲节制闸、整理城红寨落水洞、开挖安南邑河、疏浚旧有黑水河，排除了三坝水害；整理长桥海落水洞、修筑永丰水闸、开挖嘉民河、嘉民河水道灌溉系统、兴辟两万亩稻田埂界、修建沙甸水闸及开挖两岸溉沟，振兴了地方水利工程。二是垦殖事业收效良好，经过收买土地、垦殖荒地、栽培农作物、设立农事试验场、新村招佃、扶助佃农、军队屯垦、栽培森林、管制用水、举办农贷，促进了农业发展，垦殖局所收获的粮食有力地支持了抗日战争。三是促进了开蒙地区的新村建设和社会发展，垦殖局专门建筑了羊街办公房舍、建筑绥靖村垦殖房舍、建筑新沟办公房舍、建筑中村仓房及碾米机房舍等，促进了地方建筑事业，还推动了地方交通工程，如运河、桥涵、道路的修建，建立新村及教育、医疗卫生机构，训练农工，推动地方新村建设和发展。

开蒙垦殖局建立农事试验场，致力于农业改良与发展，设立了南林、龙泉、南屏、蒙自4个木棉厂，与经济部中央农业实验所合作，进行木棉研究，面积达160亩，种植4万株。1939年，在草坝择定新垦地80亩，辟为试验场，以种植稻棉为主，举行各项试验，后将试验场场地扩充至640余亩，内分食用作物与特用作物两大部分。垦殖局将试验场的种苗分发至全区内进行种植。

垦殖局于1938年起招工500余名，购牛200余头，购买大宗农具，购买肥料种子，将新开垦的土地分为4区20组，区内设管理员，组设领导员，栽培水稻6 200亩。1939年栽培水稻4 000余亩。1940年蚕业公司成立，协助栽培桑地。迄1942年后完成桑地7 000余亩、稻田2 000余亩。1943年复自营甘蔗500余亩，草棉200余亩。1944年与公司合作栽培甘蔗1 400亩，水稻1 500亩，自种高粱1 000亩。1945年自营水稻1 800亩、甘薯300亩、美烟6 000亩、甘蔗200亩。

政府主导下的开蒙垦殖事业，也受到诸多挑战与阻碍，国民政府与边疆省政府由于利益取向不同，在一体化与区域化方面存在着博弈。边疆开发与治理是现代国家行政权力下渗的一个过程，通过具体行政运作达到控制基层政权与社会的目的。地方政府在施政过程中亦会忽视社会与个人的诉求，强调个人与基层对政府权威的服从。而事实上，在边疆开发与治理过程中，中央与地方、政府与社会，以及每个个体均有不同的动机、行为与反应。这体现了边疆边地开发过程中各方关系的互动与博弈。

第一，国民政府与省政府就政治一体化与区域化的博弈。到民国时期，绝大多数边疆地区与内地政治形态趋同，但同时，云南地方实力派与国民政府中央形成了复杂的博弈心理：一方面地方实力派表现了对中央权威的认同，另一方面对中央权威有一种防范、抵触心理，地方意识与政治区域意识加强。①龙云在云南军阀角逐中胜利之后，基本上处于割据状态，为了维持自身实力，龙云主动加强地方治理与边疆开发。

龙云在掌控云南地方政治时，亦不断调整与蒋介石国民政府的关系，一方面既表现出顺应国民政府要求或时代趋势而进行变革，但另一方面则根据本省现实或自身认知而自行其是。②这种矛盾的关系体现在中央政制与地方规制并存上：云南行政机构具有双重化特征，既按照“中央政府”所颁布的相关法令，统一设置或改革相关政治或行政机构，又根据地方特色，设立或保留了一些具有边疆地方特色的行政机构。③开蒙垦殖局的设立则是云南省政府在开发与治理中一个性质特殊的机构。

抗日战争爆发后，“西南边疆，骤形重要”④，西南成为抗日战争的大后方，各类机构、军队、难民涌入西南，粮食物资需求骤增。为解决西南粮食问题、支持全国抗战事业，国民政府加强对西南地区的开发，中央一体化似乎要求政治区域化让步。1938 年，行政院拟定开发云南的意见，但“其意义在于间接维系及加强抗战之军运、直接生产及运济抗战之军需及建立国防之永久资源，而不在于谋地方之福利也。”⑤并提出 3 个最急纲领，其中之一即为“在政府监督保护之下，准以民间资本组织公司，办理垦殖荒区及推广农产事业，但责以必要之设施，统

①段金生：《地方意识与地方政治：政治区域化场景下的边疆治理——以南京国民政府时期的云南为中心》，《中国边疆史地研究》2014 年第 1 期。

②同上。

③同上。

④社论：《云南的边疆问题》，《云南日报》，1946 年 10 月 14 日。

⑤行政院致内政部函：《云南开发之意见》（1938 年 7 月 1 日），中国第二历史档案馆编：《民国时期边疆档案资料汇编·云南广西综合卷》第十八卷，社会科学文献出版社，2014，第 253 页。

制其所获之利润”[①]。中央行政院开发云南的计划要求迅速办理垦殖和发展农业，与云南省政府目标一致，但削减地方福利与龙云省政府初衷不相符。同时行政院准许民间资本进入云南实行大规模开垦，在操作上与云南实际亦不相符合。因此，“中央行政院”仅仅停留在“意见”层面，具体操作均由云南省政府执行。

云南省所开发区域，涉及滇西、滇南多处地区，为垦荒救济难民，云南省政府“呈请中央拨款，但中央之款一涓一滴均须直接用于抗战，于是垦殖问题遂告无形搁置。”[②]开发资金基本上由云南自己解决，而要保证投资来源，云南省政府势必要增加财政收入，并进一步加强对地方的控制。在边疆开发问题上，“中央政府”虽然有心进行指导和规划，并提出开发要求，但在抗日战争的压力下，国民政府无力为开发边疆提供资金，因而无法实现真正的控制，只能听任云南省自行其是。

可见，国民政府意图控制全国，加强对边疆地区的控制，但边疆地区亦存在地方实力以及管理传统，使国民政府的政策措施不能完全如中央所愿实施，加之国民政府应付抗日战争与政治，没有充足的资金、人力、物力来切实负责边疆开发，在边疆，中央的权威大打折扣，在场的主要是云南省政府与地方实力。

第二，既然云南省政府是边疆开发与治理的实际操作者，权力很大，但省政府在设计开发方案时，亦站在民族国家、政府利益的制高点来思考开发问题，当边疆的实际传统与习惯与开发目标相抵触时，省政府则会利用行政权力来进行控制，要求地方与社会让步，使省政府权力进一步下渗。

开蒙垦殖局性质比较特殊。国民政府在开发意见中，对此类垦殖单位的性质进行了探讨，“系属商办合股公司性质，但依其职责与业务各规定，似为该省一种经营事业而兼理垦区行政之机关，”[③]兼具公司与行政机关性质，这种具有行政能力的经济机构，加强了政府对经济资源的控制，并使行政也进一步下渗到基层社会与地方经济中。

---

①行政院致内政部函：《云南开发之意见》（1938 年 7 月 1 日），中国第二历史档案馆编《民国时期边疆档案资料汇编》云南广西综合卷，第十八卷，社会科学文献出版社，2014，第 254 页。

②同上书，第 264 页。

③同上书，第 274 页。

国民政府忙于抗日战争，无力支持边疆开发，而云南省政府财政亦不充足。在筹集开蒙垦殖局资金之初，省政府提出两种方案：一是由省统筹，二是由省县合资，官商合股。遂指令省财政厅和开远县、蒙自县、开蒙农田水利筹备处讨论，结果开远县由于开发后受益较小，赞成省府统筹；蒙自由于能得到良好的开发，则赞成省县合资，兼召集商股办理。垦殖局局长杨士敏则提出，由省全权统筹开发，事权统一，行政管理、生产经营均由省决定，贯彻政府主张，免生干扰。资金采取官民合资，每股新币 2 元，官股 55%，民股 45%；民股先由开远、蒙自两县人民认股，每人认股最大限度不得超过 100 股；若认不足，允许其他县人民认股，还认不足，由官股补充。[①]而所谓民办，主要依靠商人认购，此时商人和普通百姓均保持观望态度，杨的办法亦行不通。

民办和合办均行不通，最后省府认为“宜由政府出资举办”[②]，1936 年 5 月 12 日，省政府第四六七次会议决定：“该项事业之投资以及监督指导督促进行一切事项，均由经济委员会负责办理，以一事权而利发展。”[③]其后一切投资需要均来自经济委员会，垦殖局直接对经济委员会负责。

事实上，开蒙垦殖局由省政府授权云南省经济委员会指导，由两次省政府会议决定设立垦殖局，因此，在产生程序上其具有行政机关的性质；同时，由于云南省经济委员会是专门负责办理经济事务的机关，其性质与一般行政机关不同，兼具企业单位和政府部门单位权责[④]。云南省经济委员会与开蒙垦殖局有共同的特点，即超然于政府之外，又能够利用各种政府资源，最终服务于云南省政府，与后来的“国企”类似。

垦殖局具体所在地为开远、蒙自相连的三坝区域，虽不受两县政府节制，但由于具体垦殖事宜在县并跨县，如土地收买、水利工程实施等事事需要县政府

---

①李增耀、龙玉存：《云南开蒙垦殖局与云南蚕业新村公司史实》，云南人民出版社，2012，第 23 页。

②龙云等编《云南行政纪实》第十四册《经济》，云南财政厅印刷局，1943，铅印本，第 3 页。

③云南省政府指令：《据呈为呈复据开蒙水利筹备处签复拟具开蒙水利事业资金各办法转祈核示一案令仰遵办由》，载李增耀、龙玉存：《云南开蒙垦殖局与云南蚕业新村公司史实》，云南人民出版社，2012，第 25 页。

④缪云台：《缪云台回忆录》，中国文史出版社，1991，第 69 页。

及地方配合。垦殖局无法直接要求县长与民众，只能向经济委员会呈请，转省政府，再由省政府命令开、蒙两县县长配合垦殖工作。如疏浚黑水河工程时，杨士敏本亲自到蒙自县县长处商议，由县、乡组织人员疏浚，但由于民众希图垦殖局出资雇工，而非无偿劳动，因此没有积极参与。杨士敏认为“该坝人民此种只知坐享权利，不尽相当义务之举动，自应加以纠正”[①]，于是上报省政府，由省政府敕令县长负责督促修理，“凡有请求协助及保护等事，该县政府随时尽量辅助，予以便利”[②]。垦殖局与地方及民众通过协商，无法形成有效的行动，便利用其行政能力，通过省府命令来达到治理目标，使省政府权力进一步下渗基层。

第三，云南省政府通过利用行政权力强制收购开蒙三坝土地，以开发治理之名低价甚至无偿将土地转化为公有，触动了地主与农民的土地私有权，激化了政府与普通民众之间的矛盾。在边疆开发的过程中，伴随着产权的明确与转移，也体现了政府行政权力对经济的干预。

垦殖过程中，最为关键的是解决土地问题，据统计，开远、蒙自两县的荒地占全县面积分别为94%和96.9%[③]，而每个农民平均耕地面积在全省平均水平（3.3亩）之上，分别为8.5亩和3.3亩[④]。大量未开垦的土地，主要由于石砾太多、石砾不兴、人畜缺乏。[⑤]垦殖局所在草坝、蒙坝、庄坝的40万亩土地，均属地广人稀，其中有1/4的土地为荒地，有“十年三不收之谚”。[⑥]除了地广人稀，荒地面积广大外，开蒙地区的土地还存在土地所有与土地使用之分离的矛盾现象，农村内部有七成佃农，土地所有者大都不在农村而住在城内。[⑦]而佃农无力改进农业，既不愿承种以贴租，地主亦不愿无租而纳税，造成土地长期荒芜。

---

①呈总字第37号：《请饬令蒙自县县长转饬草坝区乡长督促人民修理黑水河由》（1937年4月17日），载李增耀、龙玉存：《云南开蒙垦殖局与云南蚕业新村公司史实》，云南人民出版社，2012，第73页。

②《训令开远、蒙自县政府随时协助杨主任筹备开蒙水利事宜（第86号）》，载李增耀、龙玉存：《云南开蒙垦殖局与云南蚕业新村公司史实》，云南人民出版社，2012，第18页。

③佚名：《滇南垦殖事业之调查》，载萧铮主编《民国二十年代中国大陆土地问题资料》第57辑，台北成文出版社，1997，第29324页。

④同上书，第29314页。

⑤同上书，第29414页。

⑥同上书，第29425页。

⑦农村复兴委员会《云南农村调查》，商务印书馆，1935，第254页。

开蒙两地虽然有长期荒芜的土地，但其并非完全是无主荒地。政府与民众在界定荒芜土地时存在不同的标准，对于荒地地权之处理，民国时期分为3步程序，第一步对于荒地原所有权之清查，第二步清查后公私荒地之处理，第三步授垦后所有权之归属。[①]平时荒芜的土地“在无人要求利用之时，大抵均若无主之地，若一旦计划利用，无一不为有主土地”[②]。

筹备垦殖局之初，地主对此持支持态度，以为兴修水利有利于发展，但当垦殖局要大规模低价收购土地时，地主便极力反对。开蒙两县地广人稀，佃农占7/10及以上，土地所有权集中于地主手中，且地主多不在地。开发地区有大地主，周伯斋、周莅斋兄弟二人在草坝西部拥有3万余亩；李公达在东南部拥有土地近万亩；尹氏宗族在依三则一带有近万亩；马竹庵有1 300余亩。[③]

省政府认为这些大地主“每年除收取租谷外，对于土地之用多不过问，以致大多数被荒芜，因有草坝之名。今既设局振兴水利，开辟荒芜，政府虑其政治之后仍难以加以管理，为使草坝垦殖事业合理并顺利推进，以免除一切阻力纠纷，及便利管理计，全部收买。”[④]政府从公义的立场出发，“须知政府不惜人力财力，成立开蒙垦殖局，完全欲为人民振兴水利，免除水患”[⑤]，实则触犯了私人土地所有权。

1936年，云南省政府决定收买草坝土地，“土地除永荒者收归公有不计外，其他先有地主并具有执照者，由财政厅按照收租石数目，照市价一律收买，地价由经济委员会付给等语，记录在案”[⑥]，1937年统一收购，成立收购草坝全部土地委员会，指派驻开远的滇越铁路警察总局局长和蒙自、开远县县长为收购委员。

土地收购历经半年，无论是官僚、地主，或农民的土地，全部予以收购，一律按所持的土地清丈执照核实后收购。云南省自1929年起对全省耕地进行清丈，

---

①邹序儒：《战时边疆移垦事业》，《西南边疆》1939年3期。

②同上。

③李增耀、龙玉存：《云南开蒙垦殖局与云南蚕业新村公司史实》，云南人民出版社，2012，第88页。

④龙云等编《云南行政纪实》第十四册《经济》，云南财政厅印刷局，1943，铅印本，第3页。

⑤云南省档案馆藏：《龙云亲笔起草有关开蒙垦殖的政府布告》(1936年2月18日)，载王希群等：《云南开蒙垦殖重要史料》，《北京林业大学学报》(社会科学版)2011年第2期。

⑥《本府训令议决收买草坝土地文》，载龙云等编《云南行政纪实》第十四册《经济》，云南财政厅印刷局，1943，铅印本，第7页。

为垦殖事业的推进奠定了基础。[1]区内地权，过去均为私有，土地清丈过程中，规定私有土地不通知清丈者，视为荒地，收归公有。仅草坝一处，没收归公之荒地达 4 万亩之多。故经此次清丈后，三坝土地，除已清丈者外，其余为公有土地。此类收归公有之土地，估计当在全部面积一半以上。[2]

表 1-26　云南开蒙两县土地清丈新旧亩积、新旧税额比较表

县别	旧亩积（亩）	新亩积（亩）	增（亩）	旧税额（元）	新税额（元）	增（元）
开远	—	327 579.200	—	12 135.003	27 939.620	15 804.617
蒙自	337 242.775	526 426.511	189 183.736	6 686.465	22 306.842	15 620.377

开蒙垦殖局共进行了 3 次土地收购，第一次收购 50 433.4 亩，第二次收购 3 394.6 亩，这两次地价以地租为依据，即由土地所有者提供其将土地租给农民每亩每年收取多少租谷的情况，向收购草坝全部土地委员会申报，核实后，作为收购地价的依据。地租分为谷租和粮租，每担谷租付给地价 224 元，每担粮租付给 420 元。第三次收购 3 522.2 亩，合计收购 57 350.2 亩私人土地。第三次收购以土地面积为单位，一律按所持土地清丈执照核实后按土地质量，一等每亩 500 元，二等每亩 400 元，三等每亩 300 元。[3]

大面积廉价收购三坝土地给地方带来巨大震动，尤其是地主竭力反对。地主周伯斋多次托人说情，希望不要收购周家土地，未果。于是煽动农民闹事，不配合土地收购工作，不配合土地清查、丈量核实。周还指使时任乡长杜安定，指派警牙持枪到各路口，拦截威吓到开蒙垦殖局做工的农民，不许参加垦殖工作。[4]地主马洁[5]是政府官员，他亦反对收购，四处反映，坚决不到垦殖局领

①李玉蓉：《民国时期云南农村土地清丈研究（1929—1940 年）》，《西南古籍研究》，2015 年第 00 期。

②佚名：《滇南垦殖事业之调查》，台北成文出版社，1997，第 29422 页。

③李增耀、龙玉存：《云南开蒙垦殖局与云南蚕业新村公司史实》，云南人民出版社，2012，第 89 页。

④杨文波：《兴办开蒙农田水利垦殖事业纪要》，载中国人民政治协商会议云南省委员会文史资料研究委员会编《云南文史资料选辑》第十六辑，云南人民出版社，1986，第 161—194页。

⑤马洁：1895—1967，蒙自县城人，同盟会会员，曾担任教员、私立小学校长，参与《蒙自县县志》编纂，蒙自海关会计科科长，一〇一师师部秘书。1940 年，国民政府军事委员会昆明行营成立，担任少将参议。1946 年，云南省通志编纂委员会委员。1947 年负责编修《蒙自县志》。1948 年，到昆明妙高寺修法。后在昆明市文教局工作，蒙自县政协委员。博学多才，擅长诗画、金石考古等。

取土地价款，强烈要求归还土地，马洁既未领款，又未被退回土地，造成一桩悬案。[①]

除了反对和阻挠收购土地外，地主还公开上诉。蒙自绅士闵从斋等人联名向省政府投诉，反映垦殖局收买土地时“违章病民”，将2万亩耕地当作荒地，无价没收；其他收购的土地地价太低。同时通过《云南日报》披露，引起社会关注。[②]龙云令建设厅水利局局长庄永华实地调查，组织垦殖局、地主、佃农、自耕农代表召开调查咨询会，其结果是认为垦殖局不存在违章，驳斥了地主的投诉。[③]

地主绅士的诉求都不能满足，普通农民更是无力自保。在兴建长桥、大屯地区的水库时，有大片土地用来蓄水，垦殖局“沿岸低田低地则决定收买，以作蓄水之用。即以有清丈执照者为根据，倘无执照，即归公有”[④]，大屯海农民木不愿意出卖土地，加之地价太低，便联名向蒙自县县长恳请免予收买。[⑤]县政府呈请云南省经济委员会，决定大屯海土地暂不收买，水利工程兴修后，导致大屯海低洼土地年年遭水灾，地主和农民叫苦不迭，只能再次向蒙自县县长呈报，并强烈要求收买土地和补偿损失。[⑥]

地主们还暗中鼓动草坝一些无知农民，采取印度甘地主义，即对垦殖局不合作主义。普通民众不了解垦殖局的开发计划，怀惑恐惧，疑虑颇多，有的则在地主的指使下，妨碍垦局工作，省政府则布告民众“幸勿再滋疑虑，造谣生事，妨碍工程进行。倘再有少数无识之徒，煽惑阻挠，意存破坏，一经察觉或由垦殖局揭发前来，本政府即当执法以绳，决不宽待，切切此布”[⑦]，以行政命令来约束民众。

---

①李增耀、龙玉存:《云南开蒙垦殖局与云南蚕业新村公司史实》，云南人民出版社，2012，第214页。

②同上书，第170页。

③《草坝田地违章病民及该局长申辩各节一案情形祈鉴核转呈由》(1939年1月14日)，载李增耀、龙玉存:《云南开蒙垦殖局与云南蚕业新村公司史实》，云南人民出版社，2012，第171页。

④经字第285号:《云南省经济委员会训令》(1939年7月21日)，载《云南开蒙垦殖局与云南蚕业新村公司史实》，第174页。

⑤《为生活维持迫切陈词恳请》(1939年8月10日)，载李增耀、龙玉存:《云南开蒙垦殖局与云南蚕业新村公司史实》，云南人民出版社，2012，第175页。

⑥《呈报大屯海民众代表后文祥等呈诉大屯海水灾详情一案由》(1941年11月30日)，载李增耀、龙玉存:《云南开蒙垦殖局与云南蚕业新村公司史实》，云南人民出版社，2012，第180页。

⑦云南省档案馆藏:《龙云亲笔起草有关开蒙垦殖的政府布告》(1936年2月18日)，见王希群等:《云南开蒙垦殖重要史料》，《北京林业大学学报》(社会科学版)2011年第2期。

如此利用了省政府的行政权力,通过牺牲民众的利益,将土地收归公有,省政府夺取了土地资源和土地所有权,变原来的土地私有为土地公有。这极大地推动了垦殖事业的发展,正如杨士敏所说,开蒙垦殖局的成功,主要在于收购土地及对其的统一管理和经营,“草坝土地若不全部由政府收购,草坝农垦绝不能合理地积极推进,有所成就”。[①]

至1946年,开蒙垦殖局共收购了10余万亩土地,开垦了近8万亩土地,分为3部分,一是自种的2 500余亩,二是租与蚕业新村公司5 000余亩,三是5万亩土地,垦殖局无力经营,均由人民租种。[②]其出租对象是本地农民、招佃外地移民和屯垦部队。对本地农民,“优先租种,解决本地少地、无地农民的问题。避免新老居民的矛盾。地租一视同仁。”[③]事实上,原来垦区的地主完全失去土地,农民完全变成了垦殖局或政府的佃农,垦殖局成为当地最大的地主。

政府规定了农民纳租租率,原来垦区三坝的租佃制度,坝内农田分为3等,第一等为水稻田,佃农纳租率为6/10,第二等为旱田,收获极不可靠,佃农纳租率为2/10或3/10,第三等为最劣之地,即所谓10年三不收者,虽有租佃之名,而无纳租之实。[④]垦殖局“照土地收成纳租3/10以示体恤。(查本省农村租谷普通纳6/10,最少者5/10)”[⑤],具体视水田(熟地、荒地)、干地的不同情形,累年缴纳不同的租额。[⑥]

为了扶助佃农,垦殖局每至春耕举办农贷一次,按新旧村佃户耕地人力多寡,贷给资金、耕牛、谷种等,取息轻微,秋后偿还,计1939年贷出约2 000元,1940年约2万元,1941年1万元,1942年6 000元,1943年135万元,1944年

---

①杨士敏:《兴办开蒙农田水利垦殖事业纪要》,载中国人民政治协商会议云南省委文史资料委员会编《云南文史资料选辑》第16辑,云南人民出版社,1986,第161—194页。

②云南省档案馆藏:《中华民国35年3月开蒙区垦殖局局长杨士敏撰呈〈开蒙垦殖局今后局务及资产处理意见〉》,见王希群等:《云南开蒙垦殖重要史料》,《北京林业大学学报》(社会科学版)2011年第2期。

③《呈报布告草坝各村农民租种稻田各情一案由》(1939年3月9日),载李增耀、龙玉存:《云南开蒙垦殖局与云南蚕业新村公司史实》,云南人民出版社,2012,第126页。

④佚名:《滇南垦殖事业之调查》,台北成文出版社,1997,第29423页。

⑤龙云等编《云南行政纪实》第十四册《经济》,云南财政厅印刷局,1943,铅印本,第3页。

⑥《该局规定农民纳租额呈经济委员会文》,载龙云等编《云南行政纪实》第十四册《经济》,第7页。

270余万元。[①]行政部认为办理垦殖创设佃农,"不但有违总理耕者有其田之主张,且与现行土地法公荒承垦各规定亦有未合"[②]。但云南省开蒙垦殖局从农民手中收购的绝大部分土地,转手均采取租佃方式出租给农民耕种。

同时,为了便于管理和有效推动草坝农田水利建设,1939年开蒙垦殖局提出将草坝新老18个村寨划归为一个乡,由杨士敏兼任蒙自县草坝乡乡长,[③]辖区内行政事务由蒙自县政府委托授权办理,保甲长由开蒙垦殖局任免。蒙自草坝原有12个自然村,农户1 060户,农民7 600人。开蒙垦殖局规划建立20个新村,使农户达到3 000户,总人口增加到2万人。[④]最后建成9个村,招来330户,农民1 735人,分配到新村居住。改变乡级政权结构,有利于发挥垦殖局办理垦殖事业,不受地方县乡政府的阻挠。

开远、蒙自两县政府的态度,是十分有趣的。县政府一方面不得不照省政府命令办事,为垦殖局招募民工、监督工事、辅助其他事项;一方面也有意维护地方利益,甚至包庇绅民阻挠垦殖工作,以彰显县政府的地位与作用。大屯海民众在申诉过程中,经由乡、区再传达到县政府,县政府亦指责"该垦殖局上不能体政府德意,下不恤人民疾苦,只知谋利竟不惜以邻为壑,其每年所获之谷不过1 000余石,而减损大屯海谷9 000余石之巨,此非利己殃民而何"。[⑤]

同时,县政府也会为当地百姓谋求利益,开蒙垦殖局开挖龙公河征用民田后,开远县县长魏嘉惠向财政厅申请豁免赋税,其中被征114亩3分9厘9合土地,合应征耕地税新币13元5角6仙1厘,要求永远豁免正附税款,同时以

①云南省档案馆藏:《云南省经济委员会开蒙区垦殖局成立经过及逐年经营概括及今后发展计划》(1946年2月26日),载王希群等:《云南开蒙垦殖重要史料》,《北京林业大学学报》(社会科学版)2011年第2期。

②行政院致内政部函:《云南开发之意见》(1938年7月1日),中国第二历史档案馆编《民国时期边疆档案资料汇编》云南广西综合卷,第十八卷,第274页。

③李增耀、龙玉存:《云南开蒙垦殖局与云南蚕业新村公司史实》,云南人民出版社,2012,第191页。

④同上书,第93页。

⑤《呈报大屯海民众代表后文祥等呈诉大屯海水灾详情一案由》1941年11月30日,载李增耀、龙玉存:《云南开蒙垦殖局与云南蚕业新村公司史实》,云南人民出版社,第180页。

四号耕地水源断绝,仅能栽种包谷,请将等则减低两级。[①]

边疆开发中,基层社会的诉求并不是边疆所特有的,而是呈现出所有基层社会的共性,在个体和基层眼中,是土地所有权被剥夺以及维护个人利益,并没有从所谓"边疆"的角度来思考。可见,越往高层,边疆的界限与特色更明显,越往基层,边疆意识越淡、越模糊。身在边疆社会中的群体思考问题时,并不会主动从边疆或边缘角度来思考,而是从普通的、一般的角度来表达个人诉求。

就云南省政府而言,对于地方的开发与建设,并未考虑未开发边疆之地的特殊性,也未给予政策照顾,而是从省政府的经济收入和发展角度考虑,实行统一的开发政策。从开蒙垦殖局成立到具体经营,行政权力始终伴随其间,通过行政运作使原来的土地私有制转为公有制,省政府和垦殖局成为大地主。总体而言,龙云政府的经济控制能力很强,借助行政权力进一步控制了经济,也使其政治更加渗透到地方。

从国民政府到地方政府,开发边疆、建设经济目标统一,而政策落实到这些真正处于边疆地区的基层社会与个人身上时,则会遇到诸多阻碍,基层思考问题一般不会上升到国家命运与民族大义, 而是从实实在在的得失与利益出发。开蒙垦殖局办理过程中,普通民众发出了他们的声音,不论实力大小、不论民族,他们都以维护自身利益为主旨,给边疆开发造成了一定阻力。

第四,开蒙垦殖事业的筹备与发展,与地方能人颇有关系。边疆开发与治理,历来需要能人主持,从赛典赤到沐氏经营云南,从蔡锷到龙云,以及革新边区的土司柯树勋,能人在边疆开发中具有重要的引领作用,也能够充分调动边疆地区的资源。开蒙垦殖事业兴办过程中,局长杨士敏即以能人的形象,发挥着重要作用。

杨士敏(1890—1979),字文波,回族,云南富民人。是"云南新科状元",1913—1918 年就读于北京大学法学系(后改为哲学),与冯友兰同班。1919 年回昆明,主要从事教育工作,曾就云南省第一区督学、成德中学校长、第一联合师

①《民政厅、经济委员会、财政厅会呈为据开远县长魏嘉惠呈转千财政局呈报开蒙垦殖局开挖龙公河征用民田请自二十八年起永远豁免耕地税一案》,《云南省政府公报》第 12 卷 1940 年第 64 期。

范学校校长、明德中学校长、云南省教育经费管理局局长、昆明消费税务局副局长等职。[1]1928 年龙云上台，在《云南日报》发报，招募治理滇池、发展农业的能人志士，杨士敏应募，于 1928—1934 年治理滇池、马料河等有功，任水利工程处处长。1935 年考察开蒙地区，积极推进开蒙垦殖工作。

杨士敏非水利工程专业出身，但从其自身经历来看，可谓是当时有志的新型知识分子和青年人才，在开发地方和建设经济上有热情和智慧。对于“边区行政最大缺陷，即为缺乏人才”[2]的云南而言，龙云十分重视杨士敏，遂放手让其治理滇池，成功后再次开拓垦殖事业。

开蒙垦殖的重点在农田水利建设，杨士敏在开蒙三坝的计划是庞大的，可谓大兴水利。杨士敏对此十分敬业而谨慎，自筹备垦殖局开始，便投入全力于垦殖事业，亲自到蒙坝、大屯坝、草坝多处地方视察，探查地形、河流、土壤、水利基础等，亲自设计开发方案，主持水利工程，发展农业生产。

处理好与地方民众的关系，是垦殖局顺利发展的基础。杨士敏注意与地方民众的交往。历史上开蒙两县境内西南彝种类甚多，不可名记，僰有百种，爨有 70 余种，在蒙境者，其名曰僰子、罗罗、土僚、摆夷、沙人、侬人等[3]。蒙自建置土官始于元朝，明治弘治十五年（1502 年）开始革土设流[4]；开远也曾为土司制度，“僻处极边，逼近交趾，彝多汉少，叛服靡常，声教阻绝，朴陋无闻”[5]，因此，民国时期，虽然汉族人口的格局已经形成，但彝族、回族等依然占据境内1/3 人口以上，在垦殖过程中需要处理好民族关系。在开凿黑冲石峡前，沙甸百姓担心上游开凿后，水排泄到沙甸河、倘甸河造成危害，因此极力反对。由于沙甸村民都是回族，杨士敏便利用其回族身份，从感情上与村民进行沟通，进行思想动员，耐心说服，最终说服村民同意开凿石峡，排除水患。[6]

---

①李增耀、龙玉存：《云南开蒙垦殖局与云南蚕业新村公司史实》，云南人民出版社，2012，第 27 页。

②忍安：《如何改进吾国边疆各省的行政》，《边疆半月刊》2 卷 1937 年第 9 期，第 1 页。

③李焜：《蒙自县志》，清乾隆五十六年抄本影印，成文出版社，1967，第 121 页。

④同上书，第 16 页。

⑤王民皞纂修：《阿迷州志》，清康熙十二年抄本，成文出版社，1975，第 9 页。

⑥李增耀、龙玉存：《云南开蒙垦殖局与云南蚕业新村公司史实》，云南人民出版社，2012，第 69 页。

杨士敏能够在工作中脱颖而出,除了有出色的业务能力外,还与龙云等上层处理好关系。开挖永丰渠后,龙云到垦区视察,改永丰渠为嘉铭河[1],以表彰缪云台对开蒙垦殖事业的贡献。龙云视察结束后,杨士敏认为,龙云对开蒙垦殖局事业贡献最大,开蒙农田水利建设的成功,是因为省政协龙云全力支持所得的,更应彰显。遂在黑水河开挖成功后,改其主要干渠改名为龙公河,上报云南省政府批准,以彰显龙云功绩。[2]

当杨士敏全身心投入垦殖事业中时,家庭遭到重大变故,自他办理垦殖事业以来,“先父见背,长子继殇,上而劬劳未报,子道已亏,下而抚育未周,父心尤恸”,“久羁南方,老母在堂,定省多疏,为公私两全计,不能不全眷携来,庶免牵顾,而无如时命不由,迭遭变故,内子常氏,今岁到草坝,水土不服,胃病常发,此间虽有医院,而设备不全,见症乏药,病势骤加,送省诊治,亦赶不及,延至本月六日,血管破裂,吐泻皆宏,溘然长逝。唯最伤惨者,上遗七旬老母,秋风增瑟瑟之悲,下遗岁半孤儿,夜月照呱呱之泣”[3],丧父丧子丧妻给杨士敏很大的打击,于 1941 年 9 月 14 日,向缪嘉铭提交辞呈,但基于其才干,省政府予以挽留。

杨士敏辞职的深层次原因,则是其垦殖工作开展不顺,他虽总揽垦殖工作,其性格本有干练、强势的一面[4],但省府需以主要精力应付抗日战争,给垦殖支持薄弱,地方绅民阻挠,县、乡政府亦从中作梗,水利兴修与垦殖进度不佳,使其产生辞职念头。即使是能人,在具体边疆事宜中,也面临着许多困境。

1938 年,杨士敏与蒙自县第七区区长杨自修发生龃龉,告状杨自修为“土劣”,并列其 5 条罪状:其一,杨自修不唯不能尽力协助垦殖事业,“反暗中阻挠,遇事生风,始而鼓动业主,以丧失业权、衣食无靠等词,联名妄呈”。其二,修嘉铭河工程时,村恶棍龙海清纠众行凶,打死车牛一头,并与民工发生斗殴,杨自修不仅包庇不惩罚,还教唆龙捏词报县,复与龙海清狼狈为奸,于工作地点摆赌抽

①李增耀、龙玉存:《云南开蒙垦殖局与云南蚕业新村公司史实》,云南人民出版社,2012,第 83 页。

②《呈请将绥靖河改名龙公河永丰渠改名嘉民河祈核转备案由》,载《云南开蒙垦殖局与云南蚕业新村公司史实》,第 73 页。

③《杨局长恳请准予辞去本兼各职由》(1941 年 9 月 14 日),载《云南开蒙垦殖局与云南蚕业新村公司史实》,第 192 页。

④佚名:《滇南垦殖事业之调查》,台北成文出版社,1997,第 29444 页。

头,以致无知工人被其盘剥,纷纷逃逸。其三,垦殖局犁工队班长李顺,因病到碧色寨就医,至时因神经昏乱,仆地不起,经路警送第七区公所看管,杨自修主使该所助理员及区丁等,不问青红皂白,一阵饱打,遍体成伤,杨士敏闻报即经函请蒙自县派员勘验,事隔数月之久,始以少数罚金含糊了事。其四,蒙自绅民闵从斋等,联名妄呈登报,请求援例按亩给价,以示体恤并登诸报端一案。杨自修即诱哄各乡民众,教唆供词。其五,草坝闾长张建文热忱匡助垦殖工作,委充协助员,杨自修假其区长地位,用恶毒手段,将张建文闾长职务更换,并逼迫其残废之独子,充当壮丁,无论职局举办工程农事,俱相率观望,不敢出力,视为畏途,以致政府德惠,难于布施。①

杨士敏上报经济委员会转呈“省府饬令蒙自县将该区长杨自修立予撤职,并提解晋省,从严究办,俾惩一儆百,以后不致再生阻挠”②。由于史料有限,杨自修个人经历不明,但其在垦殖局兴办之初,曾任第八区区长,遵奉县政府命令配合垦殖局兴办水利工程,如雇民工 1 500 人开挖草坝黑冲③,代雇民工 2 000 人开挖永丰东渠④。在地主闵从斋登报投诉案中,他虽然有教唆民众之嫌,但蒙自县派杨自修会同垦殖局副局长进行调查后,杨自修最后认为地主为有意栽赃,与垦殖局站在同一立场,驳回了绅民的申诉。⑤杨自修作为地方官吏,有其袒护地方民众和恣意妄为的一面,也与垦殖局、县政府有合作有斗争,只是在与垦殖局发生矛盾时,杨士敏无法容忍,便通过省政府来进行干预地方人事工作。

垦殖局在县地方能调动一定的资源,也能干涉一定的政治,但也常常无能为力,垦区治安问题即可证明。开蒙三坝素无治安可言,杀人越货,无分昼夜。

---

①云南省政府训令:《令蒙自县:令为据经济委员会呈转开蒙垦殖局请征办土劣杨自修一案仰即遵照》,1938 年 11 月 28 日。

②同上。

③《呈覆遵照雇民工开挖草坝黑冲情形由》1937 年 6 月 16 日,载《云南开蒙垦殖局与云南蚕业新村公司史实》,第 75 页。

④《省府令蒙自县长代雇民工开挖永丰东渠》(1937 年 11 月 8 日),载《云南开蒙垦殖局与云南蚕业新村公司史实》,第 79 页。

⑤李增耀、龙玉存:《云南开蒙垦殖局与云南蚕业新村公司史实》,云南人民出版社,2012,第 171 页。

1936年垦区设立，招募退伍军人30人，成立自卫组织保卫队，后加至60人，并有步枪50枝，手枪10余枝；垦局还训练团丁，联络乡团，四处镇压，治安渐告无虑，但单身远行，仍有意外。[①]

1943年4月20日夜，蚕业新村公司[②]女技工途中被无名歹徒刺杀身亡。案发后垦殖局与新村公司悬赏50 000元缉拿，未果。[③]1944年1月28日，看闸长工张正阳被新燕子窝村甲长王寿友、村民李文章吊打死亡，垦殖局上报云南省高等法院干预，未果。垦殖局认为开远县政府“一再因循，又不明白函复，徒事延宕，案结无期，且自凶案发生后，局中管水长工，人人自危，对于职局水源之管理，妨碍甚大。”[④]

蒙自县政府在兴办垦殖期间，即换了几任县长，县长治期短，且对地方治理成绩有限。以蒙自县县长李炳垣为例，据政务督导员考察，李县长生活豪纵，出身军伍，骄恣自满，行事轻忽，行为跛扈，尤以专请应酬，忽略本位工作。1943年11月，高等法院派委承审员到达蒙自县，李县长毫不念其委派自上，竟多所作难，使其不安于位以去。[⑤]且其办公拖沓参差，精神散漫，贻误政事。[⑥]但督导员念及蒙自人才缺乏，且大军云集，应付不易，李县长人事条件具备，仍支持其保留县长之职。若杨士敏在地方所遇县府官员均如李炳垣类，其办事效率必大打折扣，而垦殖局员工命案亦不能得到有效解决。

垦殖局既备受当地民众指责，杨士敏个人也颇受争议。1945年9月，云南

---

①佚名：《滇南垦殖事业之调查》，成文出版社，1997，第29425页。

②云南蚕业新村公司：中国蚕丝总公司总经理葛敬中，选择草坝建立蚕业基地。1939年2月开始筹备，1939年4月21日成立。由云南省经济委员会常务委员缪云台任董事长，葛敬中任总经理。股东有云南省经济委员会、中国银行、中国农民银行、交通银行、富滇新银行，投资2 500万元国币，是国家资本与地方资本的混合产物。

③李增耀、龙玉存：《云南开蒙垦殖局与云南蚕业新村公司史实》，云南人民出版社，2012，第189页。

④《呈请转函高等法院办理张正阳命案由》，载《云南开蒙垦殖局与云南蚕业新村公司史实》，第331页。

⑤《云南省第二十七区政务督导员盛恩隆为蒙自县县长李炳垣政绩报告书呈报省民政厅》(1944年2月16日)，载云南省档案馆编《民国时期边疆档案资料汇编》云南卷，第五十六卷，社会科学文献出版社，2013，第234页。

⑥云南省档案馆编《民国时期边疆档案资料汇编》云南卷，第五十六卷，第242页。

省人民企业公司设计室主任夏光南[①]到垦殖局进行调查，认为杨士敏“因系主席龙云全权委托，用人行政，专断独行”，“不能开诚布公，集思广益，而厚自封殖，唯个人之意愿以行”，“兴建新村七个，致占全部费用达36%，核阅数计，颇惊其轻重倒置，为谋甚拙”，“局长招致其亲戚朋友来集此方，斩伐森林杂草，搬运岩石，兴筑多数高窑，锻炼砖瓦石灰，开展各村建筑，一转手间，即可获得极大利润”，要求“改组垦殖局内部组织，集中事权，并容纳当地民众公正意见，以免内外隔阂”，“废除局长对内对外，大权独揽之旧制也。”[②]

1938年，中央政治学校地政学院学员到云南进行考察垦殖事业，亦认为“杨氏虽富于农事经验，但并无专攻之学，副局长徐氏[③]则对于农学，颇有研究。但杨氏颇为干练，个性甚强，对于农务工务上科学之设计，任意修改，失败在所不惜。”[④]“杨氏既未一实践者，对于垦务之推行，只求合乎事实颇多矫枉过正之病，例如垦局成立迄今，始终未办测量、调查等各项初步垦务工作。一切农事及工程设计原则，亦多由杨氏手订。故垦局职员之工作，颇带有一层此种偏重实际，忽略事理之色彩，对于垦区工作之统计报告，绝不注意，对于垦区内之自然状况及农村情形，漠然不知。就经验与学识之关联上言之，垦局此种工作态度，殊失之过激耳。”[⑤]

杨士敏为建设边疆、开发边疆起到了重要作用，能人治边，自然有其意气风发、挥斥方遒之处，但在具体实践过程中，面临着各方压力，尤其需要背后力量的支持。1943年，省府和经济委员会资金有限，要求垦殖局精简机构，压缩人员，进行改组，经费自收自支，使垦局面临着困难；1945年龙云下台后，垦殖局

---

①夏光南：（1892—？），云南会泽人。北京师范大学毕业，曾任昆明各中等学校教员、云南陆军讲武学校教官、会泽中学校长、云南人民企业公司设计室主任、云南省图书馆馆员。著有《云南文化史》《元代云南史地丛考》《中印缅道交通史》等书。1954年，受聘为云南省文史研究馆馆员。

②中国人民政治协商会议云南省委员会文史资料研究委员会编《云南文史资料选辑》第29辑，云南人民出版社，1986，第82—90页。

③徐天骝，云南昆明人，开蒙垦殖局副局长，曾留学法国国立农业学院，获工程师学历。

④佚名：《滇南垦殖事业之调查》，成文出版社，1997，第29444页。

⑤同上书，第29445页。

更是失去靠山，难以维持，杨士敏甚至提出了遣散员工、结束垦殖局的请求。[①] 1946年，经济委员会改组并入云南人民企业后，开蒙垦殖局亦改组为草坝垦殖区管理处，杨士敏辞去局长职务。杨士敏最后对垦殖局地区的规划，则只能将收买的土地，通过计口授田，分售给农民，以防止"中央政府"将土地收归国有。[②]

从开蒙垦殖局的建立过程中可以看到，边疆开发的实质是边疆资源的争夺与控制，开发政策落实过程是充满矛盾的，一项具体的边疆开发政策，会触及边疆社会的各方面、各阶层，这就需要我们在边疆研究中，反思"中央政府"、省政府宏观边疆政策制定的动机、合理性和实施的具体效应，亦要观察边疆社会中具体每个人的出发点及其应对。边疆是"谁的边疆"？不同的主体对于边疆有不同的认识，从边疆基层社会着眼，有助于我们进一步挖掘边疆社会，推动边疆史研究。

第五节　新时期云南农业的发展

一、云南农业制度变革

（一）土地改革

新中国成立后，全国进行了土地改革（以下简称"土改"）。云南由于情况较为特殊，土地改革的时间较晚，同时云南面临着粮食短缺的问题，因此云南省土地改革的具体实施，与内地有所不同。土地改革之前，云南省存在多种土地所有制度，1951年，中共云南省委政策研究室对云南15个县进行了调查，发表《土地调查报告》，认为在耕种条件较好、土地比较集中的地区，以区、乡为单位，地主占农村总户数的比重，最高的占10.3%，最低的占1.8%，地主平均每人耕地面积，最高达14.6亩，最低3.14亩。贫农占农村总户数的比重，最高占57%，

①李增耀、龙玉存：《云南开蒙垦殖局与云南蚕业新村公司史实》，云南人民出版社，2012，第170页。

②云南省档案馆藏：《中华民国35年3月开蒙区垦殖局局长杨士敏撰呈〈开蒙垦殖局今后局务及资产处理意见〉》，载王希群等：《云南开蒙垦殖重要史料》，《北京林业大学学报》（社会科学版）2011年第2期。

贫农平均每人耕地面积，最高不过0.788 亩，最低的才 0.14 亩。在耕作条件好、交通方便、土地集中的地区，地主更加集中；而条件差的地区，贫农比例大，经济条件落后，温饱不足。①

土改工作队采取了慎重稳进的工作方针和“先内地，后边疆”的原则，将云南省分为 5 种地区，分别进行土改。

一是内地坝区，根据《土地调查报告》可知，这些地区是耕作条件好、交通方便的地区，也是土地和地主集中的地区。主要在包括汉族和少数民族聚居的坝区，有 44 个县和 22 个县的一部分，多为汉族聚居区。根据《中华人民共和国土地改革法》《关于划分农村阶级成分的决定》《城市郊区土地改革条例》等法律、法规精神，第一批内地土改自 1951 年 9 月开始，按照《云南省土地改革实施办法》，在昆明、呈贡、宜良、晋宁、曲靖、澄江 6 个县试点；第二批于 1951 年 11 月开始，在丽江、昆阳、罗次、广通、蒙自、思茅等 27 个县实施；1952 年 8 月开始第三批 73 个县的土改。

二是内地山区的土地改革，包括 25 个县和其他 25 个县的一部分，约500万人。内地山区土地改革，坚持放手发动群众，依靠贫农、雇农，团结中农，中立富农的政策。对地主兼营的工商业及其直接用于工商业的土地、财产不予没收，不侵犯其工商业利益；同样分给地主与贫农、雇农同数量的土地。只对罪大恶极的地主进行镇压，以平民愤。

在白族、壮族、回族、纳西族等经济比较发达的地区，采取同内地汉族一样的政策，只是在斗争方式上，稍微宽一些，灵活一些。中共云南省委特别强调这些地区的土地改革，要防止两种错误倾向：一是过分夸大民族地区的特殊性和复杂性，主张土地改革慢慢来的倾向；二是忽视民族特点，对恶霸进行坚决的斗争，土司、头人除叛变为匪首外，都采取“养起来”的政策。从 1951 年 9 月开始，先后分 3 批，对内地山区 105 个县(市)9 286 个乡 1 477 万人进行土地改革，到 1953 年基本结束。

三是缓冲区的土地改革。1952 年 5 月，中共云南省委做出《关于边疆缓冲地区土地改革的决议》。在这类地区进行土地改革，其指导思想是要有利于对敌

①云南省方志编纂委员会编《云南省志》卷八《经济综合志》，云南人民出版社，1998，第 266 页。

斗争,有利于发动群众,有利于增强民族团结,注意发展生产。如只没收地主的土地、房屋、耕畜、农具以及多余的粮食,不分浮财,不追底财;逃亡地主返回本籍后,只要认真悔过,切实遵守政府法令,不予追究,同农民一样分给一份土地及其他生产资料。对少数民族上层人物,一般不采取斗争办法,对一般地主则采取缺席斗争的形式。土司所有的大片荒地,采取协商方式,经土司同意后再分配给农民。靠近凉山地区的彝族,对其上层人物不划阶级,不征收、没收其财产。

四是和平协商土改地区的土地改革,主要针对边疆民族地区实行土地改革的6个县和23个县的一部分。边疆民族地区,历史发展进程不一,经济发展也不平衡,有的地区保留了比较完整的土司制度,有的是封建领主经济制度。1954年3月中共云南省委第二次代表会议决定,在边疆民族地区采取特殊的形式进行土地改革,稳妥解决少数民族内部的阶级关系。即和平协商的改革封建土地制度,而未采取剥夺的方式、斗争的方式。在傣族、拉祜族、哈尼族、阿昌族、普米族等744个乡128.58万人地区,实行和平协商土改。团结上层少数民族土司、头人等,实行"先留后分"政策,先给土司、地主留下一份,再将多余部分分配给群众,不收房屋、粮食、耕畜等。坚决不搞面对面的斗争,一般情况也不剥夺领主、地主的政治权利,保护其宗教信仰自由等。边疆地区的和平协商土地改革,于1954年12月开始在河口、江城、双江、镇康、澜沧等地试点,后在绿春、金平、元阳、红河、潞西、盈江、陇川、瑞丽、梁河、畹町、孟连、景洪、勐海、勐腊等地进行,在1956年底基本结束。

五是直接过渡地区。景颇族、佤族、傈僳族、怒族、独龙族、布朗族、德昂族、基诺族等地区,还处于氏族制农业地区,阶级分化不明显,土地占有不集中,人民生活贫苦。中共云南省委决定在这类地区,不划阶级,不进行土地改革,而是首先展开群众性的教育工作,通过扶持经济,团结上层人物,全力发展农业生产,逐步取消山官、头人的剥削,一步一步引导少数民族直接过渡到社会主义社会,对山官、头人进行一定的补助,由国家养起来。有的被安排为国家干部,由国家发给工资。直接过渡的地区,其土地制度主要有高级农业社所有制、人民公社所有制、管理区所有制、生产队所有制。[①]这样就获得了少数民族和上层人物的

①云南省方志编纂委员会编《云南省志》卷六十四《土地志》,云南人民出版社,1998,第83—84页。

拥护，推动了农业生产的发展。

土改后的云南，土地制度得到全面调整，许多少数民族地区的农民有史以来第一次获得土地，极大地鼓励了发展农业的积极性。在土改未完成以前，中共即在云南实行优惠的纳税政策，改变原来负担不公的情况，根据“多者多出，田地少者少出，无地者不出”的原则，实行公平合理负担征收政策，一次分配，一次征收，以户为单位，以稻米为标准，对烈士家属和贫苦劳动力给予优待，在少数民族地区不分配征粮任务，只定合理负担政策，自愿纳粮。

1950 年基本没有征收农业税。1951 年开始，在仍有土司的少数民族地区，如西双版纳、德宏等地，只宣传自愿纳贡。在双江、镇康、耿马、泸水、维西、中甸等县，则分配任务，与民族上层协商征收。在红河、金平等县，则按人口、产量，规定一个简单税率计征。

在评定纳粮数量时，召开农民代表会和各界代表会，讲解政策，充分依靠和发动群众，讨论办法，民主评议。评议后使所有不同成分的农户都公平负担纳粮任务，各户具体负担多少，按其农业总收入，最高不超过 60%，及时纠正畸轻畸重的情况。在少数民族地区，召开少数民族代表会，号召少数民族自愿、自动缴纳公粮，严禁强迫命令。①新的纳税政策有利于农民多劳多得，因而具有的鼓励农业发展的意义。

土改完成后，进一步规范纳税政策，坚持查田评产，依率计征，还坚持依法减免，增产不增税，合理负担，鼓励增产，扶持农业发展。1951—1953 年，本着有利于民族团结，有利于对敌斗争的原则，采取适当分配任务与自愿缴纳相结合的办法进行征收，着重政治动员，加强对少数民族地区农民的观念教育，强调政治认同，各地实施不同的有利于民族团结的政策，无统一规定。

1953 年 10 月，云南省人民政府发布了《云南省 1953 年农业税征收施行细则》，对全省农业税进行了规定，总体上规范并降低了农业税征收比例。1953 年还制定了《云南农业税减免实施办法》，规定交通不便、山高土瘠、工业品与农产品差价特大、农民生活贫苦的地区，和生产落后、生活困苦的少数民族聚居或杂

---

①云南省方志编纂委员会编《云南省志》卷八《经济综合志》，云南人民出版社，1998，第 258 页。

居地区，可减免应纳农业税的10%—40%，特殊困难的可全部免征。1954—1956年，随着各项工作进展，由各地自行制定征收办法，报省批准后执行。1956年，云南省人民委员会规定边疆地区实行分级累进征收农业税的范围不再扩大，生产落后、生活贫苦地区可酌予停征，提出“不能征的坚决不征，可以征的少征和合理征”的方针，实行“慎重稳进”“边疆轻于内地”的政策。①根据减免政策，农业税从1951年的13.93%逐步下降到1957年的6.25%。

云南省土地改革过程中，农业制度发生了根本性的变化，在重新分配土地的同时，进一步扩大了国有土地的比例，加强了国有农业的发展。1950年《中华人民共和国土地改革法》第十五条规定，分配土地时，县以上人民政府可根据当地土地情况，酌量划出一部分土地归国有，举办农事试验场和国营示范农场。云南省则根据实际情况，划分一部分土地作为农场或试验场，至1953年12月，全省建立了省级试验场5个，市农场1个，专区农场11个，县农场50个，共有干部223人，工人1 183人。②

国营农场主要分布在思茅、德宏、西双版纳等边疆地区，地广人稀，土地资源丰富，设置农场有利于开发边疆土地资源。1955年，部队复员转业军人开始分批到潞西、耿马、镇康、双江、芒市、陇川、潞江等地办军垦农场。1956年，昆明组织青年垦荒队到陇川、潞西等地办青年农庄。1957年，这些军垦农场和青年农庄都先后转为国营农场，归各地农垦局领导。1957年，全省共有26个农牧场和3个热带作物实验场。1958年，农场有大发展，全省共建54个农场，7个牧场，3个试验场，开垦荒地35万余亩。这些农场是建设兵团的主要地区，从1955—1985年，累计种植522.75万亩，共产粮食76.73万吨。

到1990年，云南省农垦总局下辖西双版纳、临沧、德宏、红河、文山、思茅6个分局，总占地2 361 691亩，其中耕地176 247亩、园地1 529 006亩、林地59 976亩、居民点及工矿用地60 978亩、交通用地70 170亩、水域23 924亩、未利用

①云南省方志编纂委员会编《云南省志》卷八《经济综合志》，云南人民出版社，1998，第264页。

②同上书，第146页。

土地 95 135 亩。[1]

边疆农场的屯垦戍边作用：一是农垦的橡胶分布在南沿国境线一带，东起麻栗坡县，沿马关、河口、金平、勐腊、景洪、勐海、孟连，西至耿马、沧源、潞西、畹町、瑞丽、盈江等县区。屯垦农场发挥着生产队、战斗队、宣传队的作用。不但发展了橡胶种植业，也对保卫边疆起到了重要作用。二是垦区分布在边、少、穷地区，生产水平不高，发展橡胶，使农民受益颇大，有助于发家致富。

经国家农业综合开发领导小组批准立项，云南制订了滇西南的开发计划，从 1990 年至 1995 年共分为两期，改造中低产田、开荒、造林、改良草场等。1992 年完成第一期项目，开发荒地 9.66 万亩，造林 102.8 万亩，改造中低产田 138.2 万亩，改良草场 1.13 万亩。至 1995 年，第二期开发改造中低产田 54.13 万亩，造林 9.32 万亩，改良土壤 33 万亩，建成高稳产田 17.61 万亩。[2]

（二）农业合作化

土改过程中，即对全省农业开始社会主义改造。1951 年中共中央通过了《中共中央关于农业生产互助合作的决议（草案）》，云南省自 1952 年开始全面铺开发展农业生产互助组。1952 年 3 月 10 日，云南省人民政府发出《关于1952 年春耕生产的指示》，规定在劳动组织方面，应依照自愿两利、等价交换和民主管理的根本原则，在当地群众原有互助习惯的基础上，加以适当调整。6 月下旬，省政府发布《发展农业生产十大政策》，号召农民开展爱国增产运动，增加生产，厉行节约，改善农民生活。宣布："凡已完成土地改革的地区农民的土地、房屋、财产私有权及经营自主权，任何人不得侵犯；提倡合理负担；奖励生产互助，一切生产互助均应以自愿两利为基本原则，国家机关和农村供销合作社，须大力帮助发展生产互助组，大力发展供销合作社，提倡和奖励增产粮食，有计划的增产工业原料作物，提倡选种、换种改良种子，增施肥料，改良农具，改良耕作技术，提倡秋冬防荒，借贷自由；奖励模范互助组模范合作社、生产模范、各种劳动

①云南省方志编纂委员会编《云南省志》卷六十四《土地志》，云南人民出版社，1998，第 183 页。

②同上书，第 184 页。

能手及一切有利农业生产的创造发明。”①

云南省合作社的类型,有农业生产互助组、初级农业生产合作社、高级农业生产合作社和人民公社,从低级到高级逐级逐年发展。互助合作运动在全省范围内展开,1952 年 11 月,根据云南省内 11 个专区的调查可知,有互助组68 483 个, 参加农业生产互助组的人口 132 万人,占农业总人口的 17.3%。为了使互助合作运动迅速发展,从 1952 年底开始历时 3 个月,对农民群众进行了一次广泛的社会主义前途教育。

1953 年, 中共云南省委农村工作委员会召开了试办农业生产合作社的干部会议,总结生产合作社的经验,布置春耕生产。云南省在大力发展合作社的同时,注重防止急躁冒进,必须坚持自愿互利原则。1953 年,全省各种互助组 22.2 万个,入组户数占农户总数的 67.8%。1954 年底,全省建立互助组 24 万多个,参加互助组的农户为 2 215 265 户,占总农户的 69.2%,农业生产互助组得到良好发展。

1953 年底,中共中央西南局批准云南省《工业农业生产互助合作五年计划(草案)》, 计划在 1954 年将参加互助组与合作社的数量发展到全省农户的 60%,1955 年占 65%,1956 年占 70%,1957 年占 80%。其中常年互助组的农户占参加互助组农户总数的 56%, 即总农户的 45%。 同时提出农业生产合作社的计划,1954 年计划发展 230 个,1955 年 1 150 个,1956 年 5 000 个,1957 年 2 万个。②

云南省合作社在发展过程中,区别 4 种情况,分别提出 4 种发展目标:一是大量发展的地区,主要是内地平坝粮食和经济作物的主产区,约有 35 个县;二是重点发展地区,人口较为分散,地域辽阔,民族关系较为复杂的山区,约有 46 个县;三是继续试办地区,主要靠近边境地区,约 27 个县;四是必须特殊控制的地区,其中一类是落后乡,必须全力整顿,一类是处在国防边境或毗邻大小凉山和藏区的地州,暂时不考虑土改和发展农业社。③

①云南省方志编纂委员会编《云南省志》卷八《经济综合志》,云南人民出版社,1998,第 278 页。

②同上书,第 281 页。

③同上。

在互助组的基础上，发展初级农业生产合作社，1953 年 2 月，在“稳步前进，自愿互利，典型示范”的指导方针下，采取教育示范、国家扶持等措施，选择 9 个党员觉悟高、自然条件好的模范互助组，如昆明市的陶连佐社、阮自云社，晋宁县的李能社、李凤仪社等，重点试办初级农业生产合作社。1954 年，云南省委批准在 81 个县的两个市重点试办 325 个初级农业生产合作社，随后在全省推广发展农业生产合作社，进一步推动农业合作化的发展。

1955 年 7 月，中共云南省委发出《云南省委关于农业生产合作社具体执行政策的一些规定》，要求在执行政策时必须坚持的 5 项原则：一是半社会主义原则，不取消社员的土地私有权，土地入股统一经营只限于耕地，不得取消土地报酬，零星作物和家庭副业一律归私人经营；二是贫农与中农关系上自愿互利的原则，土地生产、分红、劳动报酬、耕畜、农具等的使用、投资等，不得使贫农、中农吃亏，社员之间的问题要民主协商解决，不能多数强制少数，也不能少数垄断和压制多数；三是社的公共利益和社员个人利益相结合的原则；四是社与社外关系上的先进带动和帮助落后的原则；五是民族团结的原则。①

1955 年，毛泽东批农业合作化运动中“小脚女人”之后，提出必须改变“群众运动走在前头，领导赶不上运动”的状况。9 月，云南省委传达了毛泽东《关于农业合作化问题》的报告，并重新规划发展农业生产合作社，计划在1957 年发展到 7.3 万个。虽然提出更加快速发展合作社的计划，但云南省在对边疆民族地区，仍然采取与内地有所不同的措施，仍只是重点试办初级合作社。

至 1956 年春，共有高级、初级合作社 34 918 个，入社农户 2 813 946 户。②在全国农业合作化运动高潮的推动下，云南在 1956 年基本上实现了农业合作化，共建立 25 101 个农业生产合作社，入社农户达 302.65 万户，占全省农户的 85.1%。农业生产合作社的规模，50 户以下的占 54%，50—100 户的占 27%，100 户以上的占 19%。

---

①云南省方志编纂委员会编《云南省志》卷八《经济综合志》，云南人民出版社，1998，第 282 页。

②云南省方志编纂委员会编《云南省志》卷二十二《农业志》，云南人民出版社，1998，第 123 页。

表 1-27　1952—1957 年云南省农业生产互助合作组织统计表

年份	个体农户（户）	互助组数（个）	入组农户（户）	初级社个数（个）	入社农户（户）	高级社数（个）
1952	7 980	76 226	749 877			
1953	77 192	215 385	1 320 032	9	146	
1954	578 263	263 376	2 150 397	334	6 621	
1955	1 020 852	223 588	2 183 509	7 119	171 388	
1956	528 619			10 984	3 026 500	14 117
1957	409 559				3 280 161	21 572

资料来源：云南省方志编纂委员会，《云南省志》卷二十二《农业志》，云南人民出版社，1998 年，第 124 页。

1957 年开展了并社、扩社工作，追求"一大二公"，初级农业合作社进一步发展为高级农业生产合作社，合作社总数发展为 21 572 个，入社农户占全省农户的 88.9%。

根据中共中央 1958 年北戴河政治局扩大会议的精神，云南省委发出关于建立人民公社的指示，要求积极开展人民公社化运动。提出：建立人民公社不仅是加速社会主义建设所必须，而且是逐步过渡到共产主义的根本道路。将私人的生产资料原则上逐步转为公有。少数民族地区，实行直接向社会主义、共产主义过渡，走"一步登天堂"的路子。①

1958 年 8 月 29 日，中共中央做出《关于建立农村人民公社的决议》。9 月底，全省在 80 个县开展建立人民公社试点工作，并在 63 个县建立人民公社 118 个。1958 年 10 月 5 日，云南省委发出《关于建立人民公社的指示》，在全省范围内掀起了建立人民公社的高潮。

1958 年 11 月基本实现了人民公社化，由 18 943 个生产水平发展不平衡的农业生产合作社合并改组为 1 000 多个幅员辽阔、一大二公、政社合一、工农商学兵五位一体，政治、经济、文化事业相结合的人民公社。入社农户 301 万户，占全省总农户的 82.4%，人民公社规模一般为 2 000—5 000 户，最大的有 3 万户。

①云南省方志编纂委员会编《云南省志》卷八《经济综合志》，云南人民出版社，1998，第 309 页。

全省组成生产大队(即管理区)14 944个,平均每个大队222户,最大的生产大队为1 500户。全省组成生产队88 558个,平均每个生产队为37户,最大的生产队324户。[①]边疆和平土改地区和直接过渡的民族地区,在内地人民公社影响下,也办起人民公社。[②]

(三)农业"大跃进"

新中国成立后,云南省农业经济快速恢复和发展,1952年全省农业人口人均生产粮食290千克,为了增加粮食产量,推动农业进一步发展,云南省采取了一定的措施,改进农业技术,发展农业经济:一是有计划地开垦荒地,改造沼泽地,积极扩大耕地;二是实行以小型为主、社队自办为主,兴修见效快的水利工程,扩大耕地灌溉面积,1957年有效灌溉面积占耕地面积的15.6%,比1952年增加了4.5%;三是总结提高、推广传统的增产技术;四是积极发展夏收作物;五是推广新式步犁、双轮双铧等新式农具。[③]

至1957年,全省耕地面积达4 253.96万亩,比1952年扩大611.68万亩,增长16.8%。[④]农作物播种面积达到5 577万亩,比1952年扩大1 274万亩,增长29.6%。经济作物种植面积达到466万亩,比1952年增加了309万亩,扩大近两倍。[⑤]"一五"期间,云南省农业生产条件得到改善,这为云南省农业经济的发展奠定了良好的基础。

1958年2月,云南省委传达了南宁会议精神,并提出云南省的"大跃进"指标。"大跃进"农业总目标是提前实现《1956年到1967年全国农业发展纲要》(以下简称《农业发展纲要》),其中规定的10年水利化任务,要3年完成,3年绿化四旁,5年绿化荒山。同时制定粮食发展目标,要求1958年每亩单产达400斤,1962年粮食总产量较1957年增加1倍,单产达678斤。

---

①云南省方志编纂委员会编《云南省志》卷八《经济综合志》,云南人民出版社,1998,第309页。

②云南省方志编纂委员会编《云南省志》卷二十二《农业志》,云南人民出版社,1998,第126页。

③云南省方志编纂委员会编《云南省志》卷八《经济综合志》,云南人民出版社,1998,第293页。

④同上书,第296页。

⑤同上。

为了贯彻实施农业“大跃进”，1958 年春，云南省委发出“关于开展冬季农业生产运动的指示”，要求提前实现《农业发展纲要》所规定的任务，立即掀起以兴修水利、建造梯田梯地、大办积肥为中心的群众运动。在“人有多大胆，地有多大产”的口号下，大种试验田，要求高产、推广密植，使农业多快好省的发展。

表 1-28　1958—1965 年云南主要大中型水利工程

名称	建设时间	地址	库容量	灌溉面积
独木水库	1958 年 2 月	曲靖市	10 560 万立方米	16 万亩
松华坝水库	1958 年 3 月	昆明		
东风水库	1958 年	玉溪地区	8 997 万立方米	7.4 万亩
跃进水库	1958 年 2 月	建水县	5 380 万立方米	7.7 万亩
东山大沟	1958 年		长 81 千米	4.2 万亩
团结大沟	1958 年		长 43 千米	3.8 万亩

在水利建设方面，要求 3 年完成 10 年水利计划，到 1960 年基本实现水利化，蓄水量达 100 亿立方米，3 年增加灌溉面积 2 500 万亩。农田基本建设方面，计划到 1962 年改旱地、坡地为梯田 1 000 万亩，3 年内基本消灭平坝和半山区的旱田、旱地、荒地。①

为达到农田水利建设和农业生产发展的目标，全省各地、州、市、县人民公社社员、党政机关干部、大中学校学生、干部学校官员、军地官兵、城镇军民共 240 万人上水利工地，掀起大战水利的第一个高潮。兴修水利多为小型水利，挖塘筑坝，开沟饮水，在山区、半山区沿山沿阱筑起“鱼鳞坝”或“连珠坝”，再逐步规划和实施小型、中型、大型水库或引水工程，采取集中优势力量，打歼灭战②。

虽然“大跃进”中存在诸多问题，但“大跃进”在客观上对云南省的农业发展有一定的推动作用。1958 年省内建立起几个较大的水利工程，如独木水库、松华坝水库、东风水库、跃进水库、东山大沟等，这些水利工程显著提高了当地抗

①云南省方志编纂委员会编《云南省志》卷八《经济综合志》，云南人民出版社，1998，第 303 页。

②同上书，第 304 页。

灾能力，为发展农业生产打下了良好的基础。1957—1962 年，全省有效灌溉面积增加了 510 万亩，达到 1 177.05 万亩，改善了农业生产条件。

除了水利建设，还开展农具改革运动和大量使用肥料。推广运输工具、抗旱工具和薅秧工具，要求实现农业机械化、半机械化，提高农业生产效力，减轻体力劳动强度。1958 年农具改革取得明显成效，共推广改良农具 1 200 多种1 120 万件，全省有 44 个县实现水利工地劳动和田间运输车子化。[①]农业肥料方面，3年实现亩施万斤肥，1956 年每亩水田施肥料 6 000 斤，每亩旱地施肥料 2 000 斤。[②]

表 1-29　1957—1965 年全省粮食产量统计表

年度	全省总产量(万吨)	按农业人口计算的人均占有量(千克)
1957	583.20	341
1958	543.95	328
1959	507.15	309
1960	489.35	296
1961	500.05	296
1962	534.50	302
1963	537.15	295
1964	606.70	323
1965	586.95	305

资料来源：云南省方志编纂委员会，《云南省志》卷八《经济综合志》，云南人民出版社，1998 年，第 357、359 页。

在以农业为基础、以粮食为中心的“大跃进”情况下，云南省还提出持续“大跃进”，大力加强农业战线，力争提前 5 年实现 12 年《农业发展纲要》规定的任务。具体方针和任务为：继续坚持“以粮为纲”的方针，因地制宜发展多种经营，发展高产作物，确保粮食增产，争取实现每人千斤粮；同时积极发展经济作物，大力增加油料作物的产量，大力发展畜牧业，特别是猪、牛、马；积极进行以橡胶

①云南省方志编纂委员会编《云南省志》卷八《经济综合志》，云南人民出版社，1998，第 305 页。

②同上书，第 303 页。

为主的亚热带作物的发展。[1]这对于推进云南省的经济作物、畜牧业等多种农业有良好的促进作用。

全国“大跃进”的过“左”发展，给经济带来了巨大的损失。1961 年，中央提出了“调整、巩固、充实、提高”的八字方针，要求全国调整经济发展速度，改正“大跃进”的错误。11 月，云南省召开省委首届四次党代会议，揭露了“大跃进”在农村刮起的五风——共产风、浮夸风、强迫命令风、干部特殊风、生产瞎指挥风。并结合云南实际，制定了《关于内地高山分散地区执行中央指示信》和《关于内地一般地区执行中央指示信》两个补充规定。

党代会主要从 4 个方面着手纠正五风，一是所有制方面，划分少量自留地，允许社员私人种植瓜菜和养殖家畜。二是包产方面，要求包产（共管）指标必须留有余地，做到 80%的生产队经过努力有产可超，超产的部分，全部留给生产队，管理区不再分成。三是分配方面，要求管理区扣留的公积金，公社可以提取三成，管理区留七成；社员的分配，实行供给制与工资相结合的分配办法，比例为三七开，供给三成、工资七成。四是劳动力方面，提出农村全部整劳动力的 95%归生产队支配，公社占用不能超过 1.5%，管理区占用不能超过 3.5%，生产队之间的劳动协作，必须坚持自愿互利原则。[2]

党代会结束后，各地贯彻中共中央《农村人民公社工作条例》，调整人民公社规模和核算单位，将原来人民公社的规模从三四万人调整为一二万人，确立了公社三级所有队为基础的体制，生产队一般以自然村为单位组建，从而使生产的指挥和劳动组合更有利于农业生产。重新分给社员自留地，实行三包一奖，纠正共产风，退赔群众财务。减轻农民负担，将农业税率平均降低 4.2%，使全省平均税率从 1958 年的 14%降为 9.73%。

1962—1976 年，这一时期云南省农业发展主要在土地开发利用方面，1964 年掀起“农业学大寨”的运动，大搞农田基本建设，改造中低产田，以坡地改梯田为主。云南省革命委员会领导全省农业采取超常政策，全党办农业，领导上前

①云南省方志编纂委员会编《云南省志》卷八《经济综合志》，云南人民出版社，1998，第 321 页。

②同上书，第 332 页。

线；调整农村政策，开展“农业学大寨”运动；大搞农田水利基本建设；加强各行各业对农业的支援。

“文化大革命”期间，云南省还制定了农业机械化发展规划，1966 年，提出 1966—1975 年逐步实现农业机械化的规划。第一，在指导思想方面，高举毛泽东思想伟大红旗，以阶级斗争和两条道路斗争为纲，三大革命一齐抓，在国家统一计划、统一领导下，充分利用有利条件，克服不利因素，加快步伐，在 15 年内，在全省实现农业机械化这一伟大的历史任务。第二，在奋斗目标方面，农业机械化发展计划为在 1975 年大中型拖拉机达到 3 万台，中型拖拉机 3 万台，机电排灌面积 1 000 万亩，争取 5 年内每个队都配备必需的农副产品加工脱粒机械。第三，在具体措施方面，提高农机工业的生产能力，积极发展地方原材料工业，以自力更生为主筹集农业机械化的资金，同时培养技术力量，加强农机的科学研究。

1957—1978 年，云南省土地得到进一步开发，建成梯田、梯地及改造低产田 390 万亩[①]，全省粮食总产量增长 48.2%，农田水利设施得到改善，农业经济得到进一步发展。但人口增加了 63%，人均占有粮食下降，在“大跃进”“文化大革命”等政治运动的影响下，农民生活亦受到消极影响，1978 年农民人均收入只有 130.6 元，粮食每人 213 千克，部分农民的温饱问题始终没有得到解决，生活水平未升反降。[②]

二、改革开放与多元化新型农业经济发展

改革开放后，云南省对农业政策进行了调整，调整粮食征购、定购任务，实行粮食起征点、起购点政策，进一步调整生产队规模，减免部分农业社的负担，提高主要农副产品价格。实行联产承包责任制，实行包工到组、两包到户、实行大包干到户的责任制，调整农业产业结构，推动农业的发展。1977—1986 年，由于实行了联产承包责任制，土地开发有较大发展。1977—1981 年增加耕地242.32 万

①云南省方志编纂委员会编《云南省志》卷六十四《土地志》，云南人民出版社，1998，第 180 页。

②云南省方志编纂委员会编《云南省志》卷八《经济综合志》，云南人民出版社，1998，第 466 页。

亩，平均每年增加48.46万亩，1982—1986年，新开发耕地470.98万亩。

1980年，云南农业产业结构出现新的变化，种植业由63.8%下降到56.8%，林业由7.6%上升到8.4%，畜牧业由18.3%上升到22.3%。随着市场化的加强，云南的农业经济发展在传统农业的基础上，更好地利用其他优势自然资源，如烟草资源、森林资源、水资源等，不断优化农业产业结构。

改革开放以来，云南省致力于农业发展。第一，发屈基础农业。保证种植农业和粮食生产作为一项大政策和重要任务来抓，千方百计增加粮食生产。同时进一步明确土地产权和改善农业生产条件，完善农业服务体系和推广农业技术。第二，发展养殖业。1987年，云南省畜牧业产值在农业中占22.3%，针对云南粮食不足的问题，要求提高畜牧业的集约化程度，充分利用草山、草坡，发展节粮型畜牧业。第三，发展林业。云南有上亿亩宜于发展多种林木的荒山，有数百种经济林资源，发展经济林、速生丰产用材林，具有良好的经济效益。

当时，云南农业存在的问题主要是较大的发展潜力与落后的生产能力的矛盾，原始农业与现代农业并存，自然农业与商品农业并存，分散经营与规模经营并存，云南农业发展的大市场与小生产之间的矛盾，需要不断协调和解决。

云南省的农业经济，自20世纪中期至今，呈现出翻天覆地的变化，落后的传统农业经过半个世纪的发展，走向了市场化、现代化、国际化。

第一，经济作物的多样化发展。因地制宜，发展粮食和烤烟、甘蔗、油料、茶叶、香料、木材、药材等不同的粮食作物、经济作物，拓宽了云南省的农业范畴，改善了农业经济结构。

例如，橡胶自20世纪初引进云南地区，到1949年，全国仅有橡胶4.2万亩，年产干胶200吨左右。新中国成立后，云南大力发展橡胶产业。1952—1961年，国家扶持建立生产性农场，在中央、西南局的指示下，1952年成立滇西、滇南、思普3个林垦工作站，引进巴西、印度的橡胶进行种植。1954年，在河口成立第一垦殖场，云南省委提出要积极的、长期的、区域性的以橡胶为主。[①]通过不断试验，为云南寻找到了适合发展的橡胶品种，以实生树或国内的产品芽接树为主，培养了生产技术骨干，掌握了培育技术，至1961年，特林所改建为省农

①云南省方志编纂委员会编《云南省志》卷三十九《农垦志》，云南人民出版社，1998，第79页。

业厅热带作物局，同时在全省垦区建立14个农场。云南省植胶区主要有西双版纳、红河、临沧、德宏等，到1985年，全省植胶160万亩，其中农垦植胶97.69万亩，年产干胶2.79万吨，初步建成我国第二个天然橡胶生产基地。①

第二，民族地区的农业与社会得到进一步开发。云南省少数民族众多，民族地区的土地面积占全省土地面积的2/3，少数民族区域资源丰富，很多民族地区与越南、缅甸、老挝接壤，农业经济历来与境外发展有很大关系。新中国成立后，中央与云南省都高度重视对民族地区农业经济的投资与扶持。

第三，市场化、现代化、国际化的新型农业的发展。例如，云南利用良好的气候资源优势，大力发展鲜花产业，使鲜花成为云南发展绿色经济的重要支柱。云南省的鲜花不仅占全国市场的一半左右，在国际市场上也占据着重要的地位，使云南新型农业呈现出真正的市场化、现代化、国际化特色。

第四，改造云南山地环境，克服山地农业的边缘性、稀缺性、脆弱性、分散性等劣势，充分发挥山地环境的比较优势特征。推进区域农业生产的合理配置，使山区、坝区形成互通有无、相互依存、分工协作的多层次的农业经济区。

农业仍然是云南省的支柱产业，对全省经济建设和社会发展具有至关重要的作用，新时期的云南农业经济发展也面临着新的挑战，例如，农业资源被破坏、生态环境恶化、农业产业结构不合理、农民增收有限等。因此，云南省农业经济需要调整增长方式，弥补生产方式落后、经济效益低、经营规模小、综合利用开发程度低、市场化程度低等缺陷，就需要加大农业投资，利用先进农业生产技术，推广农业产业化，调整农业产业结构，培育和完善农业市场体系，抓住西部大开发、“桥头堡”建设、“一带一路”等经济发展战略机遇，积极推进农业发展，为云南省的全面发展奠定良好的基础。

①云南省方志编纂委员会编《云南省志》卷三十九《农垦志》，云南人民出版社，1998，第77页。

第二章　工业与手工业

第一节　历史上滇中汉族为主地区的加工工业

一、滇中政治地理区位优势及民族分布

滇中地区是指以滇池为中心的周围区域，是秦汉以来中央王朝经略西南边疆的主要区域之一。

最早有关云南的记录是《史记·西南夷列传》中的“庄蹻王滇”。所谓“滇”即在今滇池周围，“池方三百里，旁平地，肥饶数千里”，包括有滇池、抚仙湖、阳宗海等众多湖泊，是土地肥沃之区，且气候温和。优越的自然环境，为其生产发展提供了便利条件。前3世纪初年的“庄蹻王滇”促进了滇池区域的经济发展；秦始皇统一中国后，派“常頞略通五尺道”，即自今宜宾经昭通至曲靖，并由曲靖以抵达滇池，因道广五尺，所以被称为“五尺道”。[①]五尺道开辟以后，密切了蜀、滇两地的经济和文化联系，增强了滇池区域的区位优势。汉武帝元封二年（前109年），即在今云南置益州郡，治所在滇池县（今晋宁县晋城镇），领二十四县，益州郡东部即滇池地区，这进一步加强了滇池地区的区域优势。可见，滇池周围区域因便利的水源、温和的气候、肥沃的土壤，为早期人类的生存繁衍、集聚提供了优越的自然地理条件。然而，滇中政治区域优势的奠定始于元代“置行省，治

①杨毓才：《云南各民族经济发展史》，云南民族出版社，1989，第160—161页。

中庆路”。

据《元史·世祖纪》:“至元十年闰六月丙子,以平章政事赛典赤行省云南,统合剌章、鸭赤、赤科、金齿、茶罕章诸蛮”,至元十一年(1274年),“置行省,治中庆路”。[①]根据元代官制,中书省总揽全国政务,各地设立行中书省,简称行省。这意味着云南开始成为中央王朝下辖的一个行政区域,而中央派驻该地的机构设于中庆路,即今天的云南省昆明市。云南的政治、经济、文化中心便又从滇西地区的大理转移到滇中地区的昆明,由此确立了以昆明为中心的滇中地区在云南政治、经济发展中的政治地理区位优势。

赛典赤主政云南以后,撤销了元初在云南设立的万户、千户、百户等军事管制机构,改设路、府、州、县等行政机构,仍委任土著各民族中的上层分子充当各路、府、州、县的土官。中庆路是云南行省的政治、经济、文化中心,首邑昆明,为行省长官驻地,行省政权机构亦设于此。

明清以后,滇中地区的政治地理区位优势进一步得到巩固。明朝军队初占云南之时,废除了元朝云南土官的总代表大理总管段氏的世袭统治地位,这实际上是对元代的大理路进行了改土归流,使得云南府(即元代的中庆路,明初改名,仍驻昆明)、大理府、永昌府(驻保山)等地,没有了土知府一级的大土司。其余各地,则大大小小的土司并存,从内地到边疆莫不如此。相较而言,云南府没有大土司,次大的和小的土司也比较少,是由于元朝时期作为云南行省政治经济中心的中庆路一带,生产发展最为迅速,对外的商业交换特别发达。清朝在明朝统治的基础上继续对云南各民族地区进行设治和经营,各级政权机构设置逐步完备,而且与内地各省更加趋于一致,这反映了清朝对云南各民族地区的统治,较之明朝时期更为深入。在清朝统治云南的252年的时间里,云南各少数民族地区的土司,或置或废,情况也随时有所变化。而土司制度的基本内容和明朝时期相同,是明朝的延续。这进一步巩固了以昆明为中心的滇中地区的政治地理区位优势。

①尤中编《云南民族史》修订本,下,云南大学西南边疆民族历史研究所,1985,第18—19页。

云南自古即是一个多民族聚居区域。[①]早在新石器时期，云南即已形成一个多民族杂居之地，云南境内的原始族群，有的与西北和中原的群体关系密切，如生活在今滇西的大理州、楚雄州和滇池周围地带的原始族群即属于氐羌部落的分支；有的与东南沿海的原始族群更为亲近，如在今云南西南部的“滇越”，则属于百越中的一部分；有的则属于孟高棉系统的部落，如春秋、战国时期分布在云南南部和西南部的孟高棉系统的部落群，是没有向中印半岛南迁而仍然留在云南境内的部分。[②]自秦建立中央集权国家始，云南便属于统一的多民族国家的一个政区，不断有汉族移民迁入，“变服从其俗”，与原住的各族人民融合。然而，直到明代设卫所，有组织有计划地开发云南，大量汉族军屯、民屯和商屯移民迁入，迁移来的汉族人口保持着汉族的特征，数百年间，逐渐发展成为云南境内人口最多的一个族。明朝先后移入的汉族人口总数，逐渐超过了当时云南境内人口最多的土著兄弟民族，汉族开始成为云南的主体民族，并在经济文化的发展中起着主体民族的作用，使社会面貌发生了极大的改变。

总体来说，云南省有 8 个民族自治州，29 个自治县，民族自治面积占全省总面积的 69%，是全国民族自治地方最多的省区，少数民族人口占全省总人口的 31.86%，约占全国少数民族人口的 1/6，少数民族人口总数仅次于广西壮族自治区，居全国第二位。人数超过 4 000 人的少数民族有彝、白、哈尼、壮、傣、苗、傈僳、回、拉祜、佤、纳西、景颇、瑶、布朗、阿昌、怒、普米、德昂、独龙、蒙古、基诺、水、布依族等 25 个，其中，彝族人口最多，有 471 万，占全省总人口的 10.24%，占全省少数民族人口的 1/3，人口超过 100 万的还有白族、哈尼族、傣族、壮族、苗族。佤族、哈尼族、白族、傣族等 15 个民族有 96%以上的人口分布于云南。[③]就云南全省而言，全省 16 个地、州、市，129 个县、市，没有一个县、市是单一民族的县、市，在漫长的历史演变过程中，形成了大杂居、小聚居特征。[④]民族种类最少的威信县有 6 个民族，最多的景洪县有 34 个。少数民族人口占本

---

①因历史上从未对民族进行过鉴别，关于民族分布的阐述，系以 1949 年以后国家民委在西南边疆民族地区开展的民族鉴别工作为依据，从今天的民族分布情况来看滇中地区的民族分布情况。

②尤中编《云南民族史》修订本，上，云南大学西南边疆民族历史研究所，1985，第 5—10 页。

③云南省地方志编纂委员会编《云南省志·地理志》，云南人民出版社，1998，第 8—18页。

④杨毓才：《云南各民族经济发展史》，云南民族出版社，1989，第 28 页。

地州总人口一半以上的地州有怒江、迪庆、西双版纳、思茅、丽江、文山、红河、德宏等,怒江州比例最高,达 91.7%。可见,云南民族特色非常鲜明。

滇池区域政治、经济的发展,与汉族移民关系密切。移民是随着封建统治而来的,凡是封建统治势力所达到的地方,都有移民的踪迹。从史料记录可知,汉、晋时期移民以在滇池区域为最多,因而滇池区域受到移民的影响也要更多一些。从晋宁石寨山出土的铜贮贝器上人像多样化的服饰,反映出自汉代以来,滇池区域便是一个多民族杂居区域,生活着"靡莫""劳叟""昆明""滇濮"等部落,他们就是今天的彝族、白族、傣族、壮族、苗族、哈尼族和汉族的先民。[①]汉武帝尚未在西南夷地区设置郡县之前,滇池周围地带是僰族的主要聚居区,所以在《史记》《汉书》中特别突出记载了僰族的"滇王"。[②]僰族是古滇国的主体民族,在古滇国内,还有与僰族同出于氐羌系统的叟族和昆明族,他们与僰族交错杂居,僰族主要住在坝区,从事比较发达的农业生产,而叟族和昆明族则有的住在坝区,有的住在山区,部分从事农业生产,部分则更多地从事畜牧。僰族的分布区域以滇中地区为中心,往东北与僰道县相接,往西在今楚雄、大理一带,往南直到今玉溪地区和红河州北部一带,即从今宜宾往南,经昭通地区、曲靖地区、滇中地区,直到红河州北部一带的平坝区,都有数量不等的僰族人口居住。[③]"庄蹻王滇""常頞略通五尺道"以及西汉益州郡的设置及将郡治设于滇池县等举措,使大量汉族移民随中央王朝的统治而移入滇池区域,并将汉族地区先进的生产工具传入滇池区域,促进了该地区经济的发展和民族的融合。

西汉中期以后,汉族移民带入的铁工具得到更进一步的推广。晋宁石寨山出土的西汉中期以后的生产工具,除了青铜铸造的以外,铁器已经占一定的比例,有锛、剑、削、铜柄铁刃斧等共 92 件,这是当时的汉族移民与当地民族共同居住的区域。而由汉族移民所传入的铁工具,显然在推广当中。及至东汉时期,则"西南夷"中一些地方的铁矿已经直接被开采,用以就地制造铁制工具。据《续汉书·郡国志》记载的出产铁的地方,在云南境内为滇池县(今晋宁区)和不韦县(今保山县)。铜、锡、铅矿的开采范围,比西汉时期更加扩大了。在汉族移民的影

①杨毓才:《云南各民族经济发展史》,云南民族出版社,1989,第 152 页。

②尤中编《中国西南的古代民族》,云南人民出版社,1980,第 37 页。

③同上书,第 20—23 页。

响下，一部分民族采用了比青铜工具生产效率更高的铁质工具，自然有助于提高生产效率。不难理解，《后汉书·南蛮西南夷列传》中记载“居官者皆富及累世”，滇池周围地带成了更加富庶的地方。

东汉章帝元和年间，滇中地区的益州郡太守王追“兴起学校”，“渐迁其俗”，逐渐改变了僰族的文化生活面貌。这种改变就是由于接受了汉族文化。据推测，当时进入王追兴办的学校中学习的可能以汉族移民子弟较多，但也有滇中地区僰族子弟参加学习。[①]与此同时，汉、晋以来迁入的汉族移民中的“大姓”，与当地经济、文化发展水平最高的僰（白）族融合之后，发展成以爨氏为代表的地方势力。这进一步促进了这一区域经济文化水平的提高，到汉晋时期滇池区域较之其他区域发展为快。整体而言，这一时期汉族移民是当时社会中的少数，且常“变服从其俗”，与原住的各族人民融合。

自明代始，先后移入的汉族人口总数逐渐超过了当时云南境内的土著民族，汉族开始在云南成为云南的主体民族，并在经济文化的发展中起着主体民族的作用，滇中便发展为以汉族为主居住地区。2010 年人口普查时，昆明市总人口中汉族人口约 554.2 万人，占总人口的 86.2%；少数民族约 89.0 万人，占 13.9%，其中，彝族、回族和白族的人口总数为 68 万余人，形成以汉族为主体的民族构成结构。汉族聚居区域经济文化的发展影响着全省绝大部分民族聚居区，带动着整个云南的经济文化日趋繁荣。因此，明清时期，滇中仍是云南的政治经济中心，政治地理区位优势得以进一步巩固。近代以来，滇越铁路的修筑和通车，使省会昆明成为对内对外商业贸易交流的枢纽，其政治经济中心地位已无可替代，滇中政治地理区位优势进一步凸显。

二、滇中早期石器和青铜器手工业制品生产

根据目前对云南新石器时代考古遗存的研究，这一阶段的文化大致分为：滇池一带的滇中地区、洱海一带的滇西北地区、龙陵保山市、景洪地区、个旧文山一带的滇南地区和昭通一带的滇东北地区。在政治、经济、文化等方面的发

①尤中编《云南民族史》修订本，上，云南大学西南边疆民族历史研究所，1985，第 60—61页。

展，长期以来滇中一直被认为是云南具有代表性的地区，但在远古时代或许由于处于腹地而与外围地区交往甚少，此种特征看来尚未形成。当然，也许这一带由于基本属于较平坦的坝子，而不像山地开发那样更依赖石器工具的发达。从考古工作对滇池地区新石器时代遗址两次较大范围的调查来看，其同时发掘的陶器占较大比例，其次是石器。不过，由于缺乏相应的史料记载，对滇中早期石器和青铜器手工业制品生产状况的把握，主要是根据20世纪50年代以后在云南开展的考古工作所形成的考古资料发掘整理情况来进行推理辨析的。因而，也存在该地区新石器时代较晚期的遗迹还有待发现的可能。

就目前考古遗存的情况来看，“从时代上来说，滇池区域的文化要比大理地区略早”[①]。比较滇池和洱海地区新石器时代的出土文物，以陶器器形而言，“大理地区多带流器、罐、盆、皿和鼎等器形，而滇池东岸的各遗址中则多细泥红陶的小碗、小盆和盖形器等陶器。”陶器制法上：“大理地区陶器的制法多拍制、压制和轮制；滇池区域的陶器多系手制，在陶器的口缘上多留有手捏痕迹，也有少数的陶器用轮制和模制。”以石器而论，“与滇西一带石器出土的量做比较，该地区出土的石器均数量有限”。从类型来看，“滇池区域有小型的有肩石斧、无锋刃的细腰石锤、石锥等；大理地区常见的则是梯形石斧和半月形有孔石刀，并有金属（铜块）的发现。”因此，我们认为云南地处高原，地形等地理情况复杂，使得云南远古人类无论与中原文化或本区域内不同民族地区文化的相互比较，其发展进化均极不一致，滇池区域与大理地区的新石器时代文化，虽有某些共同之处，但基本上是自成一个系统的。[②]但从文化上看，二者显然有着紧密的相互联系性，两者青铜文化类型的相似性正是由文化的无边界特性所形成的。

根据20世纪50年代以来对云南青铜器的考古发掘，青铜时代云南青铜器考古发掘密集地区主要集中在滇中的滇池、澄江周围地区，过渡地带为楚雄地区，滇池地区的青铜文化分布于滇中的14个县、市的40多个地点，最具有该文化代表性的地点有晋宁石寨山、安宁太极山、江川李家山等。

---

①黄展岳、赵学谦：《云南滇池东岸新石器时代遗址调查记》，《考古》1959年第4期。
②同上。

表 2-1　滇中地区青铜时代考古遗存中的器物

遗址	工具	日用品	资料来源
晋宁石寨山	生产工具:铜犁、铜斧、陶纺轮。兵器:铜剑、铜戈、铜箭镞等	陶器:轮制,器形多为罐。漆器:漆案 2、漆耳杯 30、漆盘 6、漆奁 3。铜器:三足提梁壶 1、铜尊 2、铜洗 1、铜灯 2、铜熏炉 1、铜圆盒 2、铜镜 4、铜奁 1、同天铺首衔环 7、铜镯 10 对等	《考古》V1959.9
	铜器:斧 16、钺 1、戈 4、矛 10、剑 8、镞 12;铁器:镰刀 1、环首刀 1、锤状物 2、矛 1、剑 1、铜柄铁刃剑 5、镦 2。陶纺轮	铜器:尊 2、圆扣饰 12、长方扣饰 3、臂甲 1、手镯 2、带钩 1、印章 1、耳杯扣 2、铃 2、小圆扣 30 等。陶器:弹丸 4、豆 1、杯 1。石坠 1、玛瑙扣 56 枚	《考古》V1963.9.
	青铜器:锄 2、斧 4。兵器 70 多件,有戈、矛、剑、钺、啄、叉、狼牙棒、弩机、箭镞等;铜铁合制器 20 余	铜器:星云连弧纹镜 1、礼器 3、装饰品 10 多件。金器 10 余件,玉器 10 件,玛瑙器,绿松石器,几件陶、石、漆、木器等	《文物》V1998.6
	铜锯、铜尖头锄	镀锡铜盒、银铜合金饰牌、编钟、贮贝器	汪宁生:《云南考古》
安宁太极山	陶纺轮 2。铜铁器 32 件,有铜犁 2、铜斧 3、削 2、铜戈 1、铜矛 4、铜剑 4、铜镞 1、铜剑鞘头 1、铜臂甲 2 等	圆形镶石铜饰物、石坠、铜园泡等。陶器 90 件,多为罐、壶等	《考古》V1965.9.
江川李家山(共出青铜器 800 余件)	农具:犁 2、铲 2、铜柄铁镰 1、削 50、凿 6、椎 6。纺织工具:卷经杆 8、刷形器 4、弓状器 3、梭口刀 1、绕线板 7、纺轮(轮杆亦为铜质)8。兵器:斧 30、矛 74、戈 17、狼牙棒 4、钺 4、戚 6、啄 8、剑 99、镞 103 等	生活用具:针线筒(及盒)11、针 19、壶 6、尊 3、勺 7、杯 6、伞盖 7、枕 6、铜杖 2、牛虎案 1、铜镜 1、贮贝器 2 等。乐器:铜鼓 8、葫芦笙 2。装饰品:镯 53、护心镜 56、扣饰 11、牛 8、牛头 2、牛角 36、圆铜片 15 和马饰多件,有衔、泡、带扣、铃铛,以及仪仗器等	《文物》V1972.8.
昆明大团山	铜器:戈 1、矛 1、剑 3、斧 2 等	铜甲片 1、扣饰 2;陶制盘、壶各 1 件	《考古》V1983.9

续表

遗址	工具	日用品	资料来源
昆明上马村	铜兵器及农具：剑 4、矛 7、戈 1、啄 2、斧 5、钺 1、镞 8、爪镰 1、凿 1、削 2 等	铜扣饰 6、铃 1、镯 1；陶器 45 件，有釜、罐、壶、盘、碗、纺轮等；另有玉、石、玛瑙器多件	《考古》V1984.3.
楚雄万家坝	兵器：矛（附镦）421、戈 8、剑 12、钺 5、镞 87、臂甲 3、盾饰 7。生产工具：锄 99、斧 43、凿 5	生活用具：铜器有釜Ⅲ型各 1 件。陶器有 19 件，可辨器形均为罐。木器有勺 1、盘 1。乐器有铜鼓 5、编钟 6、铜铃 15。装饰品有铜饰牌、铜镯、玛瑙、绿松石等，其中完整者 135 件	《文物》V1978.10.

资料来源：陈征平，《云南工业史》，云南大学出版社，2004 年，第 43—47 页。

从青铜时代考古遗存的器物资料可知，尽管从时间上来看，滇中地区青铜文化的断代约春秋战国至东汉初期，晚于滇西青铜文化的发生年代。然而，若从各种生产工具及生活用品的发展程度看，滇中青铜文化不仅器物种类是最多的，而且制作的精致程度也最高，代表了云南青铜文化的鼎盛。晋宁石寨山和江川李家山代表的是云南青铜文化的鼎盛阶段，也就是从青铜时代向铁器时代过渡的阶段。从表 2-1 可知，滇中地区出土的青铜器有明确数量记载的就已达到 2 266 件，大体可分为五大类，即生产工具类、生活用具类、兵器类、装饰与工艺品类和乐器类。

在生产工具中，最具有云南地方特色的就是青铜农具。于中原地区，其青铜时代可以"从春秋战国之际上溯到商以前，已出土的青铜时代的文化遗物虽相当丰富，但金属农业生产工具却不多"①。另一研究也指出：中原尽管"西周铜器流传很多，大小贵族常因纪念小事而制造彝器，铜器的铸作技术和花纹装饰，都很精美"，但"它们多是用具、礼器和武器，生产工具则少见"②。但在云南，仅楚雄万家坝墓地出土的青铜农具就"达 99 件，在我国青铜时代墓葬中甚为罕见"③。而

①王大道：《云南滇池区域青铜时代的金属农业生产工具》，《考古》1977 年第 1 期。

②童书业：《中国手工业商业发展史》，木铎出版社，1986，第 5—6 页。

③李昆声、张增祺：《云南青铜文化之探索》，载《云南青铜文化论集》，云南人民出版社，1991。

滇池区域从春秋末期到西汉晚期出土的农业工具共计420多件，主要包括镢(起土的大锄)、锄(中耕除草用的体型轻薄的锄)、锸(铲)、镰和斧等。这些农具发现于滇池周围及其附近的10个县(市)的22个地点。①从器物出土的这种分散状况,即可看出当时青铜农具使用的广泛程度。云南与中原在青铜农具出土,以及由此所推断的于应用程度上存在的这种差别,研究认为,“过去人们总以为是铜农具价格昂贵,制作不易,如让每个奴隶都使用,恐其有意损坏,或对奴隶主构成威胁。这样的解释也许有一定的道理,但还不够令人满意”。进而指出:“中原地区很少有青铜农具,很可能和当地铜源困难有关”。但在云南,历史上“个旧的锡、东川的铜就闻名遐迩”,因此,其时“不仅兵器、生活用具和农具用青铜铸造,就是伞、枕等用具,作为随葬品时,同样是用青铜铸造的”。②

铜制的生活用具,如铜壶、洗、碗、盘、杯、耳杯、勺、豆、案、盒、筷、尊、釜、甑、鐎斗、盉、桶、伞、贮贝器、枕、镜、带钩、印章、钱币、铜棺等,制作上精细,有较高的观赏价值。如发掘于晋宁石寨山、江川李家山和呈贡天子庙等地的贮贝器40余件，估计另有少量流散于世。③这些贮贝器有的是专门制作的三足筒状带盖器,有的是用铜鼓改制而成。但无论何种形式的贮贝器,其盖面及腰部均有生动活泼的人物和动物造型。就人物活动场面而言,有祭祀、战争、纳贡、上仓、纺织、放牧、狩猎、舞蹈、播种等。其图像画面上人数最多的达127人,少的亦有十几人。如晋宁石寨山十三号墓出土的一件“纳贡”场面的贮贝器。该贮贝器的边缘雕铸有立体人物和牛、马等共21个,其人物按发型、服饰可分为7组,每组前1—2人均盛装佩剑,想必为头人或酋长之类。其后有牵牛、牵马或抬杠贡品者,似为随从或奴隶。该图像人物所表现的可能是当时滇王国所属各少数民族向滇王纳贡的场面,④作为一种历史记载通过贮贝器工艺铸造的形式被保留了下来。也是通过对云南贮贝器图像雕铸的研究,获知了人们当时对农业生产活动的重视,如新一年农业生产开始时,有“祈年”“播种”的仪式,在收获的季节则有“丰

①王大道:《云南滇池区域青铜时代的金属农业生产工具》,《考古》1977年第1期。
②张增祺:《云南青铜文化研究》,载《云南青铜文化论集》,云南人民出版社,1991。
③佟伟华:《云南石寨山文化贮贝器研究》,《文物》1999年第9期。
④张增祺:《云南青铜文化研究》,载《云南青铜文化论集》,云南人民出版社,1991。

收”(或称“报祭”)的仪式,以及反映直接生产活动的“上仓”等图像记载。[①]

云南青铜时代的出土兵器往往占了绝大的比重。如对楚雄万家坝古墓群的发掘,出土青铜器898件中,兵器就有591件,占了66%。[②]江川李家山出土青铜器800余件,兵器类近400件,几占50%,其余为农具、生活用具、乐器、仪仗器、装饰品等。[③]对晋宁石寨山的第三次发掘中,出土青铜器90多件,兵器就有70多件,占了近78%。[④]从中似乎可以看出云南当时社会不同族群或各种利益集团之间战事、争斗的频仍,以及社会的动荡不安。云南出土的各种青铜兵器包括铜斧、矛、剑、戈、啄、钺、戚、棒、叉、弩机、镞、箭袋、稿末铜饰、尊、剑鞘、各种甲胄等。其中,更具云南地方特点的则是某些模仿动物某个部位器官所制作的兵器,即所谓“仿生式兵器”,诸如鸟头形铜啄、鹤嘴形铜斧、蛇头形铜叉、牙刺形铜棒、犀鸟头铜钺等,模仿的通常都是动物具有攻击性的部位。如蛇头形的铜叉,此类兵器一般銎部饰浮雕蛇头纹,蛇口吐出一叉,似蛇之牙齿。其不仅构思巧妙,而且制作精美,实为云南青铜兵器制作之精品。

云南青铜时代所发掘的青铜制品中,装饰性与工艺制品有不同形状的牌饰、各种杖头铜饰、马饰、扣饰、圆雕工艺品、手镯、簪钗等。如对楚雄万家坝墓群的发掘中,其中仅铜镯一类,较完整者就达130件之多,有些镯侧还装饰有一圈镂孔饰。[⑤]在江川李家山的墓群发掘中,仅动物造型的铜铸工艺品亦有48件,它们是牛、牛头、牛角、蝉、鹿等;杖头铜饰6件,其造型是圆形銎,顶上铸有立体人、鹿、牛、铜鼓等;护心镜56件,其上镶有玛瑙、软玉、绿松石小珠,有的边缘铸满枭鸟、猴子等动物形象;铜镯53件等。[⑥]这些装饰与工艺制品中,有动物纹的

①冯汉骥:《云南晋宁石寨山出土铜器研究——若干主要人物活动图像试释》,《考古》1963年第6期。

②云南省博物馆文物工作队等:《云南省楚雄县万家坝古墓群发掘报告》,《文物》1978年第10期。

③云南省博物馆:《云南江川李家山古墓群发掘简报》,《文物》1972年第8期。

④云南省文物考古研究所等:《云南晋宁石寨山第三次抢救性清理发掘报告》,《文物》1998年第6期。

⑤云南省博物馆文物工作队等:《云南省楚雄县万家坝古墓群发掘报告》,《文物》1978年第10期。

⑥云南省博物馆:《云南江川李家山古墓群发掘简报》,《文物》1972年第8期。

牌饰是较具有民族与地方特色的。这类装饰品的牌饰造型通常有圆形、长方形、不规则形等多种；饰牌背面均设计有矩形纽，以便于插扣在人们身上的不同部位；一般圆形及长方形牌饰中，多镶嵌孔雀石和玛瑙珠，边缘有浮雕动物一周，或牛、猴、狐、熊、猫头鹰等。不规则形牌饰主要根据图像中人物或动物的不同造型而定，其下端多有二蛇盘绕，牌面多为浮雕的人物或动物活动场面，其中，动物搏斗纹居多数。

云南所出土的青铜时代的铜制乐器，就目前的发掘来看，大体有这些种类：铜鼓、编钟、锣、铃、曲柄葫芦笙、直柄葫芦笙等。在这些乐器中，被认为代表着云南青铜文化重要特征之一的就是铜鼓。楚雄万家坝铜鼓的科学发掘，最重要的研究成果是弄清了世界古代铜鼓起源于中国云南，突破了黑格尔四分法的分类框架，给古代铜鼓研究注入了新鲜血液。Ⅱ期(约战国晚期—西汉晚期)的典型代表是晋宁石寨山和江川李家山出土的铜鼓，此类铜鼓云南现存 37 面。[①]其中晋宁石寨山古墓群共出土 17 面，同时出土的还有与铜鼓密切关系的铜鼓形贮贝器 31 具。[②]该期铜鼓在造型、纹饰上的基本特征是铸造精良、花纹繁缛；鼓身明显分为胴、腰、足 3 段，鼓面直径大于胴径；鼓面太阳纹、光体、光芒具全，并出现晕圈，主晕圈上往往装饰 4 只翔鹭，晕带上常饰有三角形锯齿纹、圆圈；胴部均带有纹饰，上部为几何形纹带、三角锯齿纹，下部是写实图案，如羽人划船等，腰部常见羽人、舞人、剽牛等图案，这类铜鼓的花纹特点是写实性强。总之，云南石寨山型铜鼓的分布远比万家坝鼓广泛得多，已逾其境达广西、贵州、四川、越南等地。又由于石寨山型鼓中科学发掘品较多，铸造工艺较高，纹饰又很复杂、美丽。因而，对古代铜鼓的铸造、花纹、图像解释等的研究论文也往往集中在此类铜鼓上。

总之，青铜时代，以滇中一带古滇国青铜器的制造工艺为代表，其已达到相当高的工艺制造水平，云南青铜文化于滇池地区达到鼎盛，并最终从整体上衰落，进而较快地出现向铁器时代的过渡。其原因不仅与滇中铜、锡等矿产资源的

---

①李昆声、张增祺：《云南青铜文化之探索》，载《云南青铜文化论集》，云南人民出版社，1991。

②冯汉骥：《云南晋宁石寨山出土铜鼓研究》，《文物》1974 年第 1 期。

丰富蕴藏有关,[1]还与汉代对云南设置郡县、实施统一政策制度所促成的滇中在区域内其政治经济中心地位的作用,以及由此而引致的中原文化对云南原有经济基础的渗透与侵蚀有关。[2]

三、元明清时期滇中手工业制品生产的发展

元代以后,滇中手工业制品生产的发展不仅表现在已有行业的发展上,还表现在行业门类的增加和制作日渐精良。

(一)元明清时期滇中陶器、青铜器的发展

云南陶器生产于石器时代就已出现,到铜器时代则已形成一种较有规模的陶器工业门类。从东汉至南诏大理时期,云南制陶业得以发展的一个突出表现是砖、瓦生产的出现与发展,而从云南的情况看,其中又有受到中原影响的因素。这一时期,陶器的生产在实用器的基础上,又发展了一种专为陪葬用的明器的生产类型,且制造益精。其不仅有实用器,还出现了多种动物造型,甚至模拟墓葬主人生前的生活环境而烧制出各种楼房、池塘、水田等模型。在陶器制作的工艺上也有一定的发展,如陶器的器形及品种在这一阶段明显增多,以及后期出现的彩绘陶俑,甚至瓷器等。[3]然而,跟中原地区汉晋已发明瓷器的生产工艺和到隋唐时代已进入"瓷器阶段"不同,就目前的资料看来,云南至少在元明以前,一直停留于土陶的生产而始终未能跨越到瓷器发展阶段。[4]

关于自元代以来云南陶瓷工业的发展情况,史料记载中很难见到。因而关于该行业在元明清时期的生产发展情况,只能是根据多年的考古资料(见表2-2)来进行推断。

---

①《汉书·地理志》及《续汉书·郡国志》等对此均有记载,载方国瑜主编:《云南史料丛刊》第一卷,第47、第48、第50页。

②陈征平:《云南工业史》,云南大学出版社,2004,第51—53页。

③同上书,第187—188页。

④同上书,第183页。

表 2-2　元明清时期的云南陶瓷业[①]

地点	时期	生产品种	生产工艺技术特点
昆明灰土窑	明末清初	带彩和绿釉带斑的陶器，种类有盘、碗、瓶、炉、壶、钵、尊、鱼瓶等	早期的陶器在造型、色釉上具有突出的地区特点，形象古朴沉着；晚期的陶器具有清代在中原一带烧造陶瓷的形象，造型多样。色釉上，净蓝的雅致明泽，可与瓷器比美，故当地人将其称作“古瓷”
玉溪古瓷窑	元至明代	青釉器，多为实用的杯、盘、碗、钵。青花器，分Ⅰ、Ⅱ式	技术上开始是泥条垒筑法，后来才从四川传入了轮制法。古窑烧造瓷器是以青釉开始，紧接着烧造Ⅰ式青花瓷器，Ⅱ式青花瓷器。“瓷器花纹由刻画而彩绘，乃为一定之规律”，该古窑属于瓷器装饰上划花，印花向彩绘的过渡阶段
玉溪龙窑	元末明初	青花瓷器，有碗、盘。仿龙泉窑青瓷器，主要有花瓷盘、菊瓣碗、青瓷钵、碟	烧造技术可能由屯垦军士带入，故玉溪龙窑是烧造仿龙泉窑青瓷器。该时期大件器物仅置于器托上烧制；尚不能有效控制窑温
建水窑	元至明清	青釉器，又分青釉素面器、青釉印花器、青釉划花器。青花器，主要品种有碗、盘、盏、玉春瓶、盅、杯、罐等	为滇南陶瓷生产的重要基地。在烧造瓷器上，由素面到印花、划花到青花，曾经历过系统的发展过程
禄丰瓷窑	元明时期	青釉器，有杯、盅、碟、盘、碗。青釉印花器，以折沿宽边矮足盘为代表。青花器，以生产碗为主。仿均窑变釉，有月白、天青、花釉瓷等	制作工艺：主要为旋坯成型。装烧工艺：均不用匣钵，都是用支钉或泥条垫作器物之间的间隔物，器物均为仰烧。支钉的数量根据器物的大小而定，少的仅 4 个，多的达 12 个，较常见的支钉数为 5 个和 6 个。泥条垫环的大小，随器物的变化而变化

资料来源：葛季芳，《昆明灰土窑》，载《考古》，1965 年第 11 期；葛季芳，《云南玉溪发现古瓷窑址》，载《考古》，1962 年第 2 期；葛季芳、李永衡：《云南玉溪古窑遗址调查》，载《考古》，1980 年第 3 期；苏伏涛，《云南玉溪元末明初龙窑发掘》，载《考古》，1987 年第 8 期；葛季芳，《云南建水窑的调查和分析》，载《考古》，1987 年第 1 期；张建农，《云南省建水县碗窑村古窑址调查》，载《考古》，1991 年第 8 期；葛季芳，《云南禄丰县元代罗川窑和白龙窑》，载《考古》，1990 年第 8 期；李康颖，《云南禄丰发现元明瓷窑》，载《考古》，1989 年第 9 期。

①陈征平：《云南工业史》，云南大学出版社，2004，第 313—314 页。

由表2-2可以看出，云南陶瓷业生产所具有的特点。其一，根据不同地区的青花器，以造型、纹饰的不同，可以将元明清时期的瓷器制造业分为“玉溪、建水、大理、禄丰、腾冲等地方类型”。[①]而此分布状况，或许与上述地区在当时基本属于流官管辖的区域有关，所以，由屯垦戍边引致的内地移民及所带来的技术转移，也主要在这些地区获得了收效，其生产的技术发展水平也就在这些地区得到了较为集中的反映。[②]其二，元明清时瓷器制造已经占据了主要地位。万历《云南通志·赋役》中已记载有“窑课”，说明当时瓷器的生产数量已经不少。近来玉溪发现了明代的瓷窑遗址，其规模不小。如表2-2中从多年考古发现的昆明、玉溪、建水、禄丰4个地区各窑陶瓷的烧制品种看，就中仅有昆明石灰窑仍以陶器为生产对象，然而即便如此，在生产中其陶质也进行了某种仿瓷的改进，以至亦有“古瓷”之称。其他地区的个别窑也有兼烧陶器者，但从考古中堆积物的情况看，也是以瓷器为其生产的主要对象的。其三，以陶瓷器作为陪葬之风俗在民间依然存在，结合同期其他墓葬的情况，似乎以陶瓷器为主的葬式，基本属于社会中下层的墓葬形式，而这部分人群显然居于多数，因而此类物品的生产量在当时想必也不会少。

以金属（主要是铜）为原料进行日用器皿和兵器加工，是云南历史上延续下来的一种颇具地方特色的工业制造门类。这类器物制作在南诏大理时期以佛像及其他宗教制品的广泛生产为特征，但至元明清时期，或许由于生产的发展导致生活中各种替代物品的增加，如盛物器皿一类当时就由瓷器的发展而较普遍地替代了其他物品；又加之官府对铸币原料铜、铅、锡等的控制，并明令不允许用铜生产除铸币以外的器物之规定。官府对铜原料常常是采取国家法令的形式进行控制，元明清时期云南有关铜器类日用品的生产已不见什么特别记载，似表明其在人们日常生活中已不占若何重要地位。[③]

①葛季芳：《云南建水窑的调查和分析》，《考古》1987年第1期。

②陈征平：《云南工业史》，云南大学出版社，2004，第315页。

③同上书，第317页。

由表 2-3 可以看出，铜镜是作为随葬物品被发现的，其余 5 类则均为当时较普遍生产并被广泛使用的物品。青铜时代非常有云南地方特色的铜鼓，到清代已不甚流行。值得注意者是“白铜面盆”，在当时一般为江宁匠制作，而“滇匠不能为，大锣小锣，必买自江苏。江宁匠自滇带白铜下，又不能为面盆如滇之佳，水土之故也”。由此或可想见，在中国东西部的生产力配置中，一种由云南提供原料而通过内地技术进行加工的互补性的生产格局，或许正是在云南与内地这种资源开发与深度加工的互补性生产的发展格局之中，使云南铜器业生产的制作技术也得到了较为长足的发展，因而享有“凡铜器、玉器滇为美”之美誉。

表 2-3　元明清时期云南铜器制品的发展

品名	制作特点
白、红铜面盆	唯滇制最天下，皆江宁匠造之。自四牌坊以上，皆其居肆。白铜别器皿甚多，虽佳亦不为独绝。而独绝者，唯面盆，所以为海内贵。红铜面盆甚薄，制亦粗，然热水店以供市洗面，日擦之赤如金亦可爱
锣锅	其制如小盆卷口，旁有耳，耳缀环，上有盖，能作二三人食，客旅便之
铜鼓	不只新铜器多，并有旧铜器在土中，刨出者如铜鼓，围圆三四尺，高数寸，面薄边厚，边有乳数枚，扣之似锣声，其腹可容都许，仰之可以煮饭，一物两用，其制甚善
铜炉	制各异，而色俱古，无论士庶家必烧铜炉，烧至数年起野鸡斑，则夏鼎商彝比贵矣，此出人力而妙得天然者也
铜镜	系考古发掘，一墓有 2 面。一面较大，直径 21 厘米，圆钮，背铭“长命富贵”四字；另一面较小，直径只 8 厘米，圆钮，背面有龙纹。另一墓亦有铜镜一面
香炉	大小神庙之大小香炉，无不以铜。大香炉，高五六尺，三足如鼎，花纹极细，虽新制亦斑驳陆离，有古色。上或加香亭，亭亭远峙，玲珑透明，计一香炉费且数万斤，推之通省，又不知费几巨万。其制造之精而古殆难遍举

资料来源：檀萃辑，《滇海虞衡志》卷之五《志器》；云南省文物工作队，《云南呈贡王家营明清墓清理报告》，载《考古》，1965 年第 4 期；吴大勋撰，《滇南闻见录》下卷《物部》。

（二）元明清时期滇中手工业制品的新发展

元代“置行省，治中庆路”以后，云南统治中心就由唐宋时期的滇西大理转移到滇中的昆明，元明清时期形成了滇中以汉族为主体民族的政治地理区位优势，进一步促进了元明清时期滇中手工业制品的发展。

第一，兵器显然是云南地方工业生产的重要部门之一。至南诏大理时期，云南铜器生产的种类已发生了较大的变化，在青铜时代，铜料主要用于铸造兵器，其次是生产工具、生活用具、乐器等。而这一时期，由于铁器的出现，以及满足人们精神生活的需要，青铜冶铸工业已把铸造宗教佛像作为其产品生产的主流，铜鼓这种乐器的生产似乎依然较为普遍，其余便是一些生活用具等，而铜料作为兵器与生产工具的用途此时便已经绝迹。[①]到了元代以后，云南整个兵器生产就已经被纳入历代王朝的统一部署之中。如记载明代云南之工匠“隶南京工部”，[②]于“景泰二年定每卫岁造兵器一百六十副，每所四十副”。“弘治间各都司每岁造解”，而云南、贵州等地则“留本处备用”。[③]很显然，就实质而言，其各地兵器生产尽管由工部统辖，但具体的供给仍由各地自行制造解决。这使得云南兵器生产自元代之后，不仅规模与设施配置方面已与中原逐步趋于一致，在个别器械的生产方面也比从前有所进步。而此期最重要的是在枪炮的制造方面，实际至少于乾隆时期，就已经开始将火药应用于兵器的配合使用上，并且也生产有鸟枪、九节铜炮等，只是在制造技术上后期没有达到西方国家所发展的程度罢了。而之所以如此，显然又与传统儒家的治国思想——即以教化而不是武力征服邻国的思想是紧密地联系在一起的。[④]

第二，元代建立云南行省以后，在以白族和彝族为主的一些地方“建孔子庙，置学舍”。据《元史·赛典赤传》载：“云南俗无礼仪，男女往往自相配偶，亲死则火之，不为丧祭。……子弟不知读书。赛典赤教之拜跪之节，婚姻行媒，死者为之棺椁奠祭……创建孔子庙，明伦堂，购经史，授学田，由是文风渐兴”。[⑤]而滇中首邑昆明则是最早建立学校的地区之一。据《创建中庆路大成庙碑记》载：“赛典赤行云南中书省事，治中庆路。……暇日，集僚佐而言曰：‘夷俗资性悍戾，瞀不畏义，求所以渐摩化其心者，其唯学乎！’乃捐俸金，市地于城中之北偏以兴学校。”由此可见，云南始于元代建立府学，府学的建立，以及官府文书的需要，直接促进了元明清时期文房四宝之笔墨纸砚以及琴棋等文化用品的生产。

①陈征平：《云南工业史》，云南大学出版社，2004，第 150 页。

②《明会典》卷一百八十九《工部九》，工匠二。

③《明会典》卷一百九十二《工部十二》，军器军装一。

④陈征平：《云南工业史》，云南大学出版社，2004，第 324 页。

⑤尤中编《云南民族史》(修订本)下，云南大学西南边疆民族历史研究所，1985，第 36 页。

云南于明清时期应该说造纸是各处均有，但根据记载似乎是大理为最。其次，则为滇中所造之纸。滇中昆明一带的日常用纸有3个来源：在明代，衙门的进本用纸就主要来自大理；同时又有来自贵州的纸，如载：云南“纸，出大理，而禄劝亦出，然不及黔来之多且佳，故省城用黔”。[①]滇中也有自产且质地较好之纸，清代云南各官府衙门进本或文书所用之纸，似均为滇中自产之绵纸。[②]很显然，作为造纸生产的存在是没有疑问的，但有关记载则几乎不见，或许是司空见惯，并且其产品与内地相比亦无特别之处，也就不记载了，而有记录者则往往是与众不同者。[③]

第三，食品工业的发展。昆明、玉溪、曲靖、大理为主要食品工业中心。元代以前关于酒制品的生产问题，由于缺乏相关记载，所以只能从酒器的使用来判断其发展的状况。进入元代以后情况则有所不同了，不仅酒课被列作官府额定税目之一种，并且对酒的种类方面亦有一定程度的相关记载。如《元史·食货志》所载：“天下每岁总入之数：酒课，云南省贝八二十万一千一百一十七索”。以元代至元年间的“每金一钱，直贝八二十索”[④]计算，则云南每年酒课额已值上千两黄金。[⑤]进入清代，各县、州、府之税课记载更日渐完备，并由内容可以看出，其中除滇东北以矿课为主、产盐区以盐课为主外，其余大部分地区规定有额定酒课者亦十之八九，[⑥]表明酿酒业在当时的云南已是较发达的手工业行业之一。

第四，生活日用制品的生产。以竹或藤为材料编织各种器物，于南诏大理时期及其之前在云南就已经出现，但当时似乎主要为盛物或背负重物所用，如较有特色的背篓，以及箩筐等物。元代以后，根据记载，不仅在品种上有所增加，而且似乎在器物制作上更趋于满足人们日常生活中的需求了。云南全省均有相关记载，如滇中昆明县一带“人喜戴笠，出则必偕焉”，[⑦]这说明以竹类编织斗笠亦应是该地的重要手工业生产门类之一。而滇中一带其竹编工艺显然是致为精

①檀萃辑：《滇海虞衡志》卷之五《志器》。

②陈征平：《云南工业史》，云南大学出版社，2004，第326—327页。

③同上书，第328页。

④梁方仲编《中国历代户口、田地、田赋统计》，上海人民出版社，1980，第304页。

⑤陈征平：《云南工业史》，云南大学出版社，2004，第338页。

⑥刘慰三：《滇南志略》卷一至卷六，各州府有关“实征牲税、酒课”部分的内容。

⑦刘慰三：《滇南志略》卷一。

巧，如“路南何小斗，不知何村人，常往来于宜良路南间。……有绝艺，所织篾丝灯，不糊纸而能于大风雨中，光明不灭。竹林寺织有篾屏风一架，自外观之，则花纹如菊。自内观之，则纹如象眼，亦无须糊纸，而风不能入，诚精巧绝伦，后不知所终”。[①]而与此相类者是介于滇中与滇西之间楚雄的竹器制品亦甚有特点，如载：“楚雄竹箸极细而圆，染斑痕，两端镶象牙，极雅致”。[②]由上述鞋、斗笠、篾丝灯、篾屏风、筷子等各类物品的制作及地区分布看，似乎表明滇中及向滇西延伸地区的竹器物品制作，更倾向于一种轻巧、做工精细，且主要为满足人们随身物品需要一类物品的制作。

古代照明主要依靠油灯和蜡烛，因而，灯具与蜡烛的生产显然也是日常生活用品中极其重要的行业之一。但是，由于记载的缺乏，我们对这一时期无法深入探究。涉及滇中的记载有上述的篾丝灯。

四、近代滇中加工工业中心地位的奠定

加工工业是相对于采掘工业和原材料工业而言的，通常指对采掘工业产品与农副产品进行加工，或对加工工业产品进行再加工的工业部门。加工工业行业众多，品种庞杂。其中，提供生产资料的部门为重工业，主要包括装备国民经济各部门的机械设备制造工业、金属结构、水泥制品等工业，以及为农业提供的生产资料如化肥、农药等工业，如机械制造业和化工工业中的炼油、水泥、酒精、橡胶、化工材料等类。提供生活消费资料的部门为轻工业，按其所使用的原料不同，可分为两大类：一是以农产品为原料的轻工业，是指直接或间接以农产品为基本原料的轻工业，主要包括食品制造、饮料制造、烟草加工、纺织、缝纫、皮革和毛皮制作、造纸以及印刷等工业；二是以非农产品为原料的轻工业，是指以工业品为原料的轻工业，主要包括文教体育用品、化学药品、合成纤维、日用化学制品、日用玻璃制品、日用金属制品、手工工具、医疗器械、文化和办公用机械制造等工业，如纺织工业、食品加工工业等。

加工工业的布局受技术因素、协作条件和市场消费的影响较大，受矿产资

①杨中润等：《路南县志》，载彭泽益编《中国近代手工业史资料》第一卷，中华书局，1962，第65页。

②吴大勋：《滇南闻见录》下卷《物部》。

源、原材料产地的制约较小，故其区位选择上更多地考虑技术、消费市场和相关配套条件，而滇中在近代以滇越铁路的修筑为肇端，具备了发展近代工业的区位优势，进而奠定了其加工工业中心的地位。有研究认为："近代云南的统一市场是随着滇越铁路的全线修通，昆明作为全滇商业中心的出现而最后形成的。从理论上讲，区域市场中心的形成，意味着昆明已具备了"交通便利，为各路之交会点；贸易腹地广大，为货物集散中心；金融、通信等商业机构健全，生产、消费均居全省之首。这就意味着云南商品经济的发展已出现了一种质的飞跃，这同时也就为新生产力的移植提供了资金、市场、劳动力等必要的物质前提。①

（一）机械制造业

机械工业生产品种繁多，基本可分为10类：农业机械、工业设备、交通设备、建筑设备、生产用其他机械、电子机械、生活用机械、生产用金属制品、日用金属制品、设备机具修理。

"机械是百业之母"。云南机械制造业发端于清末官办的军工企业——云南机器局，其后，伴随着云南交通状况的改善，遂有私人创立小型汽车修理工厂，但资本微少，资产达到1万元国币的工厂寥寥无几。抗日战争时期，由于内地企业大量迁入大后方重镇昆明，以及民国政府资本的投入，使得机械制造企业规模和数量均大幅度增加，机器工厂总数达到26家，是云南机械制造业取得长足发展的时期。抗日烽火中诞生的中央机器厂、中央电工器材厂、中央无线电器材厂、中国电力制钢厂和云南钢铁厂就是其中的佼佼者，这些企业设立的地点均在滇中地区。

1.奠基中国机械工业的中央机器厂

国民政府资源委员会所属的中央机器厂，是当时中国"规模设备首屈一指"的机械制造企业，是中国第一个大型机械制造工厂。中央机器厂筹建于1936年，正式成立于1939年9月9日。投产初期，下设5个分厂、1个工务处和1个化验室。5个分厂负责设计工作，制造工作由工务处管理。1940年2月，为适应生产需要，重新分工，发展为10个分厂，其中的3个特别分厂分别设在四川宜

①陈征平：《滇越铁路与云南早期工业化的起步》，《云南财贸学院学报》2000年第16卷第5期。

宾、云南的龙陵县和昆明西郊，金属冶炼厂、锅炉厂、电机厂、工具机厂、纺织机厂、普通机械厂等 7 个分厂都集中在昆明茨坝。

在抗日烽火中呱呱坠地的中央机器厂，不仅为抗日前线制造了大量的军需产品，而且为支援大后方建设，生产了很多当时“全国第一”的民用产品，他们有：“中一式”煤气发生炉，“以煤代油”在全国一枝独秀；先后试制成功的 6 辆资源牌汽车，一直是中央机器厂重要的运输工具，总计行程数十万千米，丝毫不逊于进口汽车，它们一直服役到 1956 年；引进瑞士技术，先后制造出中国第一台 80 马力、150 马力和 200 马力的水轮机 4 台，供给协康电厂、昆湖电厂、下关电厂等使用；1943—1945 年，中央机器厂利用瑞士引进技术，生产出的中国第一台 220 马力煤气机，是我国自制最大的内燃机，与之配套使用的 7D 式煤气发生炉，也是国内首家生产；1944—1945 年，中央机器厂在消化吸收瑞士引进技术的基础上加以改进，先后生产出的 3 种型号的柴油机，分别是 60 马力、150 马力和300 马力，是当时中国自产规格最大者，堪称“中国第一”；1944 年中央机器厂在掌握了美国燃烧工程公司和瑞士苏尔泰锅炉公司制造方法的基础上，自行设计并成功制造了中国第一大锅炉，重达 35—40 吨，先后装配四川泸县发电厂和云南昆湖电厂 2 000 千瓦电站成套设备各 1 套，是中国电站动力设备的第一次自主试制；1942 年中央机器厂仿制美国产品生产了中国第一台大型梳棉机，性能与原制造厂产品不相上下，1942—1945 年，共生产 24 部，供给重庆纺织公司和云南纺纱厂等使用；1942 年，仿制印度 GOSH 式纺纱机，并加以改良，成功制造出中国首套齐全的纺纱设备，每套包括细纱机 12 部，每部 14 锭，共 168 锭，填补了中国纺纱机的空白，抗日战争期间共生产了 38 套，供给重庆纺织公司等使用；1941 年制造的 11 道多级离心水泵，45 马力，每分钟可抽水 260 升，转速为每分钟 2 952 转，是中国第一台新式抽水机，功率大，技术先进，经昆湖电厂试用满意后，批量投入生产。

表 2-4　中央机器厂生产的主要产品

原动机械	2 000 千瓦发电设备 2 套、200 马力煤气机 7 部、150 马力及 60 马力柴油机各 1 部、火管式锅炉 1 座、水管式锅炉(蒸发量从 800—8 000 磅 / 寸不等)5 座、80 马力及 150 马力水轮机各 1 部、HE40 水轮发电机 2 套、30—200 千伏安发电机共 19 套

续表

工具机	6 寸车床 250 部、精密铣床 40 部、牛头刨床 62 部,30 毫米钻床 165 部、万能铣床 20 部、14 寸龙门刨床 2 部、10 毫米手摇台钻 132 部、刻模机 4 部
精密工具	18 590 件
兵工器材	1 403 980 套
纺织机	小型纺纱机(168 锭)38 部、大型梳棉机 12 部、摇纱机等(花卷、打包)15 部
交通器材	4 517 件
作业机	619 部

资料来源:沈机集团昆明机床股份有限公司编,《昆明机床:中国机械(机床)工业的缩影》,云南科技出版社,2013 年。

2.中国电线电缆工业摇篮——中央电工器材厂

1936 年 7 月,资源委员会开始筹备中央电工器材厂,厂址最初选设在湖南湘潭附近。后因 1938 年 10 月汉口沦陷,筹建中的中央电工器材厂被迫向大后方迁移。其中,一部分迁往桂林,一部分迁至昆明,迁往昆明的分别是:第一厂,制造电线(即今天的昆明电缆厂);第二厂昆明支厂,制造电子管及氧气;第三厂,制造电话;第四厂昆明支厂,制造电机、变压器、开关及电表(即今天的昆明电机厂)。中央电工器材厂于 1939 年 7 月 1 日在昆明西郊马街正式宣告成立,设总办事处于昆明,恽震为总经理,陈良辅为协理(后陈良辅调离,由郑家觉、张承祜任协理),张承祜、冯家铮、黄修青、许应期分别为该 4 个厂厂长。1939 年 7 月,中国第一根电缆在昆明马街诞生,结束了我国不能生产电线、电缆的历史,被誉为“中国电线电缆工业的摇篮”,1939—1945 年,共生产出各类电线、电缆 4 330 吨,为抗日战争做出了重大贡献。抗日战争期间,中央电工器材厂为社会提供的产品,主要包括电线、电机、电池、电灯泡四大类 20 余个品种,试制生产了数十种依赖进口的原材料的代用品,逐步扭转了电力工业发展初期发电机设备依赖进口的状况,出现了进口替代发展趋势。1941 年,中央电工器材厂昆四厂将一台变频电机改为一台 1 940 千伏安的水轮发电机,用两台 1 000 马力的水轮机带动,极大地缓解了昆明地区电力供应紧张状况,这是云南省生产的第一套水力发电设备。抗日战争时期,中央电工器材厂生产的产品,一方面满足了抗日战争所需电工器材的供应,另一方面满足了西南及西北各省工业和人民日常生活需求，其产品销往重庆的占总营业额的47%，昆明占34%，桂林区占13%，贵阳区占2%，兰州区占4%，此外，其产品还供给驻华美军使用。

3.保障战时军事通信的中央无线电器厂

抗日战争军兴之后，1936年9月开始筹备中央无线电器厂，初设厂址于长沙，致力于收音机制造。后因长沙大火迁厂址于桂林，并开始筹设昆明、重庆二分厂。1940年春，资源委员会在昆明北郊黑龙潭创建了中央无线电器厂昆明分厂。开始时，仍以制造收音机为主。然而，随着军用需要激增，遂以制造大型无线电报话发送机为主，以供军用。1941年曾供给由陈纳德率领的美国志愿航空队（即著名的“飞虎队”）第一大队通信网用机件数十套，该队因此通信灵敏可靠，在一个月内击落敌机284架。太平洋战争爆发，在材料来源极度困难的情况下，自力更生，制造出过去仰赖欧美进口或沪港的产品，主要产品为电表、听筒、拾音器，晶体振荡控制器等，加紧研制收报机用之手摇发电机、滤波机、电话秘密终端器、步声机等。中央无线电器厂制造抗日战争军用收发报机等多项军用机件，满足抗日战争急需，保障抗日战争期间的军事通信，对抗日战争胜利做出了一定贡献。

4.高起点炼钢企业：中国电力制钢厂

中国电力制钢由经济部及云南省经济委员会合作于1939年在安宁县桥头村建厂，成立了中国电力制钢厂，推举云南省经济委员会缪云台为董事长，聘请上海中央研究院工程研究所所长周仁为总经理兼总工程师，是一个在抗日烽火中诞生的高起点电炉炼钢企业。1941年8月，中国电力制钢厂1吨电炉建成投产，炼出第一炉钢水，这开创了云南炼钢的历史。当第一炉钢炼出来时，周仁欣慰地说：“这是我在西南用电炉炼出的第一炉有意义的钢，值得纪念。”据统计，从1941年至1945年，中国电力制钢厂共生产钢锭、钢材、各种钢铸件1 443吨，平均每月产量约60吨。若仅从数量上看，这并不算多。然而，对比抗日战争前，我国钢铁工业基础极为薄弱，80%的钢铁依赖进口。在战争年代，中国电力制钢厂的主要产品钢，以质料分，有碳素钢和合金钢两大类；以形状分，有圆钢、方钢、角钢及钢轨等。川康盐务局所用之钢绳原料，更为该厂特种产品。它的用途，可做机器配件、兵器、建筑、交通及工业矿业工具等，基本满足了当时云南众多的军工企业，如兵工署第21、第22、第51、第52和第53兵工厂，以及中央电工器材厂、中央机器厂等的急迫之需,对抗日战争殊多贡献。难能可贵的是,中国电力制钢厂在设备和技术上起点较高。它采用电炉炼钢,生产出优质钢材,并装备了轧钢设备,而且能够根据用户的特殊需求,研制生产各种合金钢、工具钢、耐酸不锈钢以及钨铁合金等。比如,它为中央电工器材厂生产了硬磁钢,为维修美军汽车生产了低锰弹簧钢,成功试制了内燃机用的各种合金钢,生产了第一根国产拉丝钢条,解决了生产钢丝绳的原料问题。

5.大后方钢铁生产基地:云南钢铁厂

抗日战争爆发后,石景山、大冶、上海等钢铁生产基地,相继陷入日军之手。一大批技术人才流亡到西南大后方。国民政府经济部根据抗日战争军事上、社会上对钢铁的需要,在西南聚集抗日力量,1939 年 8 月,经济部资源委员会提议与军政部兵工署、云南省政府合办云南钢铁厂,呈请国民党政府批准,正式成立了云南钢铁厂筹备委员会。

云南钢铁厂的生产情况。炼铁部分,据现有史料统计,炼铁炉自1943 年 5 月 24 日建成点火开始,曾在同年 11 月 1 日、次年 10 月 6 日、1945 年 1 月 12 日,3 次停炉检修。从 1943 年 5 月—1945 年 9 月 12 日,实际生产了 371 天,共生产生铁 10 126 吨。炼钢部分,主要是 1 吨的贝塞麦炼钢炉,1943 年 7 月建成后,当年生产钢 10.7 吨,次年累计生产钢 177.84 吨。1945 年产量因资料不全,仅有 1 月、3 月、4 月 3 个月的统计资料,总数为 74.25 吨。到抗日战争胜利的两年多的时间内,总产约为 257.87 吨。

生产的品种分炼铁和炼钢,炼铁部分,有铸造用生铁(包括 3 种型号的普通翻砂生铁、特种翻砂生铁)、炼钢用生铁(包括贝塞麦炼钢法使用的生铁,酸性碱性平炉炼钢法使用的生铁,碱性电炉炼钢法使用的生铁)。炼钢部分,主要用于轧制的钢种有轻轨钢、工字钢、丁字钢、槽钢、角钢、方钢、国钢、钢条、偏钢等。产品销向单位有兵工署第 21 厂、第 52 厂、第 53 厂和战时生产局、第一飞机制造厂等军事工厂和军事单位。其他主要使用单位有中央机器厂、中央电工器材厂、中大机器厂、裕云机器厂、滇越铁路、电力制钢厂、大华机器厂、昆明机器厂、锡业公司、昆明炼钢厂、明良煤矿、光华化学公司等。当时,虽产量微少、品种不多,但是,对于支持军工生产、支持民用需要,都做出了一定的贡献。

6.云南纺织机械生产者：裕云机器厂

在战争年代，纱布是军用、民用必备物资，也是当时市场上最活跃的商品，而恰在此时，外来货源断绝。在抗日战争最艰难的时刻，为了满足裕滇纱厂、云南纺织厂两厂正常开工的迫切需要，在云南省经济委员会支持下，选定昆明西郊麻园村为厂址，此处北临滇缅公路，南靠通往安宁的米轨铁路，交通便利，1943年6月10日因陋就简在此建盖厂房，1944年7月正式建成，聘请任职中央机器厂的连忠静为经理，史久荣为副经理。在设备很差的条件下创造出了梳棉机等纺织机械。梳棉机是纺织机中最难制造的，而梳棉机中最难制造者，是"大锡林"的浇铸。我国能翻铸成功者，实不多见。该厂在技术方面进行精密研究及设计，并于事前准备一切必要之设备，终于浇铸成功，先后铸造的40只"大锡林"，全部成功，无一失败，创造了我国铸造"大锡林"的新纪录。

裕云机器厂自对外营业以来，即接受裕滇、云南两个纱厂订货，承制的机器，主要有梳棉机、清棉机全套（包括自调开棉机、拆包机、乱刀开棉机、和花缸、弹花机、打粗纱头机、尘笼、送花笼子及排气风扇等件）、并条机、垃圾机、大打包机等，并随时制造纺织机器上各种配件，供给纱厂应用。除满足昆明两纺织厂需要外，同时该厂亦为会属各机关及其他同业代制各式机件，如耀龙电力公司、云丰造纸厂、云南蚕丝公司、云南锡业公司、中央机器厂、五十三兵工厂、后勤部汽车修理厂等20余个单位。每年纺纱机产量平均为2 000锭；纺织机零件，每年产量约为3.5万到5万件；其他机器零件，每年产量约为1万到2万件。

（二）化学工业

近代云南的化学工业是在传统酿酒业、药业、制革、瓷器等类手工业门类基础上，因生产种类或技术又有了进一步的发展而形成的，有的是直接通过国外技术引进而形成之新兴行业，如制酸、水泥、玻璃、磷化工、火柴、肥皂等的生产。云南近代化学工业，包括工业和日用品在内大致可分成11个类别，即炼油、橡胶、水泥、酒精、化工材料、制革、洋碱、电池和火柴、瓷器和玻璃、药品、造纸（见表2–5）。其中前5类基本属于工业用产品，后6类基本属于日用品类。因制革业基本属于手工性质而不做介绍。

表 2-5　近代云南主要化工企业

类别	企业名称	时间	厂址	主要产品
炼油	光华化学工业公司	1942 年 4 月	昆明市拓东路	产品有 3 类，一是建筑材料，如柏油、铁漆、木材防腐剂、油毡等；二是液体燃料，如火油、柴油、汽油等；三是化学药品，如樟脑溶剂、氨水、硫酸等。
	利滇化工厂	1943 年 7 月 1 日	宜良县凤鸣村	产品有汽油、火油、柴油、苏拉油及副产品石蜡等与半焦、裂炼植物油等；路南柏油及柏油纸，水柏油、硬柏油、电极柏油、液体柏油等
	安达炼油厂	1944 年 1 月	昆明小石坝	产品有代汽油、代柴油、灯油、柏油及焦炭等
水泥	昆明水泥厂	1940年12月20日	昆阳县海口镇	自 1940 年至 1945 年平均年生产能力为 42 000 余桶，主要供给修建滇缅公路、呈贡飞机场、杨林和昆明机场跑道，修建五华山光复楼、南屏街、护国门和胜利堂等工程
酒精	云南酒精厂	1941 年 4 月 1 日	昆明大板桥	该厂以生产动力酒精为主，其浓度在 96%以上，产品均供应军事机关及国营事业机关，年产量约 30 万加仑
	云南恒通化学工业公司	1943 年 3 月	昆明市刘家营	生产动力酒精、药用酒精、饮料酒精、高度酒精等，基本在省内销售，1944 年后，全部供给滇美国陆军供应处
橡胶	云南橡胶厂	1939 年 7 月 5 日	昆明威远街 31 号	出品有各种空气内外车胎、实心车胎及飞机车胎，降落伞之橡胶坐垫，飞机上一切橡胶零件
	中南橡胶厂	1940 年 5 月	昆明小东城	复制旧轮胎，拟备熔炉 20 架，每架每日可复制轮胎 5 支
化工材料	昆明化工材料厂		昆明普坪村	只产碱类一种，包括纯碱、烧碱、硫化碱，自 1943 年 5 月起，至 1944 年底止，陆续增产小苏打、灭火药粉、红丹粉、黄丹粉、硫酸、盐酸、硝酸、火砖、耐酸器及铸制各工厂应用机件等

续表

类别	企业名称	时间	厂址	主要产品
化工材料	大利实业公司造酸厂	1939 年	昆明马街	烧碱、漂白粉、氯酸钾，产品为硫酸、盐酸、硝酸和漂白粉
	昆明制酸厂	1939 年 5 月	昆明	硫酸每月产销约 4—5 吨，盐酸仅 1—2 吨，硝酸则不足 1 吨
	振昆烧碱公司	1944 年	昆明市小坝	主要产品和产量：40°B P′液体烧碱，年产 180 吨。35%漂白粉，年产 100 吨
	昆明磷厂	1944 年	昆阳县	火柴原料诸如磷、氯酸钾等
洋碱	均益洋碱公司	1926 年	昆明金马村	主要产品为金钟牌白色方形洗衣肥皂
火柴	云南火柴厂总管理处		昆明市	年产约为 3 万听(每听 1 200 小盒)
瓷器和玻璃	光大瓷业公司曲靖分厂	1939 年	云南曲靖	产品分为电瓷及日用瓷两类。电瓷产品 1942 年度产 46 210 件，日用瓷分餐具、茶具、文具、卫生具和艺术瓷品等，1942 年度产 72 637 件
	昆明永生玻璃厂	1943 年	昆明市	主要产品可分 4 类：①化学玻璃仪器，如烧杯、烧瓶、试剂管、过滤瓶、沉淀瓶、蒸馏管等；②药用玻璃器皿，如培养瓶、培养皿、广口瓶、细口药瓶等；③火石玻璃器械，如量杯、量筒、漏斗、酒精灯、标本瓶等；④乳白玻璃，主要为各型料罩及文具
药品	新华化学制药公司	1940 年 3 月	昆明市	公司主要制造药棉、纱布、50%葡萄糖针等各种卫生材料、中西药品约 17 个品种
造纸	云丰造纸公司	1941 年 3 月	昆阳县海口镇	主要生产有白报纸、打字纸、丙种纸、丁种纸、包皮纸、马粪纸和其他纸类，最高年产 2 万多令

资料来源：陈征平，《云南工业史》，昆明，云南大学出版社，2004 年。

由表 2-5 可知，近代云南主要化学工业之创办，基本上是在 20 世纪 40 年代前后，即抗日战争时期。其中除云南火柴厂总管理处、均益洋碱公司和云南制革厂(前身为陆军制革厂)3 家企业始建于 1930 年以前外，其余均建于 1938—

1944年间，亦有此前创办于内地，抗日战争时期迁至昆明后又进行进一步的资本扩张。[①]

（三）机器纺织业

鸦片战争之后，资本主义国家向中国输出商品的大宗是纺织品，自1889年蒙自口岸开放后6年间进口货值中纺织品增值年均占到50%以上。[②]甲午中日战争后外商又纷纷直接在华开设丝纱厂，更有利于国外纺织品在中国的推销，并使中国传统耕织结合的家庭手工业遭遇了进一步的打击。衣服乃普通百姓日常生活之必需品，有着广泛的市场消费需求基础，因此从政府层面来说，劝谕发展纺织业，以维护利权，实现进口替代便成为现实选择。如载："云南在未通海以前，纺织业全为手工业，自通海以后，洋纱、洋布源源不断的输入，手工纺纱，除边地尚留存少许外，久已淘汰殆尽。因手工纺纱，不仅品质欠佳，而且产量太少，每人每日最多不过能纺粗纱三四两而已。在此种情形下，昆明市每年棉纱的进口，有四五万件之多，实一巨大的漏卮。对于国民经济，本极大的不利，云南当局，有见于此，遂于民国二十三年（1934年）筹设纺织厂，至民国二十六年（1937年）筹备成功，八月开工，云南的机器纺织业由是肇其端倪。"[③]云南近代机器纺织业亦应运而生，云南机器纺织企业主要有云南纺织厂、裕滇纺织公司、振昆实业公司、中原纺纱厂4家，均设在省会昆明（见表2-6）。

表2-6　近代云南机器纺织企业

企业名称	创办时间	厂址	性质与规模	生产及出品情况
云南纺织厂	1934年筹设，1937年8月开工	昆明南郊玉皇阁	资本原定国币120万元，地方官商各占一半，后增至2 000万元	设纺纱和织布两厂，至1938年，每月出纱粗细合计6 892古（小包）；各种布匹每月合计产量1 865匹
裕滇纺织公司	1938年12月	昆明南郊玉皇阁	资本原定600万元，后增为1 200万元；由中交两行与云南省经济委员会各摊半数	至1940年4月，已暂开工约3 000锭，厂方拟设纱锭25 000锭。目前暂以纺纱为主，织染等业将逐渐随之进行

①陈征平：《云南工业史》，云南大学出版社，2004，第474页。

②同上书，第366页。

③张肖梅：《云南经济》，中国国民经济研究所，1942，第6页。

续表

企业名称	创办时间	厂址	性质与规模	生产及出品情况
振昆实业公司	1938 年 1 月成立,1939 年 4 月开工	昆明市郊	商办，资本原 30 万元国币,1944 年增资为 1 000 万元	有织染、漂印、袜子、内衣四厂,制造衣被物品为该公司主业,其中衣被类有 13 种,毛巾类有 5 种，棉袜类有 4 种;棉织品有白细布、帆布、卡机布 3 种出品
中原纺纱厂	1943 年 10 月	昆明岗头村	资本总额 1 000 万元	每日可产 20 支纱 6 古，月产总额仅 60 余古

资料来源:陈征平,《云南工业史》,云南大学出版社,2004 年,第 495 页。

由表 2-6 可以看出,其中云南地方开办者两家,且生产种类较齐全,包括纺纱、织布的原料生产及针织、棉织品等制成品的生产两大类,前者以官办为主,后者则纯为商办;其余两家则主要由“中央政府”及内地投资兴办,生产品种则以纺纱为主,显然主要是为满足市场手工织业对棉纱原料的需求。此外,云南纺织厂在投产建设之时还包括了对纺织动力厂及纺织机器厂,即裕云机器厂的筹建,以满足纺织对动力及机器设备之需求。

而同一时期,昆明市所设立的同类手工业纺织工厂亦有兴发织布厂、艺兴织布厂、顺兴织布厂、瑞记织布厂、有利织布厂等。①

近代云南纺织工业发生的较大变化者不仅表现在纺纱、织布的生产开始由传统向大机器生产的过渡,而且在生产品种上也得到进一步扩大,即针织手工业的技术引进和针织产品生产的迅速扩散。如载:“昆明之有针织业,始于民国初年,当时传入者为广东商人,初不过一二家,迨至民国四五年后渐渐增加,然皆为小本经营,规模狭小,产品有限,未为人所注意。民国十年(1921 年)间,云南实业改进会,所办商业调查,不过于普通工商业状况中连带涉及,据载斯时共有 18 家,资本 3 270 元,自是即鲜有所闻,据业中人云:‘自民国十五六年鸦片驰禁后,社会金融一时活动,人民之风尚特变,针织品之销路大增,少数之厂家,颇为获利,业外人发起参加制造,织户加多,至民国二十三四年最为风盛,厂户

①云南通志馆《续云南通志长编》下册,云南省志编纂委员会办公室,1985,第 510 页。

约有 90 家，织机约有 800 部，工徒 2 000 名，出品营业亦均相当发达。'"[①]又有腾冲一地，“至民国三年，实业所设公所，聘四川工匠改织花布、手巾、袜子，现已逐渐推广。”[②]梁河“乡镇土人向能纺织，现聘请四川匠人教织花布、手巾，原料皆为洋纱。”[③]晋宁县之洋袜生产，系“晋宁县杨家院于民国十九年成立后办理，现添购洋纱、棉花等项，并续收学徒十余人，日产二十余打，每打合洋二十元。”[④]中甸县的毛毯、毛袜、毛巾之生产，遍及“大小中甸、格咱、泥西四境。本城由艺师教习纺织，传法仿造。”[⑤]由上可以看出，云南之针织业主要于民国时期开始发展，并迅速由滇中向滇西扩散，但较为发达者亦主要集中在昆明地区。其时各地专业织者皆云集昆明，形成相互竞争之势。

（四）食品加工工业

云南的食品加工业出现很早，如米线、饵块、乳扇、咸腊食品的腌制等，由此形成了经久不衰的具有云南地方特色的食品。近代以来，受外国食品加工制作技术的影响，其地方食品加工工业为适应市场需求对原有食品生产技术加以改进，形成了近代云南的食品加工工业，它们主要包括：罐头食品加工业、糖业、面粉加工工业、制茶工业和烟草工业等几个类别，除制茶工业的中心在滇西外，其余均布局在滇中地区（见表 2-7）。

表 2-7 滇中地区的食品加工企业

行业	企业名称	年份	厂址	产品及数量
罐头食品加工业	宣威浦在廷火腿公司	1909	宣威	“双猪牌”火腿罐头
	德和罐头公司	1948		火腿罐头
	罐头食品工业合作社	1939		炼乳、牛肉、鱼类等罐头
糖业	云南制糖厂	1944	弥勒县盘溪	一、二、三号白糖，盒装、纸包、副牌方糖和冰砂晶糖等

①张肖梅：《云南经济》，中国国民经济研究所，1942，第 21 页。

②云南通志馆《续云南通志长编》下册，云南省志编纂委员会办公室，1985，第 511 页。

③同上书，第 516 页。

④同上书，第 523 页。

⑤同上。

续表

行业	企业名称	年份	厂址	产品及数量
面粉加工工业	嘉农面粉厂	1939	昆明近郊下窑村	1941—1944 年，生产青龙、红龙、蓝龙和四号面粉 4 种，产量共计 231 905 袋
制茶工业	云南中国茶叶贸易股份有限公司	1938	昆明市威远街	仅 1939 年至 1941 年，公司生产和销售红茶 1 577 743 市担；绿茶 74 332 市担；沱茶 497 741 市担
烟草工业	亚细亚烟草公司	1922	昆明市崇仁街	产品品牌有明星、合群、百寿、仙鹤等。年产约值国币 4 万余元
	云南烟草生产事业总管理处	1943	昆明	重九牌占 30%，七七牌占 60%，双十牌占 10%

1.罐头食品工业

近代云南罐头食品加工出现于 1909 年，始于浦在廷创办的宣威浦在廷火腿公司，1910 年投入试产“双猪牌”火腿罐头，获得成功。“产品投入市场后，即因携带方便，应用广泛，更因质量优良、风味独特(色、香、味俱佳)而畅销全国，远销东南亚，大有供不应求之势，使宣腿一时名扬中外，成为云南三大名特产品之一。”[①]云南之罐头食品亦由此而肇始。罐头食品生产尽管属于新兴行业，但就生产力性质言依然属于手工业范畴。如宣威浦在廷火腿公司与德和罐头公司专生产火腿一类。因为原料主要依赖于对农村各家庭的收购，亦不可能实行标准化生产，所以其数量及质量的稳定性均较难于保证；同时，该两家企业各生产工序使用机器设备者仅为少数，且也仅处于一种半机械化程度，可想其生产效率亦不会太高。1939 年，由中国工业协会西南区昆明办事处筹组的罐头食品工业合作社在机械化程度上要高于前两家企业，因为它拥有的设备数量不仅多于前者，动力方面也有电力的使用，同时在产品种类上亦有所扩展并有别于前者，主要生产炼乳、牛肉、鱼类等罐头。这或许也开拓出了地方特色产品之路子，走上罐头食品生产中一般产品的模式，如此，这似乎在一定程度上也显现出云南罐头食品工业所具有的发展潜力。

①宁少逸、浦安宇：《宣威火腿罐头的创始人浦在廷》，载于中国人民政治协商会议云南省委员会文史资料研究委员会编：《云南文史资料选辑——云南老字号》第四十九辑，云南人民出版社，1996。

2.糖业

根据资料记载，该企业由云南省企业局创办，其“设立为云南制糖厂，用新法机制白糖，谋与外货竞争，以免利权外溢。出品精良，甚博好评。附产糖蜜，则以制酒精，销路亦佳。民国三十二年(1943 年)春，恒通、云南两厂，以所营业务关系密切，乃合作共谋发展，因于是年合并而成本公司(云南恒通化学工业公司)。内分总公司酒精厂(在昆明市西南郊刘家营)、昆明糖厂、盘溪糖厂各部分。”1944 年，又有昆明糖厂迁与盘溪糖厂合并，改称云南制糖厂，隶属该工业公司。[①]从中可以看出，该糖厂的最终选址不在开远，而是选在与其紧邻的弥勒县之盘溪，[②]这在地理上也更接近滇中之昆明，该厂所生产白糖分一、二、三号，另有盒装、纸包、副牌方糖，以及冰砂晶糖等，最高年产量近 20 万千克。[③]

3.面粉加工工业

尽管云南并不是以面食为主的地区，但作为一种粮食，做成糕饼、面条什么的，面粉显然早已有之，然而，以机器进行大批量生产并作为商品出售，则是近代才发生的。近代云南面粉加工工业之出现，洋面的大量进口亦为直接诱因，这可以从 1932—1936 年面粉进口占云南蒙自口岸商品进口总额的位次上得以说明，如 1932 年面粉进口占进口总额的 0.63%，排进口商品的第九位；1933 年占进口总额的 1.12%，排进口商品的第八位；1934 年占进口总额的0.7%，排进口商品的第十二位；1935 年占进口总额的 0.48%，排进口商品的第十四位；1936年占进口总额的 0.42%，排进口商品的第十四位。[④]可以看出，其时洋面粉在蒙自口岸的进口商品中亦算是大宗商品，蒙自口岸同期年均进口货值总额约 2 600 万元法币，面粉年货值则在 11 万—18 万元法币之间，[⑤]因而这也必然引起实业

---

①云南通志馆《续云南通志长编》下册，云南省志编纂委员会办公室，1985，第 396—397 页。

②尤中编《云南地方沿革史》，云南人民出版社，1990，第 442 页有“竹园”隶属弥勒县；而葛永才：《清末巨商王炽》，云南民族出版社，1998，第 16 页中又有盘溪、竹园、十八寨之间的武装冲突，由于竹园和十八寨均地属弥勒，从而可推知盘溪也应隶属弥勒，因为弥勒亦属云南最重要的产蔗之地，(参看张肖梅：《云南经济》，中国国民经济研究所，1942，第 73 页。

③云南通志馆《续云南通志长编》下册，云南省志编纂委员会办公室，1985，第 396—398 页。

④《外贸统计资料汇编》(1889—1990 年)，第 117—128 页，载董孟雄、郭亚非：《云南地区对外贸易史》，云南人民出版社，1998，第 305 页。

⑤根据董孟雄、郭亚非：《云南地区对外贸易史》，云南人民出版社，1998，第 498 页有关数据换算。

界的关注，进而导致进口替代生产的发生。有研究指出："滇省制面业，过去均为手工的作坊生产，多利用水力推动轮磨而造制，唯缺乏实际之统计与调查，整个生产情形尚不知其详。云南一般所消耗之面粉，大部分均为土产，昆明及滇越路沿线，因交通便利，洋面输入极多，吾人于昆明所见与所用之洋面，均由越南输入，过去尚无利用机器自行制造者。二十八年秋，乃有嘉农面粉厂之筹设，采用本省所产之麦，用新法制面，经过八月之筹备，已于二十九年三月开始订货。该厂设于昆明近郊下窑村。目前产量每日可产面六百袋，计分四种：一、青龙牌特种粉，品质与市上洋面相同；二、红龙牌二号粉，用途与洋面相同，色泽略次，较本地粉色质均高；三、蓝龙牌三号粉，与本地粉相同；四、四号粉，做麦糊食料与制酱原料用。目前先出二号、三号、四号三种……此为滇省机制面之创举，以后若能大量生产，当可抵制洋面之输入。"[①]该行业的发展亦相当有限，其中除 1 家为机器面粉工业外，8 家制面厂均为手工业生产。

4.制茶工业

以 1938 年 12 月云南中国茶叶贸易股份有限公司的成立为标志，云南茶业正式开始了现代化发展，在抗日战争时期初步建立了云南现代茶叶骨干工厂体系和产品结构。1938 年夏，经济部责令中国茶叶公司派员调查云南茶叶产制销状况。9 月，中国茶叶公司专员郑鹤春和技师冯绍裘来云南调查。经调查，郑鹤春、冯绍裘认为云南茶叶品质优良且产量巨大，是国内唯一有望加工生产成出口产品的茶叶产区。1938 年 12 月 14 日，由云南富滇新银行与中国茶叶公司各集资国币 10 万元，组织云南中国茶叶贸易股份有限公司（云南省茶叶进出口公司前身），以现代机制方法制造内外销各种茶叶，缪嘉铭任董事长，郑鹤春任总经理。12 月 16 日云南中国茶叶贸易股份有限公司在昆明市威远街 208 号正式挂牌成立，在公司成立的短短几年，先后设立了顺宁茶厂、佛海茶厂、复兴茶厂、宜良茶厂、云南康藏茶厂。仅 1939—1941 年，公司制造外销红茶1 515 654 市担，内销红茶 62 089 市担，外销绿茶 12 843 市担，内销绿茶 61 479 市担，内销沱茶 207 836 市担，内销紧茶 289 950 市担。

---

①云南通志馆《续云南通志长编》下册，云南省志编纂委员会办公室，1985，第 391—392 页。

5.烟草工业

近代机器烟草工业“肇始于亚细亚烟草公司，该公司创办人为墨江庚恩锡……1922 年在位于昆明市崇仁街的庚园独资创办亚细亚烟草公司，由上海买来大型卷烟机二部（一为日本造、一为美国造）、切烟机一部、压梗机一部、炮筒炒丝机一部，动力燃煤气机一座，马力三十匹，蒸汽机一座，马力十五匹，锅炉一座，马力七十匹，同时从上海聘来卷烟技师二人，一名张锡耕、一名孙香泉，还附有压制包装锡纸小型机器一部，聘宁波人阮楚湘为技师，规模初具，厂址即在庚园内，约于民国十一年秋开业。”[①]企业创办“初期由于原料系采用本省土烟叶，不适于制造纸烟，以故香味欠佳，自难与外来品媲美。”又由于市场竞争及政治环境的影响，该厂在创办过程中，其产权归属亦几经变易，1930 年归云南教育厅经办，[②]改企业名为南华烟草公司；后经营不振，又转私营，并随业主的不同，历改新华烟草股份有限公司、新华“合记”纸烟厂、乐群烟厂等名；最终由于长期经营不善而于 1952 年由国家统筹安排。就中或许可以看到早期民间创办新式工业之不易，市场竞争是一方面，但更重要的还是缺乏政府积极扶持；[③]同时也可看出，其时云南烟草工业要求得发展，其关键是对烟叶种植的改进。

根据统计，1937—1949 年底昆明市商办之机制卷烟厂有记载者多达四五十家，但多数厂家经营状况都不佳，停工倒闭者甚多。[④]由此，在战争的特殊时期，为保证市场卷烟供应及物价之稳定，由政府垄断经营亦成为当时的一种选择，首先在资本投入上，它有达到规模经济的资本能力，其 7 000 多万元的投资水平，使企业规模空前扩展，实现了在大机器基础上的大规模近代化生产；再从生产过程来看，它将烟草种植、烟叶复烤、卷烟制造及销售相结合，即“合农、工、商三位为一体，”[⑤]达到了较高程度的生产社会化水平，从而明显有利于促进该

①云南通志馆《续云南通志长编》下册，云南省志编纂委员会办公室，1985，第 436 页。

②因为“云南省的纸卷烟税收，是拨作地方教育经费的。”因而转为官办，便直接由云南教育厅经办了。徐天骝：《云南烤烟的引种和栽培》，载中国人民政治协商会议云南省委员会文史资料研究委员会编《云南文史资料选辑》第四十九辑，云南人民出版社，1996。

③孙天霖：《昆明机制卷烟工业概述》，载中国人民政治协商会议云南省委员会文史资料研究委员会编《云南文史资料选辑》第九辑，1965。

④同上。

⑤云南通志馆《续云南通志长编》下册，云南省志编纂委员会办公室，1985，第 437 页。

部门生产的持续扩大，使其当时年产已达六七千大件之规模。加之前述该管理处的烟叶改进所在烟的种植品种上亦不断求新，亦“使云南烤烟从无到有，从有到优，开始蓬勃发展”。并且，其时云南地方政府所倡办之卷烟工业规模仍处于扩大趋势，新中国成立前夕还在积极筹备，其中“运来设备机器八十大箱，堆存在办事处车棚舍内，据称还有新型复烤机器运到贵阳，因交通不便中途搁置。新中国成立后，人民政府接收了上述八十大箱机器，拨归云南纸烟厂，增加了一部分生产力量。”[①]如此种种，都为 1949 年以后云南现代卷烟工业的进一步发展奠定了必要的基础。

综上，1909 年之后逐渐开始采用机器生产的行业还有轻工业中的皮革、猪鬃加工业和印刷业；1910 年以后创办的广同昌铜铁机器股份有限公司、启隆机器厂、振亚机械厂等制造业；以及炼油、玻璃、造纸的化工业等，到 1930 年前后，使用机器生产的电力、工矿业厂数已有二三十家，其中工业（狭义）资本为 44 万多元，基本集中于昆明，这一现代工业成分的增加，也进一步强化了昆明作为区域经济中心的地位。从在全省的地位来看，机械、纺织工业的产值占全省工业总产值的 70%，冶金、化学、石油、制革等工业的产值占全省工业总产值的 50%。轧钢、机制焦、拖拉机、自行车、缝纫机、收音机制造等工业几乎全部集中在昆明市。昆明生铁产量占全省的 76%，钢材产量占 98%，烧碱产量占 89%。云烟、大重九在国内、国际市场上享有盛誉。昆明机床厂生产的精密机床具有国际水平。有全国最大的合成洗涤剂原料基地——昆明三聚磷酸钠厂，有全国最大的露天开采磷矿以及高效磷肥加工企业——云南磷肥厂。截止到 1982 年，昆明市工业总产值 54 亿元，占工农总产值的 90%，占全省工业产值的 43%。初步形成以机械、冶金、食品、化工、纺织工业为支柱，门类比较齐全的工业体系。全市（含市辖县）共有工业企业 1 908 个，工业企业固定资产原值 48 亿元，实现利税总额 13 亿元，占全省利税总额的43%。工业主要在近郊区，形成了 3 个工业片和 9 个小工业区。东郊片，有以中小机械企业为主的小坝工业区，以农机制造为主的县华寺工业区，以铁路枢纽及相应工业为主的羊方凹工业区；北郊片，有以机械制造

①孙天霖：《昆明机制卷烟工业概述》，载中国人民政治协商会议云南省委员会文史资料研究委员会编《云南文史资料选辑》第九辑，1965。

为主的茨坝工业区，以卷烟、食品为主的上庄工业区；西郊片，有以运输设备制造、干板玻璃为主的黑林铺工业区，以电机、电线、水泥、火电为主的马街综合工业区，以炼铜业为主的普吉工业区。在远郊，主要有以钢铁冶炼为主的安宁工业区，以仪表、光学机械和磷矿为主的海口工业区，以磷化工、橡胶工业为主的吕阳工业区。市区工业则以轻工、纺织、食品、中小型机械为主。[①]

第二节　历史上以滇西白族为主地区的纺织工业

一、滇西区域经济地位及民族分布

以洱海为中心的滇西地区气候类型多样，囊括了从热带、亚热带到温带、寒温带的各种气候类型，“一山有四季，十里不同天”是这一区域立体气候类型的真实描写。这里有高黎贡山、怒山、云岭、哀牢山等高山峻岭，有梅里雪山、白马雪山、哈巴雪山、玉龙雪山、德钦明永冰川等雪山冰川，还有高山草甸、喀斯特地貌、火山热海、丹霞地貌、峡谷深涧、明湖瀑布、雨林、湿地和怒江、澜沧江、金沙江、元江等河流。滇西地区是全省乃至全国和世界范围内的物种基因库，是各种珍稀野生动植物的乐园。独特的地理位置、复杂的水文地质地貌、立体气候和生物多样性，使得滇西地区自古以来便是物产非常丰富的地区。

同时，滇西区域曾经是云南文化的重要发祥地，是云南省重要的古文明区域，是元代以前云南的政治、经济中心，其重要程度不亚于以昆明为核心的滇池文明。洱海地区在西汉时附属于益州郡，东汉时期又附属于永昌郡，没有成为一个单独的政治区域。蜀汉时期，建立云南郡，重用张龙佑那，促进了汉族与当地少数民族的融合，到隋唐时期，在滇西洱海区域建立了南诏、大理政权，与中原王朝保持着臣属关系，成为云南的政治、经济、文化中心，滇西地区之所以能够创造如此灿烂的古代文明，跟其所处的地理位置关系密切。从文化发展史来

①云南省地方志编纂委员会编《云南省志》地理志，云南人民出版社，1998，第167—168页。

看，滇西区域地处中华文化圈、印度文化圈和东南亚文化圈的交会点上，老一辈民族学、历史学、人类学专家费孝通、江应樑、方国瑜、楚图南等就提出了滇西是“民族迁徙走廊”的观点，云南学者研究认为，“茶马古道”所处的大部分区域也与滇西重合。[①]滇西地区北邻四川和西藏，西面和南面与缅甸、老挝、越南接壤，共有对外通道 80 多个，是我国重要的西南大门。[②]自古以来，从四川经由大理、保山、腾冲至缅甸、印度等国，再转向欧洲的古南方丝绸之路，是我国与东南亚各国通商贸易的重要通道。如今东北往西南向的 320 国道和东南往西北向的 214 国道在大理交叉而过，这两条国道延伸的方向也是千百年来云南交通大动脉的方向。不同的物资和文化在这里交换和碰撞，造就了滇西的文明中心大理“亚洲文化十字路口的古都”的美誉。直到今天，滇西的政治、经济文化节点和交通枢纽仍然是大理。

据司马迁《史记·西南夷列传》记载，在两汉以前，洱海区域就居住着“嶲”部落和“昆明”部落，“滇西的乌蛮……是从汉代滇西的叟（嶲）、昆明中发展演变而来的”，[③]他们分别是彝族语支各族的先民和白族的先民。汉晋时期，史籍对昆明族的事迹多有记载，可知，昆明族是洱海区域世代居住的主要民族。据《新唐书·南蛮传》载：“昆明蛮，一曰昆弥，以西洱河为境，即叶榆河也。”[④]据方国瑜先生研究，西汉以来，洱海区域散为部落，没有联合为一体的组织，昆明族为当地民族，后来有哀牢人和僰人迁来，建成部族，各以族属自成区域，这种情况一致持续到唐初。与此同时，昆明族、哀牢人、僰人与汉族人口杂居，其间，经济、文化发展迅速，蒙舍诏势力发展，统一洱海四周之地，建立南诏，后又打退唐朝势力，得姚安地（原为白蛮区域），打退吐蕃势力得剑川地（原为乌蛮区域）。南诏所设十赕和弄栋、剑川二节度，为昆明、僰人、哀牢所住居，成为南诏的根据地，即今鹤庆、剑川、兰坪、洱源、邓川、宾川、大理、凤仪、漾濞、弥渡、巍山（蒙化）、祥云、

①李炎、王佳等：《空间、布局与特色：云南文化产业现状与对策》，云南大学出版社，2011，第 107 页。

②中国科学院西南资源开发考察队：《滇西地区资源开发研究》，中国科学技术出版社，1991，第 1 页。

③尤中编《中国西南的古代民族》，云南人民出版社，1980，第 67 页。

④方国瑜：《方国瑜文集》第 2 辑，云南教育出版社，2001，第 44 页。

姚安、大姚、盐丰等县，在僰族区域形成强大势力，然后统一了洱海地区。南诏的统治者是原蒙舍诏的“乌蛮”（彝族）贵族蒙氏，其辅佐大臣则绝大部分是“白蛮”中的贵族分子。[1]约在南诏晚期，洱海地区以僰族为主，团结了昆明、哀牢和其他族属的人，融合成为一个民族，民族的称谓亦由以前的“南诏蛮”“云南蛮”“大理蛮”等改为“僰人”。[2]当时汉族统治阶级把西南各族统称为“蛮夷”。“蛮”字从“虫”，以其采食虫鱼之故；“夷”字从“弓”，因为他们是狩猎民族，都是歧视他们的经济、文化落后。唯独对“僰”则以其“有人道，故字从人”。他们是“蛮夷”中经济、文化发展水平较高的部分。“僰”和“白”译写时可以通用。[3]元、明、清时期乃“僰人”与“白人”的书写记录名称同时并用。据《元史·信苴日传》载：“信苴日，僰人也，姓段氏，其先世为大理国王。”[4]由此可见，继南诏之后的长和国、天兴国、义宁国、大理国的统治者都是“白蛮”（白族）中的贵族。后者的统治范围基本上沿袭于南诏时期，统治区域内的民族也仍然是原来的那些民族。故大理国亦称白国，如《白国因由》，其王称白王，其史书称《白古通》《白古记》，其语言为白语，其文字为白文，均由于其民族为白族。在征服大理国后，蒙古军队建立云南行省，新进入云南的蒙古族、回族、汉族人，分布在今保山县以东、元江以北的交通沿线，屯驻在重要的军事据点上，成为定居于云南的民族。明朝时期实行屯田制度，这使得大量迁入的汉族人普遍地与白族共同杂居在一起。随着时间的推移，越往后汉族人口越多，以至于在一些地方，白族人口就显得减少了，逐渐地形成了除大理府之外，其余靠内地区的各府、州、县境内汉族人口都超过了白族。明朝后期白族的聚居区被压缩到滇西的大理府一带，其余各地则成了散居区。在散居区的各府、州、县境内，白族的绝大部分仍在平坝中与汉族共居，山区和半山区则为彝族。清朝白族的分布区域沿袭明朝，至今白族仍然是滇西大理地区的主要民族。滇西七州（市）地域辽阔，土地面积约 12.5 万平方千米，辖 34 县（市），少数民族众多，有藏、纳西、白、回、彝、苗、傣、景颇、傈僳、阿昌、德昂、普

---

①尤中编《中国西南的古代民族》，云南人民出版社，1980，第 91 页。
②方国瑜：《方国瑜文集》第二辑，云南教育出版社，2001，第 66 页。
③尤中编《中国西南的古代民族》，云南人民出版社，1980，第 17 页。
④方国瑜：《方国瑜文集》第二辑，云南教育出版社，2001，第 66 页。

米、独龙等少数民族，少数民族人口数占滇西总人口的50%以上。[①]这里世代生活着以白族为主，包括彝族、纳西族、傈僳族等藏缅语系的居民。多元的民族文化，留存了多种民族社会体制，各种民族文化在这里碰撞交流，相互影响又各自独立，具有独特的文化遗存和自然、生态、文化的多样性。[②]

二、滇西早期纺织工业的萌芽

一般认为，出于御寒防湿、遮风避雨的本能需要，房屋建筑与学会纺织应是同时发生的，纺织、编织与陶器制作技术似乎又是并行发展的。由于纺织品与编织物在自然作用下不易长期保存，到目前为止，对纺织业在远古的发展状况是通过陶器上的印痕而了解的。

唐以前滇西纺织工业的萌芽，可以分为新石器时代和青铜时代。根据目前对云南石器时代考古遗存的研究，一般认为，云南石器时代——铜石并用时代约延至公元前六七(约春秋时期)世纪。当前，一些研究人员在对不同地点发掘的关于新石器时代遗存不同年代的测定进行综合研究的基础上，亦认为云南石器时代(或说铜石并用时代)的存续似还应进一步推后，即直至前约3世纪中期或后期(约战国后期或西汉早期)云南才从石器时代进入青铜时代。[③]也即云南进入青铜时代比中原的华夏文明进程晚了1300—1700年左右。

一般研究认为："在考古发现中，新石器时代是以出现长期定居的村落、在生产中使用磨光石器、烧制陶器、经营原始种植农业及饲养家畜为特征的"。[④]而就到目前为止的云南考古发现来看，或许在发展程度或特征上与内地同时代的状况相比存有差异，但应该说其诸种活动方式都已基本存在，进而也预示了云南最早的社会产业构成已处于发轫阶段。

从云南各个地区及不同时段所发掘的遗址中几乎都伴有纺轮的出土这一点来看，云南远古时期纺织在当时应是普遍存在的。很多地方还有骨针、骨锥等

---

①李炎、王佳等：《空间、布局与特色：云南文化产业现状与对策》，云南大学出版社，2011，第107页。

②同上书，第106页。

③米歇尔·皮拉左里：《滇文化的年代问题》，《考古》1990年第1期；徐学书：《关于滇文化和滇西文化年代的再探讨》，《考古》1999年第5期。

④苏秉琦：《中国通史》远古时代，第二卷，上海人民出版社，1994，第45页。

器物出土，说明纺织与缝纫应是同时发展的。在1956年4月剑川县海门口新石器遗址的发掘中，出土有大量纺轮、纺坠陶片，这表明滇西纺织工业已有相当发展。[①]但由于织品的不易保存，到目前为止，在考古方面仍不能确切知道当时人们用于纺织的原料、织造技术的发展水平、织品的质量等信息。

据推测，纺织原料的来源是"就地取材"应是没有疑问的。而就云南有关地理资源条件来看，麻织品和木棉织品应是其最早用于纺织的主要原料。[②]时至今日，云南的许多民族地区仍大量遗存着本民族传统的服饰制作方式。如苗族传统服装的质地就是麻织品，其图饰一般用植物染料，以蜡染或扎染的方式绘制，一些民族服饰上的图纹甚至包含着多重文化寓意，如本民族的宗教、信仰、古老的迁徙路线等。比较而言，对云南木棉织品的记载则有更为确凿的史料依据。据《后汉书·南蛮西南夷列传》《华阳国志·南中志》将其称为"弇花布"或"白叠"，亦有称为"都布"（榻布、答布），即木棉布，产于哀牢。据方国瑜先生研究，《史记·西南夷列传》所说张骞在大夏见到的"蜀布"，盖即"哀牢布"，原因大概是蜀地商人取自哀牢（属永昌郡），输入至蜀而称为"蜀布"，又输至身毒国，亦以"蜀布"称之。[③]可见，"哀牢布"是汉代以前滇西最有名的特产。根据《后汉书》记载，云南如永昌一带，应于汉代之前就已存在羊毛织毡和以苎麻、木棉等作为原料的纺织手工业，因此，麻布和棉布乃是云南发展最早的一类纺织品了。[④]

云南于秦汉时期纺织业的情况，无论是考古，或史料记载均较少见，以至很难对其当时的发展状况做出某种清晰的判断或归结。尽管如此，仍然可以看出比之新石器时代，青铜时代云南的纺织工业依然是有所发展的。

首先，从考古发掘资料中，可了解云南青铜时代纺织所用生产工具。根据民族学研究，我国少数民族普遍保留着一种原始的水平织机。"以云南宁蒗彝族的织机为例，该织机构造简单，没有机台，经纱拴在木桩上，桩高30厘米，另一端系在卷布轴上，并用布袋将其捆在腹前，可称原始腰机"。[⑤]而从文中操作的图

①杨毓才：《云南各民族经济发展史》，云南民族出版社，1989，第78页。
②陈征平：《云南工业史》，云南大学出版社，2004，第33页。
③方国瑜：《方国瑜文集》第一辑，云南教育出版社，2001，第125页。
④陈征平：《云南工业史》，云南大学出版社，2004，第163页。
⑤同上书，第90页。

示看，其作业时的动作姿势与晋宁石寨山出土的“奴隶生产俑贮贝器盖”上所铸铜俑相似。由此可以获知，汉代云南纺织用的织机也就是类似的腰机。另外，南部分地区出土的各式纺轮以及一些成套纺织工具，如祥云大波那墓葬、弥渡苴力战国石墓中亦有成套的梭口刀、卷经杆、卷布杆等纺织工具，[①]其一次出土这样多种类的纺织器具，或许可以认为，云南于青铜时代所发展的纺织技术在传统生产的意义上就已基本定型。而对新中国成立前一些民族地区的纺织业情况的调查表明，该作业方式此后在某些地区甚至延续了近一两千年。

其次，史籍中对云南当时纺织品产地及种类情况有明确记载。主要见于《后汉书·西南夷列传》及《华阳国志·南中志》，但从两册书中所记内容及撰写时间的先后来看，后者所录内容基本出自前者之记载。据《后汉书·西南夷列传》言：“哀牢[②]……土地沃美，宜五谷、蚕桑。知染采文绣，罽毲帛叠，兰干细布，织成文章如绫锦。有梧桐木华，绩以为布，幅广五尺，洁白不受垢污。先覆亡人，然后服之。其竹节相去一丈，名曰濮竹。出铜、铁、铅、锡、金、银、光珠、琥珀、水精、琉璃、轲虫、蚌珠、孔雀、翡翠、犀、象、猩猩、貊兽”。[③]由此可以看出，其时滇西一带，由于自然地理条件相对优越，不仅种桑殖蚕、养殖动物以置皮毛，而且木棉花也是其纺织业的重要原料来源之一。因而当时云南一地纺织品的种类，至少在滇西一带已有丝织品、毛织品及梧桐木华所织之布等。

三、唐宋至元明清滇西纺织工业的进一步发展

唐宋时期的云南，蒙舍诏势力统一了洱海周围之地，建立南诏，是滇西古代文明的鼎盛时期。南诏脱离唐朝以后，滇西的“白蛮”人口增多了，“白蛮”的经济、文化中心从唐朝初年以前的昆川（今昆明）、石城（今曲靖）一带转移到了滇西的洱海周围。这不仅因为南诏的政治中心在滇西（大理国沿袭），而且与当时

---

①云南省博物馆文物工作队：《云南弥渡苴力战国石墓》，《文物》1986 年第 7 期；大理州文管所等：《云南祥云大波那木椁墓》，《文物》1986 年第 7 期。

②据方国瑜解：“哀牢地属永昌郡，其境界甚广，包有今云南之西南各地及缅甸伊洛瓦底江上游地带”。

③方国瑜主编《云南地方史料丛刊》第一卷，云南大学出版社，1998，第 60 页。

滇西的“白蛮”大量吸收了汉族人口和文化有关。唐天宝末年三次征南诏，每次都出动好几万汉族军队，而第三次的“二十万众”由李宓率领前往洱海地区，全军覆灭，支轮不还，大部分被俘，在洱海地区落了户。据《新唐书·南蛮传》记载：大和三年(829 年)以后，南诏曾几次攻入西川，其中有一次即“掠子女工技数万引而南”。这些汉族“子女工技”也都加入了滇西的“白蛮”之中，促进了滇西白族纺织手工业的发展[①]，经元明清时期滇西纺织业的进一步发展，直至近代，滇西发展成为云南纺织业的中心之一。[②]

(一)唐宋时期滇西纺织工业的发展

由于史料记载的零散及不全面，对唐宋时期滇西纺织业的发展状况很难得到一种完整的把握，但从各种零散的资料可以大致看出其所呈现出的新的发展态势。其一，木棉织业是最早记载的纺织行业，丝织业则是于唐代以后才发展起来的；其二，由于地区资源的丰富与独特性，形成了别具特色的羊毛织品。如毡就是一种有地方特色的羊毛织品，并且使用极为广泛；又如兽的皮革也是云南当时的一种衣着形式，能披上虎皮，则是一种权贵的象征，其余还有用犀牛、虎豹、犬羊等皮革做衣披或装饰的。

1.棉纺织业

如前所述，滇西永昌一带的麻布和棉布乃是云南发展最早的一类纺织品。由各种文字记录推测可知，直至晋代，云南的衣着基本是以木棉为纺织加工的原材料。当时，云南所产的棉纺织品不仅要满足本地百姓之需，而且亦是中原税赋的主要对象。如有记载，哀牢一地曾于“汉置永昌郡以统领之，税其盐、布、毡、罽，以利中土”。在棉布纺织的质量水平上，根据宋代的记载，亦以南诏的质量水平为佳。其曰：“雷化、廉州及海南黎洞(人)富有，以颉代丝苎。……南诏所织尤精好，白色者，朝霞也。国王服白氎，王妻服朝霞。”[③]研究亦认为，时值 11 世纪中叶以后的两宋时期，中原的“棉纺织生产还不普遍，棉纺织生产技术仍掌握在少数民族手中”。[④]而西南地区则有“梧桐有白者，剽国有白桐木，其叶有白毳，取

---

①尤中编《中国西南的古代民族》，云南人民出版社，1980，第 97 页。

②云南省地方志编纂委员会：《云南省志·地理志》，云南人民出版社，1998，第 512—513 页。

③周去非：《岭外代答》卷六，服务门。

④祝慈寿：《中国古代工业史》，学林出版社，1988，第 497 页。

其毳淹渍缉绩，织以为布”的记载。据赵汝适的《诸藩志》记载：该地棉织品生产的基本工艺是先从木棉“取其茸絮，以铁筋碾去其子，即以手握茸就纺。不烦缉绩，以之为布。厚者为兜罗棉，次曰番布”。而前述南诏国王所“服白氎”，谓之“蛮人（在）织巾上作细字、小花卉，即古所谓氎布”。[1]这表明当时滇西纺织品的生产加工已有用花机提花的生产工序及技能。

2.羊毛织毡及皮革业

云南以羊毛为原料织成披毡，起源较早，且甚为发达，是当时仅次于棉、绸纺织品生产的又一重要手工行业。[2]这可从对其时人们日常衣着习惯的描述中可知。其曰：西南诸夷“自蛮王而下，至小蛮无一不披毡。但蛮王中锦衫披毡，小蛮袒裼披毡尔”[3]。又有“其蛮，丈夫一切披毡”[4]。即其时在西南一地，只要是男子，无论贵贱均备有披毡。此外，这种羊毛织物还是云南向中原贡赋的主要物品之一。如前述哀牢一地曾于“汉置永昌郡以统领之”，并“税其盐、布、毡、罽”等物，即于汉代，像“毡”或“罽”一类物品便已被列作对中原贡赋的内容。及至宋代，据记载：“大理国，即唐南诏也。熙宁九年，遣使贡金装碧玕山、毡罽、刀剑、犀皮甲鞍辔”。又之后，于政和“七年二月，至京师，贡马三百八十匹及麝香、牛黄、细毡、碧玕山诸物”。[5]其中两次提到毡这种物品。[6]而羊毛织品品质最好的是大理所产者，如载：“蛮毡出西南诸蕃，以大理者为最。蛮人昼披夜卧，无贵贱，人有一番”[7]。“北毡厚而坚，南毡之长至三丈余，其阔亦一丈六七尺，折其阔而夹缝之，尤阔八九尺许，以一长毡带贯其折处，乃披毡而系带于腰，婆娑然也。昼则披，夜则卧，雨晴寒暑未始离身，其上有核桃纹，长大而轻者为妙，大理国所产

①俞正燮：《癸巳类稿》卷十四《木棉考》，载祝慈寿：《中国古代工业史》，学林出版社，1988，第498页。

②陈征平：《云南工业史》，云南大学出版社，2004，第167页。

③周去非：《岭外代答》卷六，服用门。

④樊绰：《蛮书校注》，向达校注，中华书局，1962，第207页。

⑤脱脱等：《宋史·大理国传》卷四百八十八。

⑥李家瑞：《两宋时代云南和中原的经济文化交流》，载云南省博物馆编《云南铁器时代文化论》，云南人民出版社，1992。

⑦范成大：《桂海虞衡志》，载方国瑜主编《云南史料丛刊》第二卷，云南大学出版社，1998。

也，佳者缘以皂”。[①]即在大理时期，对这种羊毛织毡生产的款式，为适应不同地区的气候，北部和南部地区的产品其用料要求还有所不同，或许北方更注重的是御寒的功用，而南方更偏重其装饰性能；并且不同地区所产的质地也有差别，一般以大理出产的为佳。由于毛斗篷的披着之人均几不离身，可见其利用价值之高，实为罕见。

以动物皮做原料制成各种皮衣，也是其时滇西衣着类别之一。如当时属南诏的“施蛮者，在铁桥西北，居大施赕、敛寻赕。……土多牛羊，俗不颒泽，男女衣皮，俗好饮酒歌舞”[②]。又“乌蛮与南诏世昏姻……土多牛马，无布帛，男子髽髻，女人被发，皆衣牛羊皮”。[③]在南诏能衣虎皮者，则是一种权势与荣耀的象征。如南诏王异牟寻出迎唐朝册封使臣时，便身披虎皮。并且，其时对有功者的奖励亦实行“有功加锦，又有功加金波罗。金波罗，虎皮也。”[④]即在所奖励的这种以虎皮制作的衣饰中，因有袖或无袖便可看出其功劳的大小。再如于南诏当时的礼仪中，“每节度使至，诸部献马，酋长衣虎皮……”[⑤]。从中亦可看出，当时衣虎皮、着锦缎，显然是南诏社会上层人物的主要衣着形式。

3.丝绸织业

晋人所撰的《华阳国志·南中志》所录永昌郡的物产，有“蚕桑、绵绢、彩帛，文绣”等物，这说明汉晋之际，于云南的滇西一带就已经有丝绸制品的生产。然而，云南丝绸织业水平的大幅度提高，一般认为起于唐大和三年(829 年)南诏寇西川对成都技工的掳掠。[⑥]如记载有：南诏“俗不解织绫罗。自大和三年蛮贼寇西川，掳掠巧儿及女工非少，如今悉解织绫罗也”[⑦]。又有记载，其时因“西川节度使杜元颖治无状，障候弛沓相蒙，时大和三年也。嵯巅乃悉众掩邛、戎、巂三州，陷之。入成都，止西郛十日，慰赉居人，市不扰肆。将还，乃掠子女、工技数万引而南，人惧自杀者不胜计。救兵逐，嵯巅身自殿，至大渡河，谓华人曰：‘此吾南

①周去非：《岭外代答》卷六，服用门。
②欧阳修、宋祁：《新唐书·南诏传》卷二百二十二，上。
③同上书，下。
④同上书，上。
⑤同上书，下。
⑥陈征平：《云南工业史》，云南大学出版社，2004，第 170 页。
⑦樊绰：《蛮书校注》，向达校注，中华书局，1962，第 174 页。

境，尔去国，当哭’。众号恸，赴水死者十三。南诏自是工文织，与中国埒”[①]。即认为起于唐大和三年，云南丝绸织业等技术水平便与中原的水平大体相当了。关于南诏至成都“掠子女、工技数万”的说法，经考据认为其纯属当时以讹传讹，并非事实本身。研究认为：事实的真相是“南诏所掠者九千余人，而送吐蕃二千人，又若两唐书所记，赴水者千余人，而李奏说的三千三百人，考异说五千三百六十四人，或疑三当是五之讹，则三项合计有九千余人”。[②]而就前面李德裕调查的结果，其中称得上“工巧”者似为数有限，多数亦只是普通百姓人家。果真如此，作为理解其中意义的根据只能是：中国传统耕织结合的生产方式，使普通百姓一般均擅长纺织作业，而成都在当时作为内地丝绸锦缎生产之重要地区，受环境的影响，寻常百姓精于此道亦不足为怪。

史料记载南诏丝织品“有丝麻蚕织之事，出绝、绢、丝、布、麻，幅广七寸以下。染色有绯帛”。[③]这表明了当时滇西所能够生产的丝织品的基本种类。又“乌蛮也，居邛部、台登之间。妇人衣黑缯，其长曳地。又有东钦蛮二姓，皆白蛮也，居北谷。妇人衣白缯长不过膝”。[④]可见，衣着丝织品在当时的确相当普遍，甚至不同种族之间亦以身着丝织品的不同颜色作为划分依据。1966 年被拆除的洱源火焰山砖塔出土的部分遗物，其中“白绢一幅，长 71 厘米、宽 24 厘米。系用桑蚕丝织成平纹，脱胶、抽丝技术均较粗糙。每平方米经向密度为 25 根，纬向密度 33 根；丝绸 3 块，每块长约 24 厘米、宽 5 厘米。其中两块为黄色，一块为紫红色”。[⑤]就中表明，似乎滇西于当时不仅生产柘蚕，丝的原料来源也有桑蚕。

4.麻织业

1966 年于洱源火焰山砖塔发现前述绢与丝绸两物的同时，还发现有两条麻布，其“长 48 厘米、宽 7 厘米，原系于藤背箩背部铁拴上，便于背挂”。[⑥]似当

①欧阳修、宋祁：《新唐书·南诏传》卷二百二十二，中。

②董绍禹：《说南诏出兵西川并非为了掠夺奴隶》，载《云南学术研究》1963 年第 1 期，转引自大理白族自治州南诏史研究学会编《南诏史研究参考资料》第一集，1982 年 11 月。

③梁建方：《西洱河风土记》。

④欧阳修、宋祁：《新唐书》南诏传，卷二百二十二，下。

⑤张增祺：《洱源火焰山砖塔出土文物研究》，载云南省博物馆编《云南铁器时代文化论》，云南人民出版社，1992。

⑥陈征平：《云南工业史》，云南大学出版社，2004，第 172 页。

时麻这种布料属于较结实、纺织较粗的一类织品，其主要用于人体承载重物时一种辅助性的连接物品，或作为社会较低层人民的衣着材料等。因为麻这一布料的特点不仅透气性能好，而且结实耐磨，故气候较炎热的地方，或干活计容易出汗的人，都会较愿意用它作为衣服的材料。甚至到今天，于云南滇南的不少少数民族地区，也依然种植大麻，其所制作的民族服装，亦多用大麻作为纺织加工的主要原料。

（二）元明清时期滇西纺织工业的发展

明代，云南各种地方志书中，都普遍记载了靠内地区各府、州、县纺织手工业发达的情况："机杼之声夜闻"，洱海、滇池周围各地自不待言，即使是靠近边疆地区的大侯州（今云县），也开始于"大理接女师数人教以纺织"①，推广内地汉族区的纺织手工业生产技术。据万历《云南通志》和天启《滇志》的记载，明朝后期云南的纺织品种类有火麻布、纻麻布、棉布、绵绸、乌帕、上锦、乌绫等。这些纺织品的生产技术，其中一部分主要由地区资源条件所决定，早期主要取材于天然原料，如羊毛、大麻、大树棉花、木棉等，这类织品也是最具有地方特色的产品类别，并被一直保持和延续下来，成了著名的地方产品；一部分则主要是由外来技术传播影响而形成的养殖蚕桑、种植棉花等，尤其在元明清时期，形成了棉纺织业与丝类织品较广泛的出现。②元明清时期滇西纺织业呈现出如下特征：

第一，滇西以永昌一带为核心，其羊毛织品的种类明显比其他地区要多。滇西地区的羊毛织品在南诏大理已有品种的基础上有所扩展，出现了名目更为繁多的各种叫法，如毡、越毡、氆氇、毡服、毯、毛段、毛褐、立绒、抓绒、羊毛布、羊毛线、白氎布、摆夷布等。若顾名思义，似可以认为云南以羊毛为原料的纺织品与南诏大理之前相比在加工深度上已发生了变化，从而，使其不仅在用途上进一步拓宽了范围，而且在满足人们装饰需求方面也应是有所进步的。

第二，以多种野生植物作为原料加工纺织品，形成了别具地方特色的织品

①丁柏峰：《明代汉族入滇与中国西南边疆的巩固》，《青海社会科学》2003年第1期。

②当然，永昌地区（即今保山）一带早在前一两百年其帛氎、兰干细布等纺织品在云南就已有盛名而被《史记》所记载，但永昌同时也是那时所谓"南方丝绸之路"的重要通道及商品集散地，因而其中似不能排除一种由商品交换而引致的生产技术异地交流状况的存在。然而，在早期这毕竟只是局部地区的情况。

种类。如以木棉为原料的纺织来说，有“平缅出娑罗树，大者高三五丈，结子有绵，纫绵织为白毡、兜罗锦”；“永昌出木棉树，高过屋，有十余年不换者，实大如杯，花中绵软白，可为缊絮，及毛布者，皆指似木之木棉也”；“林邑诸国出吉贝花，中有鹅毳，抽其绪，纺为布”等。又有可作枕褥的攀枝花，“木本，类刺桐。大者合抱，花若菡萏，鲜红色。结实类胡桃，土人取实暴日中，其壳自开。吐绪如绵，莹白可爱，以之夹枕褥，性极温暖，但不受纺织”。[①]而“景东、蒙化之间夷民，能织斑丝，盖亦土蚕之茧织成，紫白相间，如记所称吉贝者。刘禹锡诗‘蛮衣斑斓布’，是谓其耶？然幅窄而短，不堪作衣耳”。[②]或许上述各物在纺织时均有不尽如人意之处，但亦可见云南历史上纺织业的发展在很大程度上是享尽了地利的。

第三，滇西在纺织技术上与内地有趋同倾向。在传统纺织业技术条件下，其纺织机制作技术侧重于家庭简单适用型的设计取向。如载：“蛮织。随处立植木，挂所经于木端。女盘坐于地而织之，如息则取植及所经藏于室中，不似汉织之大占地也”。又“蛮纺。用一小胡卢如铎状，悬以小铅锤，且行且掇而缕就，不似汉纺之繁难，而汉妇亦有能之者”。[③]然而，由于其时受官府政策的倡导及内地纺织机及技术的推广的影响，显然也存在与内地相似的纺织方式，如腾冲一地“居民多务耕织”，反映了纺织业在滇西的重要性。“种艺纺织，有织大布者，机阔八尺，口诵佛号，乃织一梭”。[④]“机阔八尺”“乃织一梭”等句，则指出了滇西属于具有与内地相同的纺织技术之地区。

第四，元明清时期，滇西纺织业生产的性质尽管以自给自足为基本特征，但已经具有较大程度的剩余产品的生产能力，这不仅表现在前述的“岁输于官”或进行“纳贡”的产品生产部分，还表现在用于进行市场交换的部分纺织品商品生产的方面。如载：滇西景东一带“地不蓄桑麻，民间耕种之外，男女皆以纺织为生，每至街期，卖布匹者十居四五，有娑罗、羊肚、火麻诸名。可以想见，其时该地区至街期，街市上所卖其他诸种商品不过占十之五六，而近50%则均为纺织商

①阮元等修道光《云南通志》卷七十《食货志》六之四，物产四。
②谢肇淛：《滇略》卷三《产略》。
③檀萃：《滇海虞衡志》卷之五《志器》。
④刘慰三：《滇南志略》卷四《永昌府》。

品,并且其销场已不限于本地,而远销于周边的广大地区。因此,当时滇西部分地区纺织品的商品率应是达到相当高的水平了。[①]这亦表明,滇西就其纺织业生产的商品化程度应也是云南较发达的地区之一,而这一点从近代的情况也得以证明。

四、近代滇西纺织工业由传统向现代的转型

从整体来看,近代云南纺织业出现了两个变化:一是就纺纱的环节看,此时已大部被进口洋纱(后期部分国产纱)所替代,从而亦使手工纺织业之纺的环节基本被淘汰。如载:"云南在未通海以前,纺织业全为手工业,自通海以后,洋纱洋布源源输入,手工纺纱,除边地尚留存少许外,久已淘汰殆尽。"[②]二是就织布的环节及地区分布看,则依然是以手纺工业为主。尽管云南已经创设有大机器生产的纺织企业,然就整个纺织工业生产技术的变化情况,应该说仍是以手工纺织业为主。当时产量规模最大的云南纺织厂,其年产也仅2万多匹布;而作为手工业纺织业中心的滇西地区,仅大理一个县的产量就达百万匹。[③]此时,滇西不仅是近代纺织工业的中心之一,而且,其手工纺织工业亦出现了由传统向现代的转型。

首先,表现在组织方式上,已出现民间兴办之工场手工业,即已超越了传统以家庭副业为特色的生产组织方式而走上了专业生产的路子。如果说我国纺织业以工场手工业的方式进行集中的专业化生产在历史上就存在,那此前这种生产主要由官府支配,并以满足官府或宫廷的消费为目的,与市场无缘。近代则不然,其所逐步创设的手工纺织工厂,创办人一般均为民间之商人,产品则为市场需求而生产。如载:"下关乃大理县属,位于滇缅公路中段,为滇西商业集散地之一,该地之有织布厂,始于民国二十三年秋,首创之厂名为同祥织布厂,其创办人籍隶山东潍县,原系在下关销售潍县土布者,其所备织布机采用潍县之铁木机式,共六部,系上海造,迨后'和顺布厂'又出现,厂主亦系潍县人,仅有铁木机三部,规模更小,本地人某君又设有益华织布厂,从事纺织,规模亦不大。至二十

①陈征平:《云南工业史》,云南大学出版社,2004,第310—311页。
②张肖梅:《云南经济》,中国国民经济研究所,1942,第6页。
③陈征平:《云南工业史》,云南大学出版社,2004,第500页。

六年间，山东昌邑如月号布庄下关分庄各同人，又合伙组设庆和染织工厂，所用织机，系直接由潍县运来者，共运到十部，九月间正式开始织造，现本地四家织布厂中，以该厂规模为较大，且该厂后又自上海购到铁木机六部，尚未开动，故本地织布业，殊不发达。唯其所备之铁木机系新式之铁木机，所织之布概为宽幅之洋布及褡裢布，与其他各县所用之木机，仅能织幅宽一尺左右之窄土布者，则进步多矣。”①可见当时云南局部地区随着手工纺织业组织形式的变化，其技术方式也出现了相应的变革。

其次，近代云南家庭手工纺织业在生产技术上，亦有一进步的发展趋势。如洱源县宁北村织布“原用古机，现用时机，每机日出布一件。”②就中说明云南一地其时对传统织机也进行了一定程度的技术改进。另一种较普遍的情况，则是近代对外地织造技术的引入。如马龙县“民国四年，由前实业公所于奎阁建设局内附设平民工厂，聘请四川技师教习织布，织花纹垫单，织棉手巾。”又有腾冲“土人向能纺线织大小布。至民国三年，实业所设公所，聘四川工匠改织花布、手巾、袜子，现已逐渐推广。和顺送徒到日本留学，回腾亦设立工厂。原料因近年洋纱充斥，无论白布、花布、手巾、袜子俱用洋纱。”③由于洋纱质地均匀，似乎对该种原材料的广泛使用，在当时也被视为一种技术进步的表征。如大理县境内各村所织之布“昔用土纱，清光绪间，川人来榆，改用土纱，众效之，出品日渐进步，匀净远胜往昔，布幅亦加宽。”④其中发生改变的亦有对国外染料的使用，如麻栗坡特别区的“纺织之法，悉照旧日，器具尚未改良。唯染业原系用土靛、木缸，今改用洋靛，而土靛仍兼用。”⑤又有腾冲之“染业，城保、大董、北练等处向用土法染成，初用本土或保山大靛，现用外国靛精，多青兰色。”“清初山东人到腾教授小西、松园各姓，以羊毛制造，染成各花色。年出二三百驮，多运销缅甸。”而在衣服缝制方面，其“城保妇女向习裁缝，在城市设肆者，近多大理、鹤庆人。向凭手工缝纫，设肆者近兼用机器。”⑥显然，当时滇西腾冲的织染业是较为发达的，

①张肖梅：《云南经济》，中国国民经济研究所，1942，第 19 页。
②云南通志馆《续云南通志长编》下册，云南省志编纂委员会办公室，1985，第 522 页。
③同上书，第 511 页。
④同上书，第 518 页。
⑤同上书，第 529 页。
⑥云南通志馆《续云南通志长编》下册，云南省志编纂委员会办公室，1985，第 512 页。

甚至衣服的缝纫也出现了对机器的应用，并以设立店铺的方式向着专业经营的方向转化。

再次，传统手工纺织业在总体发展上所表现的情况是：以本地原料及原有品种延续的土布生产，其规模日渐萎缩；而以洋纱作为原料的手工织布业，由于品种及产品品质的改良，其规模则有着逐渐扩大的趋势。先就前者来看，如载：永仁县“仁和镇前产棉花，故土布出产甚多。自洋纱输入，棉花已无人种，织布人亦减少。现买洋纱以木机制之，年出三千余件，值银六千元。该地布匹，在前销路甚广，近似不求改良，货品日劣，殊为可惜。”又有嵩明县“白龙乡制粗布，现被机器压迫，日渐减少。”[①]屏边县“西区、南区皆产棉花，乡间妇女，多能织造。现洋纱、洋布充斥，土布除少数农家自织穿用外，已无销路，故织者日渐减少。”[②]曲溪县“在前清时，所有江岸两旁之家，妇人均从事纺织，唯系旧式织机，所出土布，极为坚固，蚊帐亦著名，可销行外县。近因洋纱、洋布盛行，而纺织事业遂置之不讲。若能从事提倡，改旧式机为新式机，则曲溪之棉布足可自给。”[③]可见当时的确存在对旧的传统手工业提出改造之要求，即尽管同属手工业，但其中无论是技术环节，抑或产品之品种品质方面，比前均有所进步，而时人也看到该发展趋势，如果原有生产大户不做出积极应对，被淘汰亦在所难免。再就后者观之，即进行技术改良地区其纺织业有所发展的情况，有“楚雄县手工业以布为突出，其品类繁多，如小改良布，系清光绪十六年夏知府提倡工业，发给纺车，令民间妇女自纺自织，现多自购洋纱制造，每日出四十余件，每件价约一元；细大改良布，系光绪二十七年黄知县开办纺织局，乃用洋纱织细大改良布，每日出二十余件，每件价二元；粗大改良布，乃民国八年十二月一日改办平民工厂所织，日出二十余件，每件价一元八角；粗大合面布，系民国二十年九月二十六日成立织布工会后所织，日出十余件，每件价约三元……”[④]又有马关县“现改用洋纱织造，织机逐年增加，出品等第亦颇整齐。分头、二、三庄，……年出约一十二万匹，

①云南通志馆《续云南通志长编》下册，云南省志编纂委员会办公室，1985，第 520 页。
②同上书，第 524 页。
③同上书，第 527 页。
④同上书，第 522 页。

值国币一十五万元，推销越边各地。”[①]永善县“民国三年因广布不能至永贩卖，井田乡、黄葛树等处人民故购纱自行编织。今虽不能供给社会，然亦稍具雏形，现织布日多一日，具有推及他乡之势。”[②]由此可以看出，对近代所谓“传统纺织手工业破产”之说，似还需具体分析，不能一概而论。详细而言，纺纱的环节由于洋纱的冲击确已濒于破产，但织布的环节若能做出相应的技术及品种改良，一般生产规模都日渐扩展，甚至在较短时期就发展成为当地手工业之主导产业。

第三节　滇东北多民族集聚地区的矿业工业

一、历史上滇东北连接内地的区位优势及民族分布

滇东北指的是今天云南省东北部的昭通地区和曲靖地区（含寻甸和东川），这里北临金沙江，与四川为邻，东接赤水河，与贵州为界，向南与文山州、红河州接壤，向西与省会昆明市相连，自古以来便是中原文化进入云南的重要通道，是我国著名的“南方丝绸之路”的要冲，素有“入滇门户”“云南咽喉”之称。汉武帝元封二年（前 109 年），在原滇国地设益州郡和 24 个县，郡治滇池县（今晋宁）。元初置乌蒙路，后又置东川路，至清代设昭通、东川两府，东川府曾改隶四川行省，至雍正四年（1726 年）将东川从四川划入云南，清王朝对两地实行大规模的改土归流，在滇东北地区推行招民屯垦政策，开发滇东北经济，有了长达百余年的铜矿开发史。截至 1988 年，滇东北地区所辖的昭通地区，下辖昭通市和鲁甸、巧家、盐津、大关、永善、绥江、镇雄、彝良、威信、水富 10 县；曲靖地区辖 1 市 7 县，即曲靖市和马龙、宣威、富源、罗平、师宗、陆良、会泽 7 县，东川和寻甸彝族自治县后划归昆明市管辖，总面积为58 516 平方千米。[③]

云南与中原有关疆域上联系的最早记载，见于战国时期的著作《禹贡》，从

①云南通志馆《续云南通志长编》下册，云南省志编纂委员会办公室，1985，第 523 页。
②同上书，第 525 页。
③云南省地方志编纂委员会编《云南省志·地理志》，云南人民出版社，1998，第 7 页。

该文所绘制的九州地图看，其时，滇东北一带已属于梁州的辖区范围。[①]据司马迁《史记·西南夷列传》记载："始楚威王时，使将军庄蹻将兵循江上，略巴、黔中以西。庄蹻者，故楚庄王苗裔也。至滇池，方三百里，旁平地，肥饶数千里，以兵威定属楚。欲归报，会秦击夺楚巴、黔中郡，道塞不通，因还，以其众王滇，变服，从其俗，以长之。秦时常頞略通五尺道，诸此国颇置吏焉。十余岁，秦灭。及汉兴，皆弃此国而关蜀故徼"。[②]这段史料记载了战国时期楚国的军事势力曾深入至云南的滇池地区一带，楚将领庄蹻因秦兵攻打楚属的巴、黔中郡而未能返回，凭其军事实力在滇称王。秦始皇统一中国后，派常頞修筑从四川宜宾经盐津豆沙关至昭通的道路，即自今宜宾经昭通至曲靖，以抵达滇池区域，因道广五尺，所以被称为五尺道。[③]秦朝当时所设置的郡县，基本上就在"五尺道"沿线。[④]这条路与今宜宾市往西南经昭通地区而贵州威宁以达曲靖的公路线相当。五尺道开辟以后，密切了蜀、滇两地的经济和文化联系，奠定了滇东北连接内地的区位优势。

自新石器时代以来云南的考古发现亦能说明，滇东北毗连内地的区位优势，使得这里成为汉族移民最早进入的地区，移民的进入亦为该地区带来了较为先进的生产力和生产方式。在滇东北，早在汉晋时期即有可考的汉族移民事迹。方国瑜先生认为，有关云南的史料显示，汉晋时期来云南的汉族移民，主要集中在滇东地区。[⑤]从一般记录来看，所谓的南中大姓，是著籍在南中的汉族移民。

早在新石器时代人们便可从滇东北地区的制陶工艺上发现其受中原文化影响的因素。如：地处滇东北的宣威市尖角洞遗址"在采集的 167 块陶片中，夹砂灰陶占到 85%以上，其次为夹砂黑陶和少量夹砂红陶及泥质灰陶"。像罐类则也"多素面，（但）陶质粗糙，火候较低"，"纹饰有网纹、方格纹、直线纹、斜线、

---

①王镇九：《中国上古各地物产》，载《食货半月刊》1934 年 7 月 16 日版，转引自陈征平：《云南工业史》，云南大学出版社，2004，第 54 页。

②《史记》西南夷列传，卷一一六。

③杨毓才：《云南各民族经济发展史》，云南民族出版社，1989，第 160—161 页。

④尤中编《云南地方沿革史》，云南人民出版社，1990，第 9 页。

⑤方国瑜：《方国瑜文集》第一辑，云南教育出版社，2001，第 304 页。

绳纹、弦纹及附加堆纹等”。尽管这是属于新石器时代中期偏晚的陶器类型，在制作特征上却似乎又具有了某些与内地晚期相同的特点。从陶器的纹饰特征来看，从滇东北地区的几个晚期遗址中“出土的陶器主要为一种夹砂灰陶，有些表面打磨光亮，外敷一层黑色陶衣”。这似乎有一种适应内地陶质及审美变化的内容在里面。而且“器物以素面为主，有些肩部有印纹一圈或弦纹数道”，这点则与内地新石器时代晚期陶器纹饰的变化是趋于一致的。滇东北由于历史上与川楚地区相邻，地理条件的便利亦使其比云南其他地方与内地有着更为密切的经济联系，因而在陶器制作上更接近于内地的发展变化也是不足为怪的。①

如，云南考古发掘发现，东汉以来用砖砌的墓室在滇中、滇西和滇东北同时存在。然而，从时间上来看，滇东北地区的砖砌墓葬要略早，如 1964 年在昭通白泥井发现的东汉早期砖砌墓室，是最早使用砖砌的墓葬；在其他地区发现的墓葬基本上都是东汉中晚期。从砖砌墓葬的数量来看，滇东北地区有 4 个，滇西有 3 个，滇中有 2 个；从砖的型制来看，滇中、滇西和滇东北发掘出的砖，都带有复杂的画像或纹饰，但由于地域不同，在花纹的装饰上又有所差别。滇中与滇西地区所用砖的纹饰多为复杂的几何图纹，而滇东北或许在地域上与中原连接的紧密性，其在用砖的型制上更多地受到当时内地风气的影响，如画像砖的使用及陪葬器皿的种类都表现出与内地的一致性。②

再如，云南铸币工业始于明代嘉靖年间，是随着皇朝中央一体化进程，在资源条件及矿业开发的基础上发展而来的。对于中原地区而言，“至周有泉，秦乃废贝行钱”。然而，对云南而言，基本是以海贝作为货币的。南诏大理的独立政权时期，由于经济发展自成一体，则更促成了其货币流通自成体系的格局。直到元代，云南也仍延续着以海贝作为主要货币的状况。然而，因滇东北毗连内地的区位优势，中原铸币在此地的流通最早可追溯至汉代，考古资料显示，“云南面东的一带，尤其是滇东北地区也有大量中原铸币的出土，这表明当时亦有流通铸币者”。③另外，云南铁器的出土，主要集中于滇东北、滇中，以及滇西一带，这或

①陈征平:《云南工业史》，云南大学出版社，2004，第 29 页。

②同上书，第 113—116 页。

③同上书，第 276 页。

许表明当时上述地区由于地理条件或生产发展水平较高，而在云南所具有的一种政治与经济的优势地位。

滇东北地区自古以来便是多民族杂居之地，因其具有“入滇门户”的区位优势，使之亦成为汉族人口最早进入云南的区域，是汉族人口比重最高的地区。如：1982年第三次人口普查时，昭通市汉族约占85%，少数民族约占15%；东川市汉族人口占总人口94.4%，少数民族占5.6%；曲靖市汉族和少数民族分别占总人口的96.7%和3.3%，是省内少数民族比重最小的城市。[①]少数民族中彝族、回族、苗族占比最高，此外，人口较多的少数民族还有白族、纳西族、壮族等。

据尤中先生研究，汉晋时期在滇东北生活的僰族，是“西南夷”中经济、文化发展水平最高，与汉族直接接触的时间最早的一个民族。[②]到南北朝时期，迁入云南的汉族“豪民”势力“恩信著于南土”，“为夷、汉并所服”，在滇东北和滇中一带形成“大姓”，文献记录中，凡有“大姓”活动的地方，便不复有僰族单独活动的记载，汉、晋时期先后进入“西南夷”中的汉族人口，后来都逐步融入僰族之中，僰、汉族完全趋于融合，形成“白蛮”，即白族，也就是僰族。[③]汉晋时期，与僰族杂居的叟、昆明族的各个部分，南北朝以后逐渐分化和重新组合，其中有一大部分即被称之为“乌蛮”。《蛮书》卷四说：“东爨，乌蛮也。”他们分成许多部落，一部分穿插在“白蛮”的聚居区内，他们聚居的中心地带，即今滇东北、滇东与黔西相连接的区域。[④]他们中的绝大部分成为近代彝族的祖先。[⑤]其后，“乌蛮”（彝族）贵族蒙舍诏统一云南，建立南诏，其辅佐大臣则绝大部分是“白蛮”中的贵族分子。继南诏之后的长和国、天兴国、义宁国、大理国的统治者都是“白蛮”（白族）中的贵族。元、明、清时期云南各民族的分布区域互相交错的现象，已经与近现代基本相同。元代随蒙古军队新进入云南的蒙、回、汉族人口，在今保山市以东，元江以北的交通沿线定居下来，形成了云南境内的回族。明代以后新出现的民族情况是：有多达百万人的汉族人口以军屯、民屯、商屯3种方式大规模入迁

---

①云南省地方志编纂委员会编《云南省志》地理志，云南人民出版社，1998，第170—178页。
②尤中编《中国西南的古代民族》，云南人民出版社，1980，第23页。
③同上书，第29页。
④同上书，第76页。
⑤同上书，第44页。

云南,任何一个土著民族也不可能再把迁入的汉族人口融合进去,只有一些土著民族不断融入汉族之中,从而根本上改变了云南的民族构成。从明朝到清朝,整个云南都逐渐成为汉族与各少数民族的共同杂居区。汉族人口分布面的发展,是从东北向西南部和南部边疆推移。[①]而汉族人口所到之处,一般是与原地的少数民族共居,并没有把任何一部分少数民族赶走。所以,直到近代,在靠内和边疆靠内地区,仍然是汉族与原来的各土著少数民族的共同杂居区;怒江和澜沧江下游以西,元江以南的边疆地区,依旧是原来的各土著少数民族聚居区,汉族人口较少。这种状况是元、明、清遗留下来的。作为“云南咽喉”的滇东北地区,汉族人口比重明显高于其他地区便不足为怪了。

二、滇东北早期青铜器出土显现的矿业发展端倪

恩格斯在论及人类野蛮时代工业的发展状况时曾指出:“在这一阶段工业的成就中,特别重要的有两件:第一是织布机,第二是矿石冶炼和金属加工。铜、锡以及二者的合金——青铜是顶顶重要的金属,青铜可以制造有用的工具和武器,但是并不能排挤掉石器。这一点只有铁才能做到,而当时还不知道冶铁”。[②]可见,恩格斯对青铜以及金属冶炼所蕴含的社会意义的重视程度。

青铜是以铜和锡为主要成分的合金。青铜时代在考古学上是继红铜时代之后,铁器时代之前的一个时代。人类于铜石并用时代,铜器的原料主要是红铜,红铜质地较软,作为制造工具的原料其硬度不够,因而尚不能完全取代石器工具的制造与使用。后期,正是基于对铜锡合金的认识,人类真正进入了青铜时代。在中原地区青铜时代经历了约 3 000 年,而云南的青铜时代则仅经历了 1 200 多年,便较快地掌握了铁器生产和应用的技术。在一定意义上,青铜中掺入锡量的高低决定了青铜硬度的强弱。而能够在什么程度根据不同器物的需要,人为地控制掺锡的比例,则又体现了青铜器生产技术水平发展的不同阶段。从理论上讲,“铜与锡能形成置换固溶体和电子化合物,一定程度上可起到强化金属基体的作用。在一定范围内,铸造锡青铜的含锡量增加,强度和硬度就或缓

---

①尤中编《中国西南的古代民族》,云南人民出版社,1980,第 199 页。
②恩格斯:《家庭、私有制和国家的起源》,人民出版社,1999,第 167 页。

或急地增加：当含锡量达 25%左右时，合金强度达最大值；含锡量达28%左右时，硬度达最大值。……所以，以锡为主要合金元素在此便具有重要的技术意义”。[①]可见，人类远古时期在石器工具制作、使用的基础上发现了青铜，并通过青铜器的制造使之逐渐取代了石器工具占的主导地位，这无疑标志着人类对自然的物质世界的了解与利用又迈出了具有实质意义的一步，即在对初期天然石块进行直接开发利用的基础上，第一次出现了对矿石资源利用从深度上进行了再创造的活动，进而通过资源使用质量的提高又一次拓展了生存资料来源的空间。而且，初期对青铜的冶炼与加工，显然亦为后期铁的生产与应用奠定了必要知识与经验基础，远古社会生产的历史也是循着石器→铜器→铁器为时代特征而发展演化的。因此可以说，早期人类正是通过对铜、锡等矿物质的冶炼与铸造技术的发明创造，开启了矿冶产业发展之先河。[②]

与新石器时代相比，青铜时代云南工业门类在适应生产需要的基础上产生了新的工业门类，即主要以铜器生产为主的工具技术制造门类，并促成了矿冶与铸造工业部门的产生。

《汉书·地理志》《后汉书·南蛮西南夷列传》等史籍中有记载为青铜器原料来源产地的，几乎遍布云南全省各地区，如：“俞元（今江川、澄江），怀山出铜”；“律高（今弥勒县南部一带），西石空山出锡，东南盢町山出银、铅”；“贲古（今蒙自、个旧），北采山出锡，西羊山出银、铅，南乌山出锡”；“来唯（今红河、元阳、绿春一带）出铜”。哀牢（滇西南一带），出铜、铁、铅、锡、金、银”，“越嶲郡青蛉县（今永仁、大姚一带）产铜”。[③]滇东北地区亦有记载，据《华阳国志·南中志》记载：堂琅县（今会泽、东川、巧家）“出银、铅、白铜”。[④]《续汉书·郡国志》记载：“朱提（今昭通），山出银、铜。”另有研究指出：“东汉产铜最丰的是犍为郡朱提县”。[⑤]堂琅县、朱提县在汉代均属犍为郡，包括今会泽、东川、巧家、昭通、鲁甸、大关、永善、彝良、盐津等滇东北地区。

①何堂坤：《滇池地区几件青铜器的科学分析》，《文物》1985 年第 4 期。

②陈征平：《云南工业史》，云南大学出版社，2004，第 38 页。

③同上书，第 66 页。

④同上。

⑤祝慈寿：《中国古代工业史》，学林出版社，1988，第 72 页。

另有研究认为，出土于中原的商代妇好墓部分青铜器的矿料不是产自中原，而是来自云南某地。这就证明了，早在3200年前，云南的铜矿资源就已经被开发利用了。1992年，对春秋至西汉晚期的关于云南早期铜鼓矿料来源的铅同位素考证分析的结论为："云南早期铜鼓的矿料几乎都来源于滇西至滇中的滇池一带"，甚至云南铜鼓之最原始者——万家坝所出铜鼓矿料的产地也就在"万家坝型铜鼓的分布地区内"。[①]由上可以说明，云南古代的青铜器生产是建立在自身资源条件的基础之上的，尽管与内地相比其发生时间较晚，但一旦其发展的条件成熟，所创造的青铜文化不仅具有自身的优越性，而且是民族文化特色的充分表达。

在云南楚雄万家坝青铜时代古墓群的发掘中，曾一次"出土青铜农具142件，其中铜锄99件；又1号墓出土青铜农具82件，其中铜锄54件；此墓所出青铜农具已有固定组合，既四方形铜锄、长条形铜锄和铜斧各1件置于一处。这种组合表明它们各自已有明确用途。金属农具明显分工，当是农业经济日益发展的重要标尺"。[②]可见于云南青铜时代，其青铜农耕用具在农业中的应用也是极普遍的，否则不会有那么多的随葬品，并且一次出土如此数量的青铜农具，"在我国青铜时代墓葬中甚为罕见"。[③]这其中或许说明云南在青铜器农具的应用方式及使用的程度上，与中原地区相比有着自身的某些特点。

云南各地区出土的青铜器，到目前为止已近万件。滇池区域青铜器物的生产时间虽然比其他地区晚，却代表了云南青铜器生产的最高水平。滇东北亦有个别地区发现少量青铜器，然器物型制上并无文化类型的特殊性，甚至有的亦是"滇池地区青铜文化中常见的典型器物"。[④]而从该地即昭通桂家院子东汉墓的发掘来看，则又表现为"具有相当的汉文化水平，证与墓中的礼俗制度，也和内地无异"。[⑤]这或许表明因其自身所具备的资源禀赋显现出矿业发展的些许

①李晓岑等：《云南早期铜鼓矿料来源的铅同位素考证》，《考古》1992年第5期。

②张增祺：《青铜文化研究》，载云南省博物馆编《云南青铜文化论集》，云南人民出版社，1991。

③李昆生、张增祺：《云南青铜文化之探索——代序言》，载云南省博物馆编《云南青铜文化论集》，云南人民出版社，1991。

④扬晖：《云南宣威市发现青铜器等文物》，《考古》1996年第5期。

⑤云南省文物工作队：《云南昭通桂家院子东汉墓发掘》，《考古》1962年第8期。

端倪。不过,从云南青铜时代出土的大量器物来看,滇池区域是青铜时代铜矿开发、矿冶铸造的中心,滇东北地区铜矿资源的大规模开发始于清雍正朝,为满足全国铸币工业需求而由王朝政府推动持续了百余年的铜矿开发史。

三、清代滇东北由皇朝中央推动兴盛百年的铜矿开发

清代是云南历史上社会经济曾得到一个飞跃发展的时期,其原因是为满足清朝商品流通对铸币的需求,而启动了百余年大规模开发滇东北铜矿资源。云南其时作为清代铸币工业原料的重要来源产地,"滇铜之用,几遍天下",对全国商品流通中所需货币及整个经济的平稳运行方面,具有举足轻重的地位。这一时期,不论与元明朝相比,还是仅就该时期各类矿产的开采来看,铜矿均显示出相当重要的地位。元明时期对铜矿的开采不过一两千斤的生产规模,清代则在近一个世纪里,其产量都保持了上千万斤的规模,这在同期各矿的开采中亦独领风骚。再从金矿、银矿、铁矿 3 项看,或许由于之前的长期开采而使资源已近枯绝,使清代始终没能达到前两朝的水平;或许也与清代由于货币形态的发展已转向铸币的形式,而对金和银的开采有所忽略有关。铁矿则好像历来不属于云南矿产资源的富源,因而只在元代达到了 10 多万斤的水平,明清以后仅是聊补空缺,并不占有什么地位。总之,清代对云南矿产的开发,尤其是铜矿的大规模开采,于当时不仅带动了本省铸币、交通、运输、商业等行业的发展,也使云南的传统产业结构中的矿业占据了重要的位置,并成为仅次于农业而得到较为长足发展的产业部门之一。

(一)滇东北铜矿开发的规模

清王朝对滇东北铜矿的开发经历了开始、发展、极盛和衰落 4 个阶段,在不同的阶段,滇东北铜矿开发的规模亦不尽相同。

从康熙二十一年(1682 年)至雍正四年(1726 年)是清王朝开发滇东北铜矿的开始阶段。康熙二十年(1681 年),清军入滇平息吴三桂叛乱后,在云南留驻了大批绿营兵,由中央王朝调拨大额军饷显然存在困难,与此同时,由于铜原料缺乏,使得国内市场上银铜兑换比例为 1:0.7—1:0.8,有时甚至更低。在这种情况下,就地开发云南丰富的铜矿资源,以满足市场上对铜币的需求,显然符合清初期的国家财政与社会经济状况,因而,当康熙二十一年(1682 年)云贵总

督蔡毓荣上《筹滇十议疏》,其中的《筹滇理财疏》提出解决云南财政困难的办法是“广鼓铸”和“开矿藏”,便得到了认可,遂即开启了清代云南铜矿开发之历程。

蔡毓荣提出的经营方式是“听民开采而官收其税”,在资金筹措与税收征管方面,主张“广示招徕,或本地殷实有力之家,或富商大贾,悉听自行开采,每十分抽税二分,仍委廉干官监收,务绝额外殊求,额内侵隐之弊。凡有司招商开矿,得税一万两者,准其优升;开矿商民上税三千至五千两者,酌量给予顶带,使之鼓励”。[①]可见,这是奖励民间和有关政府官员投资开发滇东北铜矿的举措。

云南地方政府“广示招徕”,且深得历届地方官员的积极支持,江西、湖南、湖北等地的巨商富贾携资来滇,竞相投资铜矿开采。这可以从商人会馆的数量和分布区域得到佐证。据研究,康熙至乾隆年间是云南商人会馆发展的首个高峰期,康熙年间云南的商人会馆数量约为16所,经过雍正年间的发展,至乾隆年间已增长为70余所。其中至少有50所建于乾隆年间。嘉庆至道光年间云南商人会馆发展速度减缓,新增会馆十余所,这与滇东北铜矿开发的发展阶段大体一致。从清代云南各府、直隶州、直隶厅会馆数量统计表可以看出,在昭通府、东川府设立的会馆分别有28个、23个,其数量不仅遥遥领先于省内其他地区,甚至是当时省会云南府的2倍。[②]足可见滇东北铜矿开发对人才、资金的吸附能力。据统计,到康熙四十四年(1705年)共有17个铜厂开采,[③]从康熙二十二年(1683年)至四十五年(1706年)的20余年间,云南全省额定的官铜数不过120余万斤。不过,跟前两朝相比,已经是有很大的发展了,如:元代铜课为2 380斤,明代铜课更少,仅为1 080斤。据此估计,此期铜产量至少有13 800吨。

从康熙四十四年(1705年)至乾隆初年是滇东北铜矿开发的发展阶段,其主要解决了以往“听民开采”铜矿生产过程中对流动资金内在的需求问题,逐步形成和落实“放本收铜”经营方式。具体而言,从康熙四十四年(1705年)到雍

①蔡毓荣:《筹滇十议疏》第四疏,议理财,载方国瑜主编《云南史料丛刊》第八卷,云南大学出版社,2001。

②马晓粉《清代云南的商人会馆及其经济影响》《思想战线》2014年第5期。

③严中平:《清代云南铜政考》附录第一表,中华书局,1957。

正四年(1726 年)开始实行“官治铜政”,虽然囿于其地方性生产的特点,其时生产量以满足本省鼓铸的需求为主，但已出现逐步增长的势头。雍正四年(1726年)清王朝将明洪武年间隶属四川省的东川军民府改隶云南省,次年置会泽县,隶东川军民府。此时的东川府(辖今天之昆明市东川区、昭通市巧家县和曲靖市会泽县)仍属于“方隅广阔,地土肥饶。昔遭流寇之后,半未开辟”的蛮荒之地,而昭通府和镇雄州(今昭通市镇雄县)当时还是彝族土司统治的半农半牧的社会。清王朝对两地实行大规模的改土归流,在滇东北地区推行招民屯垦政策,开发滇东北经济,有了长达百余年的铜矿开发史。这一时期也是“官治铜政”由地方性生产向全国性质生产转化的时期,其“放本”的资金来源则由地方预算向中央预算过渡,亦呈现了一种上升的趋势。①

据《清史稿》所载,此时云南铜矿的生产经营情况是这样的:“雍正初,岁出铜八九十万,不数年,且二三百万,岁供本路鼓铸。及运湖广、江西,仅百万有奇。乾隆初,岁发铜本银百万两。四五年间,岁出六七百万或八九百万,最多乃至千二三百万。户、工两局,暨江南、江西、浙江、福建、陕西、湖北、广东、广西、贵州九路,岁需九百余万,悉取给焉。矿厂以汤丹、碌碌、大水、茂麓、狮子山、大功为最,宁台、金钗、义都、发古山、九度、万象次之。大厂矿丁六七万,次亦万余。近则土民,远及黔、粤,仰食矿利者,奔走相属。正厂峒老砂竭,辄开子厂以补其额”。这也就是说,由于政府采取了“放本收铜”经营方式,从雍正五年(1727 年)开始，官铜收购数量迅速增加到 400 万斤左右，滇东北地区铜年产量应在500万—550 万斤左右,这主要是滇东北几个大厂开发的结果,其中,几个大厂合计平均每年产量应在 350 万斤以上。据此推算,这一时期滇东北地区产铜总量约为 75 000—82 500 吨。

从乾隆初年至乾隆三十八年(1773 年),是滇东北铜矿开发的全盛阶段,滇省铜矿的生产就已从一种地方的性质而逐渐发展成为清皇朝中央实行“官治铜政” 的时期了。而“铜本”列作清政府的岁出项目,应是始于乾隆三年(1738 年)五月以后,因为当时有张允随“为奏明办解京铜事宜,以速鼓铸事”中建议滇铜开采之“工本银两宜预拨协济”一条,从而形成了“岁发铜本银百万两,四五年

①陈征平:《云南工业史》,云南大学出版社,2004,第 265 页。

间，岁出六七百万或八九百万，最多乃至千二三百万。户、工两局，暨江南、江西、浙江、福建、陕西、湖北、广东、广西、贵州九路，岁需九百余万，悉取给焉”[①]的局面。由此亦可进一步看出，正是由于官府以“放本”的方式对当时云南铜矿业所给予资金支持，云南铜矿才能在不长的时期内便获得了甚至几倍的增长幅度，并在近1个世纪的时期内均保持了这种较高的生产水平。

杨煜达对比分析严中平的《清代云南铜政考》与档案中所上报的官铜数量后认为，严著对云南官铜的估计数，误差不大，基本可信。但除了官铜，还有私铜、合法商铜存在。清中期在汉口形成每年100万斤乃至200万斤以上的铜贸易市场，主要用于铜器加工，主要来源便是云南的私铜。[②]据估算，私铜和合法商铜两者至少应占滇铜总产量的25%左右，云南铜业的生产才能正常维持。[③]据此统计，极盛阶段实收官铜72 000万斤，平均每年产官铜数为1 000万斤，平均年总产量为1 333万斤，约合8 000吨，一些高产年份的年产量应该突破了10 000吨。[④]

乾隆初年有明确记载，仅东川的汤丹一厂的官铜数即占到70%—80%左右，加上碌碌、大水沟等厂的产量，滇东北地区的铜产量应占全省产量的90%以上。除滇东北以外的大厂，只有蒙自的金钗厂一处，然而，此处所产铜成色较低，数量起伏不定，年获铜仅10万斤、20万斤至160万斤不等，其余各厂规模较小。如乾隆元年（1736年）至五年（1740年），仅汤丹一厂，年收官铜就在五六百万斤至750万斤。考察这几个年份的官铜数，乾隆元年（1736年）办铜750余万斤；乾隆二年（1737年）办铜1 008.91余斤；乾隆三年（1738年）办铜1 045.79万斤；乾隆四年（1739年）办铜942.5万斤；乾隆五年（1740年）办铜843.46万斤。乾隆三十八九年（1773年、1774年）两年“额课九百余万”。常年在采之厂有35—48所，其年办额铜1 171.44万斤，与《云南铜志》“年办额铜一千二三百万斤”的记载吻合。亦有研究指出“乾隆二十八九年等几个年份达到1 400余万

---

①赵尔巽等：《清史稿》卷一百二十四《食货五》矿法。

②杨煜达：《滇铜、汉铜与清代中期的汉口铜市场》，《清史研究》2013年第2期。

③杨煜达：《清代中期（1726—1855年）滇东北的铜业开发与环境变迁》，《中国史研究》2004年第3期。

④同上。

斤”的产量规模。由此估算，滇东北地区产铜占全省总产量的80%，即平均每年产铜在1 067万斤，合6 400吨，共生产铜243 200吨。[①]

乾隆三十八年(1773年)以后，云南其他地方铜矿相继开发。滇东北地区从乾隆三十九年(1774年)到嘉庆六年(1801年)期间，产铜量占全省总量的59.07%，即每年平均产铜787.4万斤，约合今4 724吨。[②]由此估算，此期滇东北产铜总量约为132 300吨。

至嘉庆七年(1802年)以后，滇东北地区的铜矿由于长期开采，峒老山空，柴山日远，地位才有所下降，但仍然是全省铜的最主要的产地。嘉庆七年(1802年)滇东北两府的铜厂定额为377 184万斤，占全省定额的41.16%。考虑到这一时期矿业发展停滞，但从获官铜数看并无明显萎缩，故这一时期全省年均铜产量以乾隆元年(1736年)到嘉庆十六年(1811年)的平均数的95%来算，即每年全省总产量在1 267万斤，滇东北地区的平均年产量在521.2万斤，约合3 127吨。这一时期约共生产铜168 900吨。咸丰五年(1855年)云南回民起义，战乱长达18年，导致云南矿业停顿，战后始终没有得到很好的恢复重建。

从上述分析可以看出，从清初至咸丰五年(1855年)回民起义发生之前的170余年间，云南铜矿开发从“听民开采”到“放本收铜”，规模持续扩大。据统计，从康熙四十四年到嘉庆十六年(1705—1811年)，云南全省报采厂数共140家，采厂数最多的一年是乾隆三十六年(1772年)，达46家，在滇铜全省开采的半个世纪中，常年在采厂数多在35家以上。[③]尤其是从雍正四年(1726年)到咸丰五年(1855年)130年间，滇东北地区一直是云南铜业最发达的地区，东川府有会泽县的汤丹厂、碌碌厂、大水沟厂、大风岭厂、紫羊坡厂、茂麓厂等，昭通府和镇雄州还有数个大厂矿，有从业人员7.4万余人。[④]据估算，其间，滇东北地区共生产铜64万余吨，这在近代工业革命发生之前，确实是旷古未有的铜矿生产

①杨煜达：《清代中期(1726—1855年)滇东北的铜业开发与环境变迁》，《中国史研究》2004年第3期。

②同上。

③彭泽益编《中国近代手工业史资料》第一卷，中华书局，1962，第349—351页。

④赵文红：《17世纪后期至19世纪中期云南矿冶业长足发展的表现》，《思茅师范高等专科学校学报》2004年第2期。

之规模。

(二)铜矿开发对满足全国铸币需求的状况

清代开发云南铜矿,除一部分私铜用于铜器制造外,其主要用途是满足全国铸币对铜材的需求。这其中包括滇铜运京以满足京师宝泉、宝源二局的铸造使用、运销国内十余省满足铸币需求和在云南就地鼓铸铜钱运京3个方面,用铜总量占到滇铜产量的80%左右。

清代实行银钱并用的货币制度,并使统一货币的流行范围达到了空前的规模。据估算,清政府京局和各省铸息岁入可达40万两,约占总岁入的3%。[①]清初,京师的宝泉、宝源两铸局铸币所用之铜"几乎全部来自日本"。然而,随着日本铜业的逐渐衰落,遂采取限制出口措施,致宝泉、宝源二局"铜荒"日重。到康熙二十年(1681年)清政府平定云南时,国内市场上银铜兑换比例为1:0.7—1:0.8,有时甚至更低。铜币的缺乏,严重影响了商品经济的发展。时任云贵总督的蔡毓荣上《筹滇十议疏》,提出"广鼓铸"和"开矿藏"举措,这既可以解决云南的财政问题,还可以缓解全国铸币铜源紧缺的现状。正是在此背景下,清政府决定开发云南铜矿资源,其时,清政府仍实行矿禁,"一枝独秀"的云南铜矿在此背景下进行开发,主要是出于维持全国币制和社会经济稳定考量。赋予云南少数民族经济的开发以全国性的重要意义。

随着滇铜的开发,云南余铜日多,经核算,"洋铜至京,每百斤价十七两有半;滇铜仅十二两有奇(内运费三两),价大省。"[②]清政府决定"停购洋铜",拨滇铜运京。从雍正初年始至乾隆三年(1738年),北京宝泉、宝源两局的铸币铜料已全部转用滇铜,滇铜就取代了洋铜。尽管此时清政府铸币的营利性质已逐渐减弱以至消失,但出于维持钱法和稳定全国经济之计,清政府亦不得不加速以铜为重心的云南矿冶开发的进程,出现了震古烁今的滇铜运京壮举。最初滇铜年京运200万斤,乾隆三年(1738年),户部厘定运京滇铜633.144万斤,由此核算,乾隆朝至嘉庆十五年(1810年)的70年间,运京滇铜达44 320万斤,但实际上运京滇铜并非恒定数字,据道光《云南通志》《云南铜志》和乾隆《东川府志》记

---

①陈庆德:《清代云南矿冶业与民族经济的开发》,《中国经济史研究》1994年第3期。
②王庆云:《石梁余记》卷五,北京古籍出版社,1985。

载，乾隆三年（1738 年）仅实际转运200 万斤，乾隆四年（1739 年）为 444 万斤，乾隆五年（1740 年）实际从云南转运的京铜最高可达 730 万斤，这之后，运京滇铜数量通常超过了额定数字。乾隆中期京运滇铜实际数量更大，在 764 万斤左右，嘉庆年间曾达 797 万斤之多，据研究，京运滇铜也高达 749 万多斤。[①]因此，可以肯定云南铜业的发展与繁荣，与京运滇铜铸币的刺激关系密切，其中，滇铜京运部分占到了全省产量的一半甚至更多。声势浩大的滇铜京运，在乾隆朝达到了顶峰，除咸丰年间由于战事停止外，直到清末都有，只不过是清中叶后运京的铜量没有清中期的多罢了。

据严中平《清代云南铜政考》载：清代云南铜矿分布很广，遍及滇南、滇北、滇东等地区，最密集的是在滇东北地区，其中，以东川府所属汤丹、碌碌二厂产量最多，约占全省总产量的 70%以上。加上滇东北地区的其他厂矿，运京的滇铜占到了 80%以上，甚至有的年份高达 90%以上。可见，运京滇铜的主要产区是滇东北，百余年间有约 45 万吨由此运京，以满足京师铸币需要。

滇铜除了满足京城宝泉、宝源二局铸造铜钱的需要，还供应着云南各铸局和江苏、浙江、陕西等 11 省的采买，其主要用途也是铸币。

云南设局铸造始于明代嘉靖年间，清代铜矿开发规模的扩大，铸造用铜数量亦有显著的增长。朝廷选择开设铸局的地点一般均考虑生产成本、货币运送地、商品经济的发展状况等因素，主要集中在滇中、滇西、滇东及滇东北一带，均为产铜地区或运铜的沿线，即原料产地与商品销场的距离最短的原则，显然这种布点是符合生产力布局的客观要求的。据严中平《清代云南铜政考》统计，自乾隆五年（1740 年）至嘉庆十五年（1810 年），云南鼓铸用铜总量为 11 294 万斤，年均约 166 万斤，最高年份接近 400 万斤。

云南铸币工业的产生与发展均属官府行为，从其最终产品的投向看，本省自用所占比例甚小，主要产品是供给外省，因而该行业具有全国统一市场意义的工业门类性质。如载：雍正四年（1726 年），滇省“鼓铸制钱，除本省搭放流通外，以四万串发运四川、湖广、广西等，令各督抚动藩库银，每制钱一串易银一

---

①蓝勇：《清代滇铜京运对沿途的影响研究——兼论明清时期中国西南资源东运工程》，《清华大学学报》（哲学社会科学版）2006 年第 4 期。

两，交云南解官领回，接济工本”。又“粤西距京遥远，制钱从未到粤，民间所用多系私钱，每年虽有云南拨钱二万串，不敷流转，应令滇省增拨钱文”。雍正十一年（1733年），“开云南东川府局铸钱，运往陕西。户部议言：‘陕西钱价昂贵，应令云南岁铸钱十万串发往，易银还滇’”。云南铸币产量到乾隆年已近50万串，然本省所用还不到1/5，载曰：“滇省钱文因需用者众，渐觉昂贵。每年数额除拨粤西线外，存留本省者止八万二千四百余串”。[①]即全部产量的4/5强是供应省外之用。因此可以说，明清时期云南的铸币工业，从开建之初就已超出了地方、局部性生产的意义，借助于皇朝中央的力量，使其具有了跨省区的全国统一市场含义的生产性质。

此外，清代各省采买滇铜主要用于鼓铸铜钱。乾隆朝以前，各省设局鼓铸，大多以收购旧钱及废铜器皿为原料，收来即铸，铸完即停。《皇清文献通考》云：“……自乾隆五年以后江苏、江西、浙江、湖北、湖南、山西诸省各随水陆之便，分买东洋、滇南等处之铜，复行开局。”四川省钱局“因矿开铸”，所需铜料并非本省所产，而是采买滇铜。自乾隆初年至咸丰初年，除云南、四川采用本省铜鼓铸，直隶、山西两省采买洋铜鼓铸，其余江苏、江西、福建、浙江、湖北、湖南、陕西、广东、广西、贵州等10省均需来滇采办。[②]事实上，在乾隆朝开放矿禁之前，滇铜已经承担了一些省份铸币铜材需求，其时许多省份为请拨铜斤都有求于云南，但愿云南省方不存“歧视”为已足，云南每年拨交外省的铜斤，其数量几乎相当于进口日铜最高额的半数。[③]由此可见，云南的铜矿生产在当时确实具有着重大的经济和政治意义，是清王朝赖以稳定和加强统治的一种有用的筹码。

关于各省采买滇铜领运地点，乾隆十七年（1752年）规定：各省在寻甸、蒙自二铜店领运；四十年（1765年）进一步规定，上游铜厂由厂员运铜交下关店，转运省城供各省领兑，义都、青龙两处及省城下游各铜厂由各省委员赴厂领运。关于各省采买滇铜数量，据估算，乾隆、嘉庆两朝，据严中平《清代云南铜政考》

①道光《云南通志》卷七十七《食货志》八之五，矿厂五，鼓铸。
②马琦：《清代各省采买滇铜的运输问题》，《学术探索》2010年第4期。
③韦庆远：《清代前期的商办矿业及其资本主义萌芽》，载《档房论史文编》，第156页。

载:从乾隆五年(1740 年)至嘉庆十六年(1811 年)70 余年间,各省采买滇铜总量为 11 294 万斤,年均约 166 万斤。①

(三)矿业开发运输透射的地区辐射力

清代持续百余年的大规模铜矿开采,发挥了较大的产业联动功能,不仅带动了本省铸币、交通、运输、商业等行业的发展,也使云南的传统产业结构中,矿业占据了重要的位置,并成为仅次于农业而得到较为长足发展的产业部门之一。

第一,铜矿开发对铸币及其他金属加工业的促进。云南铸币工业起始于明代的嘉靖年间,时年额铸币量达 3 301 万多文。清代随铜矿大规模开发,云南铸币工业也得到了前所未有之发展,由乾隆初年省、监 2 局设炉 36 座,逐渐扩展到在东川、大理、广西、保山等府设局鼓铸,至乾隆四十二年(1777 年)全省添设的铸炉累计达 163 座。以铸息率 31.2%,每炉平均需 8 行工匠 44 人之率计算,全省铸币业雇工达 7 172 人,年产值达 316 025 两银。②因为从比较成本的角度,清廷也认为就地取材进行生产比转运到其他地方生产要划算得多,甚至可以节约近一半的成本费用。如载:"雍正十一年十一月内,钦奉世宗宪皇帝谕旨:'现今五省采办洋铜,三省采办滇铜,与其令三省办铜解部,莫若令滇省就近铸钱,运至四川永宁县下船,由水路运赴汉口,搭附漕船解京,可省京铸之半等因'"。后"经九卿议复,以'滇省铸钱解京,较之办铜解京,多有节省,行令滇、楚各督抚妥议局题'。"由此,"会题于广西府城建局,设炉九十四座,每年鼓铸钱三十四万四千余串,由广南一带新开河道,经历粤西、湖南、湖北等省转运至京"。③此后,于乾隆年间云南的铸币工业得到了更为普遍的发展。

由表 2-8 可以看出:云南铸钱工业的发展在清代有一个逐步扩大之后又渐萎缩的趋势,它的变化曲线基本与明清时期铜矿生产产量变化的走向是大体一致的。在康熙、雍正年间,云南铸币工业只有年产 17 万—34 万余串制钱的能力水平,但到乾隆年间,随着铜矿开发规模的不断扩大而使其铸币工业的年生产

①严中平:《清代云南铜政考》第二表,云南全省铜产销量估计表,中华书局,1957,第 81—84 页。

②陈庆德:《清代云南矿冶业与民族经济的开发》,《中国经济史研究》1994 年第 3 期。

③《张允随奏稿》上,乾隆三年(1738 年)二月十二日。

能力也增长到了年产约 50 万串制钱的能力水平，即其增长几乎接近 1 倍。至嘉庆年以后逐渐出现下降的趋势，想应是由于铜矿生产的衰落导致了铸币工业产量的下滑。

表 2-8 清代云南的铸币工业情况表

时期	铸局	鼓铸情况	铸钱数量
顺治		十七年(1660 年)复设各省鼓铸，云南亦令开铸，背铸“云”字，均清、汉文各一。十八年(1661 年)铸成“康熙通宝”样钱，颁发省局，依式铸造	
康熙	省城、蒙自、禄丰、沾益、临安、大理下关局等	九年(1670 年)停。二十年(1681 年)设云南省铸局，时有省局、蒙自、禄丰、大理下关等局，共设炉 36 座。二十八年(1689 年)云南省暂停鼓铸。六十一年(1722 年)又设炉鼓铸，钱式铸成“雍正通宝”，背用“宝南”二清字。并题准设四局，共设炉 47 座	以 47 座炉计算，可年产 1 692 卯，约 17 万余串
雍正	省城、临安、沾益、大理十一年东川府建局	二年(1724 年)裁云南省各局炉 7 座；四年(1726 年)裁去大理、沾益二局，只设炉 30 座，制钱除本省搭放流通外，以 4 万串发运江南、江西、湖广、四川、广东、广西等；十一年(1733 年)增设炉 28 座，铸运陕钱 10 万串(后该由东川局铸)。十三年(1735 年)停铸陕钱，样钱改铸“乾隆通宝”	年获正、耗等钱 15 万串。十一年(1733 年)始配搭鼓铸制钱 34 万余串运京
乾隆	省局、临安、东川旧局、东川新局、大理、广西府、顺宁、保山、曲靖、永昌	五年（1740 年）省局增设炉 10 座，临安增设炉 5 座；八年(1743 年)复开大理局，设炉 15 座；十二年(1747 年)省局减炉 10 座，临安减炉 8 座；十五年(1750 年)广西府设炉 15 座鼓铸；十七年(1752 年)东川局增炉 50 座，每年加铸钱 36 卯；二十一年(1756 年)东川局每年加铸十八卯；二十五年(1760 年)省局 25 炉、临安 8 炉每炉每旬于正铸之外，加铸半卯；二十八年(1763 年)顺宁设炉 8 座，每年铸钱 36 半卯；三十年(1765 年)省局每年春季正额之外加铸 9 半卯，东川新旧局各炉每年加铸钱 36 卯；三十五年(1770 年)留省局 25 炉、东川旧局炉 20 座鼓铸，其余均裁减。四十年(1775 年)复设大理、临安、保山 3 局，共建炉 35 座鼓铸；四十二年(1777 年)东川局增炉 15 座，曲靖府设炉 18 座，广西局复炉 15 座，保山局增炉 4 座，大理局增炉 3 座，省局增炉 1 座鼓铸，之后亦有增有减，至五十九年(1794 年)停各省鼓铸	四十年(1775 年）前后设有 10 个铸局，设炉数量最多年份多达 136座，即数量最多年份其年产可达 4 896 卯，约 50 万串

续表

时期	铸局	鼓铸情况	铸钱数量
嘉庆	临安、广南、东川、大理下关、楚雄、永昌	元年(1796 年)复开各省铸局,东川局暂缓开铸。四年(1799 年),临安府设炉 6 座,广南府设炉 6 座,东川府设炉 6 座,大理府下关设炉 22 座,楚雄府设炉 10 座,永昌府设炉 10 座,于五六年铸竣,节次裁撤。二十二年(1817 年)复开东川局鼓铸,设炉 10 座,二十五年(1820 年)各省鼓铸道光纪元新钱。	设炉数量最多年份设炉 60 座,即年铸 2 160串,约22 万余串
咸丰		四年(1854 年)又奏准云南省各府分局广铸制钱	

资料来源:陈征平,《云南工业史》,昆明,云南大学出版社,2004,第 279—281 页。

在清代,滇铜的主要用途是鼓铸铜钱,亦有部分滇铜用于铜器加工。据研究,这部分滇铜主要是商铜中的走私贸易部分。在乾隆三十年(1765 年)前后,汉口铜市场的规模,每年应不少于 100 万斤,多的年份应在 200 万斤以上甚至更多,其主要用途是民间铜器加工业。[①]

第二,清代铜矿开发是在满足全国经济发展基本需要的基础上而得到大规模开发的,这赋予了滇矿产品的大量行运的特点。这就在根本上推动了云南交通的开辟与发展,改善了云南省内各地区和省外各省区的交通联系。

滇铜主要产区的滇东北一带山高水险,海拔一般在 2 000 多米上下,河谷深切,人烟稀少,森林茂密,少数民族众多,社会经济发展水平较为落后,所谓"跬步皆山,不通舟楫",交通十分落后。换句话说,正是因为滇铜转运以满足京城和各省铸币用铜之需,需解决滇铜外运通道问题,清政府才着力修治滇东北地区通往各地的交通道路。

滇东北古代出入四川的道路即秦代的五尺道,唐代为石门道,是中原进入云南的重要驿道。宋代开始从石门关(豆沙关)水运通叙州(今宜宾),然而,明代由于乌蒙土司据险处自守,形成"川陆久存而榛塞"的局面。其一,清代乾隆七年(1742 年)至九年(1744 年),正是由于为转运京铜才整修了横江河道,使这条河道成为运输滇铜京运的第一线,年转运滇铜入京师 150 多万斤上下。金沙江水道水急滩多,水运一直不够通畅,直至乾隆年间在滇铜京运的急迫压力下,经过

①杨煜达:《滇铜、汉铜与清代中期的汉口铜市》,《清史研究》2013 年第 2 期。

云南地方官员公庆复、张允随等多次上奏建议，清政府才开始了历史上最大的一次对金沙江下游航道的整治工作。这次整治历时8年，不仅使黄草坪以下航道更加通畅，也一度使小江至黄草坪以下可起剥通行，金沙江下游从黄草坪一度承担了滇铜北运的150万余斤，占京运滇铜的20%多。[①]这是因滇铜京运而开辟的金沙江水道直下泸州、300余千米的水路航运，为川滇交往提供了一条便利捷径。当时仅记载从黄草坪到泸州需运船多达452只，故有"事繁费重"之称。其二，出剥隘而达广西百色的滇南通道，主要是转运各省采买的铜料。乾隆时期广东岁需滇铜40万斤，云南岁需粤盐160万斤的"滇粤铜盐互易"，就是假此道实现的。同时，它亦成为清代以来湘、黔、桂、滇的苗、壮、瑶、侗等少数民族加强区域往来，加深民族交流与联系的干道纽带。此外，因矿区多在人烟稀少、森林茂密、少数民族众多的山地，随着省内各矿区的开辟，直接促使省内各地交通联系更为频繁，各地域间的经济联系得到进一步加强。

因铜矿外运而开辟的交通，不仅带动了移民大量涌入"新辟夷疆"，而且带动了交通沿线城镇及其商贸的发展。滇铜开发对清代云南人力资源规模所发挥的影响意义最为重大。一方面，它迅速扩大了云南人口基数，并促成持续的人口超速增长。而且，来滇投资铜矿开采者多来自外省的大商巨贾，劳作者亦"非独本省穷民，凡川湖两粤力做功苦之人，皆来此求生活"。商贾负贩，百工众技，不远千里蜂屯蚁聚。从各矿厂来看，东川各厂"聚楚、吴、蜀、秦、滇、黔各民"，打槽开矿、走厂贸易而带来的移民潮涌，在更大的规模上促进了云南人口的增长。全省人丁由清顺治八年的117 582人增至乾隆三十二年（1767年）的2 148 597人，上升指数达1 827.32，其在全国丁口总数中所占比重亦由0.56%上升到1.02%。到乾隆四十年（1775年），云南人丁突破300万大关，并以每隔14—20年左右增长100万人的速度，长期保持了持续高速发展的势头。另一方面，清代滇铜的开发，给云南带来了庞大的非农生产队伍，对云南的粮食生产提出了新的需求，从而促进了云南农业经济的开发，这些都为清代云南民族经济开发提供了雄厚的人力资源基础，使其获得了持久的开发动力。

①蓝勇：《清代滇铜京运对沿途的影响研究——兼论明清时期中国西南资源东运工程》，《清华大学学报》（哲学社会科学版）2006年第4期。

滇铜转运对铜矿主产区滇东北产生了明显影响。由于金沙江航道的开凿，为护送铜运，修建了早期古土城，同时将巧家营改为土堡，为以后巧家营迁建发展成为县城创造了条件。与黄草坪邻近的金沙矿区也因此发展成为一个拥有3 000多人的大集镇，仅河坝街一条街的银铺就达48家。因转运滇铜，黄草坪、盐井渡水码头发展了起来，成为重要集镇城镇，商旅负贩赴金沙、乐马等厂贸易者，千里之内往来不绝的。同时，昭通、东川等也因此经济更为发达，商务繁甚，“现今远近客民，多于泊船之处葺屋兴场，川货日见流通，店房日渐建设，商旅往来，渐有内地景象”。铜矿开发以其自身规模及带动的商贸、屯垦等各种移民，使云南相对分割封闭的地域民族经济发生了根本变化，在根本上推动了各民族间的贸易往来。“各土司及激外诸夷，一切食用货物，或由内地贩往，或自内地贩来，不无彼此相需。”①

第四节　近代滇南多民族集聚地区锡矿工业的崛起

一、历史上滇南区域社会特点及民族分布

从世界地图上观云南，虽然其是远离中央王朝统治中心区域的西南边陲，却地处东亚、东南亚、南亚的接合部，历史上便是我国对外贸易“南方丝绸之路”的重要通道，向北连接滇中，向南与东南亚、南亚次大陆的17个国家接壤或毗邻。早在唐代即有“通海城南十四日程至步头，从步头船行沿江三十五日出南蛮”的记载，这表明滇南沿元江水路通越南的行船线路此时已经开通，以船代步，显示出滇越水路交往时间甚早。发源于我国境内的澜沧江，流经青海、西藏和云南，在云南西双版纳傣族自治州勐腊县出境后成为老挝和越南的界河，其名称为湄公河，后又流经老挝、缅甸、泰国、柬埔寨和越南，于越南的胡志明市流入中国南海。因此，澜沧江—湄公河将中国与下游的缅甸、老挝、泰国、柬埔寨、越南5国相连，澜沧江边上的景洪市素有“黎明之城”的美誉，是云南省走向东

①陈庆德：《清代云南矿冶业与民族经济的开发》，《中国经济史研究》1994年第3期。

南亚通道上的一座重要港口城市，仅陆上边境通道就有 18 个，是中国通往东南亚、南亚的窗口和门户，形成了独特的区位优势。1910 年滇越铁路通车之后，法国人写道："云南真正的海上出口并不在东方，即广东和香港方向，而是在东南方直接由红河州谷通向海防和东京湾(即今北部湾)方向。"[①]近代亦正是由于滇越铁路的修筑，充分发挥了云南通过越南进入太平洋的区位优势，使云南初步成为面向南亚、东南亚改革开放的前沿。近年来，在建设中国—东盟自由贸易区的新形势下，公路、铁路、航空和水运网络日趋完善，初步形成通往东南亚、南亚国家的 3 条便捷的国际大通道，其中两条通过滇南地区：一是由澜沧江—湄公河航运、昆明至打洛公路、昆明至曼谷公路和西双版纳机场构成，通往缅甸、老挝、泰国并延伸至马来西亚和新加坡；二是以现有滇越铁路、昆河公路及待开发的红河水运为基础，通往越南河内、海防及其南部各地。这使得滇南具备了开展周边贸易和国际交往的独特区位优势。

从中原王朝对边疆民族地区经营来看，滇南地区属于晚近开发地区，历史上长期处于土司统治之下，与中央王朝呈现出一种离散状态。清军进入云南的初期就开展了改土归流活动，到清雍正年间达到高潮。通过清代多次改土归流，云南靠内地区基本上都设置了流官，即便是少数未改土归流的靠内地区，土司在地方上已不再握有政治、经济方面的特权。此次改土归流的主要区域是滇东北和滇南的澜沧江中、下游以东地带，即云贵总督鄂尔泰《改土归流疏》中说"江内宜流不宜土，江外宜土不宜流"。[②]此处所谓江外，便是澜沧江下游以西的区域，也即云南南部和西南部边疆民族地区，在这里，前地主经济形态仍然很牢固，清朝封建中央集权统治的政治势力也还未能直接深入，土司仍保持着一定的政治、经济实际力量，如：车里宣慰司，耿马、孟连、陇川、干崖、南甸宣抚司，遮放、盏达副宣抚司，潞江、芒市、勐卯安抚司，孟定土府，镇康土州，纳楼、亏容、左能、落恐、瓦渣、思陀、溪处等长官司或土目等地。这些区域内汉族移民数量远远比不上其他地区，至今仍属民族自治区或县。这里世代居住着傣、哈尼、基诺、拉祜、布朗、彝、瑶、苗、傈僳族等民族，少数民族呈现聚居状态，汉族人数少于其他

①尹相如编《云南大学生省情读本》，云南科技出版社，2013，第 110 页。

②尤中：《云南民族史》，云南大学出版社，1994，第 516 页。

民族，其中，少数民族占本地州总人口一半以上的地州大多分布在滇南，如西双版纳、文山、红河等地；在国境线上，跨境居住着彝、哈尼、壮、傣、苗、傈僳、拉祜、佤、瑶、景颇、布朗、布依、阿昌、怒、德昂、独龙16个少数民族。全省实行民族区域自治最多的也在滇南。

二、近代滇南锡矿工业崛起的诱因

位于滇南红河州的个旧，因盛产大锡而闻名于世，是因锡而立、以锡而兴的冶金工矿城市，故有“云南之锡，产于个旧”之说。个旧锡矿的开采历史不仅晚于云南铜矿，甚至晚于当地银矿的开采，其具体年代已经失考，据比较可靠的记载，个旧锡矿的发现大概是在明朝末年。[①]在个旧锡矿发现后的很长历史时期，锡主要是用于铸造银币时添加所用，规模相当有限。受其应用领域狭窄，采矿、冶炼技术落后和交通运输阻滞等因素影响，其产量相当有限，根本无法跟清代云南铜业相媲美。然而，进入近代以后，受蒙自开关后国际市场的强劲需求、滇越铁路通车等因素影响，云南锡业发展势头相当强劲，当时，全国产锡区域共有四处，分别是云南、广西、江西和湖南。其中，云南锡产量占全国90%左右[②]，可见云南锡业在全国的地位。与此同时，云南锡矿工业在近代取代铜业成为云南矿业的支柱。

首先，随着技术的发展，锡的工业用途越来越广泛，刺激了滇南锡矿的开发。19世纪，随着技术突飞猛进的发展，锡的销量也增加到约20倍。锡之所以能够在工业上和日常生活上广泛应用是因其有如下的特性：①化学稳定性（防蚀性）；②锡盐无毒；③宜熔性及用以制造优质合金，特别是耐磨合金的性能。自发现用锡涂在薄层铁板上可以防止铁被腐蚀的方法后，就大大地推进了消费锡的增长。1820年，从首次大规模的用锡制造白洋铁的时候起，直到现在这种工业仍然是锡的主要用途。此外，锡还广泛地应用于巴比特1839年所发明的耐磨合金中。锡在各种工业部门是不可缺少的，它既能满足和平建设的需要，又能供给军事上各种用途。例如美国，每年单是为制造军用品而消费的锡就不下5万吨。

---

①吕蕙生：《工业调查云南锡业概况》，《化学世界》1949年第Z1期。

②同上。

第二次世界大战前主要消费锡的国家是美国和大不列颠，两国平均每年锡的消费量是85 100吨，占当时世界锡矿产量95%。[①]然而，锡矿资源的分布却相当不平衡。世界范围内工业锡矿床主要分布在东南亚，其锡矿产量占世界总产量的66%。[②]幅员辽阔的北美洲几乎没有具备工业价值的锡矿床，发达的西欧各国，锡产量也仅为2 500吨到3 000吨，其中2 000吨产量出自英国。因而滇南锡矿的开发满足了国际上发达工业国家对锡矿原料的需求。

其次，近代蒙自开关与滇越铁路便利了锡矿的国际流动，成为刺激滇南锡矿工业发展的重要诱因。

中法战争后，法国势力渗入云南，1889年蒙自开埠，揭开了云南半封建半殖民地进程的序幕。蒙自开关后，传统的封闭性地方市场被打破，密切了滇南地区与世界市场的联系。蒙自关设立后，滇南一带省际贸易的途径则与两广、上海交易，蒙自、个旧为货物聚散之中心。云南省80%以上的商品由红河水道运输，蒙自俨然一个云南省对外贸易的中心。在蒙自对外进出口贸易中的商品种类每年都有一定的变化，唯有棉纱、大锡这些与国际市场关系密切的商品一直居于进出口之首位。从产量看，自1889年蒙自开关到1909年滇越铁路通车前，云锡年均产量为2 780吨。[③]1910年滇越铁路的建成，使滇南地区成为云南对外贸易的前沿，交通条件的改善，使滇南地区成为一个流动的大市场。铁路沿线的商业活动异常活跃，“宜良、开远的煤、呈贡的水果、个旧的锡钨、芷村的锑、婆兮的棉花、大庄的水、河口的热带植物”等，都以这条铁路而外销的。[④]滇越铁路通车当年个旧锡矿产量即突破6 000吨，此后便在此基数上不断攀升，最高年份突破万吨。从产值论，大锡占全省出口货值的比例，历年有所不同，据蒙自关1889—1911年统计数据，最低年份1906年为66%，最高年份是1910年，占比高达93%，平均占比在80%以上。[⑤]因此，无论是产量还是产值，滇越铁路通车

①柯索夫·奥斯特罗门茨基：《矿产普查勘探丛书第五号：锡》，地质出版社，1954，第2—3页。

②同上。

③吕荔生：《工业调查云南锡业概况》，《化学世界》1949年第Z1期。

④郭垣：《云南省经济问题》，正中书局，民国二十九年，第25页。

⑤蒙自县政协文史委：《蒙自的进出口贸易》，载中华人民共和国政治协商会议云南省委员会文史资料委员会等编《云南进出口贸易》，云南人民出版社，1993，第305页。

的1910年都可以视为云南锡业发展的一个转折点。正是由于滇南地区具有国际市场所需要的产品生产、销售、运输的区位优势,因蒙自开关和滇越铁路通车而得以彰显,可以说,蒙自开关为大锡出口打开了通道,而滇越铁路通车则极大地了便利了滇南锡矿资源出口,成为滇南锡矿工业崛起的重要诱因之一。

三、滇南锡矿适应国际市场需求的开发规模

近代云南锡业的发展以国际市场需求为导向,呈现出显著的外向型特征,其产量、产值、销路、价格等均受到国际贸易市场各种因素的影响。

根据《云南锡业公司五周年纪念刊》回顾个旧锡矿开采的历史时写道:乾隆时期因用银铸币添加金属锡,"个锡之兴自此始"。然而,总体而言,清代中叶因铸币用锡的数量十分有限。但是,"光绪十五年蒙自设关,国际贸易开始,厂情日盛"。[①]可见,云南锡业的发展从一开始就具有明显的外向型特征。而且,其产量、产值、销路、价格等均受到国际市场的影响:"昔之行销限于川桂者,乃由蛮耗循红河至越出海,价每千斤由四五十两跃至七八十两。宣统初年,滇越铁路通,锡出口量及价格,皆倍蓰往昔。"[②]可见,滇越铁路的通车为个旧锡矿外运进一步打开了市场,对云南锡业的国际化发展起到了明显的促进作用。

作为"国防资源",锡价格的涨落受到国际市场需求及国际政治的影响。据钟纬1915年写成的《云南个旧锡山报告》(原载《云南实业杂志》第3卷第3号)称:"近年来锡价陡涨,一般矿商,云集于此。昔为荒废之地,今为繁盛之区矣。"[③]这实际上是描述锡价因战事即起而涨至1 200—1 300元/吨,价格上涨,又刺激了矿商云集,使得个旧原先荒芜之地变成繁盛之区。第一次世界大战前,个旧锡山汇聚了15万矿丁采掘锡矿,每年可得锡6 000—7 000吨,1917年锡矿产量更是超过1.1万吨,创下来近代个旧锡年产量的最高纪录,政府亦从中获得锡矿税六七十万。

根据吕菡生的统计数据,自1889年蒙自开关以来到1948年的60年间,个旧产锡数量合计约32.6万吨。这60年间,我们可以清晰地看到两个分界点。第

①陈真编《中国近代工业史资料》第三辑,生活·读书·新知三联书店,1961,第617页。
②同上。
③同上书,第623页。

一个分界点是 1910 年,以滇越铁路通车为契机,个旧产锡产数量显著增加,当年即突破 6 000 吨,此后个旧产锡数量大部分年份保持增长势头,其间虽有起伏,但均在 6 000 吨以上。而在此之前的 21 年间,锡产总量也仅为 57 759 吨,平均年产锡量为 2 750 吨,尽管产量有限,但可以看出基本上呈现增长趋势。第二个分界点是 1941 年,这一年锡产量是 5 094 吨,此后的产量呈现出 V 字形发展曲线,先是急剧下降至 1945 年的最低点 1 600 吨,之后又呈现小幅度上升,但增长有限, 最高值仅为 4 000 吨。1941—1948 年 8 年年均产量为 3 218 吨。1889—1948 个旧锡产量统计情况见图 2-1。

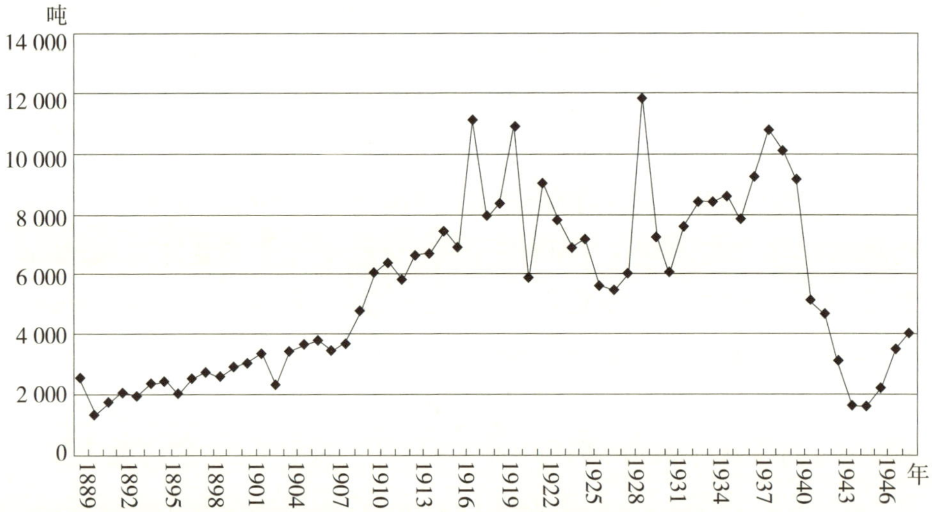

图 2-1 1889—1948 年个旧锡产量统计情况①

注:本表根据吕蒸生《工业调查云南锡业概况》中的统计数据绘制而成。

从图 2-1 的发展趋势来看,自蒙自开埠以来至 1941 年,云南锡产量大体上呈现增长的趋势。自 1910 年至 1940 年的 31 年间产锡总量达到 24 万余吨,年均产量为 7 812 吨有余;自 1937 年开始,云锡产量超过平均值,达到 9 187 吨,1938 年和 1939 年连续两年产量突破万吨大关。1937 年至 1940 年 4 年间,云锡总产量为 39 062 吨,年均产量近万吨,明显超过了其他时段,这成为云南锡业的第一个大发展时期。

①吕蒸生:《工业调查云南锡业概况》,《化学世界》1949 年第 Z1 期。

四、近代滇南锡矿在云南财政中处重要支柱地位

近代滇南锡矿因国际市场需求而取得长足发展，无论是产量还是产值，都已经取代铜业成为云南矿业的支柱。

下面我们通过对比锡与其他矿产品的产量、产值情况来分析锡矿在云南矿业中的比重(参见表 2-9)。

表 2-9　民国二十八年(1939 年)云南各种矿产之年产额及其总值表

种类	年产额	平均单位值(国币 / 元)	总值(国币 / 元)	销路
铜	700 吨	1 200	840 000	昆明及四川
银	50 000 两	1.3	65 000	昆明及各县
铅	800 —1 000 吨	850	680 000 —850 000	昆明及四川
锌	1 000 吨	850	850 000	昆明及四川
锡	10 000 吨	5 000	50 000 000	香港
钨矿	2 000 吨	5 000	10 000 000	香港
铁	50 000 吨	320	16 000 000	昆明及各矿
汞	3—5 吨	14 000	52 000 —70 000	附近之金矿
锑	600 吨	11 000	6 600 000	香港
金	17 000 两	450	7 650 000	当地及昆明

注：本表根据朱熙人、袁见齐、郭令智合著的《云南矿产志略》第 14—15 页数据绘制而成。

由表 2-10 可以看出，在云南 10 种主要矿产中，除铁矿的产量高于锡外，其余产量均少于锡矿，铜的产量更是仅有区区 700 吨，仅及锡产量的 7%。然而，由于锡矿产品的单价是铁矿产品的 15.6 倍，所以，锡以 5 000 万吨总产值高居榜首，足以看出抗日战争前期锡业在云南矿业结构的地位。通过对近代以来云南锡业产量的统计与分析可以看出，云南锡业取得了长足发展，无论是产量还是产值，都已经取代铜业成为云南矿业的支柱。

与此同时，锡矿生产在近代对云南国计民生和进出口贸易的平衡亦有着极其重要的支持作用。早期云南对外贸易逆差主要由鸦片售值来平衡，随着大锡出口的增长，在清末，云南转为对外出超，这在全国各省中是不多见的。大量白

银的流入,使其经济实力加强,有清一代,靠邻省协饷的云南,民国后不仅自力,而且雄踞西南,在民国初年的政治风云中起到一定的作用。[1]由此可以看出,近代云南锡矿业生产这种由经济方面到政治方面的地位和影响力。

从全国来看,当时全国锡矿产区四省区中,滇南个旧锡矿产量占到了90%以上;从产值来看,"云南重要各矿之区域面积,在民国二十六(1937年)年已注册者有122亩、625亩,占全国第十位,但矿产价值,在抗战前占全国第三位,现在则一跃而居第一位。"[2]滇南锡矿业在整个矿冶工业及本省财政岁入,乃至全国都有重要的经济地位。

表2-10 1930年云南全省财政岁入及比重

单位:元

税别	税额	比重(%)	税别	税额	比重(%)
田赋	762 532	13.80	煤油附捐	174 092	3.15
田赋附捐	88 838	1.61	化妆品附捐	17 020	0.31
契税	145 000	2.62	土货出口捐	5 320	0.10
印花税	18 000	0.33	商税	224 517	4.06
厘金[1]	446 860	8.09	矿税	17 271	0.31
川盐捐	158 814	2.87	锡税	741 699	13.43
土布附捐	495 597	8.97	茶税	63 733	1.15
杂货附捐	178 168	3.23	牲屠税	1 689 961	30.59
棉纱附捐	296 582	5.37	全省总额	5 524 004	100

注:①该税目于同年十月十日起裁撤(参看《续云南通志长编》中册,云南省志编纂委员会办公室,1985年版,第525页)。②上表之所以取1930年数,一是顾及各税目在时间上的一致性,之后则变化较大;二是1930年之后,云南所使用货币变动较大,如新滇币对老滇币的替换,现金的使用,及老滇币、新滇币与国币的兑换与过渡等。

资料来源:根据《续云南通志长编》下册,云南省志编纂委员会办公室,1985年,第508—540页有关数据统计。

---

①王福明:《近代云南区域市场研究1875—1911》,载彭泽益主编《中国社会经济变迁》,中国财政经济出版社,1990。

②张肖梅:《云南经济》,中国国民经济研究所,1942。

从表 2-10 可以看出，其时云南省全年岁入 550 多万元，其中所占比重最大的有牲屠税、田赋、锡税、土布附捐、厘金、棉纱附捐等，就中锡税排第三位。尽管当年煤的产量亦达 60 多万吨，但岁入仅"收现金二千零三十九元。"或许其时是为了鼓励煤铁的发展，"自《征收煤炭矿产税局简章》实行后，与铁一律征收税千分之十五。"自 1933 年始更是采取了"煤、铁两税停征"的办法。[①]而大锡生产或许本身与国内需求无关，主要是为满足国际市场需求，且价值较大，故民国以后，先是 1924 年改此前之从量征税为"从价以百分之四征税。十五年二月，又增加税率，改为征收百分之五计。"[②]另有记载："个旧锡税均按纯锡征收，种类甚多，可分为国税、省税、地方税三大类。依据调查时之锡价(每吨国币[③]2 520 元计)，每吨锡约需纳税二三七元国币，合锡价 9.41%，尚不及 1/10。(大锡之)捐税中以省消费税最大，值百抽五，占总税额之一半以上。其次为关税，占每吨锡税总额之四分之一强，地方捐税中，以团捐最多，从价值千抽五。"[④]亦有调查研究指出：在 1909—1937 年"这个阶段中，来自个旧锡业的税收(包括锡税、特种消费税等)约占当时云南全部税收的 1/5—1/4。

尤其是在云南炼锡公司获得技术上的突破后，1933 年到 1940 年的 8 年间，锡产量为 72 091 吨，年均 9 000 余吨，形成了一个新的发展高峰，其年均产量均明显高于其他时段。20 世纪 30 年代以来，受国际、国内战争形势影响，对锡产品需求激增，价格再次上涨，产值更是可观。锡矿冶炼技术上的突破，年产量增加，其产量的 95%出口外销，是抗日战争时期云南对外贸易的大宗商品。按照 1939 年大锡单价 5 000 元国币计算，大锡出口年均获利 4 200 余万元，这成为云南财政收入的主要来源。可以说，正是锡矿冶炼设备、技术上的更新换代，为云南锡业走向国际市场插上了腾飞的翅膀；同时，也夯实了中国全面抗战过程中大后方的物质基础。据统计，1940—1945 年，国民政府共征得矿产税

①云南通志馆《续云南通志长编》中册，云南省志编纂委员会办公室，1985，第 522 页。

②同上书，第 524 页。

③云南于"二十九，复改国币，以旧滇币十元，折抵国币一元。新滇币与国币则为二与一之比。"，参看《续云南通志长编》中册，云南省志编纂委员会办公室，1985，第 507 页。

④张肖梅：《云南经济》，中国国民经济研究所，1942。

10.23 亿元，其中大部分应当来自云南省，而云南的大部分又来自云南锡业。[①]

1934 年云南政府关于《滇锡直销外洋意见书》中亦提及："滇省地大物博，所恃以为立足之根基者，不外农矿，而农矿之中，就现在情形，足以畅销外洋谋本省福利者，厥为个锡。滇锡产额年达六七千吨，价值在千万以上，国家收入税课年可达四五十万元，销售之途遍于欧美，业锡工商各行不下数十万人，是个锡之盛衰消长，关系于我滇经济实力者实非浅鲜。"[②]可见，近代云南锡矿生产之好坏，不仅关系到政府财政收入多少，也关系到数十万百姓的就业与生计，从而影响至深。亦如钟崇敏在《云南之贸易》一书中所言："本省出口贸易，胥唯锡业是赖，出口贸易之盛衰，全视其出口之兴衰为转移……无怪本省对外贸易，视锡为生命线也。"[③]

第五节　新中国成立以来云南工业的发展

如前所述本书所使用的"工业"概念沿袭了陈征平的《云南工业史》，"将古代与近代之工业一词作通解"。[④]新中国成立以来的云南工业特指以近代云南工业发展，尤其是抗日战争时期云南民族工业的发展为基础，是与大机器生产相联系、并在整个生产部门结构中逐步成为国民经济的主导部门。因而近代云南工业的发展可谓是新中国成立以来云南工业发展的基础和起步阶段。

云南近代工业的起步可追溯至 1884 年云南机器局的创立，此后有造币厂、制革厂、官印厂等官办企业和石龙坝水电站等民营企业建立。不过整体而论，从 19 世纪 80 年代至 20 世纪 30 年代，由于军阀割据，战乱频繁，云南民族工业发展基本处于停滞状态。1930 年以后，随着云南省经济委员会的设立及大规模企业的创办，尤其是云南炼锡公司的成立，因冶炼技术的改进，生产出符合国际

①苗艳丽：《抗战前期云南锡业兴盛的原因及特征》，《昆明理工大学学报》（社会科学版）2015 年第 5 期。

②顾金龙、李培林主编《云南近代矿业档案史料 1890—1949》第三辑（上），云南省档案馆、云南省经济研究所，1990，第 317 页。

③杨寿川：《抗战时期的云南矿业》，《云南社会科学》1995 年第 6 期。

④陈征平：《云南工业史》序言，云南大学出版社，2007，第 2 页。

市场标准的大锡,云南工业才开始有所发展,加之,抗日战争爆发后,国民政府把云南作为工厂企业内迁的新区域,内地达80家工厂企业迁建到了云南,涉及兵工、机械、化工、电器等行业,这极大地刺激了云南民族工业的发展。据统计,当时私人资本在1 000万元以上的企业有9家,100万元以上的有49家,并涌现出资本和技术力量都很雄厚的大企业。据此,有人把1937—1945年抗日战争时期誉为“云南工业的极盛时期”。然而,随着抗日战争的胜利,政治形势的变化,大量内迁企业回迁,云南工业随即陷入停滞。到1949年,全省仅剩下石龙坝水电站、明良煤矿、一平浪煤矿、乌格煤矿、云南锡业公司、滇北矿务局、裕滇纺织公司、云茂纺织厂以及一些简易的机械厂、土榨糖厂、仪器加工厂等小型的、手工作坊式的企业。全部企业1 400个,固定资产原值1亿元,工业总产值不到2亿元,税利360万元,工业产值仅占工农业产值的18%,人均工业产值仅1元。①这就是新中国成立后云南工业发展的基础。

以1978年底中国共产党第十一届三中全会的召开为界,可以将新中国成立以后云南工业的发展分为前后两个阶段:新中国成立至改革开放前(1950—1978年)的近30年,是新中国成立以来云南工业发展的第一阶段。改革开放以后(1979年)至今的30余年,云南工业逐步进行经济体制改革,调整和优化产业结构,提高工业产值及其在国民经济中的比重,这是云南工业发展的第二阶段。

一、改革开放前云南工业的发展

1949年12月9日云南宣布和平解放后,国家首先完成了对云南工业的接管工作,随即根据云南原有工业基础和国家需要,扶持确立了计划经济体制下的优势工业,如有色冶金、机械制造等。

(一)有色冶金工业

云南的社会发展史和有色金属息息相关。从江川李家山和楚雄县万家坝和晋宁县石寨山等地出土的文物中,可看出铜器很早就进入了人民的生产和生活之中。进入20世纪,有色金属除继续向社会提供生产、生活用品和民族饰物外,还作为基础原料、材料,积极支持着机械、交通、电力、电子等国民经济各部门。

①和志强:《大力调整产业结构加快云南工业化进程》,《云南社会科学》1995年第1期。

1937年全面抗战爆发后，国民政府被迫迁都重庆，“中央”资本亦进入云南冶金工业。1938—1940年，“中央”和云南官商资本先后兴办了昆明炼铜厂、中国电力制钢厂、云南钢铁厂、易门铁厂、滇北矿务公司、云南锡业股份有限公司等企业，这些企业大多从国外购进机器，部分采用近代生产方式生产。抗日战争8年间，东川矿区的铜、会泽矿区的铅锌、个旧矿区的锡平均年产分别是：200.73吨、165.8吨、40.28吨、6 122.89吨。其中，锡在抗日战争时期是云南省重要的出口物资，是云南财政的重要支柱。抗日战争8年间，全国共出口大锡2.44万吨，价值计3.06亿元，其中云南锡产品约占93%。[①]然而，自1943年起，受抗日战争形势影响，云南大锡出口通道受阻，云南冶金工业日渐萎缩，抗日战争胜利后更是呈现一片萧条景象。

新中国成立之时，国家经济落后，百废待兴。为服务国家现代化建设，根据本地资源禀赋和特色，云南被国家列为发展有色金属工业的重点省份之一，这使有色金属行业率先在计划经济体制下发展起来，奠定了其在云南工业中发展的优势地位，云南进入了新的工业化发展时期。

1953年中苏两国商定由苏联援助中国建设工程项目中，包括有云南锡业公司、东川矿务局、会泽铅锌矿3项。同年秋，重工业部组建昆明地质勘探公司和主要矿区勘探队，中共中央组织部、中共中央西南局组织部从辽宁、云南、贵州、四川等省调来一大批领导骨干，进入云南冶金工业领导机关和企事业单位担任主要领导职务。同时，重工业部和云南省政府迅速组建了东川矿务局、易门铜矿、会泽铅锌矿、昆明冶炼厂和建筑安装等企业，充实和加强云南锡业公司、105厂（中国电力制钢厂和云南钢铁厂合并后改称），组建科学研究、勘察设计、职业教育等事业单位。第一个五年计划期间（1953—1957年），昆明地质勘探公司在苏联专家技术援助下，采用当代技术，集中力量勘探重点矿区，先后提交了锡、铜、铅、锌地质报告书，探获丰富的地质储量，为云南冶金工业大规模建设，奠定了物质基础。国家在中央财政经济十分困难的情况下，对云南锡业投资约8 000万元，改建和新建22个项目，增加了生产能力。1950—1985年，云南冶金工业长期被列为云南工业建设重点，国家累计投资33.65亿元，为云南省同期工

①杨寿川：《抗战时期的云南矿业》，《云南社会科学》1995年第6期。

业建设投资总额的 23.47%，[①]是这一时期国家扶持建设的重点行业领域。

20 世纪五六十年代，国家重点建设云南有色金属工业，带动了云南的交通、电力工业的发展，同时还使云南各地新兴一大片集镇市场，促进了周围农村和少数民族地区的商品经济发展。

（二）机械制造业

抗日战争时期内迁的中央机器厂、中央电工器材厂等企业为云南机械制造业奠定了良好的发展基础。有鉴于此，相关接管工作基本结束后，便经云南省政府批准正式成立了省人民政府工业厅机械工业管理局，实行专业化管理。1950 年 9 月 8 日，中央政务委员会钱昌照在省政府工业厅机械工业管理局成立大会上致辞说："云南的机械工业有良好的基础，五金工厂历史悠久，是云南唯一的五金工厂。昆明电工器材厂由熔铜拉线到装入马达止，完全国货自制，而上海拉线厂还仰赖舶来材料。裕云机器厂所制的纺织机件也是很好的，还有中央机器厂和机枪厂，除了东北以外，在全国也是首屈一指的，机枪厂仅铣床就有 300 部，中央机器厂之大及拥有的精密仪器也是唯一的，光学仪器厂更是全国仅有的一家"。[②]可见，当时云南的机械工业在全国可谓占有一席之地。

鉴于云南机械工业已有的基础和在国内的地位，从 1950 年到 1952 年的 3 年恢复期内，国家拿出 188 亿元（旧币，折新币 188 万元），对工厂进行必要的改造和为工人建造住宅等生活设施。[③]到 1952 年底，全省除收归中央直管的 3 个厂以外，拥有地方国营机械工厂 11 个，云南机械工业的总产值（不包括私营企业），按 1980 年不变价计，1950 年比 1949 年增长 287.1%，1951 年比 1950 年增长 145.68%，1952 年比 1951 年增长 147.2%，为 1950 年的 6 倍多。[④]

我国实施第一个五年计划的 1953 年到 1957 年，由第一机械工业部直管的昆明机床厂、昆明电线厂、昆明电机厂，属于全国机械系统的重点企业，被纳入

---

①《云南省志·冶金工业志》编纂委员会编《云南省志》卷二十六《冶金工业志》，云南人民出版社，1995，第 4 页。

②云南省地方志编纂委员会总纂、云南省机械工业厅编《云南省志》卷二十七《机械工业志》，云南人民出版社，1994，第 37 页。

③同上。

④云南省地方志编纂委员会总纂、云南省机械工业厅编《云南省志》卷二十七《机械工业志》，云南人民出版社，1994，第 38 页。

国家计划。5年间国家一共拨给3个厂基建投资560万元，增添必要的设备，扩建厂房。到1957年底，3个厂共新增固定资产361万元，当年总产值共达4 031.5万元，1958年6月，3个厂下放由省管理时，职工总人数增至4 388人，工业固定资产1 491.1万元。[①]其间，云南省政府对地方机械工业的投资为398亿元（旧币），主要用于对原有企业的改建和扩建。到1957年底，全省共有县以上国营机械工业企业27个（包括部管的3个），共有职工23 219人，拥有金属切削机床共2 521台，能生产金属切削机床、锻压设备、交流电动机、变压器、电线电缆、部分矿山设备、起重运输设备、各种工农业用泵、风机、灯泡、开关板以及农用机具等1 069种，产品产量达6 700吨，工业总产值为11 108万元。如除去部管的3个企业，在全省地方工业的总产值中，地方国营的机械工业的产值只占11%左右。[②]

然而，机械工业在获得初步发展之后，同样受到了国内政治形势的影响。1958年至1976年底，经历了3年“大跃进”、5年经济调整和10年“文化大革命”，机械工业在逆境中艰难地曲折前进。到1976年底，全省机械工业系统共有企业233个，其中属于农机系统的74个，属于农机制造的54个，属于农机修理的105个，共有职工67 832人，固定资产原值达45 894万元，拥有金属切削机床9 679台，锻压设备1 984台。

值得一提的是，在十年“文化大革命”期间，各工厂的技术人员和管理干部虽然被扣上“臭老九”“走资派”等帽子，仍坚守岗位，兢兢业业，以下便是在这段艰难曲折的日子里，机械行业里取得的骄人成绩：1969年，昆明机床厂研制成功QT4010高精度圆射线机；1971年又先后研制成功QG4110和QG4115两种高精度光电跟踪长刻线机，其中QG4115曾于1974年到日本展出，受到行家的一致好评。1972年在厂内成立了昆明精密机床研究所，归口负责全国坐标镗床及刻线机的行业工作。1974年又研制成功QGA405高精度光电圆刻线机，性能达到了世界先进水平。云南重机厂开发了大型人工模拟气候箱、22/250水箱拉丝机、800吨合成氨设备、叶轮给粉机等新产品，并向朝鲜、刚果等国家出口。

---

①云南省地方志编纂委员会总纂、云南省机械工业厅编《云南省志》卷二十七《机械工业志》，云南人民出版社，1994，第39页。

②同上。

昆明电缆厂橡皮加工工段经技术改造成功，实现粉料热风干燥及管道送料、配料自动称量、密封混橡、胶片皮带传送等，工序实现了半自动化，在我国电缆行业系首创，第一机械工业部在昆明召开了现场会，组织电缆全行业到厂参观学习，予以推广。1969 年，云南汽车厂试制成功云南省第一辆昆明牌 4 吨载重汽车，1972 年，昆明拖拉机厂开始生产昆 40 中型拖拉机，1974—1975 年，云南第一轻工机械厂、云南第二轻工机械厂和昆明轻工机械厂联合生产出云南第一批卷烟设备，以及昆明市机器厂、玉溪机床厂、昆明轻工机械厂等于 1975 年生产出旋转切丝机、过滤嘴装接机、新中国型卷烟机和烘丝机等，开始了云南生产成套卷烟机的历史。

（三）纺织及其他工业

“男耕女织”是对中国传统农业时代的经典概括，这亦表明纺织业在中国古代社会的重要性。云南纺织历史悠久，手工纺织源远流长，已有 4 000 余年的历史。1910 年滇越铁路通车后，大量洋纱涌入，极大地冲击了云南的手工纺纱业。据统计，民国十六年至二十年（1927—1931 年），年平均进口棉纱 6 270 吨，占全省进口总值的 61%。[①]鉴于此，缪云台建议兴建云南省经济委员会纺织厂，1937 年 8 月在昆明市麻园选址建成投产，机器纺织业才逐步在云南发展起来。其时，全面抗战爆发，纺织工业逐步向后方转移，纺织科技人员大量涌入云南。1938—1945 年，云南陆续增加了棉纺纱厂 1 个、丝绸厂 2 个、机器织布厂 3 个、小型棉纺纱厂 6 个。纺织工业呈现出欣欣向荣的景象。抗日战争胜利后，大批纺织技术人员回迁及原棉紧缺等因素一直影响着云南纺织工业。截止到 1950 年，云南共有机器棉纺织厂 3 个、丝绸厂 2 个、织布业（含色织）14 124 户、织袜业 145 户、毛巾业 72 户。1949 年产棉纱 5 861 吨、棉布 2 883 万米、印染布 2 234 万米。

新中国成立后，人民政府接管了云南和裕滇两个纱厂，将其合并为云南纺织厂，改造了私营的云茂纺织厂，还配套增建了布厂和漂染厂，使纺织染成龙配套，解决了云南省小布厂林立的情况。据统计，1957 年比1952 年纺织工业总产值增加 93%。“二五”期间（1958—1962 年），由于受“大跃进”的影响，农业歉收，

①云南省地方志编纂委员会总纂、《云南省志·纺织工业志》编纂委员会编《云南省志》卷二十一《纺织工业志》，云南人民出版社，1996，第 1 页。

棉花减产，纺织厂停工待料，生产建设受到很大影响。虽然经过3年调整(1963—1965年),但1965年总产值仍比1957年减少3.7%。“文化大革命”10年中(1966—1976年),工业生产受到严重破坏,1975年与1965年比,10年来全省职工人数增加1.91倍,固定资产原值增加2倍,而工业总产值仅增加81%。[①]直至1952年,纺织工业占全省工业总产值的比重却为15.8%,是云南财政的支柱产业之一。

综上,改革开放前,因受到我国政治环境和经济宏观调控政策影响,中央从服务国家经济建设的角度,根据云南原有工业基础和资源禀赋与特色,有计划地扶持和发展了以重工业为主的产业,这带动了云南工业在新中国成立初期的3年经济恢复和第一个五年计划期间获得初步发展。然而,云南工业在新中国成立初期获得短期的初步发展之后,便经历了1958—1960年“大跃进”,虽然在1961—1965年,云南落实中央对国民经济实行“调整、巩固、充实、提高”的八字方针,实行相应的调整,然而,经济调整的效果尚未显现,旋即又遭到长达10年的“文化大革命”的干扰和破坏。“大跃进”和“文化大革命”极大地影响了云南工业的正常发展,到1976年,全省工业总产值下降为15 322万元,亏损额高达2 695.8万元。[②]直到1978年底,中央拨乱反正,“把党和国家的工作中心转移到经济建设上来”,以1978年底党的十一届三中全会的召开为转机和标志,云南工业在改革开放的新局面中进入新中国成立以来最活跃、最具有生气、最富有成效的振兴期,获得发展契机。

二、改革开放以来云南工业的新发展

改革开放以后的30余年是云南工业逐步进行经济体制改革，调整和优化产业结构,扭转了历史时期形成的重工业过重、轻工业过轻的状况,逐步将以开发矿产资源为主建立重工业转向以开发生物资源为主,通过发展轻工业来加快工业化进程的阶段,实现了工业高速增长,逐步建立起了云南的主导优势产业,

①云南省地方志编纂委员会总纂、《云南省志·纺织工业志》编纂委员会编《云南省志》卷二十一《纺织工业志》,云南人民出版社,1996,第1页。

②云南省地方志编纂委员会总纂、云南省机械工业厅编《云南省志》卷二十七《机械工业志》,云南人民出版社,1994,第48页。

如:烟草产业、医药制造业、能源产业、化学工业、金属矿采选及冶炼加工业、旅游业、文化产业、光机电产业等八大优势产业。工业产值占工农业产值的比重上升到72%,[①]形成了以支柱产业为依托,门类齐全的工业体系。

(一)传统优势产业的新发展:以有色冶金工业为例

首先,确立以市场为导向的经济体制。改革开放以来,我国经济体制由计划经济向市场经济转变经历了漫长曲折的历程。云南冶金局(厅)、中国有色金属工业总公司昆明公司积极执行中共中央和国务院有关改革、开放的各项决定,根据部署,1979年、1984年向企业先后下放计划、财务、人事、劳动工资、产品销售等权力,推动企业树立商品意识、市场观念,引导企业由几十年单纯生产型向生产经营型转变,在兼顾国家、企业、职工三者利益原则下,实行承包经营责任制,向自主经营、自负盈亏、自我约束、自我发展方向探索、开拓。在改革中,各企事业单位积极改进领导体制,逐步建立厂(矿)长负责制、改进中国共产党在企事业单位基层组织工作、健全职工代表大会制度。1982—1985年,云南冶金工业执行中共中央和国务院全面整顿企业的决定,整顿了预算内的71家企业。云南冶金工业认真推行一厂两制、一业为主多种经营、扬长避短横向联合等多方面改革,先后成立了上百个劳动服务公司,组建集体所有制的小型企事业单位,吸收企业中待业子女5.5万多人,这批小型企业经营方式灵活,成为企业走向市场的一支活跃力量。各企业大都成立了多种经营、联合经营、对外经营的新机构,逐步地按照国务院颁布的《全民所有制企业转换经营机制条例》的要求,不断深化企业改革,扩大企业自主权,推行承包经营责任制,把企业推向市场,调动了生产经营者的积极性,增强了企业的竞争活力。在此期间,云南省政府、国家经济贸易委员会和冶金部先后把云锡、昆钢等企业列为云南省、全国重点整顿企业,云南省首批扩大企业自主权试点单位,云南省首批重点搞活的大中型企业,实施了一系列管理体制、机制改革。一批云南省重点和试点企业在20世纪90年代初实现了经营体制上的转变,由单纯的生产型企业,转变为生产经营型公司,按“产权清晰、权责分明、政企分开、管理科学”的要求,逐步建立现代企业制度、法人治理结构和内部监督制约机制,逐步适应国际市场需要,成为国际

①和志强:《大力调整产业结构加快云南工业化进程》,《云南社会科学》1995年第1期。

市场中的经济主体。自主经营,自我积累、自我发展的能力持续加强,相继建成了一批云南省重点工程,企业的装备水平、整体实力和市场竞争力不断提高。

其次,从提升产能到产品多元化、规模化发展。经济体制转轨之初,有色工业企业实行经济体制转轨与扩产能同步进行。

1977—1990年,云南冶金工业建成了大姚铜矿、易门铜矿的狮子山分矿、东川矿务局的马柱硐露天矿、云南锡业公司老厂锡矿脉矿扩建工程和第三冶炼厂100吨/日高温氯化处理贫中矿和难选物料的工业试验车间。会泽铅锌矿引进波兰水砂充填工艺建成麒麟厂深部硫化矿,云南冶炼厂引进国外技术建成铜线坯连铸车间,个旧市沙甸乡建成年产万吨电铅的冶炼厂。1985年春,云南省政府组织召开矿业开发会议后调动了乡镇集体和个体企业开采积极性,当年采出有色金属矿石239万吨,采矿人数一时高达14万人。1985—1990年,乡镇企业的兴起,为云南冶金工业带来了新的活力,使有色冶金工业布局更加合理、投资渠道更多、生产经营更活、产量增长更快。1985—1990年,云南冶金企业的多种经营有了很大发展。云南锡业公司的电铅车间、锌粉冶制,牟定铜矿的铅锌选矿、锌粉冶制,云南冶炼厂和昆明市联合兴建的电解锌车间,昆明冶炼厂的铜材加工车间的建成投产和更多品种的投入经营,向企业注入了新的活力。此外,地处中越边界的文山壮族苗族自治州马关县都龙大型锌锡矿床已安排从小到大逐步开展,地处中缅边界的怒江傈僳族自治州的兰坪特大型铅锌矿床,国家已批准建设,这是云南锡工业、铅锌工业在发展布局上的又一个里程碑。东川矿务局汤丹铜矿国家已批准立项,易门铜矿的接替矿山新平县大红山铁铜矿,国家已批准建设,这两个矿山的开发为云南铜业注入新的生机。会泽铅锌矿矿山厂深部发现可观的硫化矿,澜沧铅矿地下脉矿勘探已获重大成果。云南铝工业起步虽晚,但自1985年以来发展很快,东川等地也在规划新能力的建设。云南铝业虽发展快,但还需进行重点勘探,摸清资源家底。云南钛铁矿和钨矿产地多、储量大,一直没有重点开发,都属很有潜在价值的资源。云南钢铁工业在改革中发展很快,预计不用很久就可成为西南地区的一个重要钢铁基地。云南锰矿储量多、质地好,国家冶金部已安排投资进行更大规模建设。①

①云南省地方志编纂委员会总纂、《云南省志·冶金工业志》编纂委员会编《云南省志》卷二十六《冶金工业志》,云南人民出版社,1995,第9页。

随着经济体制改革的深化,云南省内重点知名有色工业企业相继转变为市场自负盈亏的经营和生产主体单位,从有利于企业生存和发展的角度考虑,它们纷纷采取了由扩产能向产品多元化、组织规模化发展。1985年4月,云南省政府和有色总公司签订《关于全面合作加快发展云南有色金属工业的协议》,提出联合建设三矿一厂——兰坪铅锌矿、文山锡矿、新平大红山铁铜矿和滇东铝厂,迈出了企业联合开发的重要步伐。

由前述可知,锡业在近代是最早采用机器化生产的,可谓是“云南工业文明的摇篮”。云南锡业在近代就奠定了其在全国和世界锡市场上的地位。就国内而言,民国时期发现的全国产锡区域共有4处,分别是云南、广西、江西和湖南。其中,云南锡产量占全国90%左右[①],其地位至今未变,据1990年统计,云南产锡22 725吨,为全国产量的63.52%,虽然比重有所下降,但仍稳居第一位。就国际市场而言,云南炼锡公司在20世纪30年代随着冶炼技术的改进,便生产出纯度为99.75%以上的精锡,行销国际市场,取得伦敦、纽约五金交易所化验证书,直接运往外洋销售,与英国锡享有同等价值。新中国成立后,与东川铜矿共同成为国家重点扶持建设行业。改革开放以来,随着经营体制的转变,云锡完成产能扩建之后,向产品多元化和规模化方向发展。目前云南锡业集团(控股)有限责任公司产品以精锡、焊锡及锡材、锡化工系列为主,同时生产铜、铅、锌、镍、铟、银、铋、金、铂、钯、铑、铱、钌、锇、贵金属高纯材料、特种功能材料、信息功能材料、环境和催化功能材料及有色化工产品等共20个系列600多个品种,其中,有41种产品和设备出口56个国家和地区,企业自营出口创汇连续多年居云南省第一,主导产品“云锡牌”精锡是“中国名牌产品”、国家质量免检产品,在伦敦金属交易所注册“YT”商标,是国际知名品牌。云锡已发展成为集地质勘探、采矿、选矿、冶炼、锡化工、砷化工、锡材深加工、有色金属新材料、贵金属材料、建筑建材、房地产开发、机械制造、仓储运输、国际物流、科研设计和产业化开发等为一体的国有特大型有色金属联合企业,成为世界最大的锡生产、加工基地和世界最大的锡化工中心、世界最大的锡材加工中心、世界最大的砷化工中心,以及世界级的稀贵金属研发中心,拥有40多个全资、控股子公司,有云南锡业股

①吕菡生:《工业调查云南锡业概况》,《化学世界》,1949年第Z1期。

份有限公司、贵研铂业股份有限公司两个上市公司。在北京、上海、湖南、深圳、武汉、成都、昆明以及香港、美国、德国、印度尼西亚、新加坡均有下属公司及机构。公司现有总资产100多亿元，占地近200平方千米。有职工3万人，离退休人员3万人，全部管辖人口近15万人。

1979年2月，昆钢钢铁厂恢复昆明钢铁公司称谓，完成二期扩建项目建设，开始进行填平补齐配套改造。继1978年扭亏为盈之后，生产纪录年年刷新，盈利水平持续提高。1991年8月，经冶金部审核，国务院企业管理指导委员会和国务院生产委员会批准，昆钢晋升为国家二级企业。继1993年钢产量突破100万吨之后，产量年年登上新台阶，创利能力年年跃上新水平，跨入大型钢铁联合企业行列。2001年钢产量达到200万吨，实现了新的跨越。2003年，昆明钢铁控股有限公司成立，实施“走出去”发展战略，与红河州、玉溪地区、曲靖市建立了战略合作关系，多元化参股、控股和吸引外资开矿办厂、发展多元产业。到2007年7月，具有年产600万吨钢的综合生产能力。到2009年，铁矿石、煤焦化、水泥、机械制造及建筑安装、房地产开发、对外贸易等已形成较大规模，经济实力大幅提高，具有良好的发展前景和盈利、规避市场风险的能力，居2009年中国工业企业500强第419名，中国制造业企业500强第236名。

再次，矿冶技术不断更新升级。云南有色冶金工业围绕资源特点，在多年科学研究和生产实践中，推出一大批新工艺、新装备、新产品，对资源中共生、伴生有益元素积极进行综合回收。各企业围绕产品质量，严格操作规程、完善检测手段、开展群众性的质量监督活动。1979—1985年，有34个产品获云南省、冶金部、有色总公司优质产品称号；1979—1988年，有5个产品获国家金牌、银牌奖励。云南冶金工业在长期技术进步中，逐步形成了一系列技术政策：地质先行、矿山为首、贫富兼采、四率一综、投入产出的严格核算、科学研究和生产紧密结合，促使成果转化、提高职工文化技术素质，大力进行知识技术更新等。这些技术政策，成为推动云南冶金工业迅速发展成云南又一支柱产业的巨大动力。

综上所述，改革开放后，与经济体制改革相一致，云南有色冶金工业在技术、产品、规模等方面都已有新的发展。据1990年统计，全国生产有色金属239.15万吨，云南产出21.73万吨，为全国产量的9.08%，次于辽宁、湖南、甘肃三省,居全国29个省市的第四位,其中云南生产矿产铜63 638吨(总产71 350吨),为全国矿产铜的18.43%,次于江西省,居全国第二位;产铅56 145吨,为全国产铅总量的20.9%,次于辽宁省,居第二位;产锌48 995吨,为全国产量的9.2%,次于辽宁、湖南、广东、广西,居第五位;产锡22 725吨,为全国产量的63.52%,居第一位;产锑3 903吨,为全国产量的6.5%,居第四位;产出精矿含钨为全国产量的2.8%,居第六位;产出精矿含铋为全国产量的6.8%,居第四位。1990年云南有色金属工业实现工业总产值(1980年不变价)15.15亿元,为全国有色金属工业总产值的6.49%,居全国第六位。1985—1990年,全国有色金属工业总产值平均每年增长7.49%,云南增速为6.25%,居全国第十七位。1990年云南产钢80.15万吨,为全国钢产量的1.2%,居全国第十八位;产成品钢材68.97万吨,为全国产量的1.3%,居全国第十九位。①这些数据表明了云南有色冶金行业在全国的比重和地位,亦表明了改革开放以来云南有色冶金工业所取得的成绩。

(二)新型优势产业的兴起和发展:以烟草工业为例

改革开放之后云南烟草工业之所以能在经济体制转变和经济机构调整过程中率先发展起来,是因为其具备了以下3个条件:

第一,自然条件好。有“植物王国”美誉的云南,因其独特的气候和土壤,具备得天独厚的种植烤烟的自然条件,这与美国最好的产烟州加利佛尼亚相类似。早在明代,云南便有“吸烟以避瘴”的记载。②明万历年间,外来烟草经印度、缅甸和国内邻省传入云南境内。至清代,烟草种植已相当普遍。

第二,近代云南烟草工业有短暂而辉煌的发展史,具备优先发展的基础。近代云南烟草工业的兴起与英美烟草制品大量输入导致白银外流密切相关。清光绪三十一年(1905年)因英美烟草制品输入云南,致使白银外流19 918两;宣统三年(1911年),白银外流竟高达43 392两。这促使云南有识之士引种美国优质烤烟,开办卷烟厂,堵塞漏卮。然而,引种美国烤烟直到抗日战争期间的1939

①云南省地方志编纂委员会总纂、《云南省志·冶金工业志》编纂委员会编《云南省志》卷二十六《冶金工业志》,云南人民出版社,1995,第6—7页。

②云南省地方志编纂委员会总纂、云南省烟草公司编《云南省志》卷二十《烟草志》,云南人民出版社,2000,第1页。

年，南洋兄弟烟草公司请宋子文出面，得到云南省主席龙云同意，才使得美种烤烟在云南扎下了根。1940 年云南省政府成立了改良烟草推广处，进行烤烟种的培植推广。其后，日本侵略者先后占领越南和缅甸，向云南输入外来卷烟的通道受阻，再加上，此期时南大批军民对卷烟的需求，促进了云南烟草事业的发展。1941 年全省种烤烟 2 000 亩，总产烟叶 1 540 担；次年种 2 700 亩，总产烤烟 1 545 担。由于烤烟种植面积的不断扩大和烟叶产量的迅速增加，烟叶复烤和卷烟工业也随之兴起。云南省政府于 1942 年在昆明上庄新建烟叶复烤厂和云南纸烟厂，昆明等地先后办起 77 家卷烟厂。

第三，“文化大革命”后期，云南省军事委员会和革命委员会对烟草行业的重视和扶持。新中国成立初期，云南烟草工业亦获得过短期发展。1952 年，云南省人民政府根据中央指示，恢复老烟区，发展新烟区。并结合云南实际，将烤烟种植安排在交通方便、自然条件适宜、有种植经验的江川、玉溪等 22 个县；同时将烟草纳入国家种植计划，产品购销由政府控制。云南省人民政府还调整粮烟比价，调动烟农种烟积极性，当年全省种植 7.5 万亩，总产 5 650 吨，比 1949 年分别增长 1.9 倍和 2.6 倍。1953 年全国烟草工作会议上鉴定云南烟叶质量较好，其中江川、玉溪、弥勒、虹溪的质量为优，为云南烤烟、卷烟开拓国内市场创造了条件。到 1956 年，云南烤烟种植面积达 106.4 万亩，总产 57 350 吨，上中等烟叶占 54%，除供省内外卷烟厂使用外，1957 年第一次出口苏联、越南等国。[①]

然而，1958 年春开始的“大跃进”提出“以钢为纲，以粮为纲”的方针，忽视多种经营，导致全省烤烟种植面积由 1955 年的 108 万亩下降到 40 万亩。1961 年以后的经济恢复时期，云南卷烟仍没有得到发展。1966—1976 年的“文化大革命”时期，云南烟草事业更是受到严重破坏，全省卷烟工业在此期间出现过 4 次负增长，最严重的是 1968 年，当时全省仅有的两家卷烟厂，昆明卷烟厂自年产卷烟 13.3 万箱下降到 2.2 万箱；玉溪卷烟厂由 10.2 万箱下降到 5.3 万箱。[②]

所幸的是，云南烟草工业的恢复，也始自“文化大革命”，当时云南省军事管

①云南省地方志编纂委员会总纂、云南省烟草公司编《云南省志》卷二十《烟草志》，云南人民出版社，2000，第 3 页。

②同上书，第 4 页。

制委员会和军事委员会着手抓烟草生产，因而在党的十一届三中全会召开之前，云南烟草工业已经做好了复兴的准备工作。一是对昆明、玉溪两个卷烟厂进行扩建和技术改造；二是1970—1974年新建了曲靖、昭通、楚雄3个卷烟厂，使云南卷烟工业布局逐步趋向合理；三是专攻烟机制造，提升烟草工业的机械化程度。副省长郭超组织昆明市机器厂、玉溪机床厂等13个单位进行烟机制造会战，郭超担任会战领导小组组长，指挥制造烟机200多台(套)，形成100万箱卷烟的生产能力，为云南的烟机制造打下了基础。1975年，昆明卷烟厂开始引进国外卷、接、包先进烟机设备各1台，生产过滤嘴卷烟出口香港。1977年云南成为全国高级烟原料基地之一，在江川、路南、陆良、弥勒4县种植10万亩。1981年5月，国务院批准轻工业部提出的烟草专卖报告，对烟草行业实行国家专营，并成立中国烟草总公司，要求河南、山东、云南、贵州等产烟重点省份尽快成立公司。中央的要求与云南省对烟草工业的看法不谋而合。

1981年云南省烟草公司筹备组成立。1982年4月正式成立云南省烟草公司，同年5月，云南省根据中央的要求，将分散经营的烟草行业(当时是农业部门管烤烟种植，供销社管烤烟购、销、调、存，轻工业部门管卷烟生产，商业部门管卷烟销售)实行农、工、商，产、供、销，内、外、贸，人、财、物集中统一管理。新的管理体制克服了分散经营互相制约的矛盾，大大促进了烟草生产力的发展。同年11月，云南烟草事业发展问题省长办公会议决定，把烟草产品作为第一位拳头产品来生产，把烟草行业的设备引进和技术改造列入全省重点，优先予以保证。由此在改革开放实行经济体制转变和经济机构调整之时，最终确立了云南烟草工业的优势地位。

1982—1990年是云南烟草工业获得迅猛发展的9年。截至1990年底，云南省烟草公司下属有8个卷烟厂，两个雪茄烟厂、18个烟叶复烤厂(含地县管理数)、13个地州市烟草分公司、70个县烟草公司、几个地州市烟草专卖局、70个县烟草专卖局，有职工55 663人，保证了烟草事业的健康发展。

第一，1982—1990年全省共投资85 291万元，新建厂房、仓库、收购网点、办公及公用设施、职工住房等。从而改善了职工的生产、生活条件，基本满足了一定时期内烤烟、卷烟发展的需要。

第二，在卷烟设备的技术改造方面，1975年昆明卷烟厂首次引进国外卷、接、包先进设备，提高了产品质量，生产了过滤嘴烟，增强了市场竞争能力。全省的卷烟行业都因此受到启发。1981 年，省轻工业厅建议引进国外先进卷烟设备，对原有旧设备进行技术改造。同年 11 月，常务副省长赵增益首先批准昆明卷烟厂第一次大批量引进国际 20 世纪 80 年代卷烟专用设备。1988 年征得时任总理李鹏同志的同意，第二次大批量引进国外先进卷烟专用设备，以生产高品质优质卷烟。1981—1990 年，购置卷烟专用设备和技术改造，共投资 20.779 2 亿元人民币。引进国外制丝生产线 9 条，生产能力为 35 000 千克 / 时；国内运用现代新技术制造的制丝生产线 7 条，生产能力为 22 000 千克 / 时；引进卷烟机222 台（套）；国内运用现代新技术制造的卷烟机 45 台；引进包装机 152 台；国内运用现代新技术制造的包装机 9 台，全省形成了综合生产能力每年 465 万箱。①

第三，云南烟草增量、提质和经济效益日益凸显。1990 年与 1980 年相比，云南烤烟生产由 10.2 万吨，上升到 40.75 万吨，上升为 399.5%，其中上中等烟占比由 56%上升到 77.3%；卷烟产量由 89 万箱上升到 448 万箱，上升 503.3%，其中，甲级烟由 5.2 万箱上升到 146 万箱，上升 28 倍多；过滤嘴烟由 2 万箱上升到 226 万箱，上升 113 倍；卷烟和烤烟的税利由 3.7 亿元上升到 70.9 亿元，上升19.2 倍。1988 年名优卷烟提价以后，到 1990 年，云南上交中央产品税、专项收入、利润共 44.976 9 亿元。此外，10 年间共调出省外烤烟 100 万吨支援了国内各主要烟厂。出口创汇方面，1990 年与 1980 年对比，出口烤烟由 1 706 吨，上升到 2 498 吨，上升 14.6%；出口卷烟，由 300 箱上升到 5.96 万箱，上升 198 倍多；创汇由 629 万美元上升到 13 792 万美元，上升约 22 倍。1981—1990 年，全省卷烟、烤烟共创税利 257.22 亿元。基本建设和技术改造，加上烤烟方面的投入，共计 41.24 亿元，占税利收入的 16%。②事实证明，“以烟养烟求发展”的方针政策是正确的。云南烤烟卷烟不仅成为云南的财政支柱，而且对中央财政也做出了贡献。

综上所述，云南烟草工业得天时、地利、人和优势于一身，抓住了改革开放时机，在经济体制改革和经济结构调整过程中率先发展起来，有学者将其概括

①云南省地方志编纂委员会总纂、云南省烟草公司编《云南省志》卷二十《烟草志》，云南人民出版社，2000，第 7 页。

②同上书，第 7—8 页。

为成熟型优势产业。事实上，21 世纪云南烟草工业面临“吸烟有害健康”的道德困境。人们健康保健意识的不断增强，势必影响其进一步的发展空间。如何紧跟时代发展，挖掘云南资源环境优势，发展绿色环保型产业，成为当前云南工业发展必须要解决的新课题。

烟草工业等轻工业生产的产品，以人民生活需要的消费品为主，同时为农业生产服务，为工业配套服务。在深化改革开放的当下，云南具备发展轻工业的广阔市场。

首先，云南垂直立体的气候、复杂多样的地貌，使其具备了发展以高原特色农产品以及香料等加工制品为主的轻工业的自然条件，可以满足当下多样化的消费需求。云南茶业、高原特色农产品加工工业等产业亦处于蓄势待发之势。

其次，云南毗邻东南亚、南亚的区位优势，将极大地扩展云南轻工业产品的消费市场和影响力。云南与东南亚的缅甸、越南、老挝三国接壤，边境线长4 060 千米，边境贸易有悠久的历史传统和多条便捷的通道，境内有 5 个国家级口岸、12 个省级口岸、近百个边境集市贸易点。历史上曾是西南丝绸之路的重要通道，与东南亚和南亚各国有广泛的贸易往来。据记载，抗日战争期间，我国曾通过腾冲和思茅海关，与 21 个国家和地区开展贸易活动，著名的滇越铁路和滇缅公路是当时中外物资进出国境的重要通道，因此，云南独特的区位优势，可以确保其轻工业产品在东南亚销售，以及通过东南亚走向国际市场，有广阔的前景。

最后，深化改革开放的时代背景，使云南面临历史上最好的发展机遇。2015 年 1 月 19 日，习近平总书记到云南视察时指出：“云南要主动服务和融入国家发展战略，闯出一条跨越式发展的路子来，努力成为我国民族团结进步的示范区、生态文明建设的排头兵、面向南亚东南亚辐射中心，谱写好中国梦的云南篇章。”讲话肯定了云南发展的业绩，也指出了云南经济社会发展的方向，可见，国家对云南定位正从祖国的西南边陲向面向南亚、东南亚辐射中心转变。加之，习近平总书记提出“一带一路”战略构想，云南作为历史上西南丝绸之路的重要通道，以及历史上与南亚、东南亚形成的贸易市场等，这些都使云南面临历史上最好的对外开放发展机遇。

第三章　商业与商业资本

第一节　国内商业与贸易

云南地处西南边陲，交通不便，商业与贸易的产生与发展较中原地区要晚。随着生产力的发展，社会分工和剩余产品的出现，原始社会后期，即新石器时代中后期，云南出现了早期的商品贸易。此后，虽历经曲折，云南各民族的商业与贸易日渐发展，成为云南各民族生活中的一个重要内容，对丰富各地各族人民生活，促进云南社会经济发展，密切云南与内地以及云南各族人民之间的联系，对统一多民族国家的形成发挥了重要作用。此外，由于云南是联系南亚东南亚的桥梁与枢纽，历史上云南各民族对内与对外的商业与贸易活动，对加强中国与南亚、东南亚各国的经济、文化交流发挥了积极的作用。

一、唐代以前

（一）秦汉时期

云南早期的商品交换活动较多地表现为不同氏族、家族、家庭间发生的产品交换。新石器时代，我国西北地区以游牧为主的氐羌居民、东南沿海地区以农耕和渔业为主的百越居民不断迁入云南，加强了云南各部落、各地区间的经济联系，形成了滇池地区、金沙江中游地区、洱海地区、滇东北地区、滇东南地区、滇南地区的平坝区稻作农业以及澜沧江中上游地区、滇西北山区、半山区以畜牧业为主的不同经济类型，导致云南各地各民族间交换活动的发生，以物易物方式占据主导，出现了集市的雏形——以祭祀等社会集会活动为契机的商品交易活动。[①]交易商品种类既有粮食、瓜果、蔬菜，鱼、牛、羊、老虎、孔雀等，也有以粉黛、胭脂，海贝[②]、丝绸、铜镜、琉璃珠、蚀花石髓珠等化装物品和带钩、弩机等铁制品为主的外地输入品，还有以铜、铅等金属占主导的本地输出品。此外，还形成了以滇池地区为中心的商品交易通道，向北可达蜀地、向东可至楚国、东南可入交趾（今越南北部）和两广、向西则到达掸人居住地区（缅甸北部）和身毒（印度）。其中由楚、蜀经云南到印度的商路，是我国著名的国际商路，公元前4世纪已开通。

秦始皇统一中国后，在滇池以北地区设置郡县。汉武帝元封二年（前109年），在云南设置益州郡。在修道、置官、通商的方针下，"册张仁果为滇王，通商贾，贸易用贝"，[③]商业随之发展。在滇人的商业活动中，作为货币使用的是牛，辅之以海贝、汉五铢钱。晋宁、腾冲、会泽、昭通出土的汉五铢钱，说明云南和内地已有贸易往来。秦汉时期，云南与四川贸易紧密，蜀商以其盛产的铜、铁、竹、木之器，换取云南的奴隶和牲畜。由于铁制工具的传入，促使生产力提高，居官者皆富及累世。"滇印必以布、竹杖等为交易品则属无疑。而铜、铁、铅、锡之属，药材之类，其在古代即已盛称中原。"[④]

两汉时期，大量汉族移民进入云南，加强了云南与内地的联系。两汉政府为加强对云南的控制，在原有民间商路的基础上，修筑了南夷道、西夷道、博南道等，大大改善了云南与内地的交通，密切了云南各地间的联系，极大地促进了商业与贸易的发展与初步兴盛。在此以前，云南有限的商品交易一般没有固定的时间和地点，稍有规模的交易又主要是利用祭祀等社会活动进行。两汉在云南设郡县后，各郡县都建立了治所，虽然各治所仍主要是政治与军事中心，但由于治所一般设在自然条件较好、经济较发达、交通较方便的地方，能聚集较多人口，有一定的城镇设施，所以各治所自然成为所在区域的商品交易中心。到东汉

---

①从晋宁石寨山第一号墓和第十二号墓中，各出土了一件祭祀贝器，贮贝器盖雕有从事交易活动的人物造型。

②石寨山和李家山大墓中有不少海贝，有的一座墓中就有数万枚，产自南海和印度洋。

③张道宗：《记古滇说》。

④龙云、卢汉修《新纂云南通志》商业考，二，载《李家瑞西汉时代云南的铁器》，《文物》1962年第3期。

设永昌郡后，云南郡县治所达到了40个，使云南有史以来第一次普遍形成了范围较广的政治、经济、文化中心。这些中心相互关联，基本构成了云南各地的商品交易网络，据《后汉书·南蛮西南夷列传》记载，益州郡“有盐池田渔之饶，金银畜产之富，人俗豪忲，居其官者，皆富及累世”。《华阳国志·南中志》也说：“益州西部，金银宝货之地，居其官者，皆富及十世。”益州郡治和永昌郡治成为商业中心，周围物产富饶，成为附近各种物资的集散地，也是南方丝绸之路的中转站，辐射范围广，交易数额大。又如《东观汉记·王阜传》记载，窦宪移书益州，派奴驺帐下吏李文取六百万钱，“文以钱市焉”。对此，任乃强强调：“文以钱市焉者，谓文得此钱即以市易物货，如奴隶、珍异宝货之属还洛，非国用，但为宪经商资本耳。于当时权贵习于遣出奴仆小臣向西南诸郡经营商业之证，为研究汉代社会经济史者所当知。”[①]益州郡治商品交换的规模于此可见。

这一时期，云南各民族用于交易的商品，除了一般的生产、生活用品和各地土特产品外，尤以青铜器最为突出，锄、锛、斧、镰、锯等青铜农具和工具和釜、洗、勺、匕、尊、杯、镜、扣饰、牌饰等其他生活用品以及众多的武器、乐器、礼器等，已相当普遍，由于其生产技术复杂，只能通过交易从专业生产者手中流入民间。在众多的商品中，铁器和丝织品的输入占有重要位置，《史记·西南夷列传》记载夜郎周围部落“皆贪汉缯帛”，石寨山出土的铜器上发现有绢帛残片。在昭通地区发现过铸有“蜀郡”“千万”或“成都”字样的铁口锄。[②]在四川、贵州等地出土了云南生产的青铜器，其中朱提、堂琅生产的铜洗更是远销中原各地。此外，途经云南的远距离贸易进一步发展，荆楚地区和巴蜀地区的丝、布、邛竹杖、铁器等商品经云南贩运到两广、东南亚各国和印度，再转销西域或大秦（罗马），而蚀花肉红石髓珠、琉璃珠、海贝、有翼虎错金镶嵌银带扣等印缅和西亚器物则输入云南，并转口销往四川、湖南、湖北等地，内地流通的货币——金银及铜钱也开始在云南流通使用。

（二）三国两晋南北朝时期

三国两晋南北朝时期，由于连年的战乱，内地王朝更迭频繁，不但使经济遭

①任乃强：《华阳国志校补图注》，上海古籍出版社，1987，第545页。

②龙云、卢汉修《新纂云南通志》金石考，二，载李家瑞：《两汉时代云南的铁器》，《文物》1962年第3期。

受严重破坏，云南边疆也难以维持与内地的经济贸易往来，更无法形成经云南与东南亚、南亚的远途大宗商品交易。此外，南中大姓为了争夺地盘和人口，彼此间矛盾加剧，与中原王朝在云南的统治相互冲突，严重制约着云南经济的发展，造成云南各地局势的混乱与动荡，直接影响了云南各地商业贸易的发展。蜀汉虽然平定了云南并进行了初步的治理，一定程度上推动了南中经济的发展，但其目的是从云南获取支持北伐曹魏的军事与经济力量，经济收益是根本，并未对云南的商业与贸易发展带来根本性支持与改变。

这一时期，云南没有像两汉时的朱提、堂琅洗及其他金属制品那样的大宗商品运销内地，本地市场上多为一些方物特产流通，其中较为常见的是槟榔、荔枝、桐华布、甘蔗、饴糖、甘薯、铜镜等，使用的货币主要是金银及丝织品。如三国时期，蜀汉政权曾允许云南的大姓富户“出金帛”，将政府难以统治的少数民族收买做“家部曲”。诸葛亮和李恢都曾从云南调出金银等物，作为战备物资。三国以后，云南的商贸中心由滇池向东迁移到了以味县为中心的建宁郡一带，曾一度出现“庲降贾子”这一较有名气的商人群体，然而昔日昌盛一时的益州郡、永昌郡、朱提郡，则因中缅国际贸易的衰落和当地经济萧条而日渐冷清。

二、唐宋时期

唐朝初年，中央王朝开始在云南设置羁縻府州进行管理。南诏于唐开元二十六年（738 年）建立政权，持续统治云南 250 多年。后晋天福二年（937 年），大理国继续统治云南，直到 1253 年才被蒙古所灭，故唐宋时期云南基本处在南诏、大理国政权的统治下。

（一）南诏

南诏统一云南后，社会经济有了较大发展，其中一个重要原因是受唐朝先进的生产技术与文化的影响，兴修水利，在平原地区推广先进的耕作技术，“邑落相望，牛马被野”“村邑人家，柘林多者数顷，耸干数丈”。[①]农作物品种除内地常见的稻、麦、黍、豆、麻、粟、稷及瓜果蔬菜外，还出产荔枝、波罗蜜、槟榔、茶叶等；对山地也进行了较好的开发与利用；同时采取大规模的移民措施，促进了各

①樊绰：《蛮书》卷四、卷七，聚珍本。

地区经济文化的发展与交流，推动了当地经济的发展。如先进的白蛮迁移到较落后的滇西、滇东北地区，对改进当地社会经济面貌起了极大作用；而乌蛮等部落迁移到自然条件较好、农业较发达的滇池地区，很快从游牧经济发展为农业经济，提高了其经济发展水平，缩小了各地区各民族间的差异。

这一时期，云南出现了丝织业、毛织业、铁器和金银制造业、煮盐业、砖瓦制造业等多种手工业，生产方式不但有家庭手工业者，还有水平较高的官营手工业生产者。所产手工品不但数量众多，而且质量较高，出产的刀甲、毡毯、大理石制品、鞍马用品，甚至赶马用的马鞭都异常精美，有“大理地广人庶，器械精良”的美誉流传。此外，畜牧业畜养品种繁多，有牛、马、猪、羊、鸡、鸭、兔、骡、象、鹿等，且饲养规模大，有的人家仅一家便有牛马上百。养殖方式多种多样，有的“冬入深谷、夏处高山”，随季节变化迁徙畜牧；有的建盖畜厩、以槽枥精心饲养；有的设立苑囿、半自由化饲养；还有的全自然野外放牧，培育著名的饲养品种，如“越赕骢”为云南名马，次赕、滇池畜养的马也是上等品种，为商业的发展奠定了物质基础。

唐初云南设置羁縻府州后，在很多府州治所修建城池，如姚州都督府城、安宁城等。南诏政权建立后，前期在洱海地区设立六赕区，相当于内地的州，其下约万户左右设一个都督，千人左右设一个理人官，百人设一个总佐，递相统辖，构成严密的统治体系。其余地区设弄栋节度、永昌节度、开南（又作银生）节度、丽水节度和通海都督、会川都督进行统治。后期，南诏政权将六赕区增为十赕区，其余地区则仍设六节度和两个都督，在各辖区都建立了城镇作为统辖中心，如新建和扩建了太和城、阳苴咩城、龙首城、龙尾城、邓川城、白崖城、弄栋城、拓东城、永昌城、通海城等，多达 100 多座，远远多于两汉时期。在交通沿线设立城镇馆驿，以都城阳苴咩城为中心，形成四通八达的交通和贸易网络。国内有清溪关道、石门道和安南道 3 条主要通道。国外有通向骠国与天竺的商路，与南诏安南道相连接，是连通西南地区与东南亚、南亚，沟通印度洋、太平洋的重要国际商贸通道。

随着南诏社会经济的发展，商业贸易得以发展，各地商品交易频繁，交换商品种类繁多，主要有盐、酒，丝织品、毡毯，铁农具、武器，砖瓦，槟榔，金银制品，牛、羊，牛黄、麝香等，并设立了专门管理贸易的职官——“禾爽”。南诏内部互通有无的经济交流相当频繁，不仅与剑南、岭南、吐蕃有密切的贸易往来，而且与天竺、骠国、中印半岛诸国，以至波斯、大秦都有商业交往。商人们不远万里贩运水晶、琉璃、珍宝、香料、琥珀、奇珍异禽等。由于商业的发展，开始用贝制作货币，标志着商业交换从物物交换发展到一个新的阶段。

（二）大理国时期

大理国时期，段氏统治者采取了一系列恢复生产的措施，减税宽役，释奴赦罪，使社会经济得以复苏，农业、手工业、畜牧业得到长足发展，呈现繁荣景象。以此为契机，商业与贸易空前发展。首先，城镇工商经济的发展，以八府（鄯阐府、威楚府、统矢府、会川府、建昌府、永昌府、腾冲府、谋统府）、四郡（东川郡、石城郡、河阳郡、秀山郡）、四镇（成纪镇、蒙舍镇、镇西镇、最宁镇）为核心，重要城镇有百座之多，在商贸发展中发挥了巨大作用。其次，村落在一定程度上成为商品交易的场所，分布颇密。马可·波罗称建都一带"环墙之城村不少"，姚州一带"环墙之城村甚众"。此外，与城镇、村落的商品交换相补充，还出现了不少临时集市，称为"街子"。李京的《云南志略》记载："市井谓之街子，午前聚集，抵暮而罢。"著名的大理"三月街"据说就是形成于南诏、大理时期。李京的《云南志略》又载："（金齿百夷）交易五日一集，旦则妇人为市，日中男子为市，以毡、布、盐互相贸易。"

这一时期商贸发展的主要内容是与宋王朝的贸易交往，以牲畜交易为中心，形成大规模的商品交换。宋由于先后与北方辽、金交战，迫切需要战马装备军队，想在北方买到战马又很难，于是云南就成为两宋最重要的战马供应地。大理与宋的马市贸易，据现有史料记载，早在开宝时期（968—976年）即已开始。之后，与大理接壤的其他边州相继开马市，时断时续，此起彼伏，直到南宋末年陆续罢停。其贸易区域极广，有明确记载的有黎州、雅州、嘉州、叙州、长宁军、泸州、夔南、沅州、邕州、宜州、观州、宾州、横州等处。绍兴三年（1133年），南宋政府设立邕州买马司办理买马事务。为保证能获取更多战马，南宋政府采取多方面措施，特别是绍兴四年（1134年），监察御使明槖提出买马"七术"，即：一要深入蛮国（大理国）不惜财币进行引诱，招徕各民族前来卖马；二要准备充足的缯丝、食盐作为买马预备金；三是对前来出售马匹的各民族商人要"待之以恩礼"；四是"要约分明"，对买马事宜做出明确规定；五是禁止买马活动中的官吏欺诈;六是在买马时要做到“信赏弊罚”,对买马活动进行监督与约束;七是马匹只能出售经政府,供军队使用。这些措施使南宋与大理国之间的战马交易空前兴盛,正如陆游所吟“国家一从失西陲,年年买马西南夷”。[1]

大理与宋市马,价格历来有定,“旧蕃蛮中马,良驽有定价”,“岁与蛮为市,第存优恤,数马以给其直”。[2]黎、叙诸市,“委属官说诱番羌,于价外增支犒赏锦彩、酒食之类,每匹不下用茶七驮、准绢十匹”。[3]绍兴三年(1133 年)八月,进义副尉前权广西路邕州靖远寨黄迥言:“朝廷旧法,于本路邕州横山寨招马特磨道等蕃马,元立等格自四尽一寸至四尽七寸,逐等各立定价钱收买,只应副本路州军马军调习备边缓急之用。”[4]同年,邕州进士昌悫亦言:“伏睹大观买马格,每招马一百匹,支盐一二百斤,彩一十匹与招马人,充入蛮开路结记人信,乞指挥买马司如差效用入蛮招马,许借官钱充买盐彩倏。招到马数,乞依大观买马格销破折会。”[5]由是观之,大观定格主要是针对所买之马的规格与价格的限制,同时兼及遣人入募招马的报酬。绍兴四年(1134 年),南宋政府移广西买马司于邕管后,“岁捐金帛,倍酬其直”。[6]绍兴七年(1137 年)以后,马匹益精,“岁费黄金五镒、中金二百五十镒、锦四百端、施四千匹、廉州盐二百万斤,而得马千五百匹,必四尺二寸以上乃市之,其直为银四十两。每高一寸,增银十两。有至六七十两者。”即便如此,土人亦感吃亏,称:“其尤駔骏者,在其出处或博黄金二十两,日行四百里,但官价有定数,不能致此耳。”[7]市马双方“两平等量,议定价值”,所付货款“从蛮人所愿,或用彩帛,或用盐银等物,依彼处市价博易”。[8]

除马以外,根据范成大《桂海虞衡志》与周去非《岭外代答》记载,胡羊、长鸣鸡、驯象等都曾是大理与宋贸易的主要商品。另有金、银、铜、铁等金属制品应用极广,珠玉交易颇为有名,还有麝香、牛黄,蛮毡、蛮甲、木材,茶叶、食盐、酒、米

①陆游:《剑南诗稿》卷五《龙眠画马》。
②《宋史》兵志。
③《宋会要辑稿》兵(二十二),二十、二十一。
④《宋会要辑稿》兵(二十二),十九。
⑤《宋会要辑稿》兵(二十二),十九。
⑥《宋史》食货志。
⑦李心传:《建炎以来朝野杂记》甲集,卷十八。
⑧周去非:《岭外代答》卷五。

等生活用品与土特产品，而大理所需宋朝物品主要有丝织品、药品、文化品（书籍）等，“蛮马之来，他货亦至。蛮之所赍麝香、胡羊、长鸣鸡、披毡、云南刀及诸药物，吾商贾以赍锦缯、豹皮、文书及诸奇巧之物，于是译者平价交市”。[①]交易的支付方式主要是以物易物，“每汉人与蕃人博易，不使见钱。汉用绸、绢、茶、布，蕃部用红椒、盐、马之类”。[②]同时也使用金银货币，“开场博易，厚以金缯”。[③]由于大理本身即为金银产地，在与宋朝的交易中多用金银。此外，还出现处于大理与宋之间的各民族以转口马匹为主的转手贸易，“马产于大理国。而大理国去十五程尔，中有险阻，不得而通。故自杞、罗甸皆贩马于大理，而转卖于我者也。”[④]

三、元明清时期

（一）元朝时期

1253 年忽必烈以兀良合台为将，姚枢为谋士率军攻打大理国，后大理平，云南列入元朝统辖范围。宪宗七年（1257 年），兀良合台奏“以云南平请依汉故事，以西南夷为郡县”，宪宗授其银印加大元帅，所设 19 个万户府由大元帅府统领，随后忽必烈又把 19 个万户府分别由 5 个总管府管辖。直至 1274 年为稳定云南忽必烈派平章政事赛典赤·瞻思丁建立云南行省。元朝为加强对云南的控制，“则又因制兵屯旅以控扼之”[⑤]行屯戍设驿传，客观上确保了道路通畅，加强了与内地及与周边国家的联系，促进了云南经济的发展。

元代大宗商业基本控制在政府手里，贵金属、茶叶、酒、醋、盐、农具等或由政府直接经营，或由政府卖给商人，商人再运往市场销售，或商人及手工业主经营。云南蕴含丰厚矿藏，金银铜铁皆有出产。产金之所有威楚、金齿、丽江、罗罗、乌撒等地；产银之地有威楚、大理、临安、元江等；大理和澄江盛产铜矿；中庆、大理、曲靖、罗罗、建昌等地则出产铜矿。云南建立行省之后，冶炼业分官办及民办两类，官办即设“诸路铜冶总管府”和“淘金总管府”对云南金属矿产进行垄断，

---

①周去非：《岭外代答》卷五。
②曹学铨：《蜀中广记》卷三十五，引余授《朱缨堂记》。
③《宋会要辑稿》兵（二十二），二十四。
④周去非：《岭外代答》卷五。
⑤《元史》兵志。

民办则产品由政府抽分，宗旨是缴纳岁课。云南冶金业的发展使得“至元十九年（1282 年）九月，定云南赋税用金为则”[①]，除了赋税部分用金之制，金银还被大量用来做贡物，甚至专门有商人赴滇以银易金，“每精金一两易纯银五两”。云南丰盛的金银产量催生了金箔、银箔手工制造业的兴起，其多为家庭手工业制造，工艺子孙世传，秘不授徒。元代匠户社会地位较高，分“军匠”和“民匠”两种，军匠专制武器，民匠造普通用品。手工业制品有弓矢、纺织品、染织品、衣服、靴帽、瓷器等，瓷器在花纹、造型、技艺及窑具等方面具有云南独特的本土风格。

云南食盐产量丰富，运销省外，除姚州白盐井和安宁盐井两大产盐地外，还有黑井、景谷、云龙、兰坪等产盐地。元代云南制盐业进一步发展并为明代的兴盛打下基础，中央设盐运司“掌场灶，榷办盐货”，云南设榷盐官掌管食盐生产、征购、销售，生产规模、销售地区及产量皆远超前代。由于产盐量大，元代滇盐亦做货币流通。景泰《云南图经志书》卷二云武定府“土人贸迁有无，唯以盐块行使”，卷四载楚雄府“黑盐每块重二两，军民交易皆用之”[②]。

随着社会经济的进一步发展，云南以“街子”为特点的民间贸易大量兴盛，交易过程中沿袭南诏继续以贝为币，以一为庄，四庄为手，四手为苗，五苗为索。民间商业活动极大地促进了省与省之间的物资交流和城市繁荣，作为全省政治、经济、文化中心，昆明商人工匠杂居，周围郊外米、麦、鱼、盐丰盛，百物输入从不停歇。而在这一时期云南对外贸易主要以周边小国向元朝纳贡这一特殊形式实现的。1289—1338 年，缅王先后 15 次遣使由云南至大都“入贡”，元亦遣使由今保山、德宏沿大盈江接伊洛瓦底江至缅甸，云南玉石开采技术也由此路传入缅甸，中缅玉石贸易由此开端。

（二）明朝时期

1368 年，朱元璋推翻元顺帝统治，建立明王朝。洪武十五年（1382 年）颍川侯傅友德平定云南并设立云南都指挥使司和布政使司，靠内地区建府、州、县各级行政机构，边远地区建土司制度，以“土流并治、府卫参设”等措施加强对云南的统治。“明以武功定天下，革元旧制，自京师达于郡县，皆立卫

①《元史》食货志。

②郑颙、陈文纂修《云南图经志书》。

所”[①]。明代卫所作为一种军事设置，其目的在于安置驻军，控制要害，有事征调，无事散归各卫，但军队实行世袭的军户及军籍制且不能随意脱离军籍，故给庞大的军队供给成为一个大问题。“洪武十九年九月庚申，西平侯沐英奏：云南土地甚广，而荒芜居多，宜置屯令军士开耕，以备储库”[②]，于是云南广开屯田。云南屯田分军屯、民屯及商屯，其中商屯即“开中食盐”以粮换盐，始于洪武十五年（1382年）。盐商除了少部分是本地奴隶主及商人外，绝大部分是内地“客商”，客商就地买粮换取“盐引”并不划算，因此便以少量投资招募内地贫户至云南开荒屯种，以种出来的粮食换取“盐引”从而获取利润。由于商屯具有经商性质，极大地促进了商品经济的发展，“开中”由缴纳粮食换盐引变为用银钞代替，货币逐渐得到广泛使用，“朝野率皆用银，其小者乃用钱”，因而对金属有更大需求，采矿和冶炼业得到进一步发展。屯田制的实施使大量移民涌入云南，带来了充足的劳动力的同时也带来了先进的生产技术，使云南与内地的联系增强了，经济由唐宋时期的封闭型向开放型过渡。

从永乐到成化年间以及从嘉靖到万历年间是明朝小商品经济的盛期，在这两个阶段中，农业产品逐渐趋向商品化，为纺织业、造糖业、酿酒业等轻工业提供了原材料，而无地或少地的破产农民为制盐业、制瓷业、冶金业等手工业及采矿业提供了丰富的劳动力，使得商业兴旺时期得以出现。

明以前，云南边疆地区多使用原始的“刀耕火种”，广种薄收，随着锄、铲、镰、耙、犁出现，代替了原来的竹、木、石工具，获得广泛使用。牛耕技术的推广，水利的兴修，种植技术的提高以及玉米、大麦、南瓜、西瓜、黄豆、甘薯、芝麻等作物的引进使得耕地面积增加，粮食产量提高，人口也大量增加了。社会生产水平的提高促进了云南手工业的日益发展。首先是纺织业，“织机十室必有”。早在南诏国时期云南工匠织绫罗的技术已可与织川锦的技术媲美。明代云南各地广种桑树，织丝普遍，边远地区纺织技术也得到提高，各地丝织品较多，有棉布、绵绸、百夷纱、桐华布、火麻布、羊毛布等。其次是食品加工业，有酱菜、火腿、乳扇、饵丝、米线、芝兰轩的南糖、正香楼的口酥、大吉祥的雪片等。制茶叶也在食品加

①《明史》兵志。

②《明太祖实录》卷一七九。

工业中占有相当地位，明代茶课，其他省征钞，“云南则征银”[①]，仍推行以茶易马法，茶分官茶和商茶，皆贮边易马，洪武十六年（1383 年），在永宁设茶马司，与西藏贸易，普洱茶已行销云南各地，运销不限与商贩运。茶马贸易及冶炼业的兴盛客观上推动了明代马帮运输业的长足发展，使其在明代云南商业贸易中占据重要地位。除此之外，“体如铁石，音如磬鸣”的临安无釉磨光陶器、造型优美的祥云县砂锅、精美的藤竹器、草帽皆经久耐用行销省内外。

明代云南制盐业持续发展，除前代盐井继续开采使用外，又新开了 4 个盐井，即啊陋井、草溪井、只旧井和乔后井。明代设盐课提举司，行盐循用引制，由户部印发，商人持引赴场支盐，但滇省地处边陲，仅给小票代引照盐。虽新开盐井，但由于大量移民迁入，仅依靠滇盐仍无法满足居民需求，“沿边诸处，每有淡食之苦”。[②]故云南还从四川、广东等地调入食盐以满足需求。

随着西南边疆的进一步开发，云南与周边国家的贸易空前繁荣起来。首先是与滇缅贸易，明初昆明设有“缅字馆”，用于接待缅甸使臣或商人，中缅贸易以珠宝玉石、丝绸为大宗，云南腾越地区成为玉石外销重地，“金、银、铜、铁、象牙、宝石、料丝、什器、布罽之属，皆精好甲他处，加以诸夷所产琥珀、水精、碧玉、古喇、锦西、洋布及阿魏、鸦片诸药物，辐辏转贩，不胫而走四方”，云南商人将孟密、孟养等地云母、水晶、绿玉、西洋布等畅销物品运至云南交易。明末汉夷市场的设立更使云南及中原商人赴缅经商人数增多，边民互市亦随之兴盛。明代对中越朝贡贸易采取的“兼贸易，薄来而厚往”政策奠定了滇越贸易的基础，云南商人将本省的马匹、药材、丝绸、茶叶、瓷器以及日用品通过马帮运至越南换取越南香料、稻米及海产等。

随着社会生产力发展，加之明代对商业的轻税保护措施，除庙会和村镇集市外，城市经济也有所进步，定期集市在各地普遍建立，市集名赶场，亦名赶街子，“以其日支名之，如辰日则曰龙街，戌日则曰狗街之类，至期则四远之物毕至，日午则聚，日仄而罢”。[③]尚有传统交易会，一年一度在更大区域内进行，如三月龙王会、大理三月街、渔潭会等。各地集市交易货物具有浓厚的地方特色，

---

①《明史》食货志，四。
②张泓：《滇南新语》盐政。
③谢肇淛：《滇略》。

或为土特产品，或与对外贸易及当地风俗有关。如盐井渡交易以盐为主，弥沙井的兴旺及与西藏交往频繁促使剑川夜市兴盛，景东中所街、文景街为糖市，面向缅甸进行边贸使腾越、永昌集市获得发展。全省较为繁荣的商业城市有省城云南府，其城外忠爱坊、金马坊、碧鸡坊是繁华的商业区，经销棉布、鞋帽、丝绸、茶叶、陶瓷、农具、五金等货物，附近还有饭馆、旅店、货栈等，十分热闹。滇西北的丽江，滇南的临安、蒙自，滇东北的曲靖、昭通也是当时的商业中心。

（三）清朝时期

清初，由于各族人民不断举行反清起义以及郑成功据台进行抗清斗争，清政府实行海禁及闭关政策，不与外国贸易，各民族之间交往也有所限制，商业和市场极为萧条。至中期，伴随着清政权统治的稳定、台湾的统一、海禁的逐渐开放，国内外贸易有了恢复和发展。清代云南开发力度极大增强，大规模的改土归流使地主制经济在广大区域得以确立，规模空前的移民垦殖、较轻的商税、周边省份与云南商品的互补都极大地刺激了云南社会的发展，农、林、牧、渔、矿及手工业产品增多，商品增加，使云南商业发展焕发出新的生机与活力。

清代云南各地的市场或依托村寨，或依托矿场盐井和交通要冲，或依托城市，按不同发展特征可分为 3 个市场：农村市场、矿厂盐井交通要冲聚落市镇、城市市场。清代云南少数民族众多，汉族移民大量迁移至此，居民经济生活呈现多元化特征，这一点在各地农村市场称谓上有所体现。清代云南农村市场有以下不同泛称：街子、会（庙会或大型商品交易会，如土地会、上九会、岳王会、棒棒会等）、场（主要集中于与四川、贵州相毗邻的昭通一带，如滩头场、新滩场等）、摆（主要分布于傣族聚居区）、市、镇、集等。这些农村市场可以分为 3 个层次，第一层次具有“调节余缺”的经济功能，商人较少介入贸易，仅供四乡农民互调有余，如“漾濞有漾濞街、平坡街、浪仓街，交易皆农产品”[①]。第二层次的农村市场具有“保障供给”功能，满足居民购销商品的同时也满足商贾贸易需要，以商人为媒介的商品流通日益扩大。腾越各市“交易品除农作物外，玉器、陶器、布、革、竹藤器等亦多”[②]。第三层次则是具有商品集散地功能，以贩卖贸易集散商品功能为主，是清代云南农村市场发展层次最高的一种类型。这一层次农村市场又

①龙云、卢汉修《新纂云南通志》卷一四三《商业考》一。

②同上。

分为专业化程度较高的商品集散市场和综合商品集散市场两类。第一类代表有丽江骡马会、鹤庆松桂会以及阿迷“以红糖为大宗，运销宜良、省垣”的阿舍街、平远街、老马街等。第二类则有三月街、宁州婆兮街、保山板桥街等，其中三月街在清代盛时“生意颇大，四方商贾如蜀、赣、粤、浙、桂、秦、黔、藏、缅等地及本省各州县之云集者殆十万计。马骡、药材、茶叶、丝棉、毛料、木植、瓷、铜、锡器诸大宗大理交易之，至少者值亦数万”[①]。

清代云南丰富的矿产资源得到相当程度开发，矿产品交易成为云南一大商业活动。清代云南“各厂以次开发，乾、嘉盛时，余积铜斤数过四百余万，故能筹抵洋铜，供给九路采买。大兴、大铜两厂产额骤增时，又能贴运京铜，岁无停滞。至道光间，犹以滇铜鸣于时，当时采、治、铸、运，无不详为规划”。[②]矿厂“废旧新开，繁猥难数”，矿厂人口“厂之大者，其人以数万计；小者以数千计”。[③]矿厂的兴盛激发了出矿厂人员对生产生活资料的需求，“商贾负贩、百工众技，不远千里蜂屯蚁聚，以备厂民之用”，这样市镇就随之形成。清代云南矿业发展经历了以铜业为主和以锡业为主的两大发展时期，矿厂市镇依附于矿厂兴衰呈现出极大的脆弱性，并未根植于云南获得持久发展。清代云南盐业生产达到较高水平，在盐井数量、食盐产量及税课等方面均大大超过前代。清代云南先后新增 20 个盐井，其中滇南地区占据 13 个。对于盐业的管理，清初，“云南盐政旧隶巡按，后改隶巡抚，并定云南提举司提举三人，设黑井、白井、阿陋井、弥沙井大使各一人，云龙井大使四人”。[④]顺治十七年（1660 年），题准云南不行部引，按井给票，征收盐课，又题准云南各井，以出盐多寡定经制课程。各盐井官员督促灶户制盐，按定额逐月向省级盐库交盐。顺治至嘉庆初，云南盐业实行官运官销（按各地户口数酌定盐额，地方官派人买领，运回本地，设店收贮，分发贩铺销售）。嘉庆五年后（1800 年），清政府将盐务管理改为“灶煎灶卖”“民运民销”。制盐、运输、销售都由商民经营，官府管理盐政，征收盐税。盐产地既有售盐后转换而来的现实购买力，又有进行再生产而必须维持的消费力，灶户与附近居民互通有

①张培爵等修《大理县志稿》，1917，铅印本。
②龙云、卢汉修《新纂云南通志》卷一四五《矿业考》一。
③道光《云南通志》卷七三《食货志》八，矿厂一。
④龙云、卢汉修《新纂云南通志》卷一四七《盐业考》一。

无以及大量商贩参与盐井产地的贸易使盐井店铺增多，商业功能规模扩大，盐井最终成为一定规模的市镇，与矿厂市镇不同，盐井市镇在清代一直持续发展，代表市镇有黑井、白井、乔后井。

清代云南市场还有一类城市市场不容忽视，城市市场一般依托于治所而存在。城市市场大多包含集市交易、店铺零售以及贩运批发 3 种形式。其中贩运批发贸易以城市中商号、堆栈、票号、牙店为依托，交易以批发为主，货源涉及区域远至省外和国外。贩运批发催生商号的崛起，至清末已形成一批著名商号，如“三元”“裕和”“三盛”等。堆栈或邸店除为过往商旅堆放物品外，也替货主寻找买家，促成批发交易。清代云南主要城市市场有昆明、大理、永昌、思茅、个旧等地。昆明至清代已发展成为云南政治、经济、文化中心和云南对外通道和内地转口贸易的枢纽和市场，国内外商贾云集于此。至道光年间，昆明南门外已“房屋栉比云连，货物堆山塞海”，[①]铺行店房所售商品应有尽有。经营滇缅、滇越等国际贸易的商帮在昆明多有设号开店，转贩川丝、棉纱、宝石、茶叶等。塘子巷、状元楼、南校场、三市街、金马碧鸡坊、东寺街等地商业繁华，时人称金马碧鸡坊“百货汇聚，人烟聚集之所也，富庶有江浙之风”[②]。大理古为南诏国、大理国都城，地处滇缅通道及茶马古道交会地，川货西出缅甸，茶叶北上藏区都必经此地。清代大理城内店铺林立，从事大理石加工、铜铁器打制和染织、金银器、笔墨义具售卖都颇具规模。而距大理仅 15 千米的下关，在雍正前尚无店铺商号，交易行于草市。雍正至道光年间，随着云南与川藏、缅印贸易的开展，下关商业渐兴，汇聚于此的省内外商号达 180 多家，进出口贸易在下关市场占有很大比重。永昌即今保山，道光《云南通志·地理志五》言及保山“市肆货物之繁华，城池风景之扩大，滇省除昆明外，他所不及”。在滇缅贸易带动下，保山零售业和长途贩运业远近闻名。思茅市场交易以普洱茶为大宗，省内马帮多于冬春两季来此交易。而个旧市场则以矿砂和大锡买卖为主，在清末获得较大发展，集市店铺主要经营粮食、木炭、麻布、铁器及皮杂等。

清代云南大宗商品主要是矿产品、食盐及茶叶，均系官府专卖，但运销过程

①《昆明市志》编纂委员会编《昆明市志长编》卷六，1983，第 379 页。

②陈鼎：《滇黔纪游》。

则有商人不同程度卷入。清代平定吴三桂以后大力经营滇铜，康熙二十一年(1682年)至四十三年(1704年)采用听民开采，自由出售，政府委官监收矿税的方式。自康熙四十四年(1705年)以后，清政府实行“放本收铜”政策，即官府直接向生产者贷放“工本”，除抽收铜课外余铜也由官府收购，官府设“官铜店”垄断销售。雍正三年(1725年)以后，清政府一面调整收铜官价，同时开放部分“通商铜”。通商铜是办厂者获利的主要来源，受市价驱动，其销售近则省内远则省外，部分通商铜甚至被用作私铸钱文材料。云南畅销的铜器有铜镯、红铜面盆、香炉、铜碗、铜锁等。除了铜器，少数民族的金银手工制品也有相当发展，具有鲜明民族特色。金银制造器具和装饰品是傣族重要的手工业，产品有金碗、金瓶、金花、银碗、银刀等。纳西族的银器制作工艺很精巧，其制作的银手镯、银领扣、银耳环、银饰刀鞘等都具有较强的观赏性和实用性。阿昌族的铁器一直闻名于世，品种有各种长刀、短刀、镰刀、锄头、斧头等，这些产品行销云南和缅甸。清代茶叶成为云南经济作物大宗，其中“普洱茶”最为著名，产地在今普洱、临沧、西双版纳地区，最为著名的是六大茶山、凤山茶及猛库茶。普洱茶知名度的提升吸引了大批商人进入茶区经营茶叶，除了云南商人，外省茶商及藏区商队也组织马帮于干旱季节集于茶区，运销茶叶。最高级的普洱茶作为贡茶运到京城，其余则运销四川、西藏、青海及东南亚、南亚各地。清代云南市场中流通的非专卖品大宗主要有粮食、牲畜、纺织品、土烟酒糖等。

除省内贸易外，云南省际贸易及对外贸易在清代也极为盛行。省际贸易之途径“迤东一带与川、黔交往频繁，而以昭通、曲靖为货物聚散之中心；迤南一带则与两广、上海交易，而以蒙自、个旧为货物聚散之中心；迤西一带与康、藏发生交易，而以下关、丽江为货物聚散之中心。全省复以昆明为出纳之总枢纽”[①]。贸易物品中，输入的商品有上海的棉纱、匹头、烟类、瓷器、纸张，四川的生丝、绸缎、川烟、贡川纸、药材，贵州的棉纸、府绸、竹器、漆器，康藏的毡毯、毛织品等。云南输出的商品主要为茶叶、火腿和药材，茶叶以普洱茶、景谷茶居多，药材有茯苓、麝香、三七、雄黄、熊胆、鹿茸、犀牛角、冬虫夏草、黄连、天麻、贝母、当归、红花之类。外省商人也至云南来经商，最早为江西帮，湖南帮之笔墨庄、瓷器庄，

①龙云、卢汉修《新纂云南通志》卷一四四《商业考》二。

四川帮经营玻璃、丝绸、烟叶等，山西帮、浙江帮经营汇兑，以后两广帮、北京帮相继来昆。而本省亦有腾冲帮、鹤庆帮、大理帮经营于缅甸，临安帮经营于香港。营业种类略有区别：一曰票号，也称字号，经营存放款及汇兑，或办外省、外地货，或运销本省出产的茶、盐、矿于各地，均作批发交易，云南票号最早有山西帮之百川通、宝丰隆，本省同庆丰、天顺祥为南帮中杰出票号，两号均为虹溪王炽所创；一曰典当业，为山西、陕西帮所开；一曰转运业，马帮为多，以各地区为名；一曰铺户，棉布、纸张、金银首饰、百货等名目繁多，皆做门市零星交易。至于进出口贸易，清朝时期的云南“茶为主要之贸易品。顺治十八年，准达赖喇嘛及根都台吉于北胜州互市，以马易茶。而云南大宗之输出品，厥为铜矿”①。乾隆三十八九年间运京铜额达 7 645 650 余斤，省铸采办买铜额 1 700 710 余斤。红河边上的老鸦潭关每年净收关银 24 万两，由此可见云南进出口贸易额之巨大。

清代以前，云南对外贸易具有商品流量小、外贸发展进程反复性大、奢侈品占据进出口商品主要地位、生产资料即日用品出现晚且增长缓慢等特点。进入清代以后，云南外贸交易商品构成有所变化，外贸规模也有较大扩展，交易对象主要集中于印度、缅甸、越南方向。云南的对外贸易既有职业商人经营的大宗商品长途贩运，也有渗透边民日常生活的边民互市。云南从缅甸输入的大宗商品仍是产于缅甸中部的棉花和玉石，缅甸从云南输入的不仅仅只是食盐，还有汇集于云南的四川及湖广生丝、丝绸及铜器等。至 19 世纪初，云南输往缅甸的有丝织品、铜、铜器、铁器、纸、伞、针、水银、朱砂、水果等。龙陵边地村市之中“粮食、棉纱由缅甸输入，绸布由省远销。土产则有紫梗、土炮、土碗、土布，行销缅甸、腾越、芒市等地”②。与越南的贸易在清前期及中期贸易规模不及滇缅贸易，销往越南的货物主要有井盐、铁制农具、丝织品、瓷器、中药材、牛、牛皮、麻布、铜器、纸张、蓝靛、神香、调料及生活用品，越南输入云南的商品则较为零星，有杉木板、大米等。

四、近代时期

鸦片战争及随后的一系列列强对中国的侵略战争，彻底打开了清王朝闭关

①龙云、卢汉修《新纂云南通志》卷一四四《商业考》二。

②龙云、卢汉修《新纂云南通志》卷一四三《商业考》一。

自守的大门,也从根本上瓦解了以男耕女织为核心的小农经济结构。在外国资本主义的影响下,中国的社会经济发生了极其深刻的变化。正如马克思、恩格斯在《共产党宣言》中指出的那样:外国资本主义的扩张与侵略,"迫使一切民族——如果它不想灭亡的话——采用资产阶级生产方式;它迫使它们在自己那里推行所谓文明制度,即变成资产者"。资本主义经济开始在中国逐步产生和发展起来。受西方资本主义国家推销商品、掠夺原料的影响,从事商品流通活动的商业成为发展变化最大的领域。

地处西南边陲的云南由此成为英、法的重点侵略目标。英国继占缅甸后,力求利用我国西南各省与东南亚经济结合紧密的历史基础,企图以云南为链环来实现其使印度、缅甸和长江流域相连,创建其最大殖民市场的计划。法国也力图由越南深入云南。在这种形势下,云南被纳入了资本主义世界市场体系,成为英法的工业品倾销市场和原料供应地,对外贸易急剧发展,经济日益明显地半殖民地化,给商业的发展带来了深刻的影响。1840—1949年,是云南近代商业的发展阶段。这一阶段,既有传统商业方式的延续,又有近代资本主义商业因素的不断增长,从而使商业与贸易发展呈现出一种多样性和异乎寻常的发展态势。

(一)传统商业的转变

鸦片战争以前,云南的传统商贸既有国内数额较大的埠际贸易,又以零星和频繁的城乡贸易、边境贸易作为封建小农经济的补充,起着方便人们生活和调节封建生产和再生产的作用。随着英、法的侵入和外国资本主义国家的商品倾销和原料掠夺,促使云南的商业活动不能不随之发生极大变化,从而导致了传统的封建商业向近代商业转化。

云南的近代商业,首先是由外国洋行的出现直接引起的。外国洋行的存在及其巨大的活动能量,促使中国的传统商业逐渐产生了变化,主要表现为新的商业行业的产生、商业环节的出现和原有商业行业的改组,从而使云南的商业出现了一个新旧并存、各地区发展极不平衡的局面。

自蒙自、思茅、腾越开关之后,尤其是在"清宣统年间滇越铁路筑成,以丛山僻远之省一变而为国际交通路线,非但两粤、江浙各省之物品由香港而海防而昆明数程可达，即欧美全世界之舶来品，无不纷至还(沓)来”[①]。所以，“自从帝国主义洋货进口以来，在昆明的社会经济、人群好尚……便激起了一些变迁和演化，工商业之间更形成了尖锐的对立。像西药与中药、金属器物与洋瓷和机制金属器物、土农具与洋农具、土工具与洋工具，以至生活日用品如土刀与洋刀、火草发烛与洋火、蜡烛与洋烛、土碱胰子与洋碱洋胰、石膏与牙水、斗笠与洋伞、布袜与洋袜、土玩具与洋玩具、土产食品与外国食品……旧的土制手工业产品，未免也相形见绌，逐渐遭受淘汰，由新的洋货代用起来。有的行业，日就衰歇。大量金钱，滚滚流出，人民也日趋穷苦”[②]。由以上记录可以看出，商业行业由于受到西方国家的商品输出和进出口贸易的影响，发生了很大的变化。

首先是出现了一批与对外贸易发展密切相关的新兴的商业行业。云南早期的近代商业，主要出现在一些经营进出口业务的行业中，如洋纱、洋布、百货、五金、西药、颜料等经销进口货的商业行业和皮革业等与出口密切相关的行业。

在云南开埠通商以前，市场上已有以洋广货名义从内地转销来的洋纱、洋布，但数量不多，并且多为兼营。云南开埠之后，随着洋纱、洋布输入的增加，洋纱、洋布业逐渐分离出来，形成独立的行业。原来经营绸布、呢绒和洋纱零售的商家转变为洋纱庄。“云南推销棉纱为数甚巨，每年由外输入，统计达一千四五百万元。”[③]洋布庄作为独立的行业也得到长足的发展，“布匹为外来之货，多由上海输入。业此者，以江浙人为多，上海各大绸缎铺亦有在昆明市开设分店”[④]。百货业也是云南较早形成的一个近代商业行业。百货店的前身是杂货店，原来主要经营附近地区的手工业产品和农副产品。云南开埠后，一些杂货店兼销或经销洋货，开始向洋货店转化，变成为综合商店，但规模较小，资本较少，货品不齐。“在昆明市营此业者，景象颇佳。现虽有八十余家，但资本雄厚、规模颇大者只一二家。”[⑤]类似的行业，还有西药、颜料等新兴商业行业。

---

①《续云南通志长编》(草稿)，《工业》1944—1948 年钞本，转引自董孟雄：《云南近代地方经济史研究》，云南大学出版社，1991，第 98 页。

②《滇录》，云南省教育会排印本，1933，第 260—261 页，转引自董孟雄：《云南近代地方经济史研究》，云南大学出版社，1991，第 98 页。

③云南省编辑委员会办公室编《续云南通志长编》下册，云南民族出版社，1985，第 545 页。

④同上。

⑤同上书，第 546 页。

经销土货出口的一些行业则在外国资本收购云南土特产品的过程中日益被卷入世界市场，成为新兴的近代商业体系的一部分，如糖业、皮革业、猪鬃业等。商业贸易的发展，使昆明呈现出“人烟丛集，日食浩繁，可销之货，较前亦有数倍之多”的生机。[①]经销海味行的商人缪荣春、经销素菜行的杨德泰及出身荣春行字号的商人裴茂昌（亦经销海味行），仅跨行业代销冰糖、白糖、芝麻、瓜子、蜂蜜五宗土产，每年便可获“数万金之生意”，与光绪初年昆明土产销售“寥寥无几”的状况形成鲜明对比。[②]

宣统元年（1909年），昆明开设了转运中外商货的挑夫力行。在此以前设有三迤长夫行一所，系承办官员出差赴任运解饷械及官民远行运送业务的。短途运送货物系雇用散夫，无长夫行。[③]

除了上述新兴的近代商业行业之外，云南仍有许多老的行业得以保持发展。据统计，宣统二年（1910年）昆明城内外百户以上的行业就有32个，有庙宇138户、铜器铺134户、木工铺381户、杂货铺484户、银钱铺142户、铁器铺137户、银器铺192户、皮铺220户、新估衣铺121户、布匹铺484户、帽铺168户、药材铺150户、烟茶店102户、理发店189户、米店167户、饮食铺295户、酒户110户、旅店188户、轿铺145户、成衣铺425户、泥水匠店136户、丝棉线铺119户、靴鞋铺188户、油蜡铺183户、酱菜店100户、古物商店255户、面店128户、小食物铺255户、茶馆243户、屠户171户、小经纪494户、瓜菜308户。[④]

（二）新式商业的发展

民国时期，云南地区的进出口贸易迅速增长，农产品进一步商品化，国内市场和国际市场都在扩大，近代工业逐步兴起与发展，商品运输工具有所改善，新的商业中心和商品购销网络逐步形成，新式银行、保险、通信事业不断创办，新兴商业行业不断增加，新式商业组织如公司、交易所、商会等开始出现，这一切

①《云南总商会茶行海味行一切卷宗》，载《昆明市志》编纂委员会《昆明市志长编》卷七，第213—214页。

②同上。

③云南省档案馆档案，档案号：106-4-2785。

④日本外务通商局：《云南事情》，载《昆明市志长编》卷七，第189—190页。

都表明新式商业获得了较大的发展。

（1）纱布业。自民国以来，始终为商界各行业之首。也是外国资本主义输入云南的最重要的商品。抗日战争时期及抗日战争胜利后，棉纱、棉布一直成为商业投机囤积的对象，甚至由于通货恶性膨胀而在交换领域中被当成与货币等同的筹码。到1949 年云南和平起义时为止，昆明市的纱布商业又分为：①纱业。主要经营棉纱业务，共 115 家，其中批发 37 家，批零兼营 21 家，有职工 240 人。②布业。主要经营布匹业务，共 186 家，其中大布 86 家，土布 100 家；有批发 3 家，批零兼营 7 家；职工 1 013 人。

（2）电料五金业。主要经营电料皮线、花线、灯泡、灯头等业务，共 67 家，其中批发 18 家，批零兼营 19 家，职工 390 人。

（3）颜料业。主要经营进口颜料及土制颜料业务，共 12 家，其中批发 1 家，批零兼营 8 家，职工 70 人。

（4）百货业。主要经营中西百货日常用品业务，共 236 家，其中批发 29 家，批零兼营 21 家，职工 400 人。

（5）纸业。主要经营纸张业务，共 41 家，其中批发 4 家，批零兼营 35 家，职工255 人。

（6）文具业。主要经营文具、仪器、体育美术用品、印章等项业务，共 78 家，其中批发 5 家，批零兼营 31 家，职工 160 人。

（7）土杂业。主要经营日用土杂货品，共 25 家，职工 320 人。

（8）瓷器业。主要经营瓷器业务，共 10 家，均为批零兼营，职工 27 人。

（9）糖业。主要经营食糖业务，共 28 家，其中批发 23 家，批零兼营 5 家，职工35 人。

（10）翻砂业。主要经营建筑五金材料、水电材料、泵浦、马达等业务，共 13 家，其中批零兼营 8 家。①

据昆明市政统计，民国二十四年（1935 年）昆明市共有各业商号（店）5 242 家，比民国十三年（1924 年）的 4 401 家多增了 840 多家。而商号的门类也较齐

①云南省方志编纂委员会《云南省志》卷十四《商业志》，云南人民出版社，1993，第 51—52 页。

全。主要行业商号发展情况如表 3-1。

表 3-1　昆明市 1935 年度主要行业商号情况统计表

行业名称	营业家数(家)		职工人数(人)	资本额(新币元)
	1924 年	1935 年		
总计	4 401	5 242	12 558	412 666
绸缎业	42	48	148	220 800
棉纱棉线业	83	83	245	88 000
棉布业	175	213	1210	12 000
衣服业	58	381	400	2 000
帽鞋业	270	236	565	32 000
粮食业	118	136	320	24 000
烟酒茶业	—	106	166	106 000
酒席馆业	21	94	373	30 720
药材业	133	128	308	72 000
京果海味业	43	166	325	248 600
广货业	115	147	608	400 000
旅店业	108	137	318	80 000
五金业	—	164	371	54 000
百货业	—	76	340	156 000
杂货业	—	11	22	20 000
猪鬃业	—	170	170	20 000
理发业	65	120	600	1000
皮革业	58	112	200	130 000
肉类业	—	300	300	42 400
盐糖业	—	52	86	53 000

注:1924 年分行业的数字,由于包括范围不同,故多数不好比较。

资料来源:云南省地方志编纂委员会总纂,《云南省志》卷八《经济综合志》,云南人民出版社,1993 年,第 192—193 页。

到民国三十三年(1944 年),实业部也曾对昆明市各行业的发展情况做过一次更详细的统计,区分门类更为细致、全面,从一个侧面反映出当时商业兴盛、万商云集的景象。《续云南通志长编》便有这一记载,现将其分类统计表照录如下,以记其盛。

表 3-2　昆明市商号分类统计表

业别	家数(家)	资本额(元)	营业总额(元)	职工数(人)
棉纱	46	1 870 000	7 450 000	275
百货	24	580 000	1 440 000	163
药材	91	205 000	715 000	532
金业	15	200 000	620 000	73
布匹	116	146 000	58 000	738
中西百货	85	224 000	672 000	433
茶业	11	120 000	360 000	54
糖业	14	41 000	160 000	66
针织	54	31 800	95 400	305
当业	21	532 000	1 064 000	126
油蜡	145	14 000	50 000	384
印刷	13	33 000	100 000	46
燃料	106	85 000	320 000	432
海味酱园	110	120 000	360 000	568
书籍	11	95 000	356 000	188
土杂货	12	24 000	120 000	42
西药化妆	28	64 000	238 000	106
颜料	18	18 000	54 000	58
押号	22	72 000	144 000	132
猪鬃	149	100 000	300 000	505
丝线	32	104 000	31 2000	114
棉线	16	5 000	21 400	45
斗笠	11	5 500	15 500	41
丝纱什帕	19	14 250	42 750	54
酒业	28	14 000	28 000	81

续表

业别	家数(家)	资本额(元)	营业总额(元)	职工数(人)
帽业	75	37 500	112 500	205
象牙	16	11 200	33 600	42
爆竹	28	5 600	22 400	81
梳篦	25	2 700	8 100	68
油榨	12	4 000	12 200	45
毡业	17	3 400	10 200	42
染纸	17	1 700	8 500	37
估衣皮草	37	18 500	55 500	101
木器	25	—	—	71
干果	25	14 000	28 000	68
铜器	55	5 500	—	215
屏联	21	10 500	24 000	57
棉絮	45	20 000	50 000	123
金箔	19	4 000	7 000	72
食馆	25	—	—	132
机器面业	22	3 300	14 500	86
照相	10	12 000	36 000	41
皮箱	19	5 700	17 100	50
旅馆	85	11 300	26 100	235
丝绒	8	1 600	3 200	22
人力车	49	72 000	96 000	218
染业	50	7 500	15 000	200
钟表	21	10 000	22 000	80
糕饼	22	21 000	68 000	65
首饰	55	12 000	18 000	184
寿板	74	65 000	100 000	127
花梨木	29	—	—	64
油纸	9	1 500	2 000	25
皮鞍	15	7 000	87 000	61
运输	13	1 300	45 000	41

续表

业别	家数	资本额(元)	营业总额(元)	职工数(人)
新衣	20	9 400	21 000	62
顾绣	24	6 000	10 000	45
裱画	22	2 400	6 200	68
瓷器	10	18 800	37 600	38
鞋	200	16 600	63 900	1 020
纸	43	18 800	33 500	118

资料来源:云南省志编辑委员会办公室编,《续云南通志长编》下册,云南民族出版社,1985 年,第 543—545 页。

从以上的记载我们可以看出,民国时云南商业的发展较快,在旧有行业的基础上又增加了诸如针织、西药等若干新兴行业,而且商业的发展导致专业化,其中尤以进出口商业的专业化最为明显,较大宗的进出口商品都已形成专业化经营,如棉布、药材、糖业、燃料、颜料、猪鬃等。当然更多的还是从原有商业中独立出来的行业,如百货或土杂货业,进入民国时期又陆续分离出钟表、鞋、帽、丝纱什帕等专业行业。随着行业的发展,商业户数随之增多,商号大量开办,从业人员亦有所增加。这种情况较之前期,已有很大的进步。当然,我们也要看到,即使是在新式商业较为发展的民国时期,商人的资本额仍然不大,资本在万元以上的商号更是为数不多,各行业仍以小本经营为主。这种情况又表明了云南商品经济发展相对落后。

(三)外国洋行与买办商人的兴起

1.外国洋行的出现与扩张

外国洋行是外国商人在中国设立的外资商业机构。最早的洋行是康熙五十四年(1715 年)在广州设立的英国东印度公司。道光十三年(1833 年)英国取消了东印度公司对中国贸易的独占权,洋行的数量急剧增加。外商在云南开设洋行的最早时间,约为1900 年前。

宣统二年(1910 年),滇越铁路修成通车,可以从越南海防直达昆明。为洋行的设立提供了便利的交通条件。于是外国洋行纷纷在昆明设立。同时,一些原来只设立在通商口岸蒙自的洋行也相继迁到昆明,因而这一时期洋行主要集中在昆明。他们在云南省各地设立分店或委托代理店，其业务也在零售进口商品的基础上进行了扩展，增加了批发进口商品的业务，因而本期中在云南设立的外国洋行，有一部分已经不同于前期中仅以推销外国商品和收购农副产品为主要业务的洋行，已不再是纯粹商业资本的洋行，而变成了服务于外国产业资本的推销机构。外国在云南开设的洋行具体情况如下：

若利玛洋行：希腊商人合资开设，1911 年在蒙自东门外设总行，1913 年又在昆明金碧路新祥云街街口[①]设立分行。资本额为 15 万元。中国人李怀南任买办。主要业务是进口五金器具、建筑材料、水泥、玻璃、消防器材、各种法国食品、酒类、日用杂货。1920 年总行移设昆明，又开始经营汽车及汽车零件进口，并代理福特汽车推销业务。抗日战争爆发后蒙自店结束，昆明店照常营业。直至云南解放时才完全歇业。

胜家公司：美国商人狄克乐开设，1912 年设立于昆明金马坊 38—39 号。资本额为 5 000 元。[②]主要业务是专售缝纫机。经理是狄克乐，外有助理 5 人。1913 年在蒙自设代理处，抗日战争时停业。

商务酒店：法国商人马罗底开设，1913 年 8 月设立于昆明火车站旁，资本额不详。专供法国铁路员工使用。

府上洋行：日本商人府上金三郎开设，1913 年 5 月设立于昆明三市街。资本额为 3 万元。主要业务是经营日产杂货、化妆品、布匹、仁丹、咖啡杯等。后与保田洋行一道被学生捣毁。

英美烟草公司分公司：英国商人开设，1913 年[③]设立于昆明得胜桥巡津街。经理先后由安采兰、古乐嘉担任。中国人徐金生任买办。在昆明、蒙自、腾冲、大理、思茅、昭通设立支公司，并在曲靖、玉溪、楚雄、芒市等地设立 25 个代理处。自 1931 年起，总公司改名为颐中烟草股份有限公司。抗日战争发生后，停止营

---

①《昆明市志》编纂委员会：《昆明市志长编》卷十一，1983，第 386 页认为是金碧路新祥云街街口；而李珪：《近代云南经济史》，云南民族出版社，1995，第 233 页认为是广聚街。以前者为准。

②《昆明市志》编纂委员会：《昆明市志长编》卷十一，1983，第 382 页认为是 5 000 元；而昆明市地方志编纂委员会：《昆明市志》，人民出版社，第 409 页认为是 5 000 万元。以前者为准。

③《昆明市志》编纂委员会：《昆明市志长编》卷十一，1983，第 382 页认为是 1913 年；而李珪：《近代云南经济史》，云南民族出版社，1995，第 233 页认为是 1910 年。以前者为准。

业。1947 年，云南分公司与云南人民企业公司协商后，决定于 1948 年合办裕云烟草公司，由颐中出设备，并派波兰人何拔士、美国人艾伦纽任经理。1949 年外籍人员离境。新中国成立以后，工厂被接收，改为云南纸烟厂。

徐壁雅洋行：法国商人徐壁雅开设，1917 年设立于昆明。广东人许凤庭任买办。成立之初，主要业务是经营杂货、洋酒、棉纱、布匹、五金电料等商品进口。后见大锡有利可图，遂派桂海山前往设号，收购大锡出口。1917 年 8 月法商沙法理洋行、宝多洋行达成协议，合资在昆明巡津街成立猪鬃公司，下设大型洗鬃厂，加工猪鬃出口。资本额 1.4 万元。徐壁雅任经理，华人桂海山、黄春城为管事，职工多达 500 余人，该行还代理万国储蓄会收集储金，用作资金周转，并继续经营大锡出口业务。1930 年结束猪鬃出口业务。

美孚水火油公司：美国商人开设，1910 年设立于昆明巡津街。由华人吴韵泉任买办。资本额不详。主要业务是经营汽油、水火油（煤油）、机油等。1912 年在蒙自设代理处。美国人 1930 年结束蒙自业务后回国。其后业务由华人魏道彰代理，改名为三达水火油公司。抗日战争爆发后停业。

永年人寿保险公司：系股份有限公司，总公司在上海，由英商集资创办。民国六年（1917 年）在昆明一区十一段团城脚设立分公司，承保各界寿险、童险。股本 700 万元。经理韩光临。保险时，概依普通定期保险单办理。①

卜内门洋枧公司：英国商人勃郎开设，1920 年设立昆明广聚街。同年在蒙自西门外月牙塘设立代理处。专代该公司推销纯碱、烧碱、漂白粉等。抗日战争开始后停业。

英仕的洋行：法国商人开设，1921 年 5 月设立于昆明崇仁街。资本额为 1 万元。经理是广东人马云龙。总行设立在越南海防。主要业务是经营洋杂货、皮料、山货等进出口业务。

宝多洋行：法国商人合资开设，1921 年 5 月设立于昆明威远街。资本额为 2 000 万法郎。法国人狄蓬任经理。成立初期主要推销毛料、匹头、五金杂货。原来曾与徐壁雅洋行合资经营猪鬃，1921 年自行设厂加工猪鬃出口，猪鬃厂由初期的 250 余人，增至 400 余人。由于有法国东方汇理银行在资金上的支持，其经

①《昆明市志》编纂委员会：《昆明市志长编》卷十一，1983，第 382—383 页。

济实力超过徐壁雅洋行，1938年结束业务回国。

法国大药房：系法商，属个人营商，专售各种西药，位于昆明商埠一区十三段新城铺，民国九年（1920年）三月成立，经理巴海利。资本额为3万元。[①]

沙发理洋行：系法商有限公司，专售毛货、匹头，在昆明商埠一区十一段广聚街，民国十一年（1922年）九月成立，经理沙发理，资本额为5万元。[②]

猪鬃公司：系股份有限组织，为沙发理洋行与宝多洋行集资开设，在昆明商埠二区三段打草巷二十号。民国十一年（1922年）三月成立，专办猪毛，股本1.4万元，经理人杨濮清，外有助理六人。[③]

福利洋行：法国商人福维尔开设，1923年设立于昆明威和上街。资本额为200万法郎。主要业务是经营各种洋杂货。经理姜筱泉。

玛地亚多士洋行：希腊商人开设，属单独营业，经售各色洋杂货，位于昆明商埠一区六段金碧街，民国十二年（1923年）六月成立，经理玛地亚多士。资本额为5万元。[④]

信诚洋行：系单独营业，专办山货。在昆明商埠一区新城铺，民国十二年（1923年）二月成立，经理杨凤斌。资本额2 000元。[⑤]

中美逐安公司：美国商人开设，1923年设立于昆明威远街49号。资本额为10万元。经理之外设助理3人。主要业务是经营钢丝床等。

志利洋行：法商独资开设，设立于昆明广聚街，时间和资本均不详。主要业务是经营各种杂货。在巴黎、海防、纽约、香港均设有商务机构。

懋和洋行：法国商人开设，设立于昆明羊市口，时间和资本额不详。经理张子玉。主要业务是经营洋纱进口和牛羊皮出口，在上海、香港、成都、重庆均设有商务机构。

加波公司：法国商人设立，1921年成立于蒙自东门外城脚海下田法国邮政局原址（法国邮政局于1919年结束，并归中国邮政局），上海人蔡邵武任经理。

---

①《昆明市志》编纂委员会：《昆明市志长编》卷十一，1983，第382页。
②同上书，第381页。
③同上书，第383页。
④同上书，第381页。
⑤同上书，第383页。

资本额不详。主要业务是进口五金器材、建筑材料、各种机器、化学原料、纸张、水泥、苏打、玻璃及各种杂货等。1937 年抗日战争爆发后,蒙自公司停止营业。1938 年广东人吴某在铁货街设立代理店。1940 年后因蒙自和滇越铁路常被敌机轰炸,货源断绝,该代理店也被迫停业。

巴黎百货公司代理处:1920 年在蒙自东门外设立代理处,组织和资本额不详。主要业务是经营五金和杂货进口,收购禽毛、猪鬃、皮革等出口,不久停业。

尼复礼士洋行:希腊人尼复礼士是滇越铁路筑路时的工头,个碧铁路筑路时,受聘为工程师。在东村西北角法国医院隔壁自建住宅。1921 年前后,在其住宅里出售日用百货,但未正式开设洋行。1926 年在昆明停车场设行营业。资本额不详。主要业务是进口五金和日用百货。

谦信洋行:德国商人开设,设立于昆明威远街,广东人陈仲文任买办。设立时间和资本额均不详。主要业务是经营德国染料(包括洋靛、煮青、煮兰、煮红等色)。1922 年前后在蒙自西门外正街设代理处,出售五金器材、用具、颜料、煤油、汽灯等。抗日战争爆发后本洋行和代理处都停止了营业。

慎昌洋行:美国商人开设,时间不详。资金雄厚,具体资本额不详。设立于昆明同仁街盐店巷,经理贝有才,华人朱竹青任买办,经营发电机等各种机器、洋杂货等。开办 6 年后美商因事回国,交由张伟①代办,改名慎昌公司,迁至马市口。该行在北京、天津、张家口、哈尔滨、济南、武汉、长沙、广州等地均设有机构。

旗昌洋行:系美国牧师张光运开设,设立于昆明羊市口,中国人商姓任买办,主要业务为经营英国产发电机、电料、抽水机、五金工具等。1920 年在蒙自设代理处,想收购大锡而未成功。民国十九年(1930 年)牧师回国,洋行停业。②

滇英洋行:系英国牧师哈顶开设,许尚之(昆明人)任买办,主要业务为经营进口货,有碾米机、百货等,民国十年(1921 年)牧师因事回国,行址在今三市街。③

郭米纳洋行:原来由英国牧师哈顶开设,名滇英洋行,地址在昆明三市街,

①《昆明市志》编纂委员会:《昆明市志长编》卷十一,1983,第 386 页认为是张伟;而昆明市地方志编纂委员会:《昆明市志》,人民出版社,第 408 页认为是谢伟。以前者为准。

②昆明市对外贸易经济合作局:《昆明对外经济贸易志》,云南民族出版社,2003,第 144 页。

③《昆明市志》编纂委员会:《昆明市志长编》卷十一,1983,第 386 页。

以经营进口五金机械、日用百货为主。1921年哈顶因事回国，由希腊人郭米纳朵士购买继续经营，改名为郭米纳洋行。主要经营烧碱、盘纸、汽车零配件、汽车修理、玻璃、马掌钉、罐头食品等，1941—1949年进口大量棉纱、美国小汽车、轮胎等，获得丰厚利润。资本超过50万美元。

龙东公司：法国商人龙东路易在民国初年独资开设，主要经营中越等地进出口贸易，是半公开的军火商。总公司设在上海，在西贡、河内、海防及昆明、沈阳、天津、广州均有分公司。在巴黎设办事处，即梅吉埃公司。第二次世界大战时，总公司迁往香港。昆明分公司1934年成立，设立于昆明巡津街，1950年4月停业。龙东公司与云南进行军火交易，1932年通过马骧洋行向云南出售军火价值达150万美元，1927—1945年先后交易十余次，总额约为1 000万美元。①

不难看出，外国洋行在云南不仅数量增多，而且经营项目多，包括棉纱、匹头、五金、百货、碾米机、缝纫机、毛货、军火、水火油、卷烟、肥皂、染料、西药、各种机器机械等。此外，有一些外国洋行因从事出口业务，如经营各类土杂、鸦片、牛羊皮等，为方便出口，还出现了简单的出口加工业。最典型的例子，就是猪鬃加工，在有利可图的情况下，徐壁雅洋行和多宝洋行都在昆明设厂加工猪鬃，曾经一度垄断了云南的猪鬃出口贸易。

一般来说，外国洋行在中国的经营与发展存在着以下特点。首先，建立了一个相对严密的市场营销网络。即普遍实行代理制度，从大城市到中小城市普遍选择代理商然后再由代理商批发给零售者，形成了一个网络型的销售网。其次，采用先进的经营管理方法。再次，使用独特的营销手段。例如在报纸上做广告，在路旁挂广告牌，还有粘贴广告，一般都贴在重要交通街道的显眼醒目处。此外，还广泛采用送发赠品的方式吸引顾客，以此来促销。

此外，还有一些外商公司的代理商和推销机构，如德国大德颜料公司司马牌靛青染料在云南的独家代理机构，英美烟草公司在昆开设的分公司及所属10个代理处以及在蒙自、腾越、大理、思茅、昭通的推销机构，亚细亚水火油公司在蒙自的代理商，三达水火油公司所约昆明几家大油蜡铺代其分销美孚

①昆明市对外贸易经济合作局《昆明对外经济贸易志》，云南民族出版社，2003，第143页。

灯和鸡牌水火油等，主要业务是推销外国商品和收购中国的农副产品，经营方式基本上是在国际市场上采购商品，在云南设行推销，商品的销售多由本行完成。同时，洋行还经常倚仗着不平等条约所赋予的种种特权，肆无忌惮地进行各种非法活动。鸦片战争后，在外国武力的胁迫之下所订立的协定关税本已很低，洋行商人为攫取暴利，往往连洋纱、洋布、土产等一般商品的进出口也要走私偷漏，拒纳关税，反映出列强对中国侵略的特征。在外国洋行出现与扩张的过程中，云南出现了一部分依附于洋行为外资推销商品，收购土特产，通过分取余羹而发财的商人。他们中有人充当着洋行内部的雇员及华经理（大班），有人则是由洋行给予专利权的代理商。自此，云南地区产生了买办商人阶层。

2.买办商人的兴起

买办在鸦片战争前的广州公行时代就已经产生，但最初并不是商人，充其量只是洋行的管家。随着洋行势力的扩张，买办开始跃升为洋行业务的代理人，演变成商人。近代最早的一批买办，“多系旧日洋商行店中散出之人，本与该夷素相熟悉”①。这些旧日的行商因有各种为外商服务的条件，如通晓外语，又熟悉本国市场行情，与各类商业组织均有联系，于中外贸易居间充当掮客，或被外商聘用充当买办；也有洋行直接从本行业中挑选商人，如丝商、茶商、钱庄商人等，因为他们精通业务，消息灵通，联系广泛，便于为洋行开展贸易活动服务，且其资产和信用情况在业内为大家所熟知，洋行委托其代理业务也较为放心；还有“科班出身”的买办，即由洋行的学徒、雇员晋升，或由前任买办推荐而成为买办。

随着云南的开埠通商，进出口贸易日益发展，洋行的设立不断增加，买办商人的人数也日益增多。但买办商人的数量究竟有多少，一直没有精确统计。一些大洋行不仅设有正、副买办，还在其进出口部门单设买办，如丝楼买办、茶楼买办、五金买办等。英美烟草公司则在昆明设立了“同济和”为其总推销机构，由香烟业中的“同泰祥”“铨盛祥”“东兴隆”“鸿庆号”为其正代理，每年轮换担任同济和号的经理，另还有“鸿盛祥”“义兴号”“盛宝祥”“云茂祥”“宝兴号”“元和昌”

①道光《筹办夷务始末》卷七九，中华书局，1964。

为其副代理。由总推销趸批纸烟给代理处,再由代理处批发给其余店铺和扣收佣金。整个销售网的组织十分严密。另有日本保田洋行也是委托在大街口的"八面风"店铺代销其清快丸、仁丹、薄荷水等。由于这些商人代销通晓行情,且能广事宣传,对民众消费风气之改变及洋货的推销日广起了较大作用。买办由此形成一个特殊的社会阶层,日益突出地改变着当时的商人结构。

买办商人不同于一般商人的极大特点,在于其身份具有双重性:他们既是洋行的被雇用者,同时又是自营生意的商人;不仅是货物的经纪人,同时又是货主;除了赚取洋行的工资和佣金,同时又赚取远远超过工资和佣金的商业利润。正因为一身二任即既是买办同时还是商人资本家,所以在他们所控制的商业网中,他们既为洋行做生意,同时也为自己做生意,不过二者之间的账目是分得十分清楚的。这样的双重身份使得买办在年薪、佣金、回扣之外,还能得到私人自做买卖的利润,从而能迅速地积累财富。

当时云南地区的买办商人主要来源于以下 3 个途径:

(1)有一部分是属于洋行雇员性质的买办,一般是在洋行中,参与一些业务经营活动,如翻译人员、业务交往的联系人、土货采购和外货推销的经办人等。他们只收取洋行支付的工资,不领取佣金报酬,也不必向洋行提供实物担保和承担贸易风险。例如宝多洋行,1921 年在昆明设立工厂从事猪鬃加工,以华人杨月樵、杨达之、唐一卿为翻译,施玉清为管事,工人由 250 人扩充到400 人以上。①

(2)有一部分是在洋商投资创办的洋行中担任经理,或充任主要业务的主持人。例如徐壁雅洋行,1917 年在昆明开设,由中国人许凤庭任买办主持业务经营,除在昆明经营洋酒、匹头、棉纱、五金、电料等进口贸易和猪鬃的加工出口外,还派人到个旧收购大锡。又如东方汇理银行蒙自支行的经理梁子惠,郭米纳洋行经理许受之等。洋行之所以选用越来越多的华人为高级职员,并负责主要业务,是因为与云南人民长期坚持反侵略的斗争有关。当时洋行业务一再受到云南人民反对,例如反对法帝修筑滇越铁路,反对英法购买个旧锡矿等斗争,使

①李正邦:《云南之猪鬃业之发展》,载《云南文史资料选辑》第九辑,云南人民出版社,1962,第 126 页。

外商不得不雇用华人来开展经营；加之当时世界和中国局势风云变幻，国际市场上银价持续下跌，汇价不断波动，贸易风险极大。因此，外商为避免来自政治、经济各方面的风险，又能继续获取扩大贸易的利润，便纷纷采取投资设行后选任中国人充当华人经理的办法，利用他们的社会地位和人际关系，以及熟悉云南市场的有利条件，来代理洋商从事经营。这种方式允许买办抽取一定佣金，但也承担风险，并用合同明确规定双方的权利和义务、责任与报酬。

此外，被选用的买办，一般还要交纳相当数额的押金（不付利息）为保证。东方汇理银行蒙自支行的华人经理梁子惠，便“据说是邀约了几个财主资本家集股向东京分行交付押金后得到这个职位的（有人说他交的押金是越币20万元，确否现已无从查询）”。[①]买办获得职位后，也就获得了全权办理对华商的押汇、信贷等业务之权。但若遇营业亏损，就要在其押金内扣赔。如“1918—1919年间，第一次世界大战结束后，因香港锡价大跌，以前向该支行押汇到港的大锡全无销路，锡商无力取赎，该支行将所押大锡变卖后亏损太多，该经理（梁子惠）的押金全部被扣光了”。[②]除预交押金外，也有个别的华人经理是以特殊身份被聘任的。如三达水火油公司吴韵泉，便由于他是当时云南省财政厅厅长吴琨的弟弟而被选中的。所以，“凡公司商品之推销及各地代理商之进退，莫不由其策划掌握，公司依畀甚殷”。[③]这类买办除领取一定数额的工资外，更主要的收入是获取佣金报酬。例如梁子惠，除银行薪金外，还直接向华商抽取高额佣金。“该行支付的利息一般是月息八厘，而经理的‘惠佣’是银行息金的50%，在押汇或押借时一次全部扣除，还在凭单上公开填明。”[④]吴韵泉则“在一般职员中除工资最高外，又有佣金收入。佣金系按销售之水火油数量，每箱扣银1角计算，以每月销售水火油1万箱计之，华人经理每月可得佣金1 000元，收入之丰，在当时成为

①万湘澄：《法国东方汇理银行蒙自支行情况概述》，载中国人民政治协商会议云南省红河自治州文史资料委员会《红河州文史资料选辑》第三辑，1984，第98—99页。

②同上。

③许上逵：《解放前石屏商业点滴》，载中国人民政治协商会议云南省红河自治州文史资料委员会《红河州文史资料选辑》第十辑，1989，第37页。

④万湘澄：《法国东方汇理银行蒙自支行情况概述》，载中国人民政治协商会议云南省红河自治州文史资料委员会《红河州文史资料选辑》第三辑，1984，第98—99页。

一般商店经理望尘莫及者”。[①]

（3）另有一部分买办是洋行直接从本行业或相关行业中挑选的代理人，他们精通业务、消息灵通、联系广泛的特点，便于为洋行开展贸易活动服务，且其资产和信用情况在业内为大家所熟知，洋行委托其代理业务也较为放心。这类买办多早已开设有自己的商号，除代理洋行业务外，还有着自营商业的经营。这方面最典型的例子莫过于英商的亚细亚水火油公司和三达水火油公司。这两个公司在云南选择有一定代表性的地区，如蒙自、昆明、大理、保山等地，设立其总代理店，并在总代理店下的100多个县地再分设若干分代理店或代销店，甚至连火柴都买不到的地方也能买到水火油，使水火油的销售一直深入到云南腹地，成为英美输入云南的主要商品。拥有较多资金及营业较好的一般商号，只需交纳相当数量的保证金即可充当代理。总代理店则必须由资金雄厚、营业畅旺者来承担。因为总代理店要负责向分代理分发油料和收取油价。若分代理店发生倒号亏款情况，总代理店还得为其代赔油价。“三达公司在滇南选择的总代理店是蒙自的祥云盛，亚细亚公司则为蒙自的顺成号。因为这两家都是滇南商号之翘楚，不唯资金雄厚，而且声誉卓著是也。”[②]此外，外商烟草经营也是如此。在省内各地都有代销店。例如石屏县，较大的商号有“协记昌、瑞兴、延昌号等。老板有蒙自人，有建水人，有通海人。他们资金较多，不但经营省内外货，还兼营代销南洋兄弟烟草公司和英美烟草公司的香烟和水火油”。[③]

外商对这类买办代理商给予的报酬因责任不同而佣金亦有所不同。以水火油销售为例，总代理店是按售价总数抽取百分之几的佣金，分代理店一般是代销一桶油可抽佣1角。除此之外，代理商在代销中还可获其他利益。首先，由于代理商对公司是一旬结账一次，因而在结账前可将所售得的水火油价款移作他用，从而增加了流动资金。其次，在结账以前遇到市场行情变动时，便可乘机捞

①许上逵：《解放前石屏商业点滴》，载中国人民政治协商会议云南省红河自治州文史资料委员会《红河州文史资料选辑》第十辑，1989，第37页。

②莫卓如：《水火油在云南》，载中国人民政治协商会议云南省委员会文史资料委员会《云南文史资料选辑》第十六辑，云南人民出版社，1965，第155页。

③许上逵：《解放前石屏商业点滴》，载中国人民政治协商会议云南省红河自治州文史资料委员会《红河州文史资料选辑》第十辑，1989，第37页。

上一把。因为公司在自己调价或市场价格变动时，都会派人前往各代理处调查，并清点售油和存油情况。代理店主往往勾结所派之人，或将涨价前存油数减少，或将跌价前存油数增加，从中获利。所以，一般商号对充当代理商趋之若鹜。再次，买办代理商大多又是拥有自营生意的商人，他们既代表洋行做生意，又自己独立经营，赚取远远超过工资和佣金的商业利润。

（四）鸦片贸易的畸形发展

鸦片是云南地区农作物商品化扩大过程中的特殊作物。它对云南地区社会经济的影响至深且巨。在旧中国，说起鸦片几乎必然会提到云南。这种情况，主要源于鸦片是当时地区统治的财政支柱。

由现有资料看，鸦片是明末清初时由缅甸和越南流入云南的。种植始自沿边兄弟民族地区，然后传入内地。最初原是作为药物和以粟子取油而栽培的。但自传入吸食方法后，就纯粹变为制膏售卖了。由于云南的土壤、气候特别适宜种植这种作物，膏质特佳，价俏利厚，因而种植日广。《清宣宗实录》曾有如下记载："云南地方辽阔，深山邃谷之中，种植罂粟花，取浆熬烟，其利十倍于种稻。"[①]道光十九年（1839 年）时已有缉获烟土、烟膏 2.2 万多两的记录，可见云南违禁种植鸦片在鸦片战争前已初具规模。咸丰、同治年间，为了筹措镇压回民起义的军费，对云南鸦片抽收"土药厘金"，等于承认了其种植的合法性。自此以后，鸦片种植面积迅速扩大。而且由于云南的特殊土壤与气候条件，所产鸦片优于他省，有"云土"之誉，售价较高，更刺激了鸦片的种植。"滇中之土与气候，适合于栽种鸦片，故产出烟土，其质素实较他省所产者为强，远出省，极易销售。因此，云土之声誉与价格，能日高一日，农人以有利可图，遂尽力栽种。本来一亩地能产烟至百两上下，售于市，得八九两银，较种豆麦，获利倍蓰，谁又何乐而不为。所以在光绪二十五年前后，全滇年能有六七千万两之烟土产出，此非过甚之词，实有所据也。"[②]光绪年间包家吉的《滇游日记》中也记载了昆明城郊种植鸦片的情景："出南门，绕过金马碧鸡坊，过迎恩塘，时暮春天气，罂粟盛开，满野缤纷，目遇成色。"反映出当时鸦片种植已由山区扩展至平坝，极其普遍了。

---

①《清宣宗实录》第三一六，第 3—4 页。

②《昆明市志》编纂委员会：《昆明市志长编》卷六，1983，第 45 页。

至于鸦片之产销量，光绪十九年(1893年)蒙白海关税务司曾有报告："本税务司经详细查探，云南通省之烟土，每岁约卖五万担；迤南卖三万一千余担，迤东卖八千余担，迤西约卖一万一千担。"①光绪二十二年(1896年)云南鸦片丰收，海关总税务司赫德据关报所做的估计是全省年产烟土8万担(合计12 800万两)②。光绪三十二年(1906年)"国际鸦片委员会"的报告书言中国年产鸦片约为584 800担(每担1 600两)，其中云南年产量为78 000担，占总产量的13.35%，仅次于四川而在全国20个产烟省中位居第二。③

鸦片之所以成为云南农业经济中商品化程度最高的产品，一方面是由于其在当时特殊的社会背景下经济收益较高，尤其是在山区，粮食产量极低，只能依赖鸦片维持生计，"其土物以烟土为出产大宗，数十年来，直为衣食所赖。卒令易烟而谷，其利入1/10，既不足以赡其身家，且农具牛具早已荡然"④。在很多地方的经济中，鸦片已成为农民收入的重要来源。另一方面，清政府为增加财政收入，实行了鼓励鸦片种植的政策。光绪十六年(1890年)，规定从土药(鸦片)征收厘金的正额中，提出一成，作为征收人员的奖励。多种、多征便可多得。于是，"云南，江南淮、徐等处土药出产日繁。各该省局长征收税项，官吏隐匿入己，为数甚巨，弊端百出，尽饱私囊"⑤。由于云南是需要"协饷"补助的省份，光绪二十三年(1897年)，云南总督崧蕃等更直截了当地上奏："滇省土药出产，难计其数，拟酌量加收厘金专款。"⑥要仰赖鸦片为其主要财源。

于是，在这样的情况下，鸦片便成为云南市场上的大宗商品，在全省经济中占有十分重要的位置。光绪三十四年(1908年)出版的《云南地志》说："云南商业之出口者，土药为大宗，个旧锡次之，然皆贩运至香港，转售中国，实非出口销

①万湘澄：《云南对外贸易概观》，1946，第177—178页。

②光绪《续云南通志稿》记光绪二十二年赫德折。

③李文治、章有义：《中国近代农业史资料》第一辑，三联书店，1957，第457页。

④李培林：《云南近代农业概述》，载云南省经济研究所编《云南近代经济史文集》，经济问题探索杂志社，1988，第130页。

⑤云南省历史研究所编《〈清实录〉有关云南史料汇编》，云南人民出版社，1984，第752页、第753页。

⑥同上。

至外洋有所抵御也。”[①]指出云土大部分是销往他省，其次为自产自销，输往国外的占少数。据《光绪三十三、四年分商务总会土药帮一切厘金银钱债账卷宗》记载：“若以通省计之，销售外省之土，约在一千万上下，而坐地销售者，亦在三四百万，至迤西以及各府厅州县边地所产之土，未经运销本省，向来就近分售邻封省份，数目无可稽核，此皆光绪二十年以至三十年销烟之大概情形也。”如此，则本省售卖者只有销往外省者的三四成。云土虽有一部分出口，但数量不多，有人估算，出口鸦片约占滇省年产销量的1/10 至 1/15。[②]云土输往外省之情形，从表 3-3 中略见一斑。

表 3-3　光绪十九年(1893 年)云土运销外省简表

云土品种	销售额(担)	价值(银两)	销地
马屎土	3 000	693 000	广东
封子土	36 000	7 920 000	湖南、湖北、东京
个子土	9 000	1 800 000	广西、广东
块子土	2 000	360 000	广西
合计	50 000	10 773 000	

资料来源：光绪十九年(1893 年)《蒙自海关税务司报告》，载万湘澄：《云南对外贸易概观》，第 177—178 页。

云南鸦片销往国外的数量虽然仅占年产销量的三四成，但仍成为当时大宗的出口商品。从出口贸易统计数来看，由蒙自设关之年(1889 年)起至1912 年的 23 年中，鸦片出口价值占全省出口总值的比例，大多数年份都在10%左右，最高年 1906 年占 29.4%。出口量从 1889 年的 9 公担，增至 1894 年的 386 公担，1906 年更高达 2 492 公担。[③]

鸦片贸易的畸形发展，也导致鸦片商人成为当时市场上人数多、规模大、经营范围广、赢利高的一个特殊群体。

据统计，1906 年向云南商务总会登记的烟号就有 41 家，而 1907 年在昆明

①《昆明市志》编纂委员会：《昆明市志长编》卷六，1983，第 50 页。

②李培林：《云南近代农业概述》，载云南省经济研究所编《云南近代经济史文集》，经济问题探索杂志社，1988，第 132 页。

③李培林：《云南近代农业概述》，载《云南近代经济史文集》，第 132 页。

经营鸦片的商号多达52家，均为收购大宗烟土的屯户，又区分为广帮、两湖客帮、常德客土帮、本省土帮、迤西土帮五大帮。主要商号有：庆华号、源庆号、永华祥、云发祥、义成隆、德生厚、同发祥、天泰昌、庆荣公、广吉昌、衡源号、兴盛和、宝森隆、万盛祥、宝盛祥、建兴号、源茂号、兴顺号、源聚号、富有庆、云峰号、复兴号、和盛祥、万盛祥、通宝号、天成元、恒通裕、德荣生、同顺祥、福和公、盛记、恒丰号、光美号、兴宝号、宝义昌、永兴号、东盛号、寅盛当、万镒号、文华号、万茂祥、义源丰、德裕祥、鸿兴号、信成号、天宝祥、鸿盛祥、董宝兴、元吉号、世美公、春华祥、宝昌号等。[①]鸦片买卖非但在昆明，就是在全省也属第一大宗，连当时云南最主要的对外贸易商品——个旧大锡也位居其后。由于鸦片贸易获利极大，故从事此项贸易的商人也最多。“滇省现业土药者，约数万人，多系小贸，由外州县贩运进省，转售外省行商，内销之土，百无一二。”[②]昆明成为全省鸦片最主要的集散地。由于云南每年都有数百万两的外贸人超，很大程度上便要靠鸦片抵补，鸦片成为弥补外贸逆差最重要的手段：“此项巨额的烟土售价收入，每年除抵补对外贸易的逆超并由内地换回日用品外，还把剩余的大量白银驮运回来。”[③]故1906年云南颁布清政府的禁烟谕令后，不少人因此担心“每年入境之银顿少二千万”[④]，使云南经济因之困顿，“土药奉禁戒烟，种者渐少，云南出口无货，商务前途甚为危险”[⑤]。由此可见鸦片在当时云南经济中所占的重要位置。

当时有许多商人便以经销鸦片为发财致富的重要途径。例如高富、李济二家，早在鸦片战争前后，即以贩运鸦片致富。[⑥]另有“同庆丰”创始人王炽在未发迹前，经营马帮代运货物，也在鸦片弛禁后，承包汉帮、广帮运输烟土业务，并自己兼营鸦片，获利致富，马帮亦因之扩大。[⑦]又有滇西鹤庆著名商号“兴盛和”的创办人舒金和，“……适烟禁大弛，而乌竹界川藏，由是以贩烟往还炉城（即打箭

①光绪《商务总会土药卷宗》，载《昆明市志长编》卷六，第49页。

②同上。

③万湘澄：《云南对外贸易概观》，第178页。

④中国社会科学院近代史研究所《近代史资料》编译室《云南杂志选辑》，知识产权出版社，2013，第598页。

⑤光绪《云南地志》上，第6页，载《昆明市志长编》卷六，第52页。

⑥《昆明市志长编》卷六，第52页。

⑦同上。

炉)间,获利殊厚。……不数年,致资累巨万,标曰'兴盛和',支号遍及海内外各大埠"[①]。如此依靠贩卖鸦片起家的商人还有很多,在此不一一列举。

(五)新式商业经营方式的采用

民国时期,商业经营方式的变化也较为明显。封建旧式的经营方式大多是工商兼营,前店后厂,自产自销,基本上属于小商品生产。客商采购成批货物,都得通过产地牙行向小生产者收购,然后运回销售。云南近代新式商业则更多地采用了资本主义的经营方式,洋纱、洋布、五金等业已不是自产自销,而是从洋行进货,或直接通过进口方式,采用了经销、代销、包销等形式。许多行业的商业行号亦由开始时的零售门市逐步发展成以批发为主,兼营零售业务。如 1947 年昆明的纱业,共有商户 115 家,其中批发 37 家,批零兼营 21 家;电料五金业,共有商户 12 家,其中批发 1 家,批零兼营 8 家;百货业共有商户 236 家,其中批发 29 家,批零兼营 21 家。[②]在交易中还学会了诸如拍卖、做广告等新式商业经营方式。

1.发行彩票或奖券

民国初年,劝工局发行彩票以推销存货,彩金一律以货物减价折抵。人们纷纷前往购买,推销了部分积压货物。陆军制革厂亦相效法,发售彩票 1 万张,每张 1 元。洋商还采用发售奖券办法促销。如英美烟草公司每售一盒"三炮台"香烟赠一张奖券。顾客积足 25 张,即可换取"镀金相架一座"。之后,昆明发售过多种彩票或奖券,如模范工艺厂的"售货券",亚细亚烟草公司的"纸烟奖券"等,对商品销售起到一定推动作用。[③]

2.做广告

民国以后,随着商业的发展及报纸、杂志、广播等新式媒体的出现与推广,报纸广告、书刊广告已被普遍采用,路牌广告、招贴广告、霓虹灯广告、电影幻灯广告、广播广告亦相继问世。为加强对广告的管理,昆明市政府于 1932 年发布

---

①《新纂云南通志》卷二三五《实业》。

②云南省方志编纂委员会《云南省志》卷十四《商业志》,云南人民出版社,1993,第 51—52 页。

③万揆一:《民国时期昆明彩票(奖券)史略》,载中国人民政治协商会议云南省昆明市盘龙区委员会文史资料委员会编《盘龙文史资料》第七辑,1986。

《昆明市广告取缔规则》,规定:一切张贴广告,须经市政府核准后,方可张贴并按规定付手续费;广告应贴于公共广告栏内,不得任意张贴;广告未经登记或审查不予核准,任意张贴者处以罚金。广告在促进生产、扩大流通、指导消费、活跃商品经济中的作用越来越大。

3.举办商品展览会

商品展览会是近代以来普遍采用的一种促进商品销售、提高商品知名度的方式。1914 年 6 月,为参加在美国举办的巴拿马赛会,成立"巴拿马出品协会",在金碧公园举行首届商品赛会,展出全省各地的名特产品。1921 年 10 月,省实业厅在金碧公园举办"云南第二次物产品评会",荟萃省内外乃至外国的优质产品,"以引起观者之改良观念"[①]。1922 年 12 月省实业厅筹办"云南省劝业会",会场在金碧公园内,征集各类商品"陈列评奖"[②]。此外,1923 年昆明市政公所在金碧公园内举办"昆明市花木展览会","以引起市民注重园艺之观念"[③]。为抵制洋货、推动国货销售,昆明工商界于 1935 年举行昆明国货展览大会,"深得各界好评"。[④]

五、新中国成立以来

经过 8 年抗日战争,云南商业遭到极其严重的破坏,抗日战争中的畸形发展更进一步走向衰落。日本投降后,大量内迁企业返回到原地。由于国民政府急于占领收复区,把大量的资金集中于其中,物价暴跌,工商业受到严重的打击,市场极其混乱。昆明市商业由战争时的 3 万多户到解放前锐减到只有6 000 余户。随着解放战争的爆发,国民政府滥发钞票,加剧了云南经济的通货膨胀,投机倒把猖獗。1946 年 2 月 15 日。重庆地区停售黄金,昆明市场陷入一片混乱,黄金价暴涨,物价上涨,货币贬值。到 1949 年 3 月,据云南省政府统计处资料:1949 年三月趸售国货价格总指数比 1948 年 8 月 19 日(金圆券发行日)上涨 4 237 倍,零售物价则上涨 4 463 倍。[⑤]

①张维翰:《昆明市志》公园,1924,铅印本。
②同上。
③同上。
④李硕:《原昆明中国国货公司》,载《盘龙文史资料》第四辑。
⑤云南省方志编纂委员会编《云南省志》卷十四《商业志》,云南人民出版社,1993,第 15 页。

1949 年 12 月 9 日，云南和平解放，同月中共地下党派韩进之到临时军政委员会财务处任副处长，参与制订有关财政方面的过渡措施。

（一）恢复与建设时期（1949—1956 年）

1950 年 3 月，人民政权在接管官僚买办资本企业的基础上重新组建国营商业，在农村逐渐建立了供销合作社。3 月 17 日，云南省贸易总公司宣布成立，同时向市民大量供应生活必需品，物价逐渐平稳。接着又成立了省百货、粮食、茶叶等 8 个专业省公司，同时在云南省各地州成立贸易的分公司，在县一级建立了贸易的支公司，使得省内经济逐渐恢复平静，人民生活趋于稳定。

国营商业网点逐渐在全省覆盖得越来越多，1950 年，全省有社会商业网点 11.56 万个，公职人员达 16.81 万人，平均每 140 人就有一个商业网点，每 97 个人就有 1 个商业人员，其中国营商业机构 126 个。1950 年全省社会商品零售总额为 3.84 亿元，其中国营商业仅占 750 万元。①

云南国营商业在新民主主义革命尚未完成之前，困难重重，基础十分薄弱。1953 年 3—8 月，全省市场物价发生大波动 3 次，省贸易公司通过统购统销，及时调配各地物资，对 3 次物价上涨进行了有效控制。

在新民主主义革命阶段，云南省人民政府在党中央的领导下，采取了一系列解决措施，逐渐实现了向社会主义经济过渡的同时有计划地进行云南经济的建设和发展。

1.接收官僚资本主义经济，建设社会主义经济

云南省政府采取渐进的措施，将省内的资本主义经济逐渐改造为社会主义经济。采取维持生产和经营共存，对原有人员全部包下来的政策，逐渐接管了原国民党政府和原云南地方政府控制的工、矿、银行、铁路、金库及对外贸易机构等。通过民主和渐进的措施，既维持了地方人民生活和经济的稳定，又使这些机构成为社会主义性质的国营企业或半社会主义性质的公私合营企业。

2.调整和改造私营商业

1950 年底物价稳定后，市场萎靡，经济发展停滞，部分私营工商业面临减产甚至歇业倒闭的情形，8 月云南省政府根据中央指示在全省范围内进行了调

①云南省方志编纂委员会编《云南省志》卷十四《商业志》，云南人民出版社，1993，第 3 页。

整工商业，采取调整税收负担及公私关系、劳资关系和产销关系。同时在1952年11月也采取了相关措施，进一步调动了私商的积极性，同时国营企业对私商进行加工订货、统购包销、经销代销等，使得市场逐渐繁荣起来，物价也趋于稳定，国民经济得到了一定程度的发展。1951年全省资本主义工业的产值比上年增长12.6%，手工业产值增长19.2%，私营商业的社会商品零售额增长5%。[①]同时也进行了"三反五反"运动，对于私营商业中存在的诸多弊病进行了遏制和打击。

3.有计划地进行经济建设

在中央的领导下，1953年开始第一个五年经济建设的计划时期。对国营商业进行进一步的建设和完善，1953年起通过建账核资，在国营企业普遍实行经济核算制。改变过去的高度集中的商业体制为统一领导、分级管理的体制，各级公司、企业实行上级公司和当地行政部门的双重领导。同时，国营企业在云南省内地州城市设立专业批发机构，实行分级供应、划区供应。再者，1954年起，逐渐在全省范围内实行全行业公私合营。

①云南省方志编纂委员会编《云南省志》卷八《经济综合志》，云南人民出版社，1993，第8页。

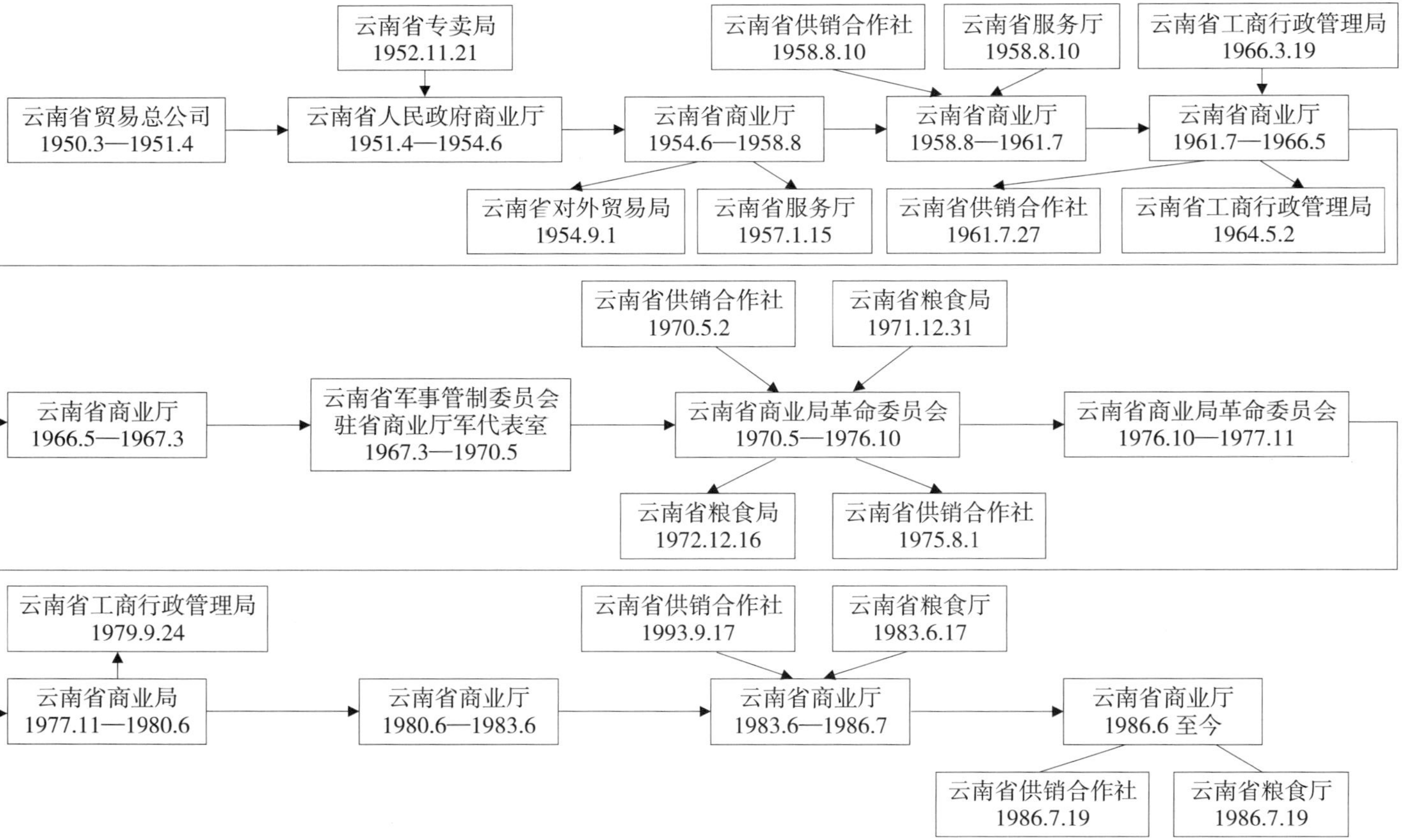

图 3-1　云南省商业厅机构沿革示意图

注：以商业厅机构沿革为中心，其合并与分出的机构月箭头示意，箭头内指表示合并，箭头外指表示分出。本表只到店建制分、合的机构，不包括部分业务的划入、划出。

(二)社会主义全面发展时期(1956—1977 年)

1956 年,全省基本完成对资本主义工商业的社会主义改造。据统计:全省私营商业、私营饮食业、私营服务业应改造户数为 77 195 户,已改造 59 803 户,占应改造户数的 77.5%。其中,转为国营、合作社的 2885 户,占应改造户数的 3.7%;转为公私合营的18 251 户,占 23.6%;组成合作商店的 20 880 户,占 27.1%;组成合作小组的18 387 户,占 23.8%。[①]

表 3-4 云南省私营商业社会主义改造统计表[②]

项目	单位	1952 年	1953 年	1954 年	1955 年	1956 年	1957 年
一、户数	户	91 462	89 151	63 696	60 108	46 464	42 186
1.已改造部分	户				3 579	36 814	30 451
已转为国营、合作社经营	户					1 576	1 387
已转为公私合营	户				138	9 654	7 359
已组织合作商店、小组	户				3 441	25 584	21 705
2.年末实有私营	户	91 462	89 151	63 696	56 529	9 650	11 735
二、从业人数	人	119 387	106 692	80 449	71 026	61 922	55 751
1.已改造部分	人				5 076	51 159	37 620
已转为国营、合作社经营	人					2 300	1 983
已转为公私合营	人				370	14 382	11 102
已组织合作商店、小组	人				4 706	34 477	24 535
2.年末实有私营	人	119 387	106 692	80 449	65 950	10 763	18 131
比重:							
一、户数	%	100	100	100	100	100	100
1.已改造部分	%				6.0	79.2	72.2
已转为国营、合作社经营	%					3.3	3.3
已转为公私合营	%				0.3	20.8	17.4
已组织合作商店、小组	%				5.7	55.1	51.5
2.年末实有私营	%	100	100	100	94.0	20.8	27.8
二、从业人数	%	100	100	100	100	100	100
1.已改造部分	%				7.1	82.6	67.5
已转为国营、合作社经营	%					3.7	3.6
已转为公私合营	%				0.5	23.2	19.9
已组织合作商店、小组	%				6.6	55.7	44.0
2.年末实有私营	%	100	100	100	92.9	14.7	32.5

①云南省方志编纂委员会编《云南省志》卷十四《商业志》,云南人民出版社,1993,第 3 页。
②同上书,第 112 页。

表 3-5　云南省私营饮食业社会主义改造统计表①

项目	单位	1952 年	1953 年	1954 年	1955 年	1956 年	1957 年
一、户数	户	27 917	27 273	19 195	28 432	20 395	19 198
1.已改造部分	户				133	14 776	10 347
已转为国营、合作社经营	户					493	134
已转为公私合营	户				130	4 548	4 091
已组织合作商店、小组	户				3	9 735	6 122
2.年末实有私营	户	27 917	27 273	19 195	28 299	5 619	8 851
二、从业人数	人	42 129	40 556	28 660	36 596	27 989	25 624
1.已改造部分	人				828	21 491	16 605
已转为国营、合作社经营	人					881	742
已转为公私合营	人				805	8 470	7 170
已组织合作商店、小组	人				23	12 140	8 693
2.年末实有私营	人	42 129	40 556	28 660	35 768	6 498	9 019
比重:							
一、户数	%	100	100	100	100	100	100
1.已改造部分	%				0.5	72.4	53.9
已转为国营、合作社经营	%					2.4	0.7
已转为公私合营	%				0.4	22.3	21.3
已组织合作商店、小组	%				0.1	47.7	31.9
2.年末实有私营	%	100	100	100	99.5	27.6	46.1
二、从业人数	%	100	100	100	100	100	100
1.已改造部分	%				2.3	76.8	64.8
已转为国营、合作社经营	%					3.1	2.9
已转为公私合营	%				2.2	30.3	28.0
已组织合作商店、小组	%				0.1	43.4	33.9
2.年末实有私营	%	100	100	100	97.7	23.2	35.2

表 3-6　云南省私营服务业社会主义改造统计表②

项目	单位	1952 年	1953 年	1954 年	1955 年	1956 年	1957 年
一、户数	户	6 774	7 313	8 902	9 608	10 321	6 758
1.已改造部分	户					8 298	4 344
已转为国营、合作社经营	户					316	140
已转为公私合营	户					4 034	1 902
已组织合作商店、小组	户					3 948	2 302
2.年末实有私营	户	6 774	7 313	8 902	9 608	2 023	2 414

①云南省方志编纂委员会编《云南省志》卷十四《商业志》,云南人民出版社,1993,第113 页。

②同上。

续表

项目	单位	1952年	1953年	1954年	1955年	1956年	1957年
二、从业人数	人	11 520	12 003	14 477	14 334	16 491	9 854
1.已改造部分	人					14 248	7 394
已转为国营、合作社经营	人					635	219
已转为公私合营	人					8 709	4 222
已组织合作商店、小组	人					4 904	2 953
2.年末实有私营	人	11 520	12 003	14 477	14 334	2 243	2 460
比重:							
一、户数	%	100	100	100	100	100	100
1.已改造部分	%					80.4	64.3
已转为国营、合作社经营	%					3.1	2.1
已转为公私合营	%					39.1	28.2
已组织合作商店、小组	%					38.2	34.0
2.年末实有私营	%	100	100	100	100	19.6	35.7
二、从业人数	%	100	100	100	100	100	100
1.已改造部分	%					86.4	75.0
已转为国营、合作社经营	%					3.9	2.2
已转为公私合营	%					52.8	42.8
已组织合作商店、小组	%					29.7	30.0
2.年末实有私营	%	100	100	100	100	13.6	25.0

表 3-7　1950—1958 年全省社会商品零售额中各种经济类型的变化统计表①

项目	年份	总计	国营经济	合作社经济	国家资本主义及合作化经济	私营经济
社会商品零售额(万元)	1950	36 080	750			35 330
	1951	40 880	3 634	163		37 083
	1952	46 963	9 747	1 588	233	35 395
	1953	60 937	14 313	9 539	206	36 879
	1954	69 949	23 513	20 594	2 716	23 126
	1955	75 574	23 677	22 847	8 525	20 525
	1956	91 444	34 418	29 006	20 030	7 990
	1957	95 610	36 010	28 221	25 619	5 760
	1958	122 402	101 658		18 877	1 867
比重(%)	1950	100	2.1			97.9
	1951	100	8.9	0.4		90.7
	1952	100	20.8	3.4	0.5	75.3
	1953	100	23.5	15.7	0.3	60.5

①云南省方志编纂委员会编《云南省志》卷十四《商业志》,云南人民出版社,1993,第113页。

续表

项目	年份	总计	国营经济	合作社经济	国家资本主义及合作化经济	私营经济
比重(%)	1954	100	33.6	29.4	3.9	33.1
	1955	100	31.3	30.2	11.3	27.2
	1956	100	37.7	31.7	21.9	8.7
	1957	100	37.7	29.5	26.8	6.0
	1958	100	83.1		15.4	1.5

但在改造过程中,存在一定问题,出现了相对的偏差和缺漏。如对私营批发商全部排挤、代替,对私营零售商,不恰当地撤点并店,给人民生活带来了不便。

1957 年 10 月 15 日,云南省调整升级商业结构,撤销省级各公司,分设 5 个业务处和民贸局,与商业厅合并办公;省属二级批发站归商业厅领导。

到 1957 年末,国营、合资商业机构发展到 3.82 万个,职工 13.51 万人,分别占全年省社会商业网点和人员的 39%和 57.9%。1957 年,社会商品零售总额占工农业总产值的比重从 1950 年的 32.7%上升到 36.7%, 人均购买商品由 1950 年的 23.84 元上升到 54.5 元,农民出售给国家的农副产品占农业总产值的比重从 1952 年的 10%上升到 20.3%。[①]

表 3-8 云南省级国营商业专业公司经营分工情况表[②](1986年底)

公司名称	主营大类商品	主要经营商品	花色品种	备注
百货公司	日用百货类	各种鞋、帽、火柴、肥皂、洗衣粉、香皂、牙膏、暖水瓶、缝纫机、铝制品、搪瓷制品、钟表、手电筒、各种化妆品等	约 17 000 种	
	文化用品类	机制薄纸、机制板纸、金笔、铅笔、油墨、照相机、胶卷、电子计算器、体育用品等	约 8 000 种	
纺织品公司	纺织品类	棉纱、棉布、化纤布、呢绒、绸缎等	约 3 000 种	
	针织品类	毛巾、汁衫背心、棉毛衫裤、毛线、棉毯等	约 6 500 种	

①云南省方志编纂委员会编《云南省志》卷十四《商业志》,云南人民出版社,1993,第 4页。
②同上书,第 100 页。

续表

公司名称	主营大类商品	主要经营商品	花色品种	备注
纺织品公司	服饰类	各种布制、呢绒制服装	约 1 500 种	
五交化公司	五金机械类	元钉、镀锌铁丝、五金工具、建筑五金、台案秤、水利工具类等	约 3 800 种	
	交通电工器材类	自行车及其零件、花线、胶质线、电灯泡、电视机、收音机、录音机、家用洗衣机、电冰箱等	约 10 000 种	包括家用电器
	化工原料类	石蜡、硫黄块、纯碱、小苏打、各种油漆、染料等	约 2 300 种	
糖业烟酒蔬菜公司	糖业糕点类	食糖(含白糖、红糖)、糖精、奶粉、糖果、糕点、各种罐头等	约 2 300 种	兼营茶叶、食盐及卷烟类零售业区
	酒类	各种白酒、啤酒和果酒以及酒精	约 520 种	
	调味品类	味精、酱油、醋、卤腐、酱咸菜等	约 500 种	
	蔬菜类	各种干鲜蔬菜等	约 500 种	
食品公司	肉食类	肥猪、菜牛、菜羊、鲜(冻)猪肉、牛、羊肉及其制成品	约 60 种	
	水产类	海水鲜、干鱼及其他海味品、淡水鲜鱼干等	约 50 种	
民族贸易公司	民族特需商品类	绸缎、被面、花边、丝线、纱帕、包头巾、料珠玉器、银饰品、头花、棉毯、毛毡等	约 2 000 种	兼营其他商品
饮食服务公司	饮食类	各种酒席饭馆、小吃、冷饮、茶馆等		省公司只负责管理。附设经营部,经营饮食机具用品
	服务业	各类旅社、照相、理发、沐浴、洗染以及旅游服务等		
商业储运公司		商业物资的中转、运输工作		储运设施对外开放
石油公司	石油产品类	汽油、煤油、柴油、润滑油(脂)及沥青等	约 150 种	

1958 年,在全国的“大跃进”浪潮下,伴随着“左”的思潮,盲目追求高速度、

高指标，脱离实际的云南国营企业开展“大购大销”运动。云南有的地方提出了“天上飞的打下来，河中游的捞起来，地下藏的挖出来，树上结的摘下来”的口号，收购了大量不适销对路、质次价高的商品，大量预付赊销，全省预付货款达到 12 927 万元，赊销货款 3 612 万元，损失金额高达 3.5 亿元。

1958 年 8 月商业厅、服务厅、供销社合并为商业厅，省、地、县专业公司撤销，并入同级商业厅，实行“政企合一”。商业网点由“小、密、多”变为“大、稀、少”。1960 年，全省商业网点、人员减少，商品供应紧张。到 1961 年，全省肉食、白酒、食糖、棉布等日用消费品的人均销售量，均比 1957 年有较大幅度的降低。1960 年全省商业网点、人员分别为 22 246 个、105 419 人，比 1957 年分别减少 66.3%、42.5%。其中合作商店（组）和个体商业为 1 429 个、3 758 人，比 1957 年分别减少 96%、94%。[①]

1961 年后，国营企业开始贯彻“调整、巩固、充实、提高”的方针和《关于改进商业工作的若干规定（试行草案）》[②]。云南省调整和疏通流通渠道，恢复供销社和专业公司，开放集市贸易，改进收购办法，从多方面促进农副产品的恢复和发展。按照“统筹兼顾、保证重点、照顾必须、安排一般”的原则，积极组织货源，同时稳定物价，市场供应逐渐恢复正常，人民生活得到了有序保障和改善。到 1965 年底，商品供应量增加，购销额逐年扩大。1966 年全省社会零售商品总额 18.27 亿元，省商业厅购进总值为 5.4 亿元，国内纯销售总值为 9.49 亿元，全省居民人均消费水平 62.67 元，比 1957 年上升 47.3%。

1966 年开始的“文化大革命”期间，云南国营商业经历了新中国成立以来最严重的破坏。原有的商业理论、方针、政策、体制、管理等均被搞乱，商业的基本职能被否定，流通对生产的反作用被歪曲为“流通决定生产论”加以批判，老字号招牌被砸烂，商业机构被撤并，集市贸易被关闭，商业工作陷于一片混乱。1968 年全省购进总值比 1966 年下降 50.8%。主要商品收购量：卷烟从 23.5 万箱降到 5.5 万箱，棉布从 5 024.6 万米降到 1 299.6 万米，肥皂由 23.7 万箱降到

①云南省方志编纂委员会编《云南省志》卷十四《商业志》，云南人民出版社，1993，第 4 页、第 79 页。

②中共中央文献研究室编《建国以来重要文献选编》第十四册，中国文献出版社，2011，第 391 页。

7.7 万箱，火柴由 26.6 万件降到 8.5 万件。1978 年人均消费猪肉、酒、各种布匹仅与 1965 年持平。[①]

1968 年，全省商业厅系统购进总值为 3.07 亿元，主要商品的收购大大下降，一直到 1974 年此状况才得到转变。1976 年全省居民人均消费水平为97.95 元，仅比 1965 年增加了 19.38 元，比 1957 年上升 47.3%。[②]

(三)改革开放后

1978 年 12 月中国共产党十一届三中全会以后，云南省的商业进入了新的发展时期，在"改革、开放、搞活"方针的引导下，全面清除"左"的影响，逐步对统购政策、流通渠道和体制进行了调整和改革。经济逐渐恢复，伴随着改革开放、对外开放的政策，云南省的商业发展迅速，成为云南省经济的重要组成部分。

1.放宽政策

1979 年起，开始对一部分三类工业品试行订购、选购。1980 年取消对工业品的统购包销，分别实行统购统销、计划收购、订购、选购 4 种形式，初步改变了国营商业"大包大揽"的状态。1982 年后，商业代工业开展代批代销业务，并同工业合作组织联营联销，促进生产部门向经营型转变。1984 年，缩小指令性计划范围，省商业厅主管的计划商品从 140 种减少到 1985 年的 11 种，其中指令性计划管理的仅食糖、元钉、镀锌铁丝 3 种；指导性计划管理的有生猪、名酒、棉布、涤棉布、中长纤维布、呢绒、胶鞋、洗衣粉 8 种。1985 年，除石油主要靠从外省调入外，其余的国营商业国内纯购进（含农副产品)21.52 亿元，省外调入 11.06 亿元，合计 32.58 亿元，自给率达 66%。调出省外 2.37 亿元，占纯购进的 11.03%。[③]

2.调整结构

1980 年起，全省商业系统对流通渠道进行了调整改革。在国营商业占主导地位的前提下，恢复和发展多种经济成分和多条流通渠道。省政府为发展城乡集体和个人商业先后进行了 4 次政策性规定，城乡大批集体和个体经营商业、饮食服务业出现，改变了新中国成立后长期国营商业独家经营的局面。1982 年

①云南省方志编纂委员会《云南省志》卷十四《商业志》，云南人民出版社，1993，第 4 页。

②同上书，第 79 页。

③同上书，第 5 页、第 79 页。

11 月，全省商业部门贯彻执行国务院《关于疏通城乡商品流通渠道，扩大工业品下乡的决定》①，改革和调整了国营商业和供销社按城乡分工的老体制。国营商业可以下乡设点，供销社也可以进城做买卖，不再画地为牢，初步解决了流通不畅的问题。

3.体制改革

商业批发体制，突破了一级、二级、三级批发站逐级批发到零售商店的流通程序，改变“三固定”分配供货办法，实行开放经营。从 1984 年开始，先后将省管的 18 个二级批发站下放给所在地州、市管理。

完善商业企业经营机制，使企业成为相对独立的经济实体。1980 年，在扩大企业自主权试点的基础上，分批分期在面上铺开。让企业不同程度地获得了计划、经营、财务、劳动人事等方面的自主权。

推行经营责任制。1981 年 9 月，推行各种形式的经营责任制，推行面占企业总数的 86.1%，随着实践时间的推移，较好地处理了国家、企业、职工三者利益关系。1985 年底，全省国营商业核算单位由 3 043 个增加到 5 139 个，全省 5 680 个自然门店，划为 4 481 个小型企业，其中有 3 915 个实行转体经营，占小型企业数的 87%。其中：实行国家所有、集体经营的有 3 182 个，转为集体所有制的 12 个，集体租赁和个人承包经营的 721 个。②小型企业转变体制开放经营后，经济效益和社会效益提高明显，市场活跃。

4.取得的成果

中国共产党十一届三中全会以来，云南省商业得到了恢复和迅速发展。1988 年全省国民生产总值达到 286.21 亿元，按可比价格计算比 1978 年增长 1.7 倍，平均每年增长 10.3%，比中国共产党十一届三中全会以前 26 年间（1953—1978 年）平均每年增长 6.0%的速度加快了 4.3 个百分点。国民收入达到 239.94 亿元，比 1978 年增长 1.5 倍，平均每年增长 9.7%，比过去 26 年平均每年增长 6.0%的速度加快了 3.7 个百分点。工业总产值达到 380.02 亿元，比 1978 年增长 1.4 倍，平均每年增长 9.3%，比过去 26 年平均每年增长 7.0%的速

①《国务院关于疏通城乡商品流通渠道扩大工业品下乡的决定》，法律出版社，1983。

②云南省方志编纂委员会编《云南省志》卷十四《商业志》，云南人民出版社，1993，第 5 页。

度加快了2.3个百分点[①]。

随着生产的发展和流通渠道的逐步疏通，全省调出和出口总值由1978年的15亿余元增至1988年的108亿元，平均每年增长22%。同期调入和进口总值由18亿元增至74亿元，平均每年增长15%。进出相抵，由1978年的逆差3亿元，变为1988年顺差33亿余元。[②]

商业体制的改革，使得云南省形成了以"国营商业为主体，多种所有制形式、多条流通渠道和多种经营方式并存"的商业流通格局。

1988年全省社会零售商业网点达22.05万个，从业人员40.15万人，分别比1979年增长7.1倍和3.2倍，其中：国营和供销社网点2.87万个，从业人数9.58万人，分别增长57.2%和28.0%；其他集体所有制网点8 441个，从业人员5.30万人，分别增长35.3%和1.9倍；个体网点18.34万个，从业人员25.26万人，分别增长65倍和83倍；合营网点则从无到有。饮食网点1988年达到4.07万个，从业人员10.10万人，分别比1979年增长12.7倍和2倍，其中个体网点4.29万个，占91.2%，从业人员7.31万人，占72.4%，分别比1979年增长171倍和193倍；其他集体所有制网点和从业人员均有所增加；国营和供销社网点略有增加，但从业人员有所减少；合营饮食业网点也从无到有[③]。

城乡集市贸易活跃。1988年集市贸易点达到2 775个，比1978年增加1 175个。全省零售商品总额1988年达到150.02亿元，比1978年增长3.44倍，扣除物价上涨因素，实际增长1.7倍，平均每年增长10.4%，其中：城镇实际增长1.20倍，平均每年增长8.2%；农村实际增长2.12倍，平均年每年增长12.1%。城乡集市贸易成交额1988年达到38.22亿元，比1978年增长10.22倍，扣除物价上涨因素，实际增长5.81倍，平均每年增长21.1%。[④]

同时，伴随着经济的恢复和发展，商品货源和种类日益增多，供应状况得到明显的改善。伴随着物资管理体制的改革，统配物资的范围逐步缩小，市场调节

①云南省方志编纂委员会编《云南省志》卷八《经济综合志》，云南人民出版社，1993，第522页。

②同上书，第523页。

③同上书，第532页。

④同上。

扩大。改革开放的10年,云南商业经济得到了迅速发展。

第二节　商人群体的整合与商人组织的发展

一、商人的地缘构成与地域分布

商人群体的整合,指的是商人之间关系的变化和商人组织的发展。商人之间由分散走向联合,是商人群体发展的必然历程。“任何商业网都把一定数量的经营者个人联系在一起,他们可属于同一家公司,分布在一条或几条流通路线上。贸易得以进行全靠这些中转站,这些互助和联系,商人事业愈成功,互助和联系便愈多。”[①]由于它集中地体现商人阶层所固有的地缘构成与地域特征,因而商人之间趋于整合的这一客观性,会因地区、民族的差异表现出参差不齐、松紧不一的联系状态,反映着商品经济的发展水平。

到鸦片战争前,最能反映云南地区的商人与商人资本发展所达到层次的显著特点,便是以地缘而分的商人群体与商人资本的存在和整合。人们通常所说的地方商人,便多是指以相同籍贯或相同民族为联系纽带的商人群体,即同乡商人或同族商人。

由于商人自身的实力随着商品经济的发展和市场的扩大不断增强,遍布于各地的商人们,在他们所展开的经营中日益认识到必须克服自然环境所带来的诸多困难,同时又要协调相互之间的生存和发展矛盾。这些问题不是依靠一家一户单独奋斗或单纯一个家族的力量足以应付的,何况,那样的状态也难以抵挡土著及其他地域商人的竞争。于是商人们在主观愿望和客观条件的驱使下开始走向群体的联合。这种联合最初便表现为以一定乡籍、乡贯为纽带的地方商人群体的存在。商人群体的这种地缘构成,一方面是由于当时的社会条件下的商人资本,无论是在乡经营,还是远出在外经营,他们大多都是以一定乡籍、

①费尔南·布罗代尔:《15至18世纪的物质文明、经济和资本主义》第一卷,顾良、施康强译,生活·读书·新知三联书店,1992,第140—141页。

乡贯的面貌和身份出现，这与当时中国社会的户籍、人口管理制度有直接的关联；另一方面，也由于在当时人们的意识观念中，“中国人群体意识的认同标准，是首重血缘性的家族关系，次重地缘性的乡土关系”[①]。于是，同一乡籍、乡贯的存在，客观上就成为联系一定商人群体的原则和内聚力。

（一）外省商人来滇

据《新纂云南通志》记载：“在清中世，外省商之贸易于滇者，最早为江西帮、湖南帮之笔墨庄、瓷器庄，四川帮之丝绸、玻璃、烟叶等，其世业有相沿迄今者，江西帮之万寿宫遍于各地。其后则两广帮、北京帮相继而来……山西帮、浙江帮则经营汇兑，存放规模较大。此外商之大略也。”[②]地处西南边陲的云南地区地广人稀，各种资源丰富，发展潜力颇大，由此而吸引了大批流民入滇，其中不乏转徙经商的各地商人，尤以江西商人为众。《广志绎》对此有很生动具体的记载：“江、浙、闽三处，人稠地狭，总之不足以当中原之一省，故身不有技则口不糊，足不外出则技不售。唯江右尤甚，而其士商工贾，谭天悬河，又人人辩足以济之……故作客莫如江右，而江右又莫如抚州……视云南全省，抚人居什之五六，初犹以为商贩，止城市也，既而察之，土府、土州……无非抚人为之矣。”嘉靖年间，云南大理府“种田皆是百夷，百夷有信而懦弱，佃租之利皆为江右商人饵诱一空”[③]。谢圣纶《滇黔志略》卷十七也谈道：“滇黔各处，无论通衢僻村，必有江西人从中开张店铺，或往来贸贩。”吴大勋《滇南闻见录》汉人条更详云：“至今城市中皆汉人，山谷荒野皆夷人。至于歇店、饭铺、估客、厂民以及夷寨中客商铺户，皆江西、楚南两省之人。……虽穷利，僻壤，无不有两省人混迹其间。”由此可见外省商人在云南经济活动中所占的地位。

除此之外，云南丰富的资源是吸引外地商人纷纷赴滇经营的一大动因。云南盛产有色金属，从17世纪以来，云南的铜、锡、铅、银等就享有盛名，特别是铜矿之丰，在全国首屈一指，号称“滇铜甲天下”。清代乾隆年间是滇铜生产的极盛时期，年产1 200万—1 300万斤，[④]每年运往京师的“京铜”可达600万—700

①唐力行：《商人与中国近世社会》，商务印书馆，2003，第35页。

②龙云、卢汉修《新纂云南通志》卷一四三《商业考》一。

③嘉靖《大理府志》卷二《风俗》。

④《清高宗实录》卷七六四。

万斤。此外湘、鄂、浙、闽、粤、赣各省所需之铜亦大部由滇省供应，每年达 200 万—300 万斤。于是各省工匠、客商蜂拥而至，以较低成本，即可获数倍之利。史称："三江、两湖、川广富商大贾，厚积资本，来滇开采。"[①]时人形容云南矿商之富比于海商、盐商，《东倭考》说："铜商之豪富，甲于南中，与粤之洋商，淮之盐商相埒。"这部分矿商往往集矿主与贩商身份于一身，开矿、贩运同时开展。如乾隆年间，在佤族山区"打槽开矿及走厂贸易者，不下二三万人"，其中又主要是江西人和湖南人，另有部分广东人、贵州人。"其平常出入，莫不带有货物，故厂民与商贾无异。以夷境之有余，补内地之不足，亦属有益。"[②]这些外地商人的活动，一方面开发了滇地的矿产资源，另一方面也促进了云南的省内外商品流通。

这些商人除了以一定的乡籍、地缘联系为纽带，同时还具有在商业经营上的行业联系。明清时期的商人与商人群体中，一种明显存在的经济现象是：大凡具有共同地缘联系的地方商人，在其工商业的经营中，大多又具有从事相类同或相类似行业的特点。如前所述的江西、湖南商人多从事笔墨、瓷器销售，四川商人多贩卖丝绸、玻璃、烟叶，山西、浙江商人则多在云南从事借贷活动等。同一地缘的地方商人往往从事同一种或几种行业，这在当时的社会经济活动中是十分普遍的现象。这种现象的出现是由于同一乡籍的商人大多数具有差不多的文化、社会以及乡土背景，有着大致上相差不多的经营条件和经营环境，再加上同乡、亲族之间的互相影响以及互相仿效，后起经商者往往是先在同乡先行经商者处学生意，一旦他们自行独立经营，商业行规又会促使他们加入已由大多数同乡商人经营着的行业，从而形成某一行业由某几处地方商人控制、把持的局面。

（二）本省商人的兴起与成长

云南地处山区，由于商品经济的发展较沿海及内地省份低，导致了省内商人势力长期弱小。从有关民俗的记载来看，清代初期至中叶，商人在云南的大部分地区居民中尚处于艰难的游离过程中。在康熙、雍正、道光年间云南所修的志书中，都普遍记载有各地民众"不治末业"或"人鲜逐末"[③]。至道光年间，地处云

①王文韶等修《续云南通志稿》卷四五《厂员》。

②《清高宗实录》卷二六九。

③道光《云南通志》卷三十《地理志》五，风俗。

南东南边地的广南府仍“耕织相兼……地无杂产，人鲜逐末”。滇东的沾益州民众“不好出乡井贸易，唯知刀耕火种，衣租办赋而已”[①]。寻甸州“民勤农桑，士习诗书，不事逐末远商”[②]。即使在人口密度较大、经济较为发展的滇中澄江府，民风依然是“男安耕读，女习纺织，不事逐末远商”[③]。只是在地处交通孔道，商品经济相对活跃的地方，居民经商才形成一定之风气。如昆明县“士多秀颖，素重名义，民性淳良，不好争讼。但近城市，多习贸易而少耕织，服食交际不无奢靡耳”[④]。至清中期，昆明才出现了李济、高嵩等有名的富商。[⑤]

清代前期及中叶云南商人的弱小，还集中体现在由于滇省经济发展长期相对落后，人民穷苦，商人的经济地位难以提高。雍正年间粮道张允随奏称：“云南古不毛之地，贝盈千索便为富家，以银而论，未及百金……窃以为百姓之穷莫穷于滇，土地之瘠莫瘠于滇，徭役之重莫重于滇。”[⑥]滇省民众贫困若此，商人的经济地位亦可想而知。乾隆年间张泓《滇南新语》对此做了印证：“（滇省）巨富不过万金，以一二百金设典铺，亦称富商。”与同期内地商人资本动辄百万、千万两之数相较，滇省“富商”确乎弱小。

至清代中期，士、农阶层中治“末业”者渐多。具体言之，由于受到外地客商的影响，更由于现实经济生活由原来的封闭逐渐走向开放，部分地方民众的商品观念渐强。又由于客籍小商人和部分中等商人的土著化，过去那种商业由外籍商人垄断的情况已得到渐次改变。以洱海地区为例，从明代至清中叶，史籍曾记载当地居民“少工商而多士类”[⑦]，“居人能农不能贾”[⑧]，“贫乏耻为商贾”[⑨]。于是，“租佃之利皆为江右商人饵诱一空”[⑩]。《大理县志稿》卷六就是据此而将明始至清同治末年划分为商业发展中的同一个时期的，其特点是“近之则川黔桂

①道光《云南通志》卷三十《地理志》五，风俗。
②同上。
③同上。
④同上。
⑤《新纂云南通志》卷一四三《商业考》一。
⑥《新纂云南通志》卷一五八《农业考》一。
⑦景泰《云南图经志书》卷四。
⑧雍正《云南通志》卷八《风俗》。
⑨道光《云南通志》卷三十《地理志》五，风俗。
⑩嘉靖《大理府志》卷二《风俗》。

粤，远之则楚赣苏杭，皆梯航而至”，进行贸易，而执商业之牛耳者则为“江西、昆明之人”。太和土著商人除在本地经商外，已“合众结队旅行四方，近则赵、云、宾、邓，远则腾、顺、云，又或走矿场，走夷方，无不挟一技一能暨些须资金，以工商事业随地经营焉”①。祥云商民则以当地土锅输出换取外地茶叶商货，常年活动于临沧、永康、永德、耿马、保山、腾冲、畹町，远及缅甸②。祥云民间甚至流传着“人不经商世世穷”的谚语，反映出当时社会风气已大有变化。

正是由于明末清初以来云南各地商人力量的日益成长、壮大，到了清代中期，云南地区已出现了一些资本较丰厚、经营规模较大的商号。出现得较早、较典型的有大理马久邑村杨士元在嘉庆年间创办的“三元号”，主要经营棉花生意，除在保山开设了14间店铺外，还在蒙化、下关、大理等地同时设号开店。大理塔桥村商人赵泰于道光初年在下关设立的“裕和号”，在蒙自、顺宁、云州、保山、腾冲、鹤庆、建昌等地设立分号，形成以滇西大理为中心，贸易范围遍及滇西、四川、西藏乃至缅甸，以经营棉花、棉纱、盐、茶为主要商品种类的规模较大的商业集团。另有腾冲和顺乡人李永茂于道光年间在缅甸开设“永茂和”商号，经营宝石、玉石、百货，其同乡李茂、李茂林、蔺自新在缅甸合办的“三成号”，经营棉花、玉石、丝绸。此外，回族商人更成为云南本地居民中经商致富的佼佼者。

二、商人组织的出现与多样性发展

（一）会馆

由于活动于乡土以外的其他区域的外出经商的商人群体，难免会遇到种种矛盾和困难，因而客居外乡的地方商人在一定的范围内和一定的条件下，会以合适的形式来保护自己，为自己争取一定的利益。当某一有相同联系的地方商人聚集到一定程度时，这些客居外乡的地方商人就会想到创立一种组织来体现自身的存在，这种组织就是以同乡或同业的联系为纽带建立起来的商人会馆。

一般而言，商人会馆的分布，通常与商人和商人资本的分布是成正比的。凡是商人和商人资本集中的地方，同样也是商人会馆集中的地方。如省城昆明，商

①周宗麟：《大理县志稿》卷三。
②杨聪：《大理经济发展史稿》，云南民族出版社，1986，第215页。

业繁盛为滇省第一，各地商人云集，代表各行业、各地区商人组织的会馆也应运而生，两广商人有吕祖庵，福建商人有火神庙和天后宫，江西商人有万寿宫，山西、陕西商人有关圣行宫，两湖商人有禹王宫，四川商人有川主宫等。另还有江南会馆、两粤会馆和本省商人建立的迤西会馆、建阳会馆等。[①]此外，商人会馆的分布与社会商品经济和商品流通的发展程度同时也成正比例关系，凡是商品经济和商品流通较发达的地方，不仅是在城市中，即使是一些农村市镇也会有商人会馆的出现和建立。有清一代，不论是在商业贸易较为发展的大理、永昌、腾越，还是在一些中小城镇如东川、个旧、楚雄、丽江等地，甚至地处极边的麻栗坡，由于有不少内地商客前往，其城中也建有川黔、江西、湖南等会馆公所。“全省各县市镇，无处不有江西之万寿宫与两湖会馆。”[②]《新纂云南通志》也说“江西帮之万寿宫遍于各地”。[③]

1.同乡性质的会馆

如前述的江西会馆、福建会馆、四川会馆、两湖会馆、山陕会馆、江南会馆、迤西会馆、建阳会馆等，它们都由地域大小不等的地方商人所设立，其参加者不分行业，凡是属于同乡范围之内的寓居商人均可成为会馆成员。当然，这种会馆的同乡范围在不同的城镇、不同的条件下，会有很大的不同。其中有些是以省城为范围，有些则是以府、州、县为范围，也有以数个县、府为范围，或者以县以下更小的行政地域为范围的，通常视不同的具体情况而定。大致上说来，凡是同一地方的商人聚于一地的人数较多，他们所建立会馆的地缘联系范围就会相对较小，如江西会馆，由于在云南的商人人数众多，因此，绝大部分同乡会馆是以一个或者几个县为单位而设立。反之，如果聚于一地的地方商人人数较少，他们在建立会馆时，就会扩大会馆的地缘联系范围，其同乡的涵盖面相对也就会较大一些。典型的例子如山西、陕西商人就在昆明联合建立山陕会馆，其他如两湖会馆、江南会馆，也是此类情况。

同乡会馆的功能主要有两项，一是设立庙堂，祀奉、祭拜相应的神祇；二是同乡商人间重乡谊、搞互助，逢年过节聚会宴娱，联络感情等。

---

①《昆明市志长编》卷六，第382—384页。

②谢彬：《云南游记》，第101页。

③《新纂云南通志》卷一四三《商业考》。

表 3-9　清代昆明商人会馆简况表

会馆名	建馆商帮	建馆时间
寿佛寺(禹王宫)	两湖帮	康熙二十三年(1684 年)
西来寺(川主宫)	四川帮	康熙二十七年(1688 年)
兴福寺	江南帮	康熙三十四年(1695 年)
火神庙、天后宫	福建帮	道光以前(1821 年前)
关圣行宫	山西陕西帮	咸丰以前(1851 年前)
萧公祠	江右帮	咸丰以前(1851 年前)
福国寺	湖北帮	咸丰以前(1851 年前)
彩云观	迤西帮	咸丰以前(1851 年前)
建阳会馆	建水帮	咸丰以前(1851 年前)
浙江先贤祠	浙江帮	光绪二年(1876 年)
两粤会馆	两广帮	光绪三年(1877 年)

资料来源:据《昆明市志长编》卷六第 328—384 页、第 386 页整理。

2.同业性质的会馆

这类会馆的最大特点在于,同乡的纽带已退居次要,甚至是无足轻重的地位,而同业关系则上升为会馆得以建立的主要原因和联系纽带。在这种会馆中,传统的乡际关系、人际关系处于一种逐渐淡漠和下降的趋势,而新兴的行业关系、经济关系则逐渐上升,并开始显露出一种由传统的工商业组织向近代的同业公会过渡的历史趋势。在此种类型的会馆中,其功能较上述的同乡会馆已发生了较大的变化。其中最显著的便是在同业会馆中,除了祀奉、联乡谊等传统功能外,还明显增加了调解和规限同业之间的经济纠纷的联系功能等;在一些同业会馆中,排解业内事务已上升为会馆的责任和功能。一些同业会馆不仅对于同业的买卖价格以及其他事务都有所规定,甚至对于同行业的新店开设,也做了种种限制。

清代的昆明,作为云南的商贸中心,各行各业得以有很大发展。《重修东寺文笔塔暨忠爱、金碧三坊碑记》列举昆明铺行店房 56 类,包括油盐酱醋、烟酒糖茶、金银珠玉、衣服鞋帽、文房四宝、猪牛羊肉、糕点小吃、棉麻制品、铜铁器具等,应有尽有。随着行业的增多,在昆明也出现了若干行业会馆,如布行、牙行会馆。有史料记载:“粤自明季,创有吕祖庵者……距城百武,地址狭隘……雍正初年,我行先辈阖行商酌,捐金修葺,自此庆祝宴会,咸于斯焉。迨至乾隆三十六年,我行生意渐渐兴隆。……有牙行唐姓……两行同出功德……为两行之会馆焉。……咸丰丁巳,省垣变乱,兵燹迭遭,一旦化为灰烬。……我布行……于光绪己卯年(光绪五年,1879 年)庀材鸠工……改为孚佑宫,迄至辛巳之岁(光绪七年,1881 年)工程告竣。……”[①]从以上记载我们可以看出清时布行、牙行会馆的设立情况。又据史料记载,在昆明东城外,还有茶叶商人设立的“芦茶会馆”[②]。除此之外,丝线业的普天寺,帽业的缨帽会馆,绸缎、银首饰、翠花等八业合建的三皇宫,药材业的药王庙,铜器业的铜活会馆,土药业的芙蓉会馆等,均为同业之间集会议事或庆祝宴会的场所。[③]此外,在对外贸易发展较快的腾冲,由于得天独厚的地理位置,至乾隆、嘉庆时已成为珠宝玉石的重要集散地,玉石商、玉石匠组成了“宝货行”公会,并于道光元年(1821 年)建盖了“白玉真人”祖师殿,殿址选在城西南四街通往叠水河路口,占地约二亩。[④]

(二)行帮

行帮使商品经济有了一定发展, 同业的商品生产者和经营者为约束竞争、保护自身利益而建立起来的一种封建性的工商业组织。清初时,云南地区商业和手工业已有行的组织。如药材行业有药王会,木器建筑行业有鲁班会,成衣行业有嫘祖会,帽行业有轩辕会等。[⑤]云南地方文献中对行业组织除分别记录有“行”“会”“帮”“铺帮”等名称外,通常又将其称为“行帮”。为维护本行帮的利益,各行帮制定有严格的行规。如对新开铺号、换字号招牌、徒工徒弟出铺开店、经营品种、交易范围等均订立行规,加以限制。如新开铺号时,须与同行帮的铺号相隔一定距离,规定“上七间,下八间”方准开设;对经营品种也有限制,如做牛皮生意的,不得买卖马皮;又如规定投行货物,不得背地私售等,带有浓厚的封建垄断性。

---

①《昆明市志长编》卷六,第 377—378 页、第 383 页。

②同上。

③《云南省志》卷十四《商业志》,第 49 页。

④龚子俊:《腾冲珠宝业》,载《云南文史资料选辑》第四十二辑,第 241 页。

⑤田洪:《鸦片战争到辛亥革命时期云南境内的商业述略》,载云南省经济研究所编《云南近代经济史文集》,1988,第 184 页。

1907年,《铁路公司全宗》曾对当时昆明行帮的数量与种类有过详细记录,在此转录如下:茶帮、土药帮、杂货行帮、茶业行帮、海味行帮、清酒行帮、红白纸行帮、植木行帮、川丝行帮、棉花行帮、盐铺帮、红糖行帮、洋纱行帮、丝锦铺帮、绸缎铺帮、芦茶铺帮、布匹铺帮、清油铺帮、杉板行帮、蜜食行帮、土纸行帮、川土烟行帮、羊牙行帮、药材行帮、棉线铺帮、瓷碗铺帮、斗笠铺帮、当铺帮、酒席铺帮、川帮、广帮、四川药材客帮、广西土药杂货客铺、湖南土药客帮、广东土药杂货客帮、三迤骡马行帮、迤东川烟杂货帮、旧衣铺帮、京货铺帮、米铺帮、杂货铺帮、土杂货行帮、土黄烟行帮、青靛行帮、白布行帮、猪牙行帮、颜料行帮、书籍铺帮、棉絮铺帮、租碗铺帮、笔墨铺帮、纸张铺帮、贵州客帮、安徽瓷器客帮、浙江杂货客帮、常德土药客帮、四川土药杂货客帮、迤西土药帮。

这58个行帮是在1906年参加省商务总会时留下的记录。其中有一些只是地域性的商帮,或介于商帮与行帮间的组织,真正能称为行帮者有46个。即使如此,这46个行帮也几乎已把省城市场的商业门类包罗殆尽。

（三）商会

1906年云南商务总会在昆明成立。商会设总理1人，协理1人，会董10人,帮董10人。有58个商业行帮(内含少数商帮)加入商会。下关、蒙自、腾越等地也纷纷成立了地方商会组织。从《奏设云南省垣商务总会章程》中可看出商会成立的主要目的在于:一为抵御列强的经济入侵,维护本省及国内其他省份在滇经商者“自有之权力”;二为面向整个商界,“开通商智,扶持商业”,促成“众商团结,俾无涣散倾轧之虞”①。商会的主要宗旨则是:联络工商感情,研究工商学术,扩张工商事业,以巩固商权,调处工商争议,维持市面治安。商会并在诸多方面发挥积极作用,如:搜集商情;打击奸商囤积米粮、油、豆、柴、炭等物资,究治欺伪行为,维护公平之交易;保护商人免遭盗、抢及其他欺凌之害;处理商人之间的纠纷;禁止无故贱卖货物,保障众商之公益;支持商人开发改进新的商品,编译有切时用之新书;鼓励商人出洋贸易及出洋考察;统一市平等。

辛亥革命后,商会曾一度奉军都督令改为云南全省商务局,短期兼理过商务行政事宜,性质仍为商民团体。1913年1月,又改称云南商务总会,并增设商

①龙云、卢汉修《新纂云南通志》卷一四四《商业考》二,商会。

事公断处。同年，据省实业司调查，全省已填报设有商务分会的有墨江、洱源等37县，入会的商号及行帮共3 132家。1914年4—8月，陆续成立的商务分会又有路南、中甸、个旧、沾益、文山、彝良、弥渡7县。[①]

1916年，云南商务总会改组为云南总商会，负责人改称正、副会长，扩大为会董60人，函聘特别会董10人，并继续设置公断处。

1928年，国民政府颁布《修正商会法》及《商业同业公会法》。同年，昆明市商民协会成立。1929年，国民政府新颁布《商会法》及《工商同业公会法》，1931年2月，昆明市商会正式成立。市商会同样突破了行业和地域的界限，负责各行业间的协调工作，对当时商业的发展起了积极的推动作用。主要表现在：第一，市商会下设"商事公断委员会"，负责商务纠纷的仲裁和调解，"纯以和解息论为主旨"[②]，"新案方面随到随办，都无积压"[③]，多能秉公办理，维持公平竞争，起保护作用。第二，为厂商牵线搭桥，促进物资的交流与销售。原来昆明商人与省内外厂商联系较少，鉴于此，第二届市商会"分头与上海厂商联系，介绍各业陆续达成协议，同时在本省各县宣传联系，逐步获得物资交流的相当成绩，产销互利，与日俱进"[④]。第三，组织同业公会。民国初年以来，昆明各行帮大多处于"散漫分歧"状况。市商会对旧有各业行会、商帮进行劝导说服，使同业公会不断增多，到抗日战争前，已达85个，[⑤]几乎包括所有行业。这对强化各行业内部的合作及外部联系起到积极的促进作用。第四，抵制洋货，促进国货销售。"九一八"事变后，市商会发起成立"昆明抗日救国会"，有3万余人参加成立大会，会后举行示威大游行，捣毁"保田""府上"两家日本商行。随后又掀起轰轰烈烈的抵制日货高潮，迫使日商相继全数离昆。市商会还积极筹设昆明中国国货公司。第五，举办新式商业教育，培养商业人才。1935年，市商会开办中式簿记培训班，招收学生百余人，学时1年。1936年将培训班改为"昆明市商业职业学校"，委任马筱春为校长，先后开办过初中部2个班，高中部1个班，补习部18个班，培

---

①《云南省志》卷十四《商业志》，第45页。

②《续云南通志长编》卷七四《商业》一。

③《昆明市志长编》卷十二，第481页。

④同上书，第482页。

⑤《云南概览》（市政），第6页。

养学生500余人。这些学生后来有不少成为商界骨干。

1942年3月，云南省社会处成立，在省社会处的推动指导下，由昆明市商会进行筹组省商会联合会工作。同年11月17日，由64个市、县商会派代表在昆明市商会内召开云南省商会联合会成立大会，选举产生了第一届省商会联合会。之后，又于1945年和1948年召开过两次代表大会。

据省实业司统计，至1938年时，全省上报依法成立商会的计有85个市、县，未成立的有20余个县。1942年时，设有商会的计有98个县，未经组织成立的约有十余个县，地处边远及尚未建县的设治局不能组织成立的计有19个县、局。当时设有商会的县有：马关、石屏、宣威、江川、巍山、武定、勐腊、麻栗坡、保山、罗平、绥江、广南、腾冲、盐津、云县、临沧、晋宁、路南、江城、曲靖、南华、凤庆、泸西、玉溪、禄丰、华宁、昭通、富民、金河（今属金平）、大理、文山、镇雄、个旧、盐丰（今属大姚）、澄江、永胜、河西（今属通海）、牟定、西畴、思茅、墨江、弥渡、金平、景谷、丘北、祥云、广通（今属禄丰）、建水、富宁、凤仪、大关、永平、邓川、宾川、鹤庆、镇沅、德钦、巧家、晋宁、峨山、蒙自、通海、中甸、陆良、勐海、华坪、会泽、丽江、南峤（今属勐海）、呈贡、大姚、普洱、宜良、禄劝、龙陵、楚雄、维西、鲁甸、姚安、彝良、永仁、兰坪、洱源、寻甸、剑川、云龙、沾益、元江、镇康、易门、永善、开远、元谋、安宁、新平、河口、潞西、勐烈（今属江城）。①

（四）同业公会

1917年2月，北京政府农商部令各省的行业团体依照规则组成同业公会。云南因护国、靖国军兴，商业不振，各市、县改建同业公会的很少。1929年，国民政府颁布《工商同业公会法》及《实施细则》，省政府下令各市、县遵照办理，并由建设厅督促各业行帮改组成立同业公会，作为省、市、县商会下的基层组织。1931年昆明市商会成立，下属同业公会共有80个，行号会员户数共4 550户。②

在1931年前，昆明的各商业行帮大都附属于总商会，较少对外单独活动。在新的同业公会法颁布后，各个行业为维护共同利益，依法组织同业公会，并由各个同业公会推举代表加入商会。1938年后，为加强同业公会组织，修正了同

①《云南省志》卷十四《商业志》，第45—46页、第47页。
②同上。

业公会法，对所有公司行号经营某一业务，不论专营兼营，同业每满 7 家以上，都要独立组设本业同业公会。以前未曾设立的，由商会派员指导，限期组织成立。在市区内经营本业业务尚未入会的，不论加入其他公会与否，均一律强制入会。如汇康百货公司和国货公司部门繁多的行号，同时就加入了许多同业公会为会员。公会也降低了会员的入会费，每一个同业公会均独立行使本身职权，发展本业业务，并参与到市商会中，加强各业联系。各同业公会的经费，除原来的行会组织已积累有相当基金的以外，大多数由同业会员商店负担，分作入会费及月捐两项，由会员大会按会员业务大小分定等级，按数收取，每月按规定数目交公会月费。各公会会务，多以本业业务经营为主，同时也负责对外及缴纳税捐、评议货价等。

表 3-10　1931 年昆明市同业公会情况表

同业公会名称	行号会员人数	同业公会名称	行号会员人数
米粮业同业公会	210	猪鬃业同业公会	48
寿板业同业公会	51	火腿业同业公会	30
药材业同业公会	79	肉案业同业公会	100
燃料业同业公会	99	皮业同业公会	37
山货业同业公会	323	金业同业公会	13
毡业同业公会	29	铜业同业公会	9
钉铁业同业公会	17	首饰业同业公会	70
黄白铜业同业公会	17	钟表业同业公会	19
金箔业同业公会	27	花梨木业同业公会	28
纸业同业公会	42	布业同业公会	142
油纸业同业公会	12	织布业同业公会	73
颜料业同业公会	19	纱业同业公会	64
西药化妆品业同业公会	18	京果酱菜海味业同业公会	97
染纸业同业公会	18	糖业同业公会	18
木器业同业公会	37	川烟业同业公会	29
皮箱业同业公会	17	糕饼业同业公会	45
丝线业同业公会	45	纸卷烟业同业公会	52
丝绵业同业公会	65	盐业同业公会	244

续表

同业公会名称	行号会员人数	同业公会名称	行号会员人数
棉线业同业公会	17	干果业同业公会	36
绸缎业同业公会	47	酒业同业公会	23
丝绉业同业公会	14	茶叶同业公会	20
帽业同业公会	113	黄烟业同业公会	44
丝帕丝辫业同业公会	17	中西百货业同业公会	59
斗笠业同业公会	17	广货业同业公会	194
棉絮业同业公会	41	北货业同业公会	24
新衣业同业公会	25	梳篦棉辫业同业公会	121
鞋业同业公会	180	牙行业同业公会	53
估衣皮革业同业公会	20	报社业同业公会	11
书业同业公会	13	押号业同业公会	24
笔墨业同业公会	24	当业同业公会	20
刊刻业同业公会	30	银钱业同业公会	20
照相业同业公会	8	牛肉食馆业同业公会	33
裱画业同业公会	48	食馆业同业公会	82
顾绣业同业公会	14	酒席业同业公会	29
象牙业同业公会	16	栈业同业公会	119
古物旧货业同业公会	44	理发业同业公会	96
爆竹业同业公会	33	皮鞍业同业公会	11
屏联业同业公会	17	染房业同业公会	39
成衣业同业公会	272	针线业同业公会	53
油蜡业同业公会	140	人力车业同业公会	46

抗日战争爆发后，随着省外工商企业的内迁，昆明同业公会相应增加。据民国三十三年（1944 年）昆明市商会记载，所属各行业公会已达 129 个，与上述 1931 年原有的 80 个对照，发生了一些变化：其中米粮业更名为粮食商业同业公会，燃料业分为煤炭业、薪炭业同业公会，西药化妆品业分为新药业、化妆品业同业公会，火腿业、绸缎业则分别调整为火腿腌腊业、丝绸呢绒业同业公会，黄白铜业同业公会消失。此外，新增同业公会 48 个，属于商业的 31 个，分别为：

棉花业、生丝业、拍卖业、牛羊商业、鸡业、乳酪业、中西餐馆业、甜食馆业、米线业、素食米线业、豆腐业、饴糖业、酒精业、旅社业、铅丝业、锡器业、五金电料业、锡箔业等。1949 年据省工商业联合会《云南工商史料选辑》记载,昆明市的商业同业公会实际上有 117 个。[①]

各县商会的同业公会相较昆明而言则较少。据《续云南通志长编》民国三十四年(1945 年)七月止的统计,已正式上报的有沾益、晋宁、会泽、南华、蒙自、曲靖、富源、澄江、牟定、泸西、大姚、姚安、宣威、昭通、建水、武定、富民、陆良、个旧、石屏、祥云、广通、盐津、马关、盐兴、弥渡、罗平、凤仪、弥勒、鲁甸、师宗、宜良、元谋、楚雄、江川、墨江、巍山、漾濞、禄丰、勐腊、大理、呈贡、玉溪、昆阳、开远、思茅、文山、寻甸等 49 个县,共有同业公会 377 个。有的县较多,如蒙自多达 10—20 个,一般为 8—9 个,少的仅 2—3 个,如大姚。

三、商帮的兴起与发展

由分散走向联合,是商人群体发展的必然历程。所以,客观上是由商品经济发展的必然所致,主观上则是出于商人自身整合的需要。商人出于发展自身的需要,其认同标准逐渐由血缘性的宗族关系扩及地缘性的乡土关系。随着商品经济的发展和市场的日益扩大,商人的足迹遍及云南各地。在他们所到之处,在为所营之业的生存与发展而苦苦奋斗中,意识到仅靠家族力量的联合已不足以应付经营中所遇到的各种问题,更难以抵制土著及其他商人的竞争。于是,开始转向范围更宽广的群体的联合。这种联合促成了以一定乡籍、乡贯或民族为纽带的地方商人群体,即人们通常所说的同乡商人和民族商人。在此基础上,又形成规模更大的同乡商帮和民族商帮,它们分别是商人以地缘和族缘为纽带组合而成的松散群体。随着云南各地同乡商帮和民族商帮的日益兴起,云南地区商人群体的力量亦不断壮大。

(一)同乡商帮

同乡商帮的地缘范围可大至省、州、府、县,如迤西商帮、迤南商帮,也可小至乡、镇,如喜洲帮。也有些商帮还同时兼有血缘与业缘的特征,通常由同一乡

①《云南省志》卷十四《商业志》,第 46 页。

籍、乡贯或同民族的商人经营相同或相类似的行业，例如喜洲帮中便多为同乡同族人经营对外贸易。大体而言，商帮的地缘范围越宽，血缘色彩便越淡，业缘色彩则越浓。

在各个历史时期，云南地区的商人多以商帮的群体力量参与竞争。全省各地大小商帮数目繁多，主要分为省外帮和滇帮二系。省外帮有四川、江西、湖南、江浙、山西、贵州、广东、广西、北京之别，滇帮中则有迤南、迤西、迤东之分。迤南有临安（今建水）帮、蒙个帮，代表商号是朱恒泰、顺成号等。迤西有腾越帮，代表商号是洪盛祥、永茂和、茂恒；鹤庆帮，代表商号是福春恒、兴盛和、庆正裕（复协和）、恒盛公等；大理喜洲帮，代表商号为永昌祥、锡庆祥、鸿兴源、复春和等。迤东则有昭通帮和曲靖帮。这些商帮大多数是以同乡关系结成的。商帮的兴起意味着商人阶层已以群体的力量登上了历史舞台。

1.外省在滇商帮

当云南商人还处于人少势弱之时，外省商人早在清代前期已大量涌入云南，把云南视为优于其本土的经营场所。《新纂云南通志》对外省商帮在滇的情况曾做过一番归纳："在清中世，外省商之贸易于滇者，最早为江西帮、湖南帮之笔墨庄、瓷器庄，四川帮之丝绸、玻璃、烟叶等，其世业有相沿迄今者，江西帮之万寿宫遍于各地。其后则两广帮、北京帮相继而来……山西帮、浙江帮则经营汇兑，存放规模较大。此外商之大略也。"①此外，西藏地区的藏商也结成商队入滇，从事药材、皮毛、茶叶、布匹等项贸易。外省商帮入滇，对当时云南地区商品经济的发展，尤其是市场的繁荣，起了极大的促进作用。

外省商帮在晚清时仍继续在滇从事商业经营，但经营的情况较从前已有一些变化。这主要是由外国资本主义势力侵入云南，进行商品倾销和原料掠夺所致。如主要是在迤东地区活动的四川帮，便主要经营由四川办来黄丝、丝杂、布匹、川烟、药材、绸缎运往下关，又采购鸦片及各种山货药材运销四川。川帮的会馆设在（昆明）拓东路，称为"川主宫"，祀李冰父子。江西帮及湖南帮则入滇经营矿业，输出矿产品，并由其负责驮运每年入贡之 1 200 万斤滇铜等。今昆明水晶宫尚有八省会馆遗址。广东帮则系在滇越铁路通车后，从安南来此。广帮

①《新纂云南通志》卷一四三《商业考》一。

的特点为善于团结，互相接济，沿滇越路线，一地衔接一地，均有广帮势力，掌握着铁路交通工具。广帮经营的主要项目，一为纱布，滇越铁路通车后纱布的输入达1 000多万两，而且连过去由迤西用马帮驮运之缅棉，也全部改由河口输入，大部分掌握于广帮之手；一为大锡，由于铁路通车，运售为帝国主义所垂涎的大锡的经营陡然兴起，广帮商人多通外国语，他们买到大锡后，在香港加以改装再卖与外国人。由于他们所经营的纱布、大锡均关系云南命脉，广东帮遂后来居上。①

除上述的各省商帮以外，西藏地区的藏商也结成商队入滇，从事药材、皮毛、茶叶、布匹等项贸易。他们甚至亲自到思茅采购茶叶，有时一个商队的驮马竟达数百匹。西藏商人的经营活动，调剂了滇省与藏区间商品的互补流通。

咸同军兴，外省商帮在云南的经营活动受到很大冲击。经营矿产的富商大贾随着矿厂没落而迅速销声匿迹。至光绪年间，滇省大吏虽想尽办法欲将他们招回，但始终未能奏效。其他外省商帮在云南的经营场所，也因战火而“摧毁甚大”②，再加上商路阻隔，遂陷入破败。

2.本省商帮

商人群体整合变化凭借的是商品经济的发展，尤其是商品交易规模的扩大。囿于云南省内贸易长期零小，清末云南地区商帮的兴起与发展，最初依然是依靠对外贸易的规模经营。滇西的下关、保山、腾冲等地和滇南的蒙自、建水等地在外贸中占有优越的天时、地利条件，因此，这些地方的商人群体较其他地方(包括昆明在内)有较快的整合势头，从而形成了规模较大的商帮。

(1)迤西商帮。

迤西商帮包括大理附近及腾永各县的商号，其业务主要是采购内地的黄丝、黄金、生银等销往缅甸，由缅甸办回花纱布、洋杂用品，销于内地各县，或以鸦片、春茶及各种山货药材运销昆明及四川长江一带。迤西商帮中又可分为鹤庆帮、腾越帮、喜洲帮。

①鹤庆帮：形成于19世纪后期和20世纪初期，以滇西鹤庆县的白族、彝

---

①《昆明市志长编》卷六，第384—385页。

②龙云、卢汉修《新纂云南通志》卷一四三《商业考》一。

族、汉族为主。其中规模较大的商号有：福春恒、兴盛和、恒盛公、日心德、南裕号、泰德昌、庆顺丰、庆正裕、福兴号、复协和。此外，还有中小商号达三百余家。[①]

鹤庆商帮是滇西白族地区较早形成的一个商人集团。早在康熙、乾隆年间，就有一些白族商人、手工业者到丽江、大理、西藏、巴塘、成都、保山、腾越、缅甸等地经营商业和手工业。1872年鹤庆彝族军人蒋宗汉因随云南提督杨玉科镇压杜文秀领导的回民起义有功，升任腾越镇总兵，将杜文秀在缅甸设立的"元兴""元发"商号以及其设在腾冲、保山的商号悉数没收，一部分归其个人所有，从而聚敛起一笔为数可观的个人财富。"因鉴于滇西之土特产品，如粉丝、乳扇、核桃、弓鱼、火腿等均为缅甸人所爱好，但以跋山涉水，运输困难，无法大量输出，而在内地反形成积压；又云南一向不产棉花，也无纺织厂，所需棉花、布匹，都是由邻近各地零星运来（当时滇越铁路尚未通车），不足以满足人民的需要，各县妇女虽有些自纺自织，常因无花而停纺，从衣着的方面来说，是很成问题的。特别是在滇西大乱初定，社会秩序逐渐恢复，因战乱而逃亡的各县人民陆续回家，各安生业，衣被的补充更为迫切；同时土特产的生产逐渐增加，也需要寻找销路。蒋宗汉认为由缅甸大量运入棉花等物，不但可以满足双方需要，也可以大赚其钱。于是就拿出少数款项，托其幕僚马某（名字已记不清楚），收购土特产运至缅境瓦城（曼德勒）销售，回程购进花、纱、布匹。初为试办性质，结果不仅土产到缅极受欢迎，花、纱、布匹到腾越后亦获利甚厚。乃于清光绪二年（1876年）拿出较多银两（确数无法查实），与腾越商人明树功及董揖三合组福春恒商号，大量经营土特产及花、纱、布匹，并兼营玉石，仍由马某负责。继因业务日渐发展，为了推广花、纱销路，便于收购土产，又在腾越开设福春店，由董揖三负责；下关开设福春花店，由赵献廷负责（后由赵朴斋负责）。腾、保、关三店，除经营本号业务外，并代客堆存货物；凡货物入店，即按驮抽收堆费。如客货在店内成交，并可由柜上代为核算及代理收交款项，来往客商，一致称便。"[②]一时福春恒的花、纱、布匹，不仅遍销滇西各地，还推及滇中、滇东，进而销至西昌会理一

①杨毓才：《云南各民族经济发展史》，云南民族出版社，1989，第430页。
②施次鲁：《福春恒的兴衰》，载《云南文史资料选辑》第四十二辑，第46页。

带。到清末时,已成为迤西帮中执牛耳的大商号。与此同时,大批鹤庆彝族、白族商人也纷纷到腾冲及各地经商,从事滇缅贸易,鹤庆帮遂成为当时首屈一指的大商帮。

此外,鹤庆帮的恒盛公商号在西双版纳勐海设有茶庄,每年驮运 2 000 余担茶叶到缅甸销售。其他大商号如兴盛和、文华号、日心德、宝兴祥等与英国汇丰银行操纵下的缅甸钱商“启基”保持着密切的借贷关系,每家商号每年向“启基”的借款多达 40 万—50 万卢比。[①]反映出这些商号经营规模较大的特点。

鹤庆商帮的各大商号除在省内的昆明设总号外,下关、腾冲、丽江、蒙自、昭通、思茅、勐海等地亦设有分号;国内则在上海、武汉、成都、叙府、重庆、拉萨等地设有分号;并在缅甸的瓦城、八莫、仰光,印度的加尔各答、新德里以及香港等地设有分支机构,经营生丝、茶叶、土特产的出口及外国机制棉纱、棉布、棉花以及各种洋货的进口。

②腾越帮:是迤西商帮中历史最久的一个商帮。1875 年杜文秀建立大理政权时,推行重商政策,为打通对缅甸贸易的渠道,曾在保山、腾冲开设商号,鼓励商人对缅进行贸易。大批腾冲汉族、白族、回族商人亦开设了商号。这些商人将滇西土特产品运至腾冲,又转运至缅甸瓦城(曼德勒)、腊戍、八莫出售,然后由缅甸进口棉花、棉纱、洋杂用品、玉石等各种商品。腾冲成为当时滇缅边境货物的转运站和集散地,商业十分发达。腾冲西部边境的蛮允、章凤(今陇川)、勐卯(今瑞丽)都是对缅贸易的重要口岸。1900 年以前,腾冲县城已有大小商号 200 余家,其中规模较大的有洪盛祥、永生源、中和记、天德昌、恒顺祥、广茂祥等。

1903 年,英国在腾冲设立海关和领事馆,清政府设立腾越道,滇缅贸易额激增,仅 1905 年由缅甸进口的货物即达关平银 150 多万两,出口货物达关平银 170 多万两。[②]腾冲商业因对外贸易的发展而日趋繁荣。这一时期发展起来的大商号有茂恒、永茂和等。腾冲商人亦形成一个较大的商业集团,与鹤庆商帮、喜洲商帮、四川商帮并称滇西四大商帮。

1905 年前后,洪盛祥、茂恒、永生源、中和记、恒顺祥、天德昌、元春号、广茂

---

①杨毓才:《云南各民族经济发展史》,云南民族出版社,1989,第 431 页。

②同上书,第 434 页。

祥等大商号均在下关设立大型堆店，同时设有20—30家中、小商号。洪盛祥、茂恒、恒顺祥、广茂祥、永生源等商号又在缅甸曼德勒、腊戍、仰光设有分号，主要出口川丝、药材、茶叶、土产、石磺、黄金、白银、皮革等。其中最大的洪盛祥商号，由洞山董绍洪创办，前身为"洪兴照""洪兴福"商号，1888年拆伙，开设"洪盛祥"，从事中缅进出口贸易。1908年该号以腾冲为总栈，在保山、下关、昆明、嘉定（今乐山）、重庆、广州、香港、上海，国外的缅甸仰光、瓦城、腊戍、八莫，印度的加尔各答、噶伦堡等地遍设分支机构，主要经营生丝、茶叶的出口及外国机制棉纱、棉布、棉花以及缅甸玉石的进口。[①]此外，洪盛祥还在下关建立石磺厂，每年向缅甸、印度出口石磺达10 000余驮，是滇西最大的石磺出口商。洪盛祥、茂恒两大商号还在四川嘉定、宜宾、重庆开办缫丝厂，每家每年向缅甸出口生丝约2 000驮。[②]当时在东南亚各国市场上，通过滇西商帮出口的川丝被视作上品，日本丝无法与之抗衡，而仅腾越帮各大商号每年出口缅甸的川丝即达10 000余驮，成为东南亚市场的畅销商品。

③喜洲帮：形成于20世纪初期，以大理喜洲白族为主。其中规模较大的商号为当时大理喜洲有名的严、董、尹、杨四大家族的永昌祥、锡庆祥、复春和、鸿兴源。

喜洲古称大厘城，也称史城，位于大理城北15千米的洱海之滨，是唐代南诏王异牟寻的行宫所在地，也是一个白族聚居地。历史上便以手工纺织和擅长经商而著称。《大理县志稿》曾有记载："至于商务思想，唯喜洲一地人物为最优胜之资格"，"力田之余，负贩而出，则子妇勤织纺，贸布匹"，"喜洲虽亦人烟稠密，类多外出经商，村市仍形冷淡云"。这些记载表明，外出经商一直是喜洲人的传统。但当时经营规模小，尚未形成较大的商号。而当时的鹤庆、腾冲商人已形成了较大的商帮，在下关、腾冲等地设立了许多大商号，与来自江西、四川、昆明等地的商人展开竞争，所以《大理县志稿》又说："至于操商业之赢绌，前则江西、昆明之人，近则鹤庆、腾冲之人。吾邑唯喜洲一地，人尚勤俭耐劳，具有商业性质，特无巨商大贾，故终不足以执商权之牛耳。"

---

①张竹邦：《滇缅交通及腾冲商业》，载《云南文史资料选辑》第二十九辑，第144页。
②杨毓才：《云南各民族经济发展史》，云南民族出版社，1989，第434页。

直到19世纪末20世纪初，随着外国资本主义国家进入云南，进行商品倾销和原料掠夺，云南开埠通商，对外贸易急剧发展，尤其是滇缅进出口贸易激增后，大批喜洲商人才到腾冲、保山等地开设商号经营洋货进口，喜洲商帮因之逐渐兴起。对这种情况，《大理县志稿》有如下记载："唯吾邑自咸同以前，初无所谓洋货。光绪初，洋货始渐输入，自越亡于法，缅沦于英，于是洋货充斥。近则商所售，售洋货；人所市，市洋货。数千年之变迁，未有甚于今日者。"喜洲帮之所以能在较短的时间里迅速成长，与他们看准时机、善于经营密不可分。当时英国控制印、缅后，急于向滇西和云南寻找市场，倾销商品，喜洲商人适时制定了"滇茶销川，川丝销缅"的方针，将大量滇茶运销四川，然后换取四川黄丝、纺丝，运销缅甸。据统计，仅永昌祥、锡庆祥两家，每年运往四川的茶叶便达2 000余担。又据腾越海关统计：1912年由滇西销往缅甸的川丝值关平银459 900两；同年由缅甸进口的棉纱值关平银1 299 920两，其中大半是由喜洲商帮经营的。①

喜洲帮中，经营时间最早、规模最大的当属永昌祥商号。该号成立于1903年，创办者严子珍。其先辈曾做过知府、知县，衰落后改经商，建商号永兴祥。传至严子珍时，与江西商人彭永昌合伙，组建永昌祥。初时经营土特农副产品和药材，远销丽江、维西、昆明，近销下关等滇西县份。后贸易扩大，货物远销至四川、缅甸。在昆明、宜宾、瓦城设立分号，主要经营滇茶川运、川丝运缅、缅纱输川的业务。在初合伙时（1905年）资本额为11 165万两白银，至1916年时已增至45 030两白银。年利润平均35%—45%左右。②永昌祥一跃成为滇西首屈一指的大商号之一，"所以凡是本省商人，提起永昌祥，几乎是家喻户晓，尽人皆知"③。

（2）迤南商帮。

迤南商帮包括建水、蒙自、个旧等滇南地区的商号，主要有泰来祥、东美和、正顺昌、朱恒泰、豫顺隆、运天昌、万盛昌、顺成号等八大行庄，主要业务是出口个旧大锡，进口外国棉花、棉纱、布匹和其他百货，转销临安府、普洱府、开化府、广南府、曲靖府等所属的几十个州、县。迤南商帮又可区分为建水帮、蒙个帮。

①建水帮："中法战争以前，建水城商业活跃，商场兴旺，每逢中街天（属狗

---

①杨毓才：《云南各民族经济发展史》，云南民族出版社，1989，第446页。

②杨克成：《永昌祥简史》，载《云南文史资料选辑》第九辑。

③杨卓然：《"喜洲帮"的形成和发展》，载《云南文史资料选辑》第十六辑，第268页。

日），马市街有数百驮棉花、数百挑土靛成交，还有数百人带着自己纺织和印染的布匹兜售。此外，上市的还有棉线、香油、农具、牲畜、副食品等。中法战争以后，随着蒙自等地开为商埠，大批洋纱、洋布、洋靛、煤油、呢绒等商品涌进建水市场。""清代末叶，建水人到个旧开矿的增多，一些锡矿老板把资金投入流通领域，兼营商业，逐渐发展成较大的商帮。光绪初年，建水人经营的大商行，一个叫'车禄号'……一个叫'天佑号'……他们将个旧的大锡，用马帮经由蒙自、广南驮运至广西百色，再由水路运至香港，又从香港将棉纱、百货等物品运回来……中法战争后，蛮耗至河内段红河水路开通，跑香港的商帮又兴盛起来。……由于个旧炼锡业的需要，建水出现了一批采购木炭至个旧出售的商号，号称建水帮。有的自烧自运木炭，有的坐地建水城及戈白、缅甸、三尖山、旷野坝和碧色寨等处收购木炭，用牛马驮运至个旧。这样的商帮有数十家，岔科人高寿武，拥有驮牛马上百头。"[①]此外，建水人朱辅所开设的"朱恒泰"号和孙海航的"正顺昌"号，是建水帮的主力，除在蒙自设有总号外，还在香港、昆明、个旧、建水等地设有分号，本期中已在经营将大锡、茶叶、皮革、猪鬃、火腿等运销至香港，再购回棉纱、百货转销各地的业务。[②]但到滇越铁路通车后，建水的中转地位便完全为蒙自所取代，建水帮逐步衰落。

②蒙个帮：蒙自在被辟为商埠开关以前，是一个勉强自给自足、尚需靠毗邻各县补给的县份。开关后，因国际、省际贸易逐渐发达，商业日趋繁荣，城内商旅辐辏，各行业店铺如林。还出现了许多经营对外贸易资本额较大的商号，如司裕号、广昌和、天德和、福顺昌、亿昌、裕昌、顺成号等，均与香港有联系，进口棉纱、布匹、呢绒、海味、烟丝、白糖及各种机制日用品，出口大锡、普洱茶、皮革、猪鬃、火腿等。[③]由蒙自输入的货物，并不只为满足本地需要，大多转销至文山、西畴、马关、屏边、金平、通海、石屏、个旧、建水等县。

光绪二十三年（1897 年）成立的蒙自顺成号可算是迤南商帮中的巨商。在

---

①杨枫：《建水县私营商业发展简史》，载中国人民政治协商会议云南省红河自治州文史资料委员会《红河州文史资料选辑》第十辑，1989，第 27—28 页。

②同上。

③蒙自政协文史办：《蒙自商业的兴衰》，载中国人民政治协商会议云南省红河自治州文史资料委员会《红河州文史资料选辑》第二辑，1983，第 3 页。

滇越铁路未通以前，该号已由蒙自、蛮耗、河口商道经营香港贸易，号称港帮。蒙自开关后，外国洋行与该号联结，推销外国商品，“代理海防法商普利洋行，垄断该行入口棉纱之销售权；代理亚细亚水火油公司，垄断该公司蒙、个、临、屏之水火油销售权”。[①]

（二）民族商帮

“地域与民族，是一切经济活动中两大基本的主客体因素。”[②]这种主客体因素的融合形成一定的社会经济过程。就商业发展而言，从客体角度出发，我们看到了一定地域商业活动的内容，如上述的迤西商帮、迤南商帮的商业经营情况；如果从主体角度出发，则又会看到区域经济中的人文内容，即不同民族体在此总体活动中的具体表现，如民族商帮的发展。对云南这样一个多民族地区的省份而言，商人群体的认同与整合，除了以血缘性的亲族关系以及地缘性的同乡关系为其最重要的纽带外，民族认同也是不可忽视的重要纽带。“从人类的社会性要求来说，人们总是通过对一定行为方式、习俗、信仰等的文化上的认同，构成一定的民族体来实现使自己成为环境的主人的生存意识。……从人类的经济需要来看，人们在经济活动中，为了阻止非共同体成员分享由共同体活动所创造的财富时，总是需要某种形式的共同体保护。”[③]商人最初是以亲族关系和同乡联盟基础上的认同来获得经济活动的保证条件，但是，当经济活动的扩展使不同民族集团成为唇齿相依的邻邦时，也就向商人提出了财富获得与分配中的人际关系问题，从而形成民族集团的更为广泛的认同。在这样的背景下，云南地区民族商帮日益兴起，并不断发展，也成为商人集团中一支十分重要的力量。

1.回族商帮

回族是一个擅长经商的民族。自元代大规模进入云南以来，外出经商做工几乎成了他们世代相传的习俗。由于历史的原因，回族大多居住在城镇、坝区等交通比较便利的地区，这就为他们进行商业贸易提供了良好的前提条件，在经营小工商业或小商贩方面，主要从事粮食、蔬菜及牛羊肉、皮毛革制品的经营，

---

①吴能清：《我所知道的蒙自顺成号》，载《云南文史资料选辑》第九辑，云南人民出版社，1962，第107页。

②陈庆德：《民族经济学》，云南人民出版社，1994，第61页。

③同上书，第85页。

也有结伙运输药材或矿产品的。但对外贸易则一直是回族商人经营的主要内容。历朝各代,尤其是在近代,都有众多的回族商人跨越国境,奔波于中缅、中泰、中越、中老、中印及内地边疆之间,与邻国、邻地互通有无,进行贸易。因此,在云南便逐渐形成了一批著名的回族商行、商号,并在此基础上成为规模较大的回族商帮,不仅开设对外贸易的行号,而且拥有马帮作为从事进出口贸易的主要运输工具,从而为沟通对内对外的贸易交往,促进云南地区商品经济的发展和市场的繁荣做出积极的贡献。

清代中期以来,尤其是进入近代,云南各地涌现了一批有名的回族商号和商行。如腾冲的“三盛”商号久负盛名、下关回民马名魁在当地开设的“福春”“裕顺”“泰来”3 个商号,另有原信昌商号、兴顺和商号等,均为 19—20 世纪初云南地区规模较大的著名商号,在当时的云南工商业中占有相当重要的地位。

云南回族商帮中的各商号大多有自己的马帮,或有不少专业性马帮为之从事远途对外贸易业务。比如保山的马应才、闪春福、李行兰等马帮,都是少则拥有骡马百匹以上,多时可达 300 多匹,经营着昌宁、镇康、耿马和缅甸之间的贸易。丘北县赛宝章家的马帮,有 200 多匹骡马,从丘北经广西到越南进行远途贸易,带去的货物多为云南的药材,返回时主要驮运食盐、百货等在滇南销售。著名的回族沙甸马帮,最多时可达 3 000 多匹驮马。而巍山、通海、寻甸、玉溪、永平、洱源、砚山、德钦的回族,也有相当数量的人从事马帮远途贸易。①

2.白族商帮

白族商帮主要是指大理地区以白族为主的商人集团。自唐代以来大理就一直是白族群体的聚居之地,世居于此,代代相传。白族商人相互之间由于通婚、联姻,在亲族、亲属关系上十分密切,因而其地缘认同感和亲和力相比其他民族更强。在旅外经商的过程中,也就更容易相携共济。如果说商帮内商人的亲密调适程度取决于商人之间乡谊乡缘的深浅,那么白族商人从一开始便具有很大的地缘优势。与上述回族商人相比,回族商人散布于全云南各地,更多的是要以伊斯兰教宗教信仰为其民族认同和群体整合的纽带。而白族商人则集中在大理地区, 血缘性民族关系和地缘性同乡关系合一天然地成为其联系的主要纽带,因

①申旭:《中国西南对外关系史研究》,云南美术出版社,1994,第 253 页。

此形成白族商帮表现为以地缘为主的主要特征，例如具体表现为鹤庆帮与喜洲帮的兴起与发展。

鹤庆商帮是白族商帮中最早形成的一个以民族关系为纽带的商人集团。早在清康熙、乾隆时期，一些白族商人、手工业者就远到西藏、丽江、大理、西昌、巴塘、成都、保山、腾冲、缅甸从事商业贸易和手工业活动。19世纪70年代，杜文秀起义失败后，相当一批鹤庆白族商人涌至腾冲经营商号，从事对缅甸的进出口贸易。1883年，缅甸沦为英国的殖民地以前，滇缅商人往来贸易不受限制，边境管理很松。双方的进出口货物，除向地方官员哨卡缴纳少量过境税外，概不收取关税。因此，大批滇西地区的商人、手工业者进入缅甸经营进出口贸易或开采玉石、宝石等，鹤庆白族商帮也成为当时在下关、腾冲以至缅甸都有较大规模经营的商人集团，如"日心德"商号、恒盛公商号、南裕商号等，都是当时"执牛耳"的大商号。

喜洲帮晚于鹤庆帮，主要形成于光绪末年。但却后来居上，成为滇西实力很雄厚的一大商帮，并且主要是以严宝成、董澄农、杨炽东、尹辅成白族"四大家族"为主。其中又以永昌祥为第一大商号，另有锡庆祥商号、鸿兴源商号、复春和商号构成喜洲白族"四大家"。

3.纳西族商帮

纳西族从事商业贸易有着久远的历史。早在唐宋时期，纳西族先民与吐蕃、南诏、大理等地的贸易已相当频繁，这在纳西族象形字文献东巴经中便有记录。纳西族主要的聚居地丽江地区，是云南西北地区与四川、西藏、印度的交通孔道、滇藏贸易的中心和枢纽。加之丽江自古以来就是云南良马"丽江马"的出产地。这些优势为丽江纳西族商帮尤其是马帮的兴起和发展创造了良好的条件。

纳西族商人最初是在下关购买砖茶（边茶）、布匹及百货等运销拉萨、中甸、昌都一带，然后从藏区购买鹿茸、麝香、虫草、红花、羊皮、牛皮、酥油、宝石、海贝等运往丽江、大理、鹤庆、下关、昆明出售，每年进藏一次，获利数倍。后来由于丽江重要的地理位置，其县城大研镇逐渐成为当地的政治和经济中心，各地商帮，如喜洲帮中的永昌祥、鸿兴源、复春和、锡庆祥等商号，鹤庆帮中的长兴昌、复兴昌、天成美、恒盛公，腾越帮中的茂恒、怡昌、永茂和、炳春记，西藏商帮中的铸记、玉记，以及北京、山东、江西、湖南等地商帮均在此设立商号。在这些商帮商号的影响和带动下,纳西族商人不满足于仅从事远途贩运贸易,也加入到就地从事商业经营的行列中来。他们先是到鹤庆、喜洲、腾越等商帮的商号中提货,开店零售,后又以"入伙分红"的形式投资到鹤庆、喜洲、腾越商帮中,成为股东。在投资、经营获利后,因资本日趋增多,便脱离而出,建立起自己的商号,自主经营,成为独资经营的行商。纳西族商帮由此逐渐形成。

纳西族商帮同回族商帮一样,都有一个显著特点,即许多商号大多拥有自己的马帮。马帮从事的远程贸易,反过来又促进了商帮的发展和壮大,使其对藏、印的贸易进入了一个新的发展时期。据统计,丽江纳西族从清末以来到藏区贸易的商号有 30 多家,往来马帮已达上千匹驮马。大研镇北阿迎昌村因之成为专门接待马帮的村落,有不少纳西族"马锅头"和小伙计(商号帮工)以穿藏装和说藏话为荣。[①]此外,还有一种称为"藏客"的纳西族商人,自养马帮,并雇"驮脚"一年进藏一次。去的时候运茶叶、糖及各种日用品,返程时则带回西藏毛毯、皮货、山货、药材等,获利甚丰。春天则赴思茅运茶,一路放马一路走。回到丽江时人壮马肥,到了五月又前往西藏贸易。[②]

与此同时,我们也应看到,同乡商帮、民族商帮的发展,仍然主要是局限在一些交通孔道地带,如大理、丽江、腾冲等地区。他们有较高的农业、手工业生产技术,除广泛存在的家庭手工业外,还有一定规模的工场手工业,商品货币关系比较发达,业已形成一定规模的城镇经济和初级市场,商人资本活跃且有相当积累。这种情况与云南的其他广大地区中,尤其是在兄弟民族聚居地区内,商品生产以手工劳动为主,加工能力微弱,民族内部的交换不发达,商品率不高,仍然停留在低层次商品生产和流通基础上,商人尚处于艰难的游离状态与本地居民形成鲜明对比,表明云南地区商品经济的发展,由于各地、各民族生产力水平的不同而呈现出多层次、不平衡的特点。尽管如此,在商品经济的作用下,正是通过来自于各地、各民族商人的商业经营活动,使处于不同发展水平上的各民族经济体,通过商品交换在一定程度上加强了相互补充和依存的关系,从而使晚清时的云南地方经济成为一个联系已较前增强的社会经济体。

---

①王明达、张锡禄:《马帮文化》,云南人民出版社,1993,第 107 页。

②赖敬庵、杨超然:《丽江工商业资料》,载《丽江文史资料》第三辑。

(三)马帮

在近代云南地区的商人群体中，另有一个非常特殊的商人群体不能漏却。这就是长久以来因云南山高路险、交通不便的情况所形成的马帮商人。

马帮商人可以说是云南地区特有的商人群体。由于云南独特的地理环境，在云南境内的广大地区和边境贸易中，其运输几乎要全靠人畜之力。加之云南盛产良马，马帮便成为最方便、最经济的运输形式。随着商品经济的日益发展，市场不断扩大，专业性马帮逐渐增多，经营的范围和规模也随之扩大。而19世纪中后期则是马帮运输大发展的时期。其主要原因在于：随着英、法等资本主义国家进入云南，为适应于其倾销商品、掠夺原料的需要，云南地区的对外贸易急剧增长。蒙自、腾越、思茅相继开关后，大量外国机制品从三关涌入，云南的矿产和各种土特产也随之源源输出，传统的、封闭的地方市场，开始被纳入与世界市场联系日益紧密的开放性市场体系。但在滇越铁路通车以前，云南境内仍然以人畜驮运的马帮运输为主，便只能通过增加驮畜数量、扩大马帮规模、加强马帮运输能力来适应对外贸易的发展，从而使云南地区古老的马帮运输业，在对外贸易发展的外力拉动刺激下，在近代获得了迅猛发展，达到鼎盛。

在近代对外贸易发展的强烈冲击下，云南各地商人纷纷出资组建马帮，从事对外贸易，如滇中河西、玉溪、峨山一带的回族马帮，大多数开始于光绪初年。到清末民国初时，云南各地的大马帮有凤仪帮、蒙化帮、丽江帮、中甸帮、保山帮、永平帮、云龙帮、顺宁帮、景东帮、思茅帮、磨黑帮、临安帮、迤西帮、石屏帮、沙甸帮、广南帮、开化(文山)帮、竹园帮、阿迷(开远)帮、寻甸帮、玉溪帮、通海帮、峨山帮、曲靖帮、宣威帮、鲁甸帮、昭通帮、会泽帮等20多个，中小马帮则数以百计，成为承担云南各地及对外交通贸易的一支主要运输力量。①云南马帮还有了自己的行帮组织，在清末仅有的59个商业行帮中已占据一席。②马帮活动的范围十分广泛，几乎包含云南全省和相邻省份以及东南亚各国。当时马帮运输的线路主要可分为4条。

1.东路干线

---

①杨毓才：《云南各民族经济发展史》，云南民族出版社，1989，第305—307页。

②《昆明历史资料汇辑》第二编，下册，第154页。

这条线路包括 3 条路线，即昆明—曲靖—平彝(今富源)—贵州普安—安顺—贵阳，行程 704 千米，约需 20 天；昆明—曲靖—宣威—贵州毕节—四川叙永—泸县，行程 929 千米，约需 25 天；昆明—会泽—昭通—盐津—宜宾，行程 976 千米，约需 24 天。

在上述 3 条路线中，以昆明至四川宜宾线最为重要。通过此道主要从事省际贸易，与川、黔交往比较频繁。这条路线原为滇铜外运线，后来则是将沱茶、棉纱、匹头、百货经昭通转运盐津至横江下船。每年有驮马四五万匹。回程时由宜宾运川丝、条丝、纺丝、川烟、丝绸等至昆明。其他路线运输的货物主要有火腿、铜器、猪油、药材、土产品等，每年有二三千驮。东路干线上马帮的大锅头有王登云、龙光荣、许金润等，能随时集合几百乃至上千匹驮马。

2.西路干线

这条线路以下关为中心，经永平、保山、腾冲至缅甸八莫、瓦城。全程共计 1 173 千米，约需 33 天时间。走该线的马帮多为楚雄帮、大姚帮及大理地区的白族马帮，运输的货物主要有川丝、纺丝、条丝、山货、药材、铁具、火腿、纸张、粉丝、石磺、茶叶等。除了这条主线外，另有 3 条支线运输茶叶、棉花等商品。第一条是由下关经凤庆、云县、临沧、景东、景谷、双江运输勐库茶、凤庆茶至下关加工成沱茶，每年有驮马 4 000—6 000 匹；第二条是由保山、永平、下关至耿马、镇康、麻栗坡驮运各类土特产品，每年有驮马 2 000—4 000 匹；第三条是由下关驮运棉纱、棉布、茶叶、百货经四川会理至西昌，返程时运回生丝，每年有驮马 6 000—10 000 匹。

3.南路干线

这条线路在 1910 年滇越铁路通车前又分为两条，一条是以昆明为起点，经宜良、盘溪、开远到蒙自、个旧，并以蒙自为中转站，分 3 条支线驮运商品，分别为向南至河口进入越南；或向东至文山、富宁至广西；或向西至建水、石屏，往南至江城抵西双版纳。另一条是以玉溪为起点，经石屏、元江、磨黑至普洱、思茅、景洪，进而到达老挝、缅甸等地。经南线输入的货物主要有棉纱、匹头、纸类、烟类，输出的货物为大锡、茶叶、药材等。这条线上货物的运输量较大，每年仅由蒙自到河口、河内的驮马就达 20 多万匹。其中运输大锡的驮马占一半，运输竹园、开远食糖的驮马为 20 000 多匹，运输各盐井食盐的驮马有 20 000—30 000

匹，运输个旧矿工日用品的驮马则有 50 000 多匹。

1910 年滇越铁路通车后，本线马帮运输主要转向玉溪、思茅路线和开远、富宁路线以及县际之间的运输业务。

4.西北路干线

这条线路又分为两段运输，一是由大理、洱源、鹤庆、丽江的白族、纳西族和汉族马帮在大理至中甸或阿墩子一带来回运输；二是由中甸或阿墩子进入西藏，由藏族马帮（俗称古宗帮）负责运输。

西北线以下关为起点，经剑川、鹤庆至丽江，主要驮运边销茶、棉纱、匹头、百货等，每年有驮马 12 000—15 000 匹。其支线有三：一是以丽江为起点，经永胜、宁蒗、木里至康定，主要驮运边销茶、布匹、火腿、棉纱、百货等，每年有驮马 6 000—8 000 匹；二是由丽江经中甸、德钦至西藏拉萨，主要驮运蛮装茶、布匹、棉纱、百货、铁器等，每年 5 000—7 000 驮；三是由丽江经剑川至兰坪、怒江各县，每年约一二千驮。[①]

第三节　商业资本的运动

"商业资本不外是流通领域内发生机能的资本。"[②]从这一意义上说，商业资本的积累与运动主要是在流通领域内进行的。在各个历史时期，不同职能的商业资本以其自身的活动在国内经济中张起了一张商品流通的巨网。巨网的触角所及，已延伸至乡村、城市、集镇，涉及千家万户和社会各个阶层。在商业资本的运动下，无数分散、零星的小生产的涓涓细流汇而总之，形成一股中国历史上前所未有的商品流通的洪流，在社会经济的发展中起着不可或缺的作用。尤其是近现代，商业资本呈现出不断地向生产领域渗透，并不断侵蚀着小农经济的特点，但最终却无法凭自身的力量改变所处的社会经济环境。

①杨毓才：《云南各民族经济发展史》，云南民族出版社，1989，第 309—311 页；王明达、张锡禄：《马帮文化》，云南人民出版社，1993，第 125—126 页；董孟雄、郭亚非：《近代云南的交通运输与商品经济》，载《云南社会科学》1990 年第 1 期。

②马克思：《资本论》第 3 卷，第 309 页。

一、商业资本的来源

(一)自有资金

这是商业资本的最初来源,其经营资本皆为自有资本。在商人的自有资本中,民间积蓄的资财,历来是其原始资财的重要来源。如创立“天顺祥”“同庆丰”的王兴斋(王炽),生于道光年间,“父及三兄均早故,家计甚窘,赖母纺绩以谋生,兴斋遂弃儒习商,毁其母首饰等件,得银十余金,作小本,贸易于婆兮间。由于其善于经营,不数年家稍裕。”[①]又如“裕和号”创始人大理塔桥村人赵泰,自幼家境贫寒,在清嘉庆年间,家庭以农耕为主,母亲则纺织土布,贴补家用。赵泰起初是在课余时常帮助母亲卖土布,待稍有积蓄后,便以小本专门从事土布生意。由于为人厚道,买卖公平,讲求信用,生意越做越大,赢利越来越多,于道光初年创立“裕和号”。[②]

此外,在商号店铺中充当伙计及从事运输的马户、背夫,凭借辛勤劳动,取得些许报酬,以此为本,也有成为个体商贩者。例如“永茂和”商号的创始人李永茂,开店以前曾在缅甸八莫与腾冲之间以肩挑马驮、贩运商品为生,稍有积累便在缅甸抹谷开设店铺,成为坐商,经营当地的宝石、玉石和百货生意。[③]

(二)借贷资金

云南地区商业资本来源的第二种情况是商人不完全凭借自有资金进行商业经营,其全部资本或者部分资本来自向社会其他人士的借贷,这种情况在清时已较普遍。早在明永乐年间,已有记载说,“商人本钱未必皆其所有,有先捐数倍之利告假于富室”。在一般情况下,这种借贷是以一定的人际关系为基础的。在当时的社会中,各种商人资本无论是贩商、铺商、牙商,还是其他商人,都普遍存在以存款或附本(附带经营资本)形式吸收社会闲散资金的情况。这种闲散资金的来源大多是与商人有着各种人际关系的亲友、乡人、街坊邻居等,为了使自己多余而又暂时不用的钱找一个既安全又能生利的地方。通常情况下,商人资

①陈鹤峰:《王兴斋在清末经营的马帮票号——同庆丰天顺祥简史》,载《云南文史资料选辑》第二十八辑,第144页。

②苏松林:《大理白族上号“裕和号”简况》,载《云南文史资料选辑》第四十九辑,第288页。

③李镜天:《永茂和商号经营缅甸贸易简史》,载《云南文史资料选辑》第四十二辑,第66页。

本吸收社会闲散资金的存款大致上只要支付 10%—20%的年利率，而商人资本在实际营运中的资本年利率总可以高于上述利率。在这里，建立于人际关系基础之上的人与人之间的信用、信赖决定了经济借贷关系的建立。

二、商业资本的积累

在前近代社会的经济中，商人资本的积累以其速度快、利润高而成为普遍现象。这种情况在云南地区也不例外，当时云南地区的货币经营资本的发展还达不到商品经营资本的发展程度，因而商人资本的积累主要是表现在商品经营资本的特有流通形式上：商人购买商品，然后把它卖掉，即 C—W—C’。“商人预付货币资本，这种资本之所以能作为资本自行增殖，能执行资本的职能，是因为它只从事一种活动，即作为媒介实现商品资本的形态变化，实现它的商品资本职能，即实现它向货币的转化，而这一点它是通过商品的不断地买和卖来办到的。这是商品经营资本的唯一活动……通过这种职能，商人把他的货币转化为货币资本；并且通过同一过程，他把商品资本转化为商品经营资本。”[①]贱买贵卖是其具体的表现形式。这种交换中所包含的价值概念，只是表明不同商品都有价值，都是社会劳动的体现，都可表现为货币，因而可以交换，但并不是等价交换。

具体而言，云南商业资本利润的生成和积累则可具体分为以下几个层次。

（一）商贩辛勤劳作，利用商品的地区差价、季节差价、批零差价赚取利润

贩运商便是其典型代表。在各地商品经济发展不平衡的情况下，“良贾急趋利而善趋时，非转毂四方不可”[②]。贩运商人遂成为连接省内、国内乃至周边国家市场和流通的纽带。与其他种类的商人资本相比，贩运商人，尤其是远程贩运商人的经营，虽具有较他人经营成本更高和经营风险更大的特点，但同时也具有利润高的特点。

（二）商人利用商品供求关系的变化，获取利润

一般认为，商人能获得高额利润是由于他们采用欺诈手段贱买贵卖。马克

①马克思：《资本论》第 3 卷，第 305 页。
②《太函集》卷十四《潘次公夫妇九十寿刻序》。

思就曾指出:商业利润“不仅表现为侵占和欺诈,而且大部分是从侵占和欺诈中产生的”。商人资本“到处都代表着一种掠夺制度”①。此外,与资本主义社会相比,封建社会的商品价格相对较高。产生这种差异的原因在于:一方面,“生产价格高,也就是说,劳动生产率低”,因为单位时间中生产的产品越少,单位商品所包含的劳动量就越大,而价格的高低最终是取决于价值量的;另一方面,“缺少一般利润率,商人资本从剩余价值中所占有的份额,比它在资本可以普遍移动时得到的份额大得多”②。

不可否认,在信息不灵以及竞争没有充分展开的情况下,欺诈是商人常用的手段。但是,“欺诈”二字又不足以完全解释商业高额利润的来源。因为人们明知商人“贵卖”而不得不买,明知商人“贱买”而不得不卖,自有其必然的经济原因。商人之所以能够贱买贵卖是由于他们利用了价值规律的作用。在供求失调的情况下,商品价格会偏离价值。在现实经济生活中,供求只能是保持相对的平衡,即它是在不断波动的过程中去实现平衡的,因而,实际上价格始终是围绕着价值波动的。商人之所以谋利便是由于他利用了这一原理。善于经营的商人能够正确地判断供求变动的趋势,利用价格与价值的背离,低价购进,高价售出,以获得超额利润。清时的云南商人便主要是利用这种供求关系的变化去获取利润。最典型的事例,莫过于盐商张彬然的发迹史。张彬然原本家境贫寒,得了个诨名叫“张花子”,在阿陋井以赶毛驴驮盐为业,渐渐积攒了一些资金。后因碰上了盐法道改变盐法,把先卖盐后完税改为先完税后卖盐的时机,有许多商人因一时不能适应而无所作为。张彬然却看准这一契机,料定市面食盐会因盐法改变而短缺,为了尽全力购买食盐,他除将所有资金预交了盐税,还变卖了所有家财孤注一掷。由于食盐价格果然上涨,张彬然大量运销食盐而几乎垄断了阿陋井盐斤之利,由此摇身一变而成为“张百万”。③

(三)奢侈品贸易提供了高额利润

纵观云南地区商业发展的历史,尤其是在对外贸易的发展中,奢侈品贸易一直是其中非常重要的组成部分。早在汉代,就有一条以成都为起点,经云南、

①马克思:《资本论》第3卷,第369页、第370页。
②《马克思恩格斯全集》第25卷、第345页。
③苏白仙:《云南盐务概况及其内幕》,载《云南文史资料选辑》第二十九辑。

缅甸、印度、阿富汗等地的“南丝绸之路”。输入的货物尤以金银、珠宝、玉石、香料、象牙、犀角等奢侈品为大宗。至清时，随着边疆社会趋于稳定，商品经济日益繁荣，对外贸易得以进一步发展，不论是在贸易的规模、种类，还是在范围、影响程度等各方面，都远远超过了以往任何朝代。进口商品除了土特产和日用品外，奢侈品仍然占据很大比例。据康熙《云南通志》载：“象牙、琥珀、水晶、菜玉、墨玉、催生石、黑药、乳香、儿茶、冰片、神黄豆、青花石、宝砂俱出猛顷缅外国，非永昌所产，且如水晶、墨玉诸物又皆极难得者。”永昌、腾越的珠宝业也因此而蜚声国内外。光绪《腾越厅志·土产》中曾说：“玉石出猛拱，琥珀、玛瑙、珊瑚皆出外夷，而从腾越达省会，故州城八保街，旧讹为百宝街。”奢侈品贸易对于商品生产的发展有一定的先导作用（如中国古代闻名于世的传统手工艺品的生产，就是在很强的奢侈品消费需求刺激下发展起来的），商品经济发展初期，交换的商品主要是各地土特产和奢侈品，贩运商人贩卖的商品，也多以奢侈品为主。其主要原因在于：在交通不发达的条件下，此类商品体轻价高，便于远地转运。汉人晁错已经指出，金银珠宝所以“众贵之者，以上用之故也，其为物轻微易藏，在于把握，可以周海内”；至于粟米布帛，则“数石之重，中人弗胜，不为奸邪所利”[1]。因此，贩运商人的经营原则是：“百里不贩樵，千里不贩籴”[2]。奢侈品贸易提供的高额利润便成为云南地区商业资本积累的一个重要来源。

（四）商人的垄断利得

众所周知，食盐作为生活必需品，需求弹性小。唯其如此，对食盐的垄断经营能使商人获得极高的利润。《汉书·货殖列传》有记载：“擅盐井之利，期年所得自倍。”《汉书·食货志》中记载了国家垄断盐铁经营后，“盐铁之利，二十倍于古”。有人曾将明代农、工、商与盐商的利润做过如下比较：“农事之获，利倍而劳最，愍懦之民为之；工之获，利一而劳多，雕朽之民为之；商贾之获，利三而劳轻，心计之民为之；贩盐之获，利五而无劳，豪猾之民为之。”[3]至清时，淮盐的利润高达六七倍乃至数十倍。据日本学者加藤繁引英国驻上海领事乔治·詹弥逊的报告说：“两淮的盐，最初由灶户卖给商人时，每斤价 8 文乃至 10 文，而运到

---

①《汉书》食货志。

②《史记》货殖列传。

③《五杂俎》上，卷三，地部；卷八，人部。

他处贩卖时,每斤在60文以上。”[①]云南地区的盐商,“虽不是长芦两淮那样的大专商,但因行盐制度,因人因时而异。有时盐务官署实行牌号制,规定核准牌号,始得营业,亦等于专商”[②],由此获得较高的利润,成为商人资本加速积累的又一重要途径。

(五)来自于各级官吏、官府的投资

商业资本中颇引人注目的一个重要来源,便是官吏和官府的资财。其转换方式主要有以下3种。

1.官吏直接将其通过各种方式获取的资金投资经营商业,创办私家商号

这方面最典型的事例莫过于长盛号、福春恒和庆昌和的创办。1874年以后,一批在镇压回民起义的战争中大肆抢掠和通过战后没收回民财产等手段进行个人财富原始积累的高官,都纷纷伙同一些已拥有相当资财的商人合伙开设起大商号经营外贸。其典型的代表人物是提督杨玉科。他将其所抢夺的财物拍卖后,获银370余万两,以之投资开设了长盛号和云泰丰号,经营乔后盐井和喇鸡盐井,办理赵州(今凤仪)石磺局。再如腾越总兵蒋宗汉,在镇压回民起义中聚敛起一笔为数可观的个人财富和擢任腾越总兵后,又于光绪二年(1876年)与腾越商人明树功及董揖三合组福春恒商号,经营粉丝、乳扇、弓鱼、核桃、火腿等土特产品的输出和棉花、棉纱、棉布、洋杂货品的输入。另有丁槐在鹤庆所办庆昌和。

2.官吏和官府存款于票号及其他商号

据同庆丰账册反映,其历年收受存款中,政府官吏及各机构之资金颇巨。“如光绪十六年岑五少爷存一万七千两。廿一年史苏宪存七千一百多两,姚学宪存三千六百多两。二十九年龙云局存七万六千三百余两,兴荷田存二千两。此仅就结账时之结存数言,至实际存入数为数更钜,而藩库、臬台、海关、协饷等存款尤多。”[③]由此可见,来自各级官吏和官府的存款,成为同庆丰经营存款业务的大宗。而在当时云南另一有名的票号兴顺和中,官吏、官府存款的情况也大致如此。此外,当时在兼营汇兑业务的一些商号中,也吸收了相当一部分来自于各

①加藤繁:《中国经济史考证》第三卷,第60页。
②苏白仙:《云南盐务概况及其内幕》,载《云南文史资料选辑》第二十九辑,第124页。
③《同庆丰鸿发大帐底簿》,载《昆明市志长编》卷七,第200页。

级官吏、官府的存款。如兴盛和号，即存有1877年鹤庆总兵朱洪章开挖南新河的工程费。由于兴盛和与地方官员的交往，鹤庆州的钱粮赋税，也均委托兴盛和代收。云南地方官吏和上层人士多找信誉可靠、资本雄厚的商号存款。在币值比较稳定时，一般是长期存款，按月或按节甚至年终才结算一次利息，多数是凭存折取息。与商号关系密切的储户，年终结算有盈余时，还往往得到附加红利以示优惠。地方官吏或上层人士在商号的存款，一般多用“堂”或“记”，很少用真名，颇受官吏欢迎。

3.豪绅把持官府的捐税收入，并将其转化为商业资本

如蒙自豪绅周柏斋、周厉斋，由官入商，亦官亦商，所创滇南著名商号顺成号，起家资本来自两途：一为抽收马柜捐，“当滇越铁路未能以前，顺成号凭借势力，借词维修蒙自一蛮耗间马路，抽收马柜捐，每驮抽收一两五钱。当时蒙自、蛮耗间商务发达，往来驮马甚多，马柜捐之收入为数不赀，但极多数均饱顺成号私囊，其用于维修马路者不及十之一也”[①]。二为攫取平粜羡余，“蒙自平粜，原系官督绅办，其资金系由库款拨支，首先承办者为绅士马俊选，因办理得法，年有羡余。顺成觊觎其利，将平粜事务攫与其私人李忠办理，而自己则掌握实权，藉填欲壑。当李忠接办平粜之际，平粜羡余，计存米值银四千余元，麻袋等项生财器具，值银三千余元，结存现金三千余元，总计羡余合银一万余元，不久平粜事务停办，是项羡余即被顺成号中饱”。[②]

（六）来自于华侨的投资

云南省有4 060多千米漫长的国境线分别同缅甸、老挝、越南等国接壤。西双版纳州、红河州、文山州、德宏州沿边有许多羊肠小道直通越南、缅甸；也有人自滇南九龙江入老挝，过泰北的清迈，顺湄南河以达泰国首都曼谷，乃至新加坡等南洋诸国。由滇西至缅甸八莫的商路，是华侨由陆路直赴缅甸等国的重要途径，因此也成为华侨资本进行中缅印藏边境贸易的最主要商路。[③]这样的自然地理情况，使得边境一线的各民族得以侨居他国或进行季节性往返贸易。即便是在远离边境的弥渡、祥云、普朋、南华、姚安、大姚等地的汉、白、彝等各族小生

①吴能清：《我所知道的蒙自顺成号》，载《云南文史资料选辑》第九辑，第106页。
②同上。
③董孟雄：《云南近代地方经济史研究》，云南人民出版社，1991，第266页。

产者，也在每年秋收过后，成群结队地前往缅甸边境的一些矿山挖矿做工。由此演化，结合于运输的需要和因对外经济联系的日益加强，于是在深入到云南腹地的各族群众中，也出现了不少季节性往返的侨商。如河西（今通海）、玉溪、峨山一带的回族，从清光绪初年起，就有由经营马帮从滇南思茅、普洱、车里（今景洪）、佛海（今勐海）一带经缅甸、老挝抵达泰国进行季节性往返的侨商贸易。他们几乎在东南亚的整个旱季中，都侨居他国进行贸易活动。有或因贸易活动不顺利或其他原因不能在来年春耕时节返回故里的，就滞留于泰、缅地域进行短途贩运，由此而在国外定居。①

云南华侨主要分布在 3 个地区：由滇南流往异国的华侨，主要集中于泰国，而且以回族居多；分布于上缅甸各地的滇侨，则主要来自滇西一线的腾冲、龙陵、大理等地区；分布于印度的少数云南华侨，则多为由滇西北的中甸、丽江等地区去的少数民族商人。例如中甸的藏族商人马铸材，就曾长期侨居印度进行滇、印、藏之间的“三角贸易”。

（七）来自于买办资本

在近代云南商业资本的构成中，还有一类非常重要的新的商业资本不得不提，即作为近代新式商业资本代表的买办商业资本。买办资本显然不同于上述传统的商业资本，买办商人凭借外国洋行的特殊条件，运用各种手段，在不长的时间内迅速积累巨额财富，而成为近代以来最为富有的社会阶层之一。可以说，买办商人是晚清时期的暴发户。那么，他们究竟是通过哪些途径来进行资本积累的呢？

1.代理买卖的佣金收入

买办商人的资本积累最初主要来源于佣金。买办充当洋行的买卖代理人，事成之后从洋行领取报酬，这就是佣金。佣金按洋行成交额和预定的佣金率计算，数额非常可观。通常进口货的佣金由洋行支付，出口货的佣金则多由华商支付。买办的佣金比率并没有统一规定，常视商品的种类、金额的大小、买办的知名度等而不同。如德国大德颜料公司司马牌靛青染料在云南的独家代理机构，英美烟草公司在昆明的推销机构“同济号”，亚细亚水火油公司在蒙自的代理商

---

①董孟雄：《云南近代地方经济史研究》，云南人民出版社，1991，第 251 页。

顺成号，三达公司美孚灯和鸡牌水火油在昆明的分销铺等，其经营的买办业务均扣收得巨额佣金。因而，买办作为洋行业务代理人获得佣金，就使之能在为洋行积累资本的同时，也在为自己积累着资本。

2.自营商业的利润收入

买办不仅是洋行的雇员，同时又是拥有自营生意的商人；不仅是货物的经纪人，同时又是货主；不仅赚取工资和佣金，同时又赚取远远超过工资和佣金的商业利润①。他们既代表洋行做生意，又自己独立经营。买办商人的自营商业是其资本积累的最重要来源。许多买办早在受聘之前便已开设有自己的商业铺号；有些则是在任职后利用洋行的有利条件，经营和扩大自营商业的。买办自营商业同洋行的进出口贸易和资金周转是互利互惠的。经营洋行业务的买办往往同时就是洋行的交易对手。例如任英美烟草公司昆明总推销机构的"同济号"，即是由过去昆明此行业中的同泰祥、铨盛祥、东兴隆、鸿庆号、鸿盛祥、义和号、盛宝祥、云茂祥、宝兴号、元和昌等10家商号组合而成，从事推销纸烟和自营商业的经营。又如滇南巨商顺成号，在以个旧大锡以及鸦片进出口贸易为其主要业务的同时，亦垄断了洋商"普利纱行""亚细亚水火油公司"在滇南的经营权。

3.商品货价的差额收入

买办还会经常利用商品货价的差额获取厚利。他们在为洋行收购农副产品时，常利用各种机会压低收价或抬高报价，从中赚取货价差额，即所谓"抱帽子"。这是一种贱买贵卖的行业陋规，许多买卖便是通过买办自己开设的商号联手进行的。他们利用各种陋规和暗做手脚而取得额外收入，也成为其资本积累的重要途径。

三、商业资本的流向

（一）商业资本与土地买卖

一般说来，在中国封建社会中，商人资本积聚到一定程度后就会流向土地，"以末致富，用本守之"是中国前近代社会经济中的普遍现象。仅举两例言之：大

①汪敬虞：《唐廷枢研究》，中国社会科学出版社，1983，第40页。

理董必升“从事贸迁，家计累起，资财饶裕，置腴田，造广厦，以上乡富擘得名”[1]。大理白族永裕和商号，由于“经营得法，获利丰厚，成为当时大理坝子的巨富，除了经营商业外，还广置田产。到了咸丰初年，裕和号除在塔桥老家盖起了一个大四合院外，还买得五六百亩田；在大理城则共有十八间铺子，在下关有三大院房子；在公郎则有三个庄园，有几百亩田”[2]。驱使商人购买土地的动机并不只是由于土地的稳妥性以及千百年来“重本轻末”观念的根深蒂固，更主要的则是来自于经济方面的原因。

首先，在以地主经济为主体的封建经济结构下，地主、商人、高利贷者三位一体的剥削是促使商人购置土地的最直接动因。在封建地租普遍高于商业利润的前提下，商人资本流向土地也就不足以为奇。例如蒙自顺成号，积累财富后，“在蒙自的双河、鸡街、四水庄、新安所、李海寨、大屯及开远之石岩寨等处拥有良田三万余亩，年收租谷三千余石”。此外还购置房产，以致“如果你问蒙自人：顺成号有多少房子？都说数不清，总数要占蒙自所有房子的一半以上”[3]。在大理喜洲，“由于永昌祥这一家字号上赚了钱，盖的房子先后竟达一百所以上”[4]。滇中王炽父子在弥勒十八寨所购田产，“绵亘阡陌，甲于全邑”。同时还在省城置不动产500余份，如西院街等处几乎全街皆为“同庆丰”所有。[5]

其次，中国的封建经济是建立在“男耕女织”结构之上的小农经济，农业是最基本的生产部门，粮食生产则是最重要的生产。只要粮食的生产不能满足社会需求，它就始终是要求资本投入的部门，并通过粮价的变动来吸引资本投入。但在中国的封建经济中，粮食问题从未得到过根本性的解决，粮食总产量虽在不断提高，但由于人口的不断增长，人均占有粮食量的增长极为缓慢。粮食的供不应求经常引起粮价的大幅度波动。商人为了追逐利润，自然要把资本投向这个最有吸引力的部门。如创办恒盛公商号的张家，积累的财富也置办田产，其子张泽万在本县山区中，用所谓“铺山照”的契约形式，买了大片土地，其租米足够

①《云南省白族社会历史调查》，1963，第14页。
②苏松林：《大理白族裕和号简况》，载《云南文史资料选辑》第四十九辑，第291页。
③吴能清：《我所知道的蒙自顺成号》，载《云南文史资料选辑》第九辑，第135页。
④杨克成：《永昌祥简史》，载《云南文史资料选辑》第九辑，第57页。
⑤于怀清：《克念书屋笔记》。

一家十二口人生活一年。[①]

此外，商业资本与封建官府和官员的关系密切，有的商人本身即兼官员身份，如前所述的蒋宗汉、杨玉科、丁槐、周柏斋等。其他各个大一些的商人资本，也无一不和封建势力或多或少地有牵扯，从而形成商人、地主、官员、高利贷者四位一体的特点。商人资本必然投向土地，由此不难理解。

（二）商业资本流向产业投资

商业资本，或者准确地说，商业利润投向产业领域，是它转化为产业资本的契机和实现资本总量增长的新途径，此举既对商品经济的整体发展和生产方式的变革产生了积极的促进作用，又对商人的活动领域进行了开拓。清代前期，商业利润流向产业止成为一个新的发展趋势，但商人资本在产业领域发挥作用的程度，则因地因时而有不同。

最早在云南最大量投入商业资本的生产领域，无疑当属矿业。尤其是铜矿的生产和铜的冶炼。这种情况的存在很大程度上服从于当时由清政府的财政需要而形成的云南采冶开发的产业结构，办理滇铜运京事务甚至成为衡量云南地方大臣政绩的标准之一。滇铜作为清朝制钱的主要铸材来源，长期供不应求，还有矿厂经营的规模性，使商人资本预先投入矿业生产环节成为可能。这样，资本的增殖潜伏于生产领域中，投资者对此发掘便能获厚利。据估算，滇铜生产在康熙朝自由通商时期，资本利润率几达 86%。在乾隆朝官本收铜时期，利润率虽只有 19%，但由于生产潜力巨大，利润率亦能随资本投入量的增加而有大的增长。[②]在清代前期及中叶国内商业市场不很开阔的背景下，滇铜生产的利润对商人资本形成了巨大的吸引力。这一时期，云南本省商人的资本还较弱小，无法得近水楼台之利，矿业资本便大部分由外地的商人资本转化而来：“从前开办（云南铜矿）皆系川、湖、江、广大商巨贾。每开一厂，悉费银十万、二十万两不等。”[③]“查办厂务，全在资本厚实，从前厂利丰旺，皆由三山、两湖、川广富商大贾，厚积资本，来滇开采。”[④]这些富商大贾来到矿场以后，有的投资开矿，有的

①张相时：《云南恒盛公商号史略》，载《云南文史资料选辑》第 18 期，第 3—5 页。
②龙登高：《浅析清代云南的矿业资本》，载《经济问题探索》1991 年第 4 期。
③《皇朝经世文续编》卷五七，载唐炯：《筹议云南矿务疏》。
④光绪《续云南通志稿》卷四五《厂员》。

投资炼铜,通过直接投资的形式把商业利润转化为产业资本,获取高额利润。时人形容云南铜商之富比于海商、盐商,《东倭考》说:"铜商之豪富,甲于南中,与粤之洋商,淮之盐商相埒。"云南各地矿场常保持数十个,资本总额颇为可观。其中固然有官府预支之"铜本",但商人资金实占多数。如蒙自的铜矿均被商人把持,"四方商贾专其利,蒙之人不敢过问"。[①]

除铜业外,商业资本亦投向其他矿业,但规模较铜业小。如银矿,"以滇池为产矿之区,山中银苗盛衰,视其草木即辨。每有以数千金置一峦,而发家千倍者,故外来游民,半以此为营生也"[②]。另有石屏县商人于雍乾时在个旧"采办银矿",并设有石屏会馆。嘉庆中,银矿竭,转而采锡,到清末"愈推愈广"。

清初商业资本同时还有向云南茶叶生产渗透的尝试。雍正七年(1729 年)以前,"六大茶山,向系商民在彼坐放收发",商贩"先价后茶,通融得济"。雍正七年(1729 年)官府设总茶店,"将新旧商民悉行驱逐,逗留复人者俱枷责押回"[③]。

至晚清时期,随着云南开埠通商,云南成为和世界市场紧密联系的部分,商人的经济活动亦受其影响。在资本主义发展日益成为不可阻挡的趋势作用下,一部分积累起来的商业资本,受追逐利润动机支配,投资于产业,而且还呈现出越来越增多的趋势,表现出与资本主义性质经营相联系的倾向。而商业资本投入云南产业领域的总体格局,已较前期发生了较大变化:资本来源由以外省为主变为以省内为主;投入的产业领域由以矿业为主扩展至多种产业门类。具体而言,表现为 3 种情况。

1.从事扩大出口货源粗加工

为适应世界市场需要,开始从事扩大出口货源,对出口的各种土特产、矿产品进行简单分类、包装、加工等经济活动。如对生丝、茶叶、石磺、大锡等的出口粗加工。如福春恒,最初经营条丝,粗细不匀,在缅甸售卖时,又须分级。后来就在四川于收购了生丝后,先分好等级,做好包装,然后运缅销售,因此获得了超出同行的利润。之后,又鉴于细丝在国际市场销路广、价格高,利润均被日商所

①嘉庆《云南通志》卷三十《风俗》。

②吴炽昌:《客窗闲话》卷一,初集。

③倪蜕辑《滇云历年传》,李埏校注,云南大学出版社 1992,第 602 页。

垄断的情况，便投资在四川设厂解丝，不仅质量很高，而且运到缅甸以后价格仍可低于日丝，很快便畅销东南亚、南亚市场，并创造了当时国货战胜洋货的空前纪录。[①]与此同时，鹤庆兴盛和商号也在四川设立了解丝厂，从事生丝的加工生产及进出口业务。又如永昌祥的创办人严子珍，精选茶叶原料，设立工厂，加工成品沱茶。另有如蒙自顺成号，在个旧"古山（草皮山）、红土坡、全庄、麒麟山、马鹿塘等处都拥有厂位，而以古山之草皮矿为极旺。顺成号又在个旧设立炉房，从事炼锡"[②]。

2.与政府资本相结合

商业资本与政府资本结合，组成官督商办、官商合办企业，并集中经营矿、路两个方面。当时先后出现的此类矿业企业有光绪九年（1883 年）设立的"云南矿务招商局"、光绪三十一年（1905 年）设立的"个旧厂官商有限公司"、光绪三十四年（1908 年）成立的"宝华锑矿公司"等。

3.直接投资于各种产业领域

云南地方具有私营性质的商办企业，大约于 20 世纪初才开始出现。其中真正已完全使用机器进行生产的大规模企业很少，多数是既使用手工劳动又采用一部分机器向近代工业转化的小型企业，也有些只是手工工场而已。但部类很多，包括轻工业的火柴、制药、面粉、火腿、化工、木材、制茶等，采掘工业的煤、铜、铁、钴、金、银等矿，以及公用事业和交通方面的一些产业。如光绪三十四年（1908 年）商民王子厚在昆明、曲靖、宣威集股 3 万元设立"裕通火柴有限公司"、宣统元年（1909 年）职商郭价等在昭通设立的"松茂有限火柴公司"、宣统二年（1910 年）绅商陈天禄等集资 10 万元开办"云丰机器面粉股份有限公司"、1910 年开办"耀龙电灯公司"等。

此外，在《云南冶金史》中还有如下记录："早在同治、光绪年间，湖南富绅朱明堂就在投资兴办澜沧募乃老厂……光绪十八年后，该厂由富商李子和接办，生产规模进一步扩大……与此同时，禄劝县也出现了绅商举办的两个小型公司，开采铅矿三处。到了 20 世纪初，官僚、地主和商人投资开办的情况有所增

①施次鲁：《福春恒的兴起发展及其没落》，载《云南文史资料选辑》第九辑，第 11 页。
②吴能清：《我所知道的蒙自顺成号》，载《云南文史资料选辑》第九辑，第 135 页。

多。……宣统元年年，又有广东商人在个旧设立‘宝兴公司’，有资本 30 万元，向香港富昌洋行订购有抽水、采矿、洗选等机器设备，于古山设厂，经营锡矿的采选。除了这些较大的公司、厂矿外，由官僚、地主和商人开办的小型硐尖就更普遍，数目繁多。它们构成后来冶金史中民族资本的一个重要组成部分。”①

（三）商业资本用于社会公益事业

商人在取得一定的经营成就和积聚起一定的财富后，除了将一部分资本用于个人的生活消费和挥霍消费外，大多数还会把相当一部分的商业利润用于兴办社会公益事业，诸如修建祠堂、庙宇以及修路铺桥，兴学办塾，赈施周济等。白族商号裕和号的经营者赵家父子，“对社会也做了一些有益的事，如小到逢年过节救济穷苦人，大到修桥补路。当时，下关至上关的古道是泥石路，下雨天很不好走。裕和号就出钱请工修路。中间铺上石条，两边镶上石头，把土路修成石路，方便商旅行人。裕和号出面修路，带动了几家商号出资捐助。如马久邑的三元号负责修大理城北五里桥上的‘玉名桥’；五福号家则出面修头铺南边的桥”②。同庆丰创始人王炽，更是“对办理地方公益，不遗余力，凡有所求，不论多寡，慷慨无吝啬。在乡里如捐资重建虹溪书院、虹溪试馆，设义仓，兴义塾，造盘江铁索桥；在省城如设兴文当、牛痘局，施药饵，并捐万数千金置房产送入卷金会，以其租息作三迤举贡赴京资斧，在远方如庚子京师变乱，滇人居京乏食者筹款以济之，山、陕灾民甚众，报效数千金赈济之，癸卯临安发生乱事，地方被蹂躏，捐巨金以赈济之，又由弥勒竹园购米百余石运往散发，其他善举甚多”③。

商人将一部分商业利润用于社会公益事业，有的是出于社会道德伦理的考虑，怕落个“为富不仁”的名声；也有的是为了博取名利，以图提高自己的社会地位，当然还有各种各样的原因和目的。但不论其动机如何，从客观的社会经济效果上看，他们的这种举动，使商人阶层的一部分商业利润，即原来属于他们名下的一部分社会财富转移给了社会其他阶层，从这个意义上说，商人将商业利润的一部分投向社会公益事业对于社会财富的再分配以及社会稳定都产生了一

①陈吕范等编《云南冶金史》，云南人民出版社，1980，第 85 页。

②苏松林：《大理白族商号裕和号简况》，载《云南文史资料选辑》第四十九辑，第 291 页。

③陈鹤峰：《王兴斋的南帮票号同庆丰与天顺祥》，载《云南文史资料选辑》第四十九辑，第 57页。

定的积极作用。

(四)商业资本用于捐官

商业资本还有一个不容忽视的流向,即普遍存在的捐官现象。捐输捐纳在清代已成定制,成为国家财政收入中一个重要的源泉。尤其到晚清,伴随国势江河日下,财政短缺达于极点,卖官鬻爵的情形更加泛滥。各省遍设捐局,捐官银数也一再折减以相招徕。广开捐例,直接导致吏治紊乱,仕途冗塞。因而也给手中已积累了一定财富的商人洞开了进入上层社会的门户。于是,商人竞相解囊捐纳,以求谋得一官半职。

同庆丰创始人王炽父子,平素便因票号业务与官府交往甚密。光绪二十六年(1900 年)庚子之乱,西太后逃往热河,天顺祥西安分号因在资金上给予其支持,受到西太后赏识,由清廷赐予王家三代一品封典,这在当时全国商界中亦属罕见。[①]此外,“光绪三十三年(1907 年)五月以倡认铁路巨款予云南在籍道员王鸿图以四五品京堂候补”[②],“光绪三十四年(1908 年)二月以捐助赈款巨万予云南候选郎中王尧图以道员分省补用”[③]。兴盛和创始人舒金和,发家后重视后代教育,让他们读书应试,有的得了一官半职,有的则出钱捐官,取得了“观察”头衔,他本人则被人称为“舒老太爷”[④]。回族商号兴顺和的开办者马启祥,为发展业务,“决心谋取一官半职,易与官方接纳,乃援照纳米粟捐官之例,出款捐得‘观察使’(道台)官衔,兴顺和号从此另呈一种局面,官场来往日多,有候补官员得到‘实缺’(府县官等)而宦囊羞涩者,竟来号商借赴任旅杂费用,允于到任后汇还……从此,凡官员有贷款赴任的,除贷款由本号汇还外,并商定尔后府县应解交省藩司的钱粮税课,一律由本号住府县分号汇兑,代交藩司,一时兴顺和经营活动,发红发紫”[⑤]。

---

①陈鹤峰:《王兴斋的南帮票号同庆丰与天顺祥》,载《云南文史资料选辑》第四十九辑,第 43—44 页。

②《昆明市志长编》卷七,第 201 页。

③《清实录·光绪朝》卷五八七,载《昆明市志长编》卷七,第 201 页。

④舒自治、苏松林:《鹤庆兴盛和商号》,载《云南文史资料选辑》第四十九辑,第 323 页。

⑤马伯良:《回族商号兴顺和》,载《云南文史资料选辑》第四十九辑,第 206 页。

第四节　商业资本的组成与经营

一、商业资本的组成方式

在各历史时期，尤其是清代以后，云南地区商业资本的组成以独资、合资和合伙方式为主。但鸦片战争后，在外国资本主义的影响下，随着近代商业的初步发展，已出现了新兴的近代商业组织——公司。不过由于当时资本主义因素在云南商业资本的发展中还极其有限，所以公司这种方式并不普遍，仅仅出现于某些地区的某些商业资本中。

（一）独资方式

独资方式是以个人或家族的名义单独出资，自主经营，自负无限责任。在通常情况下，最初出现的专业商人资本多以独资为主，其后才逐渐有合伙组织的出现。

独资方式仍然是当时云南地区商业资本中一种较简单、较普遍的组成方式。大凡一些规模较小，或规模虽大，但出资人自始至终拥有较雄厚财力，或以家族经营为主的商人资本，其组成大多采取这种方式。如回族商号兴顺和，源自道光二十六年（1846 年）回族商人马佑龄创办的兴泰和，一直采取独资方式，家族经营，“子辈出而扩大经营，始改为‘兴顺和’”。[①]后由于投资个旧锡矿和东川铜矿的需要，才与人合作，以合股方式经营。大理白族商号裕和号，由赵泰创办，自道光初年开办至咸丰六年（1856 年）衰落，均由其子孙经营，同样采取独资方式。[②]而缅甸的华侨商号永茂和，在 1850 年由华侨商人李永茂创始之初为独资经营的永茂祥，1897 年加入腾冲商人资金之后，组成为永茂和股份有限公司，但在民国时期股东退股，又以独资经营为主。[③]原信昌商号由回族商人马泽如、马国柱、马子厚一家弟兄子侄共同独资经营。另有由周柏斋、周厉斋兄弟创

①马伯良：《回族商号兴顺和》，载《云南文史资料选辑》第四十九辑，第 206 页。
②苏松林：《大理白族商号裕和号简况》，载《云南文史资料选辑》第四十九辑。
③李镜天：《永茂和商号经营缅甸贸易简史》，载《云南文史资料选辑》第四十二辑。

立的蒙自顺成号也是如此。类似这样以独资经营的商人资本在当时还有很多。

晚清时期，云南地区商业资本的组成方式中还存在着以独资方式经营一段时间后改为合伙经营的情况。这种变化往往同独资资本在经历数代后的析家分产直接相关。有些商人在创立之初是独资经营，当第一代创业者过世后，其全部资本往往会以分为若干份额的方式，分予子孙后代。这样，本来只属于一个业主的完整的独资性质的资本产权通过分家析产就被转成了由数个业主共同所有的股份性质的合伙生意。同样，当作为财东的第二代将属于自己的股份再次细分于自己的后代时，全部股本金就将再一次细化，即被相应划分成更多的股份。以后，每一股的所有者在向后人析分家产时，都又照例将其股份再细分成更多的股份。这种由独资而来的合伙经营方式，其总资产虽然在不断细分，但实际经营往往会因为血缘、族缘的关系而仍旧保持相对的集中和稳定。如上述的白族商号裕和号，在创办人赵泰去世后，由 3 个儿子分别继承，后又由5 个孙子继承先辈事业，在下关、保山、腾冲、建昌各地分别经营裕和号商号。

（二）合资方式

这种方式即商人以共同出资、共同经营、共同负责盈亏的方式组成其商人资本。典例如鹤庆兴盛和商号，乃是由舒金和、舒卓然、舒程远 3 家，同在四川宜宾、雅安、会理、西昌、成都一带经营商业，为增强同外地商人的竞争能力，“三家本系同宗，为加强经营，和衷共济，舒金和、舒卓然、舒程远三家遂合资三十多万两资金，组成了‘兴盛和’商号，从此开创了鹤庆舒系商帮经商的新局面”。①

（三）合伙方式

晚清时，云南地区商人资本的合伙方式通常是由两人以上互约出资，共同经营。合伙人的出资及其他合伙财产为合伙人全体所有，一切事务由合伙人共同执行。而且合伙人未经其他合伙者全体同意，不得将自己的伙份转让给除合伙者之外的其他人。当合伙财产不足、清偿债务时，各合伙人对于不足之额要负连带责任。在合伙组织清算以前，合伙人不得请求进行合伙财产之分析。当然，这种方式实际上主要根据各合伙人伙份的大小，由伙份大者掌握经营大权。

在一般情况下，凡是实行合伙经营的商人资本，其合伙人平时均有一定的

①舒自治、苏松林：《鹤庆兴盛和商号》，载《云南文史资料选辑》第四十九辑，第 315 页。

交往和联系。从当时合伙经营形成的情形来看，凡能组成合伙者，最理想的条件不外乎合伙人在平时就有比较密切的交往和联系；或者，合伙人本来就具有一定的亲缘联系或乡缘联系。这就意味着，合伙方式一般是建立在合伙人相互之间有较多了解的基础上，合伙各方在共同出资、共同经营时才能“同心共胆，营谋生意”。

合伙方式是当时云南地区商人资本组织形式中发展程度较充分、形式较完备的资本组织方式，更多地为大多数商人所采用。当时的许多大商号，普遍采取了合伙经营的方式。如“南帮票号中的杰出者”同庆丰，即由王炽、孔孝纲、席茂之、俞献廷、李耀廷合伙经营。[①]福春恒则是由腾越总兵蒋宗汉与腾冲商人明树功及董揖三合伙创办。而滇西另一大商号永昌祥，是由严子珍、彭永昌、杨鸿春合伙创办，“所有号内股本，未经设定，除严君子珍、杨君鸿春、彭君永昌三大股本外，余不计有本无本，均作为升降股。而成本不拘多寡，按年以五厘本后息计算。……或有长折，亦由向来股成之多寡分进退”[②]。1903 年开始合伙时的三大股本分别为：“杨鸿春股本市银 3 205.52 两，彭永昌 4 315.97 两，严子珍 3 325.09 两。当年还有两个合伙人，一个杨振春出资 61.37 两，另一个是严子安，不唯没有出资，还欠本号市银 17.64 两。共收股本 11 166.25 两，这就是永昌祥开号时的资本实力。”[③]

在当时合伙经营方式的商人资本中，有一种最具特色的形式即银股和力股的并存。银股是指以银钱为资本的出资者，即真正意义上股东所持有的股本，而力股本身则并不是真正出资，只是以在商业字号中任职的高低和服务年限的长短抵资，从而占有一定比例的账期分红权利。它的持有者多为商号中的高级经理人员以及服务年限较长的职员。在一个具体的商号内，银股和力股的多少，并无一定规定。通常情况下，在商号创立初期，银股数量大多多于力股。但随着时间的推移和员工的增多，力股的数量往往会超过银股。力股虽然并未真正地出资，但它在利润的分配上却享有同银股完全一样的权利。每届账期分配之时，不论银股、力股，持有者均按持股份额多少，每股平均分配红利，二者一视同仁。如

①《云南省志》卷十三《金融志》，第 95 页。
②杨克成：《永昌祥简史》，载《云南文史资料选辑》第九辑，第 47—48 页、第 50 页。
③同上。

同庆丰，真正的出资人仅为王炽（兴斋）一人，“最初在渝成立天顺祥时，系兴斋与孔孝纲、席茂之三人合伙，但孔、席两人均无银本，仅兴斋一人有本……现俞献廷入号亦无银本……自同治十二年起定为42股，孔孝纲分人力鸿利10股，席茂之分人力鸿利10股，俞献廷分人力鸿利10股，王兴斋分10股，另提2股作酬劳号上职工之用”[①]。此后，又分力股10股给李耀廷。福春恒也将红利以本股、力股来分配。“所谓力股，就是在三年考绩时（福春恒是三年扎一次大账，分一次利润，进行一次考绩），成绩好的职工，就给予无股本的股权若干。所以职员虽然没有股本，也可以按其服务情况多寡不等地与股东同样分到利润。分配时，本股、力股各占一半。譬如纯利为一万元，本股为五百股，力股为四百股，则本股每股可分利润十元，力股每股可分利润十二元五角。所分红利，除扣去工资外的借支款外，其余一律转为本股。力股之股数，亦得视其工作中之表现而分别增减。”[②]永昌祥则“把应分配的利润，先划为两半，以一半按资本分配，称为‘银股’，一半按人力分配，称为‘力股’。……在力股方面，他自己（严子珍）以创办人的身份，占有了一半，其余一半就分配给出力较多的高级管理人员，就形成了类似奖金的分红制度，而奖金额占总盈余的百分之二十五，显然比一般商号要优厚得多”。“力股制度长期形成了永昌祥吸引人才的动力，加速了其发展进程，也维持了长远的历史；但却造成了几种不便。第一是股东无心积累，赚了钱就扩大开支……第二是新的伙友成长过快，力股吃得多的人，不几年就变成成千上万的大股东。”[③]

银股和力股的并存是晚清时云南地区商业资本组成方式中人际关系的充分反映。从本质上看，所谓的力股实际上只是一种对于利润的分配权利。这种权利对于作为经营者的掌柜或其他高级职员来说，其实际经济意义只在于可获红利收入，而本身并无属于他们的资本金的存在。因此，只有当他们为股东的生意刻意经营，从而招财进宝时，才能在为股东带来大笔收益的同时，也为自己带来一份实惠。而且，一般来说，当时实行力股的商号的分红账期多半都在3年以

①陈鹤峰：《王兴斋的南帮票号同庆丰与天顺祥》，载《云南文史资料选辑》第四十九辑，第40页。

②施次鲁：《福春恒的兴起发展及其没落》，载《云南文史资料选辑》第九辑，第6—7页。

③杨克成：《永昌祥简史》，载《云南文史资料选辑》第九辑，第53—54页。

上，为了获得较好的经营业绩和较多的收入，以力股分红者势必非得重视商号的中长期利益不可，并且长期地把商号的经营与自身的经济利益联系在一起。所以，力股的实行，通过把经营人员的经营业绩与他们自身的报酬紧密结合，最大限度地调动了经营人员的积极性和创造性，而且使经营人员与商号的关系，乃至与股东的关系改变了。其只是一种经济上的雇用与被雇用关系的简单形式，更像是一种合伙经营的伙友关系。这也就是当时商人资本中所流行的“东家出钱，伙计出力，合伙经营”的模式。对于实际出资的股东而言，力股制度的实行，使其可以完全放心地从日常的经营事务中摆脱出来，有的商人即使是对具体的商业经营一窍不通，也照样可以使商号的业务照常进行。商人资本的经营规模即使是横跨数省，下属店铺字号数十家，也同样可以应付自如。商人资本在这样的一种组成方式下，不仅使资本的所有权和经营权实行了分离，而且使资本雇用者与被雇用者之间的矛盾相对淡化了。劳资合作的人际关系与经济关系重合在一起，在当时商人资本的运行和发展中起到了一种特殊的激励机制的作用。

（四）公司

晚清时期，在云南地区商业资本的组成中除了独资、合资、合伙方式外，公司的组织形式也已开始出现。作为组织方式与传统商业资本组织形式有巨大差别的近代新式商业，公司在本期中还并不普遍，只主要存在于当时外资在云南的商业机构中，如英美烟草公司、亚细亚水火油公司等。当时由云南商人资本组成的公司，则以华侨商人李永茂在缅甸设立的永茂和股份有限公司为典型。“通过合伙经营永茂和股份公司，投资组成永生源，建立各个重要地区的基地和分支机构并向缅甸英殖民政府注册立案等各项组织工作的完成，既延揽了人才，又充实了资金，并组成一条从昆明到缅甸沿线直达出海口岸仰光的贸易路线和经营网点，业务活跃、持续不断地向前发展。”[①]至于公司制度在云南的普遍推广，则是民国以后的事情。

民国时期，公司作为商业资本的一种新兴组织方式，越来越多地出现于云

---

①李镜天：《永茂和商号经营缅甸贸易简史》，载《云南文史资料选辑》第四十二辑，第68页。

南地区的商业发展中。这种情形表明了资本主义因素在商业中日益成长。

1914年，北京政府农商部公布了公司条例251条，公司条例施行细则18条。按公司条例规定，所谓公司就是“以商行为业而设立之团体”①，公司均被认为是法人。公司的种类有无限公司、两合公司、股份有限公司、股份两合公司4种。

按照公司条例，无限公司是由完全负无限责任的股东所组织的公司。它的设立应有两人或两人以上，共同订立章程，各股东以一定的金额为资本构成公司财产。如公司财产不足清偿其债务时都负有连带责任。各股东都有执行业务的权利和责任，但也可规定由股东中的一人或数人执行业务。股东不经其他股东同意，不得以自己股份之全部或部分转让给他人。

两合公司由无限责任股东与有限责任股东组合而成。有限责任股东对公司所负的责任以出资额为限。如不经全体无限责任股东3/4以上同意，不得将其股份转让他人。有限责任股东不得执行公司业务和对外代表公司。

股份有限公司完全由负有限责任的股东组织而成，应有7人以上联合发起。公司的资本分为若干股，每股金额不得少于20元，但一次全缴的可以10元为一股。各股东的责任以缴清股份的金额为限，股东的股份(股票)在公司登记后即可转让。公司的业务由股东会选举的董事执行，董事至少5人。此外，还有监察人负责监督。

股份两合公司也是由无限责任股东与有限责任股东组合而成，股东中至少有一人负无限责任。公司业务由负无限责任的股东执行，在有限责任股东中选举监察人。

公司条例还规定，公司应于章程订立后15日内申请登记，非依法组织并呈请登记者，不得发行股票。

公司的建立与发展反映了云南地区商业组织形式的进步。但在民国时期，云南商业资本所组建的公司，主要是以股份有限公司为多。除了已有所论及的永茂和继续以股份有限公司的形式经营对缅贸易外，另有成立于1936年，由建水人黄美之独资创办的美兴和商号，是当时经营对外贸易的主要商号之一。到

---

①农商部参事厅编《农商法规》工商。

1943年初，“经他（黄美之）再三考虑，感到现在的时代不能再搞独资经营，必须是‘利益均沾’的合资经营，才能跟上时代潮流，也才能在商场中同别人竞争。黄美之先后几次邀约赵念庵、赵谦庵、包一庵、梁鼎亨及云纺厂厂长朱健飞会商，决定了改组美兴和为合资经营的股份有限公司，以经营花纱为主要业务。股权方面，黄美之占60股，其中包括由黄代交股款的梁鼎亨12股，朱健飞8股。此外的40股按照交款数划分为包一庵21股，赵谦庵、赵念庵弟兄19股。……人事安排由黄美之任董事长兼总经理，赵念庵任协理，赵谦庵、包一庵、梁鼎亨分别任经理、副经理，朱健飞任监察。……随即向有关部门办理了公司登记手续。登记的资本额为法币2 000万元……实际营运资本约合黄金2 000两”[①]。又如1929年，在旅日侨商薛振卿的牵头下，发起筹组了“云南远东皮毛股份有限公司”，以经营皮毛出口业务为主。公开向昆明市工商界招股集资。规定除领取股息外，可从纯益中按年分配红利。如有亏损，股东只在投资范围内承担有限责任。因风险不大，而且有利可图，一些工商业者都乐于入股，不久即收足股额，报领营业执照后，按公司的组织程序，正式筹组成立。总公司设在昆明，并在日本大阪市设立分公司，上海设立办事处。[②]另有1936年4月组建的昆明国货公司，全称是“昆明中国国货股份有限公司”。初创资金为国币3万元，设立董事会，常务董事5人，由缪云台出任董事长，马筱春任总经理，并设立监察5人。昆明国货公司是当时云南地区近代企业制度最完备的股份有限公司，不仅重视企业的组织管理，而且订立规章制度，在组织机构、人事管理、会计制度等方面都有章可循，从而开启了昆明商业企业近代化的先风。

从当时云南近代股份公司的实际运行来看，股份制把属于分散的不同所有者的财产转化为他们共同占有和使用的社会财产，使之成为社会资本的一种存在形式，形成一种新型的商人资本组织方式，在一定程度上促进了商品经济的发展，尤其是促进了云南地区商业中资本主义的发展。

在股份有限公司的经营中，钱股和力股仍然作为一种普遍的形式存在。如永茂和，在人事上实行“不分亲疏，唯才是举”，“公司职工包括邀约集股时无力

---

①赵谦庵、杨润苍：《美兴和商号经营史》，载《云南文史资料选辑》第四十二辑，第188页。

②聂叙伦：《开拓云南牛羊皮出口日本的经营》，载《云南文史资料选辑》第四十二辑，第263页。

投入股本的职工，只要在工作中表现确有才干，便可提拔为分号经理，凡遇原任经理出缺，也是从公司中选拔有才能的人提升继任。对担任经理职务的人员，都量才规定给予人力股，年终按股分红，分得红利多少，便入股多少而成为股东。投入股本的股东，一律参加公司工作，除了按股分红外，只要担任经理职务，同样量才再定给人力股。……极大地调动了他们(职工)各自发挥才能为企业奋斗的积极性，因而促使经营业务蒸蒸日上”[①]。又如美兴和，1943 年改组为股份有限公司后，“决定提利润的 20%为人力股分配给职工和在职的股东”[②]。类似的例子还有很多，以此调动了广大职工的积极性。

二、商业资本的经营

(一)股东与掌柜

在上述云南商业资本的组成方式中，无论是独资方式、合资方式，还是合伙方式，其具体资本运营都可以或者是由出资者自身经营，或者是由出资者聘请专人经营。在前一种经营形式中，出资人与经营者合二为一，它们的资本所有权和经营权同样也合二为一。而在后一种形式中，由于出资者在出资以后，自身并不从事具体的资本经营，他们在资本的财产组织形式中所处的地位也就仅仅只是资本的所有者，拥有的也只是资本的所有权和收益权；而由资本的所有权所派生的资本的使用权和经营权则通过一定的契约或其他的形式转移到委托经营者的手中。这样，商人资本的所有权和经营权便发生了实质性的分离。与这种资本的所有权与经营权的分离相适应，在商人资本的经营中，也出现了与此相适应的两个阶层，即通常被称为“股东”的出资人和被称为“掌柜”的经理人。

清时云南商人资本中专门请人经营的多是那些规模较大，有时还实行跨地域或跨行业经营的大商号。如鹤庆兴盛和商号，“总号设总掌柜，掌握整个商号的经营与管理，分号亦设有掌柜，掌柜之下，不论总号或分号皆配备有跑街先生(业务员)、信账先生，除特殊者外，均给薪水，年底参加分红”[③]。而福春恒的发

---

①李镜天:《永茂和商号经营缅甸贸易简史》，载《云南文史资料选辑》第四十二辑，第70页。

②赵谦庵、杨润苍:《美兴和商号经营史》，载《云南文史资料选辑》第四十二辑，第 188 页。

③舒自治、苏松林:《鹤庆兴盛和商号》，载《云南文史资料选辑》第四十九辑，第 318 页。

展，则与当时的总掌柜周守正的精明、干练、善于经营关系很大。“周守正名宗顺，云南鹤庆县人，三岁时父亲便死了，接着母亲也改嫁了，由祖母抚养。……以后到福庆店做学徒，学打算盘和写信、算账。据说别人算不清的账，到他手里就算得清楚，蒋明两家的合伙账目，就是他结算出来的。因而恒仁合并后，竟一跃而为福春恒的总掌柜。……他每天起床后，就到柜房处理号务，每一封信，每一笔账，他都要亲自过目；对各分号的复函和通函，照例是由他亲自撰写；全号的业务计划也由他亲自拟定，直至深夜才回寝室，十余年如一日。他还善于笼络人和提拔后进，对职工生活表示关心，因而全号人员都对他较为拥护，一切措施能贯彻执行，这是福春恒业务能顺利发展的主要原因之一……在商场中有很高的声誉。”①

在像兴盛和、福春恒这样规模较大的商号中，即使股东本人很有才能，若全部生意都由其自身直接经营无疑难度也很大；而像蒋宗汉这样身任数职的官宦，想由其自身直接经营显然更不可能。在此种情况下，遴选可靠而又能干的经理人员代为经营就成为最好的办法。如上述的周守正便是实例。当然，在通常情况下，股东所聘请的充任各地、各号经营者的经理人一般多为与其有一定的亲缘、族缘或地缘关系，既有经营才能，又为股东所熟悉和信任的人。如 1872—1873 年同庆丰在昆明复庄时，王炽邀请俞献廷来主持经营，便是因俞是颇有经营才干、熟悉汇兑业务的同乡。渝号天顺祥邀李耀廷任管事并协助总号管理省外其他分号，也是同样的原因。

为了更有效地促进掌柜阶层对商号的经营管理，股东对于掌柜的报酬大多采取经营收入分成的办法。这种分成一般有两种方式：一种是前述采用力股的办法；一种则采用按事先定好的比例进行利润分成。前一种方式在当时的云南地区较为普遍。在采用力股的方式下，拥有力股的经理人阶层或其他职员，均可以在几年一期的账期分红时，按拥有力股的多少和相应比例取得一定的力股花红。

在这种股东—掌柜的经营管理模式下，股东与掌柜的关系不仅仅只是一般的经济上的雇用与被雇用的关系，而是已渗入了一种十分特别的人际关系。由于作为出资者的股东在自己无法直接经营的情况下，不得不倚仗有经营经验的

①施次鲁：《福春恒的兴衰》，载《云南文史资料选辑》第四十二辑，第 48 页。

掌柜阶层，因此，在分配制度上不得不采取这种对经理人更为有利的机制，但实际上这对股东也是更为有利的利润分成制度。这种制度，使得经理人在心理上和实际经济利益上都产生了一种自己是与股东在合伙经营的感觉。在力股和利润分成制的作用下，掌柜不仅能为股东全力经营，而且对商号也确实有一种视同自身事业的归属感和认同感。这样，原本是经济上的那种雇用的关系被淡化，代之而起的则是经济利益关系和人际关系双重基础之上的归同感。

从股东方面看，对经理人实行力股制度和利润分成制度，表面上似乎减少了股东的利润收入，但实际上并非如此。因为在当时的社会条件下，当商人资本的经营规模已达到一定程度、其经营的商号已分布于各个行业或各个地方时，由掌柜主持经营无疑是最好的办法。对于掌柜的经营报酬，股东一般有两种办法：一种是直接的薪金制，一种即为力股制和利润分成制。前者虽然简单易行，而且薪金多少可以事先确定，但不足之处是很难将商号的经营业绩与经营者的实际经济利益联系起来，不利于留住有能力的经营者稳定地为商号工作，从长期上看很有可能影响股东的常年收入和长远利益；后者则能使作为经营者的掌柜对商号的经营始终处于一种全力以赴的状态，刺激其在为自身谋取更多利益的同时首先必须为商号赚取更多的利润。虽然从表面上看，力股份利似乎会影响股东的收益，但实际上，由于经营规模的开拓和扩大，商号的总体收入会持续增长，股东所获得的经济利益不仅不会减少，反而还会有一定的增加。如同庆丰，在光绪十三年至宣统三年(1887—1911 年)的 24 年间，全号盈利白银 389.9 万余两，[①]便是因实行力股和利润分成而获显著效益的典例。唯其如此，晚清时云南地区的商人资本的经营方式，大都采取了力股和利润分成制的方式。而且，在此种制度下，负主要责任的掌柜在日常经营中拥有很大的权力，如果没有特别理由，股东一般不得随意干涉其日常的经营事务。商号平常的买卖盈亏也多由掌柜负责。股东通常只有在每届账期来临时，才就经营盈亏和掌柜业绩提出自己的看法，把二者之间的关系首先建立在相互信任、相互依靠的基础之上。

(二)伙计与学徒

商业资本在日常的经营中，除了经理阶层的掌柜外，还需要数量更多的中

①《云南省志》卷十三《金融志》，第 95 页。

下层从业人员。这类人员也就是人们通常所说的“伙计”“店员”“学徒”等。如兴盛和商号，“掌柜之下，不论总号分号皆配备有跑街先生、信账先生，除特殊者外，均给薪水，年底参加分红。学徒只有生活待遇，没有薪资”[①]。又如福春恒则规定“初入号的学徒，不管是什么人介绍，或是股东的子弟，都先由洒扫应对学起，并逐步教以记账和珠算，使他懂得商业上的基本技术，然后再教以誊抄信底，使他一方面学会写商业信件，一方面也能逐渐了解全号的经营计划和各分号的业务情形；俟其已具备一般商业知识后，即派去单独处理某一事件，或某一笔账；经考察后，认为已可独当一面时，才调到分号担任副职，再经一段时期的磨炼，才能升为分号负责人……迤西商号多乐于聘任福春恒的伙计为信账先生或分号经理”。[②]

从上述记载中可以看出，与经营者阶层通常多与股东具有一定的人际关系一样，伙计或学徒一般来说也多与商号有一定的关系，如亲缘、族缘或乡缘关系。对于伙计、学徒的选择是商人资本在日常经营中十分注重的一个问题。对绝大部分商人资本来说，伙计和学徒的选择通常多在同宗、同族或同乡的范围内进行。这种做法的最大好处在于商人对于所使用的人员不仅比较了解，而且还便于利用亲缘、乡缘关系进行管理和控制。这样的办法既切实可行，又安全可靠。此外，商人在选择伙计和学徒时，一个必不可少的手续是要有熟人介绍。这种做法同样确保了入店人员的可靠性和商人对他们的管理控制。

一般来说，伙计均为商人所雇用的商号店员。他们或者是从学徒上升而来，或者由商人直接雇用。伙计一般按时领取固定的薪水，其中的一些年资较高者还可以享有一定的力股分红权。如上述兴盛和的情况便是如此。学徒在商号中地位最低，只有生活待遇，没有薪水，但可凭借自身的努力上升为伙计乃至分号经理。

商业资本在经营过程中，为了让雇员忠心耿耿地为其长期服务，对有贡献的伙计也实行力股制度。如同庆丰便有规定“号中伙友，无论新老，皆未入过银本，均系根据任事之大小，学识之深浅，表现之情况，酌上人力红利股，故不立合

①舒自治、苏松林：《鹤庆兴盛和商号》，载《云南文史资料选辑》第四十九辑，第318页。
②施次鲁：《福春恒的兴衰》，载《云南文史资料选辑》第四十二辑，第49页。

同"①。一般而言,凡是在商号内服务10年以上、工作无差错者大多可以得到数量不等的力股。此外,伙计的薪水也会根据工作时间长短或业绩好坏而有所变化。这样,对于大部分伙计来说,勤奋工作便成了升级、加薪的唯一途径,这种局面也正和股东、掌柜所期盼的一样,它确保了伙计能视号如家,并能与股东、掌柜休戚与共。如永昌祥的管账先生苏用九,本为一秀才,在弃儒经商后,把一套完密的会计方法搬来永昌祥,建立了以现金账代替传票的中式复式会计制度,使账目的细致完整首于鹤庆帮,他也因之得到了较多的力股奖励。②这样,在商人资本的日常运转中,在其内部就有可能形成一种基于经济关系和社会关系双重基础之上的内在合力,并由此来维系商业经营的存在与扩大。

当然,商业资本中的伙计或学徒也存在以下情况:有一部分人在从事了一定年数的帮伙生涯后,脱离原来的店家,自行独立经商,成为同行业中新的商人资本家。如前所述的周守正,曾在福庆店做学徒,学打算盘和写信、算账。由于精明能干,升任福春恒总掌柜。后因与蒋仰虞、蒋仰禹兄弟意见不合,退出福春恒,另组庆正裕商号,成为当时云南首屈一指的大商号。③这种经商伙计不断脱离原来的商人资本而独立从商的情况正是当时云南地区的商人资本个体不断分裂、不断增多的主要途径之一。此外,那些长久服务于某一商人资本、年资较高的伙计,也有从原来地位比较低下的伙计上升至地位较高的伙计,直至成为负相当责任的上层管理人员或经理人。与此同时,通过各种途径进入商号的新伙计则又会补充进来,因而商业资本的队伍不断壮大,从商者的人数也不断增加。

(三)职员制与经销制

民国时期,云南地区的商业资本中还有一类非常特殊的商业资本不能忽略,即买办资本。本期中,买办资本的经营主要通过两种形式,即高级职员制和经销制。

1.高级职员制

高级职员制即由洋行雇用中国人为外商企业的高级职员,有的以中国人为

---

①陈鹤峰:《王兴斋的南帮票号同庆丰与天顺祥》,载《云南文史资料选辑》第四十九辑,第44页。

②杨克成:《永昌祥简史》,载《云南文史资料选辑》第九辑,第52页。

③施次鲁:《福春恒的兴衰》,载《云南文史资料选辑》第四十二辑,第48页。

华人经理或华人账房主任,有的雇中国人为总稽核、会计主任、业务科长等。例如法商徐壁雅洋行,1917 年在昆明开设, 由中国人许凤庭任买办主持业务经营。又如东方汇理银行蒙自支行的经理梁子惠,郭米纳洋行经理许受之,以及各洋行的华人经理唐建勋、李伟德、李化南、马瑞卿、范德勤、黄瑞清、吴韵泉等。这种方式允许买办抽取一定佣金,但也承担风险,并用合同明确规定双方的权利和义务、责任与报酬。此外,被选用的买办,一般还要交纳相当数额的押金(不付利息)为保证。东方汇理银行蒙自支行的华人经理梁子惠便是如此。

2.经销制

经销制就是把市场划分为大小若干个地区,每一个地区物色一个总代理商家,包销外商企业的产品。总代理商再与下一级的经销商、批发商、零售商等,建立销售关系,组成网状销售系统。经销制始于 20 世纪初期,中国商家根据包销数量交付一定的保证金,并按销售数量取得一定比例的佣金,不发生商品所有权的转移,因此仍属代理中间商性质。实行经销制的外商企业,已不是作为进出口中介或代理的商行,而主要是在 19 世纪末 20 世纪初进入中国市场的国际性托拉斯组织的分支机构。其特点是产销结合,商品种类比较简单。如经营煤油的美孚、亚细亚公司,经营纸烟的英美烟公司,经营肥皂的利华兄弟托拉斯的中国肥皂公司等。这些公司都先后在云南物色了一批华商,建立起地区销售网,在很大程度上垄断了云南市场。

第五节 商业发展与云南地方社会变迁——以鹤庆为例

一、鹤庆商业发展概述

鹤庆自古以来为云南之战略要地,云南“北以鹤庆为关,丽江为蔽”,[①]以拒川藏。由此,中原王朝和云南地方势力都很重视对鹤庆的控制和经营。

元代,鹤庆已初步实行民屯和军屯,但规模较小,成效远不如明清时期。明

①李根源:《〈鹤庆县志〉序》,载民国《鹤庆县志》,鹤庆县图书馆馆藏资料。

洪武十五年(1382 年),明军攻占鹤庆路,改鹤庆府,以高隆为土知府。正统八年(1443 年),废土知府,改派林遒节为流官知府,[①]鹤庆成为云南较早现实“改土归流”的地方之一。从洪武二十一年(1388 年)起,明朝政府开始在鹤庆推行军屯制度,设立鹤庆御,“每军受田 50 亩,为一分,给耕牛、农具,教植树,复租赋”,平均每亩 2.2 斗。在实行军屯的同时,明政府又从江南迁移大批汉民到鹤庆,发展民屯,开垦出大片农田,一些水利工程也开始修建,农业生产较快发展。[②]

清康熙二十二年(1683 年),清政府废除鹤庆土千户,改设流官,鹤庆的“改土归流”彻底完成。两年后,清政府又废除了明代遗留下来的庄田制,凡过去耕种庄田的汉、白、彝等族的农奴交纳一定的地价之后,就获得土地私有权,变成自耕农。康熙三十一年(1692 年),废除屯田制,将屯田并入民田,使大量军田变成了私田。清政府的这些措施对发展鹤庆的农业生产起到巨大作用,康熙年间鹤庆的耕地有 98 940 亩,到光绪年间就猛增至 158 390 亩,养活人口44 644 人,鹤庆农业发展速度由此可见。[③]

明朝成化年间,鹤庆的冶矿业较为兴旺,规模最大的是北衙银厂。明政府于鹤庆设立南、北衙二司,专管炼银,又设太监府管理矿课。当时银厂内有“矿夫”上万民,年产银十几万两。除“官矿”外,还有炼银、炼铁和采金的“民矿”。[④]这种大规模冶矿业的发展促进了鹤庆商品经济的发展。一方面,数以万计的“矿夫”脱离农业生产,衣食完全依靠他人供应,鹤庆民间就流传有“千只羊,万石米,不够银厂一顿饭”的俗语,[⑤]与矿区周边农民交易农副产品成为必然;另一方面,“随着冶矿业的兴起,抽铜铁丝、制铁针、制刀、锄、斧等生产生活用具的手工业也有了发展”[⑥],这些手工产品多数是“为卖而造”,包含了商品经济的性质。

明朝至清初,鹤庆境内及周边的集市贸易有了初步的发展。鹤庆境内兴起最早、规模最大的贸易集会是松桂会,其正式形成于明朝初年,会期定于每年农历七月二十二日左右,时间五到七天,以交易骡马为主,兼带交易其他各种商

①鹤庆县民族宗教事务局编《鹤庆县民族志》,2011,第 9 页。
②云南省鹤庆县志编纂委员会编《鹤庆县志》,云南人民出版社,1991,第 139 页。
③同上。
④云南省鹤庆县志编纂委员会编《鹤庆县志》,云南人民出版社,1991,第 139 页。
⑤鹤庆县民族宗教事务局编《鹤庆县民族志》,2011,第 9 页。
⑥云南省鹤庆县志编纂委员会编《鹤庆县志》,云南人民出版社,1991,第 139 页。

品,每届骡马成交数不少于万匹。[①]康熙年间,鹤庆境内有记载的集市有“大街、大墩街、甸尾街、破庙街、金墩街、松桂街、石碑街、田子庄街、鱼塘街,河底街、姜官营街”[②]等12个。此外,明清时期鹤庆的传统集市贸易还有西邑的二月八会、辛屯天子庙会等,以交易锄头、扁担等农具和鸡、猪、狗等牲畜为主。[③]这些集市的初兴,推动了鹤庆商品经济的萌芽和发展,为近代鹤庆商业的兴起奠定了一定的基础。

在鹤庆境内的集市贸易初步兴起之时,滇西北其他一些地区也出现了很多较为兴旺的商贸集会,其中规模较大、辐射范围较广的有大理三月街、邓川鱼龙会、丽江骡马会等。这些大型商贸集会的兴起,有利于滇西北各地之间的商贸交流,从而加大了区域内商品经济发展的动力,为近代鹤庆、喜洲等地商业的崛起打下基础。

清光绪十五年(1889年),云南蒙自开关;光绪二十二年(1896年),思茅开关;光绪二十八年(1902年),腾冲开关;光绪三十一年(1905年),昆明开关。上述云南主要对外口岸陆续开关通商和1910年滇越铁路通车之后,大批洋货涌入云南市场,而云南各种土特产和农、矿原材料也大量输出国外,云南逐渐被卷入资本主义世界市场中。鹤庆所处之滇西北市场,亦发生了很大变化。大理洱海地区“商所售,售洋货;人所市,市洋货,数千年之变迁未有甚于今日者。”[④]丽江市场上“所陈列之商品,概系欧洲或日本工场出口,自鸣钟、小刀针之属,百物具备。欲寻一中国之制造物,杳不能得。”[⑤]而鹤庆市场上也是“洋货充斥,不唯奇技淫巧,娱人心志耳目者,皆为我消耗品,即寻常日用饮食之物,近以多由外洋侵灌入。”[⑥]鹤庆的松桂会在此时更扩展为国际性的商贸集会,“松桂地为北方冲市……英人物色犬马,不惜重价,于是滇之大贾,皆改他项买卖而专贩马匹。

---

①章天柱:《滇西北最大的骡马交易市场——松桂》,载《鹤庆文史资料》第八辑,第65页。

②康熙《鹤庆府志》卷七《街市》,鹤庆县图书馆馆藏资料。

③周智生:《商人与近代中国西南边疆社会》,中国社会科学出版社,2006,第39页。

④周宗麟等:《大理县志稿》卷六《社交部》,1916,铅印本,大理市图书馆馆藏资料。

⑤詹姆斯·瓦特:《西康之神秘水道记》,杨庆鹏译,蒙藏委员会,1933。

⑥《云南省通志馆征集云南各县人物资料》鹤庆县志稿,鹤庆县档案馆馆藏资料。

贩者利市数倍,人人皆争趋之,故此会年来侵成巨埠也。”①

在各种有利因素的推动下,鹤庆市场日显繁荣,远盛以往。康熙年间已出现的十余个集市,到光绪年间规模日益扩大。以县城为中心的各个集市,各类外来商品丰富,本县产品交易也很频繁。输入的大宗商品主要是洋纱,其次是京广或外国的日用百货,还有藏区的红花、虫草、麝香、鹿茸、硼砂、牦牛尾、酥油、木耳、竹叶菜、黄笋、藏毯、氆氇、卜垫、毡绒、牛羊皮毛、藏香;剑川的井盐、木器、铜银首饰;永胜的辣子、草烟、生姜、花生、瓷器;洱源和邓川的青椒、茄子、弓鱼、乳扇及湖南文具、广东成药、四川的生丝,以及滇南茶叶、凤仪石磺、赵州斗篷、大理草帽、祥云土锅、南涧土碱等。而由鹤庆输出的主要商品是土布、白棉纸、金属器具、猪鬃、手工卷烟、火腿、猪肝鲊、白酒、当归、食糖等。

为了服务大量过往客商,近代鹤庆县城、城郊、松桂、黄坪等地,都有很多食馆、食摊、客栈、鸡毛小店、马店等,商人和马帮食宿都比较方便;同时,鹤庆境内还有负责背运小批货物的“背街婆”,运输大宗货物的雇用马帮,抬送商客的滑竿队,商会组织的保商队等,目的都是服务商旅。

二、鹤庆商帮的兴盛与发展

清朝道光、咸丰年间,鹤庆商人李恒春、周绪、杨甲寿、赵根润等已经在川藏、中甸、丽江、大理、腾越等地从事商贸经营,由他们组建的“德昌隆”“恒昌和”“同心德”等商号,成为近代鹤庆商帮的第一批商号。②此后,鹤庆商人组建了“兴盛和”“福春恒”“庆昌和”等大商号,鹤庆商帮迅速发展。

1.“兴盛和”商号

光绪元年(1875 年),鹤庆人舒金和与同族舒卓然、舒程远合资组建了“兴盛和”商号,总号设在鹤庆,在建昌、叙府、富宁、嘉定、成都、会理等地开设分号。商号除销售川产绸缎,陕西广布及川产日用品外,也销售盐、烟、茶、纸等。光绪三年(1877 年),鹤丽镇总兵朱洪章开挖南新河,一时因公款未到,曾向鹤庆商人借贷,“兴盛和”支持水利,认贷最多,得到了朱洪章的信任。公款拨到后,朱洪

①杨琼:《滇中琐记》,1911,石印本。

②熊元正:《清末至民国期间鹤庆的集市与贸易概述》,载《大理州文史资料》第六辑,第77 页。

章存入“兴盛和”,整存零取,“兴盛和”从此与地方官府有了交往。鹤庆州的钱粮税赋,均委托“兴盛和”代收,其成为鹤庆州的金库,印发了一百、五百、一千文的制钱票在鹤庆使用,保证兑现。 后将总号迁至下关,并在昆明、保山、腾越等地增设立分号。[①]光绪二十年(1894 年),《中缅续议边界商务条款》签订后,“兴盛和”将大量在四川收购的蚕丝用马帮经腾越运至缅甸旧都曼德勒,开拓了蚕丝入缅的一条商路,并在曼德勒开设分号,成为我国在缅甸的第一家坐商。此外,“兴盛和”的分号还逐步扩展到贵阳、上海、香港以及缅甸的仰光、八莫等地。[②]

光绪末年,“兴盛和”舒金和、舒卓然、舒程远三大股东协议分立,“兴盛和”仍由舒金和控制;舒卓然另立“怡和兴”,舒程远另立“鸿盛昌”;大股东祁星垓、杨蕴山、舒浩然亦分出股金,合组“云丰祥”;舒子卿接管“兴盛花店”,改名“朕兴昌”。此后,“兴盛和”再次分出“恒通裕”“日兴德”两家商号。[③]此外,舒氏家族的子侄后辈还陆续开设了 “福顺昌”“永和号”“协兴隆”“裕丰恒”“裕兴宫”“鼎兴泰”等十来家中小商号,另有数十家依附于舒氏的商号。到清末民国初,以“兴盛和”为龙头的舒系商帮正式形成。

2.“福春恒”商号

光绪二年(1876 年),鹤庆籍军官蒋宗汉与腾越商人明树功、董揖三合资在腾冲开设“福春恒”商号,经营滇缅贸易,又在保山开设福春店,在下关开设福庆花纱店。至光绪末年,“福春恒”的花纱布匹遍销滇西各地,并推及滇中、滇东和四川西昌、会理一带,总号也迁到下关。舒系商帮的祁星垓、杨蕴山、舒浩然等也入股合伙,“福春恒”的人力财力增加,业务不断扩大。1911 年 10 月,“福春恒”与“福庆仁”合并,沿用“福春恒”名号,公推周守正为总掌柜,凭借出色的经营管理能力,将商号业务进一步做大。民国初年起,“福春恒”相继在缅甸瓦城,云南昆明、蒙化、鹤庆、镇南、昭通等地设分号,在漾濞、弥渡等地设立购销机构,又在重庆、泸州、成都、武汉、香港等地设有分号,业务扩展至全国。其业务主要有:在国内广销缅甸花纱、布匹,在缅甸销售国内土特产;经营缅甸华工汇款和其他侨汇业务,仅此项每年可收汇卢比五六十万元;吸收和打理滇军赵又新部的军款;

---

①舒自志:《博南古道上的鹤庆商帮》,载《鹤庆文史资料》第二辑,第 3 页。
②李丙六:《鹤庆商帮》,载《鹤庆文史资料》第六辑,第 47 页。
③舒自志:《博南古道上的鹤庆商帮》,载《鹤庆文史资料》第二辑,第 4 页。

经营条银和托铸银币；经营“滇新轮”号轮船的长江航运，在四川、山东两省开设19家解丝厂，生产“狮球牌”细丝，极具国际市场竞争力；在山东周村开设“桃牌”面粉厂等。[①]

到20世纪20年代末，“福春恒”已发展为鹤庆商帮乃至整个云南商界实力最强的大商号之一，月营业额达5万多银圆，总资产达300余万银圆，设分号40余处，[②]成为一个以进出口贸易为主，兼营工业、金融、运输的大型联合企业。

3.“庆昌和”商号

“庆昌和” 的创始人丁槐在镇压反清起义和抗击法国侵略的过程中因战功显赫升至广西提督。他于光绪二年（1876年）开设“庆昌和”商号，主要经营鹤庆地方土特产品和药材、山货、丝绸、土布、棉花等。在下关、昆明、汉口、上海、北京、孝感等地设有分号。[③]“庆昌和”商号还从四川引进了先进的纺织技术以教授鹤庆民众，使鹤庆的织布业大兴，促进了鹤庆经济的发展。

从19世纪70年代中期至20世纪20年代初，鹤庆商帮迅速发展。以“兴盛和”“福春恒”两大商号为主力，并通过协议分离、资本外流、人员外流、子号做大等方式逐步孵化分离出 “鸿盛昌”“怡和兴”“云丰祥”“朕兴昌”“恒通裕”“日兴德”“福顺昌”“永和号”“协兴隆”“裕丰恒”“裕兴宫”“鼎兴泰”“恒盛公”“福庆仁”“庆正裕”“庆顺丰”“复协和”等数十家商号，加之较为独立的“同兴德”“庆昌和”“怡怡茶庄”等部分商号，形成了一个地域相同、利益相连、实力雄厚的鹤庆商帮。这个时期，鹤庆商帮的实力强于腾冲商帮和喜洲商帮，成为迤西地区的第一大商帮。至抗日战争时期，由于大批企业、工厂、机关、学校相继内迁云南，且大部分抗日战争物资转由西南边境运入，云南的战略地位大大提高，对外贸易也更加兴盛。此时，不仅鹤庆商帮中一些倒闭的商号重新恢复，还新增了四五十家商号，“恒盛公”“庆正裕”“复协和”等商号得以迅速发展，成为鹤庆商帮中的新代表。

4.“恒盛公”商号

“恒盛公”商号的创始人是张泽万，光绪三十三年（1907年）与“兴盛和”商

①施次鲁：《福春恒的兴起发展及其没落》，载《鹤庆文史资料》第八辑，第9—18页。

②赵启燕：《鹤庆商帮研究》，硕士论文，云南大学，2005，第25页。

③章虹宇：《茶马古道与鹤庆商帮》，载《云南民族大学学报》2005年第3期。

号合作,在汉口开设了"恒盛公",以经营麝香为主,兼销三七、熊胆、猴结、肉桂、天生黄、普洱茶、藏红花等,同时采购纱帕、楚布、白铜器、缎子等回滇销售。昆明、下关、鹤庆等地均设有"恒盛公"的办事处和转运站。宣统元年(1909年),"恒盛公"与西藏大商号"热真昌"合作经营康定、拉萨的茶叶运销生意,1913年在拉萨设号,经营名贵药材、皮毛、茶叶、汇兑等业务。1923年,张泽万派第六子张相诚到印度设立分号,经营丝绸、珍珠、香料、茶叶等业务。1927—1928年,"恒盛公"又在勐海设立分号,并开设了勐海茶厂,负责茶叶收购和加工。1930年,"恒盛公"在上海设立分号,经营菜馆、澡堂等,并开设寿器店和寿器作坊。同年,又在昆明创建"恒盛公"总汇,负责茶叶收汇业务;开办云南科发药房和制药厂,生产"醒狮"牌仁丹;开办良记布铺,经营各地绸缎布匹。此外,1931年,"恒盛公"在下关和香港设立分号,负责处理国际贸易运销业务。抗日战争期间,"恒盛公"抓住机遇,组织马帮控制滇藏印贸易路线,从云南运出茶叶和一些土特产,在西藏和印度销售,然后从印度运回药材、羊毛、染料、香料、棉纱、布匹、绸缎、呢绒、工业原料等,高价销往丽江、下关、昆明等地,起初一次运几十驮,后来增加到二三百驮,由此获得高利,在抗日战争时期积累资金达320万卢比左右,成为鹤庆商帮中新的大型商号。[①]

5."庆正裕"商号

1931年底,周守正、朱靖卿、赵如九等退出"福春恒",组建了"庆正裕"商号,同时原属赵如九的"复协和"也与"庆正裕"联号。"庆正裕"商号的一大业务是在缅甸、印度销售生丝。商号先从南充、合川、南京、汉口等地采购大量生丝,然后在四川设解丝厂加工,之后运销缅甸和印度。起初"庆正裕"每年运销缅甸的生丝数量为六七万市斤,随着解丝技术的成熟,1935年后运销量近10万斤,占到缅甸销丝总额的一半以上。"庆正裕"的另一大业务是从缅甸和上海等地采购棉纱,然后运销云南各地。特别是在1937—1941年,"庆正裕""复协和"等商号组织运输车辆,通过滇缅路从缅甸大量进口棉纱和百货,运销下关、昆明等

①上述"恒盛公"商号发展历程,是笔者据以下3份资料整理。张相时:《恒盛公商号史略》,载《鹤庆文史资料》第二辑,第16—35页;潘寿山:《鹤庆商帮兴衰演变概略》,载《鹤庆文史资料》第五辑,第125—130页;章虹宇:《茶马古道上的首家坐商——恒盛公商号》,载《鹤庆通讯》2004年11月29日。

地，获利颇丰。同时“庆正裕”还囤积了一部分棉纱，到1942年滇缅路不通，棉纱价格暴涨之后，投向市场以获取暴利。

抗日战争时期，“庆正裕”还开办了猪鬃厂，有300余名工人，每年洗制熟鬃七八百担，装箱后运往上海、香港转销国外，其“骆驼”牌猪鬃在国际市场上很受欢迎。此外，“庆正裕”还从四川采购皮革，然后转运香港，获取转手利润。到1940年，“庆正裕”就累积资本1 400多万半开元，成为鹤庆商帮中资本最雄厚的大商号。[①]

三、鹤庆商业发展与地方社会

商业活动的一大特性是流通性，在商业活动中总是伴随着各种信息的交流和传播，在商业活动中成长起来的商人阶层，则是掌握大量社会财富，视野辽阔、颇具社会影响力的群体，所以只要在商业兴盛的时代和区域内，商业活动和商人群体总是能够影响民众的心理和行为，影响社会文化和风气，最终造成民风民俗的变迁。云南地处边陲，山脉纵横，近代以前交通闭塞、经济落后，信息的交流和文明的传播比内地各省要缓慢得多，因此，近代云南商业活动和商人群体为云南输送来的各种信息和文明就显得十分重要，它们对云南的民风民俗所造成的影响也就格外明显。

（一）鹤庆商业发展与社会风尚变迁

社会风尚是指整体或局部社会在一定阶段内所呈现出的风俗习惯、文化传统、行为模式、道德观念以及时尚标准等要素的总和，与民俗有很大交集，“风”与“俗”相伴而存在，一种社会风尚长久盛行，便容易定型为民俗，民俗又是许多社会风尚流行之根源所在，所以，考察民俗变迁有必要先探究社会风尚的变迁。

1.近代鹤庆商业发展与民间从业观念的转变

清朝咸丰、同治年间以前，鹤庆是一个典型的农业县，虽有行商坐贾和手工业者存在，但未成气候，绝大多数人还是以务农为主，民国《鹤庆县志》记载：“盖清初沿明风气，专务农业，……商务尚在闭塞。”[②]当时鹤庆所呈现出的是一种

---

①解乐三：《庆正裕商号回忆录》，载《鹤庆文史资料》第八辑，第26—43页。

②民国《鹤庆县志》卷二《建置志》，鹤庆县图书馆馆藏资料。

"民风淳朴，俗尚俭约……士有旧德，农有先畴，百族各安其业"[1]的传统农本社会风貌。

然而，从清朝同治光绪年间开始，随着鹤庆商业的发展和鹤庆商帮的崛起，鹤庆市场日益繁荣，商品经济活跃，各种商品外销内运频繁，这就为经商者创造了越来越多的商机，为手工业者提供了广阔的商品销售市场，也给马帮运输者提供了很多的活计；与此同时，一批批经商致富的大小商人在鹤庆建豪宅、置田地，倡导奢华时尚，享受富裕生活，让人们觉得"经商容易致富，所以一般人有了重商倾向"。[2]就这样，在经济因素的诱导和商人阶层的引领下，鹤庆人原本"安土重迁、以农为本"的从业观念发生了巨大转变，鹤庆人开始"重利不重名，子弟俊秀者多入贸易之途"。[3]至民国年间，鹤庆"城镇的男青年学有一定的文化程度以后，纷纷到下关、昆明，在鹤庆人开的商号里'学事'，充当学徒、店员、伙计、先生等。在农村，大部分男子都从事铁匠、小炉匠以及各种手工劳动，或者养马、赶马、加入马帮远走各地。"[4]据民国二年（1913 年）统计，鹤庆全县从事手工业者达 333 户，到民国三十六年（1947 年），县内有行坐商和手工业兼营商业者 650 多户。[5]

总之，在近代鹤庆商业发展和商人的影响下，鹤庆民众的从业观念由原来的"专务农业"转变为依然重视农业，同时盛行经商、手工和跑马等行业。正如民国《云南掌故》所载："鹤庆人多有远志，恒喜向外飞扬，入仕途、投军界、经商业、习工艺，大则大成，小则小就，无往而不利。云外出谋生发展者尤不知有若干人，几十室而居五六焉。夫外出干事者多，饱载而归者自不少。此一班人，既涉重洋而登五岳，眼界宽而思想奇。"[6]这种由商业和商人牵动的"社会风尚所趋，是对旧封建传统观念的一种冲击和挑战。"[7]

①光绪《鹤庆州志》卷五《风俗》，鹤庆县图书馆馆藏资料。

②舒自志：《博南古道上的鹤庆舒姓商号》，载《云南文史资料》第四十二辑，第 63 页。

③舒自志：《博南古道上的鹤庆商帮》，载《大理州文史资料》第二辑，第 96 页。

④熊元正：《鹤庆商帮与集市贸易》，载《云南文史资料选辑》第四十九辑，第 87 页。

⑤云南省鹤庆县志编纂委员会编《鹤庆县志》，第 139—140 页。

⑥罗养儒：《云南掌故》，第 89 页。

⑦舒自志：《博南古道上的鹤庆商帮》，载《大理州文史资料》第二辑，第 96 页。

2.近代鹤庆商业发展对社会消费观念的影响

如前所述，清朝咸丰年以前，鹤庆“民风淳朴，俗尚俭约”。然而近代商业的发展，使得鹤庆市场日益繁荣，各种商品琳琅满目，尤其是蒙自开关和滇越铁路修通之后，洋货涌入云南各地，鹤庆市场上也出现了大批洋货，民国《鹤庆县志》记载：“不唯奇技淫巧娱心志，悦耳目者，皆为我消耗品，即寻常日用之物，近亦多由外洋侵灌入。”[①]丰富的商品必然诱发民众的消费欲望，对鹤庆社会传统的消费观念造成一定冲击。

在土货、洋货充斥近代鹤庆市场，刺激民众消费欲望的同时，鹤庆商人们引领的奢华时尚之气，也冲击了传统的消费观念。当时的鹤庆商人们已经公开展示自己对金钱的渴望，如“恒盛公”商号的张泽万就在自家楼上悬挂了一条名为“钱赋”的横幅，上面写着：“钱钱钱，我与你性命相连，有了你许多方便，无了你许多艰难。”[②]大小商人们手里有了钱，最先想到的还是建造房屋，商人们以白族经典建筑式样为基础，大规模、多样式的翻修建盖住宅和商铺，引领近代鹤庆建盖房屋之风。除了大建房屋外，部分鹤庆商人还在饮食方面较为铺张，极尽奢华的“三叠水”宴席在近代鹤庆富商大贾和官员中十分流行。此外，鹤庆商人也比较喜欢使用各种洋物，例如“恒盛公”的张泽万数次出国，由国外带回装饰着铜铸人像的自鸣钟、大穿衣镜、留声机、煤油灯、井水泵、香皂、糖果、饼干、咖啡、罐头，以及厨房用具等。[③]就这样，鹤庆商人们自觉或不自觉引领了奢华时尚的消费之风，诱导其他社会阶层去仿效，体现出近代民众对新兴生活方式的渴求，从而冲击了传统的消费观念。

3.近代鹤庆商人与文教之风的兴盛

从明朝初年开始，陆续在鹤庆实行了驻军屯田、移民实边、“改土归流”等政策，中原官民的源源而来促进了以儒学为主体的汉文化在鹤庆的传播。鹤庆社会崇尚文教之风由此兴起，明清两朝科甲延绵不辍，书画名人辈出，成为“文献名邦”。近代鹤庆商人处在这样一个崇尚文教的社会中，为了赢得社会的认可和赞誉，大力支持文教事业的发展，促使鹤庆社会本就兴盛的文教之风在近代更

①民国《鹤庆县志》卷九《人物志》货殖，鹤庆县图书馆馆藏资料。

②张相时：《恒盛公商号史略》，载《鹤庆文史资料》第二辑，第16页。

③同上。

加兴盛。

第一，近代鹤庆商人对自身及家人的文化教育十分重视，从而在社会上起到了重视文教的模范表率作用。近代鹤庆商人中重视自身文化修养的很多，例如“庆昌和”商号的丁槐在诗词、书法、绘画方面都有一定造诣，尤其他的梅花画枝干劲挺，别开生面，颇有名气。①又如南裕商行的李梦白毕业于大理师范学校，在昆明商校当过讲师，是一个典型的儒商，在诗词、古文、书法方面皆有造诣。②商人们在重视自身文化修养的同时，也很重视子女的教育。如“兴盛和”商号的舒金和，在其督导下，侄儿舒良弼考中举人，为鹤庆玉屏书院主讲，官至内阁中书，民国时期任省两院议员；长子舒良辅考中禀生，民国时期为下关商会首任会长，创建“恒通裕”商号；次子舒良佐亦学有所成，长驻缅甸经商，并在鹤庆办过私立小学。③“恒盛公”商号的张泽万主张近代新式教育理念，让女儿和儿媳读书，并将她们带到昆明、上海乃至国外接受教育；他还让妻子袁氏担任家乡女子学校的校长。④

第二，近代鹤庆商人热衷于捐资助学，为地方文教事业的发展提供了资金保障。晚晴时期，鹤庆商人捐资修建了不少书院。清光绪十五年（1889 年），舒金和、蒋宗汉等倡议在鹤庆修建书院。李毓煊捐二千金，舒金和捐一千五百金，蒋宗汉捐五百金，建成了鹤庆有史以来规模最大，设备最完善的一个书院——玉屏书院。接着，舒金和又捐二千金，在州署前购买公铺三十三楹，以其租金作为书院的日常费用。⑤光绪二十一年（1895 年），舒金和、蒋宗汉又各捐千余金修理了书院前的文庙。⑥蒋宗汉还捐资修建了牛街建庆云书院、辛屯建玉锋书院和梧桐书院等。⑦

近代新式教育兴起后，鹤庆商人们又踊跃捐资兴办新式学校。清宣统三年（1911 年），商人舒良佐等在孝廉村开办了鹤庆中区私立小学；同年，商人赵灼捐

①谢嘉槐：《鹤庆县历代书画名人简介》，载《鹤庆文史资料》第九辑，第 67 页。
②赵应宝：《鹤庆商帮的后起之秀——南裕商行》，载《鹤庆文史资料》第八辑，第 56 页。
③梁波：《云南名商舒金和》，载《云南文史资料》第八辑，第 49 页。
④李正旭：《张泽万先生行述》，载《鹤庆文史资料》第二辑，第 42 页。
⑤民国《鹤庆县志》卷三《学校志》学宫。
⑥谢嘉槐：《鹤庆文庙与鹤庆一中》，载《鹤庆文史资料》第八辑，第 98 页。
⑦杨毓骧：《清末爱国将领蒋宗汉生平考》，载《鹤庆文史资料》第六辑，第 62 页。

资开办了鹤庆南区私立小学。民国二年(1913年),商人蒋孝仁等在大理创办私立民国小学一所,招收鹤庆籍旅居大理学生。[①]民国十五年(1926年),鹤庆县筹办县立中学,“兴盛和”“怡和兴”“福春恒”“云丰祥”“丁幼衡”等商号及商人首先捐献了开办费用,之后不足的资金再由“兴盛和”商号负责,鹤庆县立中学由此顺利开办。[②]民国后期,南裕商行的李梦白给鹤庆县立中学捐赠了一批图书和设备,还在鹤庆金墩乡捐资创办了一所私立的两级小学,并在东山河置水力碾磨房,以收入作为学校长期的经费来源。[③]民国十九年(1930年),“复协和”商人朱靖卿在鹤庆独资创办了养正小学,并不时向学生免费发放洗漱用具。[④]民国三十六年(1947年),“恒盛公”商人张相如、张相时捐资开办了鹤庆县立宝峰幼稚园一所;[⑤]“恒盛公”商号还给鹤庆旅省学会捐款国币三万元作为常年活动经费。[⑥]

除了创办书院和新式学校外,近代鹤庆商人们还通过其他方式资助家乡文教事业的发展。例如,“庆昌和” 的丁槐与其兄丁彦一起捐资编修光绪《鹤庆州志》,并印制成木刻本流传于世;[⑦]舒金和为“续修《鹤庆县志》、刊张公百忍书,前后花费约五千金”;[⑧]“恒盛公”商人张泽万在创业阶段资金紧张时,恰逢《万有文库》刊行,他认为此书对家乡文教有用,就毅然捐赠了一部。[⑨]

第三,近代鹤庆的部分商人涉足了图书经销业,为文化的普及做出了贡献。清末,鹤庆县城就出现了一家名为“际昌堂”的书店,经营木刻本《四书》《五经》《三字经》《百家姓》《增广贤文》等图书;民国时期,这家书店又卖过《共和国文》《修身》等教科书。民国十九年(1930年)后,县内新开了恒丰、惜荫庐、万恒大、永信昌等私营书店,鲁迅的《呐喊》《彷徨》,巴金的《家》《春》《秋》,茅盾的《子

①云南省鹤庆县志编纂委员会编《鹤庆县志》,第581页。
②《续编鹤城舒氏族谱》。
③赵应宝:《鹤庆商帮的后起之秀——南裕商行》,载《鹤庆文史资料》第八辑,第56页。
④鹤庆县民族宗教事务局编《鹤庆县民族志》,2011年5月第一版,第107页。
⑤云南省鹤庆县志编纂委员会编《鹤庆县志》,第579页。
⑥云南省档案馆馆藏“恒盛公”商号史料,卷宗号:132-3-101。
⑦谢嘉槐:《鹤庆县历代书画名人简介》,载《鹤庆文史资料》第九辑,第67页。
⑧舒良弼:《梦觉纪略》,第34页。
⑨张相时:《恒盛公商号史略》,载《鹤庆文史资料》第二辑,第16页。

夜》，蒋光慈的《少年漂泊者》等优秀图书在这些书店里都有销售。

4.近代鹤庆商人与吸食鸦片

近代云南不仅广泛种植鸦片，大规模贩运鸦片，而且民众中还盛行着吸食鸦片的恶劣风气。云南“当时社会风尚，小康人家不设吸烟的床铺和器具，就好像不光彩似的……上至达官显宦，下至普通人，莫不以吸烟为嗜好。”[①]而在烟毒泛滥最为严重的滇西北地区，民众甚至流传着：“烟是和气草，待客少不了”的提法。由于鹤庆商帮中从事鸦片贸易的商号极多，有的贩运规模还很大，加之鹤庆境内种有鸦片田 8 000 多亩，必然导致近代鹤庆社会盛行吸食鸦片之风。

据相关资料记载，近代鹤庆“全县烟馆林立，烟客常卧其中吸食，上瘾肌瘦，精神萎靡，白天酣睡，晚上吸食。富者以吸食为荣，并显富贵。一般百姓上瘾后，为了筹划毒资，有的倾家荡产，有的鬻子卖妻”[②]。鹤庆商人中吸食鸦片者很多：“大小商号的掌柜先生们倒在鸦片床上，拨弄几下算盘，做上两趟生意……”[③]驻藏北京商人韩修君也回忆说：“抗战后期，从云南来了很多商人，这些人都是伙友，一般都会抽大烟”，[④]而抗战时期驻藏滇商中鹤庆商人非常多。据记载，民国二十九年（1940 年），鹤庆县境内吸食鸦片者近万人[⑤]，占同年统计人口 105 897 人的10%左右。[⑥]

5.近代鹤庆商业发展与养兰风俗的兴盛

鹤庆是中国“兰花之乡”，养兰历史可追溯至唐代长庆年间，到清初鹤庆的兰花已有不少品种，仅康熙《鹤庆府志》中就记录了甄兰、山兰、红莲瓣、白莲瓣、绿莲瓣等 6 个兰花名品，并出现了李衍芳等养兰名人[⑦]。到了近代，随着鹤庆商业的繁荣，养兰旧俗一时大盛，风头远超以往。据有关资料记载：“清末民初之交，由于鹤庆织布业及商业的兴盛，在活跃于茶马古道上的鹤庆商帮、马帮的运

---

①李道生：《云南社会大观》，上海书店出版社，2000，第 111 页。

②中共鹤庆县委党史研究室编《中国共产党鹤庆地方史》第一卷，云南民族出版社，2009，第 116 页。

③田麟勋：《革命征途第一步》，载《鹤庆文史资料》第五辑，第 16 页。

④韩修君：《北京商人在拉萨经商略记》，载《西藏文史资料》第三辑，第 53 页。

⑤云南省鹤庆县志编纂委员会编《鹤庆县志》，第 15 页。

⑥赵锐明：《民国时期云南人口调查统计及大理地区各县人口概况》，载《大理州文史资料》第八辑，第 148 页。

⑦佟镇：康熙《鹤庆府志》卷十二《物产》，大理州文化局，1983。

作下，各种名兰荟萃鹤庆，城乡各地，养兰蔚然成风。兰花名品大雪素由商帮传入鹤庆，受到鹤庆兰花爱好者的高度重视，鹤庆大雪素逐渐名声遐迩。民国时，鹤庆养兰的人很多，每年正月十五过元宵节，仅就云鹤镇而言，居民们于街边路口搭花山欢庆节日，大多数采用正在开放的兰花搭成，争奇斗艳，供城乡人民观赏。”[①]由于养兰风气盛行，兰文化也成了鹤庆地方文化最具地方特色的组成部分，不仅古建筑的梁枋、格扇、照壁、门墩上都绘有兰图，而且各种桌子花空、木椅背上、石井栏上更是常雕有兰图。

（二）近代鹤庆商人与家族组织变迁

家族组织是社会组织的重要组成部分，“在中国传统社会中，家族（宗族）是最重要的民间社会组织，在长期的文化积累中，形成了丰富多彩的组织民俗。”[②]在鹤庆传统的家族组织中，白族家庭一般是由一对夫妇及父母、子女为一户，兄弟完婚后就要分家自立，父母则由长子和次子分别赡养，实行的是两代或三代的小家庭制。[③]县城的汉族虽有不少一个家族三四家人居住于一个四合院内的情况，但每家收支独立，除逢年过节外，基本也是各家自食，不属于典型的大家庭制。

近代鹤庆商业兴起之后，商人们开始拉拢聚集同宗同族成员，有意识强化宗族血缘关系，因为“宗族血缘圈是家庭的扩大，具有极强的凝聚力，借助宗族势力经商，能大大增强商人的竞争力。”[④]同时，为了防止分家造成的分产分号，商人们又组织家庭成员过起了大家庭制的生活。如此一来，传统的家族组织民俗就发生了一定的变化：强调宗族血缘关系，在外部竞争中建立起利益一体、一荣俱荣、一损俱损的宗族利益共同体；同时组织规模庞大的同居同食大家庭。

如前所述，鹤庆舒系商帮的龙头商号“兴盛和”就是商人们有意识强化宗族血缘关系的产物，其三大创始人舒金和、舒程远、舒卓然并非父子兄弟，而只是同宗关系，舒程远是舒金和的族兄，舒卓然是舒金和的族侄，他们组建同宗商帮是为了增强竞争力。“兴盛和”组建之后仍然延续着笼络提携同宗族共同经商的

---

①谢嘉槐、梁波：《鹤庆养兰历史源流简述》，载《鹤阳史话》，第 260 页。
②高丙中：《中国民俗概论》，北京大学出版社，2009，第 141 页。
③鹤庆县民族宗教事务局编《鹤庆县民族志》，2011，第 33 页。
④唐力行：《商人与中国近世社会》，浙江人民出版社，1993，第 15 页。

方式，逐步建立起一个由舒氏家族的兄弟、子侄、姻亲、故友组成的庞大的舒系商帮，是一个非常典型的以宗族血缘关系为纽带的商业集团。此外，“恒盛公”商号在经营过程中也是重点照顾和团结张氏家族成员，强调宗族血缘关系，例如商号规定张姓无定额工资，按需支用生活费，而外姓职工一般领定额低工资；凡是把外姓投资人认作东家者，张氏就设法使他们不安而自去。[①]除了舒氏和张氏之外，多数近代鹤庆商人在经商过程中都愿意提携和团结同族成员，以宗族势力来支持自己经商。又如鹤庆官商丁彦、丁槐兄弟在鹤庆县城内建有六个四合院和宗祠在一门之内的大院落，整个丁氏大家族的成员同居同食于大院之内，共同祭祀先祖。现今保存在鹤庆档案馆的商业家族族谱《鹤城舒氏族谱》和《鹤庆鲍氏族谱》中，都把宗族的范围扩得很大，体现了近代鹤庆商人们有意识地强化宗族血缘关系，突破了鹤庆传统上以小家庭为主的家族组织民俗。

（三）近代鹤庆商业发展与饮食文化变迁

俗话说：“民以食为天”，考察一地民俗，当首选饮食习俗。晚清民国时期，随着鹤庆商业的勃兴，市场的繁荣，鹤庆人民的物质生活日渐丰富起来。尤其是在饮食方面，各种外来的农副产品和山货药材逐渐成为鹤庆人制作饮食的原料，外来的饮食制作工艺也被鹤庆人所吸收，饮食习俗逐渐发生变化。酥油茶是藏区人民发明的一种饮品，由酥油（从牦牛奶中提炼出来的一种黄油）和煮沸的浓茶调配而成，佐以食盐、熟花生等配料即可饮用，可补充体力，缓解高原反应。晚清以后，鹤庆商帮中的很多商号开始涉足滇藏贸易，鹤庆马帮商队进入藏区，为了抵御饥饿、寒冷和高原反应，马帮的赶马人很快习惯了喝酥油茶，并将酥油茶的制作方法传回鹤庆。由此，饮酥油茶逐渐成了鹤庆民众的重要饮食习俗，吃早点或晌午饭时常常喝酥油茶，几乎每家都有打酥油茶的全套食具。[②]此外，由于鹤庆地处滇西北商道上，而且鹤庆商人都习惯于途经家乡时卸货休整，就地售货，所以近代鹤庆市场十分繁荣，其中尤以藏区的商品最为多见，如红花、麝香、硼砂、鹿茸、虫草等药材，酥油、木耳、竹叶菜、黄笋、牦牛尾等山货。其中虫草是鹤庆人做汤和泡酒的辅料，酥油则是鹤庆人做酥油茶的必备原料，而木耳、黄笋

---

①张相时：《恒盛公商号史略》，载《鹤庆文史资料》第二辑，第17页。

②熊元正：《鹤庆商帮与集市贸易》，载《云南文史资料选辑》第四十九辑，第87页。

和竹叶菜，则成了鹤庆人在婚丧嫁娶时待客的传统宴席——“八大碗”中的三道必备菜肴。[1]由此可见，藏区商品对鹤庆饮食习俗影响之深。

近代鹤庆市场的兴旺，还吸引了邻近地区的商贩前来贸易。永胜人运来辣子、草烟、生姜、花生，剑川人背来井盐，部分永胜和剑川商人还在鹤庆开店销售上述特产。牛街、洱源、邓川的商贩则带来早熟的蔬菜和弓鱼、乳扇。其中如辣子、生姜和食盐是鹤庆人腌制火腿、腊肉、猪肝鲊和酱菜所必需的；花生是鹤庆多道菜肴的配料；乳扇更是鹤庆民众喜爱之食物。由于鹤庆商帮与四川各地的商务往来较为频繁，而且四川人也常到鹤庆经商、做工，所以鹤庆的饮食习俗也深受四川的影响。鹤庆人“酿酒、腌咸菜、制作糕点等都受四川影响，明显带有四川特色。”[2]

和丽江、喜洲等地商人一样，鹤庆商人在经商致富之后，掀起了奢侈之风，这种风气在饮食方面亦有所体现。例如清末民国初之际，在鹤庆的富商大贾中就流行操办三叠水宴席。所谓三叠水，又称三滴水，原是鹤庆高氏土官礼宴宾客的传统宴席。一席分山珍海味人肴 3 项，共 21 道菜。每桌所用餐具多达72 样，多是景德镇的上好瓷器。一般富豪人家请 3—5 席也要花去上千两银子。

（四）近代鹤庆商业发展与服饰变迁

一地居民的服饰特点，能够最直观地体现当地的风俗文化和民族风情。清末，鹤庆商人频繁进入藏区贸易，而藏族的马帮也时常来到鹤庆贸易，独具特色的藏族服饰对鹤庆人的衣着习俗产生了一定影响。藏族毡帽、藏毯等在鹤庆较为流行，藏刀、藏族项链等配饰也为鹤庆人所喜爱，藏族妇女制作横条花围裙的“帮点”，传到鹤庆后被当作背孩子的背带，称为“古宗背带”。[3]

明清时期，鹤庆民众所用衣料少部分为本地所产的“井口布”和“大麻布”，大部分主要进口湖北广布和四川泸州布，[4]由于运力十分有限，大部分民众的衣着用料很成问题。至光绪年间，“福春恒”的蒋宗汉从缅甸大量购入花纱布在

---

①熊元正：《清末至民国期间鹤庆的集市与贸易概述》，载《大理州文史资料》第六辑，第 74 页。

②舒家骅：《鹤庆商业》，载《云南文史资料资料选辑》第四十九辑，第 76 页。

③熊元正：《鹤庆商帮与集市贸易》，载《云南文史资料资料选辑》第四十九辑，第 87 页。

④潘寿山：《鹤庆织布业兴衰概略》，载《鹤庆文史资料》第一辑，第 173 页。

滇西销售,[①]由此“福春恒”的花纱布成为鹤庆民众的新衣料之一。紧接着,鹤庆“庆昌和”商号的丁槐又购进纱锭,从四川请来师傅教授鹤庆民众织布技术,使鹤庆织布业一时大兴,鹤庆人民的衣料由进口变为自给,紧缺变为充足。[②]同时,鹤庆织布业的兴盛还带动了印染业的兴起,民国年间,鹤庆县城的“段启鹏开设染房,还有李姓、段姓共五六家。甸南的长康铺及沙沟南也有几家农户开设染房。城镇还有扎花染色工艺户。”[③]这些印染行的出现较大地丰富了鹤庆民众衣着的颜色和样式。

长途贸易的发达使得近代鹤庆马帮特别兴盛,以至于鹤庆几乎村村都有赶马人,久而久之,赶马人所穿的“赶马装”在坝区白族群众中流行开来。这种“赶马装”的大体样式为:头戴大理草帽,上身穿对土布襟衣,纽扣多排在胸前,外面再套一件领褂,裤子为黑色齐膝的宽口“二郎裤”,脚穿草鞋。当时的白族男青年无论是否为赶马人,都流行穿“赶马装”。[④]

辛亥革命之后,全国范围内掀起了一场社会风俗改良运动,而趋于西化的服饰改良是其中的重要组成部分。鹤庆虽然偏居西南边陲,但此时鹤庆商帮的各大商号已将业务拓展至上海、武汉、成都、重庆、昆明等大城市,在这些城市中盛行的服饰改良之风很快随商业活动传到了鹤庆。由此,民国初年鹤庆的白族和汉族群众中,已有中山装、西服和皮鞋的流行。[⑤]

(五)近代鹤庆商业发展与地方建筑

一个地方的建筑特色能较直观地体现当地的风俗文化和民族风情。此外,建筑物的实体性,使其蕴含的民俗文化最可能长久的保存下来。近代鹤庆商业发展对当地建筑民俗的影响主要表现在以下几个方面:

第一,近代鹤庆商人经商致富后,在家乡掀起了兴建住宅之风,使鹤庆出现了一批高标准、高质量且各具特色的民居建筑。

由于受到古代社会农本思想的影响,很多近代鹤庆商人在经商致富以后,

①罗群:《近代云南商人与商人资本》,云南大学出版社,2004,第95页。
②熊元正:《鹤庆土布小史》,载《大理州文史资料》第二辑,第120页。
③潘寿山:《鹤庆织布业兴衰概略》,载《鹤庆文史资料》第一辑,1990,第173页。
④鹤庆县民族宗教事务局编《鹤庆县民族志》,2011,第40页。
⑤同上。

还是拿出部分资金在家乡购置田产,兴建住宅。“同心德”商号的李恒春经商致富后,在鹤庆金翅鹤村修建了一座“四合五天井”的大院,院内“东西主房各五大间,东北漏角厢房次间设大门,里角设重门”。李恒春之孙李鸿康、李鸿年兄弟也在金翅鹤村修建有大宅,皆为“六合同春”的布局,即“两个四合院组成,两院中间一方前后两边带厦,设大小六个天井”。二品红顶商人张奎斗在鹤庆化龙村建有一座四合院,东北角不设漏角天井,在东、北两门交叉处,东厦下设大门,东西各五大间,南北各三间,别称“五凤楼”。①以“兴盛和”商号为首的舒系商帮崛起之后,舒氏家族在鹤庆县城内大建住宅,舒金和建了一进三层的大院一所,舒卓然修建了一进二层的大院一所,舒程远则先后建了两院四合楼房。②整个舒氏家族相继在鹤庆城区十街内建造铺面、宅院近百处,其中临街铺面四十余间,宅院五十余所,制作装修多仿江南样式。③“庆昌和”商号的丁槐发迹之后,修建了“六个四合院和宗祠在一门之内”的大院落,恢宏而独具特色。此外,蒋宗汉、张泽万、周守正、杨穆之、陈德祥、解乐三、蒋荣等大批鹤庆商人都在家乡建有豪宅。鹤庆县城内的富贵巷成为商人住宅区,有“四家商人的四合院相连相望”,形成独特的建筑民俗景观。比起当时多数居民所住的一方挂两耳的楼房、平房,甚至茅草房来说,这些新建住宅的样式美观,布局合理,沿袭了白族经典建筑模式,少量吸收了江南和西洋的一些建筑特,对近代鹤庆的建筑文化和建筑民俗产生了较大影响。

第二,近代鹤庆商业的兴旺,使鹤庆县城及交通沿线上出现了很多商铺、旅店、马店,这些商用建筑别具特点,成为近代鹤庆建筑民俗中的一大特色。例如松桂老街上至今还保留有一批近代的商铺店面,“均为一楼一顶的白族民居铺面,后面为三方一照壁的小院。建筑物均为歇山式土木结构民居式样,建筑体上的檐、脊、角、带和木雕门窗装饰古色古香”④;黄坪老街上也有一批整齐堂皇的商铺店面。为了满足马帮住宿的需求,上述乡镇也建有不少马店。这些马店的房屋构建有一定特点,赶马人住的房间多为敞间,中心设火塘,四方设床铺,另有

①鹤庆县民族宗教事务局编《鹤庆县民族志》,2011,第 39 页。
②《续编鹤城舒氏族谱》,第 201 页。
③赵启燕:《鹤庆商帮研究》,硕士论文,云南大学,2005,第 74 页。
④章虹宇:《文化血脉》,中国文联出版社,2008,第 162 页。

马房、库房等设施[①]。

第三，商人引领的兴建住宅之风推动了近代鹤庆建筑行业的发展，促进了建筑工艺的改良和进步，从而丰富了鹤庆的建筑民俗文化。如鹤庆农村泥木石匠队伍增大，城西的秀邑成了石匠专业村，整年活计接连不断。滇西北木雕水平最高的剑川县，除了向鹤庆输入木器外，雕花木匠、漆匠到鹤庆来的也不少，有的就在鹤庆租下铺面开家具店，使本来已有很高水平的鹤庆木雕工艺得以进一步发展。[②]

（六）近代鹤庆商业发展与民间文艺、宗教信仰变迁

1.近代鹤庆商人与民间音乐的发展

鹤庆的民间音乐形式多样，内容丰富，反映了鹤庆人民热爱生活、积极向上的精神面貌。在众多鹤庆民间音乐类型中，洞经音乐和扬琴的发展受到了商人的较大支持，商人们出于信仰、喜爱等各种目的，凭借自身财力促进其传播和发展。

洞经音乐源于古代中原道教的丝竹乐，所用乐器分文、武两类，乐队庞大，乐曲风格朴实、典雅。明初洞经音乐由四川传入云南各地，从此云南成为洞经音乐最盛行的地区之一。鹤庆的洞经音乐则是由官商丁槐从四川引进的。[③]到了民国时期，鹤庆商人阶层凭借大量的捐赠，支持了洞经音乐的发展，并据此打破了洞经音乐会的一些严格刻板的规定。此外，洞经音乐会出于经费的考虑，逐步吸收了商人、手工业者、农民和自由职业者入会，而且谈演的目的不再只为祭祀神仙，逢年过节或吉庆之日，甚至业余消遣之时都有谈演，使其更加开放化与大众化[④]。

扬琴又称琴书，俗称花唱，清道光年间由四川传入云南各地，有唱本200余部。[⑤]清代，扬琴在鹤庆比较流行，一些喜爱扬琴说唱的商人们对鹤庆扬琴的发展和流传起到了推动作用。例如，“福春恒”的红顶商人蒋宗汉十分喜爱扬琴，经

①章虹宇：《鹤庆马帮及习俗》，载《鹤庆文史资料》第三辑，第46页。
②熊元正：《鹤庆商帮与集市贸易》，载《云南文史资料选辑》第四十九辑，第87页。
③章虹宇：《茶马古道与鹤庆商帮》，载《云南民族大学学报》2005年第22卷第3期。
④余崇先：《鹤庆洞经音乐初考》，载《鹤庆文史资料》第七辑，第11页。
⑤鹤庆县民族宗教事务局编《鹤庆县民族志》，2011，第103页。

常组织扬琴曲艺者们一起说唱，积极推动鹤庆扬琴的发展。同时，他还在腾越和贵州推广扬琴，组织扬琴说书社，吸收地方音乐以丰富扬琴说唱，使这些地方的扬琴说唱兴盛起来。①

2.近代鹤庆商业发展对民歌小调的影响

民歌小调也属于民间音乐的范畴，但比起洞经、扬琴等较正式的民间音乐而言，歌词内容更为通俗易懂、朴实真挚，在人民群众中广泛流传。随着鹤庆马帮运输贸易的发展，马帮文化也深深融入鹤庆的民歌小调中，如鹤庆民歌《大赶马调》《小赶马调》等，另有许多民歌小调在歌词中包含了马帮、赶马人、骡马等字句："头骡选上枣骝马，二骡选上菊花青。识途还留老玉眼，十岁出头还健行……"②又如，鹤庆男女青年对曲子也包含了马帮文化："牛脚不合马脚印，不知阿妹咋个想？骡子只合马脚印，阿哥只合妹的心。骑骡跨马你只愿？白日谈琴又吹箫。哥骑骡子妹骑马，刀山火海也要去……"等。③

近代鹤庆商业的繁荣还促进了鹤庆的民歌小调向外传播。由于鹤庆商帮中有不少商号经营茶叶生意或国际贸易，所以鹤庆商人和马帮时常前往思茅、西双版纳、德宏、保山等地，鹤庆的民歌小调也随之传到了这些地方。例如，在西双版纳的勐海和德宏的陇川边境，一些傣族群众能用他们的语言唱鹤庆白族民歌《赶马调》《送郎调》，歌词和旋律都没有变化。④

此外，鹤庆松桂在每年农历二月初八有一个"棒棒"会，会上各族民众用唱歌的方式来讨价还价，进行商品交易，这是民歌与商业活动相交融的典型例子。

3.近代鹤庆商业发展对神话传说和宗教信仰的影响

近代鹤庆与藏区之间的贸易往来十分频繁，以商业和商人为媒介，鹤庆与藏区之间不仅在饮食、服饰、手工艺等方面都有相互影响，而且在神话传说和宗教信仰方面也不例外。

清朝光绪年间在鹤庆民间广为流传的《牟伽陀开辟鹤庆》《夏宗格萨尔》《老藏王"本主"》等神话传说，在鹤庆与藏区的频繁贸易往来中被散播流传，牟伽

①杨毓骧：《清末爱国将领蒋宗汉生平考》，载《鹤庆文史资料》第六辑，第62页。
②梁波：《鹤庆白族民歌与马帮文化》，载《大理日报》，2009年10月28日。
③同上。
④章虹宇：《茶马古道与鹤庆商帮》，载《云南民族大学学报》2005年第22卷第3期。

陀、格萨尔王等人物也成了藏民和鹤庆各族人民共同信奉的神灵。[①]鹤庆白族人民更将格萨尔王奉为老藏王“本主”,黄坪华藏洞内塑有格萨尔王的“睡佛”像,另有晚清石刻46块,其中38块为藏文。此外,“藏区多数庙宇的建筑装饰物,多用鹤庆人制作的铜工艺品。鹤庆一些佛教寺院的装饰物和图案,也采用了藏传佛教的造型。”[②]

此外,在探讨商业对宗教的影响时,商人的塑神行为也位居其中。近代商人们因商而富,塑神“保佑他们财源滚滚、财运亨通,并在经商中一路平安。”[③]近代云南商人的塑神行为以喜洲商人最盛,竟将商人严子珍的四太太塑造成“水府娘娘”,将严子珍和董澄农说成“财神转世”;丽江纳西商人也将传统的“三多神”塑造成保佑商人的神仙。鹤庆商人的塑神行为虽不如喜洲等地那样风行,但相关史料中还是有记载的,其主要方式为捐资修建财神殿、关帝庙、寺观、祠堂等。例如,“兴盛和”商号的舒金和于光绪年间在鹤庆黄龙潭捐资修建了一座龙王庙,以祭祀龙王。[④]光绪年间,舒金和与蒋宗汉共同捐资修建文昌祠,舒金和还添资购买了文昌祠的神牌、香炉、贡瓶等,又修建了数间铺面,以铺租作为文昌祠的香火费用。[⑤]此外,张氏“恒盛公”商号也曾捐国币十一万元以修建关帝庙和岳王庙等。[⑥]

①章虹宇:《茶马古道与鹤庆商帮》,载《云南民族大学学报》2005年第22卷第3期。
②同上。
③周智生:《商人与近代中国西南边疆社会》,中国社会科学出版社,2006,第198页。
④民国《鹤庆县志》卷一《地理》山川。
⑤张了、张锡禄编《鹤庆碑刻辑录》,大理白族自治州南诏史研究会,2001,第129—130页。
⑥云南省档案馆馆藏“恒盛公”商号史料,卷宗号:132-3-231。

第四章　云南对外经济联系与贸易

第一节　云南对外经济交往的历史基础

云南，地处中国西南边陲，与缅甸、老挝、越南三国毗邻，边界线长达4 060千米。其中，中缅边界 1 997 千米，中老边界 710 千米，中越边界 1 353 千米。全省在边境线上的县份有 27 个。具有与邻国陆地相连的对外交往优势和源远流长的友好交往历史基础。

一、古代朝贡通道与周边国家关系

古代，中国与不同国家之间的朝贡关系，虽带有明显和浓厚的政治色彩，但这种交往在一定意义上，也不失为一种具有民族特色的物物交换。只不过由于当时自居于“中央王朝”地位的中国封建统治者往往“薄来而厚往”，并不计较等价，因而人们常常会忽略了这种行为具有的交换本性。当然，这种形式的交换不会很频繁，而且必然地局限于以满足统治者需要的奢侈品这一主要内容。但是，由此建立的交往纽带以及道路的开通等意义，却是不可忽视的。

伴随着社会经济的发展，满足人们生产和生活多种多样需求的交换活动，也必然要逐渐展开。这不仅在同一地区、同一国家内部是这样，在不同地区即使是国家同国家的沿边地区也是这样。而且交换货物的品种也在发生变化，涉及人民日常生活的用品，且日益取代统治阶层间奢侈消费品而占据交换的主体位置，特别是当物物交换发展到向钱物交换过渡时，更表示上述交换已具有向一般性交易活动迈进的条件。所谓具有近代意义的不同国家之间的对外贸易，便是在这个基础上发展过来的。

古代，云南与周边国家经济交往的最初和最普遍的形式，便是在中国与周围边国家上述交往关系发展过程的总格局中，建立在亲缘地理、亲缘族情基础上的亲缘经济关系。

云南与祖国西南的周边国家山水相连，高黎贡山循怒江而下，内孕腾冲、龙陵和德宏地区，外沿伸展至缅甸东部。怒山自北而南至保山入道人山后，渐自低扩，向南延伸至缅泰境内。高山峻岭之中，孕育着的江川河流沿山脉走势由云南流入周边国家汇入大海。如发源于云南境内的元江，是越南境内红河的上源；流经柬埔寨、越南南部，与缅甸、老挝交界的湄公河，其上源是发源于青海，经西藏入云南而南下的澜沧江；发源于西藏的怒江，南入云南高黎贡山且流至滇缅、缅泰交界处，又名为萨尔温江；由众水汇合的缅甸伊洛瓦底江，其上游又有由云南境内汇入的恩梅开江、大盈江、槟榔江、盏达河、龙川江和南宛河诸多水系。这种特殊的地理特征，形成了云南与周围边国家山水相依的亲缘地理关系，并自然构成一个地理区域整体，即九大江河流域的两岸人民共同以之为相互流动迁徙、融合、消长和繁衍的交汇地，以及北上南下的共同天然走廊。

这个由亲缘地理构成的广大境域内，居住着众多的民族。中越边境有傣、布朗、苗、瑶、哈尼、拉祜、仡佬等族。在中缅边境有傣、景颇（克钦）、阿昌、傈僳、佤等族。这些民族大多跨境而居，有的在不同国家内仍保持着相同的称渭，如分布在云南、缅甸、泰国、老挝的苗族，都称为苗族；有的则称谓相异，如傣族，居住在云南的叫傣族，居住在越南、泰国的叫泰族，居住在缅甸的叫掸族，居住在老挝的叫佬族或寮族。这些称谓相异的同源民族，语言近同，生活、服饰和风俗习惯大同小异。

这种同源民族分属不同国度的格局，有比较复杂的原因。不过，总的来说，除了历史上疆域变更的影响外，大多是各民族互相迁徙，又相互结合的结果。例如，据历史考据，在今天的东南亚地区，自远古以来，就有泰族的先民居住的遗迹。1 世纪、2 世纪时，他们已形成部落组织，其大部落——掸国已出现，并从日南郡和永昌郡到中国通好。到 8 世纪时，泰族分成了暹、傣泐、掸、傣 4 个部分4个区域。其中的傣族和傣泐族居民继续向永昌、开南地区迁徙，又出现了新的结合。13世纪，元在云南设立行省，在泰族区域置车里、八百、老挝、麓川、孟养等6个宣慰司，孟定和孟艮设御夷府；在缅甸地区设缅甸、底兀剌二宣慰司；在蒙古族区大古剌、底马撒二宣慰司。其后，迭经缅甸、暹罗、越南的一系列历史活动，到进入近代时，景迈归暹罗，老挝属越南，孟艮入缅甸，云南保有车里。以上所述是以泰族为例的历史情况，其他民族也大多有过类似经历。

这种民族交融的演化历程，使云南与周边地区、周边民族、周边国家的经济交往，具有一种近于"血缘"的族情亲缘关系，并成为历史悠久的长期互补互利，荣枯相依的渊源。由此构筑起来经济文化的紧密联系，正是近代云南地区开展对外贸易的深厚历史基础。

在上述民族不断迁徙，互相结合的历程中，周边国家曾在很长时期内处于王朝不断更迭，政区经常变化的状态下。由于国力较为单薄，所以，在悠长的前述三代时期中，它们便时常派遣使节，途经云南入中原，向中国各封建王朝求封和朝贡的事。如汉代时掸族部落曾经派使臣随哀牢携带土特产由永昌郡道入贡，得汉封赏，后一次还曾献乐，并有能吐火、自支解和易牛马的魔术团演出。唐代时也通过南诏与中原内在联系，如唐德宗贞元十七年(801年)，骠国王雍羌派王太子舒难陀，率领一个有乐工35人，乐器22种的歌舞团出访中国，在唐都长安受到热烈赞颂。白居易为此写了《骠国乐》的长诗，描绘了这次演出的盛况。以后，骠国又在唐宪宗元和元年(806年)和咸通三年(862年)两次遣使和唐进行贸易，除了以物易物外，还把骠国银钱带到了内地。9世纪中叶，骠国灭亡后，蒲甘王朝的创建者阿奴律陀曾由八莫入云南求佛牙，受到大理国王友好接待，赠以碧玉佛。明、清两朝据实录记载，朝贡往来甚密。朝贡往来过程中，充当桥梁作用的云南地区自然建立了纽带关系。至于安南除可另走广西的陆路通道外，还可以由海路进行朝贡且更为便利。所以，其古代途经云南交往的史料较少。

地处内陆的老挝，与中国的官方使节往来，只有通过云南进行，因而其记录要比缅、越多。这种往来开始甚早，有的史学家甚至远推到起自前的越裳朝贡或3世纪初的堂明朝贡。不过，由于路途的遥、行路艰辛，这种官方使节的往来到唐代时才较多地正式见于记载。当时的文单国曾多次带来大象等贡物到唐王朝朝贡。宋元两代的交往记载虽较少，但在有明一代，澜沧国王又先后遣使30余次。永乐二年（1404年）四月，明朝在老挝正式设立军民宣慰司，以刀线歹为宣慰使，颁给印信[①]。明末老挝被缅甸东吁王朝侵占，其后又形成多个小国分裂割据局面。直到雍正年间，老挝国内局势才基本稳定，与中国官方的交往重趋频繁。雍正七年（1729年），南掌王岛孙派出以叭猛花为首的大型使团，带了两头大象，由云南进入北京朝贡。以后又有多次朝贡，在加强同中国政治联系的同时，经济方面也得到清王朝大量的回馈物[②]。英国历史学家霍尔教授曾针对当时这种回馈物品的价值远远超过进贡物品价值的朝贡交往关系，指出其在经济上的意义是："中国把东南亚使团送来的礼品记载为贡品，东南亚由认为这些礼物的意义主要是在经济上，而不是在政治上。在早期，这是他们与中国进行贸易的唯一途径。而中国船只则很少远航南洋，正当的贸易只有通过进贡的使团来进行。此外，当中国送回一些礼物作为对他们的进贡的一种答谢时，这些礼物便成为南洋各国获取巨额利润的来源，因为其价值往往超过其贡品。必须提到的是，当时东南亚各国的统治者，就是该国最大的商人。"[③]对云南地区来说，还有商道的拓展和睦邻的意义。

古代与周边国家经济交往的朝贡这种形式，对云南地区来说，其经济意义显然是无法和后世的近代贸易相比拟和直接联系的。在这方面，我们还需要考察在古代已与朝贡形式同时存在，并在古代已占据着云南对外交往主要地位的民间经济交往，对"南方丝绸之路"的形成和拓展的意义进行说明。

二、"南方丝绸之路"与古代民间交往

"南方丝绸之路"的形成，有过长期的历程。

东南亚地区与各方的联系，是在黄河流域、金沙江流域、恒河流域的各族先民向那里迁移扩散中建立的。有的学者已由人种渊源上做出考证说：缅甸最早出现的北马族、阿尔干族、孟族等与蒙古族有亲缘关系，而达赖族则含有印度

①《明实录》太宗实录，卷二十八，第13页。

②光绪《云南通志》卷二百〇六《南蛮志》。

③D.G.E.霍尔：《东南亚历史的整体性》，载中山大学历史系东南亚研究所编《东南亚历史译丛》1979年第1期。

血统[1]。

有学者又由文献记录中寻获证据，指出：在印度孔雀王朝的两部重要著作——《政事论》(也称《实利论》)和《摩奴法典》中，都已有："支那""丝"的记载。我国著名学者季羡林先生对《政事论》中"侨屠耶"和"支那帕塔"这两个连在一起的词的含义的解释是：前一个词指的是一种与丝有关的东西，后一个词的意思，为"支那成捆的丝"。"支那"是"秦"的音译。但也有学者认为梵语 Chin 是 Tsen 或 Sinae 的转音，似应译为滇。[2]"Chin"既是南亚、西亚和西方人最早对中国的称呼，在这里又和丝紧密联系。因而，有必要考察一下中国古代的丝路，是不是秦朝时已有的通路。众所周知，在秦统一六国之前，是春秒战国时期，北方群雄争霸，烽火连年。当时南方的蜀(今成都)远离战火，且以产丝和拥有较高的丝织技术而闻名。由此推论，《政事论》中所述及的"支那成捆的丝"，说它是从蜀地经云南输往缅甸转贩到印度去的，显然要比说它可能是由北方去的合理得多，则外人最早时把丝的来源地称"Tsen"或"Sinae"本是指滇的，后来因转为"Chin"(秦)反而使史学家津津乐道于北路，甚至忘了南路，这就不足于为怪了。

著名的世界史学家、牛津大学教授杰弗里·巴勒克拉夫在其 1978 年发表的著作中，也对此指出过：前 3 世纪时，大夏(今阿富汗)就已经存在着重要的国际贸易中心，同印度、伊朗、地中海和红海的商业城市都有着密切的商业往来。经缅甸转贩到印度的蜀丝，很可能由此又转贩运到罗马。众所周知，历史上留有前 5 世纪凯撒大帝曾身着丝绸盛装出现在王公贵族面前，引起朝野震动的记载。这也是由"南方古丝绸之路"延伸到欧洲的一项佐证。

上述历史成果告诉我们，以成都为起点，经由云南、缅甸、印度、阿富汗而达欧洲的"南方丝绸之路"，早在西汉张骞出使西域之前，就已经在民间悄然存在。

汉武帝元狩元年(前 122 年)，博望侯张骞出使西域从大夏归来，"言居大夏时见蜀布、邛竹杖，使问所从何来，曰'从东南身毒国，可数千里，得蜀贾人

---

①沙国珍：《缅甸视察录》，第 10 页。

②郭来喜：《论南方陆路上丝绸重振与德宏口岸开放》，《德宏经济》1990 年第 1—3 期。

市’”。[①]这种情况张骞倍感惊奇和欣喜，他断定在汉之西南存在一条中国外通他国的道路。返回后他向汉武帝“盛言”大夏仰慕中国，很愿意与中国交往，但却慑于匈奴的势力，道(北方丝路)阻不通。他认为汉之西南似有一条外通之路，如果能由此道出，则“道便近，有利无害。”[②]他的话说动了汉武帝，“天子欣然，以骞言为然，乃令骞因蜀犍为发间使，四道并出，出龙、出作、出徙邛、出白……昆明。”[③]此外，还另派“王然于、柏始昌、吕越人等，使间出夷西，指求身毒国。”[④]但是，使臣到了滇国，被滇王滞留。此后在1年多的时间内，汉武帝先后又派出十余个使团，“皆闭昆明(今洱海地区)，莫能通身毒国。”元封二年(前109年)，汉武帝遣将军郭昌、卫广率“三辅罪人”“巴蜀士卒”数万人“往击昆明之遮汉使者，斩首虏数万人而去。”但大兵撤走后，“昆明复为寇，竟莫能得通”，再派去的使团，仍被昆明族所阻，“为所杀，夺币财，终莫能通至大夏焉”。4年之后，滇王附汉，武帝赐滇王印，汉中央在滇、洱海地区设益州郡，领24县。怒江以东，今保山、大理一带置不韦、嶲唐、比苏、楪榆等县。[⑤]又据《后汉书·西南夷传》载，两汉之际益州地区爆发了栋蚕等领导的大规模民众起义。起义夷众杀郡守、杀长吏，王莽、刘秀都曾派兵镇压。建武十九年(43年)，刘秀遣武威将军刘尚率兵渡泸水(金沙江)，入益州。建武二十一年初(45年)，刘尚军追至不韦(今保山市)，“斩栋蚕帅，凡首虏七千余人，得生口五千八百人，马三千匹，牛羊三万余头，诸夷悉平”。汉明帝永平十二年(69年)，于怒江以西、哀牢山经南的哀牢夷内附，东汉中央置哀牢、博南二县，割益州郡西部都尉所属的不韦、嶲唐、比苏、楪榆、邪龙、云南等6县，合并设置永昌郡。以蜀郡郑纯为永昌太守，管理这一区域的行政事务。至此，“蜀身毒道”被打通，并由一条民间商旅往来的道路变成官道，为中原国家和人民所知晓。四川所产的黄丝、丝绸品由此道源源不断地运往缅甸，转运印度及当时的西亚等地。而这些地方出产的琉璃珠、沉香、珠宝等商品，也由此道大量进入大理、滇池、四川。一些外国商人也由此进入云南境内居住和

---

①《史记》卷一一六《西南夷列传》。

②同上。

③《汉书》张骞传。

④《史记》卷一一六《西南夷列传》。

⑤《后汉书》卷八六《南蛮西南夷列传》。

经商。据《华阳国志·南中志》记载：汉明帝永平十二年(69 年)，永昌郡便住有“闽濮、鸠僚、僄越、裸濮、身毒之民”，并在那里经商。

缅甸学者貌丁昂在其所著《缅甸史》中对上述情况也有相同的论述。他指出：“早在前 128 年，就有了一条通过缅甸北部的陆路。中国的货物就是沿着这条道路经过印度运往西方的。中国皇帝力图控制途经这条道路的中西贸易。97 年和 120 年，罗马帝国使者两次沿着这条道路前往中国。”①

具体说来，这条南丝绸之路的途径，是由四川成都出发，经灵关道(因必须经清溪关，故又称清溪道)、五尺道(因经过古僰人居住的地区，又称僰道)，进入云南统归永昌道(因要翻越博南山，又称博南道)，由德宏入缅甸，再转天竺道入印度。其中的灵关道是由蜀(今成都)出发，经临邛(今邛崃)、严关(今雅安)过大渡河、清溪峡、笮(今汉源)、邛都(今西昌)、盐源、会理渡金沙江到青岭(今大姚)、大勃弄(今祥云)至楪榆(今大理)。五尺道则由蜀(今成都)出发，沿岷江而下至僰道(今宜宾)后转西南，经石门关(今盐津)、朱提(今昭通)、夜郎西北(今威宁一带)、味县(今曲靖)、滇(今晋宁)经威楚(今楚雄)到楪榆。两条线会合于大理后再转向西南，经龙尾关(下关)至博南(今永平)，翻越博南山，横渡澜沧江，到达永昌(今保山)。帖永昌南下又分为两支，一支西行经滇越(今腾冲)出境至缅甸金泉城(今密支那)、安西(今孟拱，又称孟拱道)，由孟拱西行经阿萨姆入印度，是为天竺道；另一支经茫部(今芒市)、畹町、乐城(今瑞丽)出境到上缅甸腊戍再至下缅甸卑谬。据《缅甸史》记载，1 世纪 、2 世纪时，伊洛瓦底江三角洲尚未形成，当时卑谬距海不远，由此可出海。

因南方丝绸之路连接海洋，大秦(罗马)人在进行海上交往贸易时，除在日南郡登陆外，亦自马达班湾入伊洛瓦底江而上通掸国、永昌郡，故有琉璃、轲虫、蚌珠流入云南。8 世纪时，云南地方政权南诏国建立，与骠国(今缅甸)交往密切。据唐人樊绰所著《云南志》(也称《蛮书》)中说：当时，骠国商人经常到大理贸易交往，云南商人也经常到缅甸贸易。由于双方商贸交往频繁，曾使骠国与南诏交界处的悉利移城，成为一个贸易重镇。为了便于贸易，南诏和骠国还各自在自

---

①貌丁昂：《缅甸史》，载郭来喜：《论南方陆路上丝绸重振与德宏口岸开放》，《德宏经济》1990 年第 1—3 期。

己境内设有市场。南诏用于交易的货物主要是丝绸、金、银、刀剑等手工业制品，以及食盐、雄苏、麝香、青木香等土特产品。骠国的货物主要是毛毡、琥珀、玉石、翡翠、江猪、海贝等。

宋时对外国与中国内地的经济交往虽制定有特殊的商业政策，但处于同时期的大理国，为沟通缅印贸易亦做出了贡献，成为宋缅商品交会的中转地。商人的经营活动南达萨尔温江的马达班湾，从那里获得青木香、紫檀香、檀香、槟榔、琉璃、水精等和犀牛。

三、元明清三代云南的对外经济交往

由元至清这一段历史时期，是云南地区与周围边国家经济交往有较大发展的时期。元代中央政权加强了对边远地区的控制。由于中央政权采取的政策不一，云南地区与周围边各国的交往关系各有不同表现。

安南在元、明两朝，朝贡关系依旧，史料记录中陆路仍多由广西而至。至清代据清《文献通考》有如下记载："由云南至其国，道有二：一由蒙自经莲花滩入程澜洞，循洮江源右岸，过水尾、文盘、镇安、夏华、清波诸州县，凡二十七日至临洮府，又过山围县、兴化府白鹤县，凡十日，渡富良江；一由河阳隘，循洮江源左岸，过平源、福安、宣江、端雄诸府州县，凡二十三日至富良江，然皆山径，欹侧难行。若循洮江右岸入，乃大道也。"[①]对该路所经州府、时间、路况的记载得相当详细。雍正八年（1730年）为了方便中越两国人民贸易，开设了开化府的马白关，驻有同知在那里经理。"凡遇商贩出关，一律给予司颁印信，并印烙腰牌，注明年貌、籍贯，照验放行。回日将牌照呈缴，照例收税。迄今征解无异。是内地人民于开化通安南一路，原不禁其出入。"[②]贸易的内容则不论在广西或云南，都是以日用品交换为主的小额贸易。如"太平极处边徼……趁圩所市，不过米布帛盐……他如银、铜、铅、锡、丹砂、翡翠之属，皆出交趾，非此产也。"[③]"及调查平而，水口等关出口号簿，不过油豆、零星药材并鞋帽等件，仍供内地在外厂徒服用，并非该国所需，本无实在挟资贸易之人。是以止有带货出口，鲜有置货进

①《清朝文献通考》卷二百九十六《安南》。

②《军机处录副奏折》。

③雍正《太平府志》食货。

口者。”[①]

老挝，除有官方使节互往的历史，还有民间贸易开展的记载。唐代时，原有一条可通过今天的越南义安通往文单城（万象）的道路，全长十六日程。[②]在北边有一条青木香山路从今天的西双版纳地区，经老挝到昆仑国。[③]到明清时期，中老的交通贸易又有从老挝都城出发经八百、车里到景东者乐甸（今镇源县东北之恩乐）一路，全长十三日程。[④]此外，尚有许多小路连接着两国。如由勐腊走猛澜隘约一百五十里可以到南掌国的猛温，由乌得（现已属老挝）走整发隘可至南掌补干掌。[⑤]从孟边景线村也有路可通老挝。[⑥]还有一些关隘如乌得的邦董隘、勐腊的拉罕隘、勐丰的博冈隘、猛漭的漭本隘等，都已可以通行。[⑦]由于有了上述的交通环境，一些特殊的货物便由老挝进入云南。例如有些地方明代时还在使用的海贝，有一部分就由老挝输入。“海内贸易。皆用银钱，而滇中独用海贝。贝又用小者，产于闽广。近则老挝等海中，不远数千里而捆致之，俗名曰巴。”[⑧]至清代普洱府东界外的老挝人，常入云南内地贸易，云南边地的居民也常入老挝贸易。因清政府实行闭关政策，禁止内在人民出外贸易，例如“乾隆四十四年夏四月，又谕曰：李侍尧奏据宣慰土司刁士宛禀报，在勐嵩隘口，盘获内地民人陈文清等五人，自南掌地方，携带象牙、犀角、鹿茸、孔雀尾等货，边人一并解究……”[⑨]这种政策自然对贸易的正常开展有很大的阻碍。不过，这些史料记载也同样表明，在山水相连的中老两地，人民之间的贸易往来实际上是割不断的。

老挝、越南两国与云南的经济交往，伴随历史的演进虽也有发展，但远逊于缅甸和云南地区的交往。

---

①《军机处录副奏折》。

②《新唐书》卷四十三《地理》七，又《太平寰宇记》卷一百七十一。

③向达：《蛮书校注》，中华书局，1962，第 150 页。

④顾炎武：《天下郡国利病书》卷七十三。

⑤光绪《续云南通志稿》卷七十三。

⑥师范：《滇系》卷一《疆域》。

⑦李佛一：《泐史》，《云南史料丛刊》第二十四期，第 211—121 页。

⑧谢肇淛：《滇略》卷四《俗略》。

⑨《清实录》高宗实录卷，一千〇八十。

(一)元代

元代,云南与缅甸的经济交往关系,在“南方丝绸之路”的基础上,又开拓出多种经济交往形式。

元世祖忽必烈至元九年(1272 年)曾遣使臣向缅征贡。至元十九年(1282 年)设置了“金齿”和“邦牙”宣慰司。同时还派人着力恢复商道,在沿途设立驿站。元成宗大德四年(1300 年)缅甸内乱,元朝曾数次派兵入缅,战后有不少士兵流落缅甸。此后,元政府又在德宏边境实行军商屯政策,中缅边境的贸易随之发展。《马可·波罗行纪》和《百夷传》,都提到交换形式逐步由以牛、马等家畜为等价物的物物交换,发展为以使用海贝和金、银为媒介的货币交换。元代云南对缅甸的出口货,以丝绸、金银为主。缅甸进口的商品则主要是象牙、犀角、翡翠、光珠、海贝、玉石,其中以玉石的增加较为明显。出现这种变化的原因,主要是因 13 世纪时,缅甸从中国聘去大批开采玉石的工匠,他们带去的采玉技术,替代了当地土法开采。据史料记载:当时因云南人在缅北地区直接从事玉石开采,使其产量 1 年内达千担左右。除此之外,著名的云南马也大量经缅甸运到印度出售,从而使元代成为滇缅经济交往繁盛的时代。

另据对缅甸侨史研究有年的作家黄卿先生考证说:“华侨自陆路移至缅甸而定居下来,当系自元代开始。元代居住缅甸已有汉人和来自中国的维吾尔族和回族。”①

(二)明代

明王朝取代元王朝后,缅甸也进入以阿瓦(今曼德勒附近)为首都的上缅甸国时期。明太祖洪武十八年(1385 年),平缅宣慰司使恩伦叛变,明兵手缅平叛。洪武二十七年(1394 年)明朝置宣慰司,即木邦、缅甸、车里、老挝、八百大甸、孟养,在阿瓦置缅中宣慰司,封缅甸王卜剌浪为宣慰使。后又增设四司,即陇川、孟密、蛮莫、干崖,加强了明中央对边远地区的控制。嘉靖年间,缅甸再次变乱,至正统十二年(1447 年)阿瓦缅王承认中国为宗主国,明代宗封之为阿瓦宣慰使,赐冠带和金印,并警告中缅边道上的掸族土司,不许阻碍滇缅商道正常通行。为了保证中缅贸易正常进行,明军于正德十五年(1520 年)将驻军基地移到怒江

①黄卿:《黄卿诗文选》,中国华侨出版公司,1990,第 325 页。

以西的腾越。

明代，滇缅经济交往已经非常频繁，即使在频频的战火硝烟中，仍有商人冒着生命危险，往来于滇缅两地和经由缅甸进入东南亚贸易。正统九年(1444年)，王骥就针对这种情况说过："近边牟利之徒，私载军器诸物，潜入木邦(今缅甸掸邦北部)、缅甸(以今阿瓦为中心的伊洛瓦底江中游地区)、车里(今西双版纳)、八百(今泰国清迈一带)、老挝诸处，结交土官人等，以易有无。"

此外，因为明朝数度派兵征缅，有不少士兵流落缅甸，特别是明末桂王逃往缅甸时，随从到缅甸者有千余人，散驻于沙洲(今实皆)。后明将白文选、李定国遣兵20余万人，赴缅迎接桂王，入缅据守孟乃(或称孟良，即今景栋附近)，遭缅兵阻击，有部分散落缅甸乡间。这些流散的明兵与当地民众通婚，形成桂家(或称为贵家)，又称敏家势力。这批移民的遗裔中著名的有茂隆银厂的吴尚贤和波龙银矿(中国人称为"大山厂"或"老银厂")的宫里雁，雇用工人"常常不下千万人。"随着侨居缅甸的华人不断增加，滇缅经济交往范围不断扩大。往来于滇缅商道上，从事经商、开矿、务农的华人络绎不绝。"明代华商曾经从陆路输入白盐接济食盐缺乏的缅北。开采孟密的宝井(摩谷红宝石矿)是明万历三十年开始的。缅产棉花在明代开始输入中国。当时华侨居住八莫已有数万人。……这些陆路来缅的华侨已有福建、广东人了。到了明末清初，华侨在缅北瓦邦和南渡开采银矿，两地的矿工各达数万人。在景栋、八莫和密支那等地都有华侨商旅往来。"[①]据朱孟震的《西南夷风土记》记载：隆庆年间"江头城外(今八莫)有大明街，闽、广、江、蜀居货游艺者数万，而三宣六慰被携者亦数万。"

明朝时期缅甸出口到中国的主要货物是宝石。宝石价格昂贵，贩之可获厚利，很多中国商人便前往缅甸开采宝石矿井和进行宝石贸易。据谢肇淛撰的《滇略》中《永昌府名产》和《风俗》条记载：云南商人从数千里以外的孟密、孟养等地把紫英、云母、水晶、绿玉、古喇锦、西洋布、孩儿茶等贩到云南，销路非常好，"辐辏转贩，不胫而走四方。"当时云南在缅甸经营宝石的商家已达100多家，开采宝石年产量千万担。明王朝还派出太监在云南专门负责从事缅甸珍奇商品的采购、玉石的加工上贡。云南的腾越自此成为缅甸玉石加工外销的重地。中国销往

①黄卿：《黄卿诗文选》，中国华侨出版公司，1990，第326页。

缅甸的商品，仍以丝绸、生丝为大宗。丝绸不仅是缅甸各阶层人士的重要衣料，缅甸国王更经常把它作为礼物转赠给外国人。加之随着入缅华人逐渐把织绸技术传播开来，促进了缅甸丝织业的发展，更使输入缅甸的生丝数量增加，最多时曾达一年2万担。此外，一些关系人民生活的日用品交易也日趋增加。例如铜铁打制的剪刀、针锥、铜锣、铁锅等手工产品，民间手工制作的土布、纸、毡、土碗、麻线、爆竹、斗笠、滇茶、核桃等土特产品，都成为滇缅商人经营的商品项目。在与云南接壤的缅北地区，还出现了日趋繁盛的以缅棉交换滇盐的贸易。为了便于管理，明初在昆明设"缅学馆"专门负责对外经济交往事务和接待缅甸来使与客商。到明永乐三年(1405年)又增设云南"市舶提举司"。

由于滇缅贸易的发展，边境地区还陆续出现了一些贸易中心和货物集散地。如前引的《西南夷风土记》中说："蛮莫等处，乃水陆会通之地，夷方日用咸自此出，货利之盛，非他方比。"缅甸所需要的茶、盐、毛缨等，都先由云南运至蛮莫，再"由蛮莫而后入也。"据《云南志略》记载：当时边民交换的市场，大约有两种形式，一种是较为普遍的农村集市，或五日一集，或十日一集，交换的货物主要是傣族人民所需要的生活用品，如茶、布等。另一种则是较大的商业集镇，如前所述及的江头镇，盛产宝石的孟密等地，已出现"一日一小市，五日一大市""估客云集""商贾辐辏"的景象。

(三)清代

清初，派兵入缅迫交永历帝，自此直到乾隆三十年(1765年)以前，中缅边境平静，贸易交往正常。1765年以后，雍籍牙王朝在中缅边境内战，并由此屡犯中国边境，清王朝多次派兵平息。乾隆三十四(1769年)十二月，缅方请和，清缅双方在八莫城南伊洛瓦底江边的恭屯缔结和约，规定停止战争，清军撤出缅甸，恢复贸易，缅甸向中国遣使纳贡。后又在签约的一些具体问题处理上出现麻烦，缅方背约不贡，清政府遂关闭了中缅贸易税口，禁止两国商人来往贸易。乾隆四十一年(1776年)缅甸内乱，同时受暹罗复国威胁，在内外压力下，缅甸由木邦务金叶表文、金塔1座、驯象8头、宝石番毯诸物入贡中国。1789年缅王孟云又遣使入贡，乾隆皇帝册封他为缅甸国王。乾隆五十六年(1791年)缅甸趁庆祝乾隆八旬寿诞之机，再次请求开放两国贸易获准，自此恢复友好往来直至缅甸被英国占领时。

清代，是滇缅经济交往最繁盛的时期。首先，由于清缅战争，滞留和迁移入缅的华人增多，他们在缅甸的经济活动影响也逐渐增大。有许多文献都说：乾隆三十年（1765 年）当雍籍牙王朝将孟族赶出“大光”，将该城改名为“仰光”时，聚居于该地唐人坡一带的中国船户已相当多。他们在江岸自建起一个码头，被称为“中国码头”。到乾隆五十五年（1790 年）时，华侨居留缅甸者已有 6 万人。西姆斯在其乾隆六十年（1795 年）的使缅日记中，曾多次提到上缅甸有“德由谬”（即中国城）。此外，在上缅甸居住有众多华人的阿瓦、阿摩罗补、八莫、蛮莫、孟拱等地区，都有“汉人街”“关帝庙”“观音寺”“云南会馆”等，从事着商业活动和其他经营活动。又据史载：上缅甸的宝石矿、银矿的开采，主要是由华侨在经办。阿瓦北约 113 千米的伊洛瓦底江流域的商业，也主要是华侨在经营。

由于滇缅贸易有了进一步发展，陆路边关有可观的收入。中缅双方都在边境上设置关卡，征收过境税。据汉内上尉 1835 年记述，中国商队在八莫高缅甸政府交纳的过境税是：马一驮 18 卢比，驴一驮 12 卢比，牛一驮 13 卢比。贸易的繁盛使缅方在抽收税款上获利匪浅。敏同王在位期间，每年可由此征税500 万克亚特，折合英镑 50 万镑，是同期英国港口格拉斯哥与下缅甸贸易总额的 1/16，是同期缅甸国内税收——每年 200 万铢，即 70 万英镑的 2/3。

往来于八莫和腾冲之间的商队，一般由 300—800 头牛或 2 000 匹马组成，到贡榜王朝后期，每年约有 1 万头马、骡、牛到达缅甸，由于从事贸易的商人增多，商队按其所走路线或组合情况的不同，已分为“走厂帮”“火焰山帮”“硐帮”“大山帮”“奔龙帮”等。

交易的发展使缅甸的八莫、密支那，中国的腾冲成为中缅贸易的中心。从云南腾冲至缅甸的八莫，商道上人背马驮热闹异常。距八莫以南约 14 千米的老官屯，原是一个小村，但因商队主要栖集此地，每天太阳刚出来的时候，竟成为牛车马帮拥塞不堪的集市。

云南商人从缅甸输入的货物，主要是棉花和玉石，此外还有海盐、燕窝、鹿茸、象牙、羽毛、生漆、槟榔、琥珀、药材等商品。从云南输往缅甸的则有铜、铜器、铁锅、水银、熟丝、绸缎、纸张、麻线、雨伞、茶、干果、蜜饯、烈酒、砒霜、蜂蜜、药材等。互贸商品的增多，且以人民日常经济生活物品为主，表明这时的经济交往已发展为关系到人民生产和生活的交易活动了。正因为如此，后来的史料中才会出现这样的记载:19 世纪 70 年代因大理杜文秀起义,商路受阻,商人停止收购棉花,致使缅甸大量棉田荒废,而黔川滇所需纺纱用棉也告短缺。

此时滇缅贸易的规模,已有一些较具体数字记载。据史载:1826 年由缅甸输入云南的棉花达 1 240 万镑,折合 5 880 吨,价值 22.8 万英镑。[①]又据克劳福德估计,1827 年缅甸从中国进口的丝绸价值为8.1 英镑, 中国从缅甸进口的棉花价值约 22.2 万英镑。由此至 19 世纪 30 年代,从缅甸输入云南的棉花已增至约 300 万镑到 400 万镑之间。[②]

总之,在近代以前,由于清王朝和与云南邻近的缅、老、越等周边国有宗藩关系而继续有朝贡这种官方的经济交往,但更大量存在的已是人民之间的平等贸易来往。这种从未间断的,自古以来就存在的贸易往来,虽一直在发展着,但因受到当时生产和交通条件的限制, 贸易仍被局限于靠近边境地区的小范围内,输入输出的商品全是手工制作的小生产产品,并只能依靠马帮进行为数有限的长途贩运,以至这种贸易在云南省的经济活动中的影响,还不能与近代相比。

第二节　英、法势力入侵与云南开埠通商

近代云南地区正式的对外贸易,启端于本省开埠通商。而云南的开埠通商,则是英法势力入侵的产物。

一、英国蓄谋由云南连通印缅至长江流域的商路

万历二十八年(1600 年),英国创建了以海外殖民侵略为任务的东印度公司,从此便以印度为基地,利用商业活动开路,逐步将其侵略范围扩大到东南亚各地。康熙十三年(1674 年),东印度公司在沙廉建立了第一个驻缅商馆,另又

---

①布赛尔:《东南亚的中国人》卷二《在缅甸的中国人》,《西洋问题资料译丛》1958 年第 1 期,第 12 页。

②郭来喜:《论南方陆路上丝绸重振与德宏口岸开放》,《德宏经济》1990 年第 1—3 期,第 14 页。

在叙里亚日、布洛和阿瓦3埠设立了代理处。道光二年(1822年),因缅兵误入英属印度,歼灭了当地一小队士兵,久已蓄谋入侵缅甸的英国大兴问罪之师,派兵攻入仰光,占领了勃固、马达班及丹那沙林沿海一带。道光五年(1825年),英军由南进攻阿瓦,道光六年(1826年)春逼近缅都阿瓦城南的杨达坡,迫使缅王求和,订立了杨达坡和约。其主要内容为:

(1)缅甸须赔偿英国兵费一千万卢比,分四期完纳,头期付款2 500 000万,立约时缴纳。

(2)英国派理事官驻扎缅京。

(3)英缅通商互市。

(4)缅甸放弃阿萨密。

(5)缅甸割让阿拉干、马达班和丹那沙林等地,加入英领。①

英国强迫缅甸签订杨达坡条约的目的,不仅是要把英缅通商互市以条约的形式确定下来,更重要的是要打开自印度通过缅甸,进入中国云南由陆路连通扬子江流域的通路。对此,法国侵略者安邺在其所著《东京问题》一书中有如下的明确描述:“英国久已致力于印度诸领地与天朝(中华帝国)间建立商务关系。由大陆的道路使中国诸海东部斜岸与伊洛瓦底江或恒河流域相联络,显然较之海道有莫大便益,因海道船只必须经麻剌甲(马六甲)海峡绕过很长的印度支那半岛。(过去)在航海技术幼稚,船只仅作小心的沿岸航行的时代,陆路虽然有困难及危险,人们总愿专走陆路;很早的时代,中国经由中亚细亚,与印度、波斯及欧洲有过真正重要的商务关系。其后海运的安全、迅速、廉价,使大部分中国商人的活动转向海岸;但工业的进步,英国对亚洲大陆南部的侵略,奇异地便利了今天大陆上旧关系的恢复,陆路有了可能变得比海道更安全、更迅速,且因而较为经济。内地人民大量的财富,尚缺乏出口;他们急切的需求,足以保证陆路贸易的繁昌。这就是1825年缅甸战争以来,支配着印度英国行政当局努力的一种思想。”

1855年,英国派出以阿瑟·帕维斯·费尔爵士(后出任英属缅甸首席专员)为团长的代表团出访缅甸阿瓦,谋求签订一项允许英国经由缅甸与中国进行贸

---

①沙国珍:《缅甸视察录》,第16页。

易的商约，但缅王未给予准许。1862年，英印当局再次派费尔为特使出访缅甸，于同年11月10日和缅王曼同签订了《英国缅甸关于保护贸易的条约》。该条约共有9项条款，其主要内容为：

（1）英缅双方对于在英国和缅甸领土上进行贸易的两国商人给予保护。

（2）英国允许来自缅甸领土希望经陆路或经整个伊洛瓦底江水路在英国领土内旅行的商人，以他们乐意的方式旅行和购买物品，以及在英国领土的任何地方定居和拥有为建造商店所需土地。

（3）缅甸允许来自英国领土希望经陆路或经整个伊洛瓦底江水路在缅甸领土内旅行的商人，以他们乐意的方式旅行和购买物品，以及在缅甸领土的任何地方定居和拥有为建造商店所需的土地。

（4）不论来自那个国家和民族的人民，凡希望进入英国和缅甸领土，两国都允许通过，不加阻挠。

从上述条约内容可以看出，这是在缅王不同意英国自缅甸入云南贸易以后，英国势力先谋求能在缅甸最大可能扩展的条件。旨在吸引在缅甸的其他国家的商人，都与英国进行贸易。

光绪十年（1884年），缅甸与法国缔结攻守同盟密约。次年1月，法政府将密约发表后，英国政府决心吞并缅甸。同年11月英兵进攻缅甸，缅王被俘，缅甸灭亡。起初被统属于印度范围内治理，到1937年与印政府分治，成为英国直属的一个省，但仍在缅总督治理之下。由于缅甸沦亡，英国彻底消除了进入云南的障碍。

在缅甸通道打通后，英国政府的印度事务大臣索尔兹伯里勋爵向英印总督发出指令，要求重新勘察由毛淡棉沿萨尔温江进入云南的路线和其他进入中国的陆上通道。最后英印政府决定利用八莫到云南的通道，并派出官员分头由上海和八莫进行勘察。同治十三年（1874年）按计划，由霍勒斯·柏郎上校、地理学家奈伊·伊莱亚斯和约翰·安德森博士率领一支由200人组成的勘探队从八莫出发。英国驻北京公使馆书记官奥古斯塔斯·马嘉里担任翻译从上海出发会同探路。马嘉里在蛮允被当地居民拒绝通过，发生争执而被打死，英国趁机进行勒索。光绪二年（1876年）9月13日，中英双方签订了《中英烟台条约》。其中关于开放云南通商的条款有：

“所有滇省边界与缅甸地方来往通商一节，应如何明定章程，于滇案议结折内，一并请旨饬下云南督抚，俟英国所派官员赴滇后，即选派妥干大员，会同妥为商订。”（第二条）

“自英历来年正月初一即光绪二年十一月十七日起，定以五年为限，由英国选派官员，在滇省大理府或他处相宜地方一区驻寓，察看通商情况，俾商订章程得有把握，并于关系英国官民一切事宜，由此项官员与该省官员随时商办，或五年之内，或俟期满之时，由英国斟酌定期开办通商。”（第四款）

光绪十二年六月二十三（1886 年 7 月 24 日），中英双方在北京签订缅甸条款 5 项，中国承认英国在缅甸的政权（第二款），并规定“中缅……边界事宜，亦应另立专章，彼此保护振兴。”（第三款）

光绪二十年正月二十四（1894 年 3 月 1 日），驻英使臣薛福成与英政府缔结中英《续议界务商务条款》（也称为《光绪条约》或《中英滇缅条约》）20 条于伦敦，其中重要条款有：

“英国亟欲振兴中缅陆路商务，答允自条约批准日起，以六年为期，中国所出之货物及制造之物，由旱道运入缅甸者，除盐之外，概不收税；英国制造之物及缅甸土产运出缅甸，由旱道赴中国，除米之外，概不收税。”（第八条）

“凡货物由缅甸入中国，或由中国赴缅甸过边界之处，准其由蛮允、盏西两路行走；俟将来贸易兴旺，可设立别处边关时，再当酌量添设。中国欲令中缅商务兴旺，答允自批准条约后，以六年为期，凡货物经以上所开之路运入中国者，完税照海关税则减十分之三；若货由中国过此路往缅甸者，完税照海关税则减十分之四。”（第九条）

条约中有关外贸的规定还有：英国商民要到中国，应由中国驻仰光领事或驻边界官员办理护照；中国商民要到缅甸应由英国驻蛮允领事或驻其他地方领事办理护照。两国公民在对方领土之内享有与最惠国相同的一切权利。还明确了不准经缅甸运食盐进中国，不准将铜钱、大米、粮食运往缅甸；鸦片及酒不准经边界出入，至于出入边界人员随身携带自用部分，则按海关规定处理；未经两国政府批准，武器、弹药及炸药不准经由边界出入。英国准许中国运货及矿产之船随意在伊洛瓦底江航行，税收及一切事务享受与英国船只同等待遇。此外，还对罪犯引渡、电讯往来、商情查看、偷税漏税等问题的处理，也做了规定。

光绪二十五年(1899年)英政府令八莫海关税务司何柏生调查设集市开埠地点,择定在腾越派领事官驻扎。1901年,英领事机构由蛮允迁往腾冲。1902年蛮允海关也移至腾冲,虽在蛮允、弄璋设立分关,在盏西、芒线设分卡。1912年又在小辛街设分关。1897年英国在思茅建立领事馆,后又在思茅设立海关。1903年,英国不顾中国方面的反对,在昆明设立领事馆。1905年昆明自行开辟为商埠,设立分关归蒙自海关管辖。

通过上述协定,英国打开了与云南通商的道路,并获得了参与修建滇缅铁路的机会。

二、法国蓄谋连通印支与云南的陆路商道

法国与英国的殖民侵略步骤相同,也以先将越南和老挝侵吞为殖民地基地,企图更进一步将云南纳入与其印支殖民地连成一片的殖民市场,从而实现其掠夺云南丰富自然资源和在南中国建立其势力范围。

1843年至1857年,法国先后数次以传教士在越被害为借口,派出海军威逼越南交纳赔款。到1858年更派出军队联合西班牙舰队侵略越南,与越南签订《西贡条约》,规定法国商船可以在湄公河(即澜沧江下游)自由往来。胁迫越王答应除法国之外,永远不以本国领土的任何部分,让予其他国家。同治十三年(1874年)3月,法国诱胁越南政府缔结《法越和好条约》,并于同年8月续订了一个商务条约。在《法越和好条约》中,法国以承认越南完全独立和不论有外国侵略或内部叛乱时,都予以保护的方式,使越南脱离清王朝的宗藩关系,并馈赠军火和借给军事教官。在商务条约中还规定:河内城及东奈、宁海两港口开放贸易,沿红河到中国云南蒙自县的河道,准许法国通航。

显然,法国签订这个所谓的"和好"条约的目的,是要取代中国对越南的宗主权力,进而统治越南。所以,条约签订后,法国就命令它的驻华公使通知清政府,同时要求中国镇压经常活动于越南境内的黑旗军,并在云南开放一处经由红河航路贸易的出入口。但清政府未予同意,自此直至光绪九年(1883年)虽经长期交涉,没有实质性的进展。

光绪十一年(1885年)中法战争爆发,这场战争法国海陆军虽都失利,却在谈判桌上从清政府那里得到了其在战场上得不到的东西。光绪十二年(1886

年)6月,中法在天津签订《中法会议越南条约》(即《中法天津议和新约》)10款,清政府不仅放弃了越南的宗主权,承认越南为法国的保护国,而且对于法国要求开放云南、广西通商一事,也不再坚持拒绝了。

光绪十九年(1893年)老挝沦为法国的殖民地。法国便以老挝为据点,开始蚕食云南边境。光绪二十一年(1895年),法国以帮助清政府索回甲午战争后被日本霸夺的辽东半岛为借口,强求割让云南的猛乌和乌得两地为酬。据史料记载:"车里,古八百媳妇国也。在商、周为产里,曾入贡献,两汉以来不通中国,元始内附。明洪武十四年署车里军民府,十九年改车里宣慰司。国朝顺治十八年,刀穆祷投诚,仍授宣慰,世职管理十三版纳。……其东南为南掌国地,向系自为雄长,厥后民夷渐习柔懦,国朝嘉庆间为暹罗所并。光绪十九年,暹罗兵弁巡察,请勘民地,法国指为已属,遂起争端,遣派兵舰至暹,以保护己兵为词,要挟议和,复定新约,将湄公河左岸地(即南掌旧地也)割归法属。自是法地始与车里、猛乌、乌得接壤。猛乌各地,产盐甚旺,法人垂涎已久,蓄谋甚深。光绪二十一年,借助索辽地为词,力求割猛乌、乌得以酬劳。朝廷恐乖夙好,遂允让焉。奉旨派地方官于是年秋割交法人接管,由是而中法有勘界之举。""光绪二十一年,奉文将猛乌、乌得让给法人。自府东至坝卡三百七十五里接法国乌得界。"[①]在窃得老挝沿中国云南沿边地界之后,法国又将侵略势力范围延伸到云南思茅方向。

光绪二十一年闰五月二十八(1895年6月20日),中法双方在北京又订立了《中法商务专条附章》9条。其中重要条款有:

"第二条　两国议定:法越与中国通商处所,广西则开龙州,云南则开蒙自。自蒙自至保胜之水道,允开通商之一处,现议非在蛮耗,而改在河口。法国准在河口驻有蒙自领事官属下一员,中国亦有海关一员,在彼驻答。

"第三条　议定云南之思茅开为法越通商处所,与龙州、蒙自异。即照通商各口之例,法国任派领事驻答。中国亦驻有海关一员。

"第四条　……一、凡边界所开之龙州、蒙自、思茅、河口通商四处,若有土货经过越南来往,出此口时,应照十分减四之例收税,专发完税凭单,带回货物

①光绪《普洱府志》卷四、卷五。

到彼口时,免征进口之税。”

上述史实表明:云南地区虽是祖国传统的对外交往西南通道,但在近代成为对外贸易的通商口岸时,却是在英、法帝势力入侵使周边国家已沦为其殖民地和我国已成为半封建半殖民地的历史条件下出现的。

第三节 云南近代对外贸易概述

一、云南近代对外贸易的分期

云南近代对外贸易的正式揭幕,始自1889年蒙自开关,已迟于沿海地区约半个世纪,下限断至1949年底云南和平解放,共计60年时间。其后对外贸易属于社会主义性质,时限并不在近代之内。

1889—1950年的61年时间内,云南的近代对外贸易是在受外力强大影响的半殖民地半封建社会环境中进行的。由于这种环境的作用方式和程度不同,其相应呈现若干变化,从而形成一些不同的特点和发展时期。为了阐明这一线索,总结各个不同时期的贸易活动对云南近代社会经济的影响,便于从中借鉴一些历史经验,我们从总体着眼,将这个过程按其发展变化所表现出来的主要特征,分为如下 3 个时期。

(一)自由贸易时期:自1889年到1936年,即从蒙自开关到抗日战争爆发前

中法战争后,自按《中法续议商务专条》规定首先开关。云南由传统的半封闭型经济,开始在外力影响下转变为开放型的自由贸易经济。此后,英法帝国主义为争夺在云南的市场,建立各自势力范围,展开了迫使清政府继续开放云南通商口岸,扩大其各自的影响和企图进行独占的角逐。这时的云南口岸与同时期中其他口岸不尽相同之处,是英法帝国主义对经济侵略,长期保持以商品倾销和资源掠夺为主的形式。除滇越铁路的修筑外,资本输出的形式尚属少见。这是因为云南地处边疆,人民反抗侵略的斗争十分强烈,同时也由于云南地区的经济基础水平相当落后的缘故。英国的目的显然是要先打开与其在中国的投资重点——扬子江下游的东南沿海地区相连接的通路,而法国的目的则企图

将云南并入其印支殖民圈。这种状态下，云南的对外贸易对云南近代社会经济的演变和发展有着非常重要的影响。此外，这一时期的云南社会经济虽浮沉于战争之乱中，对外贸易也受到严重影响，但从总体上说，不论是哪一届地方政府都没有建立过战时外贸统制体制，因而当时的对外贸易与后来处于抗日战争时期的战时统治下的情况不同，基本上仍是在实行非战时管制下，以自由贸易的方式进行的。当时的地方政府在外汇上所采取的一些措施，如大锡跟单押汇等，主要是为了防止外汇落入外国银行和筹措本省外汇储备，对民间贸易经营业务并不进行干涉。因而民间的对外贸易有较大的发展。

（二）战时经济统治下的贸易时期：自 1937 年到 1945 年，即整个抗日战争时期

1937 年抗日战争爆发，随着日本侵略军由北南推进和推行钳制中国经济政策，东南沿海地区大部分沦陷，到 1938 年，连华南向外联系的海上通道——广州也陷落了。于是，许多原来由东南沿海商埠输出入的外贸物资，转而涌向云南省所属口岸。自 1938 年初开始，云南对外贸易出现了一个空前繁荣的景象，进出口贸易量激增，蒙自关年输出入额达 4 000 万海关两以上，腾越关也达 400 万海关两以上；到 1940 年时蒙自关的贸易总额更跃居 8 000 万海关两以上，腾越关也达到 1 300 万海关两。[①]但自 1940 年 9 月后，情况发生了变化。由于日本占领越南，我国政府主动将滇越铁路芷村到河口一段陆续破坏，蒙自关的对外贸易停止。1940 年 7 月 18 日至 10 月 18 日，英国当局屈服于日本压力，封闭了滇缅公路，至 10 月 18 日才又重新开放。但为时不久，腾越关的对外贸易也停止。至此，不仅是云南，整个中国对外部的联系，已只能依靠新辟的中印航空运输线进行。

1942 年 4 月，国民政府接管中国航空公司，运用“租借法案”由美国提供运输机经营货运，开辟了一条自印度阿萨姆邦向东横跨喜马拉雅山、高黎贡山、萨尔温江、怒江至云南、四川的驼峰空中航线。“初时机有六架……运量月仅百余吨。……后逐渐改良，每月平均往返超过二千四百吨。到 1945 年初，又经改良，增添飞机，增加机场，运输物资增加。”[②]

①张肖梅：《云南经济》对外贸易篇，第 16 章，中国国民经济研究所，第 4 页。
②夏光南：《中印缅道交通史》，第 116—117 页。

与此同时,民间商号或自行组建马帮,或托交藏族马帮,也通过滇藏间传统马帮运输线,继续自西藏入印度运输物资,进行小额对外贸易。

(三)国家垄断资本主义垄断贸易时期:自 1946 年到 1950 年,即解放战争时期

1946 年, 抗日战争胜利之初, 云南省对外贸易曾一度很快恢复到战前水平。但由于在抗日战争时期渗入云南的国家垄断资本主义完全把持的许多大宗商品,例如大锡、钨钞、桐油、猪鬃、茶叶等,完全被国家垄断资本主义垄断统死,阻绝了民族地区开发资源、加工外销、积累资财的源泉。云南省的对外贸易已不可能再似自由贸易时期那样,发挥其促进商品生产,带动全省经济发展的作用。加之时过境迁,东南沿海地区对外经济联系作用的逐步恢复,云南地区对外贸易口岸逐渐冷落。

二、云南地区近代对外贸易的特点

云南的近代对外贸易,具有一些很值得注意的特点。这些特点是其后在云南经济发展中产生一系列影响的根源。所以,应对此略做一些说明。

第一,云南近代对外贸易口岸的开放,染有浓厚的被迫性色彩。也就是说,对外贸易口岸当时是在云南的社会经济自身还没有发展到业已成熟地具备开放这一要求和条件的基础上,遭受到外国侵略者这一外来因素施加压力而被迫开放的。由于这是种被迫状态,不需要受到侵略者特权的制约而使云南省在对外贸易过程中长期验证以自主,并且还因对外贸易商品生产的基础薄弱和经营条件不足,而鲜有竞争性。

清末时的云南省,地贫人穷,地方政府财政开支长年要依靠其他省份的“协饷”。全省经济除滇中、滇西地区较为发展外,多数地区的能力水平远远落后于内地。在不少边远地区和少数民族聚居地区内,还保留着刀耕火种的原始生产方式。生产几乎全部是手工操作,就是史籍中著名的东川铜矿的经营,也仍是土法采冶。洋务运动中兴办起来的地方政府军火局,不过是有了一些机器设备的手工工场。落后的社会生产力水平,决定了在上述条件下开始的云南近代对外贸易,饱尝了外国资本主义大机器生产商品的倾轧。所以,云南近代的进口贸易,是一个从纯消费性到半消费性,最后才向半生产性贸易过渡的过程,总体上

仍是以消费性贸易为主。由于税率的升降由外国侵略者控制，即使在 1931 年"收回关税自主权"以后，是由国民政府制订税率，实际上仍是变相地在延续协议税率，继续遭受着外国侵略者控制。此外，还有外汇汇率以伦敦、香港金融市场波动水平为准，滇越铁路主权为法人把持等原因，使云南近代的出口贸易，不仅商品价格、出口品种在世界市场上没有优势，而且长期停滞在以大锡、生丝、桐油、猪鬃等工业原料、燃料、农副产品、初级制成品为大宗或主要出口商品的状态下。这种被迫浮沉于世界资本主义市场漩涡的处境，贯穿于近代云南对外贸易的始终，把拥有丰富资源的云南地区，变成了遭受掠夺的原料供应基地和大机器工业产品的倾销场所，阻碍了近代云南经济的正常发展。

第二，从这 61 年的对外贸易统计看，从总体来说，确实是在逐渐发展的。即使在排除通货膨胀因素的影响后观察，也仍然如此。无论是输入输出的量和值，以及商品品种，都呈现逐渐上升的趋势。进口商品品种则从最初主要是棉货、火柴、煤油、烟丝发展到工业所需原材燃料、机械设备、交通运输设备等上百种产品。出口商品的品种，也由传统的大锡、茶叶增加了桐油、猪鬃、皮革、土布等数十种产品。

这种情况表明，无论近代云南对外贸易的环境如何不利，对外贸易对生产的刺激作用和对市场扩大的作用是客观存在的。这正是同一件事物矛盾对立统一性的反映。但正因为如此，我们既不能脱离实际地高估潜在的可能，也要更认真在研究其仍然落后的根源。

第三，云南地区的近代对外贸易，基本停滞在低层次中。

从量上分析，便会发现。云南近代对外贸易额在全国对外贸易总额中，除抗日战争时期外，几乎是始终处在微不足道的低水平上。据 1894 年海关统计，该年进口商品总额为 124.187 9 万海关两，在全国进口商品总额 1.286 461 91 亿海关两中只占 0.75%。该年云南出口商品总额为 94.332 1 万海关两，在全国出口商品总额 1.281 045 22 亿海关两中也仅为 0.73%。[①]到了 20 世纪 20—30 年代，即全国经济的近代化和云南社会经济的近代化都相对较前迅速发展的时期，云南的对外贸易额虽有增长，但在全国的地位仍然微不足道。除了滇越铁路通车

①姚贤镐:《中国近代对外贸易史资料》第三册，中华书局，1962，第 1610—1617 页。

的第二年云南的对外贸易总额曾经过到 2 233.958 7 万海关两，比重上升到在全国外贸易部的 8.436 174 34 亿海关两中占过 2.65%以外，其他年份均未超出 2.5%的水平。即使按雷麦的统计，由 1889—1947 年中，占比重最高的 1941 年，也只是在进口中占 7.5%，在出口中占 4.5%，其水平还是极低的。[①]至于在全国整个对外贸易额呈逐渐上升趋势时期内，由于沿海地区上升较快，云南的比重反而因之下降。到 1931 年时已下降到仅只占 0.66%的水平。[②]

从质上进行分析，云南的近代对外贸易也几乎始终停留在以进口商品为主，而且主要是消费品的低层次上。自开埠以来一直到抗日战争爆发前，国外和省外对云南的直接投资几乎等于零。即使是滇越铁路的修筑也是以大量在云南发行法纸[③]等手段，由云南人民垫底的。设立在云南的外国洋行没有一家不是从事商品倾销和原料掠夺的。在云南的近代对外贸易中，虽然到后来加入了一些工业原料以至小设备等品种，但数量很少，不占主体地位。在对外贸易总体中，资金的输入、技术交流、设备的引进都没有得到发展。这和进入 20 世纪以后，伴随工业化浪潮，技术贸易逐步取代单纯商品贸易，我国沿海地区的对外经济关系结构因此发生了很大变化的趋势对比，云南省与其并不同步。

从全国范围来看，据外国人统计，1902 年，外国人在华总投资不过78.790 亿美元，到 1931 年已上升为 324.25 亿美元，其中对进出口业的投资下降为仅占其总投资的 14.9%，直接产业投资已占 45.7%。[④]但在云南省仍旧并没有较大规模的资金、设备、技术输入，依旧处于对外贸易以进口消费品、出口资源占绝对优势的低层中。这样，不仅使云南省落后的经济结构变革迟缓，还加剧了全国经济发展的不平衡性。这个情况曾一度在处于特殊历史条件下的抗日战争时期有过很大变化。当时由于工厂内迁，云南成为对外交往的唯一通道，云南经济在抗日战争时期的发展曾达到过近代史中的最高水平。由此可见，云南社会经济基础落后导致对外贸易的低层次和反过来又使落后基础变革迟滞的恶性循环，

①雷麦:《外人在华投资》，商务印书馆，1933，第 51 页。

②同上书，第 53 页。

③又称越纸，港、泸、汉等地称西贡纸，是法帝在越南东方汇理银行分行于殖民地发行的一种纸币。

④《续云南通志长编》下册，1986，第 573 页。

并非不可改变。但政策导向与潜力能否转化为现实有很大的相关关系。如前所述,抗日战争胜利后,云南近代对外贸易继续发展的条件发生了巨大逆转,因而使正在向高层次过渡中的云南对外贸易重新又跌到原来的低层次中。

第四,云南近代对外贸易经营主体的落后。云南近代对外贸易的经营曾经历过3个时期,各时期的经营主体虽有变化,但都没有能充分、正常地使它通过开放、改革带动云南社会经济迅速实现近代化,其原因很值得认真研究总结。其中抗日战争时期以民族矛盾为主要矛盾的战时经济时期,解放战争时期的国家垄断资本主义对民族经济的扼杀均为众所周知常识,可略而不论。从存在于3个时期中的民间经营来说,云南地区的正式开放,在时间上已迟于东南沿海地区约半个世纪。此时,东南沿海地区不仅已摆脱了早期贸易的种种困难,有了较为便捷的交通和通信条件,以及新式金融机构的汇总手段,而且还已由早期国商业资本兼营对外贸易的原始落后状态,进入由新的产业资本的商品扩张与商业资本的原始掠夺交杂阶段,业已形成了外国洋行率先,中国买办商人居中,结合中国新兴商业资本一起服务于对外贸易的一系列经营网络。而此时的云南早期对外贸易,虽处在英法帝国主义相互竞争下,但由于英法对华经济侵略的重点已放在长江和珠江流域,对云南的经济扩张便主要依靠缅甸和越南这两个较为落后的殖民地为基地来间接实现。

缅甸、越南、老挝的经济结构与云南同样落后,在国际贸易比较利益原则的驱动下,云南开埠通商后,大量输入的是假道周边已成为殖民地的国家而来的消费品,大量输出的是假道周围边国家转运的原料,剩余的便是由与周边国家经济结构相似而来的以土特产品交换为内容的互补贸易,因而在云南设立的外国洋行不像东南沿海那样为数众多,实力雄厚,已向着从事产业投资转化,反而是着眼于倾销、原料掠夺。甚至率先在云南设点的法兰西帝国主义的东方汇理银行,也是为控制金融汇总以间接控制原料掠夺的对外贸易的目的而成立的。他们并不举办生产性企业,而只是充分利用没有同层次竞争者的情况,通过代理商来控制原料产品的运销和倾销洋货,以取得最大利润。所以,云南近代对外贸易的经营主体,不像东南沿海地区那样是由外国洋行把持了自侵入时的原始掠夺起再逐次推进到商品扩张和资本输出的全过程。

云南近代对外贸易的经营主体是本国资本,其情况在3个阶段中又各有不同，但在发轫和第一阶段中，是由云南境内的中国商人或其集团占主体地位的，而且即使在其后的两个阶段内，这个私营的民间资本因素也仍然存在。这种情况虽然有利于云南近代对外贸易的独立发展，但是，进入近代以前的云南省商业落后，导致从事外贸的商人或商人集团多是由资力单薄的旧式小商人转化而来的。他们全都割不断与前资本主义的经济联系。因而，在外贸筹集资金和经营方式、经营品种上便不可避免地仍旧都带有很浓厚的封建痕迹。例如筹资方式采取家庭、宗族合伙制，管理方式采用旧式家长佣工制，经营品种承袭出口以生丝、大锡等原料，甚至是鸦片为主，进口则以消费性洋货为主的传统，以及从业人员知识结构陈旧保守等，长期滞留在商业流通领域内。即使有一点向产业资本转化的变革，也仍是只为进出口加工需要服务的制茶工场、解丝工场等，缺乏宏观上与近代大机器生产企事业的紧密联系和结合。不过，这个情况从云南地方来说，后来也曾有所改变。如在抗日战争中的对外贸易，一方面与云南地方资本结合，兴办了若干实业并有长足发展，另一方面一些已有一定规模的私营产业，如云茂纱厂、大成实业公司等的出现，其源脉也都紧密结合着对外贸易。不幸的是，云南经济近代化对外贸易中的这个可喜苗头，还没来得及进一步发展，便又被国家垄断资本主义摧残得奄奄一息，以致徘徊于低层次中的云南对外贸易体制中残留的落后传统因素，远较其他口岸浓重。

第四节　不同时期的云南近代对外贸易发展

一、自由贸易发展时期（1889—1936 年）

把 1889 年至 1936 年划为一个阶段，主要是由于在这个时期中，云南对外贸易受外部因素的影响比较明显，性质上具有不同于其他阶段的特点。近代云南对贸易自由贸易发展时期，再细分为 3 个阶段，即 1889 年至 1911 年——自由贸易初期；1912 年至 1931 年——自由贸易初步发展时期；1932 年至 1936 年——自由贸易迅猛发展时期。

(一)自由贸易初期(1889—1911 年)

1889—1911 年,是云南近代对外贸易发展的初期阶段。从时间上看,云南开埠由蒙自设关的 1889 年算起,已较晚于沿海和内地约半个世纪。这时,早已开放的沿海和内地的对外贸易经过数十年发展,已摆脱早期开展贸易的诸种困难,进入了迅速发展阶段。伴随着当时西方列强由资本主义向帝国主义过渡,其对中国的经济侵略方式,不但是商品输出的规模日益扩大,手段也更趋完善,而且开始进一步地具有了资本输出的某些特征。经济发展相对落后的云南地区,虽也受到这种大趋势的影响,却由于存在于云南地区自身的某些历史作用,使对外贸易形成一种与沿海和内地不尽相同的发展格局。

1.对外贸易总况

云南地区踏入近代对外贸易之初,开埠后的蒙自、思茅、腾越三关,进出口贸易都曾出现过一度迅猛发展的状况。

蒙自关于 1889 年开关后,1890 年的进出口贸易总额较 1889 年,以发展速度计增加了 618.48%,其中出口贸易增加 526.3%,进口贸易增加 748.13%。思茅关 1897 年开关,1898 年较 1897 年进出口贸易总额发展迅速增加了 105.7%,其中进口贸易增加最突出,为 146.29%,出口贸易增加较少,仅为29.29%。腾越关 1902 年开关,1903 年进出口贸易总额发展迅速,比 1902 年增加了259.28%,进口贸易增加为 279.03%,出口贸易增加 164%。但此后的发展速度就缓慢下来。以 1912 年为计算基期,我们观察各关进出口状况。

蒙自关从 1889 年到 1911 年共 23 年,其进出口贸易总额的平均发展速度保持在 30.26%水平,发展最快的是 1910 年,为 58.4%,发展最慢的是 1889 年,为 0.7%。其中,进口贸易平均发展速度保持 41.73%水平,发展最快的是 1909 年,为 86.1%,发展最慢的是 1889 年,为 0.8%。出口贸易平均发展速度则保持在22.73%水平,发展最快的是 1911 年,为 56.9%,发展最慢的是 1889 年,为0.7%。

思茅关自 1897 年设关至 1911 年共 15 年,进出口贸易总额平均发展速度保持在 88.12%水平,发展最快的是 1889 年为 111%,发展最慢的是 1902 年为 69.8%。其中,出口贸易平均发展速度保持在 91.1%的水平,发展最快的是1897 年,为 280.8%,发展最慢的是 1907 年,为 71.2%。进口贸易平均发展速度保持在85.1%的水平，发展最快的是1898年，为102.9%，发展最慢的是1903年，为67%。

腾越关的发展速度较为平缓，自1902年设关至1911年共10年，进出口贸易额平均发展速度保持在64.9%左右，发展最快的年份是1904年，为83.1%，最慢的年份是1902年，为26.3%。其中，出口贸易平均发展速度为34%，最快的年份是1910年，为81.6%，最慢的年份是1902年，为21.7%。进口贸易额平均发展速度保持在68.5%的水平，最快的年份是1904年，为95.7%，最慢的年份是1902，为28.1%。①

从整个自由贸易时期分析，此阶段是云南对外贸易发展速度最低的时期，其中发展较快的是进口贸易，例如占进出口贸易额最多的蒙自关，进口贸易平均发展速度比出口贸易平均发展速度高出19个百分点，腾越关则高出47个百分点，表现出洋货在开关初进口较快发展势头和土货出口的迟缓。

此外，在本时期云南三关的进出口贸易虽呈不断发展的趋势，但在全国进出口贸易额中所占比重极小。②

2.对外贸易经营环节由华商掌握

在沿海各省的早期对外贸易中，都有一个由外国洋行、中国买办商人、中国内地华人批发和零售商人及小贩错综组成的内外销售网络。他们在这个网络中，虽各自扮演着不同的贸易角色，但设立在中国大陆各通商关埠和内地的外国洋行，始终在其间占据着优势和主导的地位。云南地区近代对外贸易初期的情况在这一点上，与沿海地区的情况有所不同。当时蒙自、思茅、腾越三关的出口贸易，都主要由中国商人经营，进口贸易也基本上是由中国商人经营的。

从出口贸易来看，三关出口的主要商品全都由中国商人组办。伴随着各关埠的开放，虽然在云南地区同样地也渐渐出现了外国商行，但他们在初期几乎都全力从事洋货倾销，从事出口货物组办的并不多。以首先开埠的蒙自口岸为例，在这里开设的外国洋行最多，本阶段中先后有：安兴洋行、沙厘耶洋行、亚细亚水火油公司代理局、歌胪士洋行、和田洋行、博劳当洋行、礼和洋行代理处、戛

①云南省红河州：《近代云南对外贸易统计资料》。

②云南省红河州：《近代云南对外贸易统计资料》与郑友揆：《1840—1948年中国的对外贸易和工业发展》，上海社会科学出版社，1984，第335—337页。

波比盎哥洋行、若利玛洋行、福鼎酒店、滇越铁路公司酒吧间等。[①]其中除安兴洋行在初设时期曾组办过大锡出口外，其余各家并不从事经营大锡出口，而几乎全部只从事外国机制五金、机械、水泥、匹头、杂货、食品、玻璃、消防器材、建筑材料、酒类、西药的进口和销售；亚细亚水火油公司代理局则主要推销该公司的煤油和蜡烛；戛波比盎哥洋行、福鼎酒店、滇越铁路公司酒吧间等，则主要是为修筑滇越铁路进入云南的外国人提供其生活消费所需的食品、生活用品服务。

安兴洋行主要是代理越南殖民地政府专卖局到云南来采购鸦片而兼营进出口贸易的。所以，尽管它曾组办大锡出口，但并不以出口大锡为其主要业务。后来由于国际上干预禁烟，该行的鸦片贸易被迫削减，经营的规模也随之缩小，到滇越铁路通车后，它便迁往昆明登仕街，只经营五金器具和建筑材料的进口了。当时云南的中国商人与外国洋行和买办之间，在出口方面只在货物已输出中国口岸之后的香港、缅甸等地发生关系，即所谓“过去个旧大锡出口一直要靠洋商在香港的买办—广帮转手购销的经营方式”。[②]

造成这种状况的原因有两个，一个是由于云南地区对外贸易的进出口经营，早于本省对外贸易关埠的开放，因而在开关设埠时，本省的进出口贸易业已被华人掌握。前已述及，云南与缅甸、老挝、越南诸国接壤，山水相依，在古代就有极亲切的边民小额互贸。此外，还有历史悠久的“南方古丝绸之路”的贸易。在这种与周边国家交往的基础上，进入近代，才又随着外部环境的改变，演化出新的贸易形式。例如，在滇南地区，个旧、蒙自的商业之所以会同香港发生直接和日益密切的关系，是因为当时云南自身缺乏精炼大锡的能力，必须运往香港销给广帮转手加工。起初，经营此项业务的建水商行，主要有两家：一家是东禄号，股东为李应、李珍荣、沈五等；另一家是天佑号，股东为郭有、郭安润、曾吉庵等，都从事把个旧的大锡通过蒙自、剥隘、百色转运香港，再购买棉纱百货运回蒙自的业务。到蒙自开关前后，经营这一业务的商行已发展为八大商号，即泰来祥、东美和、正顺昌、朱恒泰、豫顺隆、运天昌、万盛昌、顺成号。这些商号在蒙自、个

①万湘澄：《蒙自通商设领和外国人经营的商业》，载《红河州文史资料选辑》第三辑，第79—89页。

②建水县商业志办：《黄美之创办工商业简史》，载《红河州文史资料选辑》第十辑，第97页。

旧、香港、建水、昆明、通海都设有分行，控制了个旧大锡的出口和棉纱、布匹及其他百货的进口，销售范围涉及临安府、普洱府、开化府、广南府、曲靖府等数十个州县。[①]所以，尽管外国洋行于开关后纷纷来到蒙自，拥有雄厚的资本和各种侵略特权，他们在我国沿海地区的经营方式也已从早期依靠代理商的方式上升为独立经营，但在其于云南设立之初，尤其在出口经营上，由于历史基础的原因，仍旧敌不过有传统基础的云南外贸商人。

华商对外国洋行的外贸竞争在本期中能占优势的另一个原因，是得力于云南人民的反帝爱国斗争。它有效地扼制着外国侵略者对云南的侵略活动。众所周知，法帝侵略越南后发动中法战争，强迫蒙自开关。这些步骤都与企图掠夺个旧的地下资源有关。尽管早在同治元年（1862 年）法人奥塞来游云南后便在其游记中惊叹："云南为天府之邦，富甲天下"。同治七年（1868 年）云南提督马如龙为镇压回民起义时，购买法人军械，允法人勘探红河和至云南购买大锡。光绪十六年（1890 年）法政府派人到个旧、弥勒等处考察矿产，归国后写成《云南矿产考》。其后法人古德尔孟又在其《云南游记》中写道："蒙自市街与他处之支那市街同。邻近有个旧矿山之工厂，以采矿为业。此厂矿质良而富，若加以扩张，当为世界添一极大之富源。惜该处人不知用新法及一切新器械，故所采者曾未得百分之一。意者，将留之以富吾法国乎。"[②]此后，便于光绪二十八年（1902 年）迫使清政府与英法兴隆公司订立开办云南七府矿权的条约。条约规定：指定云南、临安、澄江、开化、楚雄五府及元江直隶州、永北厅共 7 处的金、银、煤、铁、白金、白铜、锡、火油、宝石、朱砂均归该公司承办，并有"设或以上各处境内无矿可获，该公司得另指其他州县互抵，先后统计以不逾七处为率"的规定，等于掠得了云南全省的矿权。法帝予测临安"既与个旧邻近，从地理形势判断，江外一带至今尚无锡矿发现，似不可能，江内一带，应以原属蒙自的古山，属个旧的陡岩为富源。"但经过了中日甲午战争，对帝国主义侵略加深了体会和认识的中国人民，就在这时为了抵制外人掠夺路矿的侵略，轰轰烈烈地掀起了各种形式的收回利

①喻泉斋：《个蒙进出口贸易与帝国主义的侵略》，载《红河州文史资料选辑》第二辑，第 10—11 页。

②李表东：《帝国主义掠夺个旧矿产资源纪实》，载《红河州文史资料选辑》第三辑，第 20—21 页。

权运动。云南于1899年在蒙自就爆发了“厂匪杨自元前因法员勘修铁路,借端煽惑,聚众攻扑县城,谋杀洋人,焚劫洋关,焚烧税务司房屋”。“两日之内,众至数万,势颇猖獗”[①]的“杨自元焚洋关”事件。光绪二十九年(1903年)个旧又爆发了周云祥的起义。这次起义深受光绪二十八年(1902年)全省同胞誓死要求收回“七府矿权”的影响,“以反对清政府出卖滇桂矿和阻洋占厂及抵抗法兰西修筑铁路”为号召,攻占了建水、石屏两县,斗争时间长达一月,极大地震撼了清政府及帝国主义,从而延缓了法帝国主义企图染指个旧大锡的阴谋。

与这些武装反抗斗争相呼应的,还有更广泛的各阶层人士的收回路矿权呼吁,也使政府不敢擅自出卖权益。例如:“法商要求开采滇省锡矿,外部电饬滇督详查。据复称:‘该矿与个旧邻近,窒碍颇多。’外部据之作为驳词;留东同乡会以个旧为滇省财源命脉所关,会商电达政府阻抗”。[②]正是由于上述两个原因,这阶段中云南个旧大锡的出口业务,仍主要由中国商人组办。这样的出口销售环节,使云南地区的近代初期对外贸易商人,较之沿海地区的中国商人有更多的主动权,也为他们到后期由单一的销售原料经营,进一步发展到就地投资加工制造半成品和成品提供了可能性。不过,从另一个角度而言,由于中国商人资金短缺,难以自行开辟更广阔的国际市场关系,又使云南近代对外贸易的出口品种单一,也影响了云南丰富自然资源的开发。因而,这时已在沿海和内地出现的由外国洋行为扩大出口率先投资经营出口产品加工,从而带动外资投入的状况,在整个云南近代社会发展过程中还很少见。

3.较为单一的传统性出口商品结构

在上述历史条件下,本时期云南的出口商品结构较为单一,主要为传统的粗加工半成品。例如蒙自关的大锡,思茅关的茶叶,腾越关的生丝,以及归入土杂物产类的各种农副产品和药材。由于三关的交通条件和主要出口商品的产销地不同,各关出口的商品品种、数量各不相同。蒙自关的出口商品以大锡为第一位,茶叶、药材第二位,牛羊皮、土杂特产为数有限。腾越关出口的商品,以石磺为第一位,生丝为第二位,牛羊皮、药材、土布、零星杂物次之。思茅关的出口商品则以茶叶为大宗,土布次之。

---

①林绍年:《林文公奏稿》。

②《云南》杂志第十五号,《大事表》内5—7月记载消息。

4.外贸结算及平衡手段

由于本期中云南出口商品多由中国商人主办，进口货物多由中国商人和外商洋行直接推销，也由于本期直至期末才有大清银行（建于宣统元年，1909 年）在本省设立分行，外国银行此时尚未来滇设立分支机构，因而本阶段在云南境内尚未采用沿海那种由中国钱庄与外国银行为洋行与华人进出口商集中结算外汇的形式。

当时云南的外贸除在港埠是结外汇，主要是自行购销货物，直接以货价互抵，或委托本省票号及兼营侨汇的本省商号代为汇划。但由于各关的输出货物及指销地区不同，所采用的方式也就不尽相同。蒙自关出口运往香港的大锡等货物，是在香港结算后，由外国银行交付当时执云南金融牛耳的同庆丰票号转汇回滇的。思茅关输出的茶叶、百货的指销地为老挝、泰国、越南、缅甸等国，多在当地自行销售了这些货物后，再自行购回当地的棉花、土特山货、大烟等，只有少部分辗转销往香港和缅甸等地的货物才出现结算关系。这部分货款同样也经由天顺祥（即同庆丰）托收回解。腾越关输出的货物大部分指销缅甸，通过结算的也交天顺祥汇回，自行销售的或由腾冲帮在缅所设的分号汇回，或在当地购货返回。因而，云南早期金融机构中最大的票号——同庆丰（又名天顺祥）于近代银行尚未在云南出现前所起的作用，很值得注意。它不仅代私家客商经汇外贸款项，而且还代各关埠汇解税款。如蒙自关就有“本关税款，民国前多交由同庆丰代为汇解。”[①]的记载。

（二）自由贸易初步发展时期（1912—1931 年）

1.概况

由于受辛亥革命、滇越铁路通车、一些中外新式金融业的出现、第一次世界大战爆发后对我有利的市场环境等因素的影响，云南的对外贸易发展较前一个阶段为快。贸易量大幅度增加，贸易品种和贸易对象增多，铁路运输线开始运用，出现数年出超，外贸平衡更多地依靠经济手段。但本阶段的对外贸易发展是在法兰西帝国主义和云南人民之间，围绕着云南对外贸易控制权的争夺和反争夺而展开的。

---

①蒙自海关监督署编《蒙自海关志料》，1932。

1910 年 4 月，滇越铁路通车，蒙自关开始有了近代的新式交通运输工具。"……清宣统间，滇越铁路筑成，以丛山僻远之省，一变而为国际交通路线。匪但两粤、江、浙各省之物品，由香港而海防。而昆明，数程可达；即欧美全世界之舶来品，无不纷至还（沓）来，炫耀夺目，陈列于市……"[①]1911 年辛亥革命后的政权，在"鼓励投资，倡导实业"的口号下，实行完全不同于清政府的经济建设政策。如"拟订《云南矿务暂行章程》，以开放为宗旨，如无窒碍者均一律维护，以辟利源。又刊发表式，分别已开矿山、未开矿山及已开荒废矿山三种，通令各属地方官暨实业员，悉心调查，分别填报。又于省城设立矿物化验所，地质调查研究所。"[②]在有利政策鼓励下，云南的丰富矿产资源较好地得到开发，产量增大，出口数量也随之增长。仅"白铅一宗，上年（1911 年）出口仅的 2 732 担，本年（1912 年）多至 12 494 担。"[③]此外，还有受爱国主义思想的推动，出现辛亥革命前后的商民踊跃兴办实业和发展贸易等热潮，都使云南的对外贸易较前发展。

从贸易额的发展看，在本阶段的 19 年中，对外贸易都居于较高发展速度上。为了比较的方便，我们仍沿用以 1912 年为基期列表的线索进行计算。本阶段中，全省进出口总贸易额平均发展速度与 1912 年相比较为 114.3%，最快年份 1925 年，为 161.6%，最慢年份 1931 年，为 70.3%。其中，全省出口贸易平均发展速度 91.65%，最快年份 1925 年，为 122.6%，最慢年份 1931 年，为 57.7%。全省进口贸易平均发展速度为 143%，最快年份 1926 年，为 223.2%，最慢年份 1916 年，为 76.4%。

具体到各关情况则：蒙自关进出口贸易额平均发展速度为 108.4%，最快年份 1925 年，为 155.3%，最慢年份 1931 年，为 63.3%。其中，出口贸易平均发展速度为 85.2%，最快年份 1925 年，为 115.1%，最慢年份 1931 年，为 48.9%，进口贸易平均发展速度为 143.6%，最快年份 1926 年，为 245.6%，最慢年份 1915年，为 69.3%。

---

①万湘澄：《蒙自通商设领和外国人经营的商业》，载《红河州文史资料选辑》第三辑，第 79—89 页。

②建水县商业志办：《黄美之创办工商业简史》，载《红河州文史资料选辑》第十辑，第 79 页。

③喻泉斋：《个蒙进出口贸易与帝国主义的侵略》，载《红河州文史资料选辑》第二辑，第 10—11 页。

思茅关进出口贸易额平均发展速度为92.3%，最快的年份1927年达153.4%，最慢的年份1930年，为48.1%。其中，出口贸易平均发展速度为110.6%，最快年份1927年，为380.5%，最慢年份1929年，为49.8%。进口贸易业务员平均发展速度为88.7%，最快年份1920年，为130%，最慢年份1930年，为47.2%。

腾越关进出口贸易平均发展速度为162.4%，最快年份1919年，为247.2%，最慢年份1916年，为95.7%。其中，出口贸易平均发展速度为204.5%，最快年份1919年，为394.7%，最慢年份1914年，为82.5%。进口贸易平均发展速度为146.9%，最快年份1920年，为221.5%，最慢年份1931年，为93.1%。

从上述数据中我们可以注意到如下一些情况：

第一，蒙自关的各项平均涨落水平的指标，与本省总贸易量的平均的各项平均涨落水平指标趋向一致，数值接近。表明蒙自关在云南对外贸易中占最重要的地位。

第二，进出口贸易的发展是相互影响的，但涨落的时间不一定相同。常常是上一年出口贸易的发展增减速度影响下一年进口贸易的涨落。例如蒙处进出口贸易的最高涨势，出口为1925年，进口则为1926年。腾越关进出口贸易的最高涨势，出口为1919年，进口为1920年。思茅关进出口贸易的跌势，出口为1929年，进口为1930年。而且，出口发展速度的最高点与三关总贸易出口额的最高点也常常吻合。当然，在涨落的幅度上，出口贸易与进口的数量和比例并不一致，但它反映了这样一个事实：进入正常贸易后，在云南的对外贸易中，存在受支付手段的限制，出口贸易有先导作用的因素。

第三，一些带有共性的因素，如关税税率的提高，对不同地区、口岸的贸易，有同样的影响。例如，1930年、1931年几乎蒙自、思茅、腾越三关的进口或出口贸易，都跌入最低点。究其原因，都是由于1929年颁布实行海关新税则，取消了原来优惠云南省的按照关平银两与滇洋汇率减半征收关税的办法，改按汇率十足征收；加上新进口税，则提高了税率；1930年更改为按金单位征收进口税；地方政府为增加财政收入，又增收进口货附税；1931年又施行特种消费税等因素。

第四，由于一些外国、中国新式金融机构来滇开业，本阶段内的商品价格、汇率、外币与滇币比值等变动因素，都已在影响贸易的发展。这类情况已在海关贸易报告中频频出现。例如：

"蒙自关——民（国）十五年，全年以内皆感货币问题之困难。……当上半年之际，富滇银行滥发纸币，致滇省银圆跌价不止。迨六月间，银价市价需三百三直元折合安南银圆百元。于是本省当轴严加取缔，以期逐渐恢复原价。因之发生反动，剧而且速，贸易为之停顿，……溯自一月至五月间，布匹及棉纱进口甚形踊跃。盖当道对于跌价之纸币正在筹划补救间，商人预料进口贸易恐有限制，纷纷向海防、香港订购大批货物。……至进口贸易之所以活动者，尚有一大原因，即：有商人欲将积存之纸币脱手，以换不易跌价之物，适值滇省纸币突然回涨，人皆虑基于匹头贸易不免有不良之影响，特别是海防存货累积，势必售脱，虽铁路梗阻，终能设法将货物运滇。结果，则有大批染色洋素绸、尺六绒、尺九绒及棉绒毯输入。"也正是在这一年，蒙自进口猛增，达本阶段的最高点245.6%，较平均进口增长水平 143.6%高出 100 多个百分点。

"思茅关——民（国）十七年，货币跌价，贸易不发达。"

"蒙自关——民（国）十八年，金融紊乱，全年兑价起落无常，法银币一百换滇票四百七十至九百二十元。"

"腾越关——民（国）十八年，下半年运输工人因现金与纸币之高低，对工价问题发生争执，以致马户罢工达两月之久。同时本口贸易，亦完全停顿。"①

2.进口贸易的发展及特点

本阶段内进口贸易发展较快，全省进口商品的品种数目，除去各关交叉重复的品种外，达 300 余种。从商品进口数量和各种进口商品在进口总量中所占的比例来看，也发生了与前阶段不同的变化。除了棉纱进口仍保持着较旺势头外，进口量的比例分布已不再集中于花纱布、火柴、煤油、烟丝 4 项上，而是较广泛地分布为各类商品。这种情况表明：伴随云南对外贸易的发展和市场的扩大，原来归并在杂项商品项目下的各种商品，已因进口数量增多，进口品目增加而独立分列出来了。针对这种变化，海关征收税款的税目也相应随之增加，如原来归在花纱布一个总目下的商品，现在不仅已分列为棉花、棉纱、棉布各目，而且

①《续云南通志长编》下册，第 588—590 页。

其中的棉纱还分为12码、30码、40码等不同级别按级计征；棉布也细列为本色市布、漂市布、粗细斜纹布等13个品目分别征税。当然，在本阶段之初，这种杂项商品进口数量的增长，还很缓慢，所占比例还小，因而云南省对进口花纱布的特殊消费需求，在当时还未能从花纱布进口比重变化上体现出来。但是这种变化已经开始出现了。到本阶段的后期，花纱布进口数量和在进口商品总量中所占比重的变化，就逐渐明显了。

对本阶段进口商品统计进行分析，便可看到本阶段进口贸易的消费性特点仍然极为突出。其中占较大比例和每年都在进口的主要商品是棉纱、各种棉布、各种绸缎、各种毛呢、棉花、粮食、煤油、鱼介海味、烟草、肥皂、火柴、糖、纸、染料、人造靛等涉及人民衣食住行的消费型商品。这种消费状况与云南旧时传统性的消费需求已有较大区别。其中，煤油的销售稳步上升，进口量所占比例各年都不低于前六位。显然与前已述及的外国洋行触角深入，煤油推销机构已遍及云南各地有直接的联系。它标志着在云南境内的城乡各地，使用煤油作为照明原料这种消费需求的增长和普及。至于本阶段中出现和增多的煤油、纸、火柴、人造靛、染料、鱼介海味等商品的输入，则直接反映出云南地区各阶层人士的消费需求已开始产生了与传统不同的新型消费倾向。

本阶段进口贸易较为突出的第二个特点是其过渡性，具体表现为：①在这个阶段的中末期进口商品的结构，萌生了由全消费性向半消费性、半生产性过渡的趋向；②部分轻工产品由完全输入国外产品，过渡为国外、国内产品同时输入，并有转向以输入国内产品为主的趋向。不过，这种过渡性的变化还很微弱。从1912年开始，输入品中有了一点机器及零件、缝纫机及零件、制造火柴的原料及设备、未列名的建筑材料、电报电话材料、铁路建材、科学仪器、电气材料及装置、玻璃及制品、化学产品等。但输入数量极为微小。只是这个转变已反映着云南省内总算多多少少有了起步性的近代工业建设。

3.出口贸易状况

本阶段内出口贸易稳步发展。全省出口商品品种数目，除去各关交叉重复的品目外，达150余种。从各关情况来看，蒙自关的出口品目有117种，腾越关的出口品目有118种，思茅关的出口品目有67种。总的趋势是开始在逐步改变前一阶段出口商品结构较为单一的状况。

在出口品种种类有所增长的同时，各种商品的出口数量和在各年总出口量中所占的比例也发生了变化。在前一阶段中仅大锡、生丝、茶叶3项商品的出口量就几乎已包揽了全部出口量的状况，到本阶段已变化为出口商品包括有多种品目。从随机抽取占前十五位的出口商品种类来看，包括大锡、生丝、牛羊皮、主要金属制品、锑、麝香、药材、茶叶、猪鬃、肉类、席、熟皮、各种干鲜果、各种干鲜蔬菜、牲畜、土布、蜡、火麻、染料、豆类、煤、石磺、石料、地毯、烟、山薯等26种。各种商品出口量的比重也与前不同。自1913年以后，大锡出口量所占的比重，开始缓慢地降低。前阶段中主要出口的茶叶，其出口比重在本阶段内开始下降至第五位，最低时只是第十位。一些新开发的出口商品，例如牛羊皮、猪鬃、豆类、肉类、染料、地毯等陆续出现。其中，牛羊皮的出口数量增长较快，所占比重排位除1915年、1916年为第四位外，其他年份都已处在第三位上，而且还出现了加工出口的熟皮。本阶段云南采矿业发展的出口商品，有包含钨、铝、铜、铁在内的主要金属制品和稳步增长的锑矿产品。一些土特产品，例如席、土布、蜡、火麻、各种干鲜果、各种干鲜蔬菜都已由于出口数量增加而开始被单项计征关税，其在出口商品中所占的比重也相应有所提高。

上述情况已表明本期的出口贸易正处于发展阶段中。但与进口贸易相比较，仍存在着如下一些局限性：首先，各关常年出口的商品品类不似进口商品那样多。例如，蒙自关的常年出口商品为20种，包含土布、铅、大锡、锌、猪鬃、茯苓、煤、鸡鸭毛、各种干鲜果、各种干鲜蔬菜、粉丝、木耳、熟皮、药材、山薯、生牛皮、未硝山羊皮、红茶、白蜡和各种邮政包裹等。腾越关为21种，包含土布、牛、山羊、猪、竹及竹器、衣服靴鞋、干鲜咸蛋、爆竹烟花、各种干鲜果、各种干鲜蔬菜、粉丝、花生、干咸肉、药材、纸、豆、陶瓦器、各种子仁、黄丝、生牛皮、红糖等。思茅关为12种，即土布、各种五金矿石、衣服靴鞋、植物油、纸、陶瓦器、红糖、白糖、冰糖、红茶、烟及烟丝、粉丝等。

由于各关的区位、交通、所产物类和商品指销口岸不同，所出口的商品品种和数量都各具有浓烈的地方特色。但这种特色同时也反映着出口商品市场的狭窄。

此外，前一阶段，外国对云南的经济侵略，还主要局限于通商口岸。在对外贸易中，大锡的出口尚由中国商人自己经营。从事进口贸易的外国洋行，也主要由外国商人自己经营，经销外国机制工业制成品。到本阶段时，伴随滇越铁路通车直达昆明，外国金融机构相继来滇设立分支行机构，其经济侵略势力便逐渐深入云南省埠和扩张到全省各地。昆明也出现了许多新开设的外国洋行。一些原来只能设立在通商口岸的洋行也相继迁到昆明，并在云南全省各地设立分店或委托代理店，其业务经营则在零售进口商品的基础上，又发展了批发进口商品的业务。为了方便出口，还增设了对出口商品的收购加工。伴随其业务活动的展开，在滇的外国洋行中也开始出现充当经理或业务主持人的华人大班。一批买办阶层开始出现于云南社会，并成为云南对外贸易中的重要角色。

随着本阶段云南对外贸易的发展，无论是外国洋行还是中国商人，都已感到仅仅依靠自身的资金，显然不足以适应贸易发展的要求，必须依靠银行为之周转。于是银行结算外贸的业务便逐渐扩展开来。但因本阶段云南的金融机构中法国东方汇理银行的势力最大，外汇业务也因此被法兰西帝国主义控制，以致伴随外汇市场变化波动频繁，而严重地影响了云南的近代对外贸易正常发展。

（三）自由贸易迅猛发展时期（1932—1936年）

本阶段是一个为时不长的云南对外贸易迅猛发展时期。不言而喻，若没有前二个阶段的基础，就不可能出现这个时期。特别是云南开展对外贸易以来所促动的社会经济及贸易市场环境等因素向近代化的转变，又为它自身提供着迅猛发展的有利条件。当然，在这个良性循环的运转中，也不能忽略了与外贸本身直接有关的第二次世界大战实际已在世界局部地区开始和我国东北地区沦陷等因素对云南外贸的巨大影响。

本阶段外贸迅猛发展的状况有如下具体表现：贸易额保持发展，发展速度快，其平均发展水平不仅高于前两个阶段，平均发展速度还高于同期全国的发展速度。其中，云南与内地的土货转口输入比重增长，在进口商品总额中日显优势；贸易对象的国家地区增多；由1928年后逐步推行的关税税则，在本阶段内使洋货进口呈下降趋势，到1935年前后，云南外贸再次出现出超；商品结构有突出的品种变化，反映社会生产力进步的机器设备、汽车、各种燃料等产品的进口增多；部分洋货输入因内地国产品输滇和本省的同类工业发展而减少，以至消失；出口商品中，除大锡仍执牛耳外，猪鬃、皮革等前一阶段开发出来的新产品的贸易地位上升;外贸平衡已更多地依赖经济手段,由多种渠道进行补偿。本阶段内,1929 年以后关税税则的不断调整和云南省富滇银行收回外贸跟单押汇权益,对外贸的迅猛发展有重大影响。在对外贸易迅猛发展的同时,云南社会内部的旧经济结构解体有了较为明显的态势,部分少数民族地区的经济在外贸冲击下,出现了跳跃性发展。

本阶段云南对外贸易的一个突出变化,是代表国内商品输入云南的转口土货输入额日显优势。土货转口输入的情况在以前已开始出现,但主要反映于蒙自关埠,增长不大。

贸易对象的变动表现为,洋货进口国别地区的逐渐变化和增多。在前两个阶段中,由于进口商品单一,品种较少,向我输入产品的地区和国家,主要是香港和印度、越南、缅甸。其中香港为第一位,大体占进口贸易值的 60%左右,印度为第二位,大体占进口贸易值的 18%左右,越南为第三位,大体占进口贸易值的 15%左右,缅甸为第四位,大约占进口贸易值的 7%—8%。出口产品指销地则几乎为香港所包揽,约占 90%,余下的排列为缅甸、越南等周边国家。事实上,香港是欧洲、美洲和日本等的转口贸易港口。由港输滇的货物,几乎全是这些国家的商品。出口贸易也主要是经由香港转销世界各国。

除了大锡的出口在本阶段中发展较快以外,云南的药材在出口额中仍占有较大份额。“以前外销出口品中除烟土及锡之外,当推药材,大部供给南洋侨胞之需要。三四年出口价值 214 339 元,较上年约减 9 万元,乃受是年南洋华侨大批回国之影响。三五年又遇东印度及马来销场呆滞,故又减少10%。三六年赖香港、越南之需要膨胀,得较上年增加 5%。三七年因需要增加,港越价格上涨,内地公路发展,治安良好,故川黔边境之药材均由滇出口,出口价乃较上年增加 13%,达 225 978 元”①。猪鬃向来大部分供给法国市场,“三三、三四年时曾略退,三五年始因法国需要旺,出口达五五一公担,价值增加37%,尤其十一、十二两月乘法币改革之利,大量出口,三六年增至 773 公担,有一部分销美国”②。茶叶在出口额中虽仍是较多的一项商品,但伴随出口额渐减而致品位明显下降。

---

①云南省档案馆:《云南档案史料》第一期,1983,第 70—71 页。

②同上书,第 68 页。

除此之外，还有未列入统计资料，但在海关贸易报告中仍有所反映的桐油。这一项商品是第二阶段中出现的新产品。在本阶段内，由于国外市场需求增加，同样呈现较好的增长势头。“桐油，亦为新兴之出口品，三七年达 2 126 公担，较上年增加 53%，全部销美，价格甚好，三八年更增达 25 769 公担，十倍上年而过之”。①

一些属于生产资料性质的商品进口，是本阶段进口商品结构最显著的变化。其中有机器工具、车辆、水泥、电石和用于汽车运输的火油、汽油等。但这些商品的进口，大都集中在蒙自关。思茅、腾越两关虽也有水泥、纸张进口，但水泥、纸张的进口仍以蒙自关为主。这种情况与本阶段云南工矿业中较多地出现采用机器进行生产的企业有直接的关系。例如，1933 年有由商人投资创办的永协隆机器厂，生产水龙机、煤油机，其所需的机器设备、钢铁均购自外埠。同年，还有也是由商人投资创办的民生工厂，生产柴油机、碾米机，其所需钢铁也均购自外埠。1934 年为组建云南纺织布厂，云南省政府投资 40 万元法币，修建昆明纺织动力厂，机械购自英国。同年，为了发展机器食品加工业，云南省政府增资 8 万余元法币，将清末创办的云南模范工艺厂，改建为云南五金器具制造厂，制造小五金机器、制面机等，其机械购自德国。最突出的是自 1935 年筹备组建，1937 年投产开工的云南纺织厂和云南织布厂，以及为两厂提供电力来源而组建的昆湖电厂，由云南省政府投资法币 2 000 万元，中央资源委员会投资法币 2 500 万余元，机械购自德国卜来特公司和外埠。这些企业订购的机械设备都从有近代铁路运输线的蒙自关输入。

二、战时统制经济时期的云南对外贸易（1937—1945 年）

1937 年 7 月 7 日，日本帝国主义发动了对中国的全面侵略战争。对国统区实行经济封锁的计划。七七事变后仅 6 个月，中国对外部交往的主要海路及上海、天津、青岛等港埠便相继沦陷。到 1938 年 10 月，广州失守后，中国与其他国家直接从海上贸易的通道已被完全切断。于是，西南内陆的对外窗口，便上升到重要的战略地位上，而空前受到重视。

①云南省档案馆：《云南档案史料》第一期，1983，第 69 页。

云南的蒙自、思茅、腾越三大口岸分别与几个国家接壤，通过这些国家与广阔的外界海陆相通。日军想切断这样一个有缓冲屏障特殊地理位置的窗口与外部世界的联系，显然要比其直接攻占沿海口岸困难得多。所以，在本阶段中，伴随着云南在中国对外交往中扮演着重要角色，云南的对外贸易也进入了一个特殊历史时期。作为对外贸易口岸，其活动和作用已不局限于仅主要着眼于本省，而已成为祖国最重要的，后来甚至是唯一的对外贸易和交往通道，并为争取外部援助、支持全国抗日战争，维持后方经济发挥了不容低估的作用，做出了巨大贡献。

总的说来，抗日战争时期的云南对外贸易有很大的发展和变化。首先，海关行政管理机构发生了变化。例如，1945 年 1 月撤除了清朝海关改制时与税务司并存的海关监督署，以及为了适应战时管理和方便税收，增设、撤销了一些关卡等。其次，管理体制由自由贸易向统制贸易转变。其中自 1938 年 7 月至1939 年 9 月，由云南地方政府执行国民政府管理对外贸易的政策。1939 年 10 月至抗日战争结束，改由中央财政部贸易管理委员会收回管理权限，执行各项统制政策。最后，以 1942 年 12 月太平洋战争爆发为界，国民政府执行着中心不一的对外贸易政策，大体上在太平洋战争爆发前外贸是围绕充实财源、充裕军用民用物资、稳定法币币值、防止资敌、争取外汇这几个大方向进行。太平洋战争爆发后，改为以争取物资对日经济作战为其主要目标。

（一）抗日战争前期的对外贸易概况（1937—1941 年）

抗日战争前期的云南对外贸易，总的趋势表现为：贸易额大幅度增长，其发展水平不仅高于前几期，在全国贸易额中所占的比例也日渐增大，地位日显重要；国内转口贸易发展迅速，不仅为争取外援、补偿战争贷款发挥了作用，云南成为国内产品转销后方，后方物资集中外销的重要口岸；本期中云南对外贸易与全国同期贸易发展不同，云南主要表现为出超；为适应后方工业扩建，满足后方经济需求，商品进口结构明显向生产型迈进，出口商品中的主要部分，如大锡、锑、钨、桐油、猪鬃等均作为战时外国贷款指定偿还物资，由国民政府实行统制；外贸统制对集中财力、物力，坚持抗日发挥了不可低估的作用，但也由于各种因素，出现了困扰产品正常生产、流通的状况；伴随战事发展，云南的两大对外联系主要干道——滇越、滇缅线在不同时期发挥了不同的作用。

从本期对外贸易的具体情况分析，由于上述的发展变化是在战争这样一个特殊环境下发生的，因而，战时政策的变动，以及因战争而引起的市场、交通、资金、外汇、币值等多种因素的不断变动相互影响，又使其发展表现为一幅不稳定的、波动的、内容极为复杂的画卷。

1.贸易额大幅度增加

1937—1941 年的云南对外贸易，无论是进出口总贸易额或进口贸易额，都呈现大幅度增加状态。

由于贸易额迅速增加，本阶段内云南在全国对外贸易额中所占的比例日渐增大。抗日战争爆发不久，东南沿海重要对外贸易口岸相继丧失或遭到破坏，1937 年 12 月南京失陷，转而利用粤汉线路经广州出口。1938 年 10 月广州又失守，从前经由长江及东南各海口输出入的物资，便改向集中于四川，再转由西北和西南输出。西北关埠因路程较远，运送不便，所以除用作输出补偿苏联援华抗日战争物资的矿产物资及输入苏联援华物资外，其他大部分物资主要从西南各埠进出口。

2.国内转口贸易发展迅速

国内转口贸易的发展，表现为国内所产各类物资转由云南口岸输入后方，以及后方各地所产土货集中于云南口岸外销国际市场。这种情况的出现，当然是因战事发展、长江水路航道受阻、东南沿海口岸失陷所致。

由于转口贸易值增长，国民政府趁机修订了转口贸易税收办法。于是，海关转口贸易税收也大幅度增加。总的情况在《蒙自关贸易情况报告》中有如下记载："外销出口，三七年锡之外销仍旺，加以其他土产出口如钨、猪鬃、牛皮等均有增加，故数字较上年激增 43%。自三八年十月十五日起，锡之出口改为政府专利，虽国外需要较三七年稍差，但尚能维持不衰，占出口值之 70%。更因新商品之钨出口激增及长江运输不通，川黔土产亦皆集中云南出口，蒙自关之猪鬃、桐油、药材均大量出口，总计较上年增加 19.5%"。[①]

云南省自产的各种矿产品，因世界大战爆发，军需民用增加，国际市场需求旺盛，因而《蒙自海关贸易情况报告》说：大锡出口"三七年更增达九三，九三

①《云南档案史料》1983 年第 1 期，第 67 页。

○公担，为1920年来最高纪录……但三八年外销出口之锡计九二，九六八公担，较上年减少1.03%……不过事实上减落之数甚微，是证锡本身能力之不可侮”。“钨。三七年增加出口达八，二八七公担，比较上年三倍而过之，大部销英德；三八年更增达一○，○七三公担，价值国币约四百万元”[①]。此外，药材、猪鬃等产品外销量的扩大，则与川黔土产借道云南外销有直接的关系。

3.进口商品结构的变化及原因

第一，属生产资料的商品进口普遍增长。例如钢材、电机电料、化学工业用品以及已经成型的交通器材、建筑材料、汽油、煤炭、机器机械等。海关贸易报告中对这一点也有评论：“商品贸易，颇有新陈代谢之改变，取其著者，如资本商品、机器、车辆、汽油、建筑材料等，五年以前尚为数极微，而最近乃大量进口。”[②]这一变化虽在此之前已经出现，前已述及，不过那时数量还较少。本期中则增长较为迅速，一则是因在已有基础上继续向近代化的努力，二则是因为抗日战争对这些物资需求的增加。

以本期中增长得较快的交通器材及燃料为例：“车辆——三五年起滇省省际公路渐渐建设就绪，故是年曾有卡车九十一辆，汽车十五辆，自行车七百零八辆之进口。美国货占有80%，其价值较之三四年该商品项下之进口值增加220%。然而仅是公路之开辟，不足以应商业之需要，故因其他条件之不具备，而致若干新兴之汽车公司损失不赀，影响三六年之车辆进口大为减少。三七年公路更见发展，各汽车公司乃又有卡车进口，更因军用需要，而有若干机器脚踏车之进口，故较上年稍有增加。三八年通过蒙自关之车辆计一百五十辆，值一七○，五七九金单位，大部为卡车之类”[③]；“汽油，三四年起，因公路之开辟，汽车通行渐繁，汽油需要增加，故渐成为重要之进口品，进口量计三五○，七三八公升；三五年更因军用飞机之用，汽油进口激增三百公升而达四二八，三二九公升；三六年因无上年之特殊用途，故稍减，但仍有一一三，九三三公升；三七年仍不过一百万公升有奇；三八年则因公路上汽车激增，汽油进口较上年突增至二，九九五，六○六公升，增加三倍。此外，润滑油三四年仅九八，三九七公升，三五年增

①《云南档案史料》1983年第1期，第70—71页。
②同上书，第65页。
③《云南档案史料》第一期，1983，第68页。

57%，三六年、三七年、三八年均继续稍增，是为滇省工业发展之象征”。②

第二，进口具有生产性商品的商埠，主要是蒙自关。这种情况与蒙自关拥有滇越铁路的运输便利条件，以及这类商品必须依赖铁路运输有直接关系。而其影响却又成为日后滇南于商埠之后拥有新兴的个旧、开远等工业基地，而滇西却从未形成这一格局的根源。

第三，进口贸易服务于满足抗日战争时期后方工业生产增长及人民生活需求增加的要求。抗日战争时期，后方工业发展，人口增加，云南进口商品的品种和数量显然已非仅由本省着眼而来，有的商品在本省消费不多，但仍呈增长之势，有的则完全为满足后方其他省地的需求。

4.实行统治的出口贸易

抗日战争期间，为了争取外援，一些重要的战略农矿产品，均被指定为抵偿债务的易货物资，受到国民政府的统制。例如锑、钨、桐油、猪鬃、锡、茶叶、生丝、羊毛、汞等。其中，除羊毛和汞外，都是云南的主要出口产品。这样就使抗日战争时期的云南出口贸易主要表现为统制贸易。

抗日战争爆发后，国民政府由于经济基础较为薄弱，主要的通商口岸和东部沿海工业地区又相继沦陷，丧失了战前约在其财政收入中占 70%—80%的关税、盐税和对主要工业产品征收的统税，财政收支愈加难以平衡。为了弥补这个缺口以筹措抗日战争经费，国民政府一方面开征各种战时直接税，大量发行国内债券，增加法币发行量，另一方面是把争取外人投资、国外贷款或援助，也作为筹措战时经费的重要手段。

当然，在统制政策的实施过程中，收购价格的制订、产品运销线路、出口准许范围和数额等都处在中央统一管理下，由于体制的僵化和官僚的恣睢，也不可避免地存在着一些弊端。例如大锡的收购价不能及时随物价上涨调整。自 1938 年下半年起，大后方的物价涨势便开始逐渐加剧，1940 年以后，关系民生的重要物品——粮价便进入猛涨时期。但个旧大锡的收购价却未调整，个旧厂商不得不多次向滇省政府请求，转呈中央要求加价。据 1940 年 3 月史料记载：“本省个旧锡矿，现已成为我国出口货之大宗，产量多寡，关系滇南各县人民生

①张肖梅：《云南经济》对外贸易篇，中国国民经济研究所。

活，且有关外汇之换取。去年八月起锡价千斤增加国币五千二百元，厂商得以昭苏。本年度因物价较去秋高涨数倍，成本陡增，贸委会仍照前定价格，生产甚感困难。三月二十日，个旧锡商曾推举代表五人来省晋谒当局，请求增加锡价。当局即允电恳中央增加锡价，并俟越米办到，将指拨大量食米，救济厂商”①。

5.主要外贸运输线及改善运输的努力

抗日战争前期云南对外贸易的运输通道，主要有滇越铁路和滇缅公路两大主要干线。在抗日战争期间，云南成了大后方。沿海和内地的企业、工厂内迁，以及输往国际市场及国内市场的进出口商品、内地转口贸易商品，在越南沦陷前，都以滇越铁路为最便捷的通道进入云南。因此，滇越铁路的客货运量激增。《滇越铁路章程》原规定中国政府不能干涉铁路运输及行政工作。为了解决这个问题，国民政府军事委员会成立了川滇铁路线区司令部，以战时军事管制的名义宣布，由其直接指挥滇越铁路的军事运输的铁路抢修工作。因而，日军飞机虽频繁地轰炸铁路沿线的白寨大桥、芷村、小龙潭大桥等处，但因能及时得到抢修，而保证了铁路得以畅通运行。1940 年 8 月，日军在海防登陆并向河内推进，想沿铁路线入侵云南的意图已十分明显。在这样的情况下，国民政府急令拆除了滇越铁路滇段的河口至芷村段。1943 年 8 月 1 日，中法断交，川滇铁路地区司令部奉命接管滇越铁路，滇越铁路主权从此收归国有。

本期内，云南对外贸易交通史上最辉煌的一页，便是滇缅公路的修筑。在此之前，经云南历届政府的努力，从昆明到缅甸的公路，已修通了从昆明至下关一段，全长 411.6 千米。抗日战争爆发后，鉴于战局发展形势已显示日军有从沿海切断中国对外通道，对中国实行经济、军事封锁的意图。为打破敌人的狂妄企图，1937 年 8 月中旬，云南省政府向国民政府建议，速修滇缅公路。1937 年 11 月，国民政府同意修筑，并确定了滇缅公路的走向为：由下关经漾濞、永平、保山、龙陵、芒市、瑞丽出界，经费由中央补助 200 万元法币。为了尽早完成公路修筑，云南省政府责令沿线各县（局）行政官员亲督施工，约有彝、白、傣、苗、傈僳、景颇、阿昌、德昂、回、汉等十几个民族计 115 000 名民工参加筑路，最多时达 20 余万人，于 1938 年 8 月完工通车，创造了世界公路修筑史上的奇迹。滇缅公路

①《云南实业消息》，《云南实业通讯》第 1 卷第 4 期。

通车后,立即成为一条重要的国防运输线。

1938 年 9 月国民政府“军事委员会西南进出口物资运输总经理处”(后称“西南运输处”)从广州迁到昆明,开始办理由仰光运输军品及经济物资的进出口事项。同时期内,由陈嘉庚先生发起,在南洋先后动员了数批爱国华侨组成“南侨机工”回国参加抗日战争的队伍,驾驶着汽车,不分昼夜地奔驰在滇缅公路上,为抢运工作做出了巨大奉献。从 1938 年 12 月苏联援华物资约 6 000 吨经此道运入起,此后大量的英美苏援华物资及支持抗日战争所需军用民用物资,便源源不断经此道进入后方。据台湾吴相湘先生统计:“在 1939 年十一个月中,由滇缅公路运入物资 27 980 吨,1940 年运进物资 61 394 吨,1941 年运入 132 193 吨。三年中共计运入战略物资 221 577 吨,其中三分之一是汽油,军用品为五分之一”。①

此外,还积极利用和开发民间的驿运潜力转输物资。1938 年 10 月全国水陆交通会议决定:“利用全国人力兽力之运输,以补足机械之不足”。1939 年初即在交通部设立驿运管事所(处),在各新开辟的驿运线路设立分所(处)。同时制订“驿政重于驿运,人民共营重于政府专营,省处支线重于分处支线,奖励扶持重于管制”的四大原则。所以,在赶修滇缅公路的同时,“全国经济委员会”于 1938 年初便已派出工程师,会同川滇代表及军委会运输联合办事处,会勘自四川叙府经庆符、高县、筠连,云南盐津、大关、昭通、鲁甸、会泽至昆明的驿道,同年 6 月竣工。1939 年 1 月,原交通部在四川重庆成立了驿运管理所(后改为驿运总处),具体主持抗日战争时期西南方向的驿运工作。

云南省最初开辟的驿道主要是叙昆干线,全线长 811 千米,运输工具以驮马和夫运为主。为了进行有效的管理,叙昆干线在横江、盐津、昭通、会泽、昆明 5 个地方设立公站,在叙府和昆明各设驿运办事处。驿站设立后,昆明永昌祥、茂恒等商号率先来昆明站要求托运棉纱 1 350 驮,匹头 108 驮,茶叶 38 驮,小百货 98 驮,共计 1 595 驮。此外,兵工署也要求托运汽油、柴油、铜饼、TNT 炸药共 400 驮。一时间,云南古老的马帮运输再度大放异彩。驿运站先用有丰富经验的回族马帮为运输主力,1939 年 4 月在开远、昆叙之间实现了大宗物资的驮

①张家德等:《滇缅路的修建及其作用》,《云南文史资料选辑》第三十七辑,第 32 页。

马对运。到1940年时统计："共有驮马一万匹，运夫一千五百名，均系征雇而来。此外还预订增加胶轮板车三百五十辆。"①

此后，又相应开展了黔桂、川陕、川康、泸昆诸线的驿运，共成立9个车驮运输所，由公路运输局统管。

（二）抗日战争后期的对外贸易状况（1942—1945年）

抗日战争后期云南的对外贸易发展，与前期相比反差极大。总的情况是进口和出口贸易额自1942年始便大幅度下降。这种情况当然与云南对外连接的两大通道——滇越铁路和滇缅公路被完全切断有直接关系。其中，进口额减少的幅度小于出口额，因而进口额略大于出口额。进口额较大与国民政府为解决后方物资日益缺乏问题，鼓励进口有直接关系；而出口额减少，除运输环境恶劣外，还与国民政府推行统制政策的弊端日益严重有直接关系。为了支持抗日战争，国民政府在本期中开辟了驼峰航运，民间则重新启用传统的马帮运输工具，经运输古道入藏通印度，转运物资。

1942年1月，蒙自关和腾越关合并为昆明关，思茅关则改为昆明关下属的一个分卡。所以，这时的云南对外贸易已无分关统计，统称为昆明关贸易。

太平洋战争爆发后，国统区的陆、海进出口线路基本都被切断。作为后方的西南地区又因战前工业基础薄弱，无力及时提供大量生产、生活所需物资，因而国统区内物资严重缺乏，物价迅速上涨。"缅甸沦陷后，棉纱来源仅有由印度运入西藏转运丽江，经冰天雪地，用牲口驮运，一年一转，为数不多，当时棉纱行市，涨到每驮棉纱十八古，换金子四两至五两"②的程度，刺激着私商想方设法把各种物资运入国统区以牟取高利。这也是在当时获取外汇困难，运输环境恶劣的条件下，私商之所以仍旧致力于外贸经营的主要原因之一。

此外，由于租借法案及英美给予国民政府巨额借款，由英美输入物资不必全以输出土产为交换手段。因而，国民政府也采取"并重进口出口，兼顾内销和外销"的外贸政策，实行以争取物资解决军需民用为主的基本原则，调整了有关政策。首先，是将战事初期所拟定实施的查禁敌货条例、禁运资敌物品条例、非常时期禁止进口物品等办法，归纳为"战时管理进出口物品条例"。对于货物输

①张肖梅：《云南经济》第4章"抗战前后之交通"，第39页。

②解乐三：《庆正裕商号回忆录》，《云南文史资料选辑》第九辑，第45页。

出输入的管制，统一实行全视战时是否需要的准则。1942 年 5 月，取消了 60 多种商品的禁令，改用特别许可证制加以控制。凡有助于稳定物价或必需的进口商品，都能领到许可证。其次，是对军需民用物资实行减税、免税。1942 年在制订“战时管理进出口物品条例”时规定，部分与衣着及医药有关的物资，如呢绒、糖精等，订为减税进口品目。1943 年 4 月，为了便利商运，取消了各省的货物税捐和转口税；同时，为了补充减免税后的财政收入，又开征战时消费税。上述政策的变动，成为刺激进口货物增加，使进口贸易在运输环境恶化后，仍能保持不弱势头的直接原因。但是，减免税收虽可刺激进口增加，而财政收入减少的问题也须解决。加上战时物价腾涨，更使财政筹款紧张。于是，政策常为解决财政和吸收物资而进行频繁变动修改。1943 年 1 月，将进口税则从量部分一律改为从价征收。1944 年又将一部分减税进口物品恢复征收全税，将一度减少品目后改为分省征收的战时消费税，恢复为不分省区，凡是应税货品，照征战时消费税一次，并酌增品目以增收入。这些政策上的变化，又是 1944 年云南进口贸易锐减的主要原因。此外，征收战时消费税，虽免除了物物课税，重复缴收的弊端，但又由于运输过程中的稽征查验，而影响了商旅货运。因而，到 1945 年 1 月便又取消。出口贸易在税收方面的改变，直至 1945 年 6 月，才将出口税则从量部分，依原订从量税率所根据的百分率一律改为从价值百抽五。

本期出口贸易值的减少，则与国民政府推行统制政策的弊端日见明显有直接关系。前已述及，自抗日战争爆发国民政府实行统制政策后，云南的主要出口品目几乎被全部包括于统购物资中，占云南出口值比重达 70%—80%的大锡也在其中。

自实行统制政策后，大锡的收购价便全由国民政府制订执行。在1939 年以前，钨、锑、锡、汞 4 种矿产品的收购价格还都按国际市场的价格核定。当时战争初起，法币币值较稳，参照国际市场价格制订的统制收购价，与锡商将大锡自由卖入国际市场的价格贴近。所以，尚未出现锡商因大锡收购价偏低而请求加价的记录。1939 年以后，大锡收购价改为以盟国急需与否为核价标准，虽也考察矿区的生产成本和利润，但不作为定价根据，也不要求划一标准，分别实现以价控量的原则。这样一来，大锡价格的制订便变得很灵活，并且不以大锡的生产成本和利润为定价根据。

1940年后，法币膨胀的趋势日显恶劣，矿区粮食、矿用物品和生产工具等价格不断上涨，个旧大锡生产成本迅速增高。但国民政府的统购价格，仍按上述原则制订，以致收购价与生产成本的差距越来越大。依照矿区传统习惯，个旧大锡的生产成本是以米价作为计算标准的，即生产1吨锡所需要的矿砂为3石（指拗矿的量器，每10桶为1石，每桶约重1百老斤），将生产的3石矿砂所需的米、豆、工资、工具，以及厂位租金或硐尖抽收，一概折为米价计算生产成本。当时的生产力水平是生产一吨大锡需10个工人，相当于60个旧石食米。1940年时的米价平均约为每担法币400元，折算为个旧石则每一个旧石约含1 300元（每石食米等于$3\frac{1}{4}$担，即老称的325斤），60个旧石食米的市价将近8万元。但该年由“运销处”所订的大锡收购价，每吨只在4万元左右，尚不敷成本。此外，运费增加也使生产成本提高，“1940年5月，米价每石为一百九十元，马脚为四元，而在此一年前，1939年阴历四月，米价每石为四十四元，驮运物资上厂的马脚为每匹八角。一年之后，马脚运费皆等于上年的四倍多或者五倍”[①]。到1941年时，上述状况进一步恶化。据当时西南实业协会刊载的个旧经济调查资料记载：“个旧市面之盛衰，素以大锡生产之多寡为转移。本年大锡产量则约较上年减少三分之一，其原因为一般物价高涨，生产成本激增，招工不易，及个碧石铁路因军运频仍，与管理不易，致米、煤、炭三项时告不济。……资力雄厚者，因投资锡业获利不易，而集股赴昆组织运输机关，以经营滇缅路货运为副业，及购存商货或大锡待价出售而影响本业扩展者有之；心存观望而停止开采锡矿者亦有之；其资力薄弱，成本增高周转不灵而停开者，为数亦伙。然主要原因，实为目前加给锡价，难以追从一般物价，致经营斯业者，无利可图而形成本年锡产之又形减少也”[②]。

为了解决厂商生产资金亟待周转，而“运销处”大锡收购价严重偏低的矛盾，1943年云南省地方政府曾采取过两项措施：一是由锡业公司举办“收砂贷款”，该项贷款每年在春夏季发放，到秋冬厂砂出厂时再以矿砂抵偿；二是由富

①李表东：《云南出口矿产运销处统制个旧大锡的一些回忆》，载《云南文史资料选辑》第五辑，第69页。

②觉民：《锡业兴替蠡测》，《云南实业通讯》1942年第2卷第2期。

滇新银行举办“短期押锡贷款”，作为暂时供给存有现锡的矿、炉商的临时借款。但这两种措施并未能解决问题，一则因制定大锡收购价之权由资源委员会掌握，因而收购价不敷生产成本的矛盾照旧存在；二则贷款月息极高（1944 年初时达一分五的月息），反而加重了对厂矿商人的剥削，无法解决生产下降的矛盾。到 1944 年时，“运销处”改以黄金兑付锡款。黄金虽较法币有一定程度的稳定性，但在以黄金兑付锡款的过程中又出现弊端。因而只是一度起了些维持大锡继续生产的作用。因为“运销处”既有权用黄金兑付锡款，在兑付中便又用各种手段巧取豪夺。例如，在执行此项政策之初时，原规定每吨大锡给价黄金27 市两，但在兑付时却先扣去“海上运输及保险费”6 两，再扣去“办公费”3 两，锡商实际仅得 18 两。到 1945 年加价为每吨大锡 32 两时，仍被扣去各种费用 9 两，锡商仅得 23 两。

正是在政府和私商的共同努力下，才使我国的对外交往和贸易，即使在抗日战争后期那种艰难困苦的条件下，仍然坚持不辍，并获得了战胜日本帝国主义的光荣，其中云南人民在其中是有巨大奉献和成绩。

三、国家垄断资本主义垄断时期（1946—1950 年）

1945 年 9 月，日本无条件投降，抗日战争胜利。但是，全国经济并没有在抗日战争胜利后转入恢复和发展。国民政府在美国支持下，又悍然发动内战，不仅把人民再次推进战火纷飞、颠沛流离的痛苦深渊，也使国民经济因完全丧失发展所需的稳定和良性外部环境而濒临总崩溃。

本期云南的对外贸易在这样的总形势下，明显地受到严重影响。贸易额大幅度地下降，不论是进口额或出口额都惨跌到历史最低点。贸易进程极不稳定，摆幅波动很大，明显地表现出国统区贸易受社会政治局势影响的特点。进出口贸易之间，每年都是出口低于进口，因而本期全部为入超年份，逆差无法平衡。云南贸易额在全国贸易额中所占的比重急剧下降，除了上述原因外，云南口岸在抗日战争胜利后受到十分冷落的待遇，也使本期的外贸直线下落。实行所谓“重心东移”方针的国民政府，把 8 年抗战中曾支撑了后方经济，维系着祖国与外部世界联系的云南窗口完全遗忘，以致云南口岸不但在战后得不到恢复和发展的资金，而且连已有的交通运输环境和出口产品生产基础，也因被弃置不顾而愈来愈为破败。加上通货膨胀在内战中很快便进入恶性膨胀阶段，以及国家垄断资本主义正式形成和对全国经济的横暴垄断，造成了对外正常贸易迅速萎缩的局面。云南经济正在较快地向近代化转变的势头，因此又停滞下来，甚至重又逆转。

（一）概况

这一段时期的对外贸易，是在极为动荡的局势下进行的。每一年，甚至一年中也会几次地受局势或政策影响而发生变化和波动。抗日战争胜利后的云南进出口贸易发展速度是史无前例的，不但与以1912年和1936年为基期进行比较的任何年份相比都高，就是本时期内各年之间的环比也以人类历史上从未有过的速度大幅度上涨。到1948年贸易额虽改为以金圆券计值，币值位数在账面上似乎表现为大幅度减少，但若以国民政府规定的1金圆券兑换法币300万元折算，则其上涨状况就是天文数字了。所有这一切，都表明经济情况的极端失常，统计记录已完全失去反映实际的作用。这时的“速度”仅是恶性通货膨胀作祟的记录。

抗日战争胜利之初，物价曾一度短暂地出现过下跌。但很快便随着国民政府发动内战而又使通货膨胀愈演愈烈。到进入恶性膨胀阶段后，物价已如脱缰野马，法币犹如废纸，迫使国民政府不得不于1948年8月19日宣布实行“币制改革”，玩弄1:300万的手段，企图以金圆券取代法币来遏制物价。但恶性通货膨胀却由此以更为骇人听闻的幅度狂涨。金圆券发行不久，很快又像法币一样，丧失了充当货币的基本职能。本期内的云南对外贸易是大幅度下降。出口、进口和总贸易值3项贸易值，都呈逐年下降的趋势，至1948年已下降到历史最低水平。

具体来看，1946年是抗战胜利后的第一年。该年出口、进口和总贸易值3项指标都较1945年略有上升。这种状况的出现，显然是因人心受到抗日战争胜利的鼓舞，经营对外贸易的云南各商号，特别是经营滇缅方向的各大商号，在抗日战争胜利后都很快派出人员，整理和恢复原有的各项业务。以滇缅贸易中的大商号——永茂和商号为例：“1945年抗战胜利后，便怀着兴奋的心情，积极恢复我号驾轻就熟的滇缅贸易，结束了昭通分号，撤销了自贡市分号，在四川保留重庆、宜宾两分号集中力量采购生丝运缅，并由重庆向湖南购买棉花运昆交纱厂换纱。在缅甸恢复仰光、曼德勒及腊戍分号，与国内的腾冲、保山、下关以至昆明连成一条贸易线。原来经营的各项商品业务，除烟酒白银外，均予恢复，并增加了汽车材料和化工原料的经营”①。又如长期经营缅印藏紧茶业务的恒顺康商号，也在抗日战争胜利后，以恢复猛海紧茶为主要业务，“1946 年第一批紧茶五千包由猛海运出。这是恒顺康买的国民党中央茶叶公司的旧存货。该公司在猛海经营了几年，日本投降后急求脱货撤退。张相如乘机买了这批货。其后又分别在仰光、加尔各答，从其他云南茶商手中，不计价格高低，买进五千包，估计这一季节的猛海紧茶已尽在手中，而西藏方面又是多年缺货，垄断利润，唾手可得”②。总之，已多年困于战争未能进行正常贸易的各大商号，战后都纷纷积极恢复机构和开展原有业务，收集汇总各关物资组织出口，因而造成该年云南出口贸易略微上升。而且因国民政府采取鼓励一切日用品进口的政策，这时私商较易获得其所提供的外汇，也是该年进口贸易上升的主要原因。

1947 年，云南的对外贸易中出口贸易额增加，进口贸易额减少。出口贸易值比 1946 年增长 162.84%，进口贸易值则比 1946 年减少 50%多。进口贸易之所以大幅度减值，主要是由于国民政府对外贸易政策的变动。1946 年时国民政府采取鼓励进口贸易政策，致该年贸易逆差创纪录地达到了 41 200 万美元，外汇储备耗竭。国民政府由此又用接近两年的时间改变了对外贸易政策，实行削减进口，鼓励出口政策。此时，抗日战争虽已结束，却仍旧沿袭着战时统治的体制，国家垄断资本主义又将外汇管理权限和经营，全部集中于实行金融垄断的中央所属银行，地方银行及私人银行都无权经营。因而，伴随国民政府外贸政策的改变，投放外汇数额减少，一般私商获取外汇较为困难，导致进口额减少。

该年出口贸易值增大的原因，除仍有一部分战时囤积物资外运外，主要是由于个旧大锡经过商家多方努力，生产有所恢复和辗转外销出口。抗日战争胜利后，个旧锡商即多方呼吁停止实行统制。1946 年，国民政府取消了对大锡的统制政策，到 1947 年初，国民政府资源委员会又实行以贷款收砂办法，贷款给个旧锡商 30 亿元法币。恰逢此时，世界市场上大锡价格上涨，不少歇业倒闭的

①李镜天：《永茂和商号经营史略》，载《昆明文史资料选辑》第七辑，第 157 页。
②张相时：《云南垣盛公商号史略》，载《云南文史资料选辑》第十八辑，第 39 页。

厂炉商号，由于获得贷款，纷纷返回个旧锡矿，开工生产。据当时史料记载：每天在个碧石铁路沿线上车，到个旧去的矿商和矿工都在千人以上，厂家也由原来的300多户骤增至2 000多户，矿工由5 000多人增至3万多人，使个旧大锡生产出现了一片复苏景象。这时外销通路虽不畅，但有些商家经多方努力还是打开了争取外销的局面。如建水巨商黄美之，不但在战后恢复了其在个旧的“美丰”炉房，开采锡矿，收购锡砂和熔炼大锡。同时派人赶赴香港和欧洲多方联系，打通销路。1947年，其商号“美兴和”在香港的分公司已同欧美的五金商行建立了业务关系，可用函电成交大锡。这样，不仅很快恢复了个旧大锡外运香港，直销世界市场的便利，而且避开了洋商在香港的买办——广帮转手购销的剥削。因此，经营大锡出口的一些云南大商号，如“茂恒”“永昌祥”“万通”“利兴和”等，都委托该号代办大锡出口。这样，伴随云南传统大宗出口物资——大锡生产和销售条件的改善，出现了1947年云南出口贸易回升的局面。

至1948年，云南对外贸易的3项贸易值都出现惨落，跌至历史最低点。进口贸易值惨跌，主要是由于国民政府外汇枯竭。如前所述，在战后的最初两年里，因贸易逆差增大，蒋政府的外汇储备迅速濒于枯竭，只能将剩余有限的美元储备，用于购买最迫切需要的物资，至于进口一般民用品所需的外汇供给，几乎等于零。出口贸易的惨跌，一则因抗日战争中积存物资经两年的出口后自然停止，二则因个旧大锡的生产遭受打击很快陷于停顿。

进出口贸易同时惨跌，还有一个共同的原因，即法币恶性贬值的加速，迫使许多外贸商号不得不收缩业务，停止经营。如庆正裕，经1946年、1947年两年的努力，业务本来已有发展，但到1948年时，因法币贬值过甚，社会上炒金投机猖獗，只好“歇业结束，即着手收束外庄，安顿存货。缅甸、四川分栈，在1948年内即结束撤销，款资集中香港，保存外汇……1949年初，存货处理完毕，实行分伙”。[①]

1949年的贸易情况较1948年略有恢复，但进口额中的很大部分是1947年、1948年两年因运输条件不利，滞留到1949年才运达的进口货物。出口额的增加则与有一些私商利用出口，转移资产有关。如永昌祥商号“由于解放战争席

①解乐三：《庆正裕商号回忆录》，载《云南文史资料选辑》，第九辑，第45页。

卷全国,四川乐山(嘉定)、宜宾(叙府)的丝厂、云南下关的茶厂,生产规模受到影响,而产品周转自然有集中到销售地方的趋势。沱茶所占用的资金向来不多(约占百分之十)。因此,国内的财产就比例来说是缩小了。此时大部分资本集中在缅甸和香港,一项是生丝,一项是大锡,还有售出商品转成的外汇,估计约有一百万卢比。按当时汇价相当于六十亿人民币,占总资本额一半以上。因此,国外资金的比重加大了”。①

本期的云南出口贸易,有这样一些问题:

第一,因生产基础受到破坏,一些传统的、大宗的出口商品的出口量大幅度减少。最突出的是大锡。据史料记载,个旧大锡的生产量,从 1945—1949 年总产量仅为 11 300 吨,平均每年产量为 2 260 吨。这只是抗日战争期间 1940—1944 年时产量的 48%,或抗日战争前(1932—1936 年)产量的 27.8%。生产基础因遭到破坏大量减产,自然使出口额减少。②

此外,除 1947 年因生产出现短暂繁荣,该年大锡出口额较多外,其他年份的大锡出口额都一落千丈。生丝的出口情况也是这样。抗日战争结束后,云南省从事丝棉对调贸易的商号都又重操旧业,或与老主顾、老客户联系,或设新厂加工,从事生丝出口。例如永茂和商号,“于日本投降后,便派人到四川宜宾和汉口收购生丝,并洽妥由南充及合川两地有制丝经验的丝商承包设厂,代我号加工念二分纺丝,并在重庆向四川生丝公司订购念二分洋纺,贴上我号的孔雀、金虎商标运销缅甸,颇受缅甸丝商欢迎”③。但因嘉定、叙府的丝厂受时局变化影响,生产不稳定,产量不多,虽经商家多方努力,“但这一时期生丝出口总数,因货源不多,较之过去,就减少到只有一千多担了”。因而,生丝的出口数只有战前的一半水平。大锡和生丝都是云南的传统大宗出口商品,特别是大锡,一般要占到全部出口总额的 50%—80%左右,上述两项产品出口额减少,自然导致云南出口贸易值大幅度减少。

第二,运输路线的变化,使产品外销困难。在战前的云南对外贸易中,蒙自关因拥有滇越铁路运输的优势,其进出口贸易值常占云南进出口贸易总值的

---

①杨克成:《永昌祥简史》,载《云南文史资料选辑》,第九辑,第 165 页。

②云南省红河州外贸局编《外贸统计资料汇编》(1889—1990 年),1991,第 46 页。

③李镜天:《永茂和商号史略》,载《昆明文史资料选辑》第七辑,第 165 页。

80%左右。抗日战争中,为阻止日军向云南推进,滇越铁路被阻断,抗日战争胜利后未及时修复,以致云南进出口贸易的正常进行极为困难。有的商家便转由广西、广东外运大锡。如“美兴和”商号“每年出口大锡五百吨以上……将大锡交中国旅行社运到广东后外销”[①]。永昌祥商号则“把上海和香港的庄号,联结昆明、个旧,又发展了一项大锡生意”。[②]他们都是利用自身在外地的庄号,可以经内地运输到上海再转香港外销。至于那些资金少,又无外地庄号的个旧厂商,运销大锡便极为困难。据有关人士回忆:“首先是商会理事长苏莘农倡议,联合了几家厂、炉商凑得十多吨锡,由火车运到昆明,由他本人押运,雇马驮到四川宜宾,转运成都和重庆两处,企图回头再走五十年前大锡销川的老路,结果此路不通。又有人利用滇缅公路,企图运锡至仰光售卖,但是途中困难很多,虽经尝试,也不是正当出路。另外又有个别炉商向富滇银行洽办‘跟单押汇’,试图运锡于上海销售,仍因汽车缺乏,途程太长,又很难保险,并且上海行市也毫无把握,多数人不敢轻易冒险”[③]。既然辗转外销困难,生产出来的大锡就只好就地销售。而就地销售因市场狭窄,一般投机商人便任意操纵,忽买忽卖,以贱价收买囤积。这样便形成一个外销困难、贱价出售、导致资金积累困难、影响生产正常进行的恶性循环过程,使云南的出口贸易,因生产和运输都缺乏正常、良好的环境,而造成出口下降。

第三,国民政府采取出口结汇政策,使私商的正常出口贸易无法进行。外贸统制政策虽然在抗日战争胜利后取消,但蒋政府对云南出口数额较大的大锡、猪鬃、牛羊皮等物资,又规定都必须到国家垄断资本主义控制的银行办理结汇手续。如“美兴和”商号出口大锡,就须向中国银行、中央信托局办理出口押汇;猪鬃、牛羊皮的出口结汇也是如此。本期的云南出口产品,生产本来不错,猪鬃的生产不仅恢复很快,且因国外市场需求扩大,而使生产厂家增多,产量增长。仅抗日战争胜利后新设的洗鬃厂在昆明地区就有7家,产量恢复到战前年产40余万斤的水平。外贸商人也纷纷采办猪鬃出口。但蒋政府所实行的出口结汇

①建水县商业志办公室:《黄美之创办商业简史》,载《红河州文史资料选辑》第十辑,第98页。

②杨克成:《永昌祥简史》,载《云南文史资料选辑》第九辑,第102页。

③李表东:《帝国主义掠夺个旧矿产资源纪实》,载《红河州文史资料选辑》第三辑,第39页。

政策，常常使经营者无利可获。如庆正裕商号，“1946年恢复营业，即由昆买入熟鬃二百担，由公路装车赴上海销售，而出口逃不了管制外汇，只好结汇出口，结果徒劳无功”①。为了逃避国家垄断资本主义的外汇管制，便出现了走私。据庆正裕商号经理解乐三回忆：“1946年思茅到香港、广州，见到走私门径，五花八门，有出保证金包运走私的，代价甚高，有的武装走私，有的拉联海关船走私，名目繁多，不胜枚举。庆正裕托广州代理行——同昌黎子山，走私转运香港。两年多来，顺利赴港，未受风险”②。

（二）影响本期云南对外贸易诸因素的分析

本期云南进出口贸易的无法正常进行，虽然和自由贸易时期的各种有利条件因时局发展而丧失有关，但更主要的是受抗日战争胜利后国民政府对西南窗口冷遇，使投资及有关政策发生变化的影响。

（1）抗日战争胜利后，云南对外贸易口岸有一些突出的问题急待解决。例如，需要大量贷款以恢复出口产品的生产基础，整顿交通运输环境，恢复与旧时市场的联系，解决私商应自由持有的外汇以保障进出口货物的经营和获利等。但这些问题全都没有受到管理中国经济运行当局的重视。相反，国民政府于抗日战争胜利后，很快就又转回一切经济规划仍以东南沿海地区为重心的老路，集中力量去恢复和建设其以沿海沿江一带替代全国经济的体系。许多在抗日战争中设立于云南，且在推动大西南走向近代化上起过巨大作用的机构和企业纷纷复员、停办和撤除。

以冶金工业为例，就有云南钢铁厂停产关闭；昆明炼铜厂以并入昆明电工器材厂的名义遣散了工人，运走了设备；中国电力制钢厂的生产规模也大大缩小。从而，不仅严重削弱了云南对丰富自然资源的开采加工能力，而且减缩了云南的外贸市场包容量。如1946年撤除滇北矿务局、猛海中国茶叶公司、个旧云南出口矿产品运销处事务所等机构，虽说是因取消战时统制政策，但实际上是为实现其资金、技术、人员的东迁复员。于是，云南的这些部类的出口产品生产在战后突然陷入空白。由于私商资金短缺，地方政府资本来不及弥补，一时也无

①解乐三：《庆正裕商号回忆录》，载《云南文史资料选辑》第九辑，第44页。
②同上。

力投资而陷于困境，造成滇北矿务局结束后，所属的东川、易门等铜矿和会泽铅锌矿生产相继停顿的困局。个旧锡矿的生产也停顿下来，同样因蒋帮于“1946年夏季将运销处撤离个旧”。“论道理，蒋帮放弃了统制，厂商解除了七年的痛苦，生产情况是应该有所好转的。可是事实不然。因为个旧的民族资本家历来是先天不足，又遇到美蒋集团的无情压榨，七年以来极大部分人的经济基础已经从根本上垮台，大战虽然结束，早已失去了重理旧业的能力。至于最少数残喘的仅存的一部分人，虽在困难环境中勉强挣扎，但运销处撤走时，从锡价上把厂、炉号应得的价款骗走了黄金五千两左右，大家在经济上受到了沉重打击……锡的运输问题不能解决，即无从找到销路……唯一希望是祈求政府在1947年大量贷款，支持残局。然而这样的希望，屡向国民党的金融机关呼吁，都被置之不理，向所谓的中央政府呼吁，也是石沉大海”。①

不仅如此，蒋政府还打算把云南的矿产资源卖给外国资本，以筹措其反人民的内战经费。最突出的例子，就是出卖东川铜矿资源和个旧锡矿砂给美国。

抗日战争期间，国民政府在云南成立了滇北矿务局，统制了东川铜矿的生产和运销。战后，于1946年初令滇北矿务局，“将所有器材全部出售，……遣散全体员工”，使东川铜矿的生产基本趋于停顿。国民政府停办滇北矿务局以后，继续把持着矿山，不准任何人投资开采和冶炼，目的是要将其所垄断的资源，在时机成熟时，出卖给外国。这种自己既不从事生产又要垄断的反动措施，引起了工人以要求发放遣散费为导火线的斗争。云南地方势力和私人资本家也一再提出“拨归省营或民营”，“准许人民自由开采”的建议要求，但国民政府置之不理，而是将东川铜矿出卖给加拿大。滇铜虽不是云南出口的主要产品，但滇铜生产是云南历史最悠久的有色金属开采业，产品除少数供出口外，大部分供省内加工制作用品和外销其他省份。滇铜生产停顿，后滇铜资源又被出卖，不仅使与滇铜开采、加工、运销等环节有关的广大人民丧失了生产和生活来源，而且也使云南地方资金的积累和向近代化迈进的步伐停顿下来了。

东川铜矿资源被出卖后，个旧锡矿矿砂资源又接着被国民政府出卖。1948年秋至1949年初，国民政府与美国谈判签订了《云锡运美精炼协定》和《交砂抵

①李表东：《帝国主义掠夺个旧矿产资源纪实》，载《红河州文史资料选辑》第三辑，第38页。

偿贷款协定》。美国为了实现其掠夺个旧大锡资源的目的，在此之前早已从事过各种各样的活动。1948 年初，当个旧厂商严重缺乏生产资金时，“美援贷款委员会”曾贷款 100 万元给云南锡业公司，贷款 300 万美元给云南锡业生产机构。通过这些贷款，美国不仅推销了他们的许多设备和物资，更重要的是，由此所形成的债权和债务关系，构成了其要求以锡砂资源偿还贷款的依据。为了摧毁个旧大锡的冶炼环节以全部垄断个旧的锡矿资源，美国于同年公然停发个旧“99”锡的进口执照。大锡的世界市场，由战前原在伦敦转向战后的纽约，个旧外销的大锡又全是“99”锡，因而，美国用停发“99”大锡进口执照，关闭大锡外销市场的手段，使生产个旧大锡的厂家因找不到销路而纷纷倒闭。这样，美国便利用其贷款控制了个旧锡砂的开采，把个旧锡砂变为其原料供应地。经过谈判签订了上述两个协定后，1949 年，个旧锡砂开始了有史以来的第一次外运。一车一车品质优良的锡矿砂，从个旧经个碧石铁路运到蒙自，又由美国陈纳德空运大队运到海防，再装轮船运往美国。

个旧锡砂外运后，个旧大锡由成品外销变为原料输出，完全丧失了产品加工利益，不但使云南地方财政陷于严重的绝境，而且使多年辛苦经营方才打下的一定基础，有了良好发展前途的冶金工业及出口加工基地，受到致命的摧残。

(2)除了生产基础遭受严重破坏这一原因外，导致进出口业务的惨跌的还有一个运输环境恶化的问题。

云南的 3 条主要对外连接通道——滇缅、滇老缅越、滇越线，除滇缅公路在抗日战争时期修通，战后很快恢复外，其余两条道路在战后都因不被国民政府重视而未能及时恢复和打通。

首先，经思茅报关，外连老挝、越南、缅甸、泰国的这条通道，在抗日战争中因其战略地位不突出，从来就没有引起过国民政府重视。抗战中被撤除的思茅关，在抗日战争胜利后也因此未再恢复。加上此线路途遥远，货运困难，因而其外贸业务在战后更趋萧条。许多商家由于战后经营此线的业务困难，大都撤除了他们设立于墨江、思茅、江城的分号。例如，清光绪初年就开创了此线业务的信昌商号，“抗战胜利后几年，……就逐渐因交通梗阻，驮马货运困难，不得不把业务和资金的重点转到昆明来，结束了思茅商店，开设了昆明的明德厚纱庄”。[①]

抗日战争中，为了阻止日军由越南进犯，我方主动拆断了滇越铁路在中国境内的这一段。1943 年 8 月 1 日，中法断交，川滇铁路地区司令部奉命接管滇越铁路滇段部分。抗日战争胜利后，除越境内铁路仍交由法国接管外，滇段部分仍归我国政府管理。至此，被法国长期控制，用于剥削和掠夺云南人民和社会财富的大动脉——滇越铁路滇段的主权，终于被中国收回。

(3)抗日战争胜利后的物价波动，以及此后演化为恶性通货膨胀的局势，也是影响本期对外贸易不能正常进行的重要因素。

抗日战争胜利初期的物价下跌，使许多经营对外贸易的商号发生亏损和无法收回货款。如永茂和商号，在抗日战争后期滇缅公路阻断时，改从滇西北进入西藏，转往印度发展业务。1944 年该号采办了棉纱、卡叽布、卷烟纸等货物，雇用藏族马帮和自行购买的骡马组织运输入滇。因路途远、运输困难，货物运抵丽江时，正值日军投降，物价大跌，只好削价出售，以致“总计投资缅币一百二十万盾，只收回了半数，损失五十余万盾”[②]。又如原信昌商号，也因抗日战争胜利时物价下跌，其赊销的鹿茸，买主以手边货卖不脱为由，不交货款。另有 3 000 多斤象牙卖出去了，款也未能收回。后只好采取货款降价或折扣，并同意以布匹等现货和黄金首饰抵交部分货款，才收回了部分货款，但已受到了不同程度的损失。

但抗日战争胜利初期出现的物价下跌，很快因国民政府发动内战，财政支出浩大和内战的不断升级而演变为恶性通货膨胀。至此，正常的商品买卖和贸易活动已经无法进行，黄金和外汇的投机买卖活动更为疯狂，不仅使对外贸易所需的外汇资金筹集更为困难，而且使许多商号为求保值或热衷于投机获利，纷纷收缩业务，把资金逆转入投机活动中。例如，抗日战争胜利后，从恒盛公商号中分出的恒顺康商号，其所经营的滇茶运藏印业务，因战后缅印茶价较高而获利，但在调款回滇时，正值印度独立和印巴分治，使调款回国极为困难。该号只好求助于外汇黑市。但“四七年第一次黑市调款就受骗而全部损失，幸为数只二万盾”[③]。这次调款损失虽小，但因外汇筹款困难，恒顺康商号只好暂时歇业，结

①马泽如：《云南原信昌商号经营概况》，载《云南文史资料选辑》第十六辑，第 91 页。
②李镜天：《永茂和商号史略》，载《昆明文史资料选辑》第七辑，第 177 页。
③张相时：《云南垣盛公商号史略》，载《云南文史资料选辑》第十八辑，第 39 页。

束经营。

又如信昌商号，面对国民政府滥发纸币的局势，只好收缩业务，抛货购买黄金保值。“在这个时机，我通知墨江等几个店铺，尽可能抢先卖货，驮运的骡马和护运的武器也卖，把现钞汇集到昆明来买金子，……尽可能地把流动资金都换成了黄金”[①]。由于黄金外汇市场投机活动猖獗，有的商人也热衷于投机获利。如庆正裕商号主要股东的“二弟肇歧、三弟肇陵，对号上生意不感兴趣，要去搞投机倒把才过瘾。肇歧在香港，号事不管，每天只去赌金子，几个月内就亏损港币七八万元。肇陵在昆明每日跑三市街炒金子棉纱”[②]。商号的主要股东不从事正当的商品买卖活动，却热衷于黄金外汇棉纱的炒买炒卖，其正常业务自然无法继续维持。抗日战争胜利后本来业务开展较好的庆正裕商号，就是因这种原因而结束业务，结账分伙的。

总之，本期的云南对外贸易就是在这种环境中进行的，其结果是使云南向近代迈进的势头出现了逆转的趋势。

第五节　新中国成立后的云南对外贸易与发展

一、管理机构的演化

云南解放后，党和人民政府很快整顿和筹建了进出口贸易机构，云南成为西南地区开展对外贸易较早的一个省份。1950 年 3 月，云南省贸易总公司成立，下设行政管理和进出口业务机构。有些私营进出口商也经营食品、药材等少量出口贸易。1951 年，又先后建立了经营各类产品出口及地方外汇进口、与邻国地方贸易和边境小额贸易等业务的各个贸易专业公司。1958 年，各专业公司与省对外贸易局合署办公，并在广州设立了办事处。1961 年恢复局和公司建制。1971 年，畜产、茶叶、蚕桑部分划归商业部门。1972 年又回归外贸。十一届

①马泽如：《云南原信昌商号经营概况》，载《云南文史资料选辑》第十六辑，第 89 页。
②解乐三：《庆正裕商号回忆录》，载《云南文史资料选辑》第十八辑，第 44 页。

三中全会以后，与对外经济贸易有关密切关系的海关、银行、保险、商检、对外贸易运输、出口商品包装等各项工作得到充实与加强，并陆续成立了中国国际贸易促进委员会云南省分会、商情研究所等机构，云南省机械设备、化工等一批工贸结合的进出口公司。1983 年 4 月，云南省对外经济联络办公室、云南省进出口管理委员会、云南省对外贸易局合并，成立了云南省对外经济贸易厅，归口管理全省的对外经济贸易业务。同年成立云南省国际经济技术合作公司。

2001 年 12 月，中国加入世界贸易组织。2003 年 12 月 27 日，云南省商务厅成立。2004 年 4 月，《中华人民共和国对外贸易法》颁布实施。通过不断改革与调整，云南省商务厅已逐步成为具有对外贸易（含边境贸易）、口岸管理、国内贸易、利用外资、对外承包工程和劳务合作、海外投资、对外经济援助、替代经济、接受国际援助、信息、贸易促进、服务促进、昆交会、商会、协会、研究等一系列服务和管理职能的机构，商务制度逐步向国际化方向发展。

二、总体情况

从 20 世纪 50—80 年代，云南对外经济贸易发展呈现马鞍形的形态。20 世纪 50 年代，帝国主义对我国实行封锁禁运政策，云南的出口市场主要是苏联和香港地区。由于解放初期外贸起点低，50—60 年代这 10 年云南对外贸易发展极为迅速，1960 年外贸收购额比 1950 年增长 8 倍多，平均每年递增 24.7%；出口额比1952 年增长 848 倍，年均递增速度更高达 130%以上。出口商品以锡等矿产品为主。60 年代，由于苏联单方面撕毁合同，我国与苏联、东欧的经济关系大为缩小，与西方其他国家的出口一时难以突破，加之“文化大革命”期间严重曲解自力更生的方针，将其与对外经济关系对立起来，使对外贸易受到严重挫折。1970 年与 1960 年相比，外贸收购额下降 72.4%，平均每年递减 12.1%；出口额下降 95.7%，年均递减 27%。十一届三中全会以后，对外贸易经营管理体制进行的一系列改革，调动了各地区、部门和企业开展对外经济活动和积极性，促进了对外贸易的发展。改革初期由于缺乏经验，在集中领导、加强管理、统一对外等方面发生了一些偏差，但效果还是明显的。1984 年云南外贸收购额比 1976 年增加了 56%，出口额更增长 1 倍以上。经营体制方面，出口由过去大部调拨口岸出口改为 80%以上自营；地方外汇进口绝大部分已由省里自营。并开始引进技术和利用外资，对外承包、援外工程和劳务合作也在迅速发展中。[①]

（一）改革开放前云南省对外贸易发展

1.收购和出口贸易

新中国成立后，地方对外贸易工作主要是从事收购和出口贸易。随着云南地方社会经济发展，对外贸易收购和出口额、商品结构、出口国别地区具体情况如下。

（1）收购和出口额。

新中国成立后，在计划经济体制下，地方外贸机构主要从事外贸出口所需物资收购，再按国家计划进行出口。其出口按美元计值，并受国际汇率变动影响。收购额以人民币计算，在计划经济时期，人民币币值稳定，几乎不受物价变化影响。所以，在这段时期观察云南省地方对外贸易发展，主要视其收购额变化。

1950 年收购额为 2 911 万元人民币，1960 年收购额为 26 424 万元人民币，1983 年收购额达 22 021 万元人民币。从上列数值可以看出，60 年代是云南省外贸收购发展较突出的年代，特别是 1960 年，达到新中国成立后历史最高水平。主要由于该年国家对矿产品的需要，大量增加了矿产品的收购，包括约 2 万吨锡、1 万吨铅共 17 980 万元人民币值，占当年全省收购额的 68%。改革开放后，云南省外贸收购额逐步上升，1981 年突破 1 亿元人民币，1984 年外贸体制改革，代理出口部分不列入收购额计算，云南省外贸收购额下降为 18 126 万元人民币。

云南是一个边疆民族省份，社会生产力水平低，虽然历史上云南拥有转口贸易的地区优势，在计划经济体制管理下，国外反华势力封锁禁运消失。新中国成立后到 80 年代初，云南省对外贸易收购额与全省经济建设和全国对外贸易相比，呈现缓慢发展和下降趋势。云南省对外贸易收购额在云南省工农业总产值中所占比重，50 年代、60 年代、70 年代各占 4.4%、3.3%、1.7%，1983 年下降到 1.37%（全国为 5.1%），1984 年下降为 1%。占全国外贸收购总额的比重也从 1950 年的 10.3%，下降到 1983 年的 0.47%。

---

①云南省情编委会编《云南省情》，云南人民出版社，2008，第 746 页。

云南省对外贸易出口额1952年为5万美元，1983年为11 851万美元，达历史最高水平。1984年出口额为11 138万美元。云南省外贸出口额占全国出口总额比重是，1961年最高为2.5%，1983年降至0.54%，1984年只占0.45%。①

（2）收购和出口品种结构。

新中国成立后，收购和出口的品种发展到包括粮油食品、纺织、丝绸、茶叶、土产、畜产、轻工、工艺、五金矿产、化工、医药、机械、机械设备等13大类约300个品种。工矿产品的收购额中所占的比重，从新中国成立头几年的95%左右逐步下降，至80年代前后已降至40%—48%，而茶叶、烤烟、杂粮豆、干姜、核桃、中药材等农副土特产品的比重逐渐上升到52%—60%，反映出改革开放后，山区经济、民族经济发展的新状态。在工矿产品中，通过引进先进技术和设备，或采取来料加工等方式，焊锡、服装、棉纱、磷制品、机床等制成品的出口不断增长。但从整体情况看，云南出口的主要商品仍不多，上千万美元的主要是锡、茶叶和烟3项，百万美元以上的也只有20个品种。出口仍以矿产、土产、茶叶为主。1979年至1984年这3类商品共出口额4.8亿美元，占这6年云南全省出口总额的77%，其中锡（包括焊锡）、茶叶、烟（包括旅游烟）3项合计3.48亿美元，占6年全省出口总额的55%。

（3）出口国家和地区。

新中国成立后，云南省先后与90多个国家和地区开展贸易往来，有直接联系的客商达1 000余家。五六十年代，云南省商品主要出口苏联、东欧和香港。1958年至1962年，仅出口苏联即达1.3亿美元，占云南这5年出口总额的72%。进入80年代后，大力开拓其他国家市场，到1984年云南出口的国家和地区共54个，在出口总额中，香港占30.7%，日本占13.7%，美国占7.9%，波兰占5.8%，合计占58.1%；国内旅游销售占16.6%；其余50个国家和地区仅占25.3%。

2.进口贸易概况

在计划经济时期，云南地方外汇进口长期委托其他口岸办理，每年用汇额

①中共云南省委政策研究室主编《云南省情》（1949—1984），云南人民出版社，1986，第914—915页。

在 300 万—400 万美元左右，进口商品类别也少，远远不能适应云南经济和社会发展的需要。1980 年，云南省进出口公司成立，具体承办云南省地方外汇、留成外汇及其他外汇的进口工作；开展对外经济合作项目，办理利用外资和引进技术等工作。公司成立后 5 年中，先后同日本、英国、西德、美国和中国香港等 20 多个国家和地区建立了进口贸易关系，经营的进口商品扩大到机械、仪器、轻工、医药、化工、纺织、土畜产、粮油食品、五金矿产区九大类；1984 年地方外汇进口已增加到 4 000 万美元，比 1983 年增长 37%。1980—1984 年累计进口到货约 1.4 亿美元，远远超过 1979 年前历来进口额的总和。①

3.利用外资和引进技术

云南省利用外资和引进技术的工作，主要是在改革开放前后。主要由云南省对外经济贸易厅管理(1983 年 4 月前为云南省进出口管理委员会)，具体业务由云南省进出口公司负责。

云南省利用外资和引进技术的重点是：能源、有色金融、磷矿等资源开发性项目，交通，以机械、电子等行业为中心的现有企业的技术改造，新材料、新工艺、新品种的开发和综合利用，新型饲料、食品、农副畜产品等加工工业所需的优良籽种、种苗、种畜和先进技术，旅游等。

到 1983 年底，云南省共实现 21 个项目并投产。其中焊锡丝生产设备、会泽七〇厂铝锌矿、服装来料加工等利用外交项目共 12 个，1 493 万美元；小方坯连铸机、全价饲料成套设备、塑料生产设备等引进国外先进设备 9 项，538 万美元。1984 年对外签订并经过批准的地方项目的合同和协议共达 43 项，总金额 3 800 多万美元，相当于 1983 年前各年引进总额的两倍。其中，利用外资5 项，760 万美元，包括中外合资经营企业 1 项，中外合作经营业务 2 项，国际租赁业务 2 项，投资客商来自香港和日本。引进技术和设备共 38 项，3 000 余万美元。主要项目有：从英国、西德、意大利引进的卷烟翻新机、包装机和制丝机设备共 100 余台，从西德引进的年生产低损耗变压器达 110 万伏的硅钢片剪切自动线，从香港引进的年产量为 1 000 吨的铝合金型材加工线等。

①中共云南省委政策研究室主编《云南省情》(1949—1984)，云南人民出版社，1986，第 913 页。

4.对外经济援助、对外承包工程和劳务合作

(1)边境贸易。

云南省边民自古就与境外有通婚、通商来往。中华人民共和国成立后,边境经济贸易发展主要有3种形式:边民互市、边境经济技术合作、边境小额贸易。1953—1967年,边境贸易进出口总额3 332万元人民币,其中进口2 831万元,出口501万元。1968—1970年,边境贸易处于半停滞状态,只有边民互市仍在运行。

(2)对外经济技术合作。

云南省对外经济合作工作始于1961年。基本上是对外经济援助。先后为老挝、越南、马里、阿尔巴尼亚、朝鲜、喀麦隆、毛里求斯、马尔代夫、乌干达、南也门、上沃尔特等发展中国家提供援建投产的成套项目共88个,项目包括工业、农业、交通、电力、医疗等行业。派出工程技术、医务人员及工人共4 000多人次。至1984年在建项目有喀麦隆拉格都水电站,建成后库容为76亿立方米,年发电量将达3亿多度,除满足其北方用电外,还可以灌溉20万亩土地,并有利于发展航运、旅游和渔业,是我国援外项目中除坦赞铁路外的第二大工程。毛里求斯普桑斯机场航站楼的土建设计和施工工程,也将由云南承担,金额达1 100万英镑。

1979年,接受国外基金组织援赠款项及开发项目。云南同联合国所属儿童基金会、人口基金会等组织确定的合作项目共20个。对方投入金额318.5万美元。联合国难民署和粮农组织拨款1 374.3万美元。同澳大利亚合作的云南牲畜和草场改良项目,澳方投入535.5万澳元。加拿大儿童基金会赞助云南民办托幼事业10万美元。至2006年,云南共接受国际无偿援助项目230个,金额2 256.98万美元。2007年云南争取到国慰无偿援助金额达3 748万美元,援助项目涉及环境保护、艾滋病防治、扶贫开发、教育和人力资源开发等领域。

1984年,云南省对外承包工程、劳务合作起步并在海外开办企业。对外承包工程中,云南承包的扩建和检修缅甸米邻糖厂工程于1984年按期圆满完工。1984年,云南同喀麦隆合作诺伍股份有限公司签订了合资经营中喀公共工程建筑股份有限公司的合同,总资本额5 800万西非法郎,其中中方占49%。成套劳务方式承建的有南也门9 221平方米的商业部外贸大楼和科威特的海水淡

化泵站项目。

(二)改革开放后云南对外贸易[1]

党的十一届三中全会以来,国家对外经济贸易管理体制进行了一系列重大改革,云南对外经济贸易迅速发展。

1.进出口贸易迅速发展

1979 年，出口改为 80%以上自营，开始引进技术和利用外资进行出口替代。20 世纪 70 年代末,云南矿产品出口降到 40%,农副产品上升到 60%。1984 年,云南外贸收购额比 1976 年增长 56%。1990 年,逐渐放开外贸经营权,改革高度集中的垄断经营体制,缩小指令性计划范围,取消外贸出口商品的收购、调拨计划,恢复进出口许可证制度,批准具备条件的大中型企业自营进出口业务等。1991 年,取消出口补贴。1994 年,取消外汇双轨制,实行汇率并轨,外贸体制逐步纳入市场经济轨道。在此期间,云南全面展开自营进出口贸易,出口创汇迅速增加。1991 年,全省出口总额 4 亿美元,品种由100 多种增至 300 多种;同年,17 家进出口公司全面超额完成出口创汇计划。随着国家对外贸体制改革深入,外贸经营权由审批制调整为登记制。1995 年,国家出口创汇向出口创收、出口创市场进行方向性调整。专营外贸公司出口比重逐步减少,传统外贸公司在改制中逐渐向市场化运作转制,生产、工贸企业的出口潜能得到了充分的释放。

2003—2007 年,云南省商务事业快速发展。全省外贸进出口额结束了长期徘徊在 20 亿美元上下的局面，从 2002 年的 22.32 亿美元增加到 87.8 亿美元，年均增幅超过全国平均水平。改革开放前,云南省进出口额从 1 亿美元增加到 20 亿美元,花了 20 多年时间,改革开放后,仅仅用了 5 年时间,云南省进出口额就从 20 亿美元增加到 80 亿美元。

独立经营主体增加了大型工业企业集团、国有企业、民营企业、外资企业等,呈现多元化格局。

贸易方式结构明显改善,一般贸易、边境贸易、加工贸易多种贸易方式并举。

出口贸易方面,出现出口商品结构不断优化,机电产品、高新技术产品、农

---

①本节相关数据分别引用于《云南统计年鉴》(相关年份有关数据)、《云南省情》,2008。

产品出口规模不断扩大，比重不断上升。出口市场逐年扩大，出口商品销往世界137个国家和地区。2007年，云南出口规模超过1亿美元的产品有磷化工、有色金属、农产品、机电产品、纺织品、电力等6类。从出口商品结构可以看出，云南是一个资源性产品出口省份，核心产品有矿产、冶金、农林、机电、纺织、电力、药品等。

进口贸易方面，1980年1月，云南自营进口业务恢复，开展本省地方外汇、留成外汇及其外汇地外汇进口工作；开展对外经济技术合作项目，办理利用外资和引进技术等。1985年，国家对边疆民族地区在留成外汇上给予照顾，云南进口有了较大增加。进口物资主要来自西欧和日本、美国、加拿大。1990年，云南省进口商品转为以原材料为主。2007年，云南进口规模上亿美元的有金属原材料、机电产品、非金属原材料、木材、农产品等5种商品。

2007年，云南进出口持续高速增长，增幅继续超过全国平均水平，列全国第五位，进出口总额列全国第二十二位。农产品出口、机电产品及高新技术产品进出口、边境贸易、民营企业进出口等全面增长，海关税收达14.7亿元。出口增长对国内生产总值增长的拉动达1.7个百分点，贡献率为13.9%。2007年，全省进出口总额完成87.8亿美元，比2006年增长40.89%。其中，出口47.36亿美元，增长39.66%；进口40.44亿美元，增长42.39%。一般贸易进出口总值66.12亿美元，加工贸易进出口11.56亿美元。云南十大贸易伙伴分别是：中国香港和越南、缅甸、澳大利亚、美国、新加坡、日本、秘鲁、印度尼西亚、巴西。

2.边境贸易

改革开放以来，边境贸易进入新的发展时期。其中，1979—1985年为恢复阶段，1986—1995年为快速发展阶段，1996年国家调整边贸政策，此后至1998年发展速度大幅度下降。1998年，国家及云南省先后出台进口木材、藤条等商品新增税赋先征后返、易货贸易退税、放开进口木材经营权等政策，边境贸易开始恢复性增长。1990—2003年成为恢复增长时期，到2003年，云南边境贸易小额贸易结束9年徘徊的局面，进出口总额10.11亿美元，占全省进出口总额的11.52%，比2002年增长18.6%，达到历史最高水平。2004年后进入跨越式发展阶段，“十五”期间，边贸进出口总额累计实现23.13亿美元，比“九五”期间增长134.8%。2001—2005年，云南省边贸进出口额占全省进出口总额的比重，分别为 17.3%、16.7%、15.7%、13.9%、13.8%。出口商品主要有化工、建材、机电、纺织、石蜡、钢材等;进口商品主要有橡胶及制品、金属矿、木材、农产品等。

3.对外经济技术合作

改革开放后,云南接受国外基金会组织援赠款项及开发项目。2006 年,云南共接受国际无偿援助项目 230 个,金额 2 256.98 万美元。2007 年云南争取到国际无偿援助金额 3 748 万美元,涉及环境保护、艾滋病防治、扶贫开发、教育和人力资源开发等领域。

1990 年以后,云南省充分利用和接壤国家的传统友好关系、地缘优势和技术上的领先优势,在缅甸、老挝、越南等国家重点开展对外经济技术合作业务,市场量占 80%左右,对外经济技术业务量长年排名在全国第十名左右。项目主要有公路、桥梁、工业建筑、机场、市政建设等。随着一批重大项目的成功实施,云南企业在此区域国家中树立了良好形象和信誉。2007 年,云南省实际对外投资达 1.36 亿美元,对外工程承包、劳务合作、设计咨询业务完成营业额 5 亿美元,分别在全国列第十三位和第十四位。2003 年至 2007 年 5 年间,云南省各项对外经济业务在全国保持了中上水平。对外经济业务由单一工程承包和劳务合作向总承包、带资承包、BOT(建设—经营—转让)等方式转变,以资源开发为主的对外投资所占比例逐步扩大。例如, 自 2005 年国家批准云南实施境外罂粟替代种植政策以来,云南省共完成境外罂粟替代种植 101.2 万亩,缅甸、老挝北部“金三角”地区罂粟种植面积已从最高年份的 130 万亩,降至 30 年以来的最低点。境外罂粟替代发展工作取得了突破,成为云南省对外商务工作的新特点。2007 年,云南省替代种植新投资 4.1 亿元人民币,新增境外罂粟替代种植 65.3 万亩。

2007 年,云南省新签对外承包工程、劳务合作、设计合同共计 76 份,新签合同额 7 亿美元, 比 2006 年同期增长 15.96%, 完成营业额 5 亿美元。增长 16%。项目中,以 BOT 方式建设水电站项目合同额 28 416 万美元,占总合同额的 43.1%;大型成套 EPC(设计—采购—施工)项目合同额 5 256 万美元,占总合同额的 7.9%。工程项目共带动设备、材料出口 1.8 亿美元,增长 14.25%。

至 2007 年底,云南省经国家批准获得国际承包、设计咨询和劳务合作经营权的企业共 51 家,形成一批涉及交通建设、建筑、冶金、钢铁、电力、机械、铁路等行业的投资型企业。

2007年，云南省出台《关于建立云南省外派劳务基地的有关问题的通知》，在云南省楚雄州南华县挂牌成立云南省首家外派劳务基地。此后，大理州签订300名赴日研修生合同，成为州市参与对外经济工作的突破口。

在对外经济技术合作的工作中，周边国家是云南省的重要市场，2005年越南、老挝、缅甸3国项目合同金额占业务总合同额的比重为81.28%。此后，云南省逐步开辟新市场，上述3国项目合同金额2006年份额为57.71%，2007年下降到24.5%。云南省在此区域国家新签合同额占84.12%，新增市场集中在柬埔寨、泰国、新加坡、尼日利亚等国。

4.利用外资

改革开放后，云南省开始了利用外资的工作。1984年到1991年，外商到云南的投资主要来自香港，外商投资数量少、规模小，水平低。投资领域主要是一般小型加工业、餐饮业和旅游宾馆。平均每个项目协议外资金额仅71.75万美元。

1992年，国家批准昆明市实行沿海开放城市政策，批准畹町、瑞丽、河口为边境开放城市，批准昆明设立高新技术开放区和滇池旅游度假区。1992年到1993年批准外资企业711家，协议总投资16.18亿美元，协议外资6.79亿美元，实际利用外资1.88亿美元。到云南来投资的外商涉及中国香港、中国台湾，东南亚，美国、日本，投资云南的国家和地区增加到21个。全省17个地、州、市都有外商投资企业，平均每个项目协议外资额95.6万美元。

1994年到1995年，全省共批准外商投资企业531家，协议总投资13.86亿美元，协议外资6.58亿美元，实际利用外资4.38亿美元。外商投资开始涉及电站、资源勘探开采等基础设施项目，国际大财团、跨国公司开始向云南投资。到2007年，云南省利用外资增速超过全国平均水平。全省利用外资项目170个，合同外资额9.66亿美元，增长21.11%，实际利用外资金额3.95亿美元，增长30.49%，外商投资企业缴纳税收超过15亿元。

5.口岸发展

1952年，云南省只有畹町1个口岸。2007年底，已有国家一类口岸13个，如昆明机场、瑞丽、畹町、河口、磨憨、金水河、天保、思茅港、景洪港、西双版纳机场、腾冲猴桥、孟定清水河、打洛；二类口岸 7 个，如片马、盈江、章凤、南伞、孟连、沧源、田蓬，形成通往周边国家为主的公路、铁路、航空、航道等各类口岸。“十五”期间，打洛口岸列入《国家“十五”口岸发展规划》，腾冲猴桥、孟定清水被批准为国家一类口岸；思茅港、景洪港通过国家验收，正式对外开放；澜沧江—湄公河 4 国商船正式通航；丽江至香港临时客包机飞行计划圆满完成。“十一五”发展规划中，云南省 12 个口岸列入《国家“十一五”口岸发展规划》。2004 年，国务院批准河口、磨憨口岸对第三国人员开展口岸签证。

“十五”期间，国家和云南省在口岸查验设施建设中投资 1.68 亿元，其中云南省 1.3 亿元，国家 3 800 万元。

“十五”期间，云南口岸进出口货值 71 亿美元，进出口货运量 1 922 万吨，出入境人员 6 598 万人（次），出入境交通工具 705 万辆（次）。

第五章　货币与金融

第一节　云南历史货币

一、非金属货币

（一）以物易物

云南早期商品交换的具体情况如何呢？由于“商品交换在有文字记载的历史之前就开始了”，所以具体情况尚难确知。但由于商品交换是由生产力发展水平和社会分工促成的，结合考古材料和有关记载，尚可勾勒出云南早期商品交换的大致状况，主要是以物易物。据云南新石器时代遗址的现有发掘材料，新石器文化不是单一的文化，是多种经济生活方式并存，物品交换关系亦成为可能。群体之间的交换很大程度上是简单地以物易物，互通有无，交换的物品主要是一些生活必需品或装饰品、宗教用品等。随着分工的扩大和逐渐细密，人们经济生活多样化，商品交换成为生活的必需。人们需求的物什种类越来越多，于是互通有无的商品交换关系就必须发生。这种商品交换不仅存在于境内不同经济类型之间，同种经济类型之间因为生产的物什不同，也存在一定的交换关系。在云南早期的商品交换中，还突破了地域限制，同境外诸如内地和东南亚、南亚一些地区也进行商品交换，互相换取所需要的产品。

云南与内地商品交换的一条主要途径是通过巴蜀实现的。其方式是直接与巴蜀进行商品交换。据记载：“蜀卓氏之先，赵人也，用铁冶富。秦破赵，迁卓氏致之临邛，大喜，即铁山鼓铸，运筹策，倾滇蜀之民，富至僮千人，田池射猎之东，拟于人君。”“程郑，山东迁虏也，亦冶铸，贾椎髻之民，富埒卓氏，俱居临邛。”[①]卓氏、程郑之富都是源于冶铸后，把商品出售给云南居民以获利。云南居民通过正常渠道要获得冶铸品主要是用自己的所有物换取。显然，滇人这一时期尚达不到货币经济的水平，故只能用商品互相交换。秦时常頞略通五尺道。五尺道的开通，为云南与中原内地商品交换的进一步发展奠定了基础。据《史记》载：“十余岁，秦灭。及汉兴，皆弃此国而开蜀故徼。巴蜀民或窃出商贾，取其笮马、僰僮、牦牛，以此巴蜀殷富。”虽是汉初之事，但在此之前这种情况已存在。此外，云南与东南亚、南亚的一些地区间的商品交换也主要是以物易物获取对方的奇异物品，而这些物品是自己不能生产或没有的。如《史记》卷一百二十三《大宛列传》载：“天子既闻大宛及大夏、安息之属皆大国，多奇物，土著，颇与中国同业，而兵弱，贵汉财物。”

（二）实物货币

云南由于经济发展不平衡，经济类型多样，决定了社会经济活动的多层次性。反映在商品货币关系上，商品交换不仅有货币作为通货流通，同时也还存在以实物充当一般等价物实现商品流通的形式。这些实物既是商品，又具有货币的性质。

1.缯帛

缯帛是唐代云南流通的一种重要货币。《云南志》卷八《蛮夷风俗》说：“本土不用钱。凡交易以缯帛幂数计之……”帛既是当时最为重要的商品，同时又是一种货币。缯帛的货币单位叫“幂”。《云南志》在记述云南的风俗时又说：“帛曰幂，汉四尺五寸也。”南诏时期对用作货币使用的缯帛的长度是有着一定的规定的。据樊绰《云南志》卷四《名类》部分的记载，当时云南境内的施蛮、顺蛮、望蛮外喻部落、栗粟两姓蛮、雷蛮、梦蛮以及茫蛮部落等少数民族普遍使用红、白、黑缯帛缠髻、为衣，缯帛在那里有着广泛的使用和很大的需求。因此，这些少数民族部落分布的地区当是唐代云南使用缯帛作货币的主要区域。从地理范围看，这些地区分布在南方丝绸之路的重镇永昌城（今保山市）的北部、西北及东南部。用

---

①《史记》卷一百二十九《货殖列传》。

今天的地名来讲，唐代云南缯帛这种货币的主要流通区域就是丽江地区、大理州的西北部、保山市的东南部、临沧地区的西北部等。

2.盐币

云南流通盐币的历史很长。唐代时期已有关于盐币的记载。樊绰《云南志》卷七《云南管内物产》记载道："蛮法煮盐，咸有法令。颗盐每颗约一两二两，有交易即以颗计之。"这个简略记载说明：第一，在唐代云南已使用食盐作为商品交换的一般等价物。盐币是当时流通的一种重要货币。第二，盐币的计量单位是"颗"，每颗盐币重约一两、二两不等。它充当商品交换的媒介时，以颗计算商品的价值。

与缯帛一样，食盐作为货币同样经历了产品到商品再到货币的发展演进过程。在中国古代，食盐是最为大宗的商品之一，社会上对它有着极大的需求。《管子·海王》说："十口之家，十人食盐；百口之家，百人食盐。"《汉书·食货志》说：盐"非编户齐民所能家作，必印(仰)于市，虽贵数倍，不得不买。"正是由于食盐有这种广泛的社会需求，不同的阶层、不同的家庭都很需要它，于是人们在进行商品交换时，为尽快达成交易，就把自己的商品先交换成食盐，然后再用食盐交换自己所需要的东西。食盐成了完成商品交换的桥梁。久而久之，这种交换活动变成了一种经常性的商品习惯，最终食盐从商品交换中分离出来充当了货币。元代云南已有以盐为币的记录。李京《云南志略·诸夷风俗》记载："金齿百夷，交易五日一集，旦则妇人为市，日中男子为市，以毡布盐茶互相贸易"[①]，从中可以看出在市场上毡、布、盐、茶都作为实物货币在使用。《马可·波罗行纪》里也有以盐为币的记录。《建都州》说："其小货币则用盐。取盐煮之，然后用模型范为块，每块重约半磅，每八十块值精金一萨觉，则萨觉是盐之一定分量。其通行之小货币如此。"[②]又据《马可·波罗行纪》所载，盐币的制作过程大致如下：居民取盐于咸水，置于小釜煮之，水沸一小时则成盐泥，然后落以为块，每块各值二钱。这种盐上凸下平，置于距火不远的热砖土烤，待干硬后，每块盐上盖用君主印记，其印仅官吏掌之。可见，并非所有的盐都可作币，盐币有其固有的形态，

①涵芬楼：《说郛本》，载《百夷传校注》，第 111 页。

②《马可·波罗行纪》第一一六章《建都州》。

并需经官府许可。

盐币流通的区域,由于史籍中缺乏明确记载,但结合唐代云南的食盐产地和元明清时期盐币流通的区域来分析,唐代云南的盐产地主要集中在今安宁、楚雄、大姚、盐原、剑川、兰坪、丽江、盐津、打洛、拖角、镇沅、景谷、普洱等地,食盐的生产和交换都已达到了一定的规模。而元明清三代在云南流通盐币的地方主要有武定府、镇沅府、楚雄府、元江府、广西府、临安府等,即今武定、楚雄一带和元江、蒙自、开远、通海片区以及师宗、罗平区域。

明代的云南,把食盐、茶叶、牲畜、药材、粮食等货物作为以物易物时的作价标准或是交换媒介是比较普遍的。一些地方产生了专门的“盐市”“茶市”。明嘉靖《大理府志》卷二载:大理、永昌(今保山)有专门的盐市。周围百姓奔波百里参加盐市交易,明代盐块成为云南部分地区重要的支付手段,盐块与贝币长期并存,有一定的广泛性和普遍性。明末清初云南废贝行钱,铜钱成为云南法定通货,在铜钱还没有完全填补贝币退出的空间时,盐块又重新充当了交换媒介。康熙《元江府志》卷一记载:“贸易者多用贝,今易以土盐,彝民甚便。”这是云南废贝行钱后边疆民族地区再次行用盐币交易的证明。终明之世,货币形态多元化、货币政策特殊化、法定货币与以物易物同时存在,这些构成了明代云南货币的特点。

3.牛

牛也是实物货币的一种。蜀汉政权征收云南的贡赋中便有耕牛一项。《三国志·蜀志·李恢传》载:“赋出叟、濮,耕牛、战马、金银、犀革,充继军资,于是费用不乏。”《华阳国志·南中志》也有贡牛的记载:“每夷供贡南夷府,人牛金旃马,动以万计。”由此可见,牛在云南不仅受人欢迎,而且数量较多。当然我们不能仅据以牛作贡赋一事就称牛有充当等价物的可能。更重要的是牛在当时已是社会财富的重要标志之一。时至近现代,在云南许多少数民族中,存在视牛头为财富的现象。而在人类商品交换的初期阶段,牛往往成为一般等价物,完成商品的交换。因此,我们不能排除魏晋南北朝时期牛作为实物货币的可能。因为这一时期,云南的商品交换,其中仍有以牛为实物货币的土壤,而且反映到以牛作为贡赋的事实有史可查。这些因素共同说明,牛在魏晋南北朝时期也是云南的实物货币之一。

（三）贝币

海贝作为货币，在云南具有悠久的历史。云南出土的早期海贝，主要分布在大理地区、滇池区域、昭通地区。海贝并非云南本土所产，系从印度洋、太平洋等暖海区经东南亚、南亚而来的舶来品。云南很早就和南亚、东南亚之间有着经济联系。而东南亚、南亚国家和地区传统上是一个以海贝作货币的区域，并逐渐形成了一个十分庞大的贝币市场。流入云南的海贝在流通领域起到了货币的作用。①

在西南经云南腹地通向东南亚、南亚的对外通道上，东南亚、南亚的海贝却很早就大量流入云南。其流入时间，最迟自春秋战国起。此后，历汉、晋、南北朝、隋、唐、宋、元、明及清初，海贝均源源不断地大量流入。可见，海贝流入的持续时间长，规模大。这些大批流入的海贝，从春秋战国起，直至明清之际云南“废贝行钱”，一直作为云南主要的法定货币，流通使用 2 000 余年，可谓对社会经济发展影响甚大。毫无疑问，海贝在古代一直是流动于西南经云南腹地通向东南亚、南亚交通线上的最为大宗的商品，并且是充当货币的特殊商品，起到了桥梁和纽带的作用。云南用贝作币始于春秋战国之际，但至唐代才有详细的文字记载。

秦至汉初，尽管中央王朝的郡县统治已逐步深入，云南与内地的经济联系日益加强，但是中央王朝铸行的钱币并未能在云南境内广泛流通，至西汉中叶以前，云南商品交换中的主要媒介仍是海贝。这种情况一直持续到西汉中叶以后，随着中央王朝对云南的进一步开发和统治的加强，云南用贝作币的习俗受到猛烈冲击，海贝逐渐为中央王朝铸行的金属铜钱所代替。到了唐代，南诏固封自立，又重新使用海贝作币，此种情况已有明确记载。《新唐书·南诏传》说：“以缯帛及贝市易，贝之大若指，十六枚为一觅。”南诏货币使用海贝有两方面的原因：首先，那时云南普遍用贝作装饰品等用途，社会上对贝有着很大的需求量，而贝又非云南本地所产。这样，就使得贝显得极为难得和贵重，从而具有广泛的社会需求性和一定的价值。其次，从海贝的自然特性讲，它体积小、重量轻，便于大量携带，而且质地坚硬，极耐磨损，可在一次又一次的商品交换中重复投入使

①林文勋：《云南古代货币文化发展的特点》，《思想战线》1998 年第 6 期。

用。更为重要的是，尽管唐代云南的商品交换有了很大的发展，但是总的来看，这些发展还有很大的局限性。而海贝相对其他贵重物品来说价值小，最能够表现当时的商品交换关系。

五代时期，李珣的《海药本草》曾记述了云南贝币流通的情况。该书说："贝子，云南极多，用为钱货交易。"对此，北宋末年编修的《政和经史证类本草》一书做了引录。史料中"极多"一词反映了大理国时期贝币流通的广泛性。另据《马可·波罗行纪》记载，元初，云南使用贝币的地区有哈剌章州（今大理州）、金齿州（今西双版纳州）、秃落蛮州（今昭通地区）、阿木州（今建水一带）等地。可见，大理国时期和元初，顺着南方丝绸之路，从滇西的西双版纳、保山到滇中的大理、建水，再到滇东北的昭通都曾广泛地流通贝币。这一地域范围，囊括了今天云南省的绝大部分地区，贝币的使用不可谓不广。

明天启六年（1626 年）以前，云南的货币状况是以银两和贝币为主。天启七年（1627 年）云南巡抚闵洪学颁布《行钱便益》推行钱法，制钱始成为云南的法定通货。但制钱数量很少，在云南流通货币中所占比例很小，实际上仅仅是在佐海贝之用。崇祯年间云南增加制钱的铸行数量，但由于云南原来不用钱，天启行钱至崇祯时间不长，虽然增加铸钱，制钱还是没能成为云南的主要通货，云南依然用贝如故。大数用银、小数用贝是当时云南的货币行用状况。民间日常交易使用最广泛、最普遍的仍是贝币。《滇系》记载："本地不用钱，交易以缯帛，云某物色值若干幂，然不如用贝之多"。幂也作缗，是云南用贝为币时贝币的计量单位。可见云南就是以物易物时也是以贝币为计价标准的。贝币的单位幂、串等已经成为普遍的计价标准。《明史·食货志》记载："云南币制……海贝通行最久，上连秦、汉，下逮元、明，犹不能废。贝为古贝之遗，正统中期金陵国库存贝甚多，是明之中叶用贝省份尚不止云南为然。顾元、明之交，虽不仅云南用贝，而贝于云南是当时货币之主要品"。这些记载是明代云南以贝为币情况的真实写照。

二、金属货币

（一）铜钱

1.半两钱与五铢钱

秦末汉初，云南境内商业贸易活跃，集市增多，与周边邻国的贸易也在展开。内地和四川的丝绸、土布，还有“筇竹杖”等手工艺品沿南方丝绸之路销售到东南亚、南亚、西亚和地中海地区，晋宁、昭通、大关、大理、丽江等地都发现汉代铁器。而缅甸的光珠、琥珀、蚌珠、翡翠，印度的轲虫，西亚诸国的琉璃等也沿南方丝绸之路销售到云南和内地。商业贸易的往来和繁荣，对货币的需求量增多，除了物物交换，民间交易小额用钱，大额用金银。汉文帝初年，取消了惩治盗铸钱币的禁令，允许民间铸钱。这一时期，汉半两钱已进入云南部分地区流通使用。除了民间传世品外，滇中地区的考古发掘已有汉代半两钱出土。数量虽然很少，但沿商路而至，在五尺道曲靖珠街八塔台和滇池区域的晋宁石寨山都有出土。

汉武帝元封二年（前 109 年），西汉王朝兵伐云南，滇王举国降汉，汉置益州郡。这是西汉王朝继秦王朝之后对云南统治的全面加强。终刘汉两朝，随着云南全境郡县的设立和中央王朝统治的深入，中原先进的文化和生产技术传入云南。尤其是铁器的输入，铁制生产工具超越了古代的石器和青铜工具，较之以前，云南社会生产力得到了进一步发展。生产的进步、产品的增加、市场联系的密切，促进了云南商品交换的发展。南方丝绸之路的商贸往来，使云南处于同中原内地和边邻诸国商品交换的突出位置，对货币的需求也伴随而至。两汉时期，中央王朝所铸行的五铢钱正是在这样的背景下在云南商品交换中充当了主要媒介。从五铢钱使用的分布区域来看，除边疆少数民族地区因生产力发展水平所限而没有钱币参与商品交换之外，在两汉郡县统治所涉及的地区，尤其是沿线都有两汉五铢钱流通，由滇东北到滇中、滇西，以及东南亚国家和地区也有西汉五铢钱在流通。

2.新莽钱币

西汉末年，王权旁落，王莽入主朝政，并于 9 年篡汉自立，建立新朝。从7 年摄政至 14 年，王莽进行过 4 次币制改革：废除五铢、铸行了几十种形状各一、大小不一的钱币，堪称中国古代铸币之最。王莽币改之际，正是云南经过西汉五铢钱的使用，金属货币逐渐广泛流通的时候，因而王莽货币能够很快流通于云南。云南自新朝以后，莽币渐多，东汉五铢钱反而减少。金属货币广泛流通，到魏晋时期，五铢、货泉、大泉五十、大布黄千等中央王朝货币已成为当时云南货币的主要品种，云南货币发展史开始了金属货币逐渐取代贝币及其他实物货币，先进的货币形态和交换方式逐渐取代落后的货币形态和交换方式的演变进程。这个进程一直延续到天宝战争才发生了根本性的转变。

3.蜀汉铜钱

魏晋南北朝时期，云南除沿用汉代、新莽时期的钱币外，还使用蜀国钱币。云南流通蜀钱，一是因为与蜀毗邻相连，沟通往来极为便利；二是蜀国在这一段时期基本保持了经济的繁荣，商品经济活跃，左思《蜀都赋》曾记载成都的商业盛况为："市廛所会，万商之渊，列隧百重，罗肆巨千，贿货山积，纤丽星繁。"云南或多或少均会参与其中，经济的往来为钱币流入云南提供了途径；三是蜀汉政权曾直接统治云南，其发行的钱币，当是整个统治区域内的法币和通货。

蜀汉铜钱在云南流通的区域，多在交通沿线和经济发展水平较好的地区。尤其是庲降都督辖下的朱提郡、越巂郡、群舸郡、建宁郡、云南郡、永昌郡、兴古郡等治地。由于政治上的统治，联系密切。况且蜀汉政权的部分赋税来自这些地区，《三国志·蜀志·李恢传》载："赋出叟、濮，耕牛、战马、金银、犀革，充继军资，于是费用不乏。"贡赋的实现，其间当会涉及钱币。这样，一方面是政治上的隶属，一方面是因为隶属关系而产生贡赋关系，就为蜀钱流入云南起到了积极的推动作用。蜀钱在云南流通，具有如下特点。一是流通时间短。随着蜀汉政权的覆灭，蜀钱的源地随之消失，尚未在云南确立稳定的流通区域和深入影响的蜀钱，也因钱源不足而走向覆没。二是蜀钱流通数量少。这是因云南商品经济发展水平低，还不需要大量的铜钱做通货流通。汉代、新莽的钱币在云南流通时间长、影响大，所以一定程度上排斥了蜀钱的流通。加之云南相对封闭落后，传统势力大，新事物不易立即产生作用，蜀钱难以广泛地流通。

4.制钱

（1）明代制钱。

天启以前铜钱在云南的货币结构中所占比重极小，云南货币还是银两和贝币的天下。随着社会进步和经济发展，云南的货币形态日显落后，贝币越来越不适应经济形势的需要。特殊落后的货币形态阻碍了云南与内地的经济交往。17世纪中叶以后贝币急剧贬值，更给落后的云南经济雪上加霜。在统一的国家内，特殊落后的地方性货币不利于社会进步和经济发展。元、明两朝都曾多次采取措施，把云南币制统一于全国通行币制之下。由于受当时主客观条件的制约和影响，都失败了。政府最终只好给予云南特殊的货币政策，准许云南继续用贝币。这种状况直到嘉靖年间才产生了根本变化。云南在经过嘉靖首铸、万历试行流通、天启正式行钱3个阶段后，钱币在云南才成为主要货币并取得法币和通货资格。嘉靖三十四年（1555年），政府命云南铸钱发展民间贸易。但实际情况是云南开局铸钱仅十年就停铸了，主要原因一是成本太高，公私都不合算，预计铸钱3 300万余枚，实际成钱只有28 740 700枚。用当时白银1两兑换制钱700文的银钱比价比较，成本显然很高，以至官府无利，民间嫌贵。二是制钱不流通。当时云南民间行用海贝的习惯还根深蒂固，而且民间和官府都拥有大量海贝，不是说废就能废得了的，因而制钱在云南还行不通。

天启五年（1625年）云南又开始了改革币制、铸钱流通的进程。许多有识之士都认为云南产铜，铸行钱币于国于民都是有利的，云南应该行钱。天启六年（1626年）四月，云南巡抚向明政府提出在云南行钱，明政府同意了，认为是时云南"钱法已可通行……着颁给京师钱式，照样鼓铸。"[①]当时云南铸成天启通宝背云字钱七十余万文，于天启六年七月初十（1626年8月31日）在省城昆明行使。为保证这次行钱成功，官府颁布《行钱便益》十一条布告百姓，告知行钱的好处及官府推行钱法势在必行的决心。告示颁布后，百姓踊跃持银到局换钱，仅半月时间70余万文钱就兑换完毕了。《行钱便益》规定自天启六年七月初十（1626年8月31日）起，云南通行货币以制钱为主，一切公私交易、赋税、捐、课均以钱计算。实际上就是官府宣布自即日起在云南实行银、钱本位币制，将云南货币统一于全国通行币制。此后，云南继续铸钱流通，铜钱数量的增多逐渐改变了云南原有的货币结构，为云南后来废贝行钱奠定了基础。

（2）清代制钱。

清代的货币制度是银两和制钱并行的银钱平行本位货币制度。在这个制度下银两和制钱都是本位货币，互不从属。大数用银，小数用钱。清代从顺治起就在云南铸钱。除省城外，还在临安（今建水）、大理、沾益、东川、广西（今泸西）、顺宁（今凤庆）、永昌（今保山）、曲靖等地设炉铸钱。据不完全统计，仅前后70多年间云南铸钱数就达200多亿枚。除供本省行用外，滇钱还供应全国各省。云南从

①《熹宗实录》。

顺治到宣统共铸了 10 种年号钱。光绪、宣统两朝因铜价上涨，铸钱不敷成本，云南铸钱不多。光绪三十三年（1907 年）云南建立造币厂机制银铜各币。清代云南钱币的铸行机构即云南钱局，经历了云南宝泉局、云南宝云局、云南宝源局到云南造币厂，始于顺治十七年（1660 年），终于宣统三年（1911 年）。

云南从顺治十七年（1660 年）到宣统三年（1911 年）铸行了顺治通宝、康熙通宝、雍正通宝、乾隆通宝、嘉庆通宝、道光通宝、咸丰通宝、咸丰重宝、同治通宝、同治重宝、光绪通宝、宣统通宝 10 种年号钱，滇铸清代十朝制钱数量多、质量好，滇钱除供云南本省流通外，还输运出省，民间有滇钱遍天下之说。仅从顺治十七年（1660 年）在云南府（今昆明）设炉 7 座到乾隆年间增至 35 座炉就可见其扩充规模和速度之一斑。雍正十二年（1734 年）最多时达到 158 炉。“雍正三年令云南各局鼓铸制钱，听其流通各省，以便民用，不必禁止出境。”雍正四年（1726 年）“云南鼓铸制钱除本省搭放流通外，以四万串发四川、湖广、广西、广东等省。令各（省）督、抚动交藩库银每制钱一串易银一两，交云南解官领回接济工本。”“雍正七年增拨云南局钱运往广西。”“雍正十一年议开云南东川府局铸钱运往陕西”，后因陕西钱价昂贵令云南岁铸钱十万串，发放陕西，易银回滇。于十二年（1734 年）开铸钱成发往陕西。滇钱运陕到乾隆元年（1736 年）才停止。“雍正十二年议开云南广西府（今泸西）局铸钱运京……设炉九十四座，照旧例于正额外加带铸钱及外耗钱……共铜铅（锌）三百四十五万一千六百七十八斤，铸钱四十二万一千九百三十六串有奇，钱幕亦铸宝云二字。除工料并官役养廉工食外实得（钱）三十四万四千六百三十二串有奇……总计每钱一串自广西府至京合银八钱三分有奇”[①]。

清代的制钱制度从咸丰朝起日趋动摇，为镇压太平天国运动，清政府财政拮据，不得已发宝钞、官票，铸咸丰大钱以贴补财政。但事与愿违，大钱问世不久就流通不畅，咸丰大钱成为虚价大钱，甚至遭民众拒绝。咸丰朝的货币政策加快了清代制钱制度的没落。光绪以后机制铜圆的出现，使制钱更是雪上加霜，一些省份为追求丰厚的铸利，停铸制钱，专铸铜圆。到宣统朝全国还在铸造制钱的省份就只有少数几家了。

---

①《新纂云南通志》卷一百五十八《币制考》制钱。

5.铜圆

铜圆民间俗称铜币、铜板、铜角子、铜壳子、铜子儿等，是清末出现的一种新型铜质机制货币。中国的机制铜币始于广东，清朝光绪十三年(1887 年)正月，两广总督张之洞为了解决制钱缺乏，筹议购办机器，试铸制钱，是中国最早的机制铜币，此后各省纷纷效法。

光绪三十一年(1905 年)锡良从四川改任云贵总督，当时云南市场制钱缺乏，小额货币找补不便，锡良遂由四川运来铜圆数千驮，抵当制钱通用，开了云南用铜圆的先河，此后，来滇商贾也从两湖、两广带入各种铜圆行用，遂开铜圆在滇行用之风。云南本省设厂自铸铜圆，始于丁振铎任云贵总督时，光绪三十一年(1905 年)丁振铎奏请在云南添设造币厂鼓银铜各币，以“利民用而维路政”为由。同年，户部奏准设立云南造币厂，丁振铎饬由善后局筹款建厂。云南造币厂自光绪三十三年(1907 年)二月建成，当年冬试铸钱币，每日铸铜圆 2 万余枚。

清代铜圆在币制结构上既没有与银圆组成一个完整的体系，取代色、平、兑各异的银两货币，也没有完全代替大小不一、轻重不一的制钱。结果是替代制钱又不等同于制钱，而与制钱平行流通。仿照银圆又具有自身的独立性。这样，事实上就给晚清的多元货币制度增加了一个铜圆体系。加之清政府缺乏维持铜圆法定价值行之有效的法规和措施，铜圆在实际流通中也就必然会产生因各币种相互间比价变化的参差起落，造成币制紊乱。各地区“习惯相悬”，互相排斥的结果限制了铜圆的广泛流通，也影响了铜圆的信用，造成铜圆的币值波动。

(二)黄金

黄金在唐代云南也曾起过货币作用。其中，长傍诸山、腾冲北面的金宝山、丽水是 3 个重要的黄金生产中心。特别是在长傍诸山一带“长傍川界三面山并出金，部落百姓悉纳金，无别税役、征徭。”[①]黄金生产的规模较其他地方大，产量也较其他地方多。当时，黄金的使用广泛。其中，最主要的用途一是制作各种装饰品，二是制作器物，三是铸造金佛。由于黄金的使用十分广泛，很快进入了

①《云南志》卷七《云南管内物产》。

商品流通，成为一种重要的商品。据《云南志》记载，黄金确实是当时的一种大宗交易商品。正是在广泛的商品交换中，其他商品的价值逐渐用黄金来表示，于是黄金取得了货币的资格。

根据现有文献记载，黄金作为货币流通的主要区域是今西双版纳、德宏州一带。《云南志》卷六在记述南诏重要城镇银生城（今景东县）时说："银生城在扑赕之南，……又东南至大银孔，又南有婆罗门、波斯、阇婆、勃泥、崑崙数种。外通交易之处，多诸珍宝，以黄金、麝香为贵货。"这是关于唐代用黄金作货币的典型记载。另据《云南志》记载，唐代云南黄金是生产成片块状的，"大者重一觔，或至二觔，小者三两、五两。"

大理国时期，云南的金银开采发展最为迅速，有力地推动了金银货币的流通使用。《马可·波罗行纪》第116章《建都州》说："至其所用之货币，则有金条，按量计值，而无铸造之货币。"第118章《重言哈剌章州》说："此地亦产金甚饶，川湖及山中有之，块大逾常。产金之多，至于交易时，每金一量值银六量。"第119章《金齿州》又说："其货币用金，……其境周围五日程之地无银矿，故金一两值银五两，商人多携银至此易金而获大利。"第123章《下一大坡》说："彼等有金甚饶，每精金一两，易纯银五两；银价既高，所以各地商人携银来此易金，而获大利。"综合这些记载，可以想见大理国金银货币的使用还是较为普遍的。

元代，云南在流通领域里也使用黄金。当时云南产金地区分布极广。《元史·食货志》记载："产金之所……云南省曰威楚、丽江、大理、金齿、临安、曲靖、元江、罗罗、会川、建昌、德昌、柏兴、乌撒、东川、乌蒙。"[②]马可·波罗在记述行经云南的过程中就有黄金作为货币的专门记载。如在《金齿州》说："其货币用金，然亦用海贝。其境周围五月程之地无银矿，故金一两值银五两，商人多携银至此易金而获大利。"从记述中不难看出，金齿州当时不但用海贝作为货币，也用黄金作为支付手段。而商人携银至此交换的黄金，亦是在当地作为货币使用的特殊商品。黄金用作货币，当是以大宗交易为主，其小数量的交换则以海贝为主。马可·波罗在《秃落蛮州》中说："此地有金甚饶，然使用海贝，如前所述。上述诸州若班加剌、交趾国、阿木等州，亦习用海贝黄金。其地商人其富，而为大宗贸

①《元史》食货志，"岁课"条。

易。”[①]可见不但秃落蛮州以海贝、黄金作为货币使用，班加剌州、交趾国州、阿木州等地也习惯用海贝、黄金为币。其区别只不过是黄金用于大宗贸易罢了。

此外，从政府罢金箔贸易来看，金箔（金叶）在元代也用作支付手段。《元史·纳速剌丁传》记载："至元十七年，建言三事，其一，谓云南省规措所所造金箔贸易病民，宜罢。”紧接着又罢规措所，《元史·世祖纪》记载："至元二十年十二月丙午，罢云南造卖金箔规措所”，又“至元二十二年十二月戊子，罢哈剌章打金规运所”。先罢金箔的使用，再罢造卖金箔规措所、打金规运所，无非是认为所铸金箔在贸易中“病民”而已，而这恰好说明当时金箔在流通领域内曾一度广泛使用。至元十九年（1282 年）九月，元王朝“定云南税赋用金为则，以贝子折纳，每金一钱直贝子二十索。”[②]按 10 钱为 1 两，贝子 20 索值金 1 钱，则金 1 两可兑折贝子 16 000 千枚。这种情况，大理国时期当即如此，只不过到了元代，元王朝以制度形式规定下来。大理国时期至元初，用作货币的金银已经过加工，提炼成“精金”“纯银”，制成“金条”，“按量计值”，更为规范、更为高级。

由于云南产金多，有利可图，故政府专门设置官员管理其事。《元史·世祖纪》记载："至元二十八年七月丙申，云南参知政事怯剌言，建都多产金，可置治，令旁近民炼之以输官，从之。”《元史·世祖纪》还记载："至元十九年九月丁亥，遣使括云南所产金，以孛罗为打金洞达鲁花赤。”[③]

（三）白银

1.朱提银

西汉时期，滇东北的银、铜开采冶炼就很兴盛。文献记载，滇东北“境内有朱提山，产银多而美”，《后汉书·郡国志》也有 “朱提山出银、铜”的记载。从西汉经新莽到东汉时期，银从朱提产炼，朱提因银而出名。朱提银在西汉时期成为中央王朝所铸行的贵金属货币的代名词。晋人魏完在《南中八郡志》中明确记载，朱提郡："旧有银窟数处。”朱提银在古代以质地纯、价值高而著称于世。《汉书·食货志》称："朱提银重八两有一流（王莽时货币计量单位）直（值）一千五百八十。它银一流直千。是为银货二品。”魏晋南北朝时期，银被广泛地使用，社会需求

①《马可·波罗行纪》第 128 章《秃落蛮州》。
②《元史》卷十二《世祖纪》。
③《元史》卷十二《世祖纪》，“至元十九年”条。

量较大，从而刺激了云南银的大量开采。《南中八郡志》中曾载："云南旧有银窟数十，刘禅时，岁常纳贡，亡破以来，时往采取，银化为铜，不复中用。"[①]又据《诸葛亮集》引《郡国志注》载："汉嘉金、朱提银，采之不足以自食"，说明朱提银在魏晋南北朝时期仍继续开采。

2.银两

(1)元代。

《元史·食货志》记载："产银之所……云南省曰威楚、大理、金齿、临安、元江。"可以看出产银区遍及滇中、滇南、滇西三大区域，生产规模巨大。《元史·世祖纪》记载："至元二十七年三月己未，发云州民夫凿银铜。"白银产量多且成色高，故元政府对遍及三迤的云南白银生产给予了高度的重视，还专门派官员考察云南的白银生产情况，并从生产领域里直接获取白银。《元史》记载："至元二十七年五月丙辰，尚书省遣人行视云南银洞，获银四千四十八两。奏立银场官，秩从七品。"[②]元政府立银场官从事管理，实乃因云南白银产量高且有利可图而已。此外，也有民营而官征其税者，如《经世大典·叙录》说："矿产之课皆因土人呈献，其多者不尽收，其少者不强取。"虽然民营，但既然有官守，则厂之盈亏，全系于官府。

元代，白银虽为计价标准，但主要是供缴纳赋税之用，民间用银尚不广泛。随着行省制的推行，赋税征银逐渐成为定制。元政府在云南行省直接管辖的区域内采取新措施：一方面鼓励民户用金银纳税，从而使云南财政收入中白银的数量激增；另一方面，元政府还直接在较大的产银地区设立大规模的官营银场，从生产领域内直接征银，致使云南白银源源不断地流入内地。上解的银锭形制十分精致，是按朝廷规定铸造的，如元代云南的元宝，其形制固定，与内地的差发银锭完全一样，而且在银锭上刻有重量等铭文。

(2)明代。

明朝初年，政府屡令禁止白银流通，但白银在民间的流通还是一如宋元以来的状况，禁而不止，最终形成大数用银、小数用钱的格局。白银的货币地位得

---

①《后汉书》郡国志五。

②《元史》卷十六《世祖纪》。

到逐渐加强。银两成为各种货币中最主要的支付流通手段。国家的赋税收支、财政核算也以银两为计算单位,银两最终成为本位货币。

银两在明代云南的货币结构中占有很重要的地位。有关明代云南用银的情况史料记述很多。《明史·食货志》说:“洪武十七年诏云南以金银、海贝、布、漆、朱砂、水银折纳秋粮。”明初云南的货币状况特殊,除海贝外,实物货币的成分很大,为此,明政府曾给予云南以特殊的货币政策,准许云南用海贝和其他物品折纳赋税。即便如此,在折纳赋税的多种物品中,金银始终是第一位的。明代的官方用银主要是赋税、军饷、官俸等,滇银的器形主要有母鸡锞和元宝两种。当时云南的税赋约有 20 种,都是以银为准计算,如盐税银和地亩银,既活跃了当时的经济,又加强了白银在云南货币中的地位。

(3)清代。

银两制度在清代得到了进一步的巩固、发展并日趋完善,成为清代的主要货币制度。银两和制钱均为本位货币,都是无限法偿,互不从属。在银两货币制度下,作为货币金属的白银不论器形、成色、大小、轻重如何,统统属于实银范畴。实银是银两货币存在的基础,是银两货币成色、重量存在的形式。在银两货币制度下,一切交易收付都以实银为基础,收受的是实银。

滇铸实银的主要种类有:母鸡锞、长槽银、双槽银、方槽银、锥窝银、牌坊银锭等多种器形。此外,与邻省相邻的地区因受到邻省银锭器形的影响还铸行川锭形、元宝形、北流形银锭。滇银种类又与铸行的机构和地域有关。大体上滇中、滇东、滇南、滇东北多铸行长槽,滇西多铸行方槽、双槽、单槽。三槽和锥窝银多为各盐井铸造,其中黑盐井、白盐井、元永井、琅盐井多铸行双槽、单槽、三槽。乔后井、喇鸡井多铸行锥窝银。母鸡锞作为零星碎银,几乎全省各地都有铸行。邻近四川边境的一些地区铸有川锭形,邻近贵州边境的地区铸有元宝形,邻近广西边境的地区铸有北流形。牌坊锭则是光绪十年至宣统三年(1884—1911 年)间昆明银锭的固定器形。绝大多数滇铸实银上都铸有铭文,铭文内容大体包括银锭铸造的时间、地点、用途、重量、工匠、铺号、检验等内容。银锭铭文真实地记录了历代有关银锭铸造、发行、用途等的习俗与法规,反映了中国银锭在各历史时期的货币地位及其作用。

清代制度,课税以足色银锭缴纳。云南各地征收到的税课银两多是各地通行的实银。有以足色课锭缴纳的，也有以公估纹银或其他各种形式的实银缴纳的。除足色课银可以原物上解外，其他银锭还须解运到昆明，由省城的兼销铺补色改铸为课锭才能赴库缴纳。光绪三十三年(1907 年)云南成立造币厂自铸银圆，应用足色银两，经承宣布政使司详准自是年正月起，(藩)司、粮(道)两库征收钱粮两款，一律仍照旧章，概收足色课锭，不再兑收公估纹银。

3.银圆

银圆，是晚清货币结构中的重要组成部分。最早在中国流通的是外国银圆，种类有数十种。大约从 19 世纪初叶起，外国银圆开始计枚流通，加之制作精美，成色、重量准确规范，不易伪造，方便流通。这些优点日渐显露使得外国银币越来越为人民所喜爱和接受，故流通日渐广泛。1840 年鸦片战争以后，英法帝国主义把云南划入其势力范围。根据不平等条约，河口、蛮允、蒙自、思茅、腾越相继被开辟为通商口岸，外国银圆伴随廉价原材料的输出，源源不断地流入云南。当时流通的外国银圆主要有越南银圆(即法元)、印度卢比(即小洋)、墨西哥银圆、香港银圆等。

光绪十三年(1887 年)两广总督张之洞见中国市面外国银币充斥，为维护主权，奏请自铸银圆，以谋抵制。清政府采纳了张之洞的建议，于光绪十四年(1888 年)在广东试铸银币。光绪三十一年(1905 年)成立银钱造币总厂，次年又将各省并为九厂。宣统二年(1910 年)五月制定造币厂章程，设造币总厂于天津。以武昌、云南(今昆明)、成都、广州为分厂。造币总厂仍铸光绪元宝，在背面改为宣统年铸。4 家分厂改铸宣统元宝。

在云南使用最早的本国银圆是湖北银圆。张之洞调任湖广总督后，于光绪十九年(1893 年)在湖北武昌设立银圆局，沿广东之例于次年在湖北铸造龙洋。光绪二十四年(1898 年)湖北运滇的协饷首次改以银圆解交。[①]湖北银圆遂作为协饷搭解到滇，云南始有本国银币。湖北银圆在省城昆明及云南一些经济发达地区很快进入流通。四川银圆则是光绪二十九年(1903 年)后由烟帮陆续运入云南的。光绪三十一年(1905 年)锡良改任云贵总督，时则川、鄂两省铸出银圆，数均充裕。锡良即分向换运大小银币在省城设局兑换，借以开通风气……。[②]后

①《续云南通志长编》财政六《金融》货币。

②《新纂云南通志》币制考。

来滇铜外运,各省多使用银圆作为铜本和脚价钱。云南遂成为各种银币荟萃之地。

在全国各省纷纷设局鼓铸银币之时,云南也跃身其中。光绪三十二年(1906年)清政府财政处复奏云贵总督议设滇局,铸造银圆、铜圆,滇铸银币有光绪元宝和宣统元宝两种,七钱二分(壹元)为主币,以下有三钱六分(半元)、一钱四分四厘(贰角)、七分二厘(壹角)、三分六厘(伍分)。据不完全统计,自1912年至1931年的19年间,云南造币厂(包括部办时期)“共铸造各种银币48 200万枚(包括富滇银行委托商家附铸和自铸自发的),按规定比价折合大元17 821万元。其中壹元银主币21万元,占铸币总额的0.12%。五角银辅币13 674万元,占铸币总数的76.73%。二角银辅币4 086万元,占22.93%。一角银辅币40万元,占0.22%。”①半开五角银辅币的数额比同期富滇银行发行的纸币额9 200万元还多。滇铸半开银币实际上已成为当时市场上的主要货币。

护国战争后,银圆仍占有大市场。唐继尧主持滇政期间,战乱不绝。为了解决军费来源,超量发行纸币和铸造劣质银币,“半开银币的发行量从1915年的3 236 409元发展到1918年的15 335 019元”。②其成色也随着流通量的剧增而逐年下降。但是,市场“宁要半开,不要纸币”,致使半开银币愈铸愈多。这段时期,云南仍然是银圆本位制,大元是主币,半开尚属辅币。不过,1920年后银圆壹元不再是指全国通用银圆,而逐渐变为滇铸银圆的一元(即半开两枚)。由于流通中半开银币在数量上占优势,其身价也日益提高,这必然将其推向主币的地位。

1929年与银币相联系的老滇币崩溃,金融危机威胁到统治阶级利益。云南政府决定整顿金融,规定从1930年1月1日起,凡厘金烟酒等税以现金(半开)为本位,税收改征现金。1932年富滇新银行成立,发行可以兑现金的新滇币,并规定半开两枚合一元为新滇币的单位,并规定公私单位一律以新滇币计价。至此,以半开银币为本位的地方货币制度正式确立。半开本位确立后,云南政府接着提出“划一云南币制,以稳定云南金融”的方针,授权富滇新银行,收毁老滇币

①《富滇新银行档案》65-4-88卷。
②同上。

及云南其他银行、机关、企业发行的纸币、钞券等。同时，正式由富滇新银行宣布“半开”为本位，并铸 2 500 万元的半开银币投入市场流通。[①]至抗日战争前，半开银币和以半开银币为本位的新滇币一直在全省流通领域中占统治地位。这也使云南金融在十余年混乱后进入了一个相对稳定的时期。这种情况，一直维持到法币取代新滇币后才结束。

三、纸币

（一）清代纸币

入清以后，清政府对纸币的发行持谨慎态度，但对民间发行的银、钱私贴则不加禁止，允许私贴自由流通。直到清末，官商金融机构才发行了名目繁多的信用货币和纸币。清代官方发行的纸币主要有顺治朝的钞贯，咸丰朝的宝钞和官票，光绪、宣统朝的兑换券和银行券。清政府还通令各省设立官银钱局，允许各省发行地方性银钱票在各地流通。

从咸丰三年到咸丰五年（1853—1855 年）先后有福建、陕西、江苏、云南、四川、山西等 18 省和河东道设立了官银钱局。咸丰四年（1854 年）七月时云南已经在省城设立了官钱局，并开始行用当十大钱和官票。所行的官票是户部运滇的10 万两户部官票。官钱局成立后发行的“滇藩司钞”，由“云南等处承宣布政使司”印发，是清代云南最早印行的官方纸币。滇藩司钞从形式到本质都独具地方特色，真实地反映了当时云南的货币金融实况。清政府停铸大钱，停发官票、宝钞后，滇藩司钞在云南也就停止流通。据《云南省实业科档案》记载，光绪三十四年（1908 年）云南官钱局印制了银钱票共 5 万张，编填 60 字，每字 100 张，实际填发出三两六钱纹银票五千张，七钱二分纹银票五千张，一仟文钱票六千张，发市场试用。[②]

宣统元年（1909 年）十二月大清银行云南分行正式成立并营业，成立后在云南发行可以十足兑现的大清地钞。地钞有银两兑换券和银圆兑换券两种。据张家骧统计，云南大清地钞从宣统元年（1909 年）十二月发行至宣统三年（1911

①汤国彦主编，雷加明、骆秉钧副主编《云南历史货币》，云南人民出版社，1989。

②《云南省实业科档案》77-6-451 卷《商务类》，“奉扎会详云南官银钱局发行钞票卷”。

年)六月底止共发行银圆票折合银两 332 492.526 两,银两票 214 901.231 两。[①]

(二)民国时期纸币

民国元年至二十六年(1912—1937 年),在云南流通的主要是当地纸币。大体可分为由政府发行、商业银行发行、钱庄发行的纸币和军用纸币。

1.富滇银行纸币

1911 年 10 月 10 日武昌起义成功,各省纷纷响应。11 月在昆明成立了"大汉云南军政府",推选蔡锷为都督,下设参议院和参谋部、军政部、军务部等机构。为了解决财政困难,令财政、实业两司筹设"云南公钱局",发行纸币。蔡锷认为"公钱局"太小,不适应军政和经济多发的变化,应比照外国银行之例,成立云南地方官办银行,以取代大清银行。经过拟定章程,呈报蔡锷批准,云南富滇银行于民国元年(1912 年)2 月 9 日正式成立,"以巩固财政、振兴实业、奖励储蓄、便利国民为宗旨",发行富滇银行纸币。

富滇银行成立之初,只有资本 50 万元。当年发行纸币 60 万元,次年增至 300 余万元,至民国五年(1916 年),富滇银行发行纸币已逾 418 万元,兑现愈感困难。到民国十二年(1923 年),经省议会通过,将富滇银行代保管的于民国十年(1921 年) 从上海正金银行追回的唐继尧存款 100 万元拨为富滇银行基本金。至此,富滇银行资本才由建行初期的 50 万元增至 150 万元。民国二年(1913 年)8 月,富滇银行发行新纸币,面额与民国元年(1912 年)所发行纸币相同,但版式有所不同。民国五年(1916 年),为纪念护国战争胜利,富滇银行特印发"拥护共和纪念"纸币100 万元。

民国五年(1916 年)以前,富滇银行发行的滇币一直比较稳定,没有贬值,都被称为"信用昭著","纸币流通无滞洵为全滇之利"[②],"常有持现金求换富滇银行纸币而不可得者"[③],甚至有贴水换取纸币的现象。其间虽有经营不善、贷款无法收回,以及资金支绌、缓不济急等情形,但始终没有造成金融混乱。主要原因是民国元年(1912 年)至五年(1916 年)这段时间,云南的政局相对稳定,政府财政收支基本平衡。

①张家骧:《中华币制史》,知识产权出版社,2013,第 123 页。

②昆明市志编室《民初编余资料卷》第四十卷。

③吴漱泉:《富滇银行述略》。

1916年6月，护国战争结束，唐继尧将护国军改名为靖国军。为筹措军费，唐继尧于民国六年（1917年）10月下令成立云南靖国军银行，发行军用券60万元，并由富滇银行借现金5万元作为基本金，自此以后，战乱不绝。富滇银行的纸币发行额、军费支出、政府借用款项日益上升，币值则日益下跌。至民国十五年（1926年），越发不可收拾，“金融紊乱达于极点，滇币价格一落千丈，这是云南金融业的一个狂飙。”[①]此时唐继尧政府所欠的款项累计达1 890余万元，约占富滇银行纸币发行总额的76%。唐继尧自己也不得不承认：“溯金融恐慌之原因，实由纸币之发行过多；而纸币发行逾额，实由政府向银行之借款过巨，政府之不能向银行借款，则又由军事不能收缩。”[②]

1927—1929年，省政府向富滇银行借支的纸币累计额由2 000万元上升到4 000万元，增加1倍。富滇银行纸币发行额由4 130万元增加到7 740万元，增长90%。为谋求财政金融稳定，龙云最终于1929年11月召开了第四次“整理财政金融会议”，提出了10条措施，于1930年6月省政府下令富滇银行停业清理，1932年6月清理结束。历时18年的富滇银行从此退出了历史舞台。

2.富滇新银行纸币

在富滇银行清理结束后两个月，即1932年8月31日富滇新银行正式成立。从云南使用半开银币的实际情况出发，富滇新银行于1932年开始发行的纸币。不是与银圆挂钩，而是与半开银圆挂钩，一方面发行新币，一方面收回旧币。富滇新银行发行纸币初期，实施整理财政金融的10项措施取得明显成效，又规定了新币发行的总量，实行纸币与半开银币挂钩，因此币值较为稳定。

抗日战争初期，中央银行、中国银行、交通银行、中国农民银行都先后到云南省设立分支机构，推行法币政策，但云南地方当局抵制，因此延长了推行法币政策的时间。1935年11月4日国民政府即以紧急法令的形式，公布了财政部改革币制的报告，但云南强调特殊，讨价还价，不愿执行，拖到1937年初才达成幕后交易，允许新滇币作为法币的辅币按2:1的比率在市场流通，但于同年5月富滇新银行又以推行法币为名，抢在中央银行来滇设分支机构之前增发富滇

---

①张肖梅：《云南经济》第20章。

②同上。

新银行纸币 2 500 万元，收兑民间存银，用以巩固地方政权的实力。1942 年蒋介石发布“加强统制四行”的手令，四联总署据此制定了法币“统一发行办法”，到 1942 年底中央银行昆明分行发行纸币总额达 13.36 亿元，超过新滇币实际发行总额 7.9 亿元的 69%。国民政府全面控制云南后，迫令富滇新银行全面收回新滇币，并限令于 1946 年 9 月底前结束。这一限令虽未如期实现，但富滇新银行发行的纸币最后还是被法币完全逐出流通领域。

3.法币

1935 年 11 月 2 日，南京国民政府以《财政部布告》和《财政部长宣言》的形式公布了《法币政策实施办法》，正式推行法币政策，结束了长期以来中国货币纷繁复杂的局面，最终实现了币制的统一，地处西南边陲的云南也被国民政府纳入了推行法币政策的范围。1937 年 7 月，抗日战争全面爆发，东北、华北、华南相继沦陷，国民政府迁到重庆，云南成为国民政府一个重要的战略后方。蒋介石为控制云南，从政治、军事、经济等方面采取了种种措施，企图把以龙云为首的云南地方政府纳入国民党中央政府轨道。而金融控制更是其从抗日战争一开始就特别注意加强的。1937 年 12 月在云南设立中央银行昆明分行，1938 年 11 月在昆明设立中国银行昆明分行，1939 年 3 月设立了交通银行昆明分行，1938 年 5 月成立中国农民银行昆明分行，并在一些主要城镇设立了分支机构，在全省的广大地区推行法币政策。

1937 年 8 月，云南省境内首次正式发行的法币，据富滇新银行档案四十五卷、六十五卷《大事记》记载：“本年五月因奉中央法令，推行法币政策，禁止使用现金……因当时国家银行尚未来滇设行，由本行在沪向中央、中国两行兑换各种小额法币 78 万元，运昆推行……” 继 1937 年 12 月中央银行来昆设立分行后，中国银行、交通银行、中国农民银行亦相继入滇设立分行或支行，将法币运入滇境发行。至 1942 年，昆明市面流通的法币，佰元券占了主要地位，中央银行、中国银行、交通银行、中国农民银行 4 家银行的纸币发行量不断上升。据中央银行昆明分行年度业务报告统计，云南全省的货币发行量，1943 年为35.09 亿元，1944 年底为 92.2 亿元，1945 年为 1 106.490 37 亿元。

法币在云南流通的范围除主要在交通沿线和若干城镇外，在边远和少数民族的广大地区则极少使用。陈碧笙在《今日云南之现金问题》中记载：至

1939 年上半年，拒绝使用纸币的区域，“北起康滇交界之阿敦子、中甸、维西、菖蒲桶、知子罗、上帕、泸水；中沿腾、龙、顺、滇沿边之南甸、干崖、盏达、户腊、腊撒、陇川、孟卯、遮放、芒市、镇康、耿马；南迄澜沧、思普一带之上下孟允、西盟、孟连、南峤、佛海、车里、六顺、宁江、镇越、江城、景谷；东抵滇越交界之金河、孟丁、屏边、蓬春岭、麻栗坡，甚至滇黔接壤之平彝、盘县一带，几乎全省一半之地。如连向来拒用纸币之山区各部落计及之，则全省至少尚有二分之一以上之区域仍旧使用现金。”

抗日战争 8 年中，国民政府的法币发行初期表现为缓慢的通货膨胀，但从 1945 年起，法币每月增发的速度已超过 10%，而从 1947 年 9 月起，每月增发速度竟超过 20%，到 1948 年 7 月增发速度竟高达 91%，将近增发 1 倍。1948 年，国民政府在军事上遭到解放军的致命打击，法币也奄奄一息，回天乏术。国民政府不得不于 8 月 19 日以总统紧急命令方式宣布废止法币，发行金圆券。地处边疆的云南也不例外，同样遭受了法币恶性膨胀和金圆券的冲击。据中央银行昆明分行档案记载，1948 年 8 月 23 日至年底，云南境内发行的金圆券为 7 602 万元。至 1949 年 6 月底，金圆券的发行增至 1 325.923 5 亿元，比 1948 年 8—12 月的发行额增长了约 17 436 倍。1949 年 4 月 1 日，云南省政府被迫进行币制改革，恢复使用半开银币，拒用金圆券。同年 7 月 2 日，金圆券退出流通领域。

（三）外国纸币

1.法纸

法国东方汇理银行发行的越南纸币，又称越币，云南俗称法纸，是一种不兑现的纸币。这种纸币流入云南最初在清光绪二十九年（1903 年）时，滇越铁路公司为修筑滇越铁路，来蒙自购料建房，就带入法纸约 7 万元。后来工程进展到哪里，越南纸币就流通到哪里。1910 年滇越铁路全线通车后，流入云南的法纸不断增加，流通范围也更为扩大，由滇越铁路沿线而达于昆明再遍及全省。由于滇币不断贬值，法纸的流通范围日渐扩大，成了在云南流通的主要通货，造成了云南金融的混乱。民国十三年（1924 年），因外汇汇率高涨，滇币信用下降，社会上逐步形成迷信法纸的风气，于是法纸在云南又成了贮藏手段。一些统治阶级的上层人物和富商大贾，为了保值，大量购存法纸，并把买卖法纸作为投机牟利的重要手段。民国十八年（1929 年）以后，昆明市场上竟以越币、港汇定价，大宗交易要等到东方汇理银行的越币片价挂出以后才能成交。铁路沿线和滇南一些县份,甚至把法纸作为计价的记账单位。法纸垄断了云南的金融市场。据《云南近代货币史资料汇编》统计,仅流通于昆明、开远、河口、麻栗坡、蒙自、个旧、文山、广南、富宁、思茅一带的法纸数目就有2 000万元左右。

与此同时,东方汇理银行昆明分行还通过操纵法纸和外汇价格的涨跌来操纵云南的外汇市场。由于法纸在云南一度可当作外汇使用。所以它影响着滇省物价的涨跌,在法纸的影响下,滇币价值日趋低落。1914年以前,越币百元仅值滇币92—93元,而在1926年6月,越币百元折合滇币330元。至1929年更涨至920元。1930年1月11日,越南实行金汇本位制,固定越币1元等于10法郎,从此法纸的价格便跟着金法郎的价格涨跌。东方汇理银行昆明分行常常利用滇币与外汇之间的差价从事金融投机,经常扩大法纸的发行量和一再改变越币与滇币的兑换率,通过买进卖出,转瞬之间即可获利数十倍。

1937年抗日战争爆发,沿海地区相继沦陷,滇越铁路一度成为战时中国后方的主要国际通道。这时,滇越铁路公司所收运费和越南殖民政府在越南收过境税等均须用越币缴纳,所以在1940年夏季以前,昆明外汇市场是以越币和港币为主,东方汇理银行昆明分行趁机再次垄断了越币汇兑市场。这时"昆明市内,几乎完全以它所挂牌价作为行市标准。"同年9月,日本占领越南。为了防止日军自越南侵滇,云南地方当局炸毁了河口铁路大桥,封锁滇越边境,至此滇越之间交通中断,贸易停顿,东方汇理银行昆明分行失去了所仗恃的滇越铁路,也丧失了操纵昆明越币汇兑市场的控制权。

2.美钞

1941年12月,太平洋战争爆发后,美军作为盟军来到昆明,美钞不断流入云南境内,其主要面额有1元、5元、10元、50元、100元5种。由于法币的贬值,美钞对法币的比价不断上升;于是出现了以牟利为目的钱币兑换店和钱庄,且有行市。1941年11月20日,1元美钞可兑换法币35元。1944年9月10日,1美元可兑换法币1.7万元。至1945年9月10日,1美元可兑换法币70万元。

3.印度、缅甸卢比

1940年9月,日军在越南登陆,滇越铁路中断,滇缅公路成为对外交通命脉。印度、缅甸卢比流通至滇西到昆明地区。缅甸卢比的主要面额有1盾、5盾、

10盾、50盾、100盾。印度卢比的面额则有1卢比、5卢比、10卢比、50卢比、100卢比。

4.日本军用卢比

1942年4月，日军进占缅甸，随即入侵中国国境，德宏、腾冲、龙陵等地相继沦陷。日军在腾冲成立了“大东亚低利银行”，发行日本军用卢比。当时群众不敢公开拒用日本军用卢比，但过手不留，立即带往缅甸购物。日本投降后，印度、缅甸卢比恢复使用。1950年3月，中国人民银行云南省分行授权发行人民币，至此，外国货币被禁止流通使用。

第二节 旧式金融机构与金融业

在各个时期的云南社会中，随着商品经济的不断发展，货币及货币经营资本在社会经济中的作用日渐显著。银两、铜钱、纸币都已成为流通货币。与此紧密联系，以货币经营资本作为对象的旧式金融业也已有相应发展。而旧式金融业按其经营方式的不同又可区分为一般的民间借贷资本以及典当业、票号业、钱庄业、汇号、兼销业等几大类。但辛亥革命后，特别是在近代企业产生、资本主义生产关系不断扩大后，旧式金融业已不能满足生产和流通发展的需要，近代银行应运而生并得以迅速发展。云南的旧式金融业因此面临巨大危机，旧式金融机构或日趋衰落乃至消亡，或悄然向近代金融业演化。

一、一般的民间借贷资本

一般的民间借贷是云南地区最古老而又长期存在的信用形式，因为它是在最初的互助融通的基础上发展起来的。到近代，云南地区由于各地经济发展的不平衡，这种民间借贷正经历着一个由实物到货币、由内地到边疆、由汉族到少数民族和由无息、低息到高息的发展过程。

一般的民间借贷资本可以按多种分类标准，区分成各种不同的借贷资本形态。从近代云南地区的情况来看，主要是以下3类。

（1）从资金的融通方式看，可以区分成信用借贷和抵押借贷。

（2）从贷放的内容看，可以分成货币借贷和实物借贷。

（3）从利息高低来看，则可分为无息、低息和高利借贷。

一般的民间借贷中的信用借贷不需要任何财物作抵押。资金的融通虽已发展为借贷，但双方仍保持着一种信用关系。因而，一般说来，这种借贷大多凭借乡缘关系只发生于较有限的地域范围内，或凭借亲缘关系流通于较为熟识的借贷当事人之间。借贷双方以一定的乡缘、亲缘关系或人身依附关系为彼此信任的基础，不立契约，也不要保人，只凭口头约定。但因无抵押的纯粹信用借贷，对于债权人来说具有很大的风险。这种借贷形态中还有各种变异形式，如个别借贷金额较大或彼此信赖程度不高的，既要立契约，也要求保人；如既有借钱还钱的，也有借钱还稻谷的。前者期限较长，后者春借秋偿，月息2—3，若遇米价高昂，其利息有超过本金的。①

与信用借贷方式相对的是抵押借贷方式，又称典质借贷。抵押借贷是以债务人的各种财物，如土地、宅屋、衣物、日用品等为抵押而成立借贷关系的方式。从理论上说，这种借贷的双方不一定要求熟识，只要债务人能有财物作押，债权人就可以视其质押物价值的高低而贷予一定数量的银钱或实物。如果到期不还，抵押品即归债权人所有。这种借贷方式不仅活动范围大，而且在清代已逐渐成为民间借贷的主要形式。史载道光年间，江西商人在云南、贵州对赴滇、黔租种苗人田地的江广川楚穷苦之民"重利借与银两，将田典质……土司遇有互争案件，客民为之包揽词讼，借贷银两皆以田土抵债。"②

一般的民间借贷资本若以贷放内容而言，又可分为货币借贷和实物借贷。一般而言，在商品经济较为发达的地区，货币借贷的比例会高一些。例如，在当时云南对外贸易比较发达的地区，如靠近越南、缅甸一带的河口、瑞丽、陇川、畹町等地，主要是以白银、纸币为借贷对象，也有以越币、卢比等外币为借贷对象的。而在广大的内地乡村以及商品经济发展较为落后的地区，则以粮食为主要贷放物的实物借贷的比例就要高一些。云南的农村中当时已流行着一种"卖青"亦称"买青"的借贷方式即其典型。这种借贷多发生在青黄不接时期（每年的五

①《云南省志》卷十三《金融志》，第83页。

②《清宣宗实录》卷三一六。

月、六月间），贫苦农民无粮无钱难以度日，地主、土司、头人便乘机放出实物或货币，至秋成倍收还。通常放出谷子100斤，秋后连本带利可收150—200斤。还有借粗粮还细粮、借稻谷还大米的。这种“买青”的借贷形式，在江城等地又叫“放秋用钱”，即在秋收前，借出白银或鸦片、猪肉、香油等物，秋收后均以谷子作利偿还。如借鸦片1两、猪肉8斤、大米4升或土布1件等，均收谷利1石。[①]在勐腊，春耕前借粮1斗，秋后须还1斗5升；青黄不接时借粮1斗，秋后则须还1斗8升。除了粮食之外，还有以牲畜作为实物借贷的。云南有的地方实行“份养猪牛”，如母猪产下5只满双月的小猪，养主得3只，贷方得2只。如母牛产仔3头，则养主得2头，贷方得1头。在丽江、怒江、迪庆等一些商品化程度较低的少数民族地区，实物借贷方式一直比较盛行。

货币借贷和实物借贷虽是两种内容不同的借贷方式，但民间借贷还本付息的形态却不一定严格地与借贷时完全一致。即可以是借钱还钱，借谷物还谷物；也可以是借钱还谷物，或者是借谷物还银钱。在澜沧县一带，甚至还有一种“工债”，即债务人无论是借钱或借物，均以劳力（工日）来偿还。一般情况下，这些方式都由借贷双方在借贷时视各自的情况事先约定。但在通常情况下，用何种方式还本付息总是要较为有利于借贷经营者的，他们往往可以利用这种还本付息方式的变动来为自己谋取更多的实际收益。

除了上述的借贷方式之外，云南民间还有一种叫作“赍会”的借贷组织。由邻里和亲友发起，一般为定期凑集赍金，依次使用，开赍日期由赍友商定，并以某种办法确定取得赍金的顺序。赍会的日期因时、因人、因习俗而异。有的以街天为期，有的以时间的长短（如半个月、1个月、2个月等）相聚。赍会种类繁多，诸如钱赍、谷赍、米赍、鸡蛋赍、牛马赍以及忧喜赍、街期赍、六关赍等。“六关赍”是少数有钱人联合集股的组织，每项会款专门贷给赍外之人，以6个月分还借本，每月1次，于5个月内平均还清，第6个月所偿还者（即借本数的1/5）作为利息，约合月息7分，由入股会友分收。[②]在滇西大理地区的“梭赍”则是由发起者约集一些人组成赍会，并确定每次每人出赍金的数目、开赍时间和方法。发起人

①《云南省志》卷十三《金融志》，第84页。

②同上书，第83页。

使用第一次赍金，不计利息，称为赍头。从第二赍起到中间接赍者之间，赍友接赍者均需付出一定的利息，中间接赍者因其收支相等则不计利息。中间以后接赍者则逐次增加利息。这样，除赍头因劳务获得优惠外，其余人员，无论接赍的先后，因有利息的调节，均能获得平等的权益。

至于当时民间借贷资本利息的高低，各地情况不尽相同。高利贷在中国，乃至在地处边疆的云南地区，有着很久远的历史。如何界定高利贷的关键在于分析其利率的高低。马克思在《资本论》中曾说过，西方"在中世纪，任何一个国家都没有一般的利息率"，因此人们对高利贷的概念认识差别也很大。在中国古代有的朝代虽曾规定过法定利率，但高利贷者很少遵守，政府似乎也没有强制执行的手段和办法。如果我们一定要从量上加以界定的话，不妨采纳方行先生以清代高利贷资本为例所给予高利贷资本利率的量的规定的观点。方先生指出："高利贷资本和商业资本的收益，属于高收益还是低收益，都会自然地同封建地主的土地收益相比较，并会以后者作为衡量准绳。"因此，就清代土地、商业、高利贷收益的整体水平看，"把年利息率在百分之十五以上，即高于地租收益的借贷，界定为高利贷，或许是可行的。"[①]显然，这个15%以上的年利率，是一个平均数，是指放债的平均收益率，而不是某一种具体的利率。在这个收益率下，可以表现为多种多样的具体利率。

在元代，云南地区已有存在高利贷的文字记载。重校《元典章》"户部十三"载："至元十九年，中书省闻奏：云南随路权豪势之家，放钱债，逐急用度，添利息每两至于五分或一倍以上，若无钱还，呵除已纳利息外，再行倒换文契，累算利钱，准折人口、马匹、房产，实于民不便。""至元二十年十一月，朝廷下令，禁云南权势多取债息。"明代，云南农村中的高利贷更有所发展，李嘉瑞先生在《古代云南用贝的大概情形》一文中讲道：货币（海贝）借贷的形式有的以立约为凭，中人担保；有的则以有价证券（号票）、实物（房地产）相抵。年息有从4分2厘的低利到3.6倍的高利。清时，云南民间货币借贷比较普遍，据《镇越县新志稿》记载："清时，本县无银行一类金融机构，县城富绅多放高利贷，其利率有的高达（月利）5分，普遍为2.3分。"

---

①方行：《清代前期农村的高利贷资本》，《清史研究》1994年第3期。

二、典当业

（一）典当业的概况

典当业在云南由来已久。早在清雍正七年（1729年），文山便已出现了两家军办当铺，取息以弥补地方军费开支。当时为官营。乾隆四十一年（1776年），因清政府允许各省民间开设典当，云南私营典当开始出现。嘉庆时期，云南全省的当税已达银2 012两。如按清政府允许民间设当时规定每家每年税银4两计算，当时云南的典当应已有500余家。[①]至光绪三十三年（1907年）时已发展十分兴旺。大理、昭通、弥勒、玉溪等地均开设有典当和押号。仅昆明一地便有兴文、聚华、兴顺、悦来、长春、顺庆、天顺、永裕、瑞丰、长美、同盛、聚宝、协盛、元顺等20多家典当。当铺取息由1分5厘至3分，取赎时间为1年半左右。而小押号的取赎时间则只是3个月，取息更高。

民国时期，典当业还在继续发展，到1924年，昆明有当铺13家、押号35家。1928年，昆明金融业极度紊乱，典当业得以畸形发展，共达60余家。1931年经整顿后降为40家。本时期中，典当业发生了一些引人注目的变化。1928年以前，昆明当铺或押号以典当为主。当铺利息有1分5厘、2分、3分3种，抵当期限一般在16—18个月，也有10个月的，有时也抵当大宗商品。押号的利息可高达5分，押期以3个月最为普遍。1928年以后，昆明各大当铺极力收揽公私存款，并发行本票，买卖生银，对大烟商发放抵押贷款，呈现出向近代银行转化的趋势。其中尤以兴文当最典型。

兴文当成立于光绪二十五年（1899年），以经营有方、信誉卓著而名闻全省。1929年以前，兴文当以当业为主，资金来源除固有资本18 000两外，大部分来自省级机关、团体和商号的生息款，资金运用以质当为主。1929年省财政厅接管兴文当，改称“兴文公当”，增加资本滇币20万元，并增加存、放款业务。之后对烟商大量贷款，并开办房地产业务和收买生银扩大铸币业务。1931年，烟价暴跌，昆明出现金融危机，兴文公当于同年12月发生存户挤兑，被迫停业。后经财政厅厅长陆崇仁多方筹资，强行收贷，才又重新营业。1932年8月，改组为

①《云南省志》卷十三《金融志》，第88页。

“兴文官银号”，扩大存、放、汇业务，非正式地代理云南财政厅金库。虽名曰“银号”，实则成为仅次于富滇新银行的一个官办金融机构。1939 年 5 月，正式改名为兴文银行。此外，益华当亦于 1929 年改组为益华银号，经营存款、放款、押当等业务，与近代银行差别不大，1942 年改组为益华银行，表明了旧式金融业向近代金融业的转化。

（二）典当的业务范围

云南地区典当的业务可分为典、当、质、押 4 种。“典”的资本最大，利息最轻，“值押”（押值）亦较高；“当”次之；“质”又次之；“押”则与此相反。此外尚有代当，多设在乡镇小邑。后来典当业务的划分则没有那么细，大致只分为“当铺”和“押号”两种。当铺的资本一般都在白银 5 000 两以上，押号则在 1 000—5 000 两。典当的利息，清朝规定不得超过月息 3 分。昆明的典当利息有 1 分 5 厘、2 分、3 分 3 种，期限为 16—18 个月，也有短到 10 个月的；押号的期限一般为 3 个月，利息则超过 3 分，高的达 5 分。外县的典当因缺乏统一管理，利息各不相同，如昭通轻的 4 分，重的 6 分，甚至有高至 10 分者。

云南当铺的组织多沿袭江西的办法，规模较大的当铺内设“管事”总领铺务，下设“内缺”和“外缺”，统称“先生”。内缺即内勤，有的站柜办理当品的收估和退当手续，有的管账、管钱、管仓，分工合作，互相牵制。外缺即外勤，负责跑街、办理业务及调查联系工作。先生之下还有学徒。

收当物品都要打折扣，金银首饰照市价估 8—9 折，其他货物按新旧论质，最多估到六到七成，又按计价最多当给半价。收进货物开给当票，当票编号用《千字文》的天、地、玄、黄……起头，每月用一个字，从开张年月份起编与当铺流水账同一字号以便查考。当品的名称用隐语代替，由当铺老板掌握秘密代语簿册，如衣服的代语是“油”，金饰的代语是“淡”，银饰的代语是“坏”，（象）牙是“裂”等。

到典当投当者多是贫民，抵押期一般为 3—18 个月，到期无力赎取，当品即被没收，再行按值出售。昆明西院街、民生街、长春坊等处曾设有“旧号铺”，多数为当铺老板所开，专门拍卖到期无力赎取的物品。

（三）典当资本的特点

典当资本作为货币经营资本的一种，其最大的特点就是以质押形式进行借贷。它与一般的民间借贷中的抵押借贷有时只需在借契上注明以何物为抵押，而不真正转移抵押物不同，典当资本的质押借贷，最大的特点是出当人与典当资本间的借贷关系成立时，出当人的质押物必须既载明于当契，同时还必须将具体的质押物转收于收当者名下。因此，无论何种典当资本，它们的主要业务就必不可少地分成两大部分，即柜面的收当、赎当以及柜后的收押、保管质押物品。任何一个出当人所能向典当资本借贷到的数额既不取决于他的个人愿望，也不取决于他的信用程度，而主要取决于他的质押物的实际价值。

正因为典当资本必须以有质押物为前提才实行借贷，为了扩大其借贷的范围和经营规模，几乎任何有价值的物品都可以成为收当对象。其中最常见的除了金银首饰、珠宝器皿、古玩字画、裘革绸缎等之外，还有各种衣物、杂什以及米麦豆粮等农产品。

三、票号业

云南地区票号业的发展主要在清同治后期。最早出现的是山西平遥帮在昆明开设的百川通，以后又有乾盛亨、云丰泰、同庆丰、兴顺和等。开设得最晚的则是光绪末年的宝丰隆和兴隆和。近代云南出现的票号中以同庆丰最有影响力，被称之为“南帮票号中的杰出者”。

同庆丰又名天顺祥。同治四年（1865 年）弥勒人王炽率同乡席茂之、孔孝纲等在重庆、叙府和昆明设立贸易庄，取名天顺祥。同治七年（1868 年），天顺祥在昆明的机构因时局动荡而被迫结束。此后，王炽即以重庆为基地，在渝、叙、昭（昭通）之间进行贸易，并相继在北京、上海等地设立分庄，兼营汇兑业务，获利甚厚。同治十一到十二年间（1872—1873 年），王炽邀同乡俞献廷入伙，押运大批货物来昆复庄，取名“同庆丰”。由于俞献廷熟悉汇兑业务，善于接纳各方，当时江苏等省协滇饷银及本省解款每年有数百万两，均委托同庆丰办理，得益很大，声誉渐增。王炽等决定压缩贸易，按山西票号的范例将天顺祥改组为以经营汇、存业务为主的票号，将渝号定为分号并分理外埠事务。总号由王炽自任总经理。省内先后在大理、保山、思茅、蒙自、个旧、东川、昭通、曲靖设立分支机构，省外则在成都、贵阳、汉口、南京、常州、广州设立分号，并在香港、海防派驻代表，省内分号通称“同庆丰”，省外各号则叫“天顺祥”。兴盛时资本达 12 万两，京都分号资本3万两,其余分号各1万两,人员300余人。[①]

同庆丰主要经营存、放、汇兑款业务,“以各省调剂云南协饷及省宪解缴朝廷款为大宗,年在数百万两以上。也承办各商行或私人往来汇兑和公差或上京应试者的汇款。上自督府司道及藩库、盐粮、各署、各机关、善堂、书院,下至省会商行铺都在同庆丰存款,出入息差在5厘以上”。[②]

光绪十一年(1885年)中法战争之役,云南巡抚岑毓英曾向同庆丰、乾盛亨、百川通商借巨额军费。同庆丰印刷、发行临时银票,面额有10两、5两、3两、2两、1两。持此票可向昆明、蒙自两地分号取兑现银。同庆丰还设立随军办事处,开展收兑业务。光绪二十六年(1900年),八国联军侵入北京,慈禧太后逃往热河,因开支甚巨,一时难以筹措资金,同庆丰设在西安的分号给予了极大支持。

同庆丰各分支机构还因地制宜开展各项业务,如重庆分号以包销岸盐为大宗,获利丰厚。光绪十三年至宣统三年(1887—1911年)的24年间,同庆丰全号盈利达389.9万余两白银。[③]

除同庆丰外,兴顺和也是当时云南的有名票号。该号由玉溪马心泉于光绪中叶时创办,在成都注册,于重庆、汉口、上海、广州、北京等处设有分号。注册资本总号为50 000两,分号各10 000两。[④]和同庆丰一样,主要经营存放和汇兑,并发行庄票。

由于当时交通不便,运现多梗,因此票号业务十分兴旺。但更重要的原因是票号结交官府,还经营着包销川盐和筹垫铜本,为拮据万状的封建政府调节资金,并在对内和对外战争中垫转白银和代汇税款。清政府云南的各级官员在同庆丰和兴顺和中均存有巨款。

辛亥革命后,近代金融机构银行逐渐发展,票号失去了活动的条件,存汇业务萎缩,逐步衰退,最终停业。

---

①《云南省志》卷十三《金融志》,第95页。

②同上。

③同上。

④于怀清:《克念书屋笔记》。

四、钱庄业

清末，仅昆明一处，以存、放、汇兑为主要业务的钱庄，从南门至马市口一带有数十家。其中，以兑换制钱为主的有源盛、同盛等8—9家。但规模较小，多为独资开设或少数人合伙经营的。在交通较为方便、商业比较发达的州、县如大理、蒙自、文山等地也有小钱庄从事白银兑换，当地人称之为"跑墘"。

据万湘澄《云南对外贸易概观》记载：钱庄的业务主要是存、放款和兑换银钱。清朝时很发达。据统计，在省城昆明，钱庄加上换钱铺子有142户，但大的储蓄钱庄只有1家，即成立于光绪二十六年（1900年）的宝聚号，有资金银圆200元，存款银圆约300元，放款银圆约3 000元。

钱庄所经营的本业，原是鉴定成色、银钱兑换。晚清时由于银圆流通日广，银钱兑换业务趋于衰落，迫使钱庄不得不把业务重点转移为经营存放。但它的经营方式与近代银行不同，即不重实物抵押，仅凭个人的封建关系。这只能适应有限的信用需求，而且必将碰上放款难收、营业亏损的命运，从而衰落。至宣统年间，云南的钱庄业相继衰落。民国三年（1914年）以后，云南又复出现七八家钱庄，但只有溥源、永和益、永丰银业公司办理存、放业务，其余的多从事港币、越币的兑换业务。20年代中叶，由于金融紊乱，兑换滇币、港币、越币的投机性钱庄曾一度增多，但到30年代以后，随着金融秩序的逐步稳定及银钱业管制的加强，至抗日战争前只剩下兴源、云湘号等少数几家。这一时期，曾出现像溥源钱庄那样的近代银行性质的金融机构，除经营兑换外，还办理存款、放款及商贩、农民的小额贷款。马克思曾指出："对银行来说具有最重要意义的始终是存款。"[①]钱庄增开存放款业务，正表明其有正向近代银行演化的趋向。抗日战争初期，昆明又有钱庄出现，但大多数以兑换外币、买卖金钞为主。国民政府统一外汇管理后，禁止私人买卖、兑换外币，钱庄被迫停业改行。1947年金源、宜丰两家在昆明设庄，办理正规的存放款业务，并参加银行票据交换，直到1949年底才结束。

从上述情况来看，相较票号而言，钱庄在云南金融业中存在的时间长，发展

①马克思：《资本论》第三卷，中共中央马克思恩格斯列宁斯大林著作编译局编译，人民出版社，2004，第454页。

虽几经波折,但不论是在清代,还是在民国时期,钱庄始终在坚持经营,开展业务。究其原因,主要在于钱庄在存放、发行等业务上业已具备了银行的职能,并在随后的发展过程中,随着服务对象的变化,其本身的性质也在发生变化。由于钱庄所媒介的商品和货币收支的广泛性,其演变较之旧式商人资本更为深刻,因而能更迅速地资本主义化。由于钱庄作为一种职能资本,就其社会功能来说,已与近代银行差别不大。而钱庄与工商业特别是众多的中小企业的关系密切,相互建有信用,更非银行在短期内所能取代的。新兴的银行,因与商界关系尚疏,在资金不好利用时,还要假手钱庄放出。在1933年以前,银行因一直没有自己的票据交换所,所收票据还须委托钱庄汇划,以致各银行包括大银行在内都须为此而在钱庄存入大额存款;发行钞票的银行也还要请钱庄"领用"他们的钞票,以推广发行。可见钱庄在中国近代金融业中仍占有重要地位。直到1928年国民政府成立中央银行,对钱庄实行监督,钱庄才开始走下坡路,国民政府金融垄断完成以后,钱庄也就日趋衰退了。

五、汇号

汇号即兼营汇兑的一般商号。多由从事进出口贸易的商号兼做这种业务。如蒙自经营大锡、洋纱、杂货等的八大号,全都兼营香港、昆明、个旧间的汇兑。在昆明的福春恒、云丰祥除经营烟土、黄丝、杂货外,也兼做国内的汇划。茂延记则兼营缅甸、下关的汇兑。在腾冲的春元记、寿延记除经营内贸业务外,也兼营汇兑业务。腾冲恒裕号、保山永裕号,主要经营进出口业务,同时兼营汇兑。永昌祥曾代解库银或"解课"款。原信昌在思茅也承汇海关、盐务稽核所、邮局解往昆明的汇款。福春恒更以经营劳工汇款、信用卓著而倍受劳工称誉。另有万通、茂恒、永昌祥、美兴和、茂生和、瑞成、永茂和等都因经营外贸而兼做外汇业务。

汇号业务的开展,表现出有一部分商人资本在和进出口业务联系的过程中,主观上有摆脱为外国资本主义所把持的邮汇的要求。虽然它们往往与外商、外行和本国封建势力间有千丝万缕的联系,但这种潜在的趋向却反映出初步发展中的资本主义经济企图建立自己独立的金融机构的要求。

六、兼销业

兼销业以兑换银两、代官府和商号加工销铸银锭为主要业务，是工商兼营的行业。

清嘉庆、道光时期，云南民间已出现兼销铺。杜文秀起义后，兼销业因战乱而陷于停顿。光绪初年，在云南经济的恢复中，兼销业才又有所发展。该业在昆明除经营传统的销铸业务外，还兼营存、放款业务，加速了资金的积累。

昆明的兼销铺资金都较雄厚，当时较著名的商人有：朵万泰、丁福元、吴义顺、王源发、陈宝生、范熔丰、雷大有、陈同昌、陈熔茂、戴天源、陈天茂、任恒泰、曹德元、高云祥、王裕丰、雷庆源、朱裕源、曹宝聚、雷庆泰、陈鸿钧、周兴盛、钟永丰、张同昌等，又有经兼销业选出、由政府批准的公估商冯世有、童福盛、佘庆盛、周宝铨、陈元昌、段通宝等6人，还有以兑换制钱为主的源盛、同盛等家。[①]

光绪中叶，云南经济有较快的发展。矿产、山货、药材以及鸦片的出口，带动了省内外贸易的扩大，货币流通量较大。兼销业也随之在业务上发生了很大变化，除自购原料销铸通行银锭外，还代办库款的领解，并开办存、放款业务，以适应当时经济发展的需要。

一方面，兼销业的存款最初的来源是各行业暂存于兼销铺委托其代办数额较大的上解或办货的款项，或委托其兑换制钱的信金等。后因兼销业务扩大，为解决资金需求增加问题，遂产生了对寄存款给以少数利息，约期支付的办法，正式办理起存款业务。另一方面，有许多商人尤其是外省商人，因急需出售所办商品，以便周转资金或缴解库款，兼销铺便给予抵押垫款，放款业务也由此产生。当时存放利差约1倍，存、放款遂成为兼销铺的一项新兴业务并得到迅速发展。为了扩大存款来源，兼销铺还经营机关团体存款，甚至地方专款。如针对省城各衙门和州、府开支饷银，多系一次领取后陆续支用的特点，兼销铺便开办上述存款业务，既安全又方便，经手官员还可以私得利息和“酬劳费”。兼销铺的放款对象则多为商号及各级官吏，放款方式以抵押为主，也兼办汇票贴现，以方便民间交易，从而更多地开展其业务。兼销铺还与票号关系密切，多余资金均存入票

①《云南省志》卷十三《金融志》，第92页。

号,资金紧缺时则向票号商借,二者在资金运用上相互利用、相互支持。

民国元年(1912 年)以后,云南废两改元,兼销铺因失去经营条件而日渐衰退,大都改为银楼。

第三节 银行的产生与发展

辛亥革命以后,云南的金融市场日趋活跃,原有的金融机构钱庄、票号等已不适应社会经济发展的需要,特别是在近代企业产生、资本主义生产关系不断扩大后,旧式金融业更不能满足生产和流通发展的需要,近代银行便应运而生并得以迅速发展。而作为商人资本一个亚种的货币经营资本,我们在此讨论的是由私人拿出全部或部分资金兴办的银行,并未将由政府投资的官办银行包括在内。因此,本期中银行业的发展,便主要包括官商合办银行和由私人投资的商业银行两个部分。

一、官商合办银行

(一)大清银行云南分行

大清银行云南分行成立于宣统元年(1909 年),宣统三年(1911 年)停业,是云南的第一家近代银行,因开业时间不长,业务开展不多。

光绪三十年(1904 年)一月二十八日,财政处奕劻奏请试办大清户部银行。规定其股本为库平银 400 万两,分为 4 万股,户部认购一半,私人认购一半,为官商合办银行。光绪三十四年(1908 年),户部改为度支部,户部银行改名为大清银行,再增股本 600 万两,拓宽业务范围,扩大分支机构。宣统元年(1909 年),大清银行派余子清来滇筹设云南分行,地址在昆明三牌坊(即今昆明市正义路69 号中国人民银行昆明中心支行所在地)。大清银行云南分行携带营运资金100 余万元,于当年十二月正式开业。辛亥革命后,北洋政府财政部决定取消大清银行,并设立大清银行清理处。1919 年,大清银行云南分行宣告结束。

大清银行云南分行设“总办”负责行务,下设经理、协理,协助总办工作。经理、协理由总办选定,上报总行备案。经理、协理一经选定,即与总办签约、具保,工作中对总办负责，并接受总行有关部门监督。离职时，由分行退约，报总行销案。职工由经理、协理聘用。应聘者需经考核符合银行要求。正式工作前，应聘者要签约、取保和交纳一定数量的保证金。根据总行章程和开展业务的需要，分行设立业务课、出纳课、核算课、国库课、文书课。

大清银行云南分行的主要业务有：发行大清户部银行兑换券，光绪三十二年（1906 年）印制，规定在张家口通用。总行来滇设立分行时，在券面上加印“此票改云南通用”字样。分行制钱票虽未发行，但设在云南造币厂内的云南官钱局曾对外出售面额为 1 000 文的制钱票。到宣统三年（1911 年）六月底为止，大清银行云南分行发行银两纸币 21.490 123 1 万两，银圆纸币 33.249 252 6 万两。这些银两、银圆纸印主要流通于省城镇。辛亥革命后停止流通，限期于 1918 年底收兑完毕。

（二）兴文银行

云南地方的商办银行，初期基本上都有官方的投资，具有合营性质，但官股比重较大。当时经政府正式批准为官商合办的，只有兴文和劝业两行。

兴文银行的前身即上述由兴文当改组而成的兴文官银号。

1939 年 5 月 1 日，兴文官银号改组为兴文银行，隶属云南省财政厅，为官办银行。1941 年 10 月，经云南省政府决定，兴文银行吸收商股、增加资本为官商合办银行。资本总额为法币 1 600 万元，官股 1 400 万元，由原兴文银行采取纯益转本、财产升值的办法筹足，作为云南省政府的投资，股权由省企业局代表。商股 200 万元，由龙云、陆崇仁各分 100 万元来指定股东。同时组成董事会。

兴文银行成立后，便在各地大量设立分支机构，扩大业务范围。据1942 年 10 月《云南兴文银行呈请设立分行办事处登记事项表》统计，1935 年 5 月至 1942 年 10 月间，兴文银行先后在省内外设立了分支行或办事处 37 处，投入资金达 845 万元国币。在重庆、个旧、昭通、下关、保山、龙陵、成都、桂林、西安、西昌、兰州、贵阳等地设立了 12 处分支行，在宜宾、腾冲、仰光、腊戌、佛海（今勐海）、弥渡、会泽、永平、文山、祥云、永胜、镇南、玉溪、平彝（今富源）、丽江、泸州、雅州、内江、衡阳、康定、宁夏、顺宁（今凤庆）、盐津、曲靖、元谋等地设立了25 个办事处，形成一个十分庞大的金融网络，业务发展迅速。

兴文银行以调剂地方金融，辅助地方农、矿、工、商各业的发展为宗旨，深得地方当局支持，并代理省财政金库，代管地方专款。其主要业务包括：各种存、放款，汇兑及押汇，有价证券的贴现，生金银及贵重物品的代理保管，承办国家及地方债票，兼办仓库业务，兼办商业储蓄业务，代理收解各种公款，兼办财政厅训令的一切业务。[①]除此之外，兴文银行还投资于工、交、矿业，如组建了云南矿业公司，开办了云南纸烟制造厂、云南复烤厂、开远发电厂、新华制药公司、安达炼油厂等，一部分资本因此转化为产业资本。

（三）劝业银行

劝业银行总行于1930年12月1日在昆明成立，由缪云台任行长，隶属农矿厅，为官办银行。1941年10月，经云南省政府决定，劝业银行吸收商股，与兴文银行一起改组为官商合办银行。资本总额为法币1 200万元，其中公股1 000万元，作为省政府投资，股权由省企业局代表。商股200万元，由龙云、陆崇仁各掌握100万元进行分配。龙云自认70万元，陆崇仁自认30万元，其余100万元则以93.2%分配给省政府、省财政厅、劝行59名高级官员，以6.8%分配给劝行10名中级职员。其仍然是地方特权私人资本的一种转化形式。

劝业银行成立后，在个旧、下关、昭通、黑井、曲靖、宣威、元永井等地设立分支机构，以奖励农商、开发工矿为宗旨。由总行吸收存款，开展汇兑，并将一部分资金交由个旧分行，以厂商为主要对象，办理抵押贷款，扶持锡业生产，业务日趋发展。并对振昆染织厂、寿记纱庄、懋业商行、恒通化学工业公司、开个运输公司、物资运输处、滇东公司等20余个工商企业进行投资，金额达到1 100多万元。[②]

二、商业银行

民国初年，云南有两家商业银行，即"云南殖边银行"（1915—1928年）和"个碧铁路银行"（1918—1928年）。

1914年，徐绍桢、王揖唐等于北京创办殖边银行总行。1915年7月，解寿山、罗佩金、何干臣、刘祖武、徐梦麟等在昆明组建了殖边银行云南分行，由解寿

①云南省经济研究所、云南省档案馆合编，《云南兴文银行始末》（档案汇编）第22页。
②《云南省志》卷十三《金融志》，第123页、第127页。

山任行长。随后又在蒙自、个旧成立支行，在下关、安顺、贵阳、上海、香港等地特约商号代办汇兑业务。总行规定，殖边银行云南分行在滇召集股本，认定为银圆66.728 76万元，但实收股银38.988 7万元。总行先后运来纸币169万元，到1919年共发行纸币74.155 7万元。[①]1925年，因资金周转不灵，云南殖边银行面临困境。经与云南实业厅协商，改组为官商合办银行，成立了董事会，由实业厅厅长由夔举兼任总经理，商股董事有罗篆云、刘承志等。1927年，龙云出任省务委员会主席，其部属提出改组殖边银行，但大多数股东不同意。经董事会决定，于1928年对外宣布停业。

个碧铁路银行系1918年8月由原个碧铁路公司附设银号改组而成，资本为白银50万两。其主要业务是：调剂铁路工程款，经营存、放款及汇兑。1927年“六一四”政变后，蒙自道尹陈钧组织保安会，成立保安军，强令蒙自支行增发兑换券600万元作为军费，使市面上的兑换券多达1 000万元而又无法兑现。1928年，云南省政府以个碧铁路银行“擅自滥发货币，紊乱金融”为由，勒令其清理结束。

1940—1945年，云南地区又先后组建了8家商业银行。其中，云南矿业银行在昆明、昭通、巧家、会泽、一平浪、姚安、盐丰、元永井、元谋、保山、腾冲、下关、顺宁、蒙化、丽江、通海、昆阳、个旧、蒙自、景谷、乔后井、上海、贵阳等地设立分支机构；云南益华银行系由原东川铜矿银号、益华银号增资改组而成，在昆明、昭通、下关、上海、汉口、成都、宜宾、安顺设立分支机构；长江实业银行原系川帮银行，由滇籍资本家李梓厚购买组建而成，在昆明、下关、上海、汉口、天津、广州、重庆、成都、贵阳、兰州等地设有分支机构。1946—1948年，滇籍富商王昭明、马汝俊及龙绳祖又先后出资买进川帮建国银行、和丰银行及江浙帮的华侨兴业银行（后改名为华侨联营银行）。至此，云南共有11家商业银行。

各商业银行的组织机构，都是按照当时颁布的银行法、公司法和财政部管理银行办法组建的。其中昆明商业银行、和丰银行、永丰银公司、长江实业银行、云南实业银行等，地方军政官员的资本占多数；建国银行、光裕银行、华侨联营银行、益华银行等，则是商人资本占多数。云南矿业银行还有本行职工股份。这

---

①《云南省志》卷十三《金融志》，第123页、第127页。

些商业银行一般都采取股份有限公司形式，以股东大会为最高权力机关，建立董事会，设董事长，实行总行制。抗日战争结束后多改为总管理处制，设总经理、协理。董事会是决策机关，董事长代表董事会行使职权，总经理则秉承董事长之命综理全行业务。

为适应业务发展需要，许多商业银行在省内外的一些重要商埠设有分支机构或办事处。如中国侨民银公司在昆明、保山、腾冲、个旧、曲靖、沾益、畹町、丽江、昭通、下关、上海、汉口、天津、广州、重庆等地设立了分支机构；昆明商业银行在昭通、下关、上海、南京、汉口、宜宾、贵阳、桂林等地设有分支机构；云南实业银行的分支机构设在盐兴、腾冲、下关、宾川、上海、成都、贵阳等地；光裕银行则在上海、广州、重庆等地设立了分支机构。

当时商业银行的业务范围主要有存款、放款、票据贴现、国内汇兑、有价证券买卖、代募公债及公司债、代理收付款项、保管贵重物品、投资生产事业及联合产销事业、仓库、储蓄、信托、保险等。根据当时国民政府财政部的规定：商业银行资金应以贷放农工矿生产事业及日用重要商品的运销事业为主；银行不得直接经营工商事业和进行投机买卖。但在抗日战争爆发后以及后来的国内战争情况下，法币贬值，物价上涨，市场上投机盛行，商业银行的活动大多已偏离正常的经营范围，除经营存放款外，还进行商业和金融的投机活动，对工矿生产事业的投入并不多。

民国时期，商业银行普遍开设有商行，实际上是两块牌子一套班子，两位一体的结合。例如，云南矿业银行总经理赵贯一，同时亦兼任其商行总经理。商行在各地的分庄业务，也由分支行处负责人兼办。银行所吸收的存款和汇兑资金，相当一部分通过放款业务，投入商行作为营运资金使用，利息照一般往来户计收。矿业银行当时的经营目标是“争取存款，以商养工，发展生产，奠定银行基础”，“以存款20%投入商业”①。又据中国侨民银公司1943年业务统计，其所属的大丰商行在公司透支6 622.5万元，占公司活期放款及透支总额的78.3%，占其存款总额的50.8%。②

①《云南省志》卷十三《金融志》，第130页。

②同上。

商业银行所设商行的经营项目和品种，大都超过一般商业企业，如买卖黄金、外币及有价证券，经营各种商品及进口贸易，凡有利可图的都在经营范围之内。总之，大至黄金、外汇、汽车、五金，小至棉纱、纺织品、百货、西药、土特产，应有尽有。银行及商行为及时掌握商业行情，便于电报、电话或信件联系，内部对各种商品都统一编有代号。如大丰商行拖拉金叫黄连，棉纱叫归头等。大丰商行在1945年度的决算中，纯收益达4 700万元，占中国侨民银公司全部纯收益6 165万元的76.2%；昆明商业银行的兴明商行和福昆国际贸易公司的纯收益则占全行纯收益的90%以上。[①]又如抗日战争胜利初期，云南矿业银行的振裕商行（后改为丙兴商行），大搞有价证券买卖，以低价购进黄金存单万余两，到期后政府按六成兑现，获利近万两黄金。

1949年6月以后，由于业务清淡，云南的商业银行基本上处于半停业状态，各自收缩分支机构。永丰银公司、华侨联营银行、长江实业银行、和丰银行于当年关门停业。云南矿业银行、益华银行、云南实业银行、中国侨民银公司、昆明商业银行、光裕银行、建国银行等也于1950—1953年先后停业。

三、中国人民银行云南省分行

1949年12月，云南和平解放，开辟了云南历史的新纪元。1950年2月，中国人民银行带着人民币进入云南。3月，中国人民银行云南省分行宣告成立，使云南省的金融事业发展进入了新的发展时期。

在中国共产党和人民政府的领导下，中国人民银行云南省分行一方面及时接管南京国民政府在滇的官办银行，取缔外国资本主义在华银行的特权，并逐步完成对商业银行的社会主义改造；另一方面，建立健全社会主义性质的金融机构，由当时昆明军管会金融组派出6个接管小组，对中央银行、中国银行、交通银行、中国农民银行驻昆机构和富滇新银行、兴文银行、劝业银行、云南合作金库等12个银行进行接管和清理。并按照中国人民银行总行提出的建行原则，在较短时间内完成了全省人民银行分支机构的组建工作。同时认真贯彻慎重稳进的方针，从云南的实际情况出发，针对不同地区、不同情况，运用了不同的形

①《云南省志》卷十三《金融志》，第130页。

式，开展了货币斗争。采取先主要城市后其他城市、先禁外币后禁半开、先汉族地区后少数民族地区的步骤，由点到线，由线到面，有计划进行，把货币斗争与贸易斗争紧密结合起来，通过贷款大力支持国营商业与贸易，加强收购，掌握商品供应，以保证人民币迅速占领市场，较快地肃清了旧有的货币和外国货币，实现了人民币的真正统一，从而建立了独立、稳定的货币与金融制度，为以后有计划的调节货币流通、顺利开展边疆民族地区的工作奠定基础。

1950年以后，中国人民银行云南省分行飞速发展。到1952年底，全省有银行机构338个，人员6 963人，分别比1950年底增长1.5倍和2.1倍。1957年银行机构已遍布全省城乡各地，总数达825个，比1950年增长5.1倍，职工达10 767人，比1950年增长3.8倍。

1979年金融体制改革开始，随着中国农业银行、中国银行、中国建设银行、中国工商银行等专业银行的分离与建设，中国人民银行的一般业务逐渐缩小，中央银行职能得到强化，逐渐发展成纯粹的中央银行，行使中央银行职能。

结 语
云南经济的发展与不发展

云南地处西南边疆,自然环境与人文环境复杂,由各地区各民族错综交织而成的经济发展不平衡性,构成云南融贯古今的重要省情。长期以来,由于特殊的地理环境及复杂的历史原因,云南地区经济的发展与沿海和内地相比,处于相对落后、封闭的状况。世代生活在这块土地上的人民,包括众多的少数民族。在大杂居小聚居的状况下,因各自生产力水平的不同而形成经济形态相异的若干区域条块,导致整个社会经济结构中存在着各种地区、部门、城乡间多层次的发展差异。

与此同时,在古代的漫长岁月里,统治中心虽有过洱海地区与滇池地区的交替,而众多土司势力与政府统治的并存,严重地阻碍着云南地区相互间以至全省与外部的联系。明清推行改土归流,逐渐削弱了奴隶主、封建领主的实力,才使政府的统治有所加强。此后所采取的丈量土地、奖励垦荒、扩大耕地面积、兴修水利、减免田赋税收等一系列重视和改善农业生产的政策,使落后的农业经济逐渐走向繁荣,亦使经济在发展中逐步融入了更为先进的生产力因素。不过,这个史程是十分缓慢和不平衡的。因而,直到进入近代,甚至在沿海和内地一些地区已经开始了封建经济结构的初步解体时,云南地区的社会经济结构,仍然由于自身社会生产力水平的低下和对外联系的薄弱而停留在原来的状态中。蒙自、思茅、腾越三关开埠后,情况才有所改观。由于对外贸易得以迅猛发展,并以此为基础,有力地推动了云南社会经济由封闭型向开放型转化,从全部依赖农业生产的小农经营型,向较为发达的、以近代工商业为主的经济型转变。

直至鸦片战争前,云南各民族经济的发展主要是在本国封建势力的作用下进行的，相对保持着一定的独立性。但从19世纪下半叶后，特别是在1885年中法战争后，随着外国资本主义侵略势力的深入，蒙自、思茅、腾越、昆明相继开埠通商，滇越铁路铺筑和通车，云南地区的社会经济与阶级结构开始步入了急剧变化的史程。由于受到外国资本主义的商品倾销、原料收购和资本输出等强烈冲击，原来的小农生产结构逐步解体。与此同时，原来以自给自足状态为主的小生产体系也卷入了世界资本主义市场的商品化漩涡。正如列宁所说："资本主义如果不经常扩大其统治范围，如果不开发新的地方并把非资本主义的古老国家卷入世界经济漩涡之中，它就不能存在与发展。"①

一、就农业发展而言

历来，农业是云南省经济发展的基础，农业经济史的变迁历程，体现了云南省历史发展的脉络。一方面，特殊的地理位置与自然环境，为农业发展提供了丰富的资源，也同时使云南的农业呈现出多样、立体以及发展不平衡的特征，粮食作物、经济作物与畜牧养殖品种多样，具有地方性特色。另一方面，农业技术始终与中原地区保持同步，亦与中原地区保持交流与互通，整体上农业经济水平始终呈上升发展趋势。

此外，云南的农业发展史，也是一部边疆开发史，从羁縻土司制度到改土归流，农业开发与边疆治理始终相伴随。尤其是近代以来，面对内忧外患，边疆开发甚为重要，农业则是其主要的着力点，中央政府与云南地方政府均致力于制订边地开发方案，进行移民开垦，发展边疆经济，促进边疆社会发展。至清末民初，云南内地掌握了较先进的生产技术的汉、回、白、彝、纳西等民族，向边疆民族地区的移动，给当地带来了新商品、新工具、新信息，带来了劳动力、农耕技术和新的作物品种。在各族民众的相互友好往来中，经过共同努力开发，边疆地区生产力获得了一定的发展。

民国时期，云南省地方政府大力整顿和发展农业，开展农田水利建设，改善农业生产条件，制订农业发展规划，调整农业产业结构，将国家资本投入农业生

①列宁：《列宁全集》，中共中央马克思恩格斯列宁斯大林著作编译局编译，人民出版社，1984，第545页。

产和农村经济中，开办官营农场，发展农业金融，推动了云南农业经济的发展，商品化程度加强，棉业、鸦片、烟草、桑蚕等经济作物比重提高，边疆民族地区生产力得到了一定的发展，农业生产水平有所提高。

与此同时，历史上的云南农业亦受限于高原山地，虽然生产工具和农业技术能与内地大体保持一致，但在大规模推广上存在不足，偏远地区保留了大量原始的农业生产方式，从经济发展和社会进步的角度来看，云南农业发展是较为滞后和不平衡的，在农业经济形态、土地制度、赋役制度与农村社会等多方面呈现出多样性特色。加之云南土著民族众多，其社会制度、土地制度与内地不同，原始氏族制、封建领主制等长期存在，形成特殊的地方民族社会特色。在历史的发展过程中，云南从原始农业发展到以私有制为主的小农经济，云南形成了一个以地主经济为主，封建领主经济、奴隶制经济和氏族、部落等多种经济并存的农业经济形态。同时，坝区与山区、内地与边疆、汉族与少数民族生产力发展的差异，使云南农业经济发展在历史上始终存在差异性与不平衡性，这样的特点一直贯穿于云南经济发展的整个历史进程与各个阶段中。

二、就工业发展而言

云南虽然在中国是一个边疆省份，也是一个内陆地区，但云南工业的发展不仅独具特色，而且在整个中国工业发展的进程中也并非是无足轻重。长久以来，正是基于云南特殊的地理环境和资源条件，云南工业的发展既不同于内地，也不同于沿海工业发展的常规模式，呈现出边缘化的特征。

首先，由于地区资源条件的差异，云南工业的发展不同于内地与东南沿海以加工工业为主，而是以矿产资源开发为主。云南矿产资源丰富，矿业不仅成为云南开风气之先的生产行业，也是最早采用现代生产手段的部门。直到1840年前后，对云南进行的以铜矿、锡矿为主的各矿业的开发，使云南形成了一种不同于内地的农矿并举的产业结构特色。矿业不仅是云南的支柱产业，也是中央与地方政府收入的主要来源。而以国家为主导、服务于国家资源需要的掠夺式开发方式，也进一步加深了历史发展以来云南各民族各地区区域经济发展的不平衡性。

其次，由于云南特殊的地理位置与山高谷深、沟壑纵横的自然条件，交通的发展与改善从某种程度上决定着工业的发展，而且交通也只能以陆路为主，不同于沿海与内地经济发展水运具有重要地位的情况。由于云南与东南亚、南亚对外交往的便利，云南早期工业的发展均与对外交通的拓展密切相关。1910年滇越铁路的通车，客观上促进了云南经济现代化的进程，使云南由此开始出现了一些具有现代特征的正规工厂。典型的如1912年建成的昆明石龙坝发电厂，不仅是中国最早建立的水电企业，也标志着云南水电事业的开端。由此带动了以矿业开发为主、采用机械化生产的相关企业的发展，如个旧锡务有限公司，并在传统工艺、染织业中出现了手工业向近代工业的过渡。此外，1938年滇缅公路的通车，以及其后中印航空、公路等运输通道的形成，均为战时内迁的物资供给奠定基础，也使内迁的工业企业大幅增加，包括机械工业、化工工业、电器工业、纺织工业等，使云南成为战时重要的后方工业重镇。

由此，由于没有沿海地区商品贸易集散地与地区经济相对发达的条件，只能以技术引进为依据、以交通发展为工业生产的前提和条件，以矿业开发为主导。云南各时期工业发展的特点必然是前期投入起点高、投资回收期长；资源蕴藏量勘估风险大，资金投入定向性强，对外资吸引力弱，以及整体运动迟滞等。

三、就商业与贸易发展而言

马克思曾明确地指出过："商品生产和商品流通是极不相同的生产方式都具有的现象。"[①]在云南地区商品经济发展的历史过程中，正是通过不同地区、不同民族的商人及其商业活动，在生产者和市场中间搭建起一座桥梁，使小生产者的产品变成为流通的商品，逐步地扩大了生产的内容和范围，进而连接起云南地方市场与国内市场乃至世界大市场的流通，并日益改变着云南地方经济闭塞落后的状态，极大地推动了云南地方社会经济的发展。

首先，历史上商业与贸易的发展，极大地推动了云南地区的资源开发与利用，进而增强了以矿业为主导的经济联动功能，促进了各地商品经济的发展。云南素有植物王国、动物王国、有色金属王国之美称，但直至清时，资源沉睡的状

①马克思：《资本论》第一卷，第133页。

态依然故我。除了明清两代滇铜的开采，主要是服从于政府的财政需要外,其余大都还谈不上已被列上开发日程,有的甚至还鲜为人知。随着外国资本主义势力的入侵,以世界市场为目标的矿产品,由于需求增大的刺激而有较多和较快的开发。以大锡、石磺、铅等为代表的矿产品成为近代商人经营的大宗商品,刺激了生产技术的改进,生产规模的扩大,商业资本也较多地投入矿业开发中,成为近代产业资本的一个主要来源,并由此带动了矿藏地经济的进一步发展。

其次,商业与商业资本的发展在一定程度上推动了云南社会旧经济结构的解体和民族经济的发展。寻检相关史籍,我们很难发现云南在近代以前的工商行业经营中,已有自身的巨额社会财富积累的记载。当时的商业,主要是操纵在外省来的商人手中。外省商人还几乎垄断了云南的矿业投资,发家后大都本利一起,带出云南。直至近代蒙自、腾越、思茅三埠相继开放后,加之滇越铁路通车以及抗日战争时期修筑的滇缅公路，交通情况的改善及内外联系的加强,使云南的社会经济发生了巨大的变化。自近代商业贸易,尤其是对外贸易开展以后,由经营进出口贸易起家的商帮、商号入手,云南地区涌现出了一批积累了较大货币财富的商人。其中一部分商人将已积累起来的货币财富投向出口加工业,进而参加投资兴办云南近代工交事业,涉及的生产部门有电力、机械、纺织、造纸、印刷、矿冶、化学多方面。这种商业资本向产业资本的渗透转移,正日益改变着近代云南省的社会经济结构,由过去落后的、单纯的小农经营型,向较为发达的、以近代工商业为主的经济型转变。

除此之外,云南作为一个多民族聚居地区,各民族间经济发展的不平衡性一直是云南经济发展的一大特点。直到清代前期,除居住于坝区的回族、白族等少数民族已与汉民族的生产方式相同或相近外,大部分居住在山区和边区的少数民族,因生产力水平低下,又受地理条件的限制,商品生产和交换还很落后,以致在同一地区不同民族乃至同一民族内部也存在着一定的差异。但通过活跃于各地的商人的商业经营活动,若干原来较落后的少数民族,通过贸易纽带,改变了过去相对隔绝的状态,不由自主地投入商品经济发展的洪流中,开始更快地同新经济因素产生联系。

尽管商业发展在云南社会经济的发展与变迁中起了十分积极的促进作用,并且在一定条件下可以成为加速社会变革的重要因素。但在仍以小农经济结构为主体的云南地区,“商业对各种已有的、以不同形式主要生产使用价值的生产组织,都或多或少地起着解体的作用。但是它对旧生产方式究竟在多大程度上起着解体的作用,这首先取决于这些生产方式的坚固性和内部结构。并且,这个解体过程会导向何处,换句话说,什么样的新生产方式会代替旧生产方式,这不取决于商业,而是取决于旧生产方式本身的性质。”[①]具体而言,云南社会经济基础落后,使得主要是从外部移植而来的资本主义因素只能以商业资本这一古老的资本形式为其主要的生存依托形式。商业资本较多地得以像在内地那样投资于产业,是迟至抗日战争后的事。在多种因素的合力作用下,商业资本的势力极度膨胀,或因商业利润高于产业利润和土地剥削可靠而固守于流通领域或逆转回土地兼并中。

①马克思:《资本论》第三卷,第371页。

参考文献

一、文献资料

[1]司马迁.史记:卷一一六:西南夷列传[M].北京:中华书局,1963.

[2]范晔.后汉书:卷八六:南蛮西南夷列传[M].北京:中华书局,1965.

[3]宋濂.元史:卷一二五:赛典赤赡思丁传[M].北京:中华书局,1976.

[4]宋濂.元史:卷一六七:张立道传[M].北京:中华书局,1976.

[5]宋濂.元史:卷五八:地理一[M].北京:中华书局,1976.

[6]宋濂.元史:卷十八:本纪第十八[M].北京:中华书局,1976.

[7]张廷玉.明史:卷八八:河渠志六[M].北京:中华书局,1974.

[8]张廷玉.明史:卷一二六:沐英传[M].北京:中华书局,1974.

[9]向达.蛮书校注[M].北京:中华书局,1992.

[10]赵尔巽,等.清史稿[M].北京:中华书局,1977.

[11]云南省历史研究所.《清史录》有关云南史料汇编[M].昆明:云南人民出版社,1986.

[12]张廷玉,等.清朝文献通考[M].北京:商务印书馆.

[13]王崧,李诚,等.云南通志[M]. 阮元,等修,1836(道光十六年).

[14]陈灿,罗瑞图,等.云南通志[M]. 岑毓英,修,1894(光绪二十年).

[15]唐炯,汤寿铭,陈灿,等.续云南通志稿[M]. 王文韶,等修.1901(光绪二十七年).

[16]岑毓英.岑襄勤公奏稿[M].刻本.武昌:督粮署,1897(光绪二十三年).

[17]穆藕初.穆藕初文集:增订本 [M].上海:上海古籍出版社,2011.

[18]佟镇.康熙鹤庆府志[M].大理:大理州文化局,1983.

[19]楚雄县志[M]. 沈宗舜,修.台北:成文出版社,1967.

[20]光绪鹤庆州志[M]. 王宝仪,修.杨金和,等校注, 1894(光绪二十年).

[21]赵藩.岑襄勤公年谱:卷三[M],1892(清光绪十八年).

[22]王崧.道光云南志钞[M].昆明:云南省社会科学院文献所,1995.

[23]倪蜕.滇云历年传[M].李埏,校点.昆明:云南大学出版社,1992.

[24]杨琼.滇中琐记[M]. 排印本,1912.

[25]张泓.滇南新语云南史料丛刊:第十一卷[M].昆明:云南大学出版社,2001.

[26]张允随.张允随奏稿[M]// 云南史料丛刊:第十一卷.昆明:云南大学出版社,2001.

[27]周宗麟,等.新纂云南通志[M] 龙云,卢汉,修.铅印本,1948.

[28]龙云,等.云南行政纪实[M].昆明:云南财政厅印刷局,1943.

[29]云南通志馆.续云南通志长编[M],1985.

[30]李春龙.云南史料选编[M].昆明:云南民族出版社,1988.

[31]陈文修,李春龙,等.云南图经志书校注[M].昆明:云南民族出版社,2002.

[32]王叔武.大理行记校注[M]. 昆明:云南民族出版社,1986.

[33]钟崇敏.云南之贸易[M]. 油印手稿本,1939.

[34]云南省图书馆馆藏.云南通志馆征集云南省各县商务资料.

[35]云南省档案馆馆藏.云南省商务总会有关卷宗.

[36]云南省档案馆馆藏.民国云南民政厅档案资料.

[37]云南省档案馆馆藏."恒盛公"商号史料.

[38]民国云南省建设厅档案.鹤庆工商业概况调查表,1932.

[39]民国云南省政府秘书处档案.鹤庆县学界控商会侵蚀学款案,1916.

[40]云南省档案馆馆藏.云南省禁烟纪实[M].油印本,1937.

[41]云南省档案馆馆藏.云南鹤庆之造纸工业.

[42]鹤庆县档案馆馆藏.鹤庆县私营工商业情况报告.

[43]鹤庆县档案馆馆藏.鹤庆县人民政府经济委员会报告.

[44] 鹤庆县档案馆馆藏. 鹤庆县私营工商业社会主义改造中关于清产核资、股金定息、工资评定办法的专题报告(草案).

[45]商报,1904(光绪二十九年).

[46]云南新商报,1930—1938.

[47]云南概览(市政).

[48]檀萃.滇海虞衡志[M].宋文熙,李东平,校注.昆明:云南人民出版社,1990.

[49]刘锦藻.清朝续文献通考[M]. 万有文库本.上海:商务印书馆,1936.

[50]白寿彝.咸同滇变见闻录[M].北京:商务印书馆,1945.

[51]张维翰,童振藻.昆明市志[M],1924.

[52]续修昆明县志[M],1942.

[53]李焜:蒙自县志[M].清乾隆五十六年抄本影印.台北:成文出版社,1967.

[54]龙云,等.云南行政纪实:第十册:建设[M]. 铅印本.昆明:云南财政厅印刷局,1943.

[55]龙云,等.云南行政纪实:第五册:财政[M]. 铅印本.昆明:云南财政厅印刷局,1943.

[56]龙云,等.云南行政纪实:第十四册:经济[M]. 铅印本.昆明:云南财政厅印刷局,1943.

[57]鄂尔泰,等.云南通志:卷十:田赋[M].北京:商务印书馆,2006.

[58]牛鸿斌,刘景毛,等点校.新纂云南通志:卷六:军制考[M].昆明:云南人民出版社,2007.

[59]牛鸿斌,刘景毛,等点校.新纂云南通志:卷七:农业考[M]. 昆明:云南人民出版社,2007.

[60]牛鸿斌,刘景毛,等点校.新纂云南通志:卷一五〇:财政考[M]. 昆明:云南人民出版社,2007.

[61]云南省地方志编纂委员会.云南省志:卷二十六:冶金工业志[M]. 昆明:云南人民出版社,1995.

[62]云南省地方志编纂委员会.云南省志:卷二十七:机械工业志[M]. 昆

明:云南人民出版社,1994.

[63]云南省地方志编纂委员会.云南省志:卷二十一:纺织工业志[M].昆明:云南人民出版社,1996.

[64]云南省地方志编纂委员会.云南省志:卷十八:轻工业志[M].昆明:云南人民出版社,1997.

[65]云南省地方志编纂委员会.云南省志:卷二十:烟草志[M].昆明:云南人民出版社,2000.

[66]云南省地方志编纂委员会.云南省志:卷一:地理志[M].昆明:云南人民出版社,1998.

[67]云南省地方志编纂委员会.云南省志:卷二十二:农业志[M].昆明:云南人民出版社,1998.

[68]云南省地方志编纂委员会.云南省志:卷二:天文气候志[M].昆明:云南人民出版社,1998.

[69]云南省地方志编纂委员会.云南省志:卷六十四:土地志[M].昆明:云南人民出版社,1998.

[70]云南省地方志编纂委员会.云南省志:卷八:经济综合志[M].昆明:云南人民出版社,1998.

[71]云南省地方志编纂委员会.云南省志:卷三十九:农垦志[M].昆明:云南人民出版社,1998.

[72]《昆明市志》编纂委员会.昆明市志长编:卷六[M].昆明:云南新华印刷厂,1984.

[73]中国人民政治协商会议云南省委文史资料委员会.云南文史资料选辑:第十六辑[M].昆明:云南人民出版社,1986.

[74]中国人民政治协商会议云南省委员会文史资料研究委员会.云南文史资料选辑:第二十九辑[M].昆明:云南人民出版社,1986.

[75]中国人民政治协商会议云南省委员会文史资料研究委员会.云南文史资料选辑:第九辑[M],1965.

[76]中国人民政治协商会议云南省委员会文史资料研究委员会.云南进出口贸易[M].昆明:云南人民出版社,1993.

[77]中国人民政治协商会议云南省委员会文史资料研究委员会.云南文史资料选辑:云南老字号:第四十九辑[M].昆明:云南人民出版社,1996.

[78]朱熙人,袁见齐,郭令智.云南矿产志略[M].昆明:云南财政厅印刷局,1940.

[79]郭垣.云南省经济问题[M].重庆:正中书局,1940.

[80]柯索夫·奥斯特罗门茨基.矿产普查勘探丛书第五号:锡[M].北京:地质出版社,1954.

[81]严中平.清代云南铜政考附录第一表[M].北京:中华书局,1957.

[82]陈真.中国近代工业史资料:第三辑[M].北京:生活·读书·新知三联书店,1961.

[83]彭泽益.中国近代手工业史资料第一卷[M].北京:中华书局,1962.

[84]中国人民政治协商会议云南省昆明市委员会.昆明文史资料集萃[M].昆明:云南科技出版社,2009.

[85]戴鞍钢,黄苇.中国地方志经济资料汇编[M].上海:汉语大辞典出版社,1999.

[86]云南省历史研究所.《清实录》有关云南史料汇编[M].昆明:云南人民出版社,1986.

[87]云南省档案馆.云南档案史料(1982—1994 年,共 48 期).

[88]云南省地方志编纂委员会.云南省志:商业志[M].昆明:云南人民出版社,1993.

[89]云南省地方志编纂委员会.云南省志:金融志[M].昆明:云南人民出版社,1993.

[90]云南省地方志编纂委员会.云南省志:经济综合志[M].昆明:云南人民出版社,1993.

[91]红河哈尼族彝族自治州编纂委员会.红河州志[M].上海:三联书店1995.

[92]中国人民政治协商会议云南省委员会文史资料研究委员会.云南文史资料选辑[M].昆明:云南人民出版社,1981.

[93]中国人民政治协商会议西南地区文史资料协作会议编.西南少数民族

文史资料丛书:经济卷[M].成都:四川人民出版社,2000.

[94]云南省档案馆.云南近代矿业档案史料选编:第三辑.昆明:云南省经济研究,1990.

[95]梁冠凡,等.白族社会历史调查[M].昆明:云南人民出版社,1983.

[96]屠述濂.腾越州志[M]. 乾隆续修.台北:成文出版社,1967.

[97]李根源,刘楚湘.民国腾冲县志稿[M].昆明:云南美术出版社,2004.

[98] 腾冲县志编纂委员会.腾冲县志[M].北京:中华书局,1995.

[99]王洪波,何真.百年绝唱:《阳温暾小引》一部早年云南山里人的“出国必读”[M].昆明:云南大学出版社,2005.

[100]腾冲县政协文史资料委员会.腾冲文史资料选辑:第三辑[M]. 德宏傣族景颇族自治州:德宏民族出版社,昆明:云南人民出版社,1991.

[101]薛琳.巍山彝族回族自治县民族宗教志[M].昆明:云南人民出版社,1992.

[102]云南省巍山彝族回族自治县志编纂委员会.巍山彝族回族自治县志[M].昆明:云南人民出版社,1993.

[103]大理白族自治州交通局.大理白族自治州交通志[M].昆明:云南人民出版社,1991.

[104]中国少数民族社会历史调查云南编辑组.云南回族社会历史调查[M].昆明:云南人民出版社,1987.

[105]马存兆.茶马古道上远逝的铃声——云南马帮马锅头口述历史[M].昆明:云南大学出版社,2007.

[106]段金录,姚继德.云南回族经济商贸资料选辑[M].昆明:云南民族出版社,2000.

[107]高发元.云南民族村寨调查(回族——通海纳古镇)[M].昆明:云南大学出版社,2001.

[108]大理白族自治州回族学会.大理回族史料集[M].昆明:云南民族出版社,2010.

[109]鹤庆县档案馆馆藏.鹤庆县劝学所造报地志资料[M]. 油印本,1919.

[110]鹤庆县档案馆馆藏.续编鹤城舒氏族谱[M].

[111]鹤庆县档案馆馆藏.鹤庆鲍氏族谱[M].

[112]杨金铠.鹤庆县志[M].鹤庆县图书馆馆藏资料,1922.

[113]周宗麟,等.大理县志稿[M].大理市图书馆馆藏资料,1916.

[114]云南省鹤庆县志编纂委员会.鹤庆县志[M].昆明:云南人民出版社,1991.

[115]鹤庆县民族宗教事务局.鹤庆县民族志[M],2011.

[116]大理州商业局商志办公室.大理州商业志[M],1989.

[117]中国人民政治协商委员会鹤庆县委员会文史资料委员会.鹤庆文史资料[M], 2008.

[118]中国人民政治协商委员会大理州委员会文史资料研究委员会.大理州文史资料 [M], 2002.

[119]中国少数民族社会历史调查资料丛刊修订编辑委员会.云南民族民俗和宗教调查[M].昆明:云南人民出版社,1985.

[120]中国少数民族社会历史调查资料丛刊修订编辑委员会.云南方志民族民俗资料琐编[M].昆明:云南民族出版社,1986.

[121]丁世良,赵放.中国地方志民俗资料汇编:西南卷[M].北京:北京图书馆出版社,1998.

[122]中共鹤庆县党史研究室.中国共产党鹤庆地方史:第一卷[M].昆明:云南民族出版社,2009.

[123]中国人民政治协商委员会西南地区文史资料协作会议.抗战时期的西南交通[M].昆明:云南人民出版社,1992.

[124]中国人民政治协商委员会西南地区文史资料协作会议.抗战时期内迁西南的工商业[M].昆明:云南人民出版社,1998.

[125]中国第二历史档案馆.民国时期边疆档案资料汇编:云南广西综合卷:第十八卷[M].北京:社科文献出版社,2014.

[126]云南省档案馆.民国时期边疆档案资料汇编:云南卷:第五十六卷[M].北京:社会科学文献出版社,2013.

[127]萧铮.民国二十年代中国大陆土地问题资料:第五十二辑[M].台北:成文出版社,1977.

[128]李文治.中国近代农业史资料:第一辑[M].上海:三联书店,1957.

[129]李春龙.云南史料选编:第八编[M].昆明:云南民族出版社,1997.

[130]云南省财政厅,云南省档案馆.民国时期云南田赋史料[M].昆明:云南人民出版社,2002.

[131]马大正.民国边政史料续编:第十五册[M].北京:国家图书馆出版社,2010.

[132]马玉华.西南边疆卷:云南边地问题研究[M].哈尔滨:黑龙江教育出版社,2013.

[133]林文勋.民国时期云南边疆开发方案汇编[M].昆明:云南人民出版社,2013.

[134]方国瑜.云南史料丛刊:第一卷[M].昆明:云南大学出版社,1998.

[135]方国瑜.云南史料丛刊:第二卷[M]. 昆明:云南大学出版社,1998.

[136]方国瑜.云南史料丛刊:第八卷[M]. 昆明:云南大学出版社,2001.

[137]王文成,等辑校.《滇系》云南经济史料辑校[M].中国书籍出版社,2004.

[138]云南省历史研究所.《清实录》有关云南史料汇编:卷三[M].昆明:云南人民出版社,1985.

[139]李增耀,龙玉存.云南开蒙垦殖局与云南蚕业新村公司史实[M].昆明:云南人民出版社,2012.

[140]万湘澄.云南对外贸易概观[M] 昆明:新云南丛书社,1946.

[141]民国资源委员会经济研究室.云南经济研究报告第二十号[R],手稿油印本,1939.

[142]民国云南禁烟委员会印:云南禁烟纪录[M].

[143]云南省编辑组.云南少数民族社会历史调查资料汇编[M].昆明:云南人民出版社,1987.

[144]中国人民政治协商会议云南省委员会文史资料委员会.云南文史资料选辑[M],1965.

[145]中国人民政治协商会议云南省昆明市委员会文史资料研究委员会.昆明文史资料选辑[M],1965.

[146]中国人民政治协商会议云南省红河哈尼族彝族自治州委员会学习文史委员会.红河州文史资料选辑[M],1965.

[147]中国人民政治协商会议云南省大理州文史资料委员会.大理州文史资料[M],1984.

[148]中国人民政治协商会议丽江县委员会文史资料委员会.丽江文史资料[M].

[149]中国人民政治协商会议石屏县委员会文史资料委员会.石屏文史资料[M],1988.

二、专业论著

[1]马克思. 资本论[M].中共中央马克思恩格斯列宁斯大林著作编译局,编译.北京:人民出版社,2004.

[2]列宁. 列宁全集[M].中共中央马克思恩格斯列宁斯大林著作编译局,编译.北京:人民出版社,1984.

[3]R.科斯,等.财产权利与制度变迁——产权学派与新制度经济学派译文集[M].上海:三联书店,1991.

[4]费尔南·布罗代尔. 15 至 18 世纪的物质文明、经济和资本主义[M] 顾良,康乃强,译.上海:三联书店,1992.

[5]G.W. 施坚雅.中国封建社会晚期城市研究——施坚雅模式[M]. 王旭,等,译.长春:吉林教育出版社,1991.

[6]道格拉斯·C.诺斯.制度、制度变迁与经济绩效[M]. 杭行,韦森,译审.上海:三联书店,2008.

[7]詹姆斯·A.道,史迪夫·H.汉科,阿兰·A.瓦尔特斯.发展经济学的革命[M].上海:三联出版社,2000.

[8]马克思·韦伯.经济与社会[M].北京:商务印书馆,1998.

[9]皮特·顾彼得.被遗忘的王国[M].李茂春,译.昆明:云南人民出版社,1992.

[10]H.R.戴维斯.云南:联结印度和扬子江的锁链[M]. 李安泰,和少英,译.昆明:云南教育出版社,2000.

[11]亨利·奥尔良.云南游记:从东京湾到印度[M]. 龙云,译.昆明:云南人民出版社,2001.

[12]詹姆斯·瓦特.西康之神秘水道记[M]. 杨庆鹏,译.南京:蒙藏委员会,1933.

[13]格尔兹.文化的解释[M].纳日碧力戈,等译.上海:上海人民出版社,1991.

[14]韩毅.历史的制度分析:西方制度经济史学的新进展[M].沈阳:辽宁大学出版社,2003.

[15]朱英.辛亥革命时期新式商人社团研究[M].北京:中国人民大学出版社,1991.

[16]朱英.转型时期的社会与国家——以近代中国商会为主体的历史透视[M].武汉:华中师范大学出版社,1997.

[17]朱英.近代中国商人与社会[M]. 武汉:湖北教育出版社,2002.

[18]朱英.中国近代同业公会与当代行业协会[M].北京:中国人民大学出版社,2004.

[19]卢现祥,朱巧玲.新制度经济学[M].北京:北京大学出版社,2007.

[20]马敏.商人精神的嬗变——近代中国商人观念研究[M].武汉:华中师范大学出版社,2001.

[21]马敏.官商之间:社会剧变中的近代绅商[M].天津:天津人民出版社,1995.

[22]云南省经济研究所.云南近代经济史文集[M].昆明:经济问题探索杂志社,1988.

[23]范勇.中国商脉[M].成都:西南财经大学出版社,1996.

[24]彭泽义.中国工商行会史料集[M].北京:中华书局,1995.

[25]吴承明.中国资本主义与国内市场[M].北京:中国社会科学出版社,1985.

[26]张海鹏,张海瀛.中国十大商帮[M].合肥:黄山书社,1993.

[27]张忠民.前近代中国社会的商人资本与社会再生产[M].上海:上海社会科学出版社,1996.

[28]云南省经济研究所.云南近代经济史文集[M]. 昆明:经济问题探索杂志社,1988.

[29]汪敬虞.中国近代工业史资料[M].北京:科学出版社,1957.

[30]彭南生.行会制度的近代命运[M].北京:人民出版社,2003.

[31]陈锦江.清末现代企业与官商关系[M].北京:中国社会科学出版社,1997.

[32]汪敬虞.近代中国资本主义的总体考察和个案辨析[M].北京:中国社会科学出版社,2004.

[33]黄逸平.近代中国经济变迁[M].上海:上海人民出版社,1992.

[34]虞和平.商会与中国早期现代化[M].上海:上海人民出版社,1993.

[35]白寿彝.中国回回民族史[M].北京:中华书局出版社,2003.

[36]邱树森.中国回族史[M].银川:宁夏人民出版社,1996.

[37]杨华.回族文化新论[M].银川:宁夏人民出版社,2001.

[38]谢玉杰.伊斯兰思想与回族社会的协调发展[M].银川:宁夏人民出版社,2002.

[39]纳麒.传统与现代的整合——云南回族历史·文化·发展论纲[M].昆明:云南大学出版社,2001.

[40]尤中.云南民族史[M].昆明:云南大学西南边疆民族历史研究所,1985.

[41]高发元.云南回族 50 年[M].昆明:云南大学出版社,2003.

[42]赖存理.回族商业史[M].北京:中国商业出版社,1988.

[43]马颖生.史志论著[M].昆明:云南民族出版社,2006.

[44]王洪波,任琴.琥珀牌坊玉石桥:腾冲[M].昆明:云南民族出版社,2001.

[45]董平.和顺风雨六百年:云南著名侨乡[M].昆明:云南人民出版社,2000.

[46]纳麒.中国西南文化研究[M].昆明:云南科技出版社,2007.

[47]陈清泰.商会发展与制度规范[M].北京:中国经济出版社,1995.

[48]孙敏.西去掸国的边陬[M].昆明:云南民族出版社,2000.

[49]中国社会科学院近代史研究所.近代中国与世界[M].北京:社会科学文献出版社,2005.

[50]丁日初.近代中国的现代化与资本家阶级[M].昆明:云南人民出版社,1994.

[51]任佳,牛鸿斌.穿越时空的商道——滇印民间贸易研究[M].昆明:云南人民出版社,2005.

[52]马曜.云南简史[M].昆明:云南人民出版社,1991.

[53]董孟雄.云南近代地方经济史研究[M].昆明:云南人民出版社,1991.

[54]董孟雄,郭亚非.云南地区多外贸易史[M].昆明:云南人民出版社,1998.

[55]吴兴南.云南对外贸易[M].昆明:云南民族出版社,1997.

[56]杨毓才.云南各民族经济发展史[M].昆明:云南民族出版社,1989.

[57]唐力行.商人与中国近世社会[M].香港:中华书局,1995.

[58]李珪.云南近代经济史[M].昆明:云南民族出版社,1995.

[59]王相钦,吴太昌.中国近代商业史论[M].北京:中国财政经济出版社,1999.

[60]张忠民.前近代中国社会的商人资本与社会再生产[M].上海:上海社会科学院出版社,1996.

[61]张忠民.艰难的变迁[M].上海:上海社会科学院出版社,2002.

[62]谢本书,李江.近代昆明城市史[M].昆明:云南大学出版社,1997.

[63]刘佛丁.中国近代经济发展史[M].北京:高等教育出版社,1999.

[64]刘云明.清代云南市场研究[M].昆明:云南大学出版社,1996.

[65]万湘澄.云南对外贸易概观[M].昆明:新云南丛书社:1946.

[66]张肖梅.云南经济[M].中国国民经济研究所,1942.

[67]王明达,张锡禄.马帮文化[M].昆明:云南人民出版社,1994.

[68]木芹,木霁弘.儒学与云南政治经济的发展及文化转型[M].昆明:云南大学出版社,1999.

[69]严中平.清代云南铜政考[M].北京:中华书局,1948.

[70]朱英,石柏林.近代中国经济政策演变史稿[M].武汉:湖北人民出版社,1998.

[71]张印堂.云南经济[M].昆明:国立云南大学西南文化研究室,1943.

[72]吴兴南.云南对外贸易——从传统到近代化的历程[M].昆明:云南民族出版社,1997.

[73]杨知勇.家族主义与中国文化[M].昆明:云南大学出版社,2000.

[74]胡阳全.云南马帮[M].福州:福建人民出版社,1999.

[75]李旭.茶马古道[M].北京:中国社会科学出版社,2012.

[76]马子商,等.茶马古道上的传奇家族[M].北京:中华书局,2009.

[77]周智生.商人与近代中国西南边疆社会:以滇西北为中心[M].北京:中国社会科学出版社,2006.

[78]马绍雄.巍山回族简史[M].昆明:云南民族出版社,2000.

[79]马维良.云南回族历史与文化[M].昆明:云南大学出版社,1999.

[80]马丽娟.多型论:民族经济在云南[M].昆明:民族出版社,2002.

[81]熊清华.百年滇商[M].昆明:云南人民出版社,2013.

[82]木霁弘.茶马古道纪事[M].昆明:云南教育出版社,1994.

[83]杨福泉.多元文化与纳西社会[M].昆明:云南人民出版社,1997.

[84]白族简史编写组.白族简史[M].昆明:云南人民出版社,1988.

[85]杨镇圭.白族文化[M].昆明:云南民族出版社,2002.

[86]李森.鹤庆风物志[M].昆明:云南民族出版社,2004.

[87]章虹宇.文化血脉[M].北京:中国文联出版社,2008.

[88]梁波.鹤阳史话[M].鹤庆县图书馆馆藏,2007.

[89]乌丙安.中国民俗学[M].沈阳:辽宁大学出版社,1985.

[90]高丙中.中国民俗概论[M].北京:北京大学出版社,2009.

[91]申旭.中国西南对外关系史研究[M].昆明:云南美术出版社,1994.

[92]陈庆德.民族经济学[M].昆明:云南人民出版社,1994.

[93]万揆一.滇云旧闻录[M].昆明:云南教育出版社,1998.

[94]万揆一.昆明掌故[M].昆明:云南民族出版社,1998.

[95]罗群.近代云南商人与商人资本[M].昆明:云南大学出版社,2004.

[96]罗群,罗敏.话说滇商[M].北京:中华工商联合出版社,2008.

[97]林泉.重返老昆明[M].昆明:云南美术出版社,2002.

[98]《昆明日报》编辑.老昆明[M].昆明:云南人民出版社,1997.

[99]杨晓林.云南百年故事[M].昆明:云南人民出版社,2001.

[100]王川.滇川贸易百年[M].昆明:云南人民出版社,2013.

[101]何耀华.云南通史:第五卷[M].北京:中国社会科学出版社,2011.

[102]王日根.乡土之链——明清会馆与社会变迁[M].天津:天津人民出版社,1996.

[103]彭泽益.中国近代手工业史资料:第一卷[M].北京:中华书局,1962.

[104]何耀华.云南通史[M].北京:中国社会科学出版社,2011.

[105]马曜.云南简史[M].昆明:云南人民出版社,1983.

[106]陆韧.云南对外交通史[M].昆明:云南人民出版社,2011.

[107]李珪.云南近代经济史[M].昆明:云南民族出版社,1995.

[108]杨志玲.近代云南茶叶经济研究[M].北京:人民出版社,2009.

[109]张增祺.滇文化[M].昆明:云南美术出版社,1997.

[110]尹绍亭.云南山地民族文化生态的变迁[M].昆明:云南教育出版社,2009.

[111]费孝通.云南三村[M].北京:社会科学文献出版社,2006.

[112]王文光,李艳峰.云南民族的历史与文化概要[M].昆明:云南大学出版社,2015.

[113]傅衣凌.明清封建土地所有制论纲[M].北京:中华书局,2007.

[114]缪云台.缪云台回忆录[M].北京:中国文史出版社,1991.

[115]梁方仲.中国历代户口、田地、田赋统计[M].上海:上海人民出版社,1980.

[116]尤中.中国西南的古代民族[M].昆明:云南人民出版社,1980.

[117]尤中.云南地方沿革史[M].昆明:云南人民出版社,1990.

[118]尤中.云南民族史:修订本:上[M].北京:云南大学西南边疆民族历史研究所,1985.

[119]尤中.云南民族史:修订本:下[M].昆明:云南大学西南边疆民族历史研究所,1985.

[120]尤中.云南民族史[M].昆明:云南大学出版社,1994.

[121]祝慈寿.中国古代工业史[M].上海:学林出版社,1988.

[122]杨毓才.云南各民族经济发展史[M].昆明:云南民族出版社,1989.

[123]中国科学院西南资源开发考察队.滇西地区资源开发研究[M].北京:中国科学技术出版社,1991.

[124]云南省博物馆.云南青铜文化论集[M].昆明:云南人民出版社,1991.

[125]云南省博物馆.云南铁器时代文化论[M].昆明:云南人民出版社,1992.

[126] 苏秉琦.中国通史·远古时代:第二卷[M].上海:上海人民出版社,1994.

[127]董孟雄,郭亚非.云南地区对外贸易史[M].昆明:云南人民出版社,1998.

[128]ANN MAXWELL HILL.Merchants and Migrants: Ethnicity and Trade among Yunnanese Chinese in Southeast Asia[M].New Haven: Yale University Southeast Asia Studies,1998.

[129]DUPUIS JEAN.A journey to Yunnan and the opening of the Red River to trade[M].Bangkok:White Lotus Co.Ltd,1998.

[130]PICHON LOUIS.A journey to Yunnan in1892.trade and exploration in Tokin and Southern China[M].Bangkok:White Lotus Co.Ltd,1999.

[131]OSBORNE ROGER.The Deprat Affair: Ambition.Revenge and Deceit in French Indo-China[M].London: Jonathan Cape,1999.

三、论文

[1]丁长清.试析商人会馆、公所与商会的联系和区别[J].近代史研究,1996(3).

[2]徐鼎新.商会与近代中国社会经济发展[J].上海经济研究,1999(1).

[3]张志东.近代中国商会与政府关系的研究:角度、模式与问题的再探讨[J].天津社会科学,1998(6).

[4]周明田.中国传统社会的中间组织及功能[J].江苏社会科学,2001(3).

[5]冯筱才.中国商会史研究之回顾与反思[J].历史研究,2001(5).

[6]朱英:论清末民初社会对国家的回应与制衡——近代中国国家与社会

新型互动关系系列研究之二[J].开放时代,1999(2).

[7]刘云明.试析清代云南商人群体的整合[J].思想战线,1996(2).

[8]况浩林.试论近代我国西南少数民族地区的商业资本[J].经济研究,1984(12).

[9]张雪慧,王恒杰.从几份档案中看滇藏经济贸易[J].中国藏学,1989(1).

[10]杨煜达.滇西民族商业资本的转化与近代社会[J].云南社会科学,2001(4).

[11]陈庆德.人类经济发展中的民族同化与认同[J].民族研究,1995(1).

[12]陈庆德.商业资本的历史认识[J].思想战线,1989(1).

[13]董孟雄.云南地区商品经济的历史分析[J].思想战线,1991(2).

[14]董孟雄,陈庆德.近代云南马帮初探[J].经济问题探索,1988(6).

[15]董孟雄,郭亚非.近代云南的交通运输与商品经济[J].云南社会科学,1990(1).

[16]罗群.略论近代云南旧式金融业的发展状况及趋向[J].学术探索,2007(1).

[17]罗群.从会馆、行帮到商会——论近代云南商人组织的发展与嬗变[J].思想战线,2007(6).

[18]罗群.近代云南商人资本的历史构成及经营[J].中国经济史研究,2010(1).

[19]李永芳.清末家族制度衰落的征象及其经济动因[J].贵州社会科学,2011(12).

[20]王福明.近代云南区域市场初探(1875—1911)[J].中国经济史研究,1990(2).

[21]赵仁平.论近代云南金融业的变迁与产业结构[J].学术探索,1999(2).

[22]贺圣达.近代云南与中南半岛地区经济交往研究三题[J].思想战线,1990(1).

[23]袁建伟.历史人类学视野下的中缅民间贸易——作为“文化中介人”的腾冲永茂和商号运作模式及其现代意义[J].西南民族大学学报,2004(3).

[24]黄桂枢.清代、民国时期普洱和思茅的茶庄商号[J].中国茶叶,2007

(6).

[25]牛鸿斌.近代云南商号与中印陆海交通线的开辟[J].云南社会科学,2002(1).

[26]周智生.云南商人与近代中印商贸交流[J].学术探索,2002(1).

[27]周智生.中国云南与印度间商贸交流史研究综述[J].云南社会科学,2003(1).

[28]陈茜.川滇缅印古道初考[J].中国社会科学,1981(6).

[29]申旭.滇藏茶马古道论略[J].西藏研究,1998(3).

[30]申旭.云南回族商帮及其对外贸易的发展[J].回族研究,1996(2).

[31]牛鸿斌.近代云南的外迁移民[J].学术探索,1998(6).

[32]汪戎.近代云南对外经济关系[J].思想战线,1987(5).

[33]王文成.约开商埠与清末云南对外经贸关系的变迁[J].云南社会科学,2008(3).

[34]夏光辅.近代云南经济概述[J].研究集刊,1986(2).

[35]肖艳.近代化进程中的云南地方财团企业经营活动与地区发展研究[J].学术探索,2002(4).

[36]徐斌.试析清中后期云南铜业衰落的原因[J].云南民族学院学报,1985(4).

[37]袁国友.论近代前期的滇港经贸关系[J].云南社会科学,2002(4).

[38]张越.近代云南马帮的发展及其对云南经济的影响[J].文山师范高等专科学校学报,2006(1).

[39]赵铨.外国资本在近代云南的投资[J].云南财贸学院学报,1998(4).

[40]赵勇.中法战争后云南近代经济的变迁[J].昆明学院学报,2009(2).

[41]陈保亚.茶马古道的历史地位[J].思想战线,1992(1).

[42]蒋致洁.商业活动的民族环境[J].民族研究,1995(5).

[43]车辚.清末民初昆明的城市消费变迁[J].云南民族大学学报,2007(1).

[44]车辚.晚清云南的商业经济地理结构[J].曲靖师范学院学报,2009(1).

[45]顾继国,杨金江.滇越铁路与云南近代进出口贸易[J].云南民族学院学报,2001(5).

[46]杨龙志,谢健.家族制企业发展的适应性边界研究[J].江西社会科学,2002(9).

[47]刘云明.清代云南商人资本的运动[J].云南社会科学,1996(2).

[48]潘涛.民国时期商会档案[J].民国档案,1996(4).

[49]张海林.论本世纪初中国商人的社会地位[J].江海学刊,1996(4).

[50]吴兴南.明清两代云南商业发展概述[J].云南学术探索,1996(5).

[51]虞和平.商会与中国资产阶级的"自为化问题"[J].近代史研究,1991(3).

[52]朱英.从清末商会的诞生看资产阶级的初步形成[J].江汉论坛,1987(2).

[53]梁宏志.蒙自开关与近代云南市场结构变迁[J].云南师范大学学报,2005(7).

[54]马学强.一个传统商帮的近代变迁——苏州洞庭帮在上海[J].史林,1995(3).

[55]唐明锋.清代行会的性质和作用[J].史学月刊,1988(4).

[56]张亦工,徐思彦.20世纪初期资本家阶级的政治文化与政治行为方式初探[J].近代史研究,1992(2).

[57]马敏.晚清绅商与近代经济发展[J].天津社会科学,1996(3).

[58]段家开.浅析云南省腾冲县和顺侨乡宗族活动的社会功能[J].保山师专学报,2008(35).

[59]赵晓华.清末民初资产阶级心态初探[J].山西大学学报,1995(4).

[60]张明富.论明清商人文化的特点[J].西南师范大学学报,1999(6).

[61]马兴东.云南回族源流探索[J].云南民族学院学报,1989(1).

[62]姚继德.云南回族向东南亚的迁徙[J].回族研究,2003(2).

[63]杜鹃.民国时期的云南马帮驿运[D].成都:四川大学,2004.

[64]姚继德.回族马帮与西南丝路网络——泰国北部云南穆斯林的个案研究[D].昆明:云南大学,2002.

[65]何平.云南回族与滇缅贸易[J].思想战线,1992(3).

[66]马丽娟.近代云南回民对外贸易活动研究[J].思想战线,2000(1).

［67］吴海鹰.论回族历史上的商贸经济活动及其作用［J］.中国经济史研究，2003（3）.

［68］马克继.云南回族农商文化传统与经济变迁［D］.北京：中央民族大学，2005.

［69］马丽娟.云南回民经济的传统和目前的任务［J］.回族研究，2001（4）.

［70］曹志斌.散居回族农村社区文化变迁研究［D］.北京：中央民族大学，2005.

［71］赵启燕.鹤庆商帮研究［D］.昆明：云南大学，2005.

［72］周鑫.云南商帮及其在云南与东南亚交往中的地位和作用［D］.昆明：云南大学，2010.

［73］ 赵启燕. 近代滇西白族商帮的商贸经营与管理——以鹤庆商帮为例［J］.思想战线，2007（6）.

［74］章虹宇.茶马古道与鹤庆商帮［J］.云南民族大学学报，2005（3）.

［75］杨知勇.鹤庆古城鹤阳镇的文化底蕴［J］.云南民族大学学报，2005（3）.

［76］范金民.明代地域商帮兴起的社会背景［J］.清华大学学报，2006（5）.

［77］何平.杜文秀起义与滇缅贸易［M］// 载高发元杜文秀起义论集.昆明：云南人民出版社，1993.

［78］韩军.大理白族“喜洲商帮”［J］.云南民族学院学报，1992（3）.

［79］吕菡生.工业调查云南锡业概况［J］.化学世界，1949（Z1）.

［80］陈庆德.清代云南矿冶业与民族经济的开发［J］.中国经济史研究，1994（3）.

［81］杨寿川.抗战时期的云南矿业［J］.云南社会科学，1995（6）.

［82］和志强.大力调整产业结构加快云南工业化进程［J］.云南社会科学，1995（1）.

［83］杨煜达.清代中期（1726—1855 年）滇东北的铜业开发与环境变迁［J］.中国史研究，2004（3）.

［84］蓝勇.清代滇铜京运对沿途的影响研究——兼论明清时期中国西南资源东运工程［J］.清华大学学报，2006（4）.

［85］杨煜达.滇铜、汉铜与清代中期的汉口铜市场［J］.清史研究，2013（2）.

[86]马晓粉.清代云南的商人会馆及其经济影响[J].思想战线,2014(5).

[87]苗艳丽.抗战前期云南锡业兴盛的原因及特征[J].昆明理工大学学报,2015(5).

[88]李昆声.云南在亚洲栽培稻起源研究中的地位[J].云南社会科学,1981(1).

[89]李昆声.云南农业考古概述[J].农业考古,1981(1).

[90]李昆声.试论云南上古农业经济的特点[J].经济问题探索,1982(1).

[91]李昆声.亚洲稻作文化的起源[J].社会科学战线,1984(4).

[92]陈国生.刍议明代云南民族农业地理[J].中国历史地理论丛,1997(1).

[93]曹树基.玉米和番薯传入中国路线新探[J].中国社会经济史研究,1988(4).

[94]秦和平.鸦片在西南地区的传播及其种植面积考订[J].中国农史,2003(2).

[95]仲伟民.茶叶、鸦片贸易对19世纪中国经济的影响[J].南京大学学报,2008(2).

[96]方慧.清代前期西南边疆地区农业生产的发展[J].中国边疆史地研究,1997(2).

[97]李中清.清代中国西南的粮食生产[J].史学集刊,2010(4).

[98]陈树平.玉米和番薯在中国传播情况研究[J].中国社会科学,1980(3).

[99]鲁西奇.南方山区经济开发的历史进程与空间展布[J].中国历史地理论丛,2010,25(4).

[100]王清华.云南亚热带山区哈尼族的梯田文化[J].农业考古,1991(3).

[101]秦树才.明代军屯宇云南社会经济的发展[J].昆明师专学报,1989(3).

[102]陈曦.论清代云南屯田[J].学术探索,2006(5).

[103]王文成.清末民初云南农业政策述论[J].云南社会科学,1995(6).

[104]李玉蓉.民国时期云南农村土地清丈研究(1929—1940年)[J].西南古籍研究,2015.

[105]董孟雄.辛亥革命时的云南社会经济[J].思想战线,1981(5).

[106]陈国保.试论民国时期云南边疆的殖边督办[J].中国历史地理论丛,2006,21(2).

[107]段金生.地方意识与地方政治:政治区域化场场景下的边疆治理——以南京国民政府时期的云南为中心[J].中国边疆史地研究,2014,24(1).

[108]刘楠楠.云南开发之意见史料一组.民国档案,2013(1).

[109]王希群,等.云南开蒙垦殖重要史料[J].北京林业大学学报,2011(6).

[110]吴连才.清代云南水利研究[D].昆明:云南大学,2015(5).

[111]欧向阳.明代云南赋役折银探究[D].昆明:云南大学,2015(5).

[112]李月声.清代中前期云南赋役制度变化对农业生产发展的影响[D].昆明:云南大学,2012.

[113]CHANG WEN-CHIN.Circulations of the Jade Trade among the Migrant Yunnanese from Burma and Tailand[J].Politics of Neighborhood in Asia.Harvard University.Cambridge.April 26,2008.

后 记

迄今为止，学术界还没有一本有关云南省经济史的通论著作，现有成果多为针对某一历史时期或某一地区、某一专题的经济史专论，如《云南近代经济史》（云南民族出版社 1995 年版）、《云南近代地方经济史研究》（云南人民出版社 1991 年版）、《云南各民族经济发展史》（云南民族出版社 1989 年版）、《大理经济发展史稿》（云南民族出版社 1986 年版）、《云南冶金史》（云南人民出版社 1980 年版）、《云南工业史》（云南大学出版社 2007 年版）、《云南地区对外贸易史》（云南人民出版社 1998 年版）、《云南对外交通史》（云南民族出版社1997 年版）等，一直缺乏对云南经济发展与变迁总体情况与特点的分析与把握。本书试图展现历史长河中的云南经济发展与变迁，尤其侧重以农业、工业与手工业、商业与贸易、货币与金融为主线的云南省经济史的总体研究，勾勒其发展脉络，分析其演进趋势，并对云南农业资源与农业技术发展、土地制度变迁、田赋与税收、边疆开发与农业发展、云南各区域工业发展、商业与外贸、商人群体整合与商人组织变迁、商业资本运动、云南历史货币、云南金融等问题进行细微深入的探讨。

在具体的写作与谋篇布局中，一方面因篇幅限制，作者很难也不可能穷尽云南经济发展的全部内容，故只能选取农业、工业、商业与贸易、货币与金融等经济发展中颇具代表性的主要方面，尽可能完整而全面地体现各个历史时期云南经济发展的总体面貌与脉络。另一方面，又结合本书研究者的学术专长及相关研究成果，以专题为主导，将历史上云南经济在农业、工业、商业与贸易、货币与金融等各个方面的发展置于一个长期的历史过程中加以考察，力求通过各专题内容在以时间为纵轴的呈现中，对各时期的代表性问题加以分析论述，尤其注意选取一些重点内容以及典型个案开展研究，诸如农业部分中边疆开发与农业发展、开蒙垦殖局与边疆社会；工业部分中以滇中汉族为主的加工工业、滇西白族为主的纺织工业、滇东北矿业工业；商业部分中商业资本的运动与经营，以及以鹤庆为个案体现商人与云南地方社会等，以小见大，见微知著，更深入、更立体地展示云南省各民族、各地区经济发展的共性与个性，从而使本书的各专题内容更丰富，向纵深拓展的同时也易于在横轴层面展开比较。至于云南经济发展中的其他相关问题，如地方财政、交通与运输、盐业、民族经济等部分，本想辟专题开展研究，但因篇幅所限只能舍弃，实为本书遗憾。

参加本书各章节编写的作者多是在云南省经济史相关领域从事多年教学与研究的学者，对云南经济史诸多问题有较深入的思考与研究，既能确保各专题部分的写作如期完成，又能保证本书质量较好地完成。如承担工业部分的陈征平教授著有《云南早期工业化进程研究》（民族出版社2002 年版）、《云南工业史》（云南大学出版社 2007 年版）；负责对外贸易部分的郭亚非教授著有《云南地区对外贸易史》（云南人民出版社 1998 年版）；承担商业、货币与金融部分的罗群教授著有《近代云南商人与商人资本》（云南大学出版社2004 年版）、《话说滇商》（中华工商联出版社 2008 版）、《王炽与晚清云南商业社会》（云南人民出版社 2014 年版）、参著《云南货币简史》（云南民族出版社2002 年版）；负责农业经济部分的李玉蓉虽在北大攻读博士，研究的起点则始于近代云南土地清丈，此后对云南农业经济的发展与变迁有较多关注，读书期间更是将研究范围扩大至华北等地，做田野、搞调研，实属后生可畏。

本书在查阅和研读大量地方档案史料和前人著述的同时，结合历史学、经济学、社会学、民俗学等多学科理论拓宽研究视野。同时也为论证文章的观点提供充足的论据，做到论从史出。

本书各章具体的人员分工如下：

导论、结语以及第三章、第五章由罗群执笔。

第一章由李玉蓉执笔。

第二章由陈征平、苗艳丽执笔。

第四章由郭亚非执笔。

此外，第三章第一节中的元明清时期商业与贸易内容由李淑敏撰写；新中